HILARION PETZOLD, ULRIKE MATHIAS

# Rollenentwicklung und Identität

Reihe

BIBLIOTHECA PSYCHODRAMATICA

Band 7

Herausgegeben von

HILARION PETZOLD

Band 1: Basquin, M. et al., Das Psychodrama als Methode in der Psychoanalyse
Band 2: Anzieu, D., Analytisches Psychodrama mit Kindern und Jugendlichen
Band 3: Petzold, H. (Hrsg.), Theorie und Praxis psychoanalytischer Dramatherapie
Band 4: Moreno, J. L., Soziometrie als experimentelle Methode
Band 5: Moreno, J. L., Das Psychodrama
Band 6: Kopp, S., Rollenschicksal und Freiheit — Psychotherapie als Theater
Band 7: Petzold, H., Mathias, U., Rollenentwicklung und Identität.
Band 8: Spolin, V., Improvisationstechniken für Pädagogik, Therapie und Theater

JUNFERMANN-VERLAG · PADERBORN

1982

HILARION PETZOLD, ULRIKE MATHIAS

# Rollenentwicklung und Identität

Von den Anfängen der Rollentheorie
zum sozialpsychiatrischen Rollenkonzept Morenos

JUNFERMANN-VERLAG · PADERBORN

1982

*Widmung*

*Zerka T. Moreno
als Dank für Ihre Anregungen
und Ihre Unterstützung*

---

CIP-Kurztitelaufnahme der Deutschen Bibliothek

**Petzold, Hilarion:**
Rollenentwicklung und Identität: von d. Anfängen d.
Rollentheorie zum sozialpsychiatr. Rollenkonzept Morenos /
Hilarion Petzold; Ulrike Mathias.
  Paderborn: Junfermann, 1982.
  (Reihe: Bibliotheca psychodramatica; Bd. 7)
  ISBN 3-87387-179-3
NE: Mathias, Ulrike:; GT

---

© Junfermannsche Verlagsbuchhandlung, Paderborn 1982

Lektorat: Christoph Schmidt

Einband-Gestaltung: Hilarion Petzold

Fotos der Autoren: Pat Wiedemann

Alle Rechte, insbesondere das der Übersetzung in fremde Sprachen, vorbehalten.
Nachdruck oder Vervielfältigung des Buches oder von Teilen daraus nur mit
ausdrücklicher Genehmigung des Verlages.

Gesamtherstellung: Junfermannsche Verlagsbuchhandlung und Verlagsdruckerei,
Paderborn.

ISSN 0720-2474
ISBN 3-87387-179-3

# Inhaltsverzeichnis

Vorwort G. A. *Leutz* ............................................. 9
Vorwort der Autoren ............................................. 11

**Teil I. Die sozialpsychiatrische Rollentheorie J. L. Morenos und seiner Schule (Hilarion Petzold)** ............... 13

1. Zur Einordnung der Rollentheorie Morenos ................ 15
1.1 Die Rollentheorie als Paradigmenwechsel ................. 17
1.1.1 Der Kontext: Zur Geschichte der Bühnenmetaphern und ihrer Renaissance im soziologischen Denken des 20. Jahrhunderts ............................................. 19
1.1.2 Rollentheorie und Bühnenmetaphorik ................... 21
1.1.3 Die Dichotomisierung von Individuum und Gesellschaft  26
1.1.4 Der Rollenbegriff zwischen Schein und Konkretheit ...... 29
1.2 Frühe Versuche zum Rollenbegriff ......................... 31
1.2.1 Vorläufer in Amerika .................................... 32
1.2.2 Vorläufer in Frankreich ................................. 33
1.2.2.1 Die Bühnenmethaphern bei Georges Politzer (1928) ...... 34
1.2.3 Vorläufer in Rußland ................................... 36
1.2.4 Vorläufer in Deutschland ............................... 37
1.2.4.1 Georg Simmel (1908, 1921) ............................. 38
1.2.4.2 Das Rollenkonzept bei Alfred Vierkandt (1923) .......... 41
1.2.4.3 Die Rollentheorie von Richard Müller-Freienfels (1920, 1933) ................................................... 43
1.2.4.4 Der Begriff der psycho-biologischen Rolle von Wilhelm Dolles (1920) ............................................ 49
1.2.4.5 Die Rollenmetapher bei Alfred Adler (1928) ............. 51
1.2.4.6 Der Rollenbegriff bei Walter Jacobsen (1934) ............ 52

2. Die Rollentheorie J. L. Morenos ............................ 55
2.1 Das Rollenkonzept in der „expressionistischen" Schaffensperiode — das Frühwerk Morenos ..................... 59

| | | |
|---|---|---|
| 2.2 | Das Rollenkonzept in der „soziometrischen" Schaffensperiode Morenos | 63 |
| 2.2.1 | Rollen- und Spontaneitätstraining durch Rollenspiel | 70 |
| 2.3 | Die Entwicklung der Rollentheorie in der „psychodramatischen" Schaffensperiode Morenos | 78 |
| 2.3.1 | Rolle und Persönlichkeit | 79 |
| 2.4 | Rollenbegriff und Rollendefinitionen | 85 |
| 2.4.1 | Aktionale und kategoriale Rollen | 89 |
| 2.4.2 | Psychodramatische und soziodramatische Rollen | 93 |
| 2.4.3 | Rolle und Komplementärrolle als Konfiguration | 95 |
| 2.4.4 | Rolle und Situation | 99 |
| 2.5 | Rollenentwicklung und Identität | 101 |
| 2.5.1 | Role-taking, role-playing, role-perception | 105 |
| 2.5.2 | Die Entwicklung psychosomatischer, psychodramatischer und sozialer Rollen | 110 |
| 2.5.3 | Rollenentwicklung als lebenslanger Prozeß | 114 |
| 2.6 | Das Konzept des Selbst | 119 |
| 2.7 | Abschließende Überlegungen zur Rollentheorie Morenos | 122 |
| | | |
| 3. | *Rollentheoretische Entwicklungen in der Schule Morenos* | 129 |
| 3.1 | Die südamerikanische Entwicklung — Jaime G. Rojas-Bermúdez | 129 |
| 3.2 | Der kategoriale Ansatz von G. A. Leutz | 138 |
| 3.3 | Konzepte zu einer integrativen Rollentheorie in der Tradition Morenos von H. G. Petzold | 146 |
| 3.3.1 | Bemerkungen zu Morenos Theorie der Rollenentwicklung | 146 |
| 3.3.2 | Zum Modell einer integrativen Rolle | 149 |
| 3.3.3 | Zum Konzept eines Rollenselbst | 154 |
| | | |
| 4. | *Vorüberlegungen und Konzepte zu einer integrativen Persönlichkeitstheorie* | 159 |
| 4.1 | Bühne oder Metaszene | 160 |
| 4.2 | Leib und Rolle — Szene und Stück | 162 |
| 4.3 | Selbst, Ich und Identität | 165 |
| 4.3.1 | Das Selbst als Leib- und Rollen-Selbst | 165 |
| 4.3.2 | Das Ich | 168 |
| 4.3.3 | Identität | 172 |
| 4.4 | Identität und Identitätstheorien | 176 |
| 4.5 | Identität, Korrespondenz und Praxis | 182 |
| 4.5.1 | Die Konstituierung von Identität durch Korrespondenz | 183 |
| 4.6 | Epilog | 188 |

**Teil II. Die Entwicklungstheorie J. L. Morenos (Ulrike Mathias)** 191

1. *Spontaneität und kindliche Entwicklung* .................... 195
1.1 Erwärmungsprozeß (warming-up process) ............... 197
1.2 Hilfs-Ich (auxiliary ego) ........................................ 199

2. *Soziometrische Studien mit Säuglings- und Kindergruppen* ................................................................. 203

3. *Rollentheorie und Rollenentwicklung* ....................... 207
3.1 Theoretische Grundlagen zum Rollenverständnis ......... 207
3.1.1 Die Konstituierung des Selbst ................................ 209
3.1.1.1 Die kategoriale Begriffsebene ............................... 209
3.1.1.2 Die aktionale Begriffsebene ................................. 210
3.1.2 Das soziale Atom ................................................ 215
3.1.3 Das kulturelle Atom ............................................ 219
3.1.4 Tele ................................................................. 222
3.1.4.1 Autotele ........................................................... 224
3.1.4.2 Das gemeinsame Bewußte und Unbewußte ................ 225
3.2 Rollenentwicklung .............................................. 227
3.2.1 All-Identität ...................................................... 229
3.2.2 All-Identität und Ich-Erkenntnis ............................ 231
3.2.3 Trennung zwischen Phantasie und Realität ................ 239

4. *Sozialisationstheorie* ............................................ 249


**Teil III. Arbeiten zur Rollentheorie von Jakob L. Moreno, Florence B. Moreno, Zerka T. Moreno** ........................... 257

1. Rolle (Jakob L. Moreno) ........................................ 259
2. Das Rollenkonzept, eine Brücke zwischen Psychiatrie und Soziologie (Jakob L. Moreno) .............................. 267
3. Definition der Rollen (Jakob L. Moreno) ..................... 277
4. Die einheitliche Rollentheorie und das Drama (Jakob L. Moreno) ............................................................. 287
5. Rollentheorie und das Entstehen des Selbst (Jakob L. Moreno) ............................................................. 291
6. Die Entwicklung des kulturellen Atoms beim psychiatrischen Patienten (Jakob L. Moreno) ............................ 295
7. Soziodrama (Jakob L. Moreno) ................................. 297

| 8. | Ein Bezugsrahmen für das Messen von Rollen (Jakob L. Moreno) | 301 |
| --- | --- | --- |
| 9. | Rollenanalyse und Gruppenstruktur (Zerka T. Moreno) | 311 |
| 10. | Rollentests und Rollendiagramme von Kindern. Ein psychodramatischer Ansatz zu einem anthropologischen Problem (Florence B. Moreno, Jakob L. Moreno) | 331 |
| 11. | Zur Verbindung von Rollentest und soziometrischem Test. Ein methodologischer Ansatz (Florence B. Moreno) | 349 |
| 12. | Rollenmüdigkeit (Z. T. Moreno, A. Barbour) | 357 |

| Literatur | 363 |
| --- | --- |
| Schriftenverzeichnis *J. L. Morenos* | 383 |
| Autorenverzeichnis | ??? |
| Sachwortverzeichnis | ??? |

# Vorwort

Das vorliegende Buch „Rollenentwicklung und Identität" enthält in seinem ersten Teil eine umfassende Darstellung der Rollentheorie J. L. Morenos, im zweiten Teil eine Präsentation seiner Entwicklungstheorie und im dritten Teil Originalarbeiten von J. L. Moreno, Florence Moreno und Zerka T. Moreno.

Das Buch darf in Anlehnung an den Titel einer frühen philosophischen Schrift Morenos als „Einladung zu einer Begegnung" mit theoretischen Aspekten seines Lebenswerks — Psychodrama, Soziometrie, Gruppenpsychotherapie — aufgefaßt werden. Diese Begegnung ist heute insofern wünschenswert, als einerseits dem Psychodrama steigendes Interesse und wachsende Anerkennung entgegengebracht werden, andererseits aber der Paradigmenwechsel, der mit der psychodramatisch-soziometrischen Gruppenmethode in Erscheinung tritt, in seiner Bedeutung für die therapeutische und soziologische Theoriebildung und Praxis noch nicht voll erkannt worden ist. Er beinhaltet die theoretische und praktische Hinwendung zur interpersonellen, interaktionellen Lebenswirklichkeit unter besonderer Berücksichtigung der Konzepte der Rolle und der Szene.

Aus der Sicht Morenos ist alles Handeln an die Ausübung von Rollen in einer jeweils gegebenen Situation gebunden. Er formuliert seine Rollentheorie demgemäß als Handlungstheorie. Da sie im Unterschied zu sozialpsychologischen und soziologischen Rollentheorien das Rollenkonzept auf sämtliche Dimensionen des Daseins bezieht — also nicht nur auf die soziale —, erweist sich letzteres als tragfähige „Brücke zwischen der Psychiatrie (Psychotherapie) und der Soziologie". Trotz der wichtigen Stellung, welche die Rollentheorie in Morenos Werk einnimmt, hat Moreno seine diesbezüglichen Ausführungen nie geschlossen präsentiert. Sie sind über das Gesamtwerk verstreut und entsprechend der Weiterentwicklung seiner Ideen in ihrer Formulierung nicht immer konsistent.

Es ist das Verdienst H. Petzolds, die Ausführungen Morenos zur Rollentheorie in gründlicher Arbeit zusammenzutragen, im ersten Teil dieses Buches dargestellt und in einen umfassenden historischen Rahmen eingeordnet zu haben. Der Autor nimmt ferner eine grundsätzliche Unterteilung in aktionale und kategoriale Rollen vor und hält diese Ordnung auch dort noch aufrecht, wo Moreno entsprechende Bezeichnungen gelegentlich synonym gebraucht oder gar andere verwendet. Diese Systematisierung erleichtert die Rezeption der Rollentheorie Morenos und schafft für H. Petzold die Voraussetzung zum Entwurf einer „Integrativen Persönlichkeitstheorie".

Im zweiten Teil des Buches ergänzt U. Mathias die Ausführungen zur Rollentheorie durch eine Präsentation der Entwicklungstheorie J. L. Morenos. Die Autorin bemüht sich dabei um eine übersichtliche zusammenhängende Darstellung der soziometrischen und rollentheoretischen Anteile dieser Entwicklungstheorie und der sich von verschiedenen Entwicklungsstadien herleitenden Haupttechniken des Psychodramas.

Der dritte Teil des Buches enthält Aufsätze von Moreno zur Rollentheorie und Entwicklungstheorie. Diese Arbeiten vermitteln einen Eindruck von seinen originellen Gedankengängen und der Eigenart ihrer Darstellung.

Führt die Einordnung der Rollentheorie Morenos in einen umfassenden kulturgeschichtlichen, philosophischen und einen engeren sozialpsychologischen, soziologischen Rahmen den Leser an eine Fülle von Gedanken und Theorien heran, so gilt dies in noch stärkerem Maße für die Lektüre des Kapitels „Vorüberlegungen und Konzepte zu einer integrativen Persönlichkeitstheorie". Das vorliegende Buch darf daher nicht nur als Einladung zu einer Begegnung mit der Rollen- und Entwicklungstheorie Morenos verstanden werden, sondern auch als Einladung zu einer Auseinandersetzung mit verschiedenen Sozialisations- und Persönlichkeitstheorien im Vergleich zu den Theorien Morenos. Daß sich bei diesem Unterfangen vereinzelt auch subtile Mißverständnisse eingeschlichen haben, wie etwa in der Gleichsetzung des Begriffs „Persona" bei C. G. Jung mit dem Begriff des Selbst bei Moreno, tut der Bedeutung dieser großen Arbeit keinen Abbruch. Das Buch wird Psychodramatiker veranlassen, die in der Praxis des Psychodramas beobachteten Phänomene theoretisch einzuordnen; Soziologen, Sozialpsychologen und Mediziner dürfte es anregen, sich auch mit der Rollentheorie Morenos zu befassen.

Überlingen, im Januar 1983　　　　　　　　　　　　　　G. A. Leutz

# Vorwort der Autoren

Das vorliegende Buch ist das Ergebnis einer nunmehr fünfzehnjährigen Beschäftigung mit dem Werk Morenos in Theorie und Praxis. Ein erstes, unveröffentlichtes Manuskript zur Rollentheorie von Petzold aus dem Jahre 1974 bildete die Grundlage. Es wurden für diese Arbeit alle Veröffentlichungen von Jakob L. Moreno, Florence B. Moreno, Zerka T. Moreno und Jonathan D. Moreno herangezogen und ausgewertet, was wegen der oft schwer zu beschaffenden Originalpublikationen nicht immer ein leichtes Unterfangen war. Es ging uns darum, die Rollen-Entwicklung und damit die Persönlichkeitstheorie Morenos, die gleichzeitig Grundlage seines Psychodramas und gruppentherapeutischen Ansatzes ist, monographisch darzustellen und zwar im Bezugsrahmen zeitgleicher rollentheoretischer Entwicklungen und im Hinblick auf spezifische Weiterführungen der Moreno-Schule selbst. Eine solche Darstellung fehlte bislang gänzlich, was sicher nicht ohne nachteilige Folgen für eine theoretische Fundierung des Psychodramas in der Moreno-Tradition geblieben ist, wenn man von den weiterführenden Arbeiten von G. Leutz einmal absieht. So wird besonders in der europäischen Literatur zum Psychodrama in der Regel eher auf psychoanalytische Theorien zurückgegriffen als auf die Schriften Morenos.

Die Autoren dieses Buches haben die Texte und Konzepte Morenos vielfach diskutiert, um Fehlinterpretationen zu vermeiden. Bei Rückfragen und bei der Beschaffung unzugänglicher Veröffentlichungen war die großzügige Unterstützung von Zerka T. Moreno eine unverzichtbare Hilfe. Ihr sei auch für die Abdruckerlaubnis der Moreno-Arbeiten gedankt. Die jahrelange freundschaftliche und fachliche Zusammenarbeit mit G. A. Leutz und der anregende Austausch mit J. Rojas-Bermúdez haben zum Zustandekommen dieses Buches wesentlich beigetragen.

*Hilarion Petzold, Ulrike Mathias*

# Teil I

## Die sozialpsychiatrische Rollentheorie J. L. Morenos und seiner Schule

*Hilarion Petzold*

# 1. Zur Einordnung der Rollentheorie Morenos

Die modernen soziologischen und sozialpsychologischen Rollentheorien gehen im wesentlichen auf die Arbeiten von *George Herbert Mead* (1934) und *Ralph Linton* (1936) zurück. Dies wird auf jeden Fall deutlich, wenn man die einschlägige neuere rollentheoretische Literatur durchsieht[1] oder die grundlegenden Arbeiten von *Parsons* (1951; 1955 mit *Bales*), *Newcomb* (1950), *Rommetveit* (1955), *Merton* (1957), *Nadel* (1957), *Gross* et al. (1958), *Goffman* (1959), *Homans* (1961), *Berger*, *Luckmann* (1966), *McCall*, *Simmons* (1966) usw. heranzieht.

*Meads* Ideen führten zur Entwicklung der Schule des „symbolischen Interaktionismus" (*Turner*, *Goffman*), *Lintons* kulturanthropologischer Ansatz wurde in der strukturell-funktionalen Richtung der Soziologie (*Parsons, Merton, Luhmann*) weitergeführt.

Wenn man bedenkt, daß von den genannten Autoren sich nur *Sarbin* (1943, 1954), *Sorokin* (1956), *Biddle, Thomas* (1966) und *Claessens* (1970) näher auf *Moreno* beziehen, so erhebt sich die Frage, warum eine monographische Darstellung seiner rollentheoretischen Konzepte von Interesse sein könnte? Es lassen sich hierfür eine Reihe von Gründen anführen: *Moreno* gehörte mit *Georg Simmel*, *Georges Politzer* und *Richard Müller-Freienfels* zu den Autoren, die schon sehr früh, nämlich in den zwanziger Jahren, den Rollenbegriff zur Beschreibung sozialer Realität verwandten. Sie stehen damit am Anfang einer theoretischen Entwicklung, die für die soziologische Theorienbildung im-

---

[1] *Sarbin* (1954); *Sorokin* (1956); *Biddle, Thomas* (1966); *Dreitzel* (1968); *Gerhardt* (1971); *Dahrendorf* (1958/1974); *Claessens* (1970); *Krappmann* (1971); *Jackson* (1972); *Haug* (1972); *Habermas* (1968; 1973a); *Coburn-Staege* (1973); *Banton* (1965); *Rocheblave-Spenlé* (1962); *Sader* (1975); *Wiswede* (1977); *Joas* (1978) usw. Von den deutschen Autoren erwähnen *Moreno* u. a. *Haug* (1972, 21), *Coburn-Staege* 1973, 22). Von den amerikanischen Autoren erwähnt *Turner* (1962, 20) *Moreno* ohne inhaltlichen Bezug, obgleich sich bei *Turner*, wie auch bei *Goode* (1960), *McCall* und *Simmons* (1966/1974) und *Scott* und *Lyman* (1968/1976) — sie alle nennen *Moreno* nicht — beachtenswerte Berührungspunkte finden (z. B. *Turners* Begriff des „role making" und *Morenos* „role creation" oder *Scott* und *Lymans* „Aushandeln von Identitäten" in situativen Begegnungen und *Morenos* Begegnungs- und Rollentauschkonzept).

mense Bedeutung gewinnen sollte, ja als ein „Paradigmenwechsel" (*Kuhn*) betrachtet werden kann. Da wissenschaftliche Theorien nicht im freien Raum entstehen, sondern unter konkreten historischen Bedingungen, durch die bestimmte Fragestellungen aufgeworfen und von Wissenschaftlern aufgegriffen werden, ist es wesentlich, diese Bedingungen zu rekonstruieren, um die anonymen historischen Diskurse (*Foucault*), die sich u. a. im Auftauchen theoretischer Konzepte artikulieren, greifbarer werden zu lassen. Die Geschichte der Entwicklung der Rollentheorien in den Sozialwissenschaften ist noch nicht geschrieben worden. Die Entfaltung der Rollenmetaphern im soziologischen und sozialpsychologischen Denken des 20. Jahrhunderts wurde noch nicht dokumentiert; ja es fehlen hierzu wesentliche Vorarbeiten. Eine Darstellung der rollentheoretischen Konzepte *Morenos* liefert einen der erforderlichen Bausteine. Ein weiterer wichtiger Grund, sich mit der „sozialpsychiatrischen Rollentheorie" *Morenos* zu befassen und sie darzustellen, liegt in ihrer Bedeutung für die Fundierung von Psychodrama, Soziodrama und Rollenspiel, die zu den wesentlichsten Formen moderner Gruppenpsychotherapie, Soziotherapie und psychologischer Gruppenarbeit zu rechnen sind (*Leutz* 1974; *Petzold* 1979b). Das erhebliche Theoriedefizit dieser Formen aktionaler Therapie, die so sehr an den Rollenbegriff gebunden sind, läßt eine zusammenhängende Darstellung der Rollentheorie *Morenos* als dem Urheber dieser Verfahren schon längst überfällig erscheinen. Schließlich bieten die rollentheoretischen Überlegungen *Morenos*, da sie sich unabhängig von den großen Strömungen soziologischen Denkens entwickelt hatten, eine Reihe interessanter Perspektiven, die aufgrund ihrer Eigenständigkeit die rollentheoretische Diskussion bereichern können: 1. der Aspekt der *Verkörperung* der Rolle; 2. Rollenentwicklung als lebenslanger Prozeß; 3. Rolle als Vollzug konkreten Handelns; 4. Rollenkategorien als Möglichkeiten der Differenzierung körperlicher, seelischer und sozialer Aktionen; 5. Rolle als Möglichkeit der Verschränkung von Individuum und Gesellschaft; 6. Rollenspiel nicht nur als Erklärungs- sondern als Handlungsmodell; 7. Rolle als Ausdruck individueller und kultureller Kreativität.

Diese und andere Konzepte verdienen, trotz ihrer zuweilen nur skizzenhaften Ausarbeitung, Aufmerksamkeit, und zwar nicht nur deshalb, weil sie entwickelt wurden, lange bevor derartige Fragestellungen in der Rollentheorie aufkamen, sondern weil *Morenos* Entwürfe eine hohe Praxisrelevanz für sich beanspruchen können. Aus konkreten Sozialinterventionen hervorgegangen, standen sie ganz in der Intention *Morenos*, Forschung zu betreiben und Theorie zu bilden, um bessere Möglichkeiten für effektivere Hilfeleistung und ein menschlicheres

Zusammenleben bereitzustellen: „*The true therapeutic procedure cannot have less an objective than the whole of mankind*" (Moreno 1934, 3).

## 1.1 Die Rollentheorie als Paradigmenwechsel

Die Bewertung der Rollentheorie ist unterschiedlich. Von gänzlicher Ablehnung bis zum Vergleich mit einer „kopernikanischen Wende der Soziologie" reicht das Spektrum der Meinungen. Schaut man auf die Entwicklung und die Wirkung der Rollentheorie, so kann man sagen, daß mit den Arbeiten von *Mead, Moreno* und *Linton* und der Durchsetzung des Rollenbegriffes in der Soziologie und eigentlich in den gesamten Sozialwissenschaften ein Paradigmenwechsel (*Kuhn* 1962) stattgefunden hat, dessen Bedeutung und Tragweite immens und auch heute, nach den großen rollentheoretischen Debatten der sechziger und siebziger Jahre, noch nicht adäquat einzuschätzen ist, denn er ist in seiner Wirkungsgeschichte noch nicht voll erfaßbar. — Dies hängt u. a. mit den zeitlichen Verschiebungen der Rezeption in unterschiedlichen „wissenschaftlichen Welten" (z. B. USA, Deutschland, Frankreich, Südamerika) und der sich damit ergebenden unterschiedlichen Verarbeitung und Rückkoppelung des neuen Paradigmas zusammen (z. B. inwieweit hat die europäische Debatte der Rollentheorie Rückwirkungen auf die amerikanische, was etwa an der amerikanischen Rezeption der Arbeiten von *Dreitzel* und *Habermas* zu untersuchen wäre). Das Kriterium der „Fruchtbarkeit" einer wissenschaftlichen Theorie (*Kuhn* 1977, 423) spielt für die Einschätzung ihrer paradigmatischen Bedeutung eine erhebliche Rolle, und hier hat die Rollentheorie, etwa im Hinblick auf die Theorie der Institution, auf die Identitätstheorien, die Organisationssoziologie, die Erziehungswissenschaften, die Sozialarbeit, klinische Psychologie und Psychotherapie, ihren Zenit sicher noch nicht überschritten, wenn auch — und das trifft für die Sozialwissenschaften in stärkerem Maße zu als für die Naturwissenschaften und macht den Paradigmenbegriff in diesem Kontext schwierig — noch eine Reihe anderer, konkurrierender sozialwissenschaftlicher Paradigmata anwesend sind.

Die Auseinandersetzung mit dem „Milieu", in dem sich ein neues Paradigma artikuliert, mit den Autoren, die es vorantragen, und mit der jeweiligen „vor-paradigmatischen Periode" (*Kuhn* 1962), die, wie *Kuhn* später (1974, 478) hervorhebt, selbst bestimmte Paradigmata repräsentiert, — eine solche Auseinandersetzung ist zur Einschätzung des Ausmaßes und der Bedeutung paradigmatischer Neuentwicklungen (*culture change*), für die *Wallace* (1972) ein nützliches Modell ent-

worfen hat, unerläßlich. Für die Rollentheorie steht eine solche Einschätzung noch aus. *Wallace* hat in seinem Versuch, Bewertungskriterien zu gewinnen, fünf Strukturparameter herausgearbeitet:
1. *Ein neues Paradigma steht in Konflikt mit der bisher anerkannten Tradition.* — Das erfordert, daß die vorgängigen Paradigmen bekannt sind, um Abgrenzungen herausarbeiten zu können.
2. *Es wird ein rascher Prozeß der Weiterentwicklung von Grundideen erfolgen.* Für die Rollentheorie wird dies durch die Fülle von Arbeiten in der Tradition des „integrierten Rollenbegriffes", des symbolischen Interaktionismus und des „imperativen Rollenbegriffes" (*Kreckel* 1976, 170) in der Tradition der strukturell-funktionalen Schulen dokumentiert.
3. *Es wird bei einem gewissen Entwicklungsstand eine Ausnutzung (exploitation) der Innovation erfolgen.* — Bei *Wallace* erscheint eine einseitige negative Bewertung. Ich möchte neutraler von „Umsetzung" sprechen, die konstruktiv oder ausbeuterisch, je nach Kontext und Bewertung, sein kann. Die Rollentheorie hat in den „angewandten Sozialwissenschaften", z. B. in Pädagogik/Unterrichtsmethodik (*Coburn-Staege* 1975; 1977), Organisationssoziologie/Unternehmensberatung (*Maier* et al. 1977), klinischen Psychologie/Psychotherapie (*Richter* 1969; *Leutz* 1974) usw., eine solche Umsetzung erfahren.
4. *Es werden beschreibbare soziokulturelle Konsequenzen, insbesondere Kritik auftreten.* — Die im deutschsprachigen Bereich durch *Dahrendorfs* „Homo Sociologicus" ausgelösten Diskussionen dokumentieren dies hinlänglich.
5. *Es werden Bestrebungen sichtbar, das neue Paradigma durch rationalisierende Argumentationen zu legitimieren:* „... by rationalization is intended the ethical, philosophical, religious and political justifications which the paradigmatic community members offer of their praticipation in the core development process and which general community members offer for their relationship to the paradigm" (*Wallace* 1972, 471). — Auch hier, in den ideologischen Begründungsversuchen (z. B. *Claessens* 1970; *Rapp* 1978; *Gerhardt* 1971) bis hin zu religiösen Argumentationen (*Sundén* 1966; *Jetter* 1978; und auch *Luckmann* 1963 vgl. *Rutschky* 1971), liefert die rollentheoretische Debatte reiches Material.

Die paradigmatische Valenz der Rollentheorie steht bei Anwendung des Modells von *Wallace* außer Zweifel, auch wenn dies hier nicht für jeden der fünf Strukturparameter detailliert aufgeführt wird. Ich würde indes noch einen weiteren Parameter vorschalten:

6. *Neue Paradigmen kündigen sich durch regional unabhängig voneinander arbeitende Vorläufer an.* Es wird deshalb die Auseinandersetzung mit den Vorläufern von Bedeutung sein.

### 1.1.1 Der Kontext: Zur Geschichte der Bühnenmetaphern und ihrer Renaissance im soziologischen Denken des 20. Jahrhunderts

Die Bühnenmetaphern durchziehen die philosophische und gesellschaftswissenschaftliche Literatur von der Antike bis in die Gegenwart. Im Philebos (50 b, vgl. Gesetze VIII, 817 b) spricht *Plato* von der „Tragödie und Komödie des Lebens" und formuliert damit eine Metapher, die im Altertum und im Mittelalter immer wieder zur Beschreibung des menschlichen Lebens aufgegriffen wurde und bis in unsere Zeit nichts von ihrer Faszination eingebüßt zu haben scheint. Das *„theatrum mundi",* die Bühne dieser Welt, auf der das Lebensspiel (*mimus vitae*) abläuft und das Lebensskript (*fabula vitae*) gleichsam „wie ein Traum" vorüberzieht, — diese Bilder entspringen offenbar einer vitalen Erfahrung des Menschen. Er erlebt sie in den „Zufälligkeiten" von Glück und Leid, von Reichtum und Armut, in der unabwendbaren Folge von Szenen und in der festen Zuweisung von Rollen, die letztendlich erst im Zugriff des Todes ihre Bedeutung verlieren. Er ist wie ein Spieler auf der Bühne, ausgeliefert an ein Stück, in dem das Schicksal (*Seneca, Epiktet*), der große Weltpoet (*Plotin*) oder Gott (*Chrysostomos, Johannes von Salisbury*) die Regie führen. In den Bühnenmetaphern finden die vielen Unverfügbarkeiten des Lebens zugleich Ausdruck und Erklärung.

Ich habe die Entwicklung und den Bedeutungswandel der Bühnenmetaphern vom Altertum bis in die Neuzeit an anderer Stelle ausführlich dargestellt (*Petzold* 1981a). Ihre Verbreitung findet einen Höhepunkt im 16. und 17. Jahrhundert. Hier tritt eine Akzentverschiebung ein — etwa bei *Shakespeare* oder bei *Calderon de la Barca*: Der Einfluß der sozialen Realität für die Zuweisung der Rollen kommt in den Blick, und dem Menschen werden mehr Möglichkeiten eingeräumt, gestaltend an seinem Schicksal mitzuwirken. Die determinierende Zuweisung durch das Geschick erfährt eine Relativierung.

Die Bedeutung der Bühnenmetaphern geht in der Folgezeit zurück, ohne sich ganz zu verlieren, wie die Barockdramen zeigen (*Alewyn* 1959). Im 19. Jahrhundert gewinnen die Bühnentopoi erneut Bedeutung, und zwar weniger im Vergleich der Welt mit der Bühne, in der Auffassung des Menschen als Rollenspieler, sondern durch die Interpretation des *Lebens als Drama*. Die allgemeine Verbreitung dieses Bildes bei Denkern dieser Epoche darzustellen oder die Bühnenmetaphorik bei *Hegel, Nietzsche* und *Marx* nachzuzeichnen, würde eine eigene Studie erforderlich machen (vgl. *Matzner* 1964; *Urbanek* 1967; *Kosik* 1966).

Reiches Material findet sich besonders bei den Dramatheoretikern des 19. Jahrhunderts. So betont *Hebbel*: „Das Gesetz des Dramas liegt dem *Weltlauf* selbst zugrunde". „Die Geschichte spitzt sich in allen großen Krisen immer zur Tragödie zu" (Werke 12, 328 f). In der Folge der Hegel'schen Feststellung, daß die Handlung des Dramas immer „das wirkliche Sinnvollführen des an und für sich Vernünftigen und Wirklichen" offenbare, haben Dramatheoretiker wie *Ernst Willkomm* (1810-1886) oder *Julius Mosen* (1803-1887) den Topos weiterentwickelt. *Mosen* möchte „den Procesz der Weltgeschichte als Referent von der Bühne herunter dem Publikum vortragen" (Werke, Bd. 3, 23). Da ist das Drama nicht nur der „gefrorene Wein des Lebens" (*Vischer*, [1807-1887] 1857, 1404), sondern „Abbild des Lebens", eine „Form der ächten Lebenswirklichkeit", das den „großen Lebensprozeß... in der freien Öffentlichkeit" verhandelt (*Börne* 1862, Bd. 4, 33). Eine solche konkrete Auffassung und Gleichstellung von Drama und Leben war natürlich durch die Ereignisse zwischen 1830 und 1848 bestimmt, die eine „politische Dramaturgie" hervorbrachten (vgl. hierzu *Denkler* 1973, 345 ff), die durchaus keine „Flucht in die Metapher" (*Haug* 1972) darstellt. Es wird damit aber auch deutlich, wie sehr die Dramatik des Lebens, sofern sie nur hautnah genug erfahren wird, die Menschen empfinden läßt, daß sie Spieler des Lebens auf der Bühne dieser Welt sind, „in einem Schausteller und Verfasser ihres eigenen Dramas" (*Marx* 1955, 503; vgl. 371 u. 1906, 46 sowie 1960).

Die Bühnenmetaphern erleben dann im soziologischen Denken des 20. Jahrhunderts, insbesondere im Bild des rollenspielenden Menschen, erneut eine Bedeutung und eine Popularisierung, die der in der Renaissance und im Barock ohne weiteres an die Seite zu stellen ist. Nur haben sich die Akzente verschoben. Der Topos des *theatrum mundi*, der in der klassischen Literatur im Zentrum gestanden hatte, ist fast gänzlich in den Hintergrund getreten, und das Bild von dem Leben als Traum (*vita somnium est*), das den Scheincharakter der Wirklichkeit herausstellt, ist praktisch verschwunden. Aus der *scena vitae* ist die Rollenmetapher herausgelöst und zum zentralen Thema entwickelt worden. Die *fabula vitae*, das Drehbuch, nach dem die Rolle gespielt wird, findet erst im Lebensstil *Adlers* (1928) und in der Skripttheorie der transaktionsanalytischen Therapie (*Berne* 1975; *Steiner* 1972) wieder einige Beachtung — für die soziologische und sozialpsychologische

Literatur ist sie ohne Bedeutung. Und dennoch bleiben in der *Rollenmetapher* alle anderen Bühnenmetaphern impliziert, und die von ihnen ausgedrückte Struktur, die Art und Weise, Lebenswirklichkeit zu interpretieren, bleibt erhalten.

Es ist ein eigenartiges Faktum, daß Soziologie, Sozialpsychologie und Sozialpsychiatrie eine Vielzahl mehr oder weniger elaborierter Rollentheorien entwickelt haben, aber daß eine *Theorie der Szene* oder eine Theorie des Drehbuchs von vergleichbarer Bedeutung nicht ausgearbeitet wurde, wenn man von *Burkes* (1941), *Duncans* (1962), *Goffmans* (1959) Versuchen, die gesellschaftliche Wirklichkeit konsequent in Bühnenmetaphern darzustellen sowie *Argelanders* (1970) und *Lorenzers* (1970) Konzept des „szenischen Verstehens bzw. Ichs" einmal absieht.[2] Vielmehr bleibt man auf den Begriff der Rolle zentriert.

## 1.1.2 Rollentheorie und Bühnenmetaphorik

An dieser Stelle können nur einige Linien der Rezeption und Entfaltung von Bühnenmetaphern in den Sozialwissenschaften aufgezeigt werden,[3] und eine umfassende Darstellung bleibt noch zu leisten. Ich beschränke mich auf Autoren und Konzepte, die mir für die Einordnung des Werkes von *Moreno* wichtig erscheinen. Sowohl *Mead* (1934) als auch *Linton* (1936) als die Väter der modernen Rollentheorie haben den Rollenbegriff ohne Anbindung an die europäische Tradition der Soziologie (z. B. an *Simmel*, trotz *Mead* 1900) aus dem allgemeinen Sprachgebrauch übernommen. *Mead* (1913, 377) zumindest hat, entgegen der Behauptung *Morenos* (1961a, 519) explizit an die Bühnenmetaphern angeknüpft und den Bezug zum Theater hergestellt. Be-

---

[2] vgl. besonders den Dramatismus von *Kenneth Burke*, der versucht, seinen sozialphilosophischen Ansatz auf einer konsequenten Verbindung von Bühnenmetaphern aufzubauen. K. *Burke*, The Philosophy of Literary Form: Studies in Symbolic Action, New York 1941, Louisiana State University Press, Louisiana 1967[2]; *ders.*, A Dramatistic View of the Origin of Language, *The Quarterly Journal of Speech* 38 (1952) 251 ff. und 446 ff; 39 (1959) 79 ff und 209 ff; *ders.*, Artikel „Dramatism" in: International Encyclopedia of the Social Sciences (ed. D. L. Sills) Bd. 7 (1969) 445-452; *ders.*, A Rhetoric of Movies, Prentice Hall, New York 1953. Auch *Hugh D. Duncan*, Communication on Social Order, Bedminster Press, Totowa 1962; und *ders.*, Symbols in Society, New York 1968, hat die Bühnenmetaphern ausführlicher aufgegriffen. *Burke* wie *Duncan* entwickelten jedoch weder eine Szenen- noch eine Skripttheorie. Siehe weiter *Maurice Natanson*, Man as an Actor (1966).

[3] vgl. die Übersichten bei *Haug* (1972) 17-27; *Dreitzel* (1972) 95-103; *Wiswede* (1977) 7-22; *Sader* (1975) sowie M. *Coulson*, Role, A Redundant Concept in Sociology, in: J. A. *Jackson* (1972).

rührungspunkte zu *Moreno* waren bei beiden Autoren offenbar nicht vorhanden. Bei *Mead* nicht, weil er seine grundlegenden Ideen, die 1934 posthum veröffentlicht wurden, in den zwanziger Jahren vor der Publikation von *Morenos* „Who Shall Survive?" (1934) entwickelt hatte. *Lintons* Forschungsbereich, die Kulturanthropologie, hatte keine Berührungspunkte mit *Morenos* Arbeitsfeld. Selbst wenn *Linton* Kenntnis von *Morenos* Arbeiten gehabt haben sollte, sind gedankliche Einflüsse im Hinblick auf das Rollen- und Statuskonzept nicht festzustellen.

*Linton* und *Mead* nehmen den Rollenbegriff aus der alltagssprachlichen Adaption der Bühnenmetaphern und ordnen ihn ihren sozialanthropologischen bzw. sozialphilosophischen Entwürfen ein. Beide Autoren greifen auf sportliche Spiele zurück, um ihr Rollenkonzept zu explizieren: *Mead* auf das Baseball-Spiel, um den „generalized other" und die Annahme von Haltungen der Gemeinschaft zu illustrieren, *Linton* auf das Fußball-Spiel, um zu zeigen, daß „die Position des Abwehrspielers bedeutungslos ist, es sei denn im Zusammenhang mit den anderen Positionen". *Linton* hatte zunächst Rolle und Status gekoppelt: *„Eine Rolle repräsentiert den dynmaischen Aspekt eines Status... Wenn Rechte und Pflichten, die einen Status konstituieren, wirksam werden, führt man eine Rolle aus. Rolle und Status sind völlig untrennbar."* Sie *„dienen dazu, die Idealmuster sozialen Lebens auf individuelle Termini zu reduzieren"* (Linton 1936, 164). Später bezeichnet er Rolle „als die absolute Summe der kulturellen Muster, die mit einem einzigen Status verbunden sind. Der Begriff schließt somit die Haltungen, Werte und das Verhalten ein, die einer jeden diesen Status besetzenden Person von der Gesellschaft zugeschrieben werden" (*Linton* 1947, 50 ff). Der Begriff des Status in seiner Verknüpfung mit der Rolle hatte schon bei *Johannes Chrysostomos* und *Calderon de la Barca* in der Verbindung von *Stand* und *Rolle* eine Entsprechung (vgl. *Petzold* 1981a). Wenn die auf *Ralph Linton* zurückgehende strukturell-funktionale Schule der Rollentheorie[4], ohne auf die Bühnenmetaphern und die Theateranalogie unmittelbar zurückzugreifen, die Begriffe *„act"*, *„actor"*, *„acting"*, *„interaction"* zu einem Schwerpunkt ihrer Theorienbildung macht, so stellt sich die Frage, ob nicht soziale und individuelle Realität grundsätzlich in dramatischer Terminologie beschrieben werden können, wie es *Kenneth Burke* und *Erving Goffman* getan haben. Geht man das Werk *Talcott Parsons* auf implizierte Theateranalogien durch, so lassen sich nicht nur terminologische Anklänge in

---

[4] *Talcott Parsons, Robert Merton, Neal Gross, George Homans, Michael Banton* u. a.

Menge finden[5], auch seine Vorstellung vom *System* der Gesellschaft[6] weckt Gedanken an das Konzept des *theatrum mundi;* nur daß die Rolle des lenkenden, Rollen und Status zuweisenden und die Rollenperformanz richtenden Gottes jetzt bei der Gesellschaft liegt, die die Werte setzt, Status oder — um *Newcombs*[7] Terminus zu verwenden — Positionen zuweist, durch deren Erwartungshorizont Rollen zustandekommen. Die Sanktionen werden allerdings nicht am Ende des Lebens, sondern nach jeder vollzogenen Handlung erteilt. Die für die antiken Bühnenmetaphern gültige Grundstruktur des Ausgeliefertseins des Menschen an eine ihm nicht verfügbare Situation ist die gleiche geblieben. Nur ist es nicht mehr die *providentia*, sind es nicht mehr die Götter, an deren Fäden die Marionette Mensch hängt, es sind die *von der Gesellschaft zugewiesenen Positionen*, die von Erwartungen bestimmten Rollen, die der Mensch zu spielen hat (vgl. *Parsons, Shils* 1951, 23).

Das hat zur Folge, daß für einen Menschen, wenn er im System der Interaktion „vollkommen sozialisiert" ist (fully socialized in the system of interaction), „eine Rolle nicht etwas ist, was ein Spieler (*actor*) ‚hat' oder ‚spielt', sondern etwas, was er ist" (*Parsons, Bales* 1955, 107). Die anthropologischen Implikationen dieser Auffassung bringt *Orwill G. Brim jr.* (1960, 141) in seiner lapidaren Feststellung zum Ausdruck: *„Das erlernte Repertoire an Rollen ist die Persönlichkeit. Mehr gibt es da nicht. Es gibt keine ‚Kern'-Persönlichkeit unterhalb des Verhaltens und der Gefühle. Es gibt kein ‚zentrales' monolithes Selbst, das seinen vielfachen äußeren Manifestationen zugrundeliegt"* — ein Gedanke, den schon *Müller-Freienfels*, wenn auch auf anderem Hintergrund und mit anderen Argumenten, vertritt (1923, 126 f). Der Mensch als Rolle oder Konglomerat von Rollen, die Rollen aber ein gesellschaftlich determiniertes Erwartungsbündel, gebunden an einen gesellschaftlich zugewiesenen Status — eine derartige Konzeption sieht

---

[5] vgl. z. B. *Talcott Parsons,* The Social System, Free Press, Glencoe, Ill. 1951, S. 40, 42 etc; ders. The Structure of Social Action. A Study in Social Theory with Special Reference to a Group of Recent European Writers, McGraw Hill, New York 1937, S. 44; ders. u. *E. A. Shils (Eds.) Towards a General Theory of Action, Harper / Row, New York 1951, S. 23; ders. u. R. F. Bales, Family, Socialisation and Interaction Process, Free Press, Glencoe 1995, S. 107.*

[6] vgl. insbesondere op. cit. 1951 und *T.* Parsons, An Outline of the Social System, in: *T. Parsons, E. Shils, K. D. Naegele, J. R. Pitts* (Eds.), Theories of Society, Vol. 1, S. 30 ff, New York 1961.

[7] *Theodore M. Newcomb, Ralph H. Turner, Philip E. Converse*, Social Psychology. The Study of Human Interaction, London 1950. *Newcombs* Positionsbegriff hat sich gegenüber dem Statusbegriff in der soziologischen Literatur durchgesetzt, vgl. *Wiswede*, op. cit. (1977) S. 16 und *Heinz Kluth* (1957).

den Menschen als fremdbestimmten und demnach entfremdeten *"homo sociologicus"*. Wenn "soziale Rollen... Bündel von Erwartungen, die sich in einer gegebenen Gesellschaft an das Verhalten der Träger von Positionen knüpfen," sind — so *Dahrendorf* (1974, 33) —, dann liegt der Schluß nahe, *"daß Gesellschaft nicht nur eine Tatsache, sondern eine ärgerliche Tatsache ist, der wir uns nicht ungestraft entziehen können. Soziale Rollen sind ein Zwang, der auf den einzelnen ausgeübt wird..."* (ibid.). *"Indem der Einzelne soziale Positionen einnimmt, wird er zur Person des Dramas, das die Gesellschaft, in der er lebt, geschrieben hat. Mit jeder Position gibt die Gesellschaft ihm eine Rolle an die Hand, die er zu spielen hat"* (ibid. S. 32).

Es kann hier nicht darum gehen, die durch *Dahrendorfs* Konzept des "Homo Sociologicus" und seine Rezeption der amerikanischen rollentheoretischen Literatur aufgeworfene Diskussion aufzugreifen. Die Kritik von *Tenbruck, Gehlen, Bahrdt, Popitz, Janoska-Bendl, Dreitzel, Claessens* und anderer[8] hat auf jeden Fall nicht das Element der Fremdbestimmtheit der Rolle durch die Gesellschaft aus der Rollentheorie verbannen können. Durchforstet man die relevante amerikanische und europäische sozialphilosophische (*Plessner, Asemissen*), soziologische (*Claessens, Gerhardt, Dreitzel, Jackson*), sozialpsychologische (*Wiswede, Biddle, Thomas*) und sozialpsychiatrische (*Moreno, Leutz*) Literatur zur Rollentheorie, so wird man auf die unterschiedlichsten Rollendefinitionen treffen (*Neiman, Hughes* 1951; *Banton* 1965, *Coulson* 1972). Alle aber implizieren die gesellschaftliche Eingebundenheit, wenn auch das Spektrum von der totalen Fremdbestimmtheit durch die Erwartungen des sozialen Umfeldes (*Merton, Parsons*) bis zum durch "Rollendistanz" und subjektive Deutung des Rollenvollzugs (*Berger, Luckmann, Turner, Dreitzel*) ermöglichten Freiraum des persönlichen Handelns reicht. Dieses Spektrum stecken *McCall* und *Simmons* (1966/1974, 37) ab, wenn sie schreiben: *"Für den Rollentheoretiker ist das Urbild der Rolle das des Rituals oder des klassischen Dramas, wo jedes Wort und jede Geste der Akteure in einem unantastbaren Manuskript rigide festgelegt sind. Unserer Ansicht nach ist das*

---

[8] J. *Janoska-Bendl,* Probleme der Freiheit in der Rollenanalyse, Kölner Zeitschrift für Soziologie und Sozialpsychologie 3 (1962) 469 ff; F. H. *Tenbruck,* Zur deutschen Rezeption der Rollenanalyse, Kölner Zeitschr. f. Soziologie und Sozialpsychol. 1 (1961) 3 ff; H. P. *Bahrdt,* Zur Frage des Menschenbildes in der Soziologie, Europäisches Archiv für Soziologie 1 (1961) 7 ff; A. *Gehlen,* Rezensionen des "Homo Sociologicus", Zeitschrift für die gesamte Sozialwissenschaft 2 (1961) 369 ff; D. *Claessens,* Rolle und Verantwortung, Soziale Welt 1 (1963) 1-13; H. *Popitz,* Der Begriff der sozialen Rolle als Element der soziologischen Theorie, Mohr, Tübingen 1967; *Dreitzel* op cit. (1972). Weitere kritische Stellungnahmen zum "homo sociologicus" finden sich im Anhang zur Neuauflage *Dahrendorf (1974)* S. 119.

*Vorbild der Rolle eher im improvisierten Theater zu finden, wie zum Beispiel bei der ‚Second City Troup', die nur nach einem groben Entwurf für die vorgestellten Sketche und Charaktere aus dem Stegreif spielt.*"⁹⁾

Die Entwicklung der Rollentheorien unter stillschweigender Zugrundelegung des Bühnenkonzeptes, ohne daß die Struktur der Bühne, das Zustandekommen der Stücke ausreichend theoretisch untersucht wurde, hat die Rolle zu einem Konstrukt gemacht, dessen Hintergrund und dessen Geschichte unbeachtet geblieben sind. Das „Stück" als Zeitdimension, das „Rollenschicksal", die Dimension des Ortes der Handlung, die Szene und die Kosten der Ausstattung sind aus dem Blick gerückt. Die Bühnenmetaphern wurden in den Sozialwissenschaften nicht entfaltet, weil „die Naivität des allzu Naheliegenden" (*Claessens* 1970, 16), die „bloße Metapher" (*Tenbruck* 1969, 9) soziologisch nicht greift. Gerade aber das Naheliegende, die Verwurzelung der Bühnenmetaphern in einer alltagssprachlichen Tradition, die bis in die Antike zurückgeht, hätte den Soziologen hellhörig machen müssen. *„Jeder Erwachsene weiß etwas von der Rolle auf der Bühne des Theaters, und die Übertragung auf die Welt- und Lebensbühne ist verbreitet, da leicht und naheliegend. Außerdem verbindet sich damit bereits die Vorstellung von der Maskenhaftigkeit einer Lebensführung, bei der immer nur ein Teil der eigenen Persönlichkeit durchscheint"* (*Claessens* 1970, 11).

Offenbar hat die Metapher nicht nur „metaphorische" (vgl. *Nash* 1963) Bedeutung, sondern dient zur Kennzeichnung erlebter Realität. In der Alltagssprache sind die Topoi „eine Rolle spielen, keine Rolle spielen, etwas vorspielen, hinter die Kulissen schauen, Theater spielen, eine Szene machen, eine Schau abziehen, aus der Rolle fallen, seine Rolle verlieren, die Rollen verteilen" etc. fest verwurzelt. Sie zeigen, daß die Bühnenmetaphern nicht in einem enthobenen Kulturreservat als literarische Ausdrucksformen verwandt werden, sondern daß sie im Alltagsdenken und -handeln gebraucht werden. Oftmals allerdings zur Kennzeichnung eines „Scheins", wie die Mehrzahl der angeführten Beispiele zeigt. *Aber auch dieser Schein hat Realität:* die Szene, die sie macht, kann recht handfest sein; das Theater, das er spielt, ärgerlich; die Schau, die er abzieht, großartig oder peinlich. Eine Rolle spielen oder aus der Rolle fallen, seine Rolle erlernen und keine Rolle mehr zu spielen — diese Wendungen sind Ausdruck von Realitäten, und die

---

⁹⁾ Die Autoren hätten in *Moreno* einen guten Gewährsmann gehabt. Seine früheren Arbeiten sind ihnen offenbar unbekannt geblieben. Auch das Werk *Pirandellos* bietet in diesem Zusammenhang interessante Anregungen (vgl. *Baumann* 1967; *Barbu* 1967).

Rolle hat offenbar für den Rollenträger oder -spieler die Qualität erlebter Wirklichkeit.

Hans Peter Dreitzel hat versucht, dieses Zusammenfließen von abgehobener Bühnenrealität und der Realität konkreten Alltagserlebens im Bild der Rolle zu erfassen: „*Daß die Metapher vom Menschen als Rollenspieler zutrifft, bedarf der Begründung. Ihre Herkunft aus der Welt des Theaters weist den Menschen als einen Schauspieler aus, der die Rollen, die die Gesellschaft für ihn geschrieben hat, verkörpert — spielerisch, nicht ohne eigenes Hinzutun, doch den gegebenen Rollen folgend und ihnen gegenüber sich als ein invariantes Selbst behauptend. Die Rollen, die er spielt, sind ihm äußerlich, so sehr er sich mit ihnen identifizieren mag, um die Verkörperung plausibel zu machen... Hinter der leichten Rede vom Rollenspiel verbirgt sich der Ernst einer anthropologischen Konstante; daß der Mensch immer nur das ist, wozu und als was er sich versteht*" (Dreitzel 1972, 103f). „*In diesem Sinne hat die Rolle, die er spielt, allemal theatralischen Charakter; ob sie symbolisch-repräsentativ für gesellschaftliche Bedeutungszusammenhänge oder individuell für sich selbst steht, entscheidet sich nach dem Drama, das gespielt wird. Jede Gesellschaft hat andere Rollenstrukturen und jede soziale Situation ihre eigenen Charaktere; das repräsentative Element kann stärker oder schwächer sein, die Rolle kann unter die Haut gehen oder als Routine erledigt werden — jedenfalls bleibt sie ablösbar vom Spieler, der freilich nie hinter der Bühne verschwinden kann, sondern sich sogleich nach einem anderen Skript umsehen muß*" (ibid. 106). Dreitzel spricht folgerichtig von der „Inszenierung" sozialen Verhaltens, das vom Skript der Gesellschaft bestimmt sei, wobei er, wie *Dahrendorf* (1974, 93), *Kemper* (1966) u. a., eine Distanzierungsmöglichkeit eines Selbst oder Ich sieht.

### 1.1.3 Die Dichotomisierung von Individuum und Gesellschaft

Aus einer solchen Loslösung der Rolle von der Bühne, des Selbst von der Rolle, muß als Konsequenz eine Polarisierung von Individuum und Gesellschaft erfolgen, die die Gesellschaft zu einer „ärgerlichen Tatsache" macht; denn das Verhältnis des Einzelnen zu seinen Rollen birgt in sich die Geburt des *homo sociologicus* aus dem *ganzen* Menschen, die Entfremdung des Menschen zum Schauspieler auf der Bühne der Gesellschaft (*Dahrendorf* 1974, 5).

Die Rollentheorie rührt hier an eines der Grundprobleme der Soziologie: die Dichotomie von Individuum und Gesellschaft (vgl. *Bohnen* 1975; *O'Neil* 1973; *van Berg* 1975; *Zijdervelt* 1974), repräsentiert in

„zwei" Soziologien. Eine Strömung geht auf *Comte* zurück, der schon in seiner ersten Schrift „Plan des travaux scientifiques, necessaires pour reorganiser la société" aus dem Jahre 1882 die Bedeutung der Kollektivität betont, eine Linie, die sich über *Durkheim* in das 20. Jahrhundert zur soziologischen Systemtheorie (*Parsons, Merton,* vgl. *Bohnen* 1975, 54ff) fortzeichnet. Auch die kollektivistische Seite des Marx'schen Denkens (vgl. *Marx* 1969, 2, 4, 5) hat in der marxistischen Soziologie zu einem Primat des Gesellschaftlichen geführt hat (vgl. *Welmer* 1969, 100ff; *van Berg* 1975, 194 ff). Die andere Bewegung entwickelte sich über *Diltheys* Absetzung vom Kollektivismus *Comtes* und *Spencers* und seiner Betonung der Individualität (vgl. „Einleitung in die Geisteswissenschaften" 1883). Die verstehende Soziologie, *Weber* (1968, 169 ff), *Schütz* (1970) bis hin zu *Berger* und *Luckmann* (1966), hat diese Linie entwickelt. „*Angesichts ihrer Auswirkung auf die soziologische Praxis darf die Bildung eines Rollenkonzeptes wohl als der einflußreichste Versuch gelten, das mit der Dichotomie von Individuum und Kollektivität hervorgerufene Ungenügen zu beheben*" (*Coenen* 1979, 274). Die von der Mehrzahl der soziologischen Rollentheoretiker vertretene Auffassung von der Rolle als „gesellschaftlich bestimmtem Verhaltensmuster" ordnet die Rolle dem Bereich der sozialen Erscheinungen zu, die nach *Durkheim* ein eigenes Leben führen. *Linton* und *Parsons* z. B. lösen die Rolle von den konkreten Handlungen der Personen ab (vgl. *Joas* 1978, 30 ff).

Durch die Vorstellung, daß der Mensch Rollenträger sei und in der Rolle die gesellschaftlichen Normen für sich integriert, wurde es möglich, daß sich Individuum und Gesellschaft über die Rolle verbinden „*roles belong exclusively to the social entity organization; while enacting a certain role, the individual acts as an integral part of the social organization this role belongs to*" (*Olsen* 1968, 104; vergl. auch *Gehlen*). Sanktionen, Normen, Regeln regulieren die Rollenperformanz, zwingen den Menschen unter die gesellschaftlichen Erwartungen, so daß diese als dem Individuum entgegenstehende Realität aufgefaßt werden können. „*Der totale Zwang wird als Basis für die Definition genommen, und die Graduierungen, die der Zwang faktisch stets aufzeigt, werden als Abweichungen von diesem als Kriterium verwendeten Idealfall bestimmt. Hiermit parallel wird das tatsächliche Rollenverhalten nun als ein mehr oder weniger vollständiges Einlösen der gegebenen Erwartungen ausgelegt. In dieser Sicht bewegt sich das Rollenverhalten zwischen den Polen von Konformität und Abweichung*" (*Coenen* 1979, 281).

Der Rollenbegriff selbst birgt in sich damit die Gegensätzlichkeiten von individueller Kreativität bzw. Freiheit und gesellschaftlichem

Zwang, von persönlichem Sinn und gesellschaftlich festgelegten Normen und Werten. Die Rolle als gesellschaftliches Muster, das dem Handeln vorgegeben ist, und das Handeln als konkreter Vollzug dieses Musters in persönlicher Verkörperung und Ausformung bergen in sich die Wurzeln des Konfliktes; und dies besonders, wenn Gesellschaft als abgehobenes „System" und Individualität als persönlich vollzogene, konkrete Lebenswirklichkeit gesehen wird, die an den Normierungen „leidet". Das „Ärgernis der Gesellschaft" wird also durch den soziologischen Rollenbegriff nicht aufgehoben, auch nicht, wenn der Gesellschaft eine positive Akzentuierung gegeben wird, wie dies z. B. *König* (1962, 37) und *Tenbruck* (1961, 3) gegenüber *Dahrendorf* vertreten. Auch die Interpretation von *Berger* und *Luckmann* (1970), die individuelle Sinngebung und gesellschaftliche Normierung als dialektischen Prozeß zu explizieren suchen, der durch die Dimension des *Sinnes* zusammengehalten wird, erweist sich als problematisch, da das Moment der „Institutionalisierung" in die alte Problematik führt, die übrigens schon den Ansatz der „Typisierung" bei *Schütz*, auf den die Autoren zurückgreifen, kennzeichnet (vgl. *Coenen* 1979, 285f; *Joas* 1978, 52f).

Es entsteht die Frage, wie die konkrete Interaktion in Alltagssituationen sich im gesamtgesellschaftlichen Kontext explizieren und in diesen einbinden läßt, ohne daß es zu einer Auflösung des einen im anderen kommt, ohne daß eine prinzipielle Konflikthaftigkeit angenommen werden muß, und ohne daß die Gesellschaft *per se* die Zuweisung von Entfremdung erhält; denn das Ärgernis der Gesellschaft liegt nicht in ihr schlechthin begründet, sondern in der Tatsache einer Gesellschaft, die Entfremdung hervorbringt, und in dem Faktum Entfremdung selbst.

Ist die Rolle ein Konstrukt oder eine Realität, in der sich die grundsätzliche Verbundenheit von Individuum und Gesellschaft, von Privatheit und Kollektivität fassen läßt? Wohl nur, wenn man Rolle und Bühne, Mensch und Gesellschaft nicht trennt, sondern als *unlösbare Bezogenheit* sieht — der einzelne Mensch ist ohne Gesellschaft, die Gesellschaft nicht ohne den einzelnen Menschen denkbar. Die Abtrennung des Menschen von seiner sozialen Matrix ist in gleicher Weise als Entfremdung zu sehen, wie der Verlust des Individuums im Spiel sozialer Konfigurationen. Die Kategorien „Leiblichkeit" (*Coenen* 1979), „Intersubjektivität und Sprache" (*Habermas* 1976, 63 ff) und „Konkretheit des Alltagshandelns" (*Politzer* 1929; *Scott, Lyman* 1968) können hier Ansatzpunkte zur Weiterentwicklung bieten.

## 1.1.4 Der Rollenbegriff zwischen Schein und Konkretheit

Eine weitere Problematik der Theatermetaphorik (*Wilshire* 1977; *Hoffmann* 1973) liegt in der Konnotation von „Schein", der der konkreten Realität enthoben ist. Besonders *Haug* (1972) greift den Scheincharakter des in den Bühnentopoi gegründeten Rollenbegriffes an: „*Es kennzeichnet die Rollenmetaphorik eine Betrachtung der Welt von einem Standpunkt, der außerhalb dieser liegt. Es ist der Rückzug in die Innerlichkeit angesichts der Äußerlichkeit von Welt. Diese streift ihren realen Charakter ab, ist im Grunde nicht mehr Wirklichkeit, ist Spiel geworden. Es wird also mit der Theatermetapher der Schein auf eine Weise als Ersatz für Wirklichkeit genommen, daß die eigentliche Produktion des menschlichen Lebens uninteressant und irrelevant wird. Die wirklichen Verhältnisse lösen sich scheinbar von innen ab, geraten aus dem Blickfeld; wichtig bleiben allein die sichtbaren Auswirkungen dieser Verhältnisse auf die Beziehungen der Menschen. Nur diese werden von der Metapher erreicht und scheinen so, für sich genommen, allein der denkbaren Veränderung noch zugängig. Was in Wirklichkeit der Veränderung bedarf, wird durch die spezifische Betrachtungsweise unzugänglich. Die Ökonomie, aber auch die Triebe verblassen zu Schemen, die nur ab und an noch, nun auch gleich wie Metaphern auftauchen. Die handelnden Menschen werden zu Darstellern, Marionetten, die gezogen und gezwungen ein abgekartetes Spiel spielen*" (*Haug* 1972, 24).

Die Position von *Haug* und auch von *Hoffmann* (1973) verkennt die „Wirklichkeit des Scheins"; denn die Rollen als positionsbezogene Erwartungsbündel[10] schaffen Realitäten; allerdings oft solche, die Entfremdung produzieren, indem die Verbundenheit zur Konkretheit von Situationen und Handlungen aufgelöst wird. „*Es scheint, als ob die Welt vorab strukturiert werde, um im Nachhinein die Menschen in Rollen einzusetzen. Als Aggregatzustand der Bühnenhaftigkeit interessiert Inhalt und Autor des vorgegebenen Stücks nicht mehr*" (*Haug* 1972, 123). Es ist in der Tat so, daß der Autor in den Diskursen der „Macht", die in den Rollen wirksam wird, verloren gehen kann — wie z. B. *Michel Foucault* (1973, 1974) aufweist —, aber eben immer dann, wenn die Konkretheit und Intersubjektivität des Rollenspiels verlorengeht. Eine „Flucht in die Metapher", wie sie *Haug* im vermehrten Auftauchen der Rollenmetaphorik im England des 16. Jahrhunderts als

---

[10] vgl. z. B. *Wiswede* (1977) 18: „Rollen sind relativ konsistente, mitunter interpretationsbedürftige Bündel von Erwartungen, die an eine soziale Position gerichtet sind und als zusammengehörig perzipiert werden".

Ausdruck einer niedergehenden Gesellschaftsform zu belegen sucht (ibid. 20)[11], abstrahiert von dem Faktum, daß auch das noch Ausdruck konkreter und wiederum in Rollen vollzogener gesellschaftlicher Dynamik ist, die sich in greifbaren Aktionen von Individuen artikuliert. Trotz der unzulänglichen historischen Begründung, die Haug für Herkommen und Funktion der Rollenmetaphorik gibt, ist ihre Kritik bedenkenswert, weil sie aufzeigt, wie die Konnotation mit dem Scheincharakter die Gefahr birgt, daß Macht und Herrschaftsverhältnisse verschleiert, bestehende Verhältnisse stabilisiert werden (vgl. auch Willms 1970) und die Ohnmacht der zum Spiel einer Rolle Verurteilten festgeschrieben wird.

Die Gefahr ist im wesentlichen darin zu sehen, daß das abstrakte Rollengerüst konkreten Menschen eine Unabänderlichkeit des Schicksals auferlegt, ohne daß damit das *Stück*, d. h. die Frage, wie es dazu gekommen ist, und die *Bühne*, d. h. die Frage, in welchem Kontext das Geschehen steht, problematisiert werden kann. Die Einbeziehung historischer und kontextueller Dimensionen würde nämlich deutlich machen, daß die Verbindung von „Rolle und Macht" (*Claessens* 1970) mit Machtausübungen in konkreten Situationen — in der Regel als leibliche Disziplinierung und Züchtigung — in Zusammenhang zu bringen ist, genau wie das Problem „Rolle und Besitz" (*Joas* 1978, 89) in unmittelbarer Verbindung mit konkreten Besitztümern steht. Der Schein-

---

[11] Die Interpretation von *Haug* (1972, 20), die die Rollenmetaphorik mit der Dekadenz und Ablösung von Gesellschaftsformen in Verbindung zu bringen sucht, ist kaum zulässig, wenn man die Geschichte der Bühnenmetaphern betrachtet. Sie finden sich durchgängig seit der Antike und nicht nur in Zeiten gesellschaftlicher Umwälzung (*Petzold* 1981a). Für den von ihr angesprochenen Zeitraum, das England des 16. Jahrhunderts, ist zu vermerken, daß der „Policratius" des *Johannes von Salisbury* (1159), der die Bühnenmetaphern entfaltet, erst 1595 neu im Druck erschienen war, ebenso wie der „Zodiacus Vitae" des *Palingenius* (1561) in einer englischen Übersetzung des *Barnaby Googe* vorlag (vgl. T. W. *Baldwin*, William Shakespeare's „small latine und lesser greeke", University of Illinois Press, Urbana 1944, vol. I, 653). *Hier* sind die unmittelbaren Quellen *Shakespeares* für den Gebrauch der Bühnenmetaphern zu suchen. Im Europa des 16. und 17. Jahrhunderts ist der Bezug zu den Autoren der Antike durch die Humanisten der Renaissance, mit denen die Bühnenmetaphern stark in Mode kamen, fest verwurzelt, wie die Übersetzung von Werken mit Rollenmetaphorik zeigen: neben *Platon* (übersetzt von *Ficin*, bearbeitet von *Grynaeus*, Basileae 1556), erschien *Epiktet* (übersetzt von *Hieronymus Wolfius*, Basileae 1556), *Plotin* (übersetzt von *Ficin*, Basileae 1560). Weiterhin werden *Seneca, Petronius,* ja *Pythagoras* als antike Gewährsmänner für die Bühnenmetaphern von den Renaissance-Autoren angegeben, z. B.: „Pythagoras sayed, that this world was like a stage, whereon many play their parts" (R. *Edwards*, in: Damon and Pythias, London 1571). Auch der 1490 gedruckte „Everyman" zeigt, wie fest im England des 15. Jahrhunderts Bühnenmetaphern verwurzelt waren (vgl. J. V. *Mierlo*, De prioriteit van Eckerlije tegenover Everyman gehandhaaftd, Turnhout 1948).

charakter von Rollen ist also keineswegs notwendig gegeben, wenn sie nicht aus ihrem direkten Lebensbezug gelöst wurden.

So ließe sich noch einwenden gegen die Argumentation von *Haug*: daß Rolle wohl mehr Veräußerlichung als Verinnerlichung bewirkt, daß Spiel nicht Gegensatz zu Realität ist, daß Ökonomie und Triebe durchaus in Rollenkonzepten plastisch werden können und daß Rollenspieler alles andere sein müssen als Marionetten — man denke an Machtrollen. Wird die Rollenmetapher Kennzeichen eines Scheins, und diese Gefahr liegt in der Tat vor, wenn eine Theorie der Verkörperung, der Bühne und des Skripts fehlt, wenn die Dimensionen der Leiblichkeit (Sexualität, Gewalt, Tod), des Lebenszusammenhanges und der Geschichte (Macht, Besitz) ausgeblendet werden, so steht sie im Dienste derer, die ein Interesse daran haben, den Schein zu wahren, Herrschaft als „Drahtzieher"[12] auszuüben oder sich als Marionetten lenken und in bequemer Passivität beherrschen zu lassen. Deshalb ist die konkrete Verwurzelung in der Lebenswirklichkeit des Menschen beim Gebrauch der Bühnentopoi unverzichtbar, damit die Valenz der Metaphern für die Verdichtung komplexer Realitäten und das theoretische Erfassen mehrdimensionaler Zusammenhänge zum Tragen kommen kann (vgl. hierzu *Nash* 1963).

## 1.2 Frühe Versuche zum Rollenbegriff

Nach dieser Skizze relevanter Fragestellungen im Zusammenhang mit der Entwicklung der modernen Rollentheorie sollen einige Autoren vorgestellt werden, die noch vor *Mead* und *Moreno* die Bühnenmetaphern, insbesondere den Rollenbegriff, im Rahmen sozialphilosphischer und sozialpsychologischer Konzeptbildung verwandten, und zwar zum Teil in einer erstaunlich differenzierten Weise, ohne daß diese Ansätze von den modernen Vertretern der Rollentheorie rezipiert worden wären. Sie sind, schaut man auf die Standardwerke der rollentheoretischen Literatur, unbekannt geblieben.

Nur *Anne-Marie Rocheblave-Spenlé* hat in ihrer ausführlichen Darstellung „La notion de rôle en psychologie sociale" (1962) einen gründlichen, wenn auch nicht vollständigen Überblick über französische, amerikanische und deutsche Autoren gegeben, die Gedanken und Konzepte entwickelten, welche als Vorläufer einer Rollentheorie be-

---

[12] Die Metapher des „Drahtziehers" ist dem Marionetten-Theater entliehen. So findet sich im Briefwechsel zwischen *Zelter* und *Goethe* ein Hinweis auf „politische Drahtzieherey" (*Geiger* I, 575). Die Marionettenmetapher wird auch von *Marx* (1960) verwandt.

trachtet werden können, oder die den terminus „Rolle" verwandten. Sie selbst sieht als die ersten *wirklichen* Rollentheoretiker *G. H. Mead, R. Linton* und *J. L. Moreno* und befindet sich damit in einer Linie mit der Mehrzahl der neueren Darstellungen der Rollentheorie (*Biddle, Thomas* 1966; *Banton* 1965; *Claessens* 1970 u. a.). Eine solche Auffassung ist aber allenfalls im Hinblick auf die Wirkungsgeschichte der genannten Autoren vertretbar. Den Standardwerken der Rollentheorie sind die von *Rocheblave-Spenlé* dargestellten „precursors" weitgehend unbekannt geblieben, wie im übrigen auch das so umfassende Buch der französischen Sozialpsychologin selbst in der internationalen Literatur zur Rollentheorie kaum rezipiert wurde. Es sind damit das *Milieu*, die gedanklichen Traditionen, in denen der sozialwissenschaftliche Rollenbegriff sich entwickelte, ausgeblendet worden. Wenn im folgenden auf die Vorläufer der modernen Rollentheorie, und hier insbesondere auf die deutschsprachigen, eingegangen wird, so nicht, um das „vor-paradigmatische Milieu" umfassend darzustellen — diese Aufgabe bleibt noch zu leisten —, sondern um den *Hintergrund* plastisch werden zu lassen, aus dem das Werk *Morenos*, das als eines der bedeutenden Kristallisationskerne der modernen Rollentheorie gelten kann, hervorgegangen ist.

## 1.2.1 Vorläufer in Amerika

Die Rollenmetapher wurde im amerikanischen Raum durch *James* (1890, 1892), vor allem durch dessen Begriff des „social self" vorbereitet. Der Ansatz von *James*, insbesondere sein Einfluß auf *Baldwin*, bei dem sich der Terminus „Rolle" (1897, 37) im Rahmen entwicklungspsychologischer Überlegungen findet, seine Wirkung auf *Royce, Cooley, Dewey* und *Mead*, muß als eine wichtige gedankliche Linie für ein Rollenkonzept angesehen werden, das sein Fundament in der Wahrnehmung und Interpretation der Meinungen „signifikanter Anderer" hat. *Cooley* (1902) faßt diese Idee mit einem Bild aus einem Gedicht von *Emerson*:
„Each to each a looking-glass
Reflects the other that doth pass."
*„A self idea of this sort seems to have three principal elements: the imagination of our appearance to the other person; the imagination of his judgement of that appearance; and some sort of self feeling, such as pride or mortification. The comparision with a looking glass hardly suggests the second element, the imagined judgement, which is quite essential"* (ibid. 1902, 153). *Mead* sollte dann dieses Konzept zum Rollenbegriff des symbolischen Interaktionismus entwickeln.

Einzelne, zufällige Erwähnungen des Rollenbegriffes (*Park* und *Burgess* 1921, 114 ff; *Cottrell* 1933, 107 ff; aber *Parsons* 1936) blieben ohne Bedeutung, und ein ausgearbeiteter, eigenständiger rollentheoretischer Entwurf blieb unbeachtet: die Arbeit von *Katharine Lumpkin* 1933), „The family: A study of member roles", auf die *Rocheblave-Spenlé* (1962, 15f) aufmerksam gemacht hat. *Lumpkin* hatte Rolle — unbeeinflußt von der aufgezeigten Tradition — definiert als „allgemeinen Terminus, um bestimmte Aufgaben, Vorschriften und Haltungen zu beschreiben, die Personen mit einer bestimmten Funktion in einer gegebenen Gruppe ... gemein haben" (1933, 15). Diese Definition steht den späteren Konzepten von *Linton* (z. B. 1945, 50; 1954, 201) nahe. „*Sie [die Rolle] enthält also die Haltungen, Werte und von der Gesellschaft vorgeschriebenen Verhaltensweisen für jede Person, die diesen Status einnimmt. Sie kann sogar ausgedehnt werden und die berechtigten Erwartungen an solche Personen einschließen ...*" (1945, 50).

Bei den amerikanischen Vorläufen finden sich demnach die wesentlichen Elemente des symbolisch-interaktionalen und des strukturell-funktionalen Rollenbegriffes vorbereitet.

## 1.2.2 Vorläufer in Frankreich

In Frankreich wird die Rollentheorie vorbereitet durch die entwicklungspsychologischen Theoreme zur *Imitation* von *G. Tarde* (1888), der allerdings noch kein Konzept der Rolle oder des Rollenlernens ausarbeitet, und durch sozialphilosophische Überlegungen von *H. Bergson* über das „*moi social*" (1900). Erst *Emile Durkheim* verwendet den Rollenbegriff, und zwar synonym mit dem der Funktion: „le mot de rôle ou de fonction" (1892/1922, 5). Jedes Individuum muß, wie die Organe des Körpers, eine für die Gesellschaft nützliche Funktion ausüben (ibid. 157). *Rocheblave-Spenlé* (1962, 20f) stellt fest: „*En fait, Durkheim ne semble que trés peu sensible à l'origine dramatique du terme rôle, et il l'emploie tout simplement comme synonyme de fonction ... Il considère cette notion de rôle surtout du point de vue de la société elle-même, des besoins de l'organisme social*".

Zuweilen wird der Terminus aber auch im Sinne der Aufgaben eines Individuums gesehen (1893/1922, 11). Diese Bedeutungsrichtung findet sich im Werk von *Alfred Binet* wieder, der im Rahmen seiner Forschungen über die Suggestibilität Schüler*gruppen* untersucht und damit eine sozialpsychologische Perspektive einführt: „*Die Kinder bilden eine Gruppe, nehmen in dieser Gruppe eine Position ein, eine genau definierte Funktion, die sie im folgenden beibehalten. Die Gruppe organisiert sich, und es zeichnet sich eine Hierarchie ab*" (*Binet* 1900,

342). Rolle wird wieder als Funktion gesehen, die diesmal an einen bestimmten Status (position) gebunden ist.

Zu Beginn der zwanziger Jahre hat *P. Guillaume* (1925) unter Rückgriff auf *Tarde* die Konzepte *Baldwins* aufgenommen und ausgearbeitet. Er kommt zu einer verfeinerten — und die Theorie des sozialen Lernens von *Bandura* (1971; 1976) in bestimmten Aspekten vorwegnehmenden — Konzeption des Imitationslernens, gelangt aber nicht zu einer Interpretation des sozialen Phänomens „Rolle". Die *„adoption d'un rôle"* durch das Kind erfolgt für ihn nicht nur aus Imitationstrieb oder gar zufällig, sondern weil es mit der Übernahme am Prestige der Erwachsenen partizipieren kann. Im kindlichen Spiel erfolgt eine reziproke Imitation, eine wechselseitige Rollenübernahme, und in diesem Rollenwechsel (*alternance de rôle*) wird es dem Kind möglich, sich in der Rolle eines anderen wahrzunehmen und diese zu übernehmen.

Ein komplexer Versuch der Integration findet sich im Werk von *Pierre Janet*, der mit den Gedanken von *James, Royce* und *Baldwin* vertraut war, die Theorie des Imitationslernens von *Tarde* (1888; 1895) aufnimmt, auf die sich schon *Baldwin* bezogen hatte, und Autoren wie *Proust* und *Pirandello* in seine Überlegungen einbezieht. Als Kliniker war für *Janet* die Zentrierung auf das Schicksal des Individuums naheliegend, aber er sah auch den bedeutenden Einfluß sozialer Faktoren für die Entstehung von Krankheiten und für ihre Behandlung (1919) und unterscheidet in der Folge von *Bergson* und *Durkheim* in seinen späteren Arbeiten ein *„moi individuel"* und ein *„moi social"* (*Janet* 1937). Das Kind übernimmt Rollen per Imitation oder, weil sie von ihm „erwartet" werden. Mit der Erfüllung von Rollenerwartungen der Umgebung geht in der Regel eine soziale Belohnung einher, und derart ausgeführte und verstärkte Rollen fixieren sich in der Persönlichkeit (1936, 56). Wir finden hier Ansätze zu einem sozialisationstheoretischen Entwicklungsmodell der Persönlichkeit: Persönlichkeit wächst in der Aneignung sozialer Rollen, so daß von *Janet* zuweilen Rolle und Persönlichkeit gleichgesetzt werden. *„Nous sommes des personnages, et nous jouons notre rôle plus ou moins bien. Les uns ont le personnage du prêtre, d'autres le personnage du médecin"* (*Janet* 1929, 325; vgl. 1928, 553). Das Werk *Janets* ist in seiner Bedeutung für die Persönlichkeits-, Sozial- und klinische Psychologie bislang kaum gewürdigt und ausgewertet worden — zumal außerhalb Frankreichs.

### 1.2.2.1 *Die Bühnenmetaphern bei Georges Politzer* (1928)

Wegen ihrer Wichtigkeit sollen die Konzepte von *Georges Politzer* ausführlicher dargestellt werden. Er hat die Bedeutung der *Konkretheit* des Handelns durch konsequente Anwendung von Bühnenmetaphorik schon Ende der zwanziger Jahre (1928/29) herausgearbeitet. „*Dieses menschliche Leben bildet — um es mit einem bequemen Terminus, bei dem es uns nur um die szenische Bedeutung geht, zu bezeichnen — ein D r a m a . Es ist unzweifelbar, daß wir unsere alltägliche Erfahrung zunächst im Drama erleben. Die Ereignisse, die uns zustoßen, sind dramatische Ereignisse; wir spielen diese oder jene ‚Rolle' etc.; uns selbst sehen wir d r a m a t i s c h : Wir wissen uns als Urheber oder Zeugen dieser oder jener Szenen oder Aktionen ... w i r d e n k e n an uns selbst in dramatischen Terminis"* (Politzer 1929/1974, 28).

*Politzer* versteht unter dem *Drama* als Grundbegriff einer „konkreten Psychologie" die Strukturform einzelner Akte eines Individuums in ihrem lebensgeschichtlichen Zusammenhang. Der Akt kann nicht vom Individuum als Subjekt des Aktes getrennt werden. *Politzer* versucht, einer „abstrakten" Psychologie, die sich mit dem unpersönlichen Spiel kognitiver Muster, isolierter Verhaltenssequenzen, abhängiger und unabhängiger Variablen befaßt, konkretes Alltagshandeln gegenüberzustellen. Er vollzieht damit eine Wendung zum Konkreten, die gerade im Hinblick auf die Abstraktheit der modernen Rollentheorien auch in der Soziologie notwendig wäre — Ansätze hierzu finden sich etwa in *O'Neills* (1972, 1975) „Wild sociology" und in *Garfinkels* (1967) „Ethnomethodology" sowie im Werk *J. L. Morenos.*

*Politzer* nimmt Lebensgeschichte und Lebenskontext, Zeit und Raum in den Fokus der Betrachtung. „*Tatsächlich spielt sich das Drama in dem Maße, in dem es einen Ort verlangt, im Raum ab, wie jede gewöhnliche Bewegung*" (1928/1978, 195). „*Denn das Drama impliziert den Menschen in seiner Totalität und als Mittelpunkt einer Reihe von Ereignissen, die, gerade weil sie sich auf eine erste Person beziehen, einen Sinn haben. Die Originalität der psychologischen Tatsache gründet im dramatischen Leben des Individuums, das sich auf der menschlichen Szene abspielt*" (ibid.). Dabei opfert *Politzer* nicht das „hic et nunc" der dramatischen Ereignisse, das weder die Geschichte noch die Soziologie erklären kann: „*Herr von... hätte Fräulein... nicht g e h e i r a t e t , wenn in unserer Gesellschaft die Ehe nicht als Institution bestände; aber diese Feststellung erfaßt das Drama nicht in seiner individuellen Präzision. Ebenso erklärt uns die Volkswirtschaft wohl, welches die ökonomischen Bedingungen des Verbrechens sind, warum es in einer bürgerlichen Gesellschaft notwendigerweise Verbrechen geben muß, aber nicht, warum gerade dieses Individuum gerade dieses Verbrechen begangen hat. Da die Naturwissenschaften nur die m a t e rielle I n s z e n i e r u n g d e s D r a m a s untersuchen und die sogenannten Gesellschaftswissenschaften sich nur mit seinem Rahmen und seinen allgemeinsten Motiven beschäftigen, ist Raum für eine Diszi-*

*plin, die das Drama in seiner bestimmten Aktualität und Besonderheit untersucht"* (1929/1974, 30ff).

Die von *Politzer* vertretene „Rückkehr zum Konkreten", sein analog zum Marxschen Arbeitsbegriff konstruierter Handlungsbegriff, ist von ihm nur grob aufgezeichnet worden. Bestimmte Züge seines Denkens wurden von *Sartre, Merleau-Ponty* und *Sèves* ausgearbeitet (vgl. *Leithäuser*, in: *Politzer* 1974, 130 f). Sein handlungsorientierter Ansatz bietet über die Kategorie des Dramas Möglichkeiten, die noch keineswegs ausgeschöpft sind. Insbesondere gilt, was *Politzer* über die Psychologie sagt, insgesamt für die Sozial- und Humanwissenschaften: Sie sind, wenn sie „die Geschichten von Personen durch die Geschichten von Sachen ersetzen, die den Menschen außer acht lassen und an seiner Stelle die Prozesse zu Akteuren erheben, die die dramatische Vielfalt der Individuen aufgibt und sie durch die unpersönliche Vielfalt ersetzen", *abstrakte Humanwissenschaften* (1929/1974, 39); denn „die *tatsächlichen Erkenntnisse*, die den Menschen betreffen, sind immer aus der dramatischen Erfahrung hervorgegangen" (ibid. 37).

### 1.2.3 Vorläufer in Rußland

Die Verwendung des Rollenbegriffes in Rußland ist eng mit den Theaterinnovationen von *Konstantin Stanislavskij* und seiner Schule verbunden. Schon 1909 schrieb *Stanislavskij* an einem Buch mit dem Titel „Die Arbeit des Schauspielers an der Rolle" — es wurde nicht fertiggestellt, und die Materialien wurden in spätere Veröffentlichungen eingearbeitet. Wenn auch der Rollbegriff des Theaters als Ausgangspunkt dient, so geht der russische Theaterinnovator mit seinen Konzepten und Intentionen über die klassische Rollenmetapher hinaus. Das Theater ist dazu da, „das Leben verstehen zu lernen — auf der individuellen und auf der kollektiven Ebene: ... Jede Nation, jedes Volk soll in seiner Kunst seine feinsten nationalen und menschlichen Züge reflektieren" (1928/1968, 2). Der Schauspieler muß in „die komplexen Ursprünge des Lebens um ihn herum eindringen" (1918/1968, 31), um die Rolle richtig zu verstehen; denn die Rolle ist nicht nur ein vorgegebenes Gerüst, erschaffen aus der Inspiration eines Dichters. *„Die Rolle — das ist eine unterbrochene Lebenslinie. Der Dichter zeigt nur Ausschnitte eines Lebens. Doch die Rolle begann lange vor dem Stück, und sie endet nicht mit dem Fallen des Vorhangs. Zwischen den Akten und den einzelnen Bildern geht das Leben der Rolle weiter"* (Das deutsche Stanislawski-Buch, *Gaillard* 1947, 175).

*Stanislavskijs* Rollenkonzept ist insoweit für die Rollentheorie von Bedeutung als es *Moreno* (trotz dessen Abgrenzungsstatements 1970,

XV) in einigen Aspekten beeinflußt hat, insbesondere im Hinblick auf den Gedanken der „Rollen*verkörperung*". Die Rollenübernahme erfordert, „die inneren und äußeren Vorgänge miteinander zu verbinden und das Gefühl für die Rolle durch das physische Leben des menschlichen Körpers hervorzurufen" (*Stanislavskij*, in: *Rellstab* 1976, 112f). „Das körperliche Leben, das der Rolle entnommen ist, ruft ein analoges seelisches Leben dieser Rolle hervor" (ibid. 119).

Es kann an dieser Stelle nicht die komplexe Theorie der „physischen Handlung" von *Stanislavskij* referiert werden (vgl. *Rellstab* 1976). Sie hat für eine Theorie der Rollenübernahme und die Praxis einer psychotherapeutischen Verhaltensmodifikation immense Bedeutung (vgl. *Simonov* 1962; *Ershov* 1972). Herausgestellt werden soll: Rollen sind an Situationen gebunden. Sie sind konkrete psychophysische Handlungsmuster, die sich in gegebenen Kontexten durch Verkörperung konkretisieren.

Angeregt durch Kontakte mit der Arbeit *Stanislavskijs* hat der russische Mediziner, Psychologe und Philosoph *Vladimir N. Iljine* seit 1908 improvisiertes Theaterspiel als Behandlungsmethode für psychiatrische Patienten eingesetzt. Er verwendet in diesem Kontext den Rollenbegriff: *„Unsere Rollen wurden uns von klein an in den Leib eingegraben. Wir haben sie uns eingegraben. Wir haben sie mit den Augen aufgenommen, jede Geste, mit den Ohren gehört, jedes Wort. Sie wurden uns vorgespielt, gezeigt, abverlangt. Wir haben gute und böse Rollen, nützliche und unbrauchbare übernommen von unseren Vorbildern und deren Vorbildern, und so mischt sich in uns Eigenes und Fremdes, Persönliches und Gesellschaftliches durch die Rollen, die wir spielen"* (*Iljine* 1909). Später (1923, 46) definiert *Iljine* „*Rolle als körperlich vollzogene Verhaltensf o r m , die sich auf die Mitspieler bezieht und ihnen vertraut ist, denn die Rolle ist zwar meine, aber sie gehört auch all denen zu, die diese und keine andere Form des Verhaltens von mir erwarten, für die ich diese Rolle spiele*". Es finden sich damit bei *Iljine* zentrale Gedanken moderner Rollentheorie: über die Rolle werden Individuum und Gesellschaft verbunden. Rollen sind abhängig von Verhaltenserwartungen, und — in Aufnahme der Gedanken *Stanislavskijs* — Rollenverhalten ist verkörpert.

## 1.2.4 Vorläufer in Deutschland

Da die Geschichte der Entwicklung des Rollenbegriffes im deutschsprachigen Raum nur sehr unzureichend bekannt ist und eine Rezeption dieser Vorläufer sozialwissenschaftlicher Rollentheorie kaum erfolgte, seien einige Autoren ausführlicher dargestellt.

### 1.2.4.1 Georg Simmel (1908, 1921)

*Georg Simmel* ist der erste deutschsprachige Theoretiker, der den Rollenbegriff als Element in einem übergreifenden theoretischen Rahmen verwendet (sieht man einmal vom Gebrauch des Rollenbegriffes bei *Marx* ab, vgl. *Vorweg* 1968; *Urbanek* 1967, der die bei *Hegel* und in der Philosophie der deutschen Klassik gängige Bühnenmetaphorik aufgreift, vgl. *Kosík*, 1966). Ausgangspunkt für *Simmel* sind sozialphilosophische Überlegungen *Diltheys* (dieser sah die Soziologie als Teilbereich der Philosophie) zum Bezug von Individuum und Gesellschaft bzw. über den sich darin manifestierenden Lebens- und Funktionszusammenhang (*Dilthey* 1958, 152 ff, 254 ff; vgl. *Lieber* 1965).

An *Diltheys* Überlegungen knüpft später auch *Löwith* (1928) mit seiner nur im Titel den Rollenbegriff verwendenden Habilitationsschrift „Das Individuum in der Rolle des Mitmenschen" an. Trotz *Löwiths* ausführlichem Bezug auf das Werk *Pirandellos*, den „Maschere nude", den „nakten Masken", die eine soziologische Auseinandersetzung geradezu herausfordern (*Baumann* 1967), trotz seiner differenzierten Analyse des Miteinanderseins der Strukturen der Mitwelt, bleibt seine Argumentation philosophisch. *Simmel* jedoch versucht die Anstöße *Diltheys* zum Gedankengebäude einer von der Philosophie abgegrenzten, selbständigen Diziplin zu entwickeln, der Soziologie (*Schrader-Klebert* 1968). Dabei werden durch die „Rolle-Positions-Betrachtung ebenso wie die Struktur-Funktions-Betrachtung" Positionen der späteren strukturell-funktionalen Schule der Soziologie vorgezeichnet (*Gerhardt* 1971, 28).

Es kann hier nicht darum gehen, die Gedanken *Simmels* in extenso darzulegen. Es seien nur einige Streiflichter im Hinblick auf den Rollenbegriff gesetzt. Die sich mit diesem Thema auseinandersetzenden Abschnitte in den Arbeiten von *Gerhardt* (1971, 27-40) und *Popitz* (1967) lassen den Eindruck aufkommen, als sei für *Simmel* der Rollenbegriff ein gängiges Konzept, aber er spricht von „Form", vom „Typus" (1908/1958), 25). Mit diesen Begriffen kennzeichnet er ein verallgemeinertes Bild konkreter Verhaltensweisen eines spezifischen Menschen. *Tenbruck* (1958, 603) hat darauf hingewiesen, daß *Simmel* Begriffe wie Rolle, Norm, Position der Sache nach verwendet, allerdings unter anderer Benennung. Der Begriff Typus kann zu dem der Rolle synonym gestellt werden.

*Simmel* nimmt in seinem „Exkurs über das Problem: Wie ist Gesellschaft möglich" (1908, 21-31) drei soziologische Aprioris an: die Individualität, den Typus/Rolle, das Positionsgefüge der Gesellschaft. Diese Bereiche sind miteinander verwoben, bilden eine „Synthese" (ibid. 23). „*So findet der Mensch in der Vorstellung des Menschen Ver-*

schiebungen, *Abzüge und Ergänzungen — da die Verallgemeinerung immer zugleich mehr und weniger ist als die Individualität — von all diesen a priori wirksamen Kategorien her: von seinem Typus als Mensch, von der Idee seiner eigenen Vollendung, von der sozialen Allgemeinheit her, der er zugehört"* (ibid. 25). Bei einem Kaufmann, Beamten, Offizier kommt neben dem Typen- bzw. Rollenhaften auch noch Persönliches ins Spiel, *„und dieses außersoziale Sein, sein Temperament und der Niederschlag seiner Schicksale, seine Interessiertheiten und der Wert seiner Persönlichkeit, so wenig es die Hauptsache der beamtenhaften, kaufmännischen, militärischen Bestätigungen abändern mag, gibt ihm doch für jeden ihm Gegenüberstehenden jedesmal eine bestimmte Nuance und durchflicht sein soziales Bild mit außersozialen Imponderabilien. Der ganze Verkehr der Menschen innerhalb der gesellschaftlichen Kategorien wäre ein anderer, wenn ein jeder dem anderen nur als das gegenüberträte, was er in seiner jeweiligen Kategorie, als Träger der ihm gerade jetzt zufallenden* s o z i a l e n  R o l l e *ist"* (ibid. 26, meine Hervorhebung).

Diese okkasionelle Verwendung des Rollenbegriffes in *Simmels „Soziologie"* zeigt, daß für ihn der Terminus zu diesem Zeitpunkt (1908) nicht gängig war. Er wurde denn auch weder in der deutschsprachigen noch in der amerikanischen Simmelrezeption aufgegriffen. Schon in der von *Albion W. Small,* einem Simmel-Schüler, besorgten Übersetzung „How is society possible" *(Amer. J. Sociol.* 3, 1910/11, 372-391), wird der Ausdruck verkürzt, obgleich der Übersetzer betont: *„I have therefore done my best to render his essay literally as far as possible, and in all cases faithfully"* (ibid. 372). Er lautet nämlich: *„The whole commerce of men within the society cateories would be different, if each confronted the other only in that character which belongs to him in the rôle for which he is responsible in the particular category in which he appears at the moment"* (ibid. 382).

Simmel kommt indes auf den Rollenbegriff zurück in einem weder von *Plessner, Gerhardt* und *Popitz* noch sonst in diesem Kontext beachteten Aufsatz „Zur Philosophie des Schauspielers" (1920). Der Schauspieler, seine Rolle, sein Rollenspiel, hat verschiedentlich fruchtbare Anstöße zu soziologischen und sozialphilosophischen Reflexionen gegeben *(Plessner* 1953; 1966; *Weidenfeld* 1959; *Gurvich* 1956; *Marck* 1956; *Mordini* 1965; *Schlüter* 1966; *Asemissen* 1971; *Rapp* 1972 u. a.). Der Text von *Simmel* setzt sich mit dem Problem des Scheins im Theater auseinander, dem gerade von den Kritikern der bürgerlichen Rollentheorie besondere Aufmerksamkeit geschenkt wird, wenn nämlich der Scheincharakter der Rolle und der Theatermetaphorik attakiert wird *(Haug* 1972; *Hoffman* 1973). *Simmel* ist hier anderer Auffassung, „*denn aller Schein setzt eine Wirklichkeit voraus, entweder als seine tiefere Schicht, deren Oberfläche er ist, oder als sein Gegenteil, das er heuchlerisch vertreten will*" (1920, 342); und so ist „*das ‚Spielen einer Rolle' — nicht als Heuchelei und Betrug, sondern als das Einströmen des persönlichen Lebens in eine Äußerungsform, die es als irgendwie vorbestehende, vorgezeichnete vorfindet — dies gehört zu den Funktionen, die unser tägliches Leben konstituieren*" (ibid.).

Es finden sich hier die zentralen Gedanken aus „Wie ist Gesellschaft möglich?" wieder, nur werden sie auf die Rollenmetapher hin ausgerichtet. Die Verbindung von Individuum und Gesellschaft über die Rolle, das große Thema der Rollentheorie, findet sich differenziert dargestellt, und zwar mit dem schon von *Popitz* (1967) dem Simmel'schen „Exkurs" zugeschriebenen Unterton: „Wie ist Gesellschaft für die Individualität erträgbar?" Die analytische Differenzierung von Rolle und Individualität in der Persönlichkeit impliziert möglichen Konflikt — nämlich wenn Rolle und Individualität Unverträglichkeiten aufweisen —, aber es wird zunächst einmal die Verbindung gesehen, in der die gesellschaftliche Vorgabe und das persönliche Schicksal konvergieren.

„*Eine solche Rolle mag unserer Individualität adäquat sein, aber sie ist doch noch etwas anderes als diese Individualität und ihr innerlicher und totaler Verlauf. Wer Geistlicher oder Offizier, Professor oder Bürochef ist, benimmt sich nach einer Vorzeichnung, die jenseits seines individuellen Lebens gegeben ist. Wir tun nicht nur Dinge, zu denen die Kultur- und Schicksalsschläge uns äußerlich veranlassen, sondern wir stellen unvermeidlich etwas dar, was wir nicht eigentlich sind. Das ist freilich nicht, oder nicht immer, Darstellung nach außen um eines Effektes willen, nicht Verstellung und Unehrlichkeit, sondern **das Individuum geht wirklich in die vorgezeichnete Rolle hinein, es ist jetzt seine Wirklichkeit**, nicht nur der und der, sondern das und das zu sein. Im großen und kleinen, chronisch und wechselnd **finden wir ideelle Formen vor, in die unsere Existenz sich zu kleiden hat*" (Simmel 1920/1923, 244, meine Hervorhebung).

Die Rollen als präexistierende, von der Gesellschaft vorgegebene Formen, „*die wir mit unserem individuellen Verhalten erfüllt haben*" (ibid.), „*die wir mit **unserem Leibe** angenommen haben*" (ibid. 246), sind für *Simmel* etwas anderes als die Individualität, aber sie sind für sie nicht etwas *fremdes* oder gar feindliches: „*... wir fühlen unser eigentliches individuelles und totales Leben noch immer in einer Spannung, wenn auch nicht einer gegensätzlichen, gegen die Rolle, die uns aus Gründen der Sozialität oder der Religion, des Schicksals oder der Lebenstechnik vorgezeichnet ist, mögen wir sie auch aus tiefsten Trie-*

ben und Notwendigkeiten ergriffen haben" (ibid. 246f). *Simmel* sieht die Rollenzuweisung nicht als Zumutung oder als Zwang, weil „*der Mensch ein vorgezeichnetes Anderes als seine zentraleigene sich selbst überlassene Entwicklung darstelle und darlebe, damit aber dennoch sein eigenes Sein nicht schlechthin verläßt, sondern das Andere mit diesem Sein selbst erfüllt ... In eben dieser Bedeutung sind wir alle irgendwie Schauspieler, wie fragmentarisch auch immer*" (ibid.). *Simmel* löst die sich abzeichnende Polarisierung von Individuum und Gesellschaft unter Rekurs auf die „Kategorien des Lebens" von *Dilthey:* „Leben ist die Fülle, die Mannigfaltigkeit, die Wechselwirkung des in alledem Gleichförmigen, was diese Individuen erleben. Es ist in seinem Stoffe nach eins mit der Geschichte" (1958, 256). Deshalb gilt für *Simmel:* „Daß jemand die Lebenselemente schauspielerisch gestaltet, ist ein Urphänomen" (1920/1923, 249). Das Leben ist Garant der Ganzheit und Einheit scheinbar disparater Wirklichkeit (ibid. 262ff). In subtiler Verbindung des Begriffes des Lebens mit dem Welttheatergedanken im Sinne des „*mimus vitae*" affirmiert *Simmel* als „wichtigste i n n e r e Erscheinung der Transzendenz des Lebens: Daß das Leben in jedem Augenblick das ganze Leben und dabei in jedem Augenblick ein anderes ist. Schauspielkunst!" (ibid. 265).

### 1.2.4.2 Das Rollenkonzept bei Alfred Vierkandt (1923)

*Vierkandt* kann als einer der ersten Vertreter phänomenologischer Soziologie betrachtet werden. In seinem Buch befaßt er sich mit den „letzten Formen, Kräften und Tatsachen des gesellschaftlichen Lebens schlechthin und damit Gebilden, die unabhängig von allem historischen Wandel aus dem Wesen der Gesellschaft folgen" (1928, III). Diese Zielsetzung erscheint ihm erreichbar „durch die Entwicklung der Phänomenologie, die uns in ganz neuer Weise umfassende Reihen letzter àpriorischer Tatbestände festzustellen ermöglicht" (ibid.). Der Rollenbegriff taucht bei *Vierkandt* im dritten Hauptkapitel seines Werkes auf, das über die Gruppe handelt. Diese wird idealtypisch „als ein in Individuen gegliedertes Ganzes" gesehen, so daß sie „*nicht mit der Summe der Individuen zusammenfällt, aber auch keine Substanz für sich ist, sondern eine Einheit aktueller Natur bedeutet, die in den Individuen fundiert ist und in dem Zusammenspiel der Individuen beim sozialen Verkehr kraft schöpferischer Synthese ihr Leben führt*" (1928, 321). Der Lebensdrang der Gruppe, ihr Gruppenbewußtsein, die Existenz einer für sie gültigen Lebensordnung bestimmen das Leben der Gruppe. „*Man kann von einem eigenen Geist der Gruppe sprechen, als einem Inbegriff von relativ beharrenden Eigenschaften, Zuständen und Verhaltensweisen, die vom Wechsel der Individuen relativ unabhängig sind. Das ganze persönliche Leben der Gruppenmitglieder erweist sich zunächst als von ihnen durchtränkt"* (ibid. 327). *„Vorzüglich klar erscheint dieser objektive Charakter der Gruppe in dem Gegensatz von Handelnden und Zuschauenden"* (ibid. 327).

Damit greift Vierkandt die Theatermetaphorik auf: die Gruppe wird zur Bühne, auf der einzelne Individuen konform der moralischen Forderungen der Gruppe handeln; *„und zwar üben die übrigen Gruppengenossen, die sich in der Rolle des Zuschauers befinden, einen Druck auf ihre Befolgung aus ... es ist also klar: nicht die Personen, sondern der Zusammenhang, in den sie hineingestellt werden, die Rolle, die sie spielen, ist für ihr Verhalten maßgebend. Was also die Sitte aufrecht erhält, sind nicht Personen als solche, sondern bestimmte Rollen oder Funktionen, die an einem bestimmten ‚Ort' des sozialen Ganzen mit innerer Notwendigkeit, d. h. kraft eines ‚objektiven' Wirkungszusammenhanges gespielt oder ausgeübt werden"* (ibid. 327). Vierkandt bindet Situationen und Rolle aneinander und vertritt „das stete Ineinander von Gruppen- und Personenerleben" (ibid. 343). Jedoch ist der Konformitätsdruck, der den Handelnden normiert, bestimmend. Der Lebenszwang der Gruppe wird als „stärker als der individuelle Lebensdrang ihrer Träger" gesehen (ibid. 366), und die Zuschauer am Geschehen in der Gruppe sind „mehr der Gruppe als dem Individuum zugewandt" (ibid. 367), (im Krieg wird z. B. dem Sieg mehr Bedeutung zugemessen, als den individuellen Opfern).

Die Rolle wird als Verkörperung von Verhaltenserwartungen gesehen, die sich im Gruppenwillen durch bestimmte Normen, durch Brauch und Sitte, artikulieren. *„In vielen Fällen hat der Gruppenwille zum Träger lediglich die Zuschauer im Gegensatz zu den Handelnden, die durch den Druck jener in ihrem Verhalten bestimmt werden, wobei vielfach die Rolle zwischen beiden Teilen wechselt"* (ibid. 405). Diesem Rollenwechsel mißt Vierkandt besondere Bedeutung zu. Er sieht die Handlungsmotivation des Individuum einerseits „psychologisch verwurzelt" in seinen Neigungen und Gewohnheiten, zum anderen „soziologisch" in den sittlichen Normen der Gruppe, deren Wächter die Zuschauer sind. Zu den Neigungen kommt also *„der Druck, den die Gruppe als Träger der Sitte, oder mehr impulsiv vermöge ihres jeweiligen augenblicklichen Interesses auf die einzelnen ausübt, erst durch ihn erlangt die Leistungsfähigkeit des einzelnen ihren tatsächlichen Höhepunkt. Der Zuschauer steht gleichsam auf einem höheren sittlichen Niveau als der Handelnde, weil er keine entgegengesetzten Tendenzen zu überwinden braucht".* Es ergibt sich ein *„Rollenwechsel, der zwischen den beiden Funktionen des Beurteilenden und des Handelnden fortgesetzt stattfindet ... jeder einzelne trägt selber da-*

*zu bei, diejenigen Forderungen zu schaffen und in Geltung zu halten, unter deren Druck er selbst gegebenenfalls seufzt"* (ibid. 406f). *Vierkandt* sieht jede sittliche Normierung im Druck der Gruppe begründet, der die Neigungen formt. Die Neigungen und individuellen Handlungen allerdings wirken auch in die Gruppe hinein, so daß sich nicht nur ein Rollenwechsel, sondern eine Verwobenheit zwischen Handelnden und Zuschauenden ergibt: *"... der Handelnde befindet sich nicht rein in dem Zustand des Handelnden, sondern hat mehr oder weniger unbewußt teil an der Haltung des Zuschauers ... (kraft ihrer inneren Verbundenheit mit der Gruppe)"* (ibid.). *Vierkandt* rührt hier, mit dem situationsbestimmenden Gruppenwillen, schon an die im „Homo Sociologicus" (*Dahrendorf*) angesprochenen Probleme. *"Die Bedeutung der Rollenzuteilung für das Leben der Gruppe"* (ibid. 412) stellt eine Macht dar, deren Zwang man sich nicht entziehen kann. *"Durch diese Macht der Situation kann der Mensch in seinem Verhalten in bestimmte Bahnen gelenkt werden, die keiner freiwillig betreten würde"* (ibid. 412).

Die 1922 abgeschlossene, 1923 veröffentlichte und 1928 in überarbeiteter Auflage erschienene „Gesellschaftslehre" von *Vierkandt* verwendet die Theatermetaphorik und insbesondere den Rollenbegriff schon, um das Problem der Beziehung von Individuum und Gesellschaft zu analysieren. Auch wenn der Autor keine ausgebaute Rollentheorie vorlegt, so zeigt seine Verknüpfung des Rollenbegriffes mit dem der sittlichen Norm, der Situation, des Konformitätsdruckes, der Gruppe einen differenzierten Kontext für die Rollenmetapher, der wichtige Perspektiven der modernen Rollentheorie schon vorzeichnet.

*1.2.4.3 Die Rollentheorie von Richard Müller-Freienfels (1920, 1933)*

Den elaboriertesten rollentheoretischen Ansatz dieser Zeit finden wir bei *Richard Müller-Freienfels,* der in seiner „Philosophie der Individualität" (1923, 1. Aufl. 1920) den Begriff der Rolle zu einem Kernkonzept seiner Lebenspsychologie macht.

Er beschreibt „sieben Erscheinungsweisen der Individualität" (1923, 11 ff): 1. das im Momentanbewußtsein aufscheinende *„unmittelbare Bewußtseins-Ich",* 2. der *Leib,* 3. die Seele als Substanz der Bewußtseinsvorgänge, 4. das *„Mein"* im Sinne des geistigen Besitzes, den ich habe, 5. das *Innenbild,* das als ein Gesamtbild von sich selbst aufgefaßt wird, nicht als passiver Inhalt, „sondern selbst gestaltgebend wirkend als eine *Rolle,* die wir spielen" (1923, 13 meine Hervorhebung), 6. das *Außenbild* als „die Art und Weise, wie wir uns in anderen Individualitäten spiegeln" (ibid.), 7. die *„Objektivierung der Individualität in ihrem Wirken".*

Das Innenbild als „ein symbolisches Bild, eine ungefähre Repräsentation", die der Mensch von sich hat (ibid. 25), stellt eine Schematisierung des Ichbildes dar. „Jeder Mensch hat *seine* Weise, sich selbst zu denken" (ibid. 26). *„Unser Innenbild ist Maske, Rolle", nicht als „ein abstraktes Abbild sondern als ein w i r k e n d e r K o m p l e x, der unsere ganze Lebenshaltung beeinflußt. Wir spielen die Rolle, in der wir uns selber sehen, mögen wir es wissen oder nicht. Die meisten Menschen sind Schauspieler ihres eigenen Ideals, und eben auf dieser Fähigkeit, gleichsam aus einer übernommenen Rolle heraus zu leben, beruht die später zu besprechende Möglichkeit, Individualität zu beeinflussen"* (ibid. 27).

Das Innenbild wird durch das Außenbild nachhaltig geprägt, *„denn es wirkt auf das Innenbild und damit auf die ganze Lebenshaltung zurück. Die Einordnung unseres Ichs ins soziale Leben ist nur durch Berücksichtigung der Außenbilder möglich. Wir spiegeln uns gleichsam in den anderen"* (ibid. 28). Die Menschen werden damit Schauspielern vergleichbar. *„Sie geben sich nicht nur als das, für was man sie hält, sie werden es bis zu einem gewissen Grade, soweit eben der gute Schauspieler stets das w i r d, was er vorstellt"... „Viele Menschen spielen ihr ganzes Leben eine Rolle, zu der andere sie zwingen... Das Außenbild ist oft stärker als das Innenbild. Darin liegt die ungeheure Macht des Kostüms, das ein bestimmtes Außenbild bewirkt und so zum sozialen Zwang wird, in dem das Außenbild zurückwirkt"* (ibid. 27f).

Müller-Freienfels skizziert hier schon das Problem des fremdverfügenden Zwangscharakters der Rolle. Die Beziehung von Innen- und Außenbild wird als eine Verschränkung gesehen, als eine beständige Widerspiegelung, in der sogar „die Spiegel vielfach gar nicht das Original, sondern andere bereits getrübte Spiegelbilder widerspiegeln" (1923, 30). Das Ich wird so schwer greifbar und erweist sich als eine wandelbare Größe, das Innenbild als durchaus schwankend. „Die Ichrolle ist abhängig vom Kostüm" (ibid. 77). Sie faßt verschiedene Aspekte der Individualität zu einer gegebenen Zeit zusammen (ibid. 27), die aber gegenüber Außeneinflüssen keineswegs stabil sind und sich im Zeitkontinuum verändern. *„Wie weit das Vergessen der eigenen früheren Ichrolle gehen kann, zeigen gerade gebesserte Verbrecher, bekehrte leichtfertige Renegaten aller Art... Nein, man kann die Ichrolle ausziehen wie ein altes Gewand und selbst vergessen, daß man sie je getragen hat. Und das Merkwürdige ist, daß fast jede augenblickliche Rolle dem Träger so erscheint, als habe er immer nur sie gelebt, wodurch dann die Täuschung von der Beharrung des Innenbildes entsteht"* (ibid. 49). Bei aller Beeinflussung durch die Außenbilder, die Veränderungen bewirken, tragen diese auch zu einer gewissen Stabilität bei, dadurch, daß einer von der Außenwelt „geforderten Identität durch bewußtes Schauspiel" entgegengekommen wird. „...*diese Rolle, die wir nach außen spielen, wirkt auf uns so sehr zurück, daß wir oft selbst nicht wissen, wie sehr wir spielen. Der Mensch der gezwungen ist, nach außen immer die gleiche Wesenheit zu repräsentieren, fühlt sich allmählich als das, was er spielt"* (ibid. 126).

*Müller-Freienfels* nimmt 1927 den Rollenbegriff wieder auf in einem Buchkapitel, das er wie folgt überschreibt: „Dramaturgie des Lebens. Ein Kapitel Sozialpsychologie" (ibid. 189). „*Der Vergleich der Welt mit dem Theater, daß das* theatrum mundi *auch ein* mundus theatri *sei, ist fast zur Banalität geworden. Dennoch haben Psychologie und Soziologie eine systematische Dramaturgie des Welttheaters und dieser Theaterwelt bisher nicht geschrieben"* (ibid. 191). In einer Analyse über das „Ich und seine Rollen" arbeitete er heraus, daß Menschen nicht nur vor anderen, sondern auch vor sich selbst Rollen spielen. „*Kurz, sowie wir beginnen, uns selbst zuzuschauen und uns selbst zu bewerten, zwingen wir uns selbst eine ‚Rolle' auf"* (ibid. 198). Aber es ist nicht nur das Spiel vor sich selbst, auch die Zuschauer „*stellen höchst energische Forderungen an jeden, dem sie zuschauen..., damit aber zwingen die Zuschauer ihr Objekt zum Schauspiel, sie zwingen ihm eine Rolle, vielleicht sogar mehrere Rollen nebeneinander auf"* (ibid. 199). Die Wahrheit solcher Rollen, ihre Realität und ihr Scheincharakter sind fließend. „*Es ist das Wesen echten Schauspiels, daß Sein und Schein untrennbar verwoben sind. Und das macht auch das Welttheater, vor allem das Schauspiel des gesellschaftlichen Lebens so interessant, daß darin allenthalben Sein und Schein ineinanderspielen und nirgends genau die Scheidelinie zu ziehen ist"* (ibid. 192).

Dies wird schon durch den „Stil des Einzellebens" (ibid. 108) nahegelegt. *Müller-Freienfels* überträgt den Stil-Begriff aus der Kunst auf das Menschenleben (ohne direkte Beziehung zu *Adler*). Mehrere zum Teil gegensätzliche Themen oder ein Grundthema werden wie in einem Musikstück verbunden. Der Stil wird zu einer „inneren Gesetzlichkeit", durch die der Mensch sein Einzelleben reguliert, aber auch am Leben seiner Zeit teilnimmt. „*In diesem Sinne ist es zu verstehen, wenn wir sagten, daß der Einzelmensch nicht nur sein Leben lebe, sondern zugleich ein überindividuelles Leben"* (ibid. 112). Die übernommenen Rollen im Lebensstil tragen oftmals die Doppelbödigkeit des Theaters. „*Kein Mensch ist seinem Vorgesetzten gegenüber derselbe, wie seinem Untergebenen, er ‚gibt' sich zumindest anders, aber diese äußere Umstellung geht immer auf innere Umstellung zurück. Er stellt ge-*

*wisse Seiten seines Ichs heraus, drängt andere zurück, und damit sind wir mitten im Schauspiel"* (ibid. 199).

Der Mensch beginnt seine Rollen zu „repräsentieren", in die seine individuellen Seiten, aber auch kollektive Muster eingehen, die als „Typus" bezeichnet werden. *„Auch hier haben wir das seltsame Doppelgesicht allen Seins, daß jeder Mensch einerseits einzige Individualität ist, und daneben doch alle typischen Eigenschaften der Gattung homo sapiens ist, wenn auch in verschiedener Ausprägung aufweist"* (ibid. 204). Rassetypen, Reifetypen, Standestypen, Nationaltypen, stellen nicht nur eine äußere Erkennbarkeit dar, sondern jeder Typus „*will äußerlich erkennbar sein*". Müller-Freienfels bietet eine Reihe scharf beobachtender Analysen über „die Straße als Schaubühne", über die „Ästhetik des Salons", in denen er die Posen, die Gesten und manierten Konversationen aufzeigt, die von allen erwartet und von allen verkörpert werden: die ehrenhafte Dame, der Offizier, der Oberkonsistorialrat usw. Dabei sind die Akteure auf dieser Bühne „gesellschaftlicher Theaterkunst" sich durchaus bewußt, „*daß* sie theaterspielen" (ibid. 210). *„Der Unterschied zwischen dem Theater im mondänen Salon und anderswo, sagen wir also in Bürgerfamilien, in Büros oder Konferenzsälen ist nicht der, daß dort Theater gespielt würde und hier nicht, sondern der, daß dort bewußt, eingestandenermaßen und besser gespielt wird"* (ibid. 216).

Der Autor kommt zu der Feststellung — und die könnte aus der Feder *Goffmans* stammen —: *„man braucht nicht weit herumzuschauen, um Beispiele für die Schauspielkünste der Menschen genug zu finden. Allenthalben sind sie bemüht, ihr besonderes Lebenswollen, das stets zu einem guten Teil mit ihrer Typuszugehörigkeit zusammenfällt, zur Schau zu stellen, einzelne Merkmale zu betonen, andere zu unterdrücken, wobei überall Darstellung und Verstellung unmerklich ineinanderübergehen"* (ibid 206f). Mit Exkursen über „die Politik als Theater", „die Kunst als Theater", „vom Theater in den Religionen", kommt er im Hinblick auf das Spiel der Rollen und Typen zu der Schlußfolgerung, *„daß die Kultur ohne Schauspiel nicht auskommt, daß Sein und Schein nicht immer zu trennen sind, daß aber auch der Schein zum Sein, zur Wirklichkeit werden kann"* (ibid. 233).

In einer weiteren Arbeit über die „Entwicklungsphasen als psychosoziologische Rollen" (1933) arbeitet *Müller-Freienfels* seine rollentheoretischen Überlegungen noch weiter aus. Ausgehend von der Auffassung *Üxkülls,* daß „alle organische Entwicklung einen Plan als biologisches Erbe in sich trage", stellt der Autor fest: *„Aber dieser Plan bedarf zur Realisierung nicht nur realisierender* R e i z e *im allgemeinen, er wird auch im besonderen geformt durch diese aus der Umwelt stam-*

*menden Reize, die zumeist auf dem Wege über das Bewußtsein aufgenommen werden"* (Müller-Freienfels 1933, 75). Aus dem „Milieu", in dem *„Klima, Landschaft, Familie, soziale Umwelt, der weitere Lebensraum, staatliche Verhältnisse und vieles andere zusammengefaßt sind"* (ibid. 76), ergeben sich Wirkungen *„auf das Ich, daß es dies zur Übernahme einer bestimmten ‚Rolle' veranlaßt, einer ganzheitlichen, mehr oder weniger dauernden Lebenseinstellung. So paradox es zunächst klingen mag, so sage ich doch: die verschiedenen Phasen der Entwicklung sind nicht schon biologische Teilbestände, sondern sind mehr oder weniger bewußt übernommene psychologisch-soziologische ‚Rollen' "* (ibid.77).

Müller-Freienfels stellt fest, daß ein Individuum nicht von seinem Kontext losgelöst gesehen werden kann. Es verhält sich nicht als ‚Ich' zur „Welt an sich, sondern steht in einer bestimmten Rolle" (ibid.). Dabei wird die „Rolle" nicht nur äußerlich übernommen. Sie wird zu einer wirklichen Lebenshaltung, und falls dies nicht der Fall ist, so spricht der Autor von „Maske". *„Die Rolle ist nur, wenigstens vorläufig, eine w i r k l i c h e Umstellung unseres Lebens auf eine bestimmte Situation, und zwar spielen wir uns in diese Rolle mit unserem ganzen Ich ein, wie ein guter Schauspieler sich in die Rolle Hamlets einspielt, wobei er sich bekanntlich nicht ‚verstellt', d. h. etwas vortäuscht, was er n i c h t fühlt (das tut wohl der schlechte Kommödiant), sondern wobei er etwas darstellt, was er wirklich fühlt"* (ibid). Die Rolle wird dem Menschen damit „zur zweiten Natur", *„ja, im Grund ist das, was wir Charakter und Persönlichkeit nennen, eine zur zweiten Natur gewordene Rolle"* (ibid.).

Rollen werden jeweils in Abhängigkeit von Situationen gespielt. Der Charakter stellt nur einen gewissen „Grundstock", er erfordert aber auch *„eine gewisse Beweglichkeit und Umstellungsfähigkeit, d. h. die Möglichkeit, verschiedene Rollen zu übernehmen. Jede Situation erfordert eine bestimmte Modifikation jener Grundrolle"* (ibid. 78). Müller-Freienfels spricht hier vom Lebensstil, der in bestimmten Phasen von Entwicklungs- und Reifungsprozessen erworben wird, indem *„die neue Lebensform als Rolle psychisch ergriffen und innerhalb der sozialen Konstellation durchgeführt wird"* (ibid. 79). Die Rolle als übernommenes soziales Muster hat demnach den Primat gegenüber biologisch verankerten Plänen und „naturgegebenen Tatsachen". Selbst der *„Unterschied zwischen männlichem und weiblichem Verhalten, ist zum Teil Rolle. Die physiologischen Verschiedenheiten bedingen nur einen kleinen Teil der Geschlechtsunterschiede; das Meiste ist ‚Rolle' "* (ibid. 78).

Vorbilder für die Übernahme von Rollen finden Jugendliche z. B. bei älteren Bekannten und Erwachsenen. Im Prozeß der Übernahme „neuer Lebensgewohnheiten... ist die Grenze zwischen wirklicher Rolle und bloßer Maske oft schwer zu ziehen. Oft ist die erstrebte Rolle nur äußere Nachahmung" (ibid. 78). Doch über die *Nachahmung* geschieht im Sinne *Lessings* eine *Vorahmung*. „*Man übernimmt fremde Lebensformen, um eigenes Leben darin vorbereitend ausleben zu können. Vielfach aber ist die Rolle auch Gegen-ahmung, Rebellion gegen bisherige eigene Lebensform oder von außen aufgezwungene Lebenshaltungen. Erst indem die Kinderrolle abgestreift wird und die Lebensrolle des Jugendlichen in Nachahmung, Vorahmung und Gegenahmung übernommen und konstant der Umwelt gegenüber durchgeführt wird, vollzieht sich der Übergang vom Kinde zum Jugendlichen*" (ibid. 78f).

Das Rollenspiel ist also eine „Vorübung für spätere ernste Lebenslagen" (ibid. 79). Die Übernahme neuer Rollen aber führt nicht zum Verlust der alten. Die Entwicklung als aufeinanderfolgende Altersphasen stellt keine Metamorphose dar, mit der sich der Mensch grundsätzlich verwandelt. „*Dem widerspricht die Tatsache, daß viele Menschen bis ins hohe Alter sich ihre Kindlichkeit und Jugendlichkeit zu erhalten wissen*". Ein solcher Mensch „*hat die ‚Kinderrolle' nicht ganz abgestreift, sondern kann sie bewußt oder unbewußt jederzeit wieder durchführen.. Anstelle der Metamorphosen-Theorie müßte eine Überschichtungs-Theorie treten, also daß die Entwicklung nicht als eine radikale Umwandlung anzusehen ist, sondern nur als eine Überschichtung früherer Lebensformen durch neue, die jedoch die früheren nicht völlig verdrängen*" (ibid. 807).

In der Übernahme von Rollen werden nicht einzelne Verhaltensweisen nachgeahmt und assimiliert, sondern es erfolgt „eine ganzheitliche Ein- und Umstellung unserer Lebenshaltung" (ibid. 78), die so total ist, daß sie zum integralen Bestandteil der Persönlichkeit wird und damit in der Regel *unbewußt* gespielt wird (ibid.). Die Persönlichkeit wird durch die verschiedenen Rollenerfahrungen immer reicher und flexibler. Sie schließt „als konstante Lebensrolle eine gewisse Variabilität und Differenzierung in mannigfache Sonderrollen nicht aus, sondern ein" (ibid. 79).

*Müller-Freienfels* ist mit seiner differenzierten Rollen- und Persönlichkeitstheorie von den Rollentheoretikern aus dem Bereich der Soziologie und Sozialpsychologie zu Unrecht nicht rezipiert worden, obgleich er ein Selbstbildkonzept (Innenbild), Rollenbegriffe und Vorstellungen zur Rollenübernahme entwickelt hat, die einem Vergleich mit modernen rollentheoretischen Ansätzen durchaus standhalten können.

### 1.2.4.4 Der Begriff der psycho-biologischen Rolle von Wilhelm Dolles (1920)

In seiner Arbeit „Der ‚Lausbub' und ‚Rowdy' als psycho-biologische Rolle" (1920), veröffentlicht in der „Zeitschrift für pädagogische Psychologie", legt *Wilhelm Dolles* Überlegungen vor, die zu den frühesten systematischen Ausführungen zum Konzept der Rolle zählen. Davon ausgehend, daß das „Kindliche, das Schwankende, Unangepaßte, Unfertige, Werdende, Impulsive, das Erwachsene dagegen das Bestimmte, Angepaßte, Fertige, Gewordene, mehr oder minder nur Vernünftige und vielfach auch völlig Erstarrte" sei, sieht *Dolles* die Rolle als Verhaltensform, in der sich Psychisches und Biologisches abhängig vom Grad der Reife und Entwicklung artikulieren. Im Unterschied zu den „markanten Persönlichkeiten" der Erwachsenen, die „bewußt und absichtlich, ja oft krampfhaft, starr sind, um einen ‚Charakter' zu haben", ist die „angenommene ‚Rolle' als psychische Erscheinung" (1920, 172) beim Jugendlichen ein „Kompromiß" zwischen „der Welt der Konsequenz" und der Welt der Lebendigkeit. *Dolles* sieht die Rolle, die Kinder einnehmen, z. B. die des kleinen Kämpfers, des Schmeichelnden, des Trotzenden oder Folgsamen, als psychobiologische Äußerungsformen. „*Daraus ergibt sich m. E. mit allem Nachdruck die Forderung, daß wir alle Eigenschaften der Kinder nicht absolut ethisch bewerten, sondern in ihrem psycho-biologischen Zusammenhang sehen, ebenso wie die ‚Rolle', welche das Kind spielt und welche durch seine psychisch-pädagogische Situation bestimmt wird*" (ibid. 173).

Die Entwicklungsabhängigkeit wird aber nicht im Sinne einer endogenen biologischen Programmierung aufgefaßt. Die Rollen werden ja „angenommen", Außeneinflüsse kommen zum Tragen, die das Kind in Rollen einbezieht. „*Die jeweils aus der besonderen Einspannung sich ergebende Rolle, welche das Kind annimmt und spielt, ist das Abbild und Ergebnis seiner ganzen Lebenssituation* (meine Hervorhebung) *in tausendfältiger Hinsicht, aus der sich eine jeweils ganz bestimmte psychische Einstellung ergibt, die eben jene bestimmte Rolle und deren Spielen veranlaßt hat. Ich erinnere nur an das folgsame, trotzige, schmeichelnde Kind mit seinen tausendfältigen Spielarten und Kombinationen*" (ibid. 173).

Hinter der Rolle nimmt *Dolles* ein „inneres wahres Bild" an, das durch die Befangenheit im Rollenhandeln verdeckt werden kann. Die Rolle kann Schutzfunktionen übernehmen, um weiche Seiten abzuschirmen, wie z. B. die Rollen des „unverbesserlichen Lausbubs oder des Rowdys" (ibid. 174). So kann es zu Fällen kommen, „*wo sich eine solche ‚Rolle' hartnäckig und ebenso unüberwindlich als unbewußt fi-*

xiert hat und demnach einer Unerziehbarkeit gleichkommt. Ein auch meist nur akutes Auftreten einer solchen ‚Rollen'bildung sind fast bei jedem die Flegeljahre" (ibid. 175). Wo demnach keine Fixierung stattfindet, bildet die Rolle einen „Übergang" in der Entwicklung. Die „Annahme der Rolle des Harten, Rauhbeinigen" im Sinne einer Reaktionsbildung zum Schutze der weichen Seiten stellt „letztenendes eben keine eigentliche Lösung" dar. „Denn der von dieser angenommenen Rolle Betroffene fühlt sich wohl meist wenig oder durchaus nicht glücklich in ihr" (ibid. 177).

Für den Pädagogen und Heilpädagogen ist es daher wesentlich, derartige Rollenbildung zu erkennen, um die dahinterliegenden Zwänge, gesetzt durch die „Welt der Konsequenz", die Welt der Erwachsenen, anzugehen. Durch „weise Anwendung des Kompromißprinzips" können krankheitsbildende Momente „wieder ausgeglichen und geheilt werden" (ibid. 179). Die Erstarrung in Rollen und Masken, denen die Flexibilität und Lebendigkeit verlorengegangen ist, sieht *Dolles* als eine „soziale Krankheit" (ibid.) an. Es gehe darum, die *„Unmittelbarkeit der Jugend* als das wahre, durch keine zwangsmäßig angenommene Rolle oder Maske entstellte Gesicht natürlicher Jugendlichkeit und Kindhaftigkeit als erste und vordringlichste Reform" anzustreben (ibid. 172).

Er nimmt damit Gedankengänge auf, die sich in ähnlicher Weise schon bei *F. Nietzsche* (Die fröhliche Wissenschaft, Nr. 356) formuliert finden: *„Die Lebensfürsorge zwingt auch heute noch — in unserer Übergangszeit, wo so vieles aufhört zu zwingen — fast allen männlichen Europäern eine bestimmte R o l l e auf, ihren sogenannten Beruf; einigen bleibt dabei die Freiheit, eine anscheinende Freiheit, diese Rolle selbst zu wählen, den meisten wird sie gewählt. Das Ergebnis ist seltsam genug: fast alle Europäer verwechseln sich in einem vorgerückten Alter mit ihrer Rolle, sie selbst sind die Opfer ihres ‚guten Spiels', sie selbst haben vergessen, wie sehr Zufall, Laune, Willkür damals über sie verfügt haben, als sich ihr ‚Beruf' entschied — und wie viele andre Rollen sie vielleicht hätten spielen können: denn es ist nunmehr zu spät! Tiefer angesehn, ist aus der Rolle wirklich C h a r a k t e r geworden, aus der Kunst Natur"* (1882).

Die Auffassungen von *Dolles* wurden vereinzelt rezipiert. *Müller-Freienfels*, der etwa im gleichen Zeitraum wie *Dolles* und unabhängig von ihm den Rollenbegriff verwandt hat, verweist auf den von *Dolles* aufgezeigten Zusammenhang (*Müller-Freienfels* 1933, 73). Auch *Turmliz* übernimmt in seiner Darstellung des „Trotzalters" die Auffassung, daß das „Kind mit steigendem Bewußtsein die Rolle des ‚Lausbuben' oder des ‚Wildfangs' spielt, um sich auf diese Weise vom Erziehungszwang der ungeliebten Eltern und Lehrer zu befreien" (*Turmliz* 1924, 55). *Dolles* kommt das Verdienst zu, den Rollenbegriff in entwicklungspsychologische Überlegungen eingeführt zu haben, um „Übergänge" von einem Entwicklungsschritt zum anderen zu kennzeichnen, die dem Jugendlichen ermöglichen, sich mit normierenden Zwängen der Erwachsenenwelt auseinanderzusetzen.

### 1.2.4.5 Die Rollenmetapher bei Alfred Adler (1928)

Auch *Alfred Adler* hat die Rollenmetapher verwandt: 1928 in einem Aufsatz über „Neurotisches Rollenspiel". Ohne den Rollenbegriff weiter zu definieren oder zu entfalten, weist er konkrete Verhaltensweisen als Rollenverhalten aus. *„Es gibt sicherlich ein unbewußtes Wissen, ein Wissen, das körperlich geworden, mechanisiert ist. Wenn ein reicher Mann in einen Laden tritt, so denkt er sicherlich nicht daran, wie reich er ist, aber er benimmt sich entsprechend"* (1928, 429). Adler bringt hier die Konzepte Rolle und Lebensstil in Berührung. Frühe Kindheitserfahrungen werden zu festen Formen oder Mustern, dem Lebensstil verarbeitet: *„Wir können nicht umhin, dem Kinde schöpferische Kraft zuzusprechen, die alle diese Einflüsse, die alle Möglichkeiten ordnet, um eine Bewegung zu gestalten, die zur Überwindung führt, in einer Form, die vom Kinde als richtungsgebende Überwindung empfunden wird"* (*Adler* 1932, 323).

In dem von *Adler* verarbeiteten Patientenbeispiel gewinnen Erinnerungen an einen bettelnden Straßensänger folgende Bedeutung: *„Ein Stück des Prototyps des Individuums zu sein und vollkommen zu dem gegenwärtigen Lebensstil zu passen. Hier: zu schwach, um allein zu sein, und die tiefe Wirkung, die ein B e t t l e r ausübt"* (1928, 430). Der „Prototyp", die „Bettlerattitude" legt nahe, daß *Adler* in dieser Arbeit den Lebensstil als Rollenvollzug sah. In diesem Sinne versucht er, dem Patienten in einer Fokalsitzung die Hintergründe seines Verhaltens zu erhellen, so daß dieser zu dem Schluß kommen kann: *„Ich verstehe auch, daß ich tatsächlich durch mein ganzes Leben die Rolle eines Bettlers spielte, der durch sein Leiden auf die Schwäche der anderen hinzielt"* (ibid. 432).

Obgleich *Adler* die Beziehung zwischen Lebensstil und Rollenspiel nicht weiter ausgearbeitet hat, lägen hier für den individualpsychologischen Ansatz noch interessante und wichtige Möglichkeiten der theoretischen Vertiefung, zumal in der alderianischen Therapie seit langem Formen des Psychodramas verwandt werden (*Essen* 1981; *Shoobs* 1946, 1956, 1964; *O'Connell* 1963). So hat denn auch *Antoch* (1979, 136f) das Lebensstilkonzept mit dem „Selbst-Rollen-Konzept" von

*Hartley* und *Hartley* (1952)[13] in Verbindung gebracht und bestehende Parallelen aufgezeigt. *Adler* läßt im Unterschied zu den zuvor referierten rollentheoretischen Ansätzen aufgrund seiner psychotherapeutischen Ausrichtung einen unmittelbaren Praxisbezug erkennen, der das Lebensstilkonzept an sich kennzeichnet, da es darauf gerichtet ist, die konkrete Lebenswirklichkeit eines spezifischen Menschen zu erfassen.

### 1.2.4.6. Der Rollenbegriff bei Walter Jacobsen (1934)

In einer 1933 bei *W. Stern* am Psychologischen Institut der Universität Hamburg vorgelegten und 1934 als Teildruck erschienenen Dissertation finden wir die erste — und für lange Zeit die einzige — empirische Untersuchung zum Thema „Individualität und soziale Rolle", die in den Jahren 1930 - 1933 durchgeführt wurde (*Jacobsen* 1934, 51). Der Autor will die „konditional-genetischen Hintergründe typischer sozialer *Rollen,* wie Führer, Despot, untergeordneter Funktionsträger, Emanzipisten usw. systematisch empirisch erforschen" (ibid. 5). Jacobsen untersucht *„nicht Rollen und Ämter, die durch autoritäre Einsetzung von außen oder traditionelle Zuweisungen übernommen werden, ... sondern Rollen, die in freier gegenseitiger Auseinandersetzung der Individuen, Aneinanderorientierung und Anpassung organisch gewachsen sind"* (ibid. 9). Da derartige Rollen sich nach Auffassung von *Jacobsen* am reinsten im „freien Gemeinschaftserleben, im *Spielleben* von Kindern und Jugendlichen" darstellen, wählte er den „Sozialverband einer *Schulklasse* von ca. 12-jährigen Jungen" (ibid.) für seine Untersuchung aus.

Aus der Beobachtung der Gruppe wurden drei Hauptrollentypen (I. Führende, II. Mitwirker, III. Kontaktbeschränkte) und sieben Untertypen gefunden (für III. z. B. Emanzipisten, Kontaktverfehlende, Abgelehnte), die eine differenzierte gruppendynamische Betrachtungsweise zeigen. Der Autor führt mit seiner Fragestellung, inwieweit in den beobachteten Rollen *„objektive",* aus dem Sozialverband kommende, und *„subjektive",* vom individuellen Sosein bestimmte Faktoren zusammenwirken bzw. sich differenzieren lassen, eine dezidiert sozialpsychologische Perspektive ein. Bei den Analysen der „Rollenbedingtheiten" steht im Mittelpunkt „die Herausarbeitung der *Individualitätsdifferenzen* als derjenigen (insbesondere soziopsychischen) Unterschie-

---

[13] *Hartley & Hartley* definieren (1955, 378 f) Selbstrollen als „die Konstellation von Eigenschaften und Verhaltensweisen, die ein Mensch in einer beliebigen Situation von sich selbst erwartet — parallel zu den sozialen Rollen, welche aus den Erwartungen der anderen bestehen. Diese Konstellationen entwickeln sich aus der ursprünglichen Kinderrolle im Verhältnis zu den anderen Familienmitgliedern und steuern und beschränken weiterhin die Wahl anderer Rollen".

de, die von der subjektiven Seite her für die besondere Wertung der Rolle entscheidend sind" (ibid. 8). *Jacobsen* sieht in der Rolle die Verbindung von Privatem und Kollektivem. Bedeutsam, ja entscheidend ist für jede „soziale Rolle" die *Kollektivpsyche,* „d. h. die vorherrschende Wertensrichtung und Lebensart der Gruppe als Ganzheit. Sie ist *diejenige Instanz,* die die allgemein *geltenden* Rollenbedeutungen überhaupt erst zu ihrer soziologischen Dignität erhebt" (ibid. 9).

Die vorherrschenden „Sozialtendenzen" und Gruppenmeinungen erkennen die Rollen an im Sinne eines *„In-Rechnung-stellens".* Es werden die Rollen damit zu einer „soziologischen Realität. Jede *einzelne* Rollenbedeutsamkeit steht und fällt mit der Richtung der *allgemeinen* Mentalität und Lebensart des Kollektivganzen" (ibid. 9). Durch Termini wie „In-Rechnung-stellen", ,,Anerkennung", „Wert-beimessen", verstanden als ,,antwortendes Sozialverhalten", wird auf den interaktionalen Kontext verwiesen, in dem die Rolle sich artikuliert. Da in dem relativ geschlossenen Sozialverband der Klasse die „sinnbeimessende Instanz" für die soziale Rolle, ihre kollektiven Bewertungskriterien relativ einheitlich seien, meint *Jacobsen,* die subjektiven und objektiven „Konvergenzfaktoren" erfassen zu können. *„Erst aus der Art der vorherrschenden ‚Gesamt'-strebungen, aus der ‚Mentalität' und Lebensart des Kollektivs ergeben sich M a ß s t ä b e , auf Grund derer die Einschätzung jeder Einzelpersönlichkeit und Sozialverhaltens durch das Kollektivganze erfolgt, damit auch die Wertetafel d e r f ü r dieses Sozialleben wesentlichen Persönlichkeitsmomente und die gültige Zuerkennung der Rollenbedeutungen"* (ibid. 10). Es ergibt sich eine Wechselwirkung: Die „Kollektivpsyche" (ibid. 19) aber auch die Einzelpersönlichkeit wirkt auf das Kollektiv zurück, und davon *„wie diese ‚Wirkung' ausfällt, welche antwortende, wertende R e s o n a n z sie im Kollektiv findet, i s t d i e s o z i a l e R o l l e d e s e i n z e l n e n e n t s c h e i d e n d a b h ä n g i g"* (ibid. 13).

*Jacobsen* arbeitet in seiner Untersuchung die Bewertungsparameter der Schulklasse heraus, und zwar unter zwei Oberkategorien: „Persönlichkeitsmomente, die als *Teilhabewerte* anerkannt werden", d. h. von Seiten des Kollektivs: was ist das Individuum „Für-uns-wert"? Die „Persönlichkeitsmomente, die als *Rivalitätswerte* anerkannt werden", werten das Individuum aufgrund seiner „individualisierenden Distanz" zum Kollektiv, nach seinem ,,Für-sich-selbst-wert" (ibid. 14f). Es werden die Rollen und Status- bzw. Positionskonzepte differenziert. Die Wertung geschieht *„primär nach seinem Geltungsrangplatz innerhalb des Kollektivs, erst sekundär erkennt man einer bestimmten Machtfülle dann auch eine i h r e n t s p r e c h e n d e F u n k-*

*tion und Sozialwertigkeit zu*, also z. B. den im überzeugendstem Ausmaße Überlegenen die Führerfunktion ..." (ibid.).

Die Arbeit von *Jacobsen* stellt im Unterschied zu *Müller-Freienfels, Vierkandt* u. a. kaum makrosoziologische Bezüge her. Ihre differenzierte sozialpsychologische Betrachtungsweise des Rollenbegriffs ist für die Zeit der Ausführung der Untersuchung außergewöhnlich. Sie ist — ähnlich wie die *Arbeit* von *Lumpkin* (1933) — unverdientermaßen unbekannt geblieben.

Die grundlegenden Werke von *Moreno* und *Mead* sind 1934 erschienen. Es soll dieses Jahr deshalb als Grenzpunkt für die Darstellung der „Vorläufer" sozialwissenschaftlicher Rollentheorie dienen. Die an sich interessanten Arbeiten von *Eggert* (1936) und die rollenbezogenen Texte von *Ichheiser* (1940, 1943 vgl. schon 1928, 1929 ohne Erwähnung des Rollenbegriffes) sollen deshalb hier nicht mehr behandelt werden.

## 2. Die Rollentheorie J. L. Morenos

Wenn im folgenden die Theorien *Morenos* zum Rollenkonzept vorgestellt werden, so geschieht dies in einer Kleinarbeit, die Element um Element aufsucht und zusammensetzt und auf diese Weise versucht, einen systeminhärenten Gedankengang zu rekonstruieren. Den eingangs — zum Teil nur flüchtig skizzierten — großen geschichtlichen Linien kann und soll in diesem Prozeß des Zusammenfügens von verstreutem Material nicht nachgegangen werden. Aber sie stellen den Hintergrund dar, vor dem diese Arbeit der Rekonstruktion gesehen werden muß. Es wird dabei deutlich werden, wie sehr *Moreno* mit seinem Werk in die aufgezeigten Fragestellungen trifft, sich in ihnen verfängt, Lösungsmöglichkeiten findet oder aufweist, die, da sie weitgehend unabhängig von den großen Traditionen soziologischen und sozialphilosophischen Denkens entwickelt wurden, in ihrer Eigenständigkeit beeindruckend sind, wenn es gelingt, sie ohne die Vorbewertung zu sehen. Eine solche ist immer dann gegeben, wenn man einen Gedankengang nur unter dem Raster einer differenzierten Tradition des Denkens betrachtet.[14]
Auch *Moreno* geht in der *Formulierung* seines Rollenkonzeptes vom Theater und den Bühnenmetaphern aus und entwickelt es in den verschiedenen Perioden seines Werkes (vgl. *Pfau-Tiefuhr* 1975) vorwiegend im sozialpsychiatrischen und gruppenpsychotherapeutischen Kontext.
Eine zusammenfassende Darstellung seiner sozialpsychiatrischen bzw. „psychiatrischen Rollentheorie" (1961a)[15] hat *Moreno* nie gegeben. Seine rollentheoretischen Konzepte sind in seinem gesamten Oeuvre verstreut, z. T. als Randbemerkungen in seinen soziometrischen, soziodramatischen und in den psychodramatischen Arbeiten (z. B. 1934/1967; 1943; 1944; 1946) oder in kleinen Aufsätzen, die in verschiedenen Publikationen erschienen (z. B. 1951; 1960; 1961a; 1962a,b), immer nur Teilaspekte darstellen und sehr knapp gehalten sind.

---

[14] Die Arbeiten von *G. Politzer* und *W. Reich* (mittleres und spätes Werk) sind aufgrund dieses Phänomens (daß diese Männer aus Traditionen ausbrachen) von den Vertretern der etablierten Schulen so lange Zeit ausgeblendet worden.

[15] Jahreszahlen in Klammern ohne Autorennennung beziehen sich in dieser Arbeit immer auf Werke *Morenos*.

Dies macht die Rezeption außerordentlich schwierig. Weiterhin kommt erschwerend hinzu, daß von den ersten Äußerungen über die Rolle (1924) bis zu seinen späteren Arbeiten sich konzeptuelle und terminologische Veränderungen finden, die den Eindruck von Inkonsistenz erwecken müssen, wenn sie nicht in ihrer chronologischen Folge gesehen werden. Die Verwirrung wird vollkommen, wenn diese Konzepte als scheinbar zeitgleich in einem Band erscheinen (wie z. B. in Psychodrama vol. I, 1946; 2. Aufl. 1964, S. II-VI; 153-160; 352-353 oder „Who Shall Survive?" 1953, 2. Aufl.), ohne daß ausreichend kenntlich gemacht wird, von wann die zusammengestellten Materialien datieren. Dies mag einer der Gründe dafür sein, daß *Morenos* rollentheoretische Arbeiten zwar als „vorhanden" registriert wurden, jedoch außerhalb der Moreno-Schule nicht rezipiert wurden und keinen großen Einfluß auf die Entwicklung der soziologischen und sozialpsychologischen Rollentheorie gewinnen konnten. Wenn *Biddle* und *Thomas* (1966) *Moreno* in ihrem Standardwerk herausstellen, so im wesentlichen im Hinblick auf seine Stellung als Pionier des Rollenkonzeptes in den Sozialwissenschaften und wegen seiner Rollenspieltechnologie:

„Nach unserer Kenntnis wurde erst in den dreißiger Jahren in diesem Lande [USA] der Ausdruck ‚Rolle' in Niederschriften über Rassenprobleme technisch verwendet. *Mead, Moreno* und *Linton* waren drei bedeutende Theoretiker, deren Arbeiten eine Stellungnahme verdienen. In den Jahren 1911-1925 experimentierte *Jacob Moreno* mit Gruppen von Rollenspielern im Wiener Stegreiftheater. Obwohl *Moreno* schon früher Arbeiten in deutscher Sprache veröffentlichte, wurden seine Werke in diesem Lande nicht recht bekannt — bis zu seinem Eintreffen hier in den dreißiger Jahren bzw. nach der Veröffentlichung seines klassischen Werkes ‚Who Shall Survive?' im Jahre 1934.

*Moreno* wirkte bahnbrechend auf dem Gebiet des Rollenspiels, des Psychodramas und Soziodramas und wurde zur schöpferischen Inspiration für die verschiedenen Gruppen, die wir heute der Soziometrie zuordnen; er war ein profilierter Schriftsteller und ein überzeugender Redner wie auch viele seiner Schüler, von denen einige zu den bekannten Sozialwissenschaftlern dieser Epoche zählen... *Moreno* lieferte wichtige Beiträge zum Verständnis des Verhaltens, aber am besten kennt man ihn vielleicht durch seine Neuerungen in der Technologie der Veränderung. *Morenos* Interesse an der Veränderung des Verhaltens ist gut in seinem Rollenspielkonzept dargestellt. Mit seinen Worten: ‚*Rollenspiel kann als experimentelles Verhalten betrachtet werden, als eine Lernmethode, durch die das Spielen von Rollen angemessen ausgeführt werden kann*' " (Biddle, Thomas 1966).

Die von *Biddle* und *Thomas* zusammengetragenen, repräsentativen rollentheoretischen Arbeiten aber nehmen keinen Bezug auf *Morenos* Theorien.

Eine weitere Schwierigkeit mag die zuweilen komplizierte Sprache und Darstellungsweise *Morenos* sein und schließlich seine persönliche Arbeitsweise. Er war „*ein Mann ohne eine Gruppe Ebenbürtiger, ohne eine ständige Organisation von Schülern, Forschern und Praktikanten, einer, der im Grund genommen einen philosophischen Abstand vom Fortschritt oder Rückschritt seines eigenen Werkes hatte*" (*Weiner, Knepler* 1972, 64).

Die aufgeführten Umstände haben nicht nur eine Rezeption beeinträchtigt, sie haben auch zu zahlreichen Fehlinterpretationen geführt, so daß *Weiner* und *Knepler* (loc. cit.) feststellen: „Es gibt wahrscheinlich keine andere Theorie, die so mißverstanden wurde wie *Morenos* Rollenspiel-Theorie". So liegt bislang noch keine zusammenfassende Darstellung der Rollentheorie *Morenos* vor. Eine eigene Arbeit zu diesem Thema (*Petzold* 1974) blieb bisher unveröffentlicht. Der umfassendste Versuch einer Darstellung wurde von der Moreno-Schülerin *G. A. Leutz* (1974) unternommen, aber auch er greift nur Aspekte auf und ist nicht frei von Fehlrezeptionen. Das Verdienst der Arbeit von *Leutz* liegt weniger in der genauen Darstellung der Moreno'schen Rollentheorie als in deren eigenständigen Weiterentwicklung in eine bestimmte Richtung: Ausdifferenzierung der Rollenkategorien und Entwurf einer rollentheoretisch fundierten Psychopathologie. Auch der argentinische Moreno-Schüler *J. Rojas-Bermúdez* (1970; 1979) gibt keine Gesamtdarstellung, sondern nimmt Konzepte *Morenos* als Ausgangspunkt für eigene rollentheoretische Überlegungen. Der vorliegende Beitrag versucht deshalb, die Rollentheorie *Morenos* und ihre Weiterentwicklung durch seine Schüler *Leutz, Rojas-Bermúdez* und *Petzold* darzustellen.

*Moreno* hat seine wesentlichen Inspirationen durch das Theater gewonnen. Dies gilt sowohl für die Entwicklung seiner Handlungstechniken, Rollenspiel, Psychodrama und Soziodrama als auch für seine Kreativitäts- und Rollentheorie. Seine frühen Arbeiten haben entweder selbst dramatischen Charakter (1919; 1925) oder sind mit Fragen der Theorie und Praxis des Theaters befaßt (1924). Er formuliert sein psychotherapeutisches System als „Shakespearsche Psychiatrie" (1959, 80) und wurde zu seinem Rollenkonzept durch den bis in die Antike zurückgehenden Rollenbegriff des Theaters angeregt (1960, 80), wie er von *Shakespeare* in der Rede *des Jacques* (*As you like it*, II, 2 136ff) entfaltet wurde (*Petzold* 1981a). Die direkte Erfahrung mit dem „*paradoxe du comédien*" (*Diderot*) in seiner Theaterarbeit ist ein weiterer

Hintergrund: *"My first clinical observation of role dynamics was provoked by the conflict in which a legitimate actor finds himself when taking the part on the stage... Behind the mask of Hamlet lurks the actor's private personality. I have often called this the primary roleperson conflict"* (1946, 153).

Moreno betont die Herkunft seines Rollenkonzeptes immer wieder: *"Rolle ist demnach kein soziologisches Konzept. Sie kam über das Drama in den soziologischen Sprachgebrauch. Es wird häufig übersehen, daß die moderne Rollentheorie ihren logischen Ursprung und ihre Zukunft im Drama hat"* (1961a, 519). Moreno sieht einen „amerikanischen Trend" der Rollentheorie, vertreten durch *George Herbert Mead* und *Ralph Linton*, und einen „europäischen Trend", der von ihm selbst entwickelt wurde — hier müßten *Simmel, Müller-Freienfels* u. a. noch genannt werden. Er wirft den Vertretern der amerikanischen Richtung vor, die Herkunft des Rollenbegriffes nicht berücksichtigt zu haben: *"Both of these men were apparently unaware of the basic process of role taking upon the drama"* (1961a, 519). Sie seien deshalb zum statischen Konzept des „role taking" gekommen im Unterschied zum dynamischen Konzept des „role playing", wie es der „European trend..., marked by Moreno's book *Das Stegreiftheater* (1923)"[16)] vertritt. Dieser Vorwurf ist zumindest *Mead* gegenüber unberechtigt, denn dieser nimmt schon 1913 in seinem Aufsatz „The social self", in welchem das Konzept symbolvermittelter Interaktion voll entwickelt wird, ausführlich auf das Theater und die Bühnenmetaphorik Bezug und verwendet dabei erstmals den Begriff „Rolle" in seinem Werk: *"Auf diese Weise [durch innerliche Repräsentation, m. E.] spielen wir die Rollen aller Mitglieder unserer Gruppe. In der Tat werden diese nur insofern Teil unserer sozialen Umwelt, als wir dies tun. Sich der Identität eines Anderen als Identität bewußt zu sein, bedeutet, daß wir seine Rolle gespielt haben oder die eines Anderen, mit dem wir ihn zum zweiten des sozialen Umgangs identifiziert haben. Die innere Antwort auf unsere Reaktionen anderen gegenüber ist daher so verschiedenartig wie unsere soziale Umwelt."* Mead expliziert das im Hinblick auf das Bühnengeschehen:

*"Bis dieser Vorgang zum abstrakten Denkprozeß entwickelt worden ist, behält das Selbstbewußtsein dramatische Gestalt. Die Identität, die aus einer Verschmelzung der Erinnerung an den handelnden Schau-*

---

[16)] Das „Stegreiftheater", von *Moreno* konstant mit 1923 zitiert, wurde zwar in diesem Jahr abgefaßt, aber erschien erst 1924. So wird von allen Autoren, die wohl die Originalpublikation nicht zur Hand nahmen, mit 1923 das „Stegreiftheater" falsch zitiert.

spieler und des begleitenden Chores erwächst, ist ziemlich locker organisiert und in aller Deutlichkeit sozialer Natur. Später wandelt sich die innere Bühne zu einem Forum und einer Werkstatt des Denkens. Die Charakterzüge und Stimmen der dramatis personae werden undeutlicher, die Betonung fällt auf die Bedeutung des inneren Sprechens und die bildlichen Vorstellungen beschränken sich auf die notwendigsten Stichworte und Fingerzeige. Aber der Mechanismus bleibt ein sozialer, un jeden Augenblick kann der Vorgang personale Form annehmen" (Mead 1913, 70f).

In diesem wichtigen Text wird auch der Unterschied im Zugang zum Rollenkonzept zwischen Mead und Moreno deutlich. Mead zentriert auf den symbolischen Prozeß, die „innere Bühne", Moreno ist auf das konkrete äußere Rollenverhalten gerichtet. Diese jeweilige Akzentuierung bedeutet nicht, daß sowohl Mead (z. B. 1934) als auch Moreno (z. B. 1944, 1962b) den anderen Aspekt des Rollenkozeptes ausgeblendet hätten; sie setzen nur unterschiedliche Akzente.

Das Werk Morenos ist nicht monolith. Es ist wie fast jedes Lebenswerk in verschiedene Abschnitte gegliedert, die den jeweiligen Interessen und dem Forschungsstand des Autors entsprechen. Für Moreno könnte man folgende Grobstrukturierung vornehmen:
1. Das expressionistisch geprägte Frühwerk, das in meist dichterischen Schriften mit Problemen des Theaters und theologisch-philosophischen Fragestellungen befaßt war (1911-1929). Diese Periode umschließt das Kindertheater in den Gärten Wiens bis zu den Aufführungen in der Carnegie Hall;
2. das soziometrische Werk seiner mittleren Schaffensperiode (1930-39);
3. das psychodramatische Werk seiner späten Schaffensperiode (1939-1974), in dem er sich mehr mit Fragestellungen des Psychodramas und der Gruppenpsychotherapie befaßte und nur noch wenig zu soziometrischen Themen publizierte. Die Gründung des „Psychodramainstituts" in Beacon im Jahre 1940, angezeigt in Sociometry III, 1, (1940) 111-113, wird als Zäsur angesetzt, obgleich Moreno noch bis Anfang der fünfziger Jahre verschiedentlich zu soziometrischen Fragen Stellung nimmt, ohne neue Beiträge zu diesem Gebiet zu leisten. Der fließende Übergang Ende der dreißiger, Anfang der vierziger Jahre macht eine exakte Trennung der Schaffensperioden nicht möglich.

## 2.1 Das Rollenkonzept in der „expressionistischen" Schaffensperiode — das Frühwerk Morenos

Im folgenden soll das Rollenkonzept des Frühwerks untersucht werden. Der Rollenbegriff findet sich indes nur im „Stegreiftheater". Dieses anonym veröffentlichte Buch *Morenos* erschien 1924 im „Verlag des Vaters", Gustav Kiepenheuer Verlag, Potsdam. In ihm kommt der Begriff Rolle an zehn Stellen vor (S. 18, 23, 27, 28, 29, 40, 44, 50, 63, 66) und wird ganz im Sinne der klassischen Theaterterminologie und der Umgangssprache zur Beschreibung des *Partes* verwandt, den der Schauspieler einstudieren und sich aneignen muß (1924, 23, 27). Die Rolle ist als Schöpfung des Autors schriftlich „in einem Buch" von außen vorgegeben (ibid. 28). Ansätze zu einem Konzept der sozialen Rolle, wie etwa bei *Simmel* (op. cit.), finden sich im „Stegreiftheater" nicht, wohl aber Gedanken, die in den späteren rollentheoretischen Überlegungen *Morenos* wieder auftauchen. Die Rolle wird als sprachlich vorgegebenes Muster verstanden, zu dem das mimisch-gestische Verhalten des Schauspielers hinzukommt. Dieses wird durch das Wort festgelegt, begrenzt und eingeschränkt.

*„Während die alte Methode* [des Theaters m. E.]*, wie es die Rolle fordert, mit einem bestimmten Wort eine bestimmte Geste einüben läßt, ist im Stegreifsinn eine neue, sachentsprechende Technik auszubilden; denn jene Koordinationen bleiben als Residuen fixiert, aber gerade jener Kausalnexus zwischen Wort und Geste muß gemieden, der schon vorhandene aufgelöst werden"* (1924, 40).

An die Stelle der Rolle tritt der „Stegreifkörper" (ibid.), der in jedem Moment frei und schöpferisch improvisieren kann, und die „Stegreiflage":

*„Der Stegreifmime hat seinen Ausgangspunkt nicht außer ihm, sondern innen: d i e  L a g e ... Sie ist von allen Begriffen der Psychologie verschieden. Denn nicht nur Angst, Furcht, Zorn, Haß sind Lagen, sondern ebenso Komplexe wie Höflichkeit, Grobheit, Leichtsinn, Hoheit und Schlauheit oder Zustände wie Beschränktheit und Trunkenheit. Zudem ist Lage nicht heraufgekommen oder bestehend, sondern willkürlich hervorgebracht. Sie ist mit der Tendenz, frei zu erscheinen, verknüpft"* (1924, 28f).

Später kommt *Moreno* (1934, 194) auf das Konzept der *Lage* (impromptu state) und des Stegreifkörpers (bodily action) zurück, um Rollenhandeln zu charakterisieren, und er übernimmt für die Rolle (1946, 153ff) die schon 1924 vorgenommene Spezifizierung der Lage in *objektiv* und *subjektiv, öffentlich* und *privat*. „Diese (die Lage m. E.) hat einen subjektiven und einen objektiven Anteil" (1924, 43), die inneren Bedingungen des Darstellers, z. B. Müdigkeit und Stimmung, und die vorgegebenen Muster des Konfliktverlaufes. Beides wird von der „Spielidee" regiert und nicht durch die textlichen Vorgaben und Rollenfestlegungen des Autors und seines Stückes. Der lebendigen Verkörperung beraubt, zerfällt die Rolle in Worte. „Der Stützpunkt des

Spielers ist nicht mehr die Rolle, welche in eine Summe von Worten zerfällt, sondern die Spielidee..." (ibid. 44). *Moreno* stellt dem Rollenspieler, der „sich mit einem Ruck in seine Rolle verwandelt" (ibid. 66), als neues Ideal den Stegreifspieler gegenüber:
„*Die Beobachtung lehrt, daß Stegreif- und Rollenspieler in den meisten Fällen zu einem entgegengesetzten Idealtypus gravitieren... Ein alter Rollenspieler kann Stegreif ,simulieren'. Er spielt aus den Residuen oft abgekurbelter Rollen. Dieser ,Überschuß' (Klischees) ist nach kurzer Zeit erschöpft... Zum Stegreif gravitieren die Lebensmächtigen, die Lebensmächtigen. Ihre Quelle ist das Leben*" (ibid. 63, 64).

Im traditionellen Theater ist die Rolle etwas starr Vorgegebenes wie Kulissen und Kostüme (ibid. 23). Sie ist, wie *Moreno* später formuliert, eine „Kulturelle Konserve" (1946/1964, 107), eine „*roleconserve*" (1960, 84). Der Schauspieler ist in folgender Situation: „Die Rolle steht ihm als Individuum gegenüber, das er doppelgängerisch exerzieren muß, immer aus seiner Haut hinaus in seine Haut zurück" (1924, 27). Er „verkörpert den schon Verkörperten statt sich". Dazu hat er drei Wege: „a) er spielt sich in die gegebene Rolle hinein, doppelgängerisch interessiert macht er sich bewußt zum Werkzeug..."; b) er findet zwischen seiner mimischen und der dichterischen Konzeption die harmonische Mitte; c) „widerhaarig treibt er den gegebenen Geist in seinen, das gegebene Individuum in sich hinein"... „Die Aneignung der Rolle durch den Schauspieler verläuft *zentripetal*" (ibid.). Es wird die Rolle „von außen" an ihn herangetragen. Er muß sie in sich hineinnehmen, verinnerlichen, um sich reproduzieren zu können, als etwas, das „nicht seines ist". Diesem an die Rollen des vorgegebenen Stückes gebundenen Schauspieler stellt *Moreno* den „*Spielmächtigen*" gegenüber, der seine eigene Rolle schafft, indem er seine Gedanken und Gefühle von innen nach außen bringt und sich selbst spielt. „*Der Spielmächtige ist zentrifugal. Der Geist, die Rolle ist nicht wie beim Schauspieler in einem Buch... sondern ein Teil von ihm*" (1924, 28).

„*Für Schauspieler und Stegreifmächtige wird nicht nur Leib, sondern auch die eigene Seele, Vernunft und Geist, das insgesamte Ich, zum Material des Bildners. Aber das Verhalten zum Stoff ist in beiden Fällen verschieden. Die historische Theaterkunst erzeugt den Schein durch Zusammensetzung: das Bewußtsein (die Rolle) wird — als Vorarbeiter — in das Unbewußte gesandt, es wirkt dort absperrend und ordnend. Die Scheingestalt ist fertig, ehe der Augenblick der Vorstellung gekommen ist.*

*Die Stegreifkunst macht vom Bewußtsein keinen Gebrauch, das Unbewußte steigt unverletzt auf. Die Scheingestalt entsteht erst im Augenblick seiner Berührung mit dem Bewußtsein*" (ibid. 18).

Wenn auch alle Fähigkeiten des „insgesamten Ichs" in den Akt der Stegreifkreation eingehen, so kommt doch dem Leib, dem „Stegreifkörper" (ibid. 40), besondere Bedeutung zu. Er bildet die Basis des Spiels. Deshalb „muß im Körper ein möglichst großer Reichtum von Mitbewegungen aufgespeichert werden, die durch aufkommende Ideen herausgelockt werden können"... „Der Körper des Spielers muß wie ein Reservoir von Freiheit" sein (ibid.). Diese *schöpferische Freiheit* steht im Zentrum der Ideen *Morenos*. Das Stegreifspiel ist die totale Befreiung von Festlegungen, von Vorgaben durch Dichtung, Rolle, Kulisse, Kostüm, Proben (ibid. 23), von „starr gegebenen Wörtern", durch die „die Produkte dem Erzeuger vor der Erzeugung entgegentreten"... „Das historische Theater ist Totendienst, Auferstehungskult" (ibid. 10), in dem nicht Wirklichkeit aus dem Augenblick entsteht (vgl. *Moreno* 1923), sondern allenfalls Bericht von Wirklichkeit gegeben wird. Durch das Stegreifspiel werden die „Schauspieler, von Diktatur befreit, ... den klassischen Weg der Sprache wiederherstellen: vom Mund in die Schrift, nicht umgekehrt von der Schrift in den Mund" (ibid. 69f).

*Morenos* Frühschrift „Das Stegreiftheater" tritt, das dürfte diese Analyse deutlich gemacht haben, für die *Abschaffung der Rolle* ein. Sie kann deshalb nicht als Grundlegung einer Rollentheorie verstanden werden. *Moreno* hat im „Stegreiftheater" die Grundlagen einer *„Anti-Rollentheorie"* geschaffen. Dieses Ergebnis ist um so überraschender, als *Moreno* verschiedentlich auf das „Stegreiftheater" und seine Frühschriften als Grundlage seiner Rollentheorie verweist (1961 a/1979, 16, 17)[17]. „*Es ist historisch interessant, daß ich mit meiner Rollentheorie vom Theater komme und mit meinen Untersuchungen anscheinend früher begann (1911-24) als George Mead. Es ist aber zweifellos, daß Mead und ich unabhängig voneinander gearbeitet haben*" (1959, 103)[18].

---

[17] Oft unter sehr großzügig paraphrasierender „Übersetzung" des „Stegreiftheaters", so z. B. 1961, 520/1979, 17: „Die Funktion der Rolle besteht unter anderem darin, das Unbewußte vom Sozialen her zu erschließen und Gestalt und Ordnung hineinzubringen (*Moreno* 1923, 18)". Im Original lautet der Text: „Die Stegreifkunst macht vom Bewußtsein keinen Gebrauch, das Unbewußte steigt unverletzt auf. Die Scheingestalt entsteht erst im Augenblick seiner Berührung mit dem Bewußtsein Stegreiftheater." [1923], 1924, 18.

[18] *Moreno* (1959, 103; 1962, 114) legt Wert darauf, nicht von *Mead* beeinflußt worden zu sein, sondern unabhängig von ihm, ja vor ihm das „psychiatrische Rollenkonzept" entwickelt zu haben; denn *Meads* „Mind, Self and Society" sei im Dezember 1934, etwa ein Jahr später als „Who shall survive?" (Frühjahr 1934) erschienen (*Moreno* 1959, 103). Dies trägt nicht dem Faktum Rechnung, daß *Meads* Buch die posthume Veröffentlichung von Vorlesungen aus den Jahren 1927 und 1930 darstellt und *Mead*

## 2.2 Das Rollenkonzept in der „soziometrischen" Schaffensperiode Morenos

*Moreno* wanderte 1925 in die USA aus. Er führte seine Stegreifexperimente weiter und begann 1928 erstmals im klinischen Rahmen im Mount Sinai Hospital auf der pädiatrischen Abteilung sein Stegreifspiel zu demonstrieren. In der Folge nahm aber seine soziometrische Arbeit als Gefängnispsychiater und psychiatrischer Konsiliarius der Hudson-Schule für delinquente, verhaltensgestörte Mädchen den ersten Platz in seinem Schaffen ein, obgleich das „impromptu", das Rollenspiel als Spontaneitätstraining, von ihm im Rahmen seiner „Interventionssoziometrie" (*Dollase* 1975) immer mit einbezogen blieb. Der Terminus „Rolle" taucht in den Veröffentlichungen dieser Periode zuerst in der von *Moreno* herausgegebenen Zeitschrift „IMPROMPTU — Published as a Quarterly Journal by Impromptu, Carnegie Hall, New York City" (1933) auf. *Moreno* beschreibt „the inauguration of impromptu", die erste öffentliche Präsentation von Stegreiftheater am 5. April 1931 im Guild Theatre, New York:

„*Not only the form of the drama and the theatre is revolutionized on the night of April 5, but also the character that the poet bears in them. The poet plays a new rôle. Until now his rôle has been active in writing and finishing a drama, but it was passive in its performance. In the Impromptu Theatre he is the active, perhaps the most active center of the performance itself. The players, who do not know until the day of performance any of the plots, in which they will appear, are submitted by the poet immediately before the performance and in front of the audience, to the process which is called the Act of Transference. In the poet's mind, forms, moods, visions of the rôles and plays are continuosly in the process of becoming. They are always in various stages of development within him. The clearer they are within him, the more he burns with them, the more effective will he be in his attempt to transmit them to the players*" (1931, 3).

*Moreno* führt hier seine Wiener Theaterexperimente fort, — und er befindet sich dabei in guter Gesellschaft. *Theodore Appia* und *J. J. Robbins* arbeiten an seinem „Impromptu Theatre" und an seiner Zeit-

---

einen deutlich anderen rollentheoretischen Ansatz vertritt als *Moreno*. Derartige Äußerungen und *Morenos* permanente und nicht immer fundierte Kritik an *Mead* (vgl. z. B. *Moreno* 1946, 157; 1959, 103; 1960, 84; 1961, 519; 1964, II) müssen auf dem Hintergrund von *Morenos* „*paternity syndrom*" gesehen werden, einen Terminus, den er mit Humor und Selbstironie kreiert hat, der aber auch Ausdruck einer traurigen Geschichte von Plagiaten, Anfeindungen und Unterstellungen ist (vgl. *Moreno* 1951, 29, 78; 1953, XIIIff; dazu *Petzold* 1979a; 1980).

schrift mit, jedoch ist gegenüber dem ursprünglichen Stegreiftheater eine deutliche Akzentverschiebung festzustellen. Der Dichter gewinnt in seiner Rolle wieder größere Bedeutung. Er ist es, in dessen Phantasie „Formen, Färbungen, Visionen von Rollen und Spielen entstehen". Er ist es, der das Spiel anleitet. Es wird damit die „Rolle des Psychodrama-Direktors" vorgezeichnet. *J. J. Robbins*, Associate Director in *Morenos* Impromptu Theatre, Studio 200, Carnegie Hall, macht in der gleichen Ausgabe des „Impromptu Magazine" die Position *Morenos* deutlich.

„*The first problem that faces the poet in the Impromptu Theatre is the Impromptu play itself. By the nature of the work he is denied the opportunity of writing it down. He must carry it within himself until the moment when he transfers it to the players, who are to embody it on the stage. Above all, the poet must see to it that the players cast in his play remain absolutely free to create within the limits of the rôles assigned to them. He must choose his players carefully, he must know their limitations as actors, he must intuitively understand their private psychologies, and he must never expect more than a certain average of creativeness in their presentations*" (1931, 6).

Der Rollenbegriff wird hier im Sinne der klassischen Theatersprache verwandt, nur daß Rolle weniger festgeschrieben wird durch den vorgegebenen Text, sondern eher ein flüchtiges Phänomen ist, das der Stegreiflage. In seinen „Notes on the psychology of immediate creation" (1931, 11), formuliert *Moreno* „*The rule of the mechanics of production*": „*The Impromptuization of one and the same theme is less impressive the more frequently it is repeated. The rule of the mechanics of reproduction may be stated thus: The more often a memorized poem, a speach or a rôle is repeated, the stronger becomes the performance*". Die Regel der Reproduktion wird nach *Morenos* Auffassung nicht dadurch aufgehoben, „*daß ein Schauspieler oftmals eine Rolle am besten beim ersten Mal darstellt, da dieses selbst eine Art Stegreif-Darstellung ist. Wir können von einem reproduktiven Prozeß nur dann sprechen, wenn ein Schüler ein Gedicht, ein Schauspieler die Rolle vollständig in Wort und Geste verkörpert*" (1931, 11). Wie schon im „Stegreiftheater" (1924) vertritt *Moreno* also auch hier die Auffassung, daß die Rolle der reproduktive Akt ist, durch den ein vorgegebenes Muster wieder abläuft.

*Moreno* beschränkt sich aber nicht nur auf Theaterexperimente. Im Rahmen seiner ärztlichen Tätigkeit als Gefängnispsychiater versucht er die therapeutischen Aspekte des Stegreifspiels, die ihm wohl schon in seiner Wiener Zeit deutlich geworden waren, weiterzuentwickeln. Seine Mitarbeiterin *Helen C. Jennings*, die an der Durchführung der soziometrischen Untersuchungen *Morenos* maßgeblich beteiligt war, beschreibt Therapie mit Stegreifspielen, in denen Patienten Rollen, die für sie schwierig sind, in abgestufter Intensität spielen: *"It has to be graduated and varied to suit the symptoms of the patient. The graduated stages are always essential to the therapeutic employment of Impromptu, and the more graduated they are the better the success of the analyst"* (1931, 14). Die dem Patienten zugeschriebenen Rollen werden als konkretes Verhalten aufgefaßt, als kreativer Ausdruck der Persönlichkeit. Hierin liegt nach Auffassung von *Jennings* (die damit *Morenos* Position wiedergibt) der Unterschied zwischen Psychoanalyse und Stegreifspiel:

*"One taps the springs of productivity, the other drains them. Psychoanalysis takes the personality with its difficulties, loosens the factors of negative import by bringing them to the patients' conscious mind; then leaves him. Thus it dissolves possible creative elements in the personality of the patient by progressive disillusionment. On the other hand, Impromptu reinforces him, drives the ‚disease' towards realisation. It is psycho-creation versus psychoanalysis. Herein lies the radically different point of view of Impromptu. Outside actuality yet so intimately related to life is Impromptu treatment, that it is closest to the process of living itself. Fiction becomes here so similar to life that it needs only a little effort to transcent into reality. In it man lives always as he would live in life"* (Jennings 1931, 12).

Von *Moreno* selbst finden wir in der zweiten Auflage seiner Arbeit „Application of the group method to classification" (1932) „an illustration of group therapeutics" (ibid. 92), in der Rollenspiel bei der Behandlung eines Kindes, das Nägel kaut, eingesetzt wurde. Es wurde in verschiedene Situationen gestellt, in denen eine Freundin und ein Erwachsener zusammen mitspielten, eine Prozedur, die in vielem an moderne Formen verhaltenstherapeutischen Rollenspiels erinnert (vgl. *Petzold* 1979b, 87ff).

*"This treatment ist typical of what we have called ‚S p o n t a n e o u s T h e r a p y'. Every situation into which the child was placed was well-defined and well-prepared, but for the child each was an Impromptu situation. The behaviour during each situation was afterwards analyzed, but the analysis and the therapeutic process did not run parallel and were kept apart. The Technique of Social Assignment was also illustrated. The treatment would not have been possible without the second child and the interrelation between the two.*

*Group therapy is thus the result of well calculated, spontaneous therapy plus proper social assignment. In other words, psychological treatment is projected away from the clinic into real life situations and technics for a proper procedure to be used on the spot developed. The leader is within the group, not a person outside*[19]*. The therapeutic agent for the unmanageable child above was not a psychiatrist or educator outside the group, but another child within the group"* (Moreno 1932, 94).

Obwohl der Begriff Rolle oder Rollenspiel in diesem Text nicht vorkommt, ist de facto das Spielen in Rollen, das Zuweisen von Rollen und Status ausgesagt. An einer anderen Stelle macht *Moreno* dies explizit. In dem Abschnitt „concerning group therapy" (1932, 60) schreibt er: *„Psychological treatment copies the relation of physician and patient. One is superior, the other inferior, in this relation. These roles are fixed and the situation is a s y m m e t r i c. In the group situation, once the assignment is accomplished, the groups function for themselves and the therapeutic process streams through their mutual inter-relationships. Every man has an equal rank. The roles are plastic and the situation is symmetric. The psychiatrist has his strategic position not inside but outside the group"* (ibid. 61). Hier werden Rollen und Status (*rank, position*) in eine Beziehung gebracht, durch die soziale Wirklichkeit beschrieben wird, in einer Weise, die über das Rollenkonzept der Theatersprache hinausgeht. Die Rolle wird abhängig vom Status in einer Gruppe betrachtet, wobei Gruppe definiert wird als *„a number of persons, who are during a given period, in constant relations to another. I n t e r - r e l a t i o n indicates all events which take place between two or more of the men comprising a group, whether these be physical, biological, psychological, social or cultural. They do not alter the fundamental texture of a group, that it consists of a number of persons distinct in themselves however involved their individual lives may become"* (ibid. 26) — Wir finden hier übrigens eine der frühesten Definitionen der Gruppe.

Die Wurzeln von *Morenos* Gruppentherapie machen deutlich, daß es sich um eine „sozialpsychiatrische" Form der Behandlung handelt, nicht, wie bei der analytischen Gruppenpsychotherapie, um eine Übertragung der Prinzipien der Einzeltherapie auf die Gruppe. Konzepte

---

[19] Es wird hier schon ein Forschungsansatz deutlich, den *Moreno* 1934 in „Who shall survive?" und in späteren Arbeiten noch weiter ausgearbeitet hat: der Forscher steht nicht außerhalb der Situation, er wird zum teilnehmenden Beobachter. Auf *Moreno* geht damit der Paradigmenwechsel im Forschungsansatz zurück, der später mit dem Namen *Kurt Lewin* verbunden wurde, obgleich nachweislich Begriff und Praxis der *Aktionsforschung* von *Moreno* geprägt wurden. „The participant observer of the social laboratory, counterpart of the scientific observer in the physical or biological laboratory, undergoes a profound change... The essence of these (der Untersuchten) situations will be missed if he acts in the role of a scientific spy (1937, 209 f; vgl. zum ganzen *Petzold* 1979 a; 1980).

wie Rolle, *assignment, interrelation,* Rollenspiel, machen dies deutlich. So definiert Moreno Gruppentherapie wie folgt: *„group therapy, a method of psychotherapy, which combines the technique of assignment with the technique of spontaneous treatment"* (1932, 104). Assignment wird gekennzeichnet als: *„The relating of one person to others and to the common social and cultural environment. Assignment is Spontaneous if this relating occurs by free choice alone. Assignment is Experimental if the relating occurs through the technique of classifying interrelationship attributes of persons. Technique of Assignment referres to the various procedures used to insure the most advantageous relating of any persons"* (ibid.). So wird die Gruppenmethode *„a method which protects and stimulates the self-regulating mechanisms of natural groupings. It attaques the problem of community government through the use of one man as a therapeutic agent of the other, of one group as a therapeutic agent of the other; which checks advers group formations and insures that the groups are controlable by forming them through a technique of assignment. It furnishes, thus, an economical system of administrating and governing populations in institutions"* (1932, 104).

Moreno baut diese soziologisch-sozialpsychologische Perspektive noch weiter aus in seinem im Frühjahr 1934 erschienen Werk „Who shall survive?". In diesem Buch wird auch das Rollenspiel als *„Spontaneity training"* (S. 352), *„Impromptu play"* (S. 196), *„Spontaneous play acting"* (S. 352) als soziotherapeutische Technik dargestellt. Schon 1932 hatte Moreno die „Spontaneous Therapy" dargestellt als *„an activistic method of therapy. The actual constellations within a person are attaqued in the direction of their development. This is accomplished through placing the individual into well defined situations, directly or by indirection. To determine his needs, a psychological analysis preceeds and follows each phase of treatment"* (1932, 104). Die in derartigen soziotherapeutischen Stegreifspielen gespielte Rolle unterscheidet sich vom Spiel einer Rolle im Theater: *„It is different if a memorized rôle is played as on the regular stage"* (1934, 196). Die Termini *„role play(ing)"* oder *„psychodrama"* finden sich in dieser Periode noch nicht, obgleich Moreno das Rollenspiel der Sache nach — wie gezeigt wurde — praktiziert. Der Begriff Psychodrama wird von ihm vielmehr erst 1937 in die Literatur eingeführt.

In „Who shall survive?" wird der Terminus *Rolle* 1. als *umgangssprachliche Wendung* gebraucht: *„For example the rôle of homosexual attraction in the production of cleavages within groups...* (1934, 431); 2. als *Terminus im Sinne der Theatersprache* (ibid. 196) und 3. als *sozialpsychologisches Konstrukt* (ibid. 325 ff; 352 ff), das allerdings nicht spezifisch ausgearbeitet wird. Die Rolle wird in Anlehnung an die Gedanken des „Stegreiftheaters" als „Rolle im Vollzug", als gespielte Rolle gesehen. Nicht ihre Funktion als vorgegebenes Muster ist für *Moreno* wesentlich, sondern ihre Funktion als Aktionsrolle. Er greift deshalb immer wieder auf die Begriffe „*impromptu*" oder „*impromptu state*" (Stegreiflage) zurück. „*Anstatt sich mit dem kalten Material zufriedenzugeben, das das Subjekt zurückläßt, wenn seine Erregung im Stadium der Vorführung vorbei ist, halten w i r es für notwendig, es zu sehen, wenn es sich für den Ausdruck ‚aufwärmt'... To act means to warm up to a state of feeling, to an ‚Impromptu' state"* (1934, 193f). Die Warm-up-Prozesse finden im Körper statt, und so wird dieser die Grundlage des Rollenhandelns der Rollenverkörperung.

„*Die körperlichen Starter jedes Verhaltens, wie z. B. aus dem Augenblick handeln oder sprechen, werden von physiologischen Zeichen begleitet. Im Warm-up-Prozeß entfalten sich diese Symbole und lösen einfache Emotionen aus wie Furcht, Zorn oder komplexere Gefühlszustände... mimische Symbole sind immer vorhanden. Sie sind mit den zugrundeliegenden psychologischen Prozessen und psychologischen Zuständen verbunden"* (ibid. 194).

In der Stegreiflage wirken also emotionale und physiologische Reaktionen zusammen und bringen „die dazugehörigen verbalen und mimischen Assoziationen hervor. Wenn das Subjekt mit körperlichen Startern beginnt, die nicht passen, wird die gewünschte Stegreiflage nicht erreicht" (ibid. 195). *Moreno* setzt in diesem Zusammenhang die Stegreiflage von der Rolle als fester Vorgabe im Theater ab, die ein „artistic pattern" (ibid. 196) ist.

Die Rollen, als feste Muster verstanden, sind aber nicht unwesentlich. Sie beeinflussen das Sozialverhalten in positiver und negativer Weise, und sie sind Ausdruck einer spezifischen Kultur und Gesellschaft, eine Überlegung, die *Moreno* später im Konzept des „kulturellen Atoms" weiter ausarbeitet.

„*Social life has the tendency to attach a definite rôle to a specific person so that this rôle becomes the prevailing one into which the individual is folded... Everybody is expected to live up his official rôle in life, — a teacher as a teacher, a pupil as a pupil, and so forth"* (1934, 325f). *Moreno* entwickelt hier, unabhängig von *Mead*, den Gedanken der *Rollenzuschreibung* und der *Rollenerwartung*, der das Individuum nachkommen muß, und kommt damit, ohne den Terminus explizit zu gebrauchen, zum Konzept der „sozialen Rolle" — etwa der des Lehrers oder des Schülers —, die von der Gesellschaft determiniert werden. Eine solche Rolle kann eine Person — (Person und Rolle werden also geschieden) — so vereinnahmen, daß sie daran zu leiden beginnt, und das um so mehr „the more rigidly differentiated social life is" (ibid. 326). Die Fixierung auf eine vorgegebene Rolle soll verhindert werden. Es entspricht offenbar dem natürlichen Bedürfnis des Menschen, in vielfältigen Rollen zu handeln, und das ist auch die Anforderung, die das Alltagsleben gemeinhin an den Menschen stellt. Durch einen Vorrat von Rollen, die jedes Individuum in sich trägt und verkörpern kann, ist es für ein vielfältiges soziales Rollenspiel ausgestattet.

„*Denn jedes Individuum drängt (craves) danach, weitaus mehr Rollen zu verkörpern (embody), als die, die ihm im Leben gestattet sind zu spielen und sogar in ein und derselben Rolle mehrere Variationen von ihr darzustellen. Jedes Individuum ist mit verschiedenen Rollen ausgestattet, in denen es aktiv werden möchte und die in ihm in unterschiedlichen Stadien seiner Entwicklung gegenwärtig sind. Aus dem aktiven Druck, den diese vielfältigen einzelnen Einheiten auf die offizielle Rolle ausüben, wird oftmals ein Gefühl der Angst bewirkt*" (ibid. 326).

Es finden sich in diesen Texten eine Reihe wichtiger Elemente, die *Moreno* und seine Schüler später weiterentwickelt haben:
1. *Verkörperung*. Rollen als feste, gesellschaftlich vorgegebene Muster müssen individuell *verkörpert* werden.
2. *Handlungshunger* (craving), später (1944, 98, 109) von *Moreno act hunger* genannt — er ist Teil der Spontaneität (vgl. *Petzold* 1979b, 60f) —, schafft einen Drang zur Verkörperung.
3. *Rolleninventar*. Der Mensch ist mit einer Vielzahl von Rollen „gefüllt" (filled).
4. *Rollenentwicklung*. In unterschiedlichen Stadien der Entwicklung finden sich unterschiedliche Rollen.
5. *Rollensegmente* konstituieren die Rolle und erlauben eine Variationsbreite des Rollenverhaltens.
6. *Rollendruck*. Rollen können auf andere Rollen Druck ausüben und so Angstgefühle auslösen.
7. *Rollenkonflikt*. Zwischen unterschiedlichen Rollen können Spannungszustände auftreten.
8. *Rollenwert*. Es gibt wichtige und weniger wichtige Rollen, „offizielle und inoffizielle" (vgl. *Solby* 1944).
9. *Rollenfixierung*. Die Möglichkeiten, in verschiedenen Rollen des Rolleninventars zu agieren, sind durch äußeren Druck oder inneres Unvermögen eingeschränkt.
10. *Situationsdruck*. Rollen sind an Situationen gebunden, die Druck auf das Rollenspiel ausüben können, etwa dadurch, daß das Spiel bestimmter Rollen oder das Handeln jenseits einer „offiziellen Rolle" untersagt wird.

Wohlgemerkt, diese Konzepte sind als Implikate vorhanden und nicht ausformuliert; sie kommen indes in „Who shall survive?" immer wieder zum Tragen, und die Implikationen der soziometrischen Theorie, der Begriff der Gruppe und der des „sozialen Atoms" eröffnen für die Entwicklung einer Rollentheorie wichtige Perspektiven. *Moreno* läßt erkennen, wo immer er den Rollenbegriff in „Who shall survive?" spezifisch verwendet, daß er sich auf das Konzept einer „sozialen Rolle" bezieht. Er spricht von der „Rolle des Dichters", der „Rolle des Arztes" (ibid. 353), „the rôle of a salesperson" (ibid. 327), „the rôle of leadership" (ibid. 227). Mit dem letztgenannten Begriff macht er die Abhängigkeit der Rolle von Kontexten, Situationen, Gruppen deutlich. *„Durch soziometrische Klassifikation kann auch die Führungsrolle innerhalb von Gruppen festgestellt werden. Soziale Gruppen entwickeln in der Regel Führer-Persönlichkeiten (leader-individuals) ihren Bedürfnissen entsprechend. In jedem Stadium der Gruppenentwicklung haben sie ihre eigenen Führer"* (ibid. 226). Mit einem Exkurs über die Funktion dieser Führer thematisiert *Moreno* diese, in der gruppendynamischen Schule so wesentliche Fragestellung, lange bevor *Lewin* sich mit ihr befaßte (vgl. *Petzold* 1979a; 1980).

Die Rollen, die die einzelnen Teilnehmer in einer Gruppe innehaben, können zu Konflikten zwischen den Teilnehmern führen. Durch soziometrische Erhebungen und den Spontaneitätstest ist es möglich, sie aufzudecken. „*... group therapy can take an activistic form through the treatment of each individual of the group who is related to the same conflict. The rôles of the various persons in the conflict are uncovered... Treatment consists in the interadjustment of the individual to another through training*" (Moreno 1934, 301). Dieses Rollentraining nimmt denn auch in *Morenos* Ausführungen den zentralen Platz ein. Praktisch alle seine Aussagen zum Rollenkonzept sind in diesem Zusammenhang gemacht worden. Aus diesem Grunde erscheint es mir sinnvoll, das „spontaneity training" als frühe Form von *Morenos* Gruppentherapie — in der 2. Aufl. 1953, 503 wird von „role therapy, role playing und role training" gesprochen — kurz darzustellen.

### 2.2.1 Rollen- und Spontaneitätstraining durch Rollenspiel

In seiner Rede auf dem 91. Jahrestreffen der „American Psychiatric Association" (13.-17. Mai 1935) begründete *Moreno* die Notwendigkeit von Rollenspiel wie folgt:

*„Unsere Erziehung ist zu einem Teil so ausgerichtet, als gäbe es im Leben — ganz wie auf der Bühne — soundso viele Rollen und Symbole, z. B. Mann und Frau, Mutter und Vater, Kinder und Eltern, Arzt,*

*Anwalt, Richter usw. in einer festumschriebenen Zahl an situativen Mustern, die mit nur geringfügigen Veränderungen immer wiederkehren. Aber im Drama sind die Rollen festgeschrieben, und Spontaneität während der Aufführung ist verboten. Im Leben aber haben die gleichen Rollen Lücken, die zu jeder Zeit durch die Spontaneität der Individuen, die sie verkörpern, gefüllt werden können. Das Leben ist ein lebendiger Fluß, und so müssen Techniken für das Leben Spontaneitätstechniken sein... Da unsere Erziehung rigide ausgerichtet ist, hat sie unsere Persönlichkeit verkrüppelt und sie unvollständig gemacht, unsere Leben lebens-blind und die Momente wirklicher Spontaneität rar, wenn sie nicht überhaupt fehlen"* (Moreno, Jennings, 1935, 19).

Für Erziehungsanstalten wie der Hudson School für schwererziehbare Mädchen galten diese auf das allgemeine Erziehungssystem gerichteten Äußerungen in besonderem Maße. Viele dieser Mädchen waren an einem rigiden Erziehungssystem zerbrochen, und so greift *Moreno* auf das Stegreifspiel (impromptu) und das Spontaneitätstraining seiner Theaterexperimente zurück, um ein lebendigeres Lernen zu fördern und den in der Hudson School lebenden „Zöglingen" eine spontanere und befriedigendere Interaktion zu ermöglichen, sowie sie weiterhin auf die Wiedereingliederung in das Leben vorzubereiten. Dies alles machte Interventionen erforderlich, die unmittelbare Auswirkungen auf das Sozialverhalten hatten. *Moreno* hatte zunächst die Anstalt in Hudson soziometrisch organisiert und damit das erste Modell einer *therapeutischen Gemeinschaft* (therapeutic community 1936a, 4) geschaffen. Wenn auch diese Maßnahmen eine erhebliche Verbesserung des Sozialklimas und der Beziehung zwischen Erziehern und Zöglingen zur Folge hatten, erwiesen sie sich allein als nicht ausreichend. *Moreno* entwickelte deshalb Spontaneitätstraining und Rollentraining als Instrumente für soziale Interventionen, durch die allerdings — und das muß man *Moreno* kritisch vorhalten — oftmals nur eine subtilere Form der Machtausübung und Disziplinierung erfolgte.

Auch für die soziometrische Zusammenstellung von Gruppen bediente sich *Moreno* des Rollenspiels, insbesondere des „Spontaneitätstests". Dieser diente dazu, die spontane Reaktion eines Individuums gegenüber jeder Person, die ihm vorgestellt wurde, festzustellen und weiterhin die spontanen Reaktionen von jeder dieser Personen dem Individuum gegenüber. Dabei wird das Individuum wie folgt instruiert: *„Laß Dich in die Gefühle fallen, die Du gegenüber X hegst. Das Gefühl mag entweder Zorn, Furcht, Sympathie oder Dominanz sein. Schaffe mit ihm irgendeine Situation, die Du brauchst, um diese besonderen Gefühle auszudrücken. Begib Dich in diesen Gefühlszustand und hab dabei nichts im Kopf als die Person, die Dir gegenübersteht. Denke* *über diese Person wie über jemanden, den Du im wirklichen Leben kennst. Nenne sie bei ihrem tatsächlichen Namen. Wenn es Dir gelungen ist, in einen solchen Gefühlszustand zu kommen, versuche, dieses Gefühl während der gesamten Situation zu erhalten"* (1934, S. 177). Ein solcher Spontaneitätstest verlief also als Rollenspiel und lieferte nicht nur dem Beobachter diagnostischen Aufschluß: *„The motiv of the spontaneity test for the subject is the training of his emotional equipment for a more articulate expression"* (ibid. S. 176). Bei der Durchführung der Spontaneitätstests beobachtete Moreno nicht nur Veränderungen im Verhalten des Protagonisten, sondern auch der Mitspieler. Er stellte fest, *„daß das Spontaneitätstesten von einem Nebenprodukt begleitet war: die Haltung von vielen Mitgliedern ihrer [der Protagonistin] Gruppe verwandelte sich ihr gegenüber, ohne daß irgendwelche Maßnahmen unternommen wurden als die, die Gruppenmitglieder in experimentelle Spielsituationen mit ihr zu stellen... Aus diesen Beobachtungen ergab sich der Gedanke, das alltägliche Gruppenleben durch experimentelle Spielsituationen zu ergänzen und damit den Mitgliedern der Gruppe eine Chance zu geben, in einer Vielzahl von Funktionen und Rollen zu spielen. Sie sollten damit in die Lage gesetzt werden, ihre Interessen zu äußern und zu formen (shape)"* (ibid. S. 324).

Dadurch wird es Moreno möglich, Konstellationen des Alltagslebens außerhalb der Anstalt zu simulieren. *„Auf diese Weise hatten wir ein Mittel bereitgestellt, den Mangel auszugleichen und zu füllen, der geschlossene Gemeinschaften kennzeichnet. Die Individuen wählten die Situation und Rollen, die sie spielen wollten, und die Partner, die mit ihnen in einer bestimmten Rolle agieren sollten; sie tauschten die Rollen, die sie im Leben hatten, oder sie wurden in ausgewählte Situationen gestellt. Da das Spielen reine Improvisation war, ergab die Darstellung einen Beurteilungsmaßstab, wie sie sich vielleicht in wirklichen Lebenssituationen tatsächlich verhalten würden. War jedoch das Verhalten in einer Lebenssituation unwiderruflich, so war hier jede Phase des Spiels offen für Korrekturen durch die Kritik der Teilnehmer, des Leiters und des Spielers selbst. Man hatte eine Technik, wie Haltungen (attitudes) differenziert werden konnten, und wenn sie am Anfang noch ungenügend ausgeübt wurden, wie sie durch das Individuum gelernt werden konnten. Wir fanden es ratsam, die Situation so nah wie möglich den Positionen entsprechend zu konstruieren, die das Individuum im Außenfeld einzunehmen gedachte. Wenn zum Beispiel das Individuum auf einen bestimmten Beruf vorbereitet wurde, wurde es in eine Vielzahl von Situationen gestellt, die in diesem Beruf auftauchen könnten"* (ibid. S. 325).

Hier finden wir die wesentlichsten Elemente des verhaltenstherapeutischen „assertive trainings". Verhaltensweisen werden durch das Spiel *gelernt*. Dabei werden Situationen mit unterschiedlichem Schwierigkeitsgrad konstruiert, die auf die Realität vorbereiten sollen. Die Ausführung des Spiels wird von der Gruppe und dem Leiter sozial verstärkt. Dabei können Angst, Furcht, Aggression reduziert werden durch die Entlastung und das Training, das durch die gezielte Anleitung der Personen in den Spielsituationen bereitgestellt wird (ibid. S. 325).

*Moreno* aber ging es nicht nur um das „Einschleifen" eines begrenzten Verhaltensrepertoires für bestimmte Situationen. Vielmehr ist es sein Ziel, die Rollenflexibilität insgesamt zu erhöhen. In der wirklichen Lebenssituation wird ein Individuum oft nur für eine bestimmte Handlungssequenz ausgerüstet. Im *spontaneity training* ist das Ziel weiter gesteckt: *„Through training of individuals for conduct in possibly arising situations, the variety of rôles and functions they may have to assume towards the variety of persons in the possible rôles they may assume, the subject learns to meet life situations more adequately. The training makes him more resourceful and versatile... Thus the problem of learning becomes not to induce and conserve habits, but to train spontaneity, to train and develop man to the habit of spontaneity"* (ibid. S. 326).

Um dieses Ziel zu erreichen, ist es notwendig, daß der Leiter sich ein Bild davon gemacht hat, *„welche Verhaltensweisen dem Individuum fehlen und an welche Personen es sich anpassen muß. Er konstruiert deshalb Situationen, in denen das Individuum in einer bestimmten Rolle mit einer oder mehreren Personen spielen muß. Dabei behält er die Muster dieser Situation, die Details des Arrangements und besonders die Rolle, die das Individuum spielen und in einer klar definierten Form übernehmen soll, im Kopf"* (ibid. S. 328). Der Leiter macht dem Spieler die Rolle so deutlich, bringt sie ihm so nahe, daß sie unmittelbar übernommen werden kann. Dies kann auch dadurch geschehen, daß eine kurze Sequenz vorgespielt wird. Diese intensive Form, dem Protagonisten eine Rolle nahezubringen, nennt *Moreno* „Akt des Transfers" (ibid. S. 328). Dieser Akt des Transfers hat selbst nur die Bedeutung, einen ‚Starter' bereitzustellen. „Der Rest des Geschehens bleibt beim freien Ausdruck des Spielers" (ibid.).

Die Prinzipien des *social reinforcement* und des Imitationslernens (*Bandura*) werden in *Morenos* Praxis also schon Anfang der 30er Jahre verwandt, ja, es findet sich schrittweise eine Habituation durch den Aufbau von Situationshierarchien unterschiedlichen Schwierigkeitsgrades. *„Jedes der Situationsmuster ist über verschiedene Fragen konstruiert, die, von der einfachsten möglichen Form eines jeden Situationsmusters ausgehend, zu komplexeren Formen kommen und schließlich zu höchst differenzierten. Alle sind entsprechend den Erfordernissen des Individuums sorgfältig abgestuft" (ibid. S. 327). Der Spieler wird auf diese Weise durch verschiedene Schwierigkeitsgrade geführt, bis er das Situationsmuster adäquat handhaben kann. „Da im wirklichen Leben das Individuum sich in vielen Situationsmustern bewegen muß, vermag das Spontaneitätstraining nicht nur eine große Vielfalt im Hinblick auf ein Einzelsituationsmuster einzuschließen, sondern viele unterschiedliche Situationsmuster" (ibid.).

Moreno gibt ein Beispiel für das stufenweise Aneignen komplexer Verhaltensweisen: „Auf der ersten Stufe zum Beispiel zeigt das Individuum eine Haltung der Sympathie einem anderen Spieler gegenüber. Auf der zweiten Stufe muß er die gleiche Haltung in einer Rolle darstellen, in der er eine bestimmte Funktion ausüben muß, z. B. der Rolle eines Verkäufers in einem Kleidergeschäft und in der Beziehung zu bestimmten Dingen, Kleidern. Auf der nächsten Stufe muß das Individuum die gleiche Haltung in der gleichen Rolle wie in der vorausgegangenen spielen, jedoch in einer Situation, die der Leiter wie folgt ausgewählt hat: das Verkaufen von Kleidern an einen kaufwilligen und aufgeschlossenen Käufer. Auf einer späteren Stufe wird die Aufgabe weiter differenziert. Der Spieler spielt die gleiche Haltung in der gleichen Rolle, doch der Leiter wählt einen Kunden aus, der sehr unfreundlich und kritisierend spielen muß. Die Aufgabe des Individuums ist, die freundliche und sympathische Haltung auch bei einer solchen Schwierigkeit aufrechtzuerhalten. Die Differenzierung dieses Musters kann weiter elaboriert werden, ganz wie es die Fähigkeiten und der Fortschritt des jeweiligen Individuums erforderlichen machen" (ibid. S. 327).

Auch wenn die Situationshierarchien hier noch relativ grob sind, so finden sich jedoch die wesentlichsten Merkmale einer elaborierten Rollenspielpraxis, wie sie im Behaviourdrama (*Petzold* 1979b) üblich geworden ist und von neueren Vertretern verhaltenstherapeutischen Rollenspiels vertreten wird (*Wendlandt* 1977; *Steller* et al. 1978). Interessant ist, daß *Moreno* nicht nur bei übendem Spiel stehen bleibt: „*Another important phase of the training is an analysis of the acting immediately following. Such an analysis may reveal that an act was successfully embodied, but too hastely, perhaps because the subject was too anxious to succeed... These and other analytic findings may have a bearing upon the next situation and role to be selected for the subject, and are also an indication of the progress he has made in the training*" (ibid. S. 328). *Morenos* verhaltensorientierte Rollenspielpraxis war also dynamisch orientiert. Sie ging nur von einem grob vorgeplanten Behandlungsdesign aus und orientierte sich an jedem Lernschritt des Individuums, immer bereit, auf auftretende Schwierigkeiten mit neuen Spielsequenzen zu reagieren.

Theoretisch versuchte *Moreno* seine Rollenspiel-Praxis wie folgt zu untermauern: „*We found a valuable hypothesis to assume that two different memory centres develop, an a c t c e n t r e and a c o n t e n t c e n t r e, and continue as, in general, separate structures without connection*". Die Handlungsimpulse und die gespeicherten Erinnerungsinhalte tauchen oftmals „*nicht simultan auf, indem sie einen Moment ausfüllen und die gesamte Persönlichkeit in einer Aktion vereinigen, sondern zu unterschiedlichen Zeiten, voneinander getrennt. Das gelernte Material erreicht das Handlungszentrum der Persönlichkeit nicht*" (ibid. S. 329). Ziel des Spontaneitätstrainings ist es, gespeicherte Inhalte und Handlungspotentiale zusammenzubringen, denn „*in actual life situation the supreme desideratum is exactly this facility of integration*" (ibid. S. 329).

Eine Schwierigkeit ergibt sich aus der Tatsache, daß, wenngleich Rollenhandeln zunächst in freier Improvisation beginnt, auf Dauer sich eine Verfestigung einschleicht. „*Je öfter Improvisationen um einen bestimmten Komplex erfolgen, desto mehr entwickelt sich eine Tendenz im Individuum, aus vergangenen Leistungen die besten Gedanken, Sätze etc. herauszusuchen, d. h. immer weniger zu improvisieren und mehr und mehr einen Inhalt (content) zu entwickeln... Spontaneous expression was only the starting form of the process which in the end resulted in a product a content which became s a c r e d through repetition*" (1934, 329). An anderer Stelle spricht *Moreno* von „kultureller Konserve", der „technischen Konservierung kultureller Werte wie z. B. das Buch oder der Film, die die kreativen Äußerungen des Menschen substituieren und bewahren" (ibid. 432). In ähnlicher Weise wirkt das sich wiederholende Spiel. Das Spontaneitätstraining soll gerade diesem Effekt der Erstarrung entgegenwirken: „*Therefore if we want to develop and sustain a spontaneous and flexible personality make-up, a technique of Spontaneity Training as described has to come to the rescue to offset the resignation and inertia of the individual*" (1934, 329). Diese Technik besteht aber, wie gezeigt wurde, in dem wiederholten Üben von Rollen.

Auch wenn dies in verschiedenen Variationen und mit dem Hinblick auf ein großes Spektrum geschieht, so springt ins Auge, daß hier doch das Konzept der Theaterrolle — einst von *Moreno* heftig abgelehnt — durchscheint. Die verschiedenen sozialen Rollen werden wie Theaterrollen eingeübt. Die Theaterrolle aber ist eine „Konserve", gegen die er sich in seiner Frühschrift über das Stegreiftheater gewandt hat. Wir finden hier eine auch für das übrige Werk charakteristische Veränderung, die ich als die „sozialtechnologische und behavioristische Wende" im Werk Morenos bezeichnet habe (1979 b, 161). Wie der Begegnungsgedanke der Frühschriften (1914, 1923) von ihm in das Tele-Konzept überführt wurde (*Pfau-Tiefuhr* 1975), die spontan zusammengetretene Gruppe soziometrisch vermessen wurde, an die Stelle der „Metapraxis des Schöpfers" (1924, 19) die Kreativitätstheorie (1939 b) trat, so wurde aus Stegreifspiel und Stegreiflage Rollenspiel und Rolle.

Wandel der Anschauung, Entwicklung des Denkens, Konzession an den Pragmatismus der „neuen Welt"? Wahrscheinlich sind alle drei Faktoren zutreffend, nur scheint der letztere zu überwiegen, denn *Moreno* bleibt ambivalent. Er vertritt die Trainierbarkeit des Rollenhandelns, erkennt die Notwendigkeit und Nützlichkeit des Begriffes der „sozialen Rolle", entwickelt später sogar das Konzept eines „Rollenselbst" (vgl. 1962) und wendet sich zugleich gegen die Rollenkonserve, gegen Rollenzwänge. Aus dieser Ambivalenz heraus vertritt er in seinem Werk von 1934 die Position, daß es wichtiger ist, die Spontaneität zu fördern, damit das Individuum in verschiedensten Rollen handeln kann, als es auf wenige Rollen zu fixieren. *„As in life the individual must perform in many situation-patterns, Spontaneity Training must also include not only many varieties of any single situation-pattern but many different situation-patterns"* (ibid. 32).

Moreno prägt den Begriff der „living rôles" (ibid. 322) als die Rollen, die im natürlichen Alltagsleben gespielt werden und auf die durch das Rollenspiel vorbereitet werden soll. *„Yet in want of a manyfoldness of natural environments we can resort to the creating of experimental environments and in want of a manyfoldness of living rôles we can resort to fictious rôles which are brought as close as possible to the living ones. To this accomplish we have developed techniques for training spontaneity"* (ibid. 322).

Moreno nimmt, wie schon aufgezeigt wurde, damit zwei Möglichkeiten an, das Konzept „Rolle" zu betrachten: die lebendig gespielte Rolle und die Rolle als konserviertes Muster (role conserve), eine Unterscheidung, die ich durch die Begriffe **aktionale Rolle** und **kategoriale Rolle** verdeutlicht habe, und die auch durch seine Ausführungen zum Theorem des *„act center"* und *„content center"* untermauert wird. Es findet sich der Sache nach diese Unterscheidung durchgängig in seinen rollentheoretischen Ausführungen, wobei der Akzent eindeutig bei den aktionalen Rollen liegt und er den kategorialen Ansatz der Betrachtung von Rollen nicht weiter ausbaut. In gleicher Weise tritt auch das Konzept der *Rollenzuschreibung* im gesamten rollentheoretischen Werk

*Morenos* gegenüber dem der vom Individuum bestimmten *Rollenverkörperung* zurück. Es bleibt jedoch repräsentiert durch die Situationsabhängigkeit der Rolle. Sie wird gespielt in „natural environments", in „situations", als Teil von „situation-patterns". Es wird dieser wichtige Gedanke, der später besonders im Werk von *Goffman* (1969, 1973) Bedeutung gewonnen hat, in „Who shall survive?" nicht weiter verfolgt. Er ist indes durch die Konzepte des „sozialen Atoms" (1934, 141-146) und des „sozialen Netzwerks" (ibid. 256-264) impliziert und später durch das Konzept des „kulturellen Atoms" entwickelt worden.

*Morenos* Zögern gegenüber der sozialen Rolle als festem Muster liegt in deren fixierendem Aspekt begründet. Hier schlagen seine Gedanken aus dem „Stegreiftheater" durch, dessen Zentrum die Befreiung von eben diesen Zwängen ist. Die Stegreiflage als Ort der „Freiheit" (1924, 29) und der Stegreifkörper als „Reservoir von Freiheit" (ibid. 40) bleiben auch für den *Moreno* der dreißiger Jahre Ideal, aber der jugendliche Enthusiasmus, der die dichterischen Frühschriften kennzeichnete, hat einer nüchterneren Haltung Platz gemacht, die mehr an den Realitäten der sozialen Wirklichkeit, wie sie *Moreno* in seiner Arbeit als Psychiater im Strafvollzug entgegentrat, orientiert ist. Er versucht einen Weg zu gehen, der ihm erlaubt, seine Grundideen in realistischer Weise zu verwirklichen. *„We sought a technique of freedom, a technique of balancing the spontaneous social forces to the greatest possible harmony and unity of all"* (1934, 7).

Es ist bezeichnend, daß er zu diesem Ziel eine „Technik" erarbeitet. Im „Stegreiftheater" hatte er noch eine andere Position vertreten: „Der höhere Arzt heilt nicht durch Mittel, sondern durch bloße Begegnung" (1924, 71). Wenn auch in „Who shall survive?" einige wichtige Konzepte zu einer Rollentheorie vorhanden sind — ich habe in diesem Abschnitt alle Stellen, an denen der Begriff Rolle vorkommt, ausgewertet —, so hat *Moreno* eine solche weder formuliert noch intendiert. Es handelt sich um „Beiprodukte" seiner Ausführungen zum Spontaneitätstraining. In dem ausführlichen Schlagwortverzeichnis und in dem Glossarium wichtiger Termini am Schluß des Bandes (S. 432) taucht der Begriff Rolle nicht einmal auf. Dennoch muß man im Hinblick auf den konsistenten Gebrauch des Rollenbegriffes und im Hinblick auf die übrige soziologische und sozialpsychologische Literatur dieser Zeit der eingangs zitierten Feststellungen von *Biddle* und *Thomas* zustimmen und *Moreno* als einen der „Väter" des modernen sozialwissenschaftlichen Rollenbegriffes ansehen.

## 2.3 Die Entwicklung der Rollentheorie in der „psychodramatischen" Schaffensperiode Morenos

Das Rollenkonzept wird von *Moreno*, wie so mancher andere interessante Ansatz, in „Who shall survive?" zunächst nicht systematisch weiterentwickelt. Im Rahmen seiner Arbeiten zum Psychodrama und zur Soziometrie begegnen wir jedoch immer wieder Verweisen, aus denen sich eine zunehmende Bedeutung des Rollenbegriffes absehen läßt, besonders mit der Ausarbeitung des Stegreifspiels (*impromptu play*) und des *spontaneity training* zum Psychodrama durch seine wichtige Arbeit „Inter-personal therapy and the psychopathology of inter-personal relations" (1937, 9-76), als einer Therapie, in der durch das Spiel von Rollen Schwierigkeiten in der Lebensbewältigung überwunden werden sollen. Dabei geht *Moreno* im Unterschied zum Ansatz von *Freud* nicht von der individuellen Psychodynamik eines Einzelwesens aus, sondern vom Menschen im Interaktionsgefüge des Lebens. Hier, im gesellschaftlichen Raum, ist der Ort der Pathologie. Die „*interpersonal relations*" der Menschen — und letztlich aller Menschen — müssen deshalb Gegenstand der therapeutischen Interventionen werden: „A true therapeutic procedure cannot have less an objective than the whole of mankind" (1934, 3). „Das Psychodrama ist die menschliche Gesellschaft en miniature und die einfachste Möglichkeit für eine methodische Untersuchung ihrer psychologischen Struktur" (1937, 9). Die Überlegungen zur Rolle, die *Moreno* in diesen Jahren skizzierte, müssen auf diesem Hintergrund bzw. in diesem Kontext gesehen werden.

Das Psychodrama, das den Patienten in verschiedene Rollen stellt, indem „auxiliary egos" für den Patienten relevante Rollen aus einem „sozialen Atom" repräsentieren, läßt *Moreno* das Konzept der Rolle von einer ganz anderen Richtung her entwickeln als *Mead*, der den Rollenbegriff eng verknüpft mit dem Symbolbegriff in seiner anthropologischen Theorie zur Entstehung menschlicher Kommunikation und gesellschaftlichen Handelns ausarbeitete (*Joas* 1980), oder als *Linton*, der durch seine Untersuchungen von primitiven Gesellschaften zum Rollen- und Statusbegriff kommt. Wie schon in seinen soziometrischen Arbeiten ist das konkrete *Verhalten* von Menschen in sozialen Kontexten der Ausgangspunkt für *Morenos* Arbeiten, wobei noch dem Umstand Rechnung getragen werden muß, daß es sich vorwiegend um pathologisches und deviantes *Verhalten* handelte — Gefängnisinsassen, delinquente Jugendliche, psychiatrische Patienten —, das *geändert* werden sollte (sic!).

Auch dieses Faktum führt zu einem bestimmten Blickwinkel und einem spezifischen Vorgehen. Psychodrama und Soziometrie waren von ihren Anfängen her auf *Intervention* gerichtet, auf konkretes Handeln in der soziotherapeutischen und psychotherapeutischen Praxis. Dies hat die Konzeptbildung nachhaltig beeinflußt. Die Begriffe kamen aus der Praxis, und die theoretische Ausarbeitung erfolgte oftmals erst im Nachhinein. Wenn *Moreno* 1940 in der Ankündigung zur Eröffnung des Psychodramainstituts (*Sociometry* 1, 1940, 111-113) erstmalig von „Rollentheorie" spricht — er führt damit, soweit ich sehe, diesen Begriff in die wissenschaftliche Literatur ein —, so geschieht dies in unmittelbarem Praxisbezug zur psychodramatischen Arbeit. Es geht um *„discussion of theory of rôles in the psychodrama and experiments with standard rôles in standard situations"* (ibid. 113).

Ganz in der Linie seiner früheren Überlegungen zentriert *Moreno* auch in seiner psychodramatischen Schaffensperiode auf dem *Verkörperungsmoment* der Rolle. Rolle wird *körperlich* angenommen. Die psychodramatischen Warm-up-Techniken zielen auf ein „gradual embodiment of roles" (1937, 24), und ein „Aus der Rolle Fallen" ist gleichbedeutend mit Verlust der körperlichen Ausdrucksmöglichkeiten für das Spiel der Rolle (1940 a, 11; 1937, 51). *„Jede Rolle erfordert, wenn sie angemessen gespielt werden soll, daß sie mit der Aktivität bestimmter Muskelgruppen beginnt, die während der Handlung zahlreiche Hilfssysteme mit in Bewegung setzen. Jedesmal, wenn eine andere Rolle gespielt wird, z. B. die Rolle des Aggressors, des Furchtsamen, des Vorsichtigen, des Behutsamen, die Rolle des Lauschers oder des Liebhabers, wird eine besondere Muskelgruppe betont und aktiviert. Abhängig von der Rolle, die gerade gespielt wird, werden nach und nach alle Teile des Körpers mehr oder weniger in die Handlung einbezogen"* (1937, 67). Der Körper wird zum Ort der Rollenverkörperung, nicht jedoch zu einem Rollenkörper.

### 2.3.1 Rolle und Persönlichkeit

*Moreno* sieht den Menschen in seinen Ausführungen zur Persönlichkeits- und Rollentheorie gegen Ende der dreißiger Jahre nicht als ein Aggregat von Rollen. Er unterscheidet, wie schon im Stegreiftheater, die „private Persönlichkeit" und die „Rolle", die von ihr angenommen und gespielt werden kann. Es gehen diese Überlegungen von der Situation des Schauspielers aus, die *Moreno* schon 1921 in seinem Experimentiertheater in der Mayserdergasse in Wien beschäftigt hatte. *„My first clinical observation of role dynamics was provoked by the conflict in which a legitimate actor finds himself when taking the part on a stage"* (1946, 153). Bei der Übernahme einer Rolle muß der Schauspieler *„sich als private Person unterdrücken und reduzieren... Hinter der*

Maske des Hamlets liegt die private Persönlichkeit des Schauspielers. Ich habe das häufig den primären Rollen-Person-Konflikt genannt" (ibid.). Weitere Konflikte sind dadurch möglich, daß sozusagen „unterhalb" des Beziehungsgefüges, das die Handlung des Stückes schafft, das Beziehungsnetz der Schauspieler als Privatpersonen wirksam wird, oder dadurch, daß seine *„professionellen Rollen kompatibel oder inkompatibel mit seinen privaten Rollen sind, indem sie diese expandieren (Rollenkatharsis) oder unterdrücken"* (1964, 56).

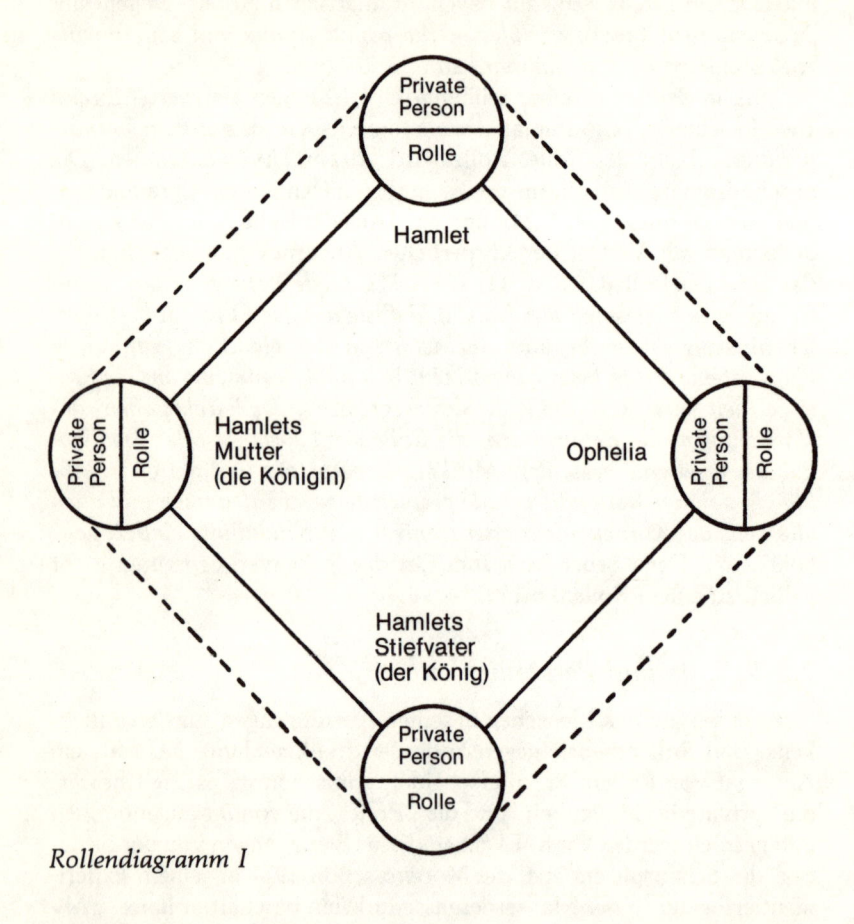

*Rollendiagramm I*

„Die ganze Person des Schauspielers ist aufgeteilt in die Privatperson und die Rolle, die er übernimmt, wie in jedem Kreis gezeigt ist. Die durchgezogenen Linien stellen die Beziehungen zwischen den Schauspielern in ihren dramatischen Rollen dar, die gestrichelten ihre Beziehungen als Privatpersonen" (1946, 155).

Die Persönlichkeit des Schauspielers „is broken up into his private person and the role he is taking" (1946, 155; vgl. 1939 a, 7); so lassen sich auch beim Patienten eine Sphäre der privaten Persönlichkeit und der sozialen Rollen unterscheiden. Moreno spricht hier von der *Ich-Rolle*. Der Patient muß durch „*Worte, Gesten und Bewegungen nicht nur in der Rolle seines eigenen Ichs spielen, sondern auch in Rollen, die seinen augenblicklichen Strebungen entgegenstehen. Er muß Situationen durchleben, die schmerzlich und unerwünscht sind, und Rollen durchspielen, die für ihn bedrückend sind*" (1937, 10). Rolle und Persönlichkeit können also unterschieden, aber nicht voneinander getrennt werden. Wenn es im Psychodrama im Unterschied zum Theater also „um die private Persönlichkit des Patienten und seine Katharsis geht und nicht um die dargestellte Rolle und ihren ästhetischen Wert" (ibid. 25), so ist diese Privatpersönlichkeit nicht rollenlos, denn der spontane Charakter des Psychodramas macht es dem Spieler schwer, ja beinahe unmöglich, „*sein privates Ich aus der Rolle herauszuhalten, und er wird wahrscheinlich kontinuierlich gezwungen, private Elemente mit Rollenelementen so kunstvoll zu mischen, daß niemand den Unterschied zu sagen vermag*" (ibid. 26).

Moreno entwickelt in diesem Zeitraum konkretere Konzepte zu einer Persönlichkeitstheorie. Er sieht die Persönlichkeit aufgebaut durch die Tele-Beziehung eines Menschen innerhalb seines „sozialen Atoms" und durch die Beziehung des Menschen zu sich selbst, die er, einem Vorschlag von E. *Fantel* folgend, „*auto-tele*" nennt (1939 a, 3).

„*Das ‚soziale Atom' ist jenes besondere Muster zwischenmenschlicher Beziehungen, das sich vom Augenblick der Geburt des Menschen an entwickelt. Es umfaßt zunächst Mutter und Kind. Mit der Zeit kommen Personen hinzu, die in den Lebensraum (orbid) des Kindes treten... Das Gefühl, das zwei oder mehrere Individuen verbindet, ist Tele genannt worden. Das soziale Atom ist deshalb eine Komponente der Tele-Beziehungen eines Individuums*" (1939a, 3). In der Aufzeichnung von sozialen Atomen hatten *Moreno* und seine Mitarbeiter zunächst nur den Beziehungen eines Individuums zu seinen verschiedenen Bezugspersonen Beachtung geschenkt. „*Eine genauere Untersuchung der Position des Individuums innerhalb seines sozialen Atoms legte allerdings nahe, es auch in Beziehung zu sich selbst zu sehen. Wenn nämlich ein Kind heranwächst, erlebt es nicht nur andere Menschen, es erlebt sich auch selbst. Als ein Resultat dieser Tele-Beziehung beginnt es nicht nur sich selbst zu sehen, sondern sich auch als jemanden, demgegenüber Personen sich in einer bestimmten Weise verhalten haben, und als jemanden, der sich ihnen gegenüber in einer bestimmten Weise verhalten hat. Es entwickelt sich allmählich ein Bild von sich* selbst. *Dieses Selbstbild kann sich beträchtlich von dem Bild unterscheiden, das andere von ihm haben, aber es erhält für es selbst mit dem Fortgang des Lebens erhebliche Bedeutung. Die Lücke zwischen dem, wie es ist und handelt, und dem Bild, das es von sich selbst hat, wächst. Schließlich erscheint es so, als ob es neben seinem wirklichen Ich ein äußeres Ich hätte, das es allmählich extrojeziert. Zwischen dem Ich und seiner Extrojektion entwickelt sich eine besondere Gefühlsbeziehung, die ‚auto-tele' genannt werden kann"* (1939a, 4).

Morenos Auffassung über das Verhältnis von Rolle und Privatpersönlichkeit, Rolle und Ich, läßt sich aus zwei Arbeiten ersehen, die er 1939 abgefaßt hat: „Psychodramatic shock therapy — a sociometric approach to the problem of mental disorders" und „Creativity and cultural conserves". In ihnen zeigt er, daß die „sozialen Atome" von Patienten in unterschiedlichen Stadien ihrer Erkrankung sich als verschiedene Konfigurationen darstellen:

*Abb. 2* (aus 1939a, 14)

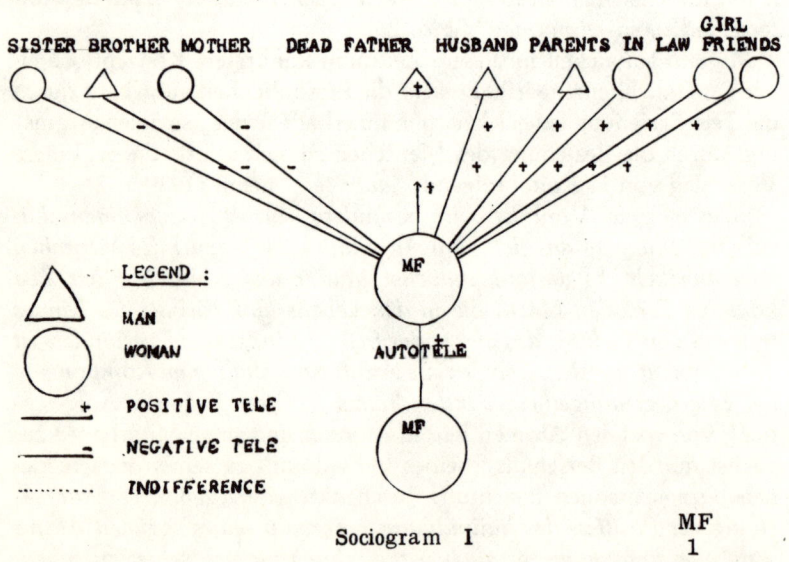

„Das Soziogramm des sozialen Atoms zeigt die positiven und negativen Tele-Beziehungen der dreißigjährigen psychotischen Patientin MF vor ihrer Erkrankung. Die Tele-Beziehungen gehen von ihr als Person zu den anderen Personen. Die Beziehung zu sich selbst (MF-MF) ist durch ein positives, ungebrochenes Auto-Tele gekennzeichnet" (1939a, 14).

*Abb. 3* (aus 1939a, 15)

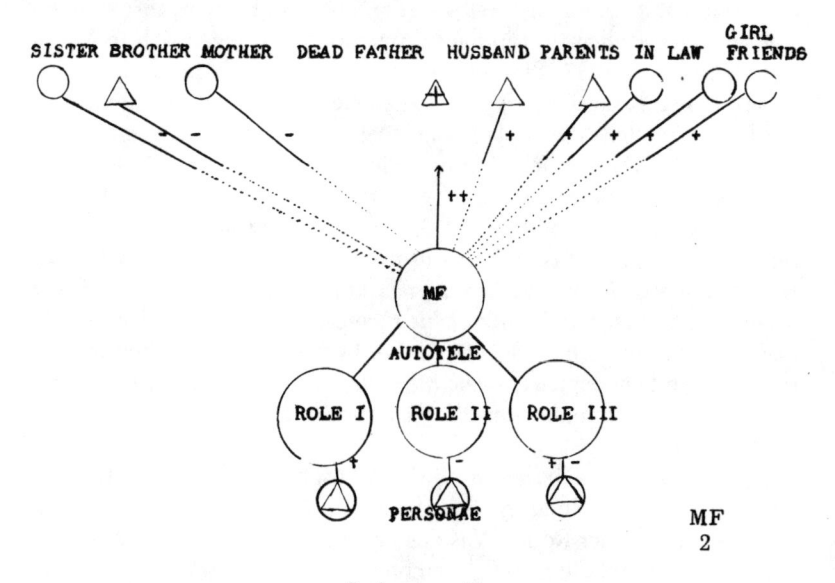

SISTER BROTHER MOTHER DEAD FATHER HUSBAND PARENTS IN LAW GIRL FRIENDS

MF
AUTOTELE
ROLE I  ROLE II  ROLE III
PERSONAE
MF 2

Sociogram II

„Das zweite Soziogramm bildet das soziale Atom der Patientin zu Beginn ihrer akuten Psychose ab. Die zwischenmenschlichen Beziehungen sind abgebrochen. Positives wie negatives Tele scheint erloschen, und nur die ‚Beziehung' zum toten Vater ist präsent, wenn sie angesprochen wird. Sie hat sich aus ihrem sozialen Atom zurückgezogen. Stattdessen hat sie ihr Selbstbild, ihre Ich-Rolle in drei neue Rollen aufgespalten: 1. die eines Magiers, 2. die Rolle Christi und 3. die eines neugeborenen Kindes. Das Auto-Tele ist demnach gebrochen. Aus den neuen Rollen heraus entwickelt sie neue Beziehungen zu halluzinierten Wesenheiten, den ‚Personae'. Die Tele-Beziehungen laufen nicht mehr von Person zu Person, sondern von abgespaltenen Rollen zu Wahnfiguren" (1939a, 15).

Wenn auch in diesen Diagrammen die Personen im Vordergrund stehen und Rollen nur bei der zerfallenen Ich-Rolle auftauchen, so ist daraus nicht abzuleiten, daß die Rollen nur eine untergeordnete Bedeutung hätten. Jede der abgebildeten Personen handelt auch in Rollen und steht über diese mit der Patientin in Verbindung. Tele-Beziehungen gehen nicht nur von Person zu Person, sie können auch zwischen den Rollen von Personen entstehen (vgl. 1937, 59 Abb. II): *„A role in one person may have a tele-relation to a certain role in another, although they may be indifferent to one another as private individuals"* (1937, 44). Diese Aussage impliziert, daß von *Moreno* zu diesem Zeitpunkt *Rolle* und *Person* klar geschieden werden.

Das *Ich* als die im Körper der Person gründenden telischen und autotelischen Fähigkeiten der Selbst-, Fremd- und Rollenwahrnehmung steht mit den Rollen in ständigem Austausch. Es zeigen sich in Morenos Arbeit von 1937, die noch sehr mit klassischen persönlichkeitstheoretischen Konzepten operiert, Aspekte eines neuen Verständnisses der Persönlichkeit, die er ab 1940 weiter ausarbeitet. Nach seiner Entwicklungstheorie nämlich (*Mathias* dieses Buch; Moreno, 1944, 104f) sind die Rollen früher als das Ich und das Selbst, und wie das Ich aus ihnen bzw. mit ihnen besteht (1960, 81), so kann es sich in ihnen verlieren. *„When a person is entirely absorbed by a role, no part of the ego is free to watch it, and so to record it in his memory. He is as if in a dream. Even the functioning of his memory becomes involved in the task of developing the role"* (1937, 46). Es verhält sich ähnlich wie bei einem guten Schauspieler: *„The more he is able to throw himself into the role and to eliminate himself, the more he will be in the spirit of the poet"* (1937, 57).

Um sich selbst zu finden, muß der Mensch bzw. der Patient Autor und Spieler seiner Rolle in einem sein (ibid.). Sein Leib und sein Ich verlieren sich in der Rolle. Was das bedeutet, wird an der psychodramatischen Technik des reflektierenden Selbstgespräches (soliloquy) deutlich: *„A spontaneous subject who is entirely absorbed by the role is unable to soliloquize either in regard to himself or in regard to the role.* Nur mit dem Teil seines Ichs, der nicht völlig eingefangen und von der Rolle hypnotisiert wurde, kann er selbstreflektierend sprechen *(soliloquize)"* (1937, 51). Moreno schreibt hier dem Ich eine Fähigkeit zu, die *Goffman* (1961, 108) als „Rollendistanz" bezeichnet: „This ‚effectively' expressed pointed separateness between the individual and his putative role I shall call role distance" (ibid.; vgl. auch *Dreitzel* 1968, 213 und *Gosnell* 1964).

Die reflektierende Analyse des Rollenspiels aus der Distanz ist denn auch einer der therapeutisch wirksamen Faktoren im Psychodrama (*Petzold* 1979 b, 73; *Moreno* 1937, 52) neben dem Einüben neuer Rollen, d. h. neuer Verhaltensmöglichkeiten, in einer Weise, daß sich das Ich in ihnen verlieren kann und die Rolle dem Spieler „in Fleisch und Blut übergegangen ist". *„Indeed it cannot be done otherwise as the analysis is fruitful only as the training proceeds. The technique of improvisation is the royal route of spontaneity training as it throws the patient in roles, situations, and words in which he never has lived before..."* (1937, 52). Die Rolle wird auf diese Weise dem Leib, dem Gedächtnis, dem Ich verfügbar gemacht. Es wird das *Rollenrepertoire* des Individuums ausgeweitet. *Moreno* wertet deshalb das „Aus-der-Rolle-Fallen" — und das bedeutet: „face and body are then out of the expression which the role demands" (ibid. 51) — geradezu als eine Form des Widerstandes in der Behandlung (ibid.; vgl. *Kellermann* 1981).

Ist in den Arbeiten *Morenos* bis 1940 die Unterscheidung von Rollen und Person/Ich durchgängig zu finden, ohne daß sie allerdings theoretisch ausgearbeitet würde, so beginnt mit der Arbeit „Psychodramatic treatment of psychoses" eine Weiterentwicklung, die zu einer Präzisierung des Rollenkonzeptes führen sollte. Diese Entwicklung ist eng mit dem Fortschritt der psychodramatischen Methode verbunden. *„The psychodrama presents a new method for studying rôles. It provides an experimental milieu, free of the boundaries of any particular community or culture. Here is no need for an ultimate definition of rôles (the legal, social, economic information is merely supplementary). They are studied in statu nascendi — they are not given, they emerge in the flesh, they are created"* (1940a, 15). Die Rollen werden hier dem Ich vorgeordnet. Je stärker *Moreno* die Rolle als „im Fleische" vollzogenes leibliches Verhalten interpretiert, desto stärker rückt er von klassischen psychologischen und anthropologischen Begriffen wie „Ich" und „Persönlichkeit" ab. Hatte er noch 1939 (b, 13) formuliert, daß die „nackte Persönlichkeit zurückbliebe, wenn eine [Rollen]konserve nach der anderen vom Patienten abgelöst würde", so schreibt er 1940 (a, 20): *„Die greifbaren Aspekte von dem, was wir ‚ego' nennen, sind die Rollen, in denen es handelt".* Mit dem Rollenbegriff zu arbeiten, erscheint ihm „ein methodischer Vorteil gegenüber Begriffen wie Persönlichkeit oder Ich als Bezugspunkten. Die letzteren sind weniger konkret und von metapsychologischer Geheimniskrämerei umgeben" (F. B. Moreno, J. L. Moreno 1945, 426). Es geht nicht mehr „um den privaten Mr. X, der die Rolle spielt, sondern um die Rolle, die er spielt. Die Haltungen (attitudes), die er als Mr. A hat, zählen nicht, was zählt, sind die Haltungen in der Rolle" (ibid.). „Selbst, Ich, Persönlichkeit, Charakter usw. sind Cluster-Effekte, heuristische Hypothesen, ‚Logoïde'" (1946, 53).

Es vollzieht sich damit eine Entwicklung , die zu einer ganz am Rollenbegriff orientierten Persönlichkeitstheorie führt, zu einem Konzept, nach dem das Selbst durch einen Cluster-Effekt aus verschiedenen Rollenbündeln entsteht (*Moreno* 1962a). Der Weg dahin führte für *Moreno* über die Ausdifferenzierung des Rollenbegriffes in Rollenkategorien und die Entwicklung von Konzepten über das Entstehen von Rollen.

## 2.4 Rollenbegriff und Rollendefinitionen

In den bisher verwandten Texten *Morenos* aus dem Zeitraum von 1932-1939 finden sich weder eine Ausdifferenzierung unterschiedlicher

Rollenkategorien noch eine explizite Definition des Rollenbegriffes. Implizit findet sich, wie gezeigt wurde, allerdings beides, wenn die Rolle einerseits als im spontanen Spiel verkörperte Verhaltenssequenz gesehen wird, zum anderen als ein durch soziale Situationen bestimmtes Muster. Es wird damit und insbesondere mit den Konzepten, die *Moreno* in seiner Arbeit über das Soziodrama 1943 entwickelt hat, ein „integrativer" Rollenbegriff vorbereitet (cf. *Petzold* 1974 u. dieses Buch S. 149ff), weil in der Rolle Individuelles und Kollektives konvergieren. Die Rolle ist *„the unit of conserved behavior"* (1960, 80) und *„the unit of culture"* (1964, VI). In ihr laufen persönliche und gesellschaftliche Entwicklung, Ontogenetisches und Phylogenetisches (1939b, 14) zusammen.

*Moreno* definiert einerseits Rollen als Muster, die in einer spezifischen Kultur entwickelt wurden (1940a, 20), zum anderen als „letztendliche Kristallisation von all den Situationen eines bestimmten Handlungsbereiches, den ein Individuum durchlaufen hat (z. B. der Esser, der Vater, der Flugzeugpilot)". „Role is a final crystallization of all the situations in a *special* area of operations through which the individual has passed (for instance the eater, the father, the airplane pilot)" (1946, 153). Es zeichnet sich immer mehr der Versuch ab, über den Rollenbegriff Individuum und Gesellschaft zu verbinden. „The role can be defined as a unit of synthetic experience into which private, social and cultural elements have merged" (1945, 9).

Im Unterschied zu *Mead* (1934/1975, 421) oder *Parsons* (1951, 15), die den Rollenbegriff in ähnlicher Zielsetzung einsetzen, dabei aber klar von der gesellschaftlichen Prägung der Rollen ausgehen[20], ist *Moreno* in seiner Auffassung schwankend. Zwar affimiert er verschiedentlich den prägenden Einfluß gesellschaftlicher Rollenmuster, die dem Spieler „bis ins Fleisch dringen und sein Handeln von innen bestimmen" (1939b, 13), jedoch hält er immer wieder an der persönlichen Gestaltung der Rolle — oder zumindest der Gestaltungsmöglichkeit — durch das Individuum fest, das damit gegenüber den gesellschaftlichen Determinationen seinen eigenen Freiraum erhalten kann. In seinem Psychodrama geht es im wesentlichen um die Realisierung persön-

---

[20] vgl. z. B. *Parsons* Rollendefinition:
„The role is that organized sector of an actors orientation which constitutes and defines his participation in an interactive process. It involves a set of complementary expectations concerning his own actions and those of others with whom he interacts. Both the actor and those with whom he interacts possesses these expectations. Roles are institutionalized when they are fully congruous with the prevailing cultural patterns and are organized around expectations of conformity with morally sanctioned patterns of value orientation shared by the members of the collectivity in which the role functions" (*Parsons, Shils* et al. 1951, 23).

licher, schöpferischer Freiheit, von der auch — so *Moreno* — die gesellschaftliche Realität verändert werden kann (vgl. z. B. 1950, 1951). *Moreno* macht dies mit folgender Anmerkung deutlich:
„*The concept underlying this approach is the recognition that m a n is a r o l e - p l a y e r ... Role-player is a literally translation of the German word ‚Rollenspieler' which I have used. See ‚Das Stegreiftheater' Pp. 31, 36, 63. It may be useful to differentiate between r o l e t a k i n g* — *which is the taking of a finished, fully established role which does not permit the individual any variation, any degree of freedom* — *and r o l e - p l a y i n g* — *which permits the individual some degree of freedom* — *and r o l e - c r e a t i n g* — *which permits the individual a high degree of freedom, as for instance the s p o n t a n e i t y p l a y e r. A role, as defined in this paper, is composed of two parts* — *its c o l l e c t i v e d e n o m i n a t o r and its i n d i v i d u a l d i f f e r e n t i a l*" (1943b, 438).

Eine gänzliche Lösung vom „kollektiven Nenner" der Rollenkonserven einer Kultur hieße, der Fiktion eines *„pre-conserve man"* (1939b, 13) nachzuhängen. In unseren Gesellschaften jedoch „ist jedes Individuum durch eine gewisse Bandbreite von Rollen (*range of roles*) gekennzeichnet, und jede Kultur ist von einem gewissen Spektrum von Rollen (*set of roles*) charakterisiert, das sie ihren Mitgliedern mit variierendem Erfolg auferlegt" (1943b, 438). Schon die Vokabel „auferlegt" (impose) zeigt *Morenos* Haltung, die immer wieder durchscheint. Beim Nachvollziehen einer Rolle, sei sie nun durch einen Autor oder von der Kultur vorgegeben, ist der Mensch „*not genuinely creative, but r e -creative. The manner in which he assimilates the material of the rôle is centripetal* — *from the material, outside of him, towards himself, the center"*... *„The spontaneity player is centrifugal. The spirit of the rôle is not in a book"* (1941, 213). Er ist der Schöpfer der Rolle, kein Rollenträger. Seine „Ideen kommen aus seinem eigenen Kopf (mind) und gestalten das Material" (ibid.). Die Spannung in *Morenos* Rollentheorie wird deutlich, wenn man den folgenden Text mit der obenstehenden Aussage vergleicht:

„*Jedes Individuum lebt in einer Welt, die ihm gänzlich privat und persönlich erscheint und an der er durch eine Anzahl privater Rollen teilnimmt; aber die Millionen privater Welten überlappen sich in weiten Teilen, und die größeren Bereiche der Überschneidungen sind in Wahrheit kollektive Elemente. Nur die k l e i n e r e n T e i l e sind p r i v a t und p e r s ö n l i c h. D e s h a l b i s t j e d e R o l l e e i n e F u s i o n v o n p r i v a t e n u n d k o l l e k t i v e n E l e m e n t e n. J e de R o l l e h a t z w e i S e i t e n, e i n e p r i v a t e u n d e i n e k o l l e k t i v e S e i t e*" (1943b, 435, meine Hervorhebungen).

*Zerka Toeman Moreno* (1944, 206) sieht in dem Aufeinandertreffen von vorgegebenen Rollen und spontanen Impulsen zu kreativem Rollenhandeln „*eine interessante Parallele zum Konserve-Spontaneitäts-Konflikt des Dramas*", der durch Spontaneitätstraining, d. h. „*dem Aufbau der Fähigkeit, eine Rolle ‚sua sponte' zu verkörpern, gelöst werden kann. Dabei kann offenbar aber nicht von einer Reihe repräsentativer und für das Leben grundlegender Rollen (representative roles) abgegangen werden*" (ibid. 207).

Es setzt sich bei *Moreno* — offenbar auch unter dem Einfluß seiner an den rollentheoretischen Projekten und Artikeln mitarbeitenden ersten Frau *Florence* und dann seiner zweiten Frau *Zerka* — immer mehr die Gleichrangigkeit des privaten *und* kollektiven Elementes im Rollenbegriff durch. Die Untersuchung der Persönlichkeit auf der Grundlage der Rollentheorie und durch Instrumente der Rollenforschung erscheint ihm besonders fruchtbar, „*because of the close interaction of the role process with personality formation, on the one hand, and the cultural context of situations, on the other hand. As, according to premise, the role range of an individual stands for the inflection of a given culture into the personalities belonging to it, the ‚role test' would measure the role behavior of an individual, and thereby reveal the d e g r e e of differentiation a specific culture has attained within an individual, and his interpretation of this culture*" (F. B. Moreno, J. L. Moreno 1945, 188f). Die Fähigkeit, spezifische Rollen zu spielen, d. h. bestimmten, generalisierten Rollenerwartungen zu entsprechen, wird damit auch zum Kriterium für die Zugehörigkeit zu einer bestimmten Kultur (participant of a culture, 1943b; 439, vgl. die „Mitgliedsrolle" bei *Luhmann* 1964, 38).

In seiner recht kursorischen Überschau über seine Rollentheorie 1961a kommt *Moreno* zu einer Definition, in der beide Aspekte — der der Rolle als konkretem Verhalten eines Individuums und der der Rolle als symbolisch repräsentiertem kollektivem Muster — gleichrangig vertreten sind. Er greift dabei im Kernteil der Definition auf eine komprimierte Formulierung seines langjährigen Mitarbeiters *Bruno Solby*, Psychiater im Moreno-Sanatorium in Beacon, aus dem Jahre 1944 zurück:

„*Role can be defined as the actual and tangible forms which the self takes (Moreno 1946, 153). ‚We thus define the role as the functioning form the individual assumes in the specific moment he reacts to a specific situation in which other persons or objects are involved. The symbolic representation of this functioning form, perceived by the individual and others, is called the role. The form is created by past experiences and cultural patterns of the society in which the individual li-*

*ves, and may be satisfied by the specific type of his productivity'* (Solby 1944, 224). — *Every role is a fusion of private and collective elements. Every role has two sides, a private and a collective side* (Moreno 1943b, 438)." (Moreno 1961a, 519; dtsch. dieses Buch S. 270)[21].

Die beiden Hauptaspekte der Definition: Rolle als individuelles, situationsspezifisches Reaktionsmuster und Rolle als symbolisch repräsentiertes kulturelles Muster, zeigen damit klar die im gesamten Werk Morenos vorfindliche zweigleisige Rollenauffassung. Ich habe diese beiden Rollenauffassungen als *aktionales* und *kategoriales* Rollensystem bezeichnet (*Petzold* 1974). Moreno hat diese beiden Systeme der Rollenauffassung selbst in ihrer Unterschiedlichkeit gesehen, aber er hat sie nicht immer klar getrennt. Zuweilen „koexistieren" sie, zuweilen scheinen sie sich auszuschließen, zuweilen bedingen sie einander. Oft führt begriffliche Unschärfe zu Mißverständnissen, wenn man nicht die Gesamtheit seiner verstreuten Ausführungen zur Rollentheorie im Auge behält. Erst in seinen letzten Arbeiten zur Rollentheorie (1961a, 1962a) versucht er explizit beide Ansätze — er kennzeichnet sie durch die Begriffe „*operational*" [im Sinne von aktional] und „*logoïd*" [im Sinne von kategorial] — zu verbinden, wie dies auch deutlich in der oben zitierten Definition geschieht. Es soll im folgenden den Konzepten der aktionalen und kategorialen Rollen im Werk *Morenos* weiter nachgegangen werden.

## 2.4.1 Aktionale und kategoriale Rollen

Die aktionalen Rollen gehören zum lebendigen Bestand der Persönlichkeit, zu ihrer „Verkörperung"; die kategorialen Rollen sind „bloße Rollen", Masken und fiktiven Objekten vergleichbar, weil sie besonders Patienten kennzeichnen, die durch ihre Erkrankung erstarrt und in ihrer Lebendigkeit reduziert sind. „*As the patients improves, the roles and masks can turn more to real persons and the fictious things more and more into actual things*" (1937, 64). „Der Patient spielt... nicht bloße ,Rollen'. Er ist nicht *der* Vater schlechthin, *die* Mutter schlechthin... er spielt *seinen* Vater, *seine* Mutter" (1937, 26). Die aus dem Lebensbezug heraus verkörperte Rolle wird dem Rollenklischee entgegengesetzt; die Rolle im psychodramatischen Spiel hebt sich ab von den „kulturellen Konserven", die zwar in die kreativen Situationen hineinwirken, aber im Spiel in lebendige Aktion konvertiert werden. *„Rollen müssen nicht definiert werden. Sie definieren sich selbst, wenn sie aus dem status nascendi hervorgehen und zur vollen Form gelan-*

---

[21]) Die Autorennamen und Fundstellen wurden von mir eingefügt.

*gen. Einige Rollen werden von Rechtssituationen gefordert (der Anwalt, der Kriminelle), andere von technischen Situationen (z. B. der Rundfunkansager), andere von einer physiologischen Situation (z. B. der Esser), aber nur in der psychodramatischen Arbeit können wir untersuchen, wie sie spontan Form annehmen"* (1940a, 15).

Die Forderungen, die von Situationen ausgehen, setzen Normierungen, die zu festen Mustern führen. Obgleich *Moreno* diesen Zwängen durch das Spontaneitätstraining entgegenzuwirken sucht, setzt er selbst derartige Normen bei seinen Versuchen, Rollenverhalten zu messen. Es werden z. B. verschiedene Varianten der Rolle des Ehemanns durchgespielt und festgelegt. *"Thus a preliminary norm, indicating how most people would behave in that specific situation was obtained. In this manner a frame of reference could be established for this and for other rôles. Every subject who comes for treatment and acts in all the rôles pertaining to him and his situation can be measured against the established norms which have been worked out with our auxiliary egos. The spontaneous deviations from the norm of a rôle which are shown by a subject can now be determined and measured in reference to the general direction of the rôle: the course of action, the duration of the spontaneous state, the amount of movement on the stage, the range of vocabulary and phraseology, and the character of voice and gesture used"* (1940a, 17).

*Moreno* legt hier das Konzept der Rollenkonserve zugrunde, die durch Verhaltens*rating* bestimmt werden kann. Seine Rollenexperimente gehören übrigens zu den ersten sozialwissenschaftlichen Untersuchungen, die die *Rating-Methode* verwenden, und diese greift nur, weil er die Rolle als „unit of ,conserved' behavior" (1960, 80) auffaßt. *Morenos* Differenzierung von Rollen, wie sie durch die Begriffe *aktional* und *kategorial* verdeutlicht wird, gründet in der Unterscheidung von *Theaterrolle* und *Stegreiflage* und wird fundiert durch seine Theorie über die „Kreativität und die kulturellen Konserven" (1939b). Kulturelle Konserven sind geronnene Aktion, kreative Handlungen, die in festen Formen erstarrt sind und damit die Möglichkeit der Überlieferung kultureller Werte bieten. *"There are works which survive their creators and eventually dominate man's patterns of culture. They survive because of certain technological processes which conserve them"* (1939b, 13).

Diese Konserven dienen aber nicht nur der Erhaltung einer Kultur, sie bergen auch die Gefahr der Erstarrung. Genau, wie sich auf gesellschaftlicher und kultureller Ebene beständig Muster neu bilden und erstarren, so entstehen im spontanen Verhalten des kreativen Menschen immer neue Verhaltensweisen, die zu stereotypen Formen werden können, zu „abgekurbelten Rollen" (1924, 63). So „entspricht der phylogenetischen Rolle der kulturellen Konserve eine ontogenetische Rolle" (1939b, 14). Spontaneitätstraining und Psychodrama sind für *Moreno* Instrumente, dem Prozeß der Sedimentierung auf der individuellen Ebene entgegenzuwirken. Soziometrische Gruppenbildung und Soziodrama (1934, 1943) sind für ihn Interventionsmöglichkeiten auf der Makroebene, die Verfestigung auflockern zu können; denn es geht nicht um die vollständige Beseitigung kultureller Konserven. *„Das Unterfangen, der Welt der Konserven zu entkommen, scheint wie ein Versuch, in ein verlorenes Paradies zurückzukehren, das e r s t e Universum des Menschen"* (1939b, 14), eine Zeit vor allen Konserven, die nach und nach von unserer Zeit der festgefügten Kultur abgelöst wurde, in der *„allen kreativen Aktivitäten kulturelle Konserven zugrundeliegen — die Konserve des Alphabets, der Zahlen, der Musiknotation. Diese Konserven determinieren unsere Formen des kreativen Ausdrucks. Sie können zum einen als disziplinierende Kraft fungieren, ein anderes mal aber als Hindernis"* (ibid. 13).

Der *kategorialen* Rolle als kultureller Konserve kommt damit die Aufgabe zu, Verhaltenssicherheiten zu vermitteln, der *aktionalen* Rolle die Aufgabe, kreative Entwicklungen zu ermöglichen.

*Morenos* Äußerungen zur kulturellen Konserve weisen eine Tendenz ins Negative auf, und er bleibt seinen alten Intentionen verbunden, die die freie Improvisation der Stegreiflage an die Stelle der aufgezwungenen Rolle setzen möchten. Die Realität seiner soziometrischen, soziotherapeutischen und psychotherapeutischen Arbeit führt ihn jedoch zu anderen Positionen. Seine Rollentherapie hat eine zweifache Stoßrichtung: Rollenmuster einzuüben und spontanes, kreatives Handeln *einzuüben* (sic!). Aus dieser Ambivalenz heraus affirmiert er einerseits die Notwendigkeit von Rollenmustern, ja bezeichnet ihre Ausbildung als die „bedeutendste Leistung in einer spezifischen Kultur" (1940a, 20), aber er arbeitet den kategorialen Ansatz in seiner Rollentheorie nicht weiter aus, genau wie er das mit diesem Ansatz verbundene Konzept des *„kulturellen Atoms"* nicht weiter entwickelt. Dies ganz im Unterschied zu seiner Ausarbeitung des aktionalen Ansatzes und des „sozialen Atoms" (1936, 1947).

Das *soziale Atom* als „kleinste Einheit der soziometrischen Matrix" (1953, 721), als „kleinster Kern von Individuen im sozialen Universum" (1960, 52), umfaßt alle positiven und negativen Beziehungen einer Person zu den ihr emotional bedeutsamen Personen ihres Lebensraums.

*„Ein kulturelles Atom betrachten wir als die kleinste funktionale Einheit innerhalb eines kulturellen Musters. The adjective ‚cultural' can be justified when we consider rôles and relationships between rôles*

*as the most significant development within a specific culture*" (1940a, 20).

„*The patterns of rôle-relations around an individual as their focus, is called his cultural atom*" (ibid., vgl. *Mathias*, dieses Buch S. 219 f).

*Moreno* hat in seiner Arbeit über die „psychodramatische Behandlung von Eheproblemen" (1940 a) — eine der frühesten systematischen Arbeiten zur Paartherapie — die Parallelität von sozialem und kulturellem Atom aufgezeigt. Das erste umfaßt die Beziehungen von Personen als ganzen untereinander bzw. zu einem Kernindividuum; das zweite ist auf die Rollenrelationen zwischen den einzelnen Individuen — hier den Partnern — zentriert, wobei es sich nicht nur um die in der konkreten Handlung vollzogenen, aktionalen Rollen handelt, sondern auch um verinnerlichte Rollenmuster, die in der Interaktion aktiviert oder als Verhaltenserwartungen an den Partner im Rollenspiel herangetragen werden (vgl. die Texte dieses Buch S. 302 ff).

Die in *Morenos* Rollendiagrammen einbezogenen Rollen des kulturellen Atoms weisen eine sehr unterschiedliche Charakteristik auf, ohne daß diese näher spezifiziert wird. Nebeneinander stehen die Rollen des Liebhabers, Ernährers, Ehemanns, Poeten, Abenteurers. Sie alle werden von Herrn T. gespielt (1940a, 19), und Frau T. hat die Rollen der Geliebten, Hausfrau und Gattin inne. Hier stehen soziale Rollen, wie Ehemann und Hausfrau, neben sehr individuellen Rollenausformungen, wie z. B. Abenteurer und Poet. In der gleichen Arbeit (1940a, 15) stellt *Moreno* Rollen wie die des Anwalts in eine Reihe mit der des Essers, wobei er die letztere als physiologisches Reaktionsmuster kennzeichnet. Schon in „Who shall survive?" (1934, 353) hatte er derart verschiedene Rollen nebeneinandergestellt. Erst in seinen Arbeiten „The concept of sociodrama" (1943b) und „Spontaneity theory of child development" (zusammen mit *Florence Moreno* 1944) kommt er zu einer Ausarbeitung verschiedener Rollenkategorien, wobei er in der letztgenannten Arbeit auch ein differenziertes Modell der Entstehung und Entwicklung von Rollen vorlegt.

1937 (S. 26) hatte *Moreno* in der psychodramatischen Darstellung zwischen dem Spielen „bloßer Rollen", z. B. des Vaters schlechthin oder einer Mutter ganz allgemein, und dem Spielen konkreter Rollen aus der unmittelbaren Lebenswirklichkeit des Patienten, z. B. der Rolle *seines* Vaters und *seiner* Mutter, wie er sie subjektiv erlebte, unterschieden. Wenn der Patient Robert z. B. sich selbst spielte (enacts himself) oder wichtige Personen aus seinem sozialen Atom darstellt, so spielt er zwar nicht wie ein Schauspieler eine ihm vorgegebene Rolle von hoher Generalität, jedoch soziale Rollen in persönlicher Ausformung, in denen normierende Vorgaben und Klischees nicht ganz ausgeschlossen werden können. Der Patient *"must also enact and represent as correctly and thoroughly as possible every person near him, near to his problems, his father, his mother, his wife, or any other person in his social ‚atom'. The patient does not present ‚roles' in this phase of the treatment. It is not t h e father, t h e mother, t h e wife, or t h e employer; it is h i s father, h i s mother, h i s wife, h i s employer"* (1937, 26).

Die Subjektivität der *gespielten* Rolle macht ihre Lebendigkeit aus und konstituiert die Privatheit des Individuums, das von den gesellschaftlichen Verhaltenserwartungen zwar berührt, aber nicht total bestimmt wird. Auch die gespielten „psychodramatischen" Rollen von Personen des „sozialen Atoms" sind nicht als Abbildungen objektiver Realitäten aufzufassen, sondern als subjektiv erlebte Dynamik des „sozialen Atoms" (vgl. *Mathias* dieses Buch S. 215 f). *„...he presents the different people of his environment one-sidedly and subjectively, not as they are. He acts his father, his mother, his sister, his wife, and any other members of his social atom in full subjective one-sidedness. The emotional currents which fill the social atom are reenacted by him and made alive"* (1937, 27). So sind in allen Rollen, die der Patient spielt oder auch wiederholt (reenact), „private" Anteile, persönliches Erleben, subjektive Interpretation mit Vorgaben, Rollenmodellen gemischt. Rollen sind deshalb von „Ambiguität" (1937, 44) gekennzeichnet, eine Zwei- oder Mehrdeutigkeit, die auch in Rolleninteraktionen — z. B. zwischen Partnern — durchschlagen kann. Bei der Bearbeitung eines Spiels ist es deshalb *„die wichtigste analytische Aufgabe, sorgfältig und soweit als möglich zwischen dem privaten Ich-Material (egomaterial), das in den Charakter der Rolle projiziert wurde, und den fiktiven Konzepten der Rolle selbst zu trennen"* (1937, 44). 1943 greift *Moreno* die Differenzierung zwischen der allgemeinen Rolle des Vaters schlechthin und der eines persönlichen, ganz spezifischen Vaters, wie er in einem konkreten Spiel auftaucht, wieder auf, um zwei Rollenkategorien zu unterscheiden:

### 2.4.2 Psychodramatische und soziodramatische Rollen

*„Die Welt um den Menschen kann wie eine Zwiebel in Teile zerlegt werden. Erst nimmt man eine Schale weg, dann eine andere, und man fährt fort, bis alle privaten Rollen abgehoben sind. Im Unterschied zur Zwiebel aber finden wir einen Kern, einen Kern von Rollen. From the point of view of this core the private roles appear like a veneer which gives the collective roles individual coloring, differing somewhat in every case. It is t h e father, t h e mother, t h e lover, t h e gentleman,*

*the* soldier versus a father, a mother, a lover, a gentleman, a soldier" (1943b, 436). Es wird also einerseits ein sehr allgemeines Rollenmuster angesprochen, der Vater oder der Soldat schlechthin, *„wie man sie in einer spezifischen Kultur findet, etwa in einem arabischen Dorf, einer russischen Kolchose, im Nazi-Deutschland, in einer japanischen Siedlung. Im anderen Fall handelt es sich um einen bestimmten Vater, Liebhaber oder Krieger, den der Spieler selbst darstellt, weil er mit ihm identisch ist oder mit ihm privat verbunden... Diese Formen des Rollenspiels werden in einer persönlichen Weise dargestellt werden. Die anderen allgemeinen Rollen (the general roles) werden in einer kollektiven Weise durchlebt und erfahren und auch in einer kollektiven Weise dargestellt werden. Die Rollen, die kollektive Vorstellungen und Erfahrungen repräsentieren, werden s o z i o d r a m a t i s c h e  R o l l e n, diejenigen, die individuelle Vorstellungen und Erfahrungen repräsentieren, p s y c h o d r a m a t i s c h e  R o l l e n* genannt" (ibid., meine Hervorhebung).

*Moreno* macht hier die Verwobenheit und zugleich Differenzierbarkeit von kollektiven Mustern und persönlichen Ausformungen deutlich. Kulturelle Konserven „können sogar in das Fleisch (flesh) des Spielers dringen und ihn von innen steuern" (1939 b, 13). In der vollzogenen Rolle kommen beide Elemente, Individuelles und Kollektives, zusammen, wobei Akzentverschiebungen nach der einen oder anderen Seite auftreten können: stärker zur persönlichen, womit die Rollenperformanz als psychodramatische einzustufen wäre, oder stärker zur kollektiven, womit eine soziodramatische Rollenperformanz gegeben wäre. Es empfiehlt sich, von Rollenperformanzen zu sprechen, da es sich bei beiden Formen, der psychodramatischen und soziodramatischen Rolle um ein *gespieltes Geschehen* handelt, nicht um ein starr niedergelegtes Muster, auch wenn solche Muster aus dem kulturellen Atom den Hintergrund des Spiels bilden.

Diese kollektiven Muster erlauben z. B. im Psychodrama empathisches Mitspiel der *auxiliary egos*, so daß z. B. eine Patientin „erstaunt ist, wie ein völlig fremder Mensch (ein Hilfs-Ich) beim Übernehmen der Rolle ihres Ehemanns nach geringfügiger Vorbereitung in der Lage ist, in dessen Rolle zu fallen und spontan Worte und Gesten zu assoziieren, von denen sie glaubte, die seien nur *ihr* bekannt" (1943b, 435). Das Hilfs-Ich greift auf „Rollenkonserven" zurück, Muster, die ihm und der Patientin in gleicher Weise vertraut sind, und aktualisiert sie im psychodramatischen bzw. soziodramatischen Spiel. Psychodramatische und soziodramatische Rollen sind also *Aktionsrollen*, die nicht dem kategorialen Rollensystem angehören. Dabei sind die soziodramatischen Rolen näher an den kulturellen Rollenkonserven bzw. kategorialen Rollen als die psychodramatischen, wobei letztere als persönliche Ausformung soziodramatischer Rollen aufgefaßt werden können.

*Moreno* geht deshalb später (1946, 156) dazu über, an Stelle von soziodramatischen von *sozialen* Rollen zu sprechen. Er verwässert damit die Stringenz seines Ansatzes, indem er terminologisch von der Handlungscharakteristik seines aktionalen Rollenbegriffes abrückt. Es ist in dieser Umstellung wohl auch ein Zugeständnis an den wissenschaftlichen Sprachgebrauch zu sehen, in dem seit Beginn der vierziger Jahre der Begriff der „sozialen Rolle" mehr und mehr an Bedeutung gewinnt. Die Beurteilung der Aussagen in *Morenos* Texten wird durch die nun noch ungenauere Terminologie erschwert, denn es ist keineswegs so, daß unter den Begriff der „sozialen Rolle" von ihm konsequent die sozialen Rollenkategorien gefaßt werden, sondern daß es sich meistens um „soziodramatische Rollen" im Sinne seiner ursprünglichen Terminologie handelt; (z. B. 1946, 158, wo von den *social roles* gesagt wird: „*They are roles or social stereotypes and differ from role conserves as the sequence of situations, the text of their speeches, are not rigidly outlined... A varying degree of spontaneity is permitted, indeed is expected from them*". Ein Polizist z. B. muß sich in unterschiedlichen Situationen diesen entsprechend verhalten).

## 2.4.3 Rolle und Komplementärrolle als Konfiguration

Die aktionalen Rollen implizieren das Rollenspiel „mit" anderen Personen. Sie sind nicht ohne den interaktionalen Zusammenhang vorstellbar. *Moreno* betont denn auch: „*A role is an inter-personal experience and needs usually two ore more individuals to be actualized*" (1954, 9). Im Hinblick auf die Entstehung und Entwicklung der Rollen aus dem zwischenleiblichen Spiel psychosomatischer Rollen in der Mutter-Kind-Dyade (vgl. 2.5) wird dies evident. Jede Rolle bedarf deshalb einer Komplementärrolle. Der Rolle des Essenden muß beim Kleinkind z. B. die Rolle der Nährenden komplementär gegenüberstehen (F. B. *Moreno*, J. L. *Moreno* 1944, 101ff). Die Mutter wird damit „*auxiliary ego as a part of the infants warming-up and role playing*" (ibid. 100). Sie hat wie das Hilfs-Ich im Psychodrama die Aufgabe „*of portraying a rôle of a person required by the subject*" (ibid. 101). Die gemeinsame Erfahrung, das gemeinsame Handeln wird damit zu einem Charakteristikum aktionaler Rollen.

*Moreno* betont diese Aspekte „co-being, co-action, and co-experience" (ibid. 103) immer wieder als Grundlage des Prozesses der Rollenübernahme, in dem eine gewisse Reziprozität wirksam wird.

Dadurch, daß das Kind seine Rolle spielt und dabei die komplementären Rollen der Eltern mit-erfährt, kann es diese in sein Selbst integrieren (*F. B. Moreno, J. L. Moreno* 1945, 200). Den Eltern wiederum wird im co-experiencing der vom Kind gespielten Rollen ein empathisches Einschwingen auf dessen Bedürfnisse möglich (*F. B. Moreno, J. L. Moreno* 1944, 101). Die Parallelen zum Konzept des „*role-taking*" bei *Mead* sind offensichtlich. Co-experiencing and co-acting heißt, sich an die Stelle des anderen zu setzen und damit seine Bedürfnisse zu erkennen und seine Reaktionen vorwegzunehmen, gleichzeitig aber auch seine Rolle zu übernehmen, ohne die eigene Rolle zu verlieren oder aufzugeben; denn die Rolle des anderen ist in der Regel ja abhängig vom Rollenspiel des einen. In diesem Sinne kann man die aktionalen Rollen mit *F. B. Moreno* und *J. L. Moreno* (1945) als „Konfigurationen" betrachten.

*F. B. Moreno* (1946) macht das Spiel vollständiger Konfigurationen geradezu zu einem Maßstab, nach dem die Rollenperformanz im Rollentest gemessen werden kann: „*By adequate performance, we meant a role c o n f i g u r a t i o n which may be a partial one including sufficient characteristic phases to make the role easily recognizable, or which include a l l necessary phases to make it a c o m p l e t e configuration*" (*F. B. Moreno* 1946, 158). In der aktionalen Rolle wird praktisch immer gegenüber „jemandem" gehandelt, wobei die Kenntnis der damit gegebenen Komplementär- bzw. Gegenrolle (complementary and counter role, *Moreno* 1940a, 7, 20) beim Spieler vorausgesetzt werden kann. Die von *J. L. Moreno* zusammen mit *F. B. Moreno* und *Z. T. Moreno* ausgearbeiteten Verfahren der Rollentests haben u. a. das Erfassen eines derartigen „role taking" (im Mead'schen Sinne) zum Gegenstand. Das von *Moreno* später entwickelte und explizit in den Kontext der Rollentheorie gestellte (1961a, 521) Konzept eines „co-unconscious" als ein unbewußtes Mit-wissen um ablaufende Handlungen (1954, 198) kann von der Vorstellung der Rollenkonfiguration ohne Rückgriff auf metapsychologische Überlegungen expliziert werden, wenn man die Fähigkeit zur Vorwegnahme von Rollenhandlungen unterstellt. „Individuen, die eng miteinander bekannt sind, tauschen die Rollen leichter als Individuen, die durch große ethnische und psychologische Distanz getrennt sind" (1964, VII). *Moreno* sieht für die Erklärung dieses Phänomens die Konstrukte eines individuellen oder kollektiven Unbewußten (*Freud, Jung*) als unzureichend an und stellt fest:

„*Co-conscious and co-unconscious states are by definition, such states which the partners have experienced and produced jointly and which can, therefore be only jointly reproduced and reenacted. A co-conscious state or a co-unconscious state cannot be the property of one individual only. It is always a c o m m o n property and cannot be reproduced but by a combined effort"* (1964, VII).

Von diesen Überlegungen lassen sich unmittelbare Verbindungen zu den Konzepten des „sozialen und kulturellen Atoms" ziehen, durch die der konfigurative Charakter der Rolle nochmals bestätigt wird:
*„Every individual, just as he is in the focus of numerous attractions and repulsions appears, also, as the focus of numerous rôles which are related to the rôles of other individuals. Every individual, just as he has at all times a set of friends and a set of enemies, also has a range of rôles and faces and a range of counter-rôles. They are in various stages of development"* (1940a, 20). Die counter-rôles bzw. die complementary-rôles (ibid. 7) sind Teil der Konfiguration. Werden Rollen aus ihrem aktionalen und konfigurativen Zusammenhang genommen und abstrahiert, so werden sie zu „Rollenkonserven" bzw. zu Rollen aus dem *kategorialen* Rollensystem. Nur in diesem kann eine Rolle „für sich" stehen.

*Moreno* hat den Gedanken der komplementären Rollen insbesondere für die Psychodramatherapie und die Behandlung von Paaren ausgearbeitet: *„The point is here not as much analysis of one or the other independently, but a careful analysis of their interrelationships with a special study of every fundamental ‚role' in which they act as partners. Parallel with the inter-personal analysis of the roles in which they act should go a methodical preparation of the roles they need to act in the course of their ‚training'"* (1937, 52).

Störungen in einer Paarbeziehung kommen denn auch besonders dann auf, wenn Komplementärrollen fehlen und ein Partner beim anderen keine Entsprechung für eine oder mehrere Rollen findet. Die Rollenkonfigurationen bleiben dann unvollständig: „unfulfilled rôles" (1940a, 7f). *Moreno* konnte in seinen Untersuchungen feststellen, *„daß eine Rolle, die für eine Person erforderlich war, bei ihrem Partner in einer engen Beziehung abwesend war, und daß die Abwesenheit einer solchen Rolle schwerwiegende Konsequenzen für eine Beziehung zur Folge haben kann. Als eine allgemeine Regel kann eine Rolle 1. rudimentär, normal oder überentwickelt (d. h. positives Tele) sein; 2. kann eine Rolle bei einer Person beinahe oder gänzlich fehlen (d. h. Indifferenz); 3. kann eine Rolle in eine feindselige Funktion pervertieren (negatives Tele). Eine Rolle kann in jeder der obengenannten Kategorien auch in bezug auf ihre Entwicklung in der Zeit klassifiziert werden: a) sie war niemals vorhanden; b) sie ist gegenüber einer Person vorhanden, aber ist jetzt verlöscht"* (1940a, 8).

*Moreno* bringt hier neben dem Gedanken einer Rollenentwicklung (vgl. 2.5.3) sein Tele-Konzept mit ins Spiel. *Tele* als das „Phänomen, das in allen Dimensionen der Kommunikation wirksam wird" (1953, 76), kann in seinen rollentheoretischen Überlegungen nicht ausgespart bleiben, wenn Rollen als Interaktions-Konfigurationen aufgefaßt werden. Tele, von *Moreno* (1959/1973, 48) als „Zweifühlung im Gegensatz zu Einfühlung" definiert, bestätigt, wenn es in Rollen wirksam wird, deren konfigurativen Charakter. Behandlung spielt sich z. B. ab „on the interpersonal and on the rôle-to-rôle level". Das dabei entstehende „inter-rôle and inter-personal feeling has been called ‚tele' instead of ‚transference'" (1940b, 116). Tele bestimmt demnach auch das Geschehen zwischen den Rollen (*Katz* 1963, 82f).

„*A role in one person may have a tele relation to a certain role in another, although they may be indifferent to one another as private individuals*" (1937, 44). „*The fact individuals click well in some roles, less well in others, and that some roles antagonize each other, explains the complexity of tele-relationships... The complexity of tele-relationships increases, the more numerous the persons are who take part in a situation, and the more varied the roles in which the individuals act or desire to act, and finally the more varied the criteria of the groups in which they participate*" (ibid. 45). *Moreno* hat diese Zusammenhänge anhand verschiedener Behandlungsberichte von Paartherapien demonstriert und graphisch illustriert (1937, 58-64; repr. 1964, 207-217; 1940a, 15-21; repr. 1946, 340-347).

Im Hinblick auf die Psychotherapie hebt *Moreno* die Bedeutung des konfigurativen Charakters der Rollen verschiedentlich hervor. Im sozialen und kulturellen Atom werden Personen und Rollen ausgetauscht in einer Weise, „that rôles and counter-rôles vanish and are replaced by new rôles and counter-rôles which go to make a rôle-configuration of an similar equilibrium" (1940b, 121). Die psychodramatische Therapie greift genau in diesen Prozeß ein. „*Alle die Rollen, die für eine Darstellung notwendig sind, werden bereitgestellt, und durch die Rollen-zu-Rollen-Beziehungen zwischen den auxiliary egos und den Patienten sind wir in der Lage, weiteres Abgleiten in die Psychose aufzuhalten*" (ibid. 131). Eine solche Behandlung auf der Rollenebene macht es notwendig, daß die Therapeuten in Rollenkonfigurationen eintreten, und sich nicht durch abstinente Neutralität entziehen.

*Moreno* sieht hier einen der wesentlichen Unterschiede zwischen psychoanalytischer und psychodramatischer Therapie (vgl. *Jennings* 1931, 12 und *Moreno* 1932, 60-61), wenn er „one-way therapies" und „two-way therapies" (1943a, 337) unterscheidet. „*The second dividing line between sociometric and non-sociometric methodology is the division between one-way role and two-way role relations. From the point of view of a psychoanalyst for instance, a one-way relationship is the* cardinal feature of the psychoanalytic situation..." (ibid. 310). Würde der Patient aus dieser Situation ausbrechen, so wäre damit das psychoanalytische Setting zusammengebrochen, aber es könnte etwas Neues, Menschlicheres entstehen: „A meeting between two persons, each with his various roles and aspirations" (ibid.). Es taucht hier unter der sozialpsychologischen Überformung des Rollenbegriffes der Begegnungsgedanke des Frühwerkes wieder auf, der dem Tele-Konzept, dem Begriff des co-unconscious und auch der Vorstellung vom konfigurativen Charakter der Rolle zugrundeliegt, und den *Moreno* nicht fallen läßt[22], selbst wenn er sich in seinen zuweilen sehr technisch anmutenden Ausführungen zur Soziometrie und Rollentheorie von ihm zu entfernen scheint.

## 2.4.4 Rolle und Situation

Eng mit der Vorstellung von der Rolle als Konfiguration verbunden ist die Auffassung, daß Rollenspiel an konkrete Situationen gebunden ist. Der Begriff „Stegreiflage", die „Idee einer Theometrie der Örter" (1924, 7) lassen dies schon im Frühwerk erkennen. „Der Ort einer Blume ist die Stelle, auf der sie Blume geworden ist und nicht im Haar einer Frau..." (ibid.). Der existentielle Bezug zum Leben zählt. Im wahrhaftigen Spiel „ist der Ort wie Augenblick original, es fallen die wahre Zeit und der wahre Raum zusammen (ibid. 75). „Der Ort des Konfliktes und seines Theaters ist gleich" (ibid.).

Derartige Überlegungen führten *Moreno* zu seinen milieutherapeutischen Projekten mit den Prostituierten am Spittelberg (1913-1914) und im Flüchtlingslager in Mitterndorf (1915-1917) (vgl. 1955, 20, 24), zur Inauguration des „Hier-und-Jetzt"-Begriffes in der Psychotherapie (1934, 426; vgl. schon 1923 und 1941 und zum ganzen *Petzold* 1981b) und zum Postulat einer Therapie „in situ": „ ,In Situ' means, the places where people actually live and work, and not a ,Research' or ,Treatment' situation outside of them" (1951, 69). Für ihn ist *„Gruppentherapie so das Resultat einer wohlkalkulierten, spontanen Therapie plus richtiger sozialer Zuweisung (assignment). Mit anderen Worten muß psychologische Behandlung weg von der Klinik und in wirkliche Le-*

---

[22] Bezeichnenderweise gibt *Moreno* seiner ersten Arbeit, in der er das Konzept des Psychodramas konsistent entwickelt und den Begriff zum ersten Mal verwendet, den Titel „Interpersonal Therapy and the Psychopathology of Inter-Personal Relations" (1937), wobei er den Begriff selbst wie folgt übersetzt: „ ,Meeting' means more than a vague inter-personal relation (zwischenmenschliche Beziehung/dtsch. im Original). It means that two persons meet each other, but not only to face each other, but to live and to experience each other..." (1943a, 310).

*benssituationen gebracht werden...*" (1932, 94); und „das Ziel revolutionärer Rollenforschung muß sein, Rollen in *statu nascendi* und wenn möglich *in locus nascendi* zu untersuchen" (1960, 85). Rollen realisieren sich in Situationen, im Leben, in „a plurality of environments" (1934, 324f). Eines der Hauptziele im Spontaneitätstraining ist das Vermitteln von Rollen für spezifische Situationen. „Hence the subject is trained through acting in the simplest rôles in any specific situation pattern" (ibid. 327). Rolle und Situation werden von *Moreno* immer wieder als Begriffspaar aneinandergekoppelt (1937, 67). „Einige Rollen werden von einer Rechtssituation gefordert (Anwalt, Krimineller), andere von einer technischen Situation (Radioansager)..." (1939a, 15). So besteht jede „Situation aus einem Spektrum (range) repräsentativer Rollen und in einigen von ihnen muß jede der Versuchspersonen spielen" (Z. T. *Moreno* 1944, 207).

Der Bezug der Rollen auf das kulturelle Atom (1940b, 119f) und auf konkrete soziometrische Konstellationen (F. B. *Moreno* 1946, 155f) macht die Verbindung Rolle/Situation im Denken *Morenos* genau so deutlich, wie die Verbindung psychodramatisches Rollenspiel/Psychodramabühne (1940c, 229ff). Er gibt folgendes Beispiel: *„Das kulturelle Atom eines Mönches — nachdem er ins Kloster eingetreten ist — muß, im Vergleich zu seinem kulturellen Atom aus der Zeit, in der er noch in der Gesellschaft lebte, eine drastische, ja revolutionäre Veränderung erfahren. Als er noch in der Außenwelt lebte, spielte er z. B. seiner Frau gegenüber in der Rolle des Ehemanns, seinen Kindern gegenüber in der Rolle des Vaters, seinen Eltern gegenüber in der Rolle des Versorgers und seinen Arbeitern auf der Farm gegenüber in der Rolle des Arbeitgebers... Mit dem Eintritt ins Kloster begab er sich in eine Gesellschaft, die die Zahl seiner Rollen auf ein Minimum reduzierte"* (1940c, 230). Dies geschieht dadurch, daß keine Interaktionspartner für bestimmte Rollenkonfigurationen bzw. Möglichkeiten des sozialen Rollenspiels zur Verfügung stehen. Der sozio-kulturelle Kontext wird damit als konstitutiv für das Zustandekommen und den Vollzug von Rollen angesehen.

Die von *Moreno* anfänglich nur zögernd zugestandene Bedeutung von vorgegebenen Mustern für die Rollen — auch für die aktionalen — wird durch die Annahme determinierender „*situation patterns*" (1934, 327) affirmiert und setzt sich in seiner Rollentheorie insgesamt durch. Die unlösbare Verbindung von Rolle und Situation, Rollenspiel und Bühne, zeigt sich darin, daß *Moreno* für jede Rolle eine „*situation matrix*" annimmt. „It consists of space and time relations, locus and movements, acts and pauses, volume of words and gestures, initiation, transfer and termination of scenes" (1953, 348). Der Spontaneitäts-

Test und der Rollenspiel-Test als Instrument der „Interventionssoziometrie" (*Dollase* 1975) werden von ihm denn auch durch den Situations-Test ergänzt, der „die Konfiguration von Situationen" erfassen soll (1953, 349 u. 355).

Letztlich geht die Verbindung von Rolle und Situation auf seine Überlegungen im „Stegreiftheater" zurück: „Entstehung und Studium der Rolle" in „statu nascendi" (1924, 22). Diesen Ansatz bringt er auch in seine entwicklungspsychologischen Theoreme zur Entstehung von Rollen ein: *„In einer Philosophie des Augenblickes müssen drei Faktoren betont werden: der locus, der status nascendi und die matrix. Es gibt kein ‚Ding' ohne seinen locus, keinen locus ohne seinen status nascendi und keinen status nascendi ohne seine Matrix... Jede menschliche Handlung oder Handlungsfolge (performance) hat ein primäres Handlungsmuster — einen status nascendi. Ein Beispiel ist die Handlungsfolge des Essens, aus der sich die Rolle des Essers bei jedem Kinde schon bald nach der Geburt entwickelt"* (1941b, 21 und F. B. Moreno, J. L. Moreno 1944, 97). Jede Rolle hat demnach eine Situation, in der sie entsteht, einen „locus nascendi" (ibid. 1944, 99).

## 2.5 Rollenentwicklung und Identität

Eine weitere Ausdifferenzierung des rollentheoretischen Ansatzes ergab sich mit der entwicklungspsychologischen Studie von *Florence* und *J. L. Moreno* aus dem Jahr 1944. In ihr wird ein Modell der kindlichen Entwicklung vorgelegt, das nicht auf die Untersuchung der Entwicklung des Kindes als Einzelwesen zentriert ist, wie behavioristische und gestalttheoretische Entwicklungstheorien, und sich auch nicht an triebdynamischen Konzepten und am Krankheitsmodell orientiert, wie die analytische Entwicklungspsychologie, sondern die von den Faktoren Kreativität und Spontaneität als „primären und positiven Phänomenen" ausgeht und von der Grundtatsache, daß das Kind in eine „Umgebung, eine Situation, ein Feld" hineingeboren wird, in dem es mit anderen Individuen interagiert (*F. B. Moreno, J. L. Moreno* 1944, 91). „It is important to know *how* these individual organisms interact and particularly how the human infant interacts with other individual organisms" (ibid.). Da *Morenos* Entwicklungstheorie von *Mathias* in diesem Buch ausführlich dargestellt wird, sei nur kurz auf die für unseren Zusammenhang wichtigen Konzepte verwiesen.

Der kindliche Organismus wird, ausgestattet mit der Fähigkeit zu spontanem Handeln (dem *spontaneity factor*), geboren. Er hat die Möglichkeit, sich auf Situationen einzustellen, sich zu ihnen zu verhalten (*warm up*). Die treibende Kraft hierfür sieht *Moreno* in der Spontaneität: „*It is a factor which enables him [the new born] to reach beyond himself, to enter new situations as if carrying the organism, stimulating and arousing all its organs to modify the structures in order that they can meet their new responsibilities. To this factor we apply the term spontaneity (s factor)*" (*F. B. Moreno, J. L. Moreno* 1944, 93). Die Sponaneität stimuliert Handlungseinheiten, die sich in Rollen zusammenschließen. Sie gewährleistet damit die Lebendigkeit des Rollenhandelns. „*The S factor is thus the soil out of which later the spontaneous, creative matrix of personality grows*" (ibid. 93).

Spontaneität ermöglicht, daß im Rollenhandel „adäquate Responsen auf Situationen mit variablem Grad an Neuheit" gefunden werden können (1956, 108). Spontaneität regiert aber nicht nur das Verhalten des einzelnen „*it is not only the process within the person, but also the flow of feeling in the direction of the spontaneity state of another person. From the contact between two spontaneity states centering, naturally, in two different persons, there results an interpersonal situation*" (*F. B. Moreno, J. L. Moreno* 1944, 123). Durch die Kraft der Spontaneität gelingt es einzelnen Personen und Gruppen, mit den Anforderungen von Situationen fertig zu werden, ganz gleich, auf welcher Ebene sie liegen, indem sie sich ihnen in angemessener Weise annähern: ein Warm-up-Prozeß. „*The warming up process manifests itself in every expression of the living organism as it strives for an act. It has a somatic expression, a psychological expression, and a social expression*" (*F. B. Moreno, J. L. Moreno* 1944, 98).

Somatischer Ausdruck von Warm-up-Prozessen fokussiert sich um spezielle Körperzonen, etwa die des Mundes oder des Anus, die als der jeweilige „locus nascendi" von *Moreno* bezeichnet werden. Weiterhin hat „jeder menschliche Akt oder Handlungsablauf ein primäres Handlungsmuster — einen ‚*status nascendi*'. Ein Beispiel bildet der Handlungsablauf des Essens, aus dem sich die Rolle des Essers bei jedem Kind kurz nach der Geburt entwickelt" (ibid. 97). Dabei ist die Mundzone hier — wie andere Körperzonen bei anderen Handlungsabläufen — „*the focal point of a physical starter in the process of warming up to a spontaneous actuality state — such state or states being the components in the shaping of a ‚role'*" (ibid. 99, meine Hervorhebung).

Die Spontaneität als basaler Antrieb und die konkrete Leiblichkeit psychosomatischer Rollen bringt die Dimension der Bedürfnisse und Triebe in *Morenos* Rollentheorie ein. So wird eine Rolle wie die des „Essers" durch das Zusammenwirken von Antrieb (= Spontaneität, Bedürfnisse), Wahrnehmung und Verhaltenselementen, d. h. minutiösen Verhaltenssequenzen, aufgebaut (vgl. *Sargent, Uhl, Moreno* 1939). Jede Rolle besteht demnach aus „*series of meaningful acts*" (*F. B. Mo-*

reno, J. L. Moreno 1945, 191). Diese fügen sich zu immer komplexeren Formen zusammen. So gilt für die Rolle in gleichem Maße wie für Morenos Selbstbegriff die Annahme von Cluster-Effekten.

Moreno löst das schwierige Problem des Aufbaus differenzierter und komplexer Verhaltensstrukturen, insbesondere von *covert behavior*, also Emotionen und Kognitionen, über sein Konzept des *co-experiencing* and *co-acting*, das er später durch die Annahme eines *co-consciousness* und *co-unconsciousness* (1961b) fundiert. Durch die Verbundenheit zwischen Mutter und Kind in der Matrix der Allidentität erlebt das Kind, das noch kein eigenes Ich oder Selbst hat, alle Handlungen der Mutter mit, die als Hilfs-Ich fungiert. So wird der Vorgang des Trinkens und Stillens als *ein* komplexer Akt erlebt, der sich erst allmählich mit fortschreitender Entwicklung ausdifferenziert. *„Once the matrix of identity is established, and the complex images closely associated with his intensive participation in the ‚oneness' of the act is in ready form in the child, the foundation is laid for ‚future' combinatory acts"* (F. B. Moreno, J. L. Moreno 1944, 103). In fünf Stufen sieht Moreno den Prozeß der Ausdifferenzierung (vgl. *Mathias* dieses Buch S. 227):

*„The first stage is that of the other person being a part of the infant in all earnestness — that is, complete spontaneous allidentity.*
*The second stage is that of the infant centering attention upon the other stranger part of him.*
*The third stage is that of the infant lifting the other part from the continuity of experience and leaving all other parts out, including himself.*
*The fourth stage is that of the infant placing himself actively in the other part and acting its rôle.*
*The fifth stage is that of the infant acting in the rôle of the other towards someone else, who in turn acts in his rôle.*
*With this stage the act of reversal of identity is complete"* (F. B. Moreno, J. L. Moreno, 1944, 103f).

So lernt das Kind einerseits zwischen seiner Identität und der der Mutter zu unterscheiden, und zum anderen lernt es, die „andere Seite" der von ihm ursprünglich als Einheit erlebten Rollenkonfiguration Mutter-Kind zu übernehmen. In der „Matrix der Identität" wird also von einer „all-identity" ausgegangen, die von „oneness" gekennzeichnet ist (ibid.). Identität hat demnach einen kollektiven Boden, aus dem sich die Identität des Kindes im Verlaufe der Entwicklung ausgliedert, ohne daß die Kollektivität dabei verlorenginge. Es werden ja im Aufbau der Identität Handlungsmuster verwandt, die gemeinsamer Besitz von Mutter und Kind sind, Elemente von Rollen, die nach und nach voll ausgebaut werden. „Playing the rôle of the ‚other' does not appear suddenly and fullygrown to the infant" (ibid. 103).

In der Matrix der Identität finden sich im Kern Mutter *und* Kind, die im Erleben des Kindes zwar eine Einheit bilden, aber die Möglichkeit für die Differenzierung durch Abgrenzung in zwei Identitäten bieten, die der Mutter und die des Kindes. „We have, then, two phases of the matrix of identity: first, the phase of identity or unity as in the eating act, and, second, the phase of using that experience in the reversal of identity" (ibid. 104). Der Tausch der Identitäten ermöglicht das Erfahren der eigenen Identität als eine von der Mutter geschiedene, aber doch ihr verbundene. Die Differenzierung erfolgt durch die Übernahme von Rollen: „Within the fold of identity, the process of infantile rôle-taking occurs" (ibid.). Aber auch hier bleibt die Verwurzelung in der Kollektivität; denn die Rollen können auch von anderen gespielt werden. Sie gehören dem sozialen Milieu zu und ermöglichen dem Menschen, sich als Teil der sozialen Welt zu erfahren. Er kann sich auf diese Weise als Mensch, d. h. als Neger, als Christ etc. identifizieren. „The Christians, the Jews, the Communists, etc. take themselves as a singular identical collective, as *the* Christian, *the* Jew, *the* Communist, etc... We shall call this identity, *the identity of role*" (Moreno 1946, 381f).

So bleibt selbst in der Differenziertheit der Identität des Erwachsenen die Kollektivität der frühen Matrix über die Rollen weiter bestehen als Ausdruck einer ursprünglichen Zugehörigkeit zur menschlichen Gesellschaft, die *vor* jeder *Identifikation* mit gesellschaftlichen Mustern liegt. „*Identity should be considered apart from the process of identification. It develops prior to the latter in the infant and it operates in all intergroup relations of adult society. For the infant, ‚self' and ‚immediate milieu' are the same thing, there is no self-other relation. ‚Self' and ‚other' are the two yet undifferentiated portions of the ‚matrix of identity'*" (1946, 318).

Morenos Konzept der Identität sieht „die Matrix der Identität als die soziale Plazenta des Kindes, als den Ort, in dem es wurzelt, aus dem es Sicherheit, Orientierung und Führung erhält" (*F. B. Moreno, J. L. Moreno* 1944, 106), durch die ihm „die produktive kulturtragende Verbindung mit aktiven und hochentwickelten Wesen... und die Akkulturation des sozialen Erbes, das die Auxiliary Egos seiner neuen Umgebung verkörperten", ermöglicht wird (ibid.). *Moreno* entwickelt hier — abweichend von dem von *Erikson, Parsons* u. a. ausgearbeiteten und vertretenen Konzept einer *Ich-Identität* — die Vorstellung einer *Kollektiv-Identität*. „In the primary phase of collective *identity* there is no need, therefore, for indentification. There is no difference between spectators and actors; all are protagonists" (Moreno 1946, 365)[23].

Durch die Prozesse der Identifikation und des Rollenlernens im Verlaufe der Entwicklung prägt sich die persönliche, private Identität immer prägnanter aus, ohne jemals den kollektiven Grund zu verlassen. Man könnte sagen, daß Ich-Identität und Kollektiv-Identität für *Moreno* (1946, 382) unlösbar miteinander verwoben sind: „The three principles, identity, subjective identification and role are usually interwoven. They rarely appear separately" (allenfalls in den frühesten Stadien der kindlichen Entwicklung). Es findet sich bei *Moreno* damit eine grundsätzliche Verbindung von Individuum und Gesellschaft über den Begriff der Identität, ein Ansatz, den er leider nicht weiter ausgearbeitet hat (vgl. *Petzold*, dieses Buch S. 172ff).

Im folgenden sollen die Prozesse der Ausdifferenzierung der individuellen Identität auf dem Boden der kollektiven Identität im Denken *Morenos* dargestellt werden.

## 2.5.1 Role-taking, role-playing, role-perception

Auf der Grundlage der Erfahrung der „oneness" und von „co-acting" bzw. „co-experience" sind die frühen Prozesse der „Übernahme der Rolle des anderen" (taking the role of the other) keine Imitation oder Identifikation, wie von anderen Entwicklungs- oder Sozialisationstheorien angenommen (*Sears, Rau, Alpert* 1965, 241ff u. a.), sondern eine eigenständige Form des Rollenlernens. In einem kooperativen Akt wie Stillen-Saugen entwickeln sich wechselseitige Verhaltenserwartungen. „*The result of this interaction is that a certain reciprocal rôle-expectancy is gradually established in the partners of the rôle-process. This rôle expectancy lays the ground for all future rôle exchange between infant and auxiliary egos. The image-building and co-action process in the rôle taking of the eater gives us a key for understanding the underlying causes in the process of emotional learning ascribed by some to imitation*" (F. B. Moreno, J. L. Moreno 1944, 104).

Der von *Moreno* angesprochene „Rollenprozeß" ist, wie gezeigt wurde (2.4.3) als Rollenkonfiguration aufzufassen, in der eine wechselseitige Rollenerwartung und Rollenzuweisung stattfindet. Jeder der an der Konfiguration Beteiligten ist zugleich „*rôle-giver*" und „*rôle-recei-*

---

[23] *Moreno* vertritt für Identifikationsphänomene im psycho- und soziodramatischen Spiel die These, daß aufgrund der prinzipiellen Verbundenheit auf der Rollenebene Identifikationsprozesse nicht ablaufen. „Therefore, in a sociodramatic sense, it is not identification of the spectator with the actor on the stage, presuming some difference between him and the character which the latter portrays. It is *identity*" (1946, 365).

*ver*" (ibid. 104). Das wechselseitige Rollenspiel ist in dem frühen „co-acting" zwischen Mutter und Kind keine Rollenübernahme (*role taking*), die die Wahrnehmung des anderen voraussetzt (*role perception*). Gemeinsames Rollenspiel (*role enactment*) geht der Rollenperzeption voraus. Dies gilt zumindest für die frühen psychosomatischen Rollen. *Moreno* sieht deshalb das Konzept der Identifikation als wenig brauchbar für die Explikation frühkindlicher Prozesse des Lernens und der Identitätsentwicklung an, da es ein Ich-Erleben aber auch die Fähigkeit zu *rôle-perception* und *rôle recognition* voraussetzt.

*„Likewise, identification is without meaning in the first world of the infant. It implies two separated egos, when existence is definitely established; otherwise, the desire for finding himself identical with other persons outside of him and the fulfillment of identification cannot take place. It implies that the infant is capable to experiencing himself as an ego in relation to another. It implies, further, that the infant is able to recognize portions of his ego as being different from portions of the other ego, or portions of his ego which are similar to that of the other ego. Identification is not given, but is the result of a striving beyond or away from what one is. Obviously the infant is unable to experience such a complicated process"* (F. B. Moreno, J. L. Moreno 1944, 109).

Für spätere Stufen der Entwicklung, etwa bei den psychodramatischen und besonders den soziodramatischen Rollen sieht *Moreno* Prozesse „*objektiver und subjektiver Identifikation*" (1946, 382) für die Rollenübernahme durchaus als wirksam und wesentlich an; denn bei den psychodramatischen bzw. soziodramatischen/sozialen Rollen „enactment and perception cannot be fully separated" (ibid. 1945, 190). „*Role-acting and role-perception, role-playing and role-taking go hand in hand in the primary learning and conditioning processes. In situ they cannot be separated*" (1960, 83).

Wenn auch im ursprünglichen Rollenprozeß der frühen Kindheit gilt, „there is enactment of roles before the level of recognition" (ibid.), so ist die Frage, ob das Rollenspielen vor der Rollenübernahme liegt, letztlich müßig. „*In allen Untersuchungen findet sich als Konsens, daß role-taking und role-playing einen gemeinsamen Ursprung haben. Die Genese der Rollenentwicklung zeigt klar, wie sich das eine aus dem anderen entwickelt, daß role-playing und role-taking zwei Phasen desselben Prozesses sind. Es wurde in hunderten von Versuchen herausgefunden, daß der Prozeß des role-taking nicht nur ein kognitiver ist, und daß andererseits der Prozeß des role-playing nicht nur Verhalten oder bloßes Spielen ist, sondern daß Kognition, Perzeption und Handlung in feiner Weise miteinander verwoben sind und nicht säuberlich getrennt werden können*" (ibid. 1960, 83).

Trotz dieser Feststellung versucht *Moreno* einen Unterschied zwischen *Meads* Konzept des „role-taking" und seinem Konzept des „role-playing" herauszuarbeiten. Er bezeichnet *Meads* Ansatz als „language ridden" (1946, 157) und macht dagegen geltend, daß „der Spontaneitätsfaktor eine Geste hervorbringen kann, auch wenn es kein ‚Selbst' und keinen sozialen ‚Anderen' gibt, wenn keine Sprache da ist und kein sozialer Apparat für die Kommunikation" (ibid.). *Meads* Denken sei vom sozialen Behaviorismus der zwanziger Jahre beeinflußt. *Moreno* beachtet allerdings nicht, daß gerade die Arbeiten *Meads* eine Überwindung der behavioristischen Positionen darstellen (*Raiser* 1971; *Joas* 1980). „*He discovered the role and role-taking, taking the role of the other, a process of taking and interiorating the role unto the self, making it readily accessible in social situations. These roles, in order to be socially effective, must be already formed, must be finished products, ‚role-conserves' available for immediate release*" (1960, 84). „*In contrast with role playing, role taking is an attitude already frozen in the behavior of the person*" (ibid.). Einer solchen Auffassung kann nur eine sehr oberflächliche *Mead*-Rezeption zugrundeliegen (vgl. 1947c, 351).

*Mead* verwendet in seinem Werk im Zusammenhang mit rollentheoretischen Überlegungen vier Konzepte:

*1. Role*
Eine Rolle stellt für ihn all das dar, was eine Person in einer gegebenen Situation entsprechend ihrer sozialen Position tun soll, da an jede Position sozial vorgeschriebene Pflichten und Funktionen gebunden sind. Jede Rolle schließt demnach konkretes, vom Außenfeld erwartetes Verhalten ein (*Mead* 1934, 364, 369ff/1975, 414, 419ff).

*2. Role-playing*
Das bedeutet, daß die erwähnten Verhaltenserwartungen als offenes Verhalten gespielt und gezeigt werden. Im Rollenspiel kommt das Rollenverhalten eines Richters, Arztes, Schülers zum Ausdruck (*Mead* 1924/1964, 284; 1922/1964, 245ff).

*3. Role-taking*
Das ist eine kognitive oder empathische Aktivität, durch die eine Person sich an die Stelle einer anderen versetzt, um ihre Befindlichkeit zu erfahren und ihr Verhalten zu antizipieren. Role-taking ist also kein konkret ausgeführtes offenes Verhalten. Was *Mead* meint, wird deutlich, wenn er die Begriffe „taking-the-role-of-the-other" und „taking-the-attitude-of-the-other" synonym verwendet (*Mead* 1934, 154; 1975, 197).

*4. Playing-at-a-role*
Dieses vierte Konzept bezieht sich auf das Phantasieleben von Kin-

dern, wenn sie eine Rolle „spielen", z. B. die eines Polizisten, ohne in der Lage zu sein, die soziale Position eines Polizisten einzunehmen (*Mead* 1934, 151; 1975, 193)

Im „playing at a role" finden sich die Prozesse des *role-taking* als kognitive Positionseinnahme und des *role-playing* als Verhaltensvollzug, ohne daß die Einbindung in den entsprechenden sozialen Kontext gegeben ist, so daß *reales* Rollenspiel nicht stattfinden kann (vgl. *Coutu* 1949, 264f; 1951, 180f). Bei *Mead* verbinden sich die Begriffe *role* und *role-playing* als soziologische Konzepte mit den Begriffen *role-taking* und *playing-at-a-role* als psychologische Konzepte zu der Disziplin, die er im eigentlichen Sinne begründet hat, zur „Sozialpsychologie". *Moreno* übergeht den differenzierten Gebrauch der einzelnen Konzepte durch *Mead* und stellt ihnen seine eigene, unabhängig entwickelte und zum Teil gleichlautende Terminologie gegenüber. Er greift vermeintliche Schwachpunkte auf, ohne den Gesamtkontext von *Meads* Entwurf erfaßt zu haben. So geht ein großer Teil der erhobenen Vorwürfe ins Leere, z. B. der der Sprachfixiertheit des Mead'schen Denkens.

*Mead* geht durchaus nicht nur von der Sprache und ihrer komplexen semantischen Struktur aus. Der Bereich des Nonverbalen, der Intonation, der Haltung und Handlung ist für die Rollengenese in gleicher Weise wesentlich. *„Der Angstschrei des Kindes fällt mit der Tendenz zur Flucht in Richtung auf die Eltern zusammen, und der ermutigende Ton der Eltern ist Teil der Bewegung in Richtung auf den Schutz. Diese* **vokale Geste** *der Angst löst die entsprechende Geste des Schutzes aus"* (*Mead* 1934/1975, 414, meine Hervorhebung). *Meads* Position ist von der in *Morenos* Entwicklungstheorie vertretenen gar nicht so verschieden (vgl. *McKinney* 1947). Auch *Mead* setzt die Rollenentwicklung beim „biologischen Individuum" an (ibid. 1934/1975, 420; 1924/1964, 284f).

*„In dem von uns betrachteten Stadium des Kleinkindes wird die Rolle des anderen ohne sein Wissen eingenommen. Das Kind ist sich seiner Reaktion auf die Rolle bewußt, nicht aber der eingenommenen Rolle selbst. Nur die spätere, kompliziertere innere Erfahrung ist sich der Voraussetzungen bewußt, unter denen das unsichtbare ‚Ich' auftritt. Auch das ist nur dann der Fall, wenn eine später noch darzustellende Bühne gegeben ist. Das Medium für das Zusammenspiel zwischen Subjekt und Objekt sind die vokale Geste und die sie umgebenden Vorstellungen, doch ist die vokale Geste nur Teil einer gesellschaftlichen Handlung. Sie repräsentiert die Anpassung an eine Umwelt in der Haltung einer sichtbaren Handlung. Die Handlung wird jedoch der Identi-*

tät durch die Geste angezeigt, und die Identität als ein anderes gesellschaftliches Wesen nimmt durch seine Gesten die Haltung verschiedener Reaktionen ein" (1934/1975, 423). „Der Mensch findet sich durch seine Geste und seine eigene Reaktion auf sie in der Rolle eines anderen. Er versetzt sich somit in die Haltung des Individuums, mit dem er zusammenarbeiten soll" (ibid. 425).

Diese Texte, die exemplarisch aus den rollentheoretischen Ausführungen *Meads* in „Mind, Self and Society" (1934) herausgegriffen wurden, machen die Fehleinschätzungen *Morenos* und auch die Divergenzen und Konvergenzen mit seiner Entwicklungs- und Rollentheorie deutlich. Im Unterschied zu *Parsons* geht *Mead* nicht von institutionalisierten Rollenerwartungen aus, sondern Rollen ergeben sich aus der kreativen, situationsbezogenen *Interaktion* (vgl. die späteren Präzisierungen *Turners* 1962), die verbal und nonverbal verläuft, und zwar als konkrete Handlung, die beim kleinen Kind noch nicht bewußt intendiert ist (vgl. *Meads* Ausführungen zur Dingkonstitution durch den „mechanism of role taking", 1938, 426-432). Es nimmt jedoch in der Interaktion seine eigenen Äußerungen genau so wahr, wie sein Adressat, was dazu führt, daß im Hervorbringen z. B. einer *vocal gesture* die gleiche Reaktion hervorgerufen wird, wie die virtuelle Reaktion im Adressaten. Diese Antizipation des Verhaltens des anderen, die eine innerliche Repräsentation von dessen Verhaltensmöglichkeiten voraussetzt, nennt *Mead* „taking the role of the other". Dieser Prozeß steht nahe an dem des „co-acting" und „co-experiencing" (*McKinney* 1947, 342) und hat mit der Übernahme einer Rollenkonserve, einer fixierten Position in einem sozialen System wenig zu tun (vgl. *Joas* 1978, 37; 1980, 156 ff). Sprachliche Symbole in späteren Formen der Kommunikation gehen auf die frühen gestischen Interaktionen im konkreten, *leiblichen* Rollenspiel zurück, so daß bei *Mead* Denken als „verinnerlichte Kommunikation" gedeutet wird.

*Mead* ist in seinen Überlegungen zur Genese von Rollen gar nicht so weit von *Moreno* entfernt, nur entwickelt er seine Rollentheorie in eine andere Richtung: die symbolischer Repräsentation in Form von Rollenerwartungen einerseits und der systematischeren Analyse der gesellschaftlichen Einflüsse über den *„generalized other"* andererseits, Dimensionen, die *Moreno* in seinem Ansatz nicht ausgeblendet, aber auch nicht weiterentwickelt hat.

„Taking the role of the other is a dead end. The *turning* point was how to vitalize and change the roles, how to become a ‚role-changer' and a ‚role player' " (1960, 86). Diese von *Moreno* hochgespielte Kontroverse um die Konzepte *role-taking* und *role-playing* erweist sich bei genauerer Betrachtung als wenig substantiell.

Moreno hat seine Praxisorientierung im Hinblick auf *Mead* immer wieder betont. Aber auch sein Vorwurf, *Mead* sei ein praxisferner Denker, der seine Konzepte nicht umsetze, trifft nicht zu: *„Mead engagierte sich stark im Kampf für Frauenrecht und für eine Reform des Jugendstrafrechtes ... trat in zahlreichen Artikeln für einen Kampf der Gewerkschaften um ein öffentliches Berufsbildungswesen und eine Integration allgemeiner und beruflicher Bildung ein ... Arbeitete an der Versuchsschule der Universität von Chikago, die in reformpädagogischer Weise Selbstbetätigung des Kindes und informelles Gruppenleben zur Entfaltung seiner sozialen Fähigkeiten in den Vordergrund stellte, und als Präsident des Kuratoriums einer Versuchsschule für verhaltensgestörte Kinder. Es handelt sich hier um einen kaum rezipierten, doch keineswegs belanglosen Teil von Meads Werk. Diese praktischen Aufgaben sind auch von großem Einfluß auf Meads theoretische Entwicklung"* (Joas 1978, 13).

*Theodor Sarbin*, einer der frühen Rollentheoretiker, weist denn auch in seiner Studie „The concept of role-taking" auf die Bedeutung von *Mead* für die sozialpsychologische Ausarbeitung des Role-taking-Konzeptes und von *Moreno* für die praktische, interventionsorientierte Ausarbeitung dieses Konzeptes hin und gibt damit wohl eine adäquate Einschätzung (*Sarbin* 1943, 273).

Nach diesem Exkurs über die role-taking und role-playing Kontroverse sollen der entwicklungspsychologische Gedankengang *Morenos* und seine Überlegungen zur Ausdifferenzierung verschiedener Rollenkategorien weiter nachgezeichnet werden.

### 2.5.2 Die Entwicklung psychosomatischer, psychodramatischer und sozialer Rollen

*Moreno* hatte von jeher in seinen Überlegungen zur Rollentheorie den Aspekt konkreten leiblichen Verhaltens betont. In seiner Entwicklungstheorie setzt er den Ausgangspunkt der Rollenentwicklung im Bereich körperlicher Reaktionen an. *„We cannot start with the role process at the moment of language development but in order to be consistent we must carry it through the non-verbal phases of living"* (1961a, 519).

In der leiblichen Interaktion zwischen Mutter und Kind, z. B. beim Saugen und Nähren, entsteht ein Rollenspiel, in dem Physisches und Psychisches einbezogen sind, ein „Physiodrama" (1953, 724), ein Spiel in „psychosomatischen Rollen" (*F. B. Moreno, J. L. Moreno* 1944,

115), das die Grundlage jeder weiteren Rollenentwicklung, ja der Entwicklung des Ich bzw. Selbst wird. *Moreno* nennt als Beispiele für psychosomatische Rollen „eater, defecator, urinator", eine Trias, auf der später *Rojas-Bermúdez* in seiner Weiterentwicklung der Moreno'schen Rollentheorie eine Verbindung mit Phasen aus der psychoanalytischen Entwicklungslehre (oral, anal, genital) aufbaute (vgl. 3.3.1). *Moreno* selbst sieht jede Form leiblichen Verhaltens als Bestandteil einer „psychosomatischen" Rolle. Er nennt noch Rollen wie „the sleeper, the eater" (1960, 81) oder die „Sexualrolle" (1964, V). *Leutz* kommt, von diesem Konzept *Morenos* ausgehend, zu einer konsequenten Parallelisierung von Rollenkategorien: jeder psychischen oder sozialen Rolle steht eine somatische parallel (vgl. 3.2).

Für *Moreno* ergibt sich eine Parallelisierung aus der natürlichen Entwicklung einer Rollenkategorie aus der anderen mit der fortschreitenden Differenzierung der kognitiven Fähigkeiten. Im „ersten Universum" des Kindes, der „Matrix der Allidentität", in der das Kind noch nicht zwischen sich und anderem unterscheiden kann, fungieren die psychosomatischen Rollen in den lebensnotwendigen psychosomatischen Aktionen wie Essen, Schlafen, Ausscheiden. Es handelt sich um die „Aktionsrollen" *par excellence*: „it is strictly act living" (*F. B. Moreno, J. L. Moreno* 1945, 438). Für sie ist charakteristisch, daß sie in der Regel mit Pflegeakten der Mutter verbunden sind. Die Mutter steht für das Kind in der Funktion eines Hilfs-Ichs und ist in dessen Erleben von Allidentität ein Teil seiner Existenz. „The auxiliary ego is part of the infant's warming-up process and rôle-playing" (*F. B. Moreno, J. L. Moreno* 1944, 100). So sind alle Handlungen von Mutter und Kind, Kind und Mutter *gemeinsame* Aktionen.

„*This co-being, co-action, and co-experience, which, in the primary phase, exemplify the infant's relationship to the person and things around him, are characteristic of the matrix of identity. This matrix of identity lays the foundation for the first emotional learning process of the infant*" (ibid. 103).

In späteren Stadien seiner Entwicklung lernt das Kind zwischen sich und der Mutter, anderen Personen und Dingen zu differenzieren (Matrix der All-Realität) und schließlich zwischen Phantasie und Wirklichkeit zu unterscheiden (ibid. 116-118; *vgl. Mathias*, dieses Buch S. 239f), womit die Möglichkeit zur Ausbildung komplexerer Rollen als der der psychosomatischen gegeben ist. Das Kind vermag Rollen, die es in der Interaktion mit der Mutter erlebt hat, zu übernehmen und zu spielen und so seine persönlichen „psychodramatischen" Rollen auszubilden, Rollen, in denen leibliches Verhalten, emotionales Erleben und kognitive Muster zu einer Einheit verbunden sind und in die weiterhin — wenn auch rudimentär — durch die rollengebende Funktion der Mutter soziale Muster inkorporiert werden. *Moreno* beginnt hier erstmals von „sozialen Rollen" (1944, 115, 119) zu sprechen, die seiner Auffassung nach beim Kind zunächst sehr schwach ausgebildet sind. Er sieht diese aber im Sinne seines ursprünglichen Ansatzes als soziodramatische Aktionsrollen. „Die sozialen Rollen entwickeln sich zu einem späteren Zeitpunkt und gründen auf psychosomatischen und psychodramatischen Rollen als zeitlich frühe Formen der Erfahrung" (1964, V).

*Abb. 4* (aus 1944, 119)

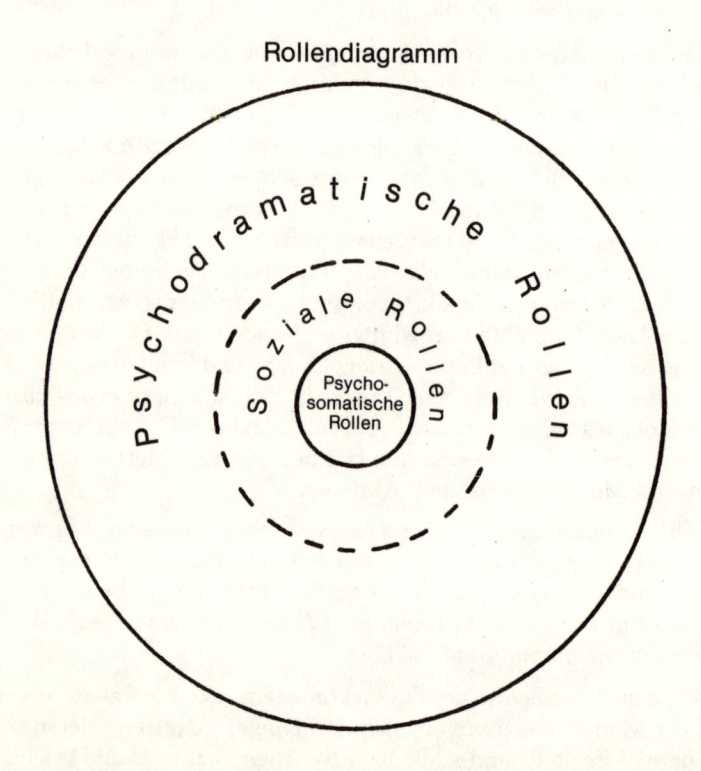

**Rollendiagramm**

„Dieses Diagramm stellt drei Typen von Rollen, die Vorläufer des Ichs, dar. Die psychosomatischen Rollen befinden sich im innersten Kreis. Die folgenden beiden konzentrischen Kreise repräsentieren die sozialen und die psychodramatischen Rollen. Sie werden von einer gestrichelten Linie getrennt, um anzuzeigen, daß der Übergang zwischen ihnen dünn ist. Den sozialen Rollen ist ein kleiner Raum zugemessen, da sie noch weniger entwickelt sind als die psychodramatischen Rollen" (F. B. Moreno, J. L. Moreno 1944, 119).

Während die psychodramatischen Rollen für *Moreno* in seinen vorausgehenden Arbeiten die individuelle Interpretation kollektiver Muster waren (1943b, aber auch noch 1960, 81f), die privaten Handlungsrollen eines Menschen, so betont er in seiner entwicklungstheoretischen Arbeit einen weiteren Aspekt: sie sind die Repräsentanz der Phantasiewelt, des Imaginären, „expressing the psychological dimension of the self" (1961a, 520). Die Rolle, die Gott in der Vorstellungswelt eines Kindes einnimmt (1944, 115), die Rolle von „Engeln, Feen, Geistern, Halluzinationen" (1962b, 253). *„Ich habe diese Rollen als Phantasie- oder psychodramatische Rollen bezeichnet, um sie von den sozialen Rollen zu unterscheiden..."* und um *„die Psychologie des Kindes, aber auch des Psychotikers herauszuarbeiten. Das Kind und das Kleinkind sind, lange bevor soziale Rollen für sie präzise Bedeutung haben, voll von psychodramatischen Rollen. Diese Phantasierollen hören nicht auf, in ihnen zu wirken, selbst wenn die sozialen Rollen beginnen, in die Psyche einzufluten. Sie bleiben vielmehr über die gesamte Lebenszeit eines Menschen fortwährend wirksam"* (ibid. 253). Die psychosomatischen und psychodramatischen Rollen gehen dem Kind „in Fleisch und Blut" über. Sie werden Teil seines handelnden Selbst, eines Selbst, das kein abstraktes Postulat ist, sondern das aus dem Zusammenwirken der assimilierten Rollen entsteht.

*„Due to the co-experiencing of the maternal or paternal roles, the roles become so much a part of the child's self, that it is easier for him to ‚be' them in a spontaneous casual activity than it is for him to act the roles out, on the spur of the moment, when presented with the verbal stimulus ‚act the mother'... Es ist schwierig, eine Rolle hervorzubringen, die voll in das Selbst integriert ist. Nur mit den Teilen, die unintegriert sind, kann man eine Rolle vorspielen, wobei natürliche Teile der Rolle, die offensichtlich im Selbst aufgegangen sind (dissolved within the self) mit einbezogen werden. Soziale Rollen, wie z. B. Polizist, Doktor, sind offenbar mehr oder weniger unintegriert"* (F. B. Moreno, J. L. Moreno 1945, 439).

Im Handlungsselbst sind alle verinnerlichten Rollen aus dem Rollenspektrum eines Menschen eingeschlossen. Die Rollen, die nicht integriert sind und dennoch gespielt werden können, wie neue soziale Rollen oder auch Theaterrollen, werden von *Moreno* als Beleg dafür gewertet, daß die Rollen vor dem Selbst sind und das Selbst aus den Rollen hervorgeht (1946, 157).

*Abb. 5* (aus 1946, 159)

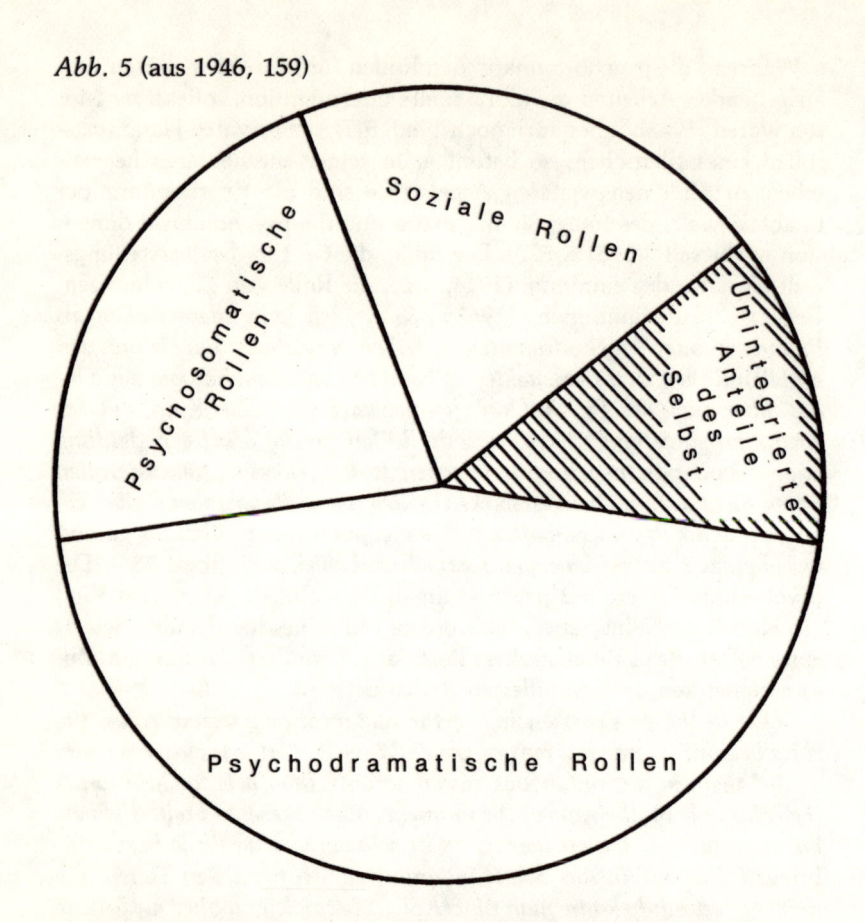

*Soziale Rollen*
*Psychosomatische Rollen*
*Unintegrierte Anteile des Selbst*
*Psychodramatische Rollen*

„Dieses Diagramm illustriert das Rollenspektrum einer Person. Die Existenz von unaufgelösten, unintegrierten Teilen legt den logoïden Charakter des Selbst nahe" (1946, 159).

### 2.5.3 Rollenentwicklung als lebenslanger Prozeß

Es findet sich bei *Moreno* in den verschiedenen Bereichen seines Werkes der Gedanke einer fortwährenden Entwicklung und Veränderung über die gesamte Lebensspanne hin (vgl. *Mathias* dieses Buch S. 246). Entwicklung wird nicht auf Kindheit und Jugend begrenzt. Die beständige Veränderung der sozialen und kulturellen Atome und der Rollenkonfigurationen *in der Zeit* verlangt nach der Vorstellung einer *„life long socialisation"*. Moreno hat als erster ein solches Konzept skizziert, das in der übrigen soziologischen Literatur bis in die jüngste Zeit vernachlässigt wurde (vgl. jetzt *Kohli* 1978). Nur in der interessanten, aber vereinzelt dastehenden Arbeit von *Chad Gordon* (1969, 1972) — er bezieht sich auf die entwicklungstheoretischen Überlegungen von *E. Erikson, T. Parsons* und *Th. Lidz* sowie auf *Piaget* — wird der Versuch unternommen, das Konzept einer lebenslangen Sozialisation im Sinne einer Rollenentwicklung auszuarbeiten.

*Abb. 6* (aus *Gordon* 1972, 70)

| Life-cycle stage | Approximate ages | Most significant others | Major dielemma of value-theme differentiation and integration security/challenge |
|---|---|---|---|
| I. Infancy | 0-12 months | mother | Affective gratification/ sensorimotor experiencing |
| II. Early childhood | 1-2 years | mother, father | Compliance/self-control |
| III. Oedipal period | 3-5 years | father, mother, siblings, play-mates | Expressivity/ instrumentality |
| IV. Later childhood | 6-11 years | parents, same sex peers, teachers | Peer relationships/ evaluated abilities |
| V. Early adolescence | 12-15 years | parents, same sex peers opposite sex peers, teachers | Acceptance/achievement |
| VI. Later adolescence | 16-20 years | same sex peers, opposite sex peers, parents, teachers, loved one, wife ou husband | Intimacy/autonomy |
| VII. Young adulthood | 21-29 years | loved one, husband, or wife, children, employers, friends | Connection/self-determination |
| VIII. Early maturity | 30-44 years | wife or husband, children, superiors, colleagues, friends, parents | Stability/ accomplishment |
| IX. Full maturity | 45 to retirement age | wife or husband, children, colleagues, friends, younger associates | Dignity/control |
| X. Old age | Retirement age to death | remaining family, long-term friends, neighbours | Meaningful integration/autonomy |

*Schema der Rollen- und Wertentwicklung im Lebenszyklus*

„Modell der Entwicklungsstufen eines idealtypischen Lebenszyklus im gegenwärtigen städtischen Mittelklassemilieu in den USA, das die ungefähren Altersstufen, die wichtigsten sozialen Bezugspersonen (significant others) und die wesentlichsten Probleme der Wertthemen in Bezug auf Differenzierung und Integration angibt" (*Gordon* 1972, 70).

*Morenos* Entwurf ist noch weniger elaboriert, aber in der Theorienbildung gänzlich eigenständig. *Gordon* übernimmt allerdings in seiner Orientierung an *Erikson* dessen problematische und inzwischen erheblich relativierte (vgl. *Peck* 1972, *Schneider* 1974, 78) Typisierung von lebensalterspezifischen Konflikten.

Inspiration hat *Moreno* zumindest im Hinblick auf die Gedanken des Rollenschicksals, des Rollenwachstums und Rollenverfalls von seinem wichtigsten Gewährsmann für die Rollentheorie, *William Shakespeare*, erhalten. Im „Monolog des Jaques" (As you like it II, 2, 136f) wird die Rollenentwicklung über die „seven ages" von der Kindheit zum Greisenalter (wohl unter Rückgriff auf antike Autoren, vgl. *Petzold* 1981a) differenziert dargestellt:

*Jaques:* Die ganze Welt ist Bühne,
Und alle Frau'n und Männer bloße Spieler.
Sie treten auf und gehen wieder ab.
Sein Leben lang spielt einer manche Rollen,
Durch sieben Akte hin. Zuerst das Kind,
Das in der Wärtrin Armen greint und sprudelt;
Der weinerliche Bube, der mit Bündel
Und glattem Morgenantlitz, wie die Schnecke
Ungern zur Schule kriecht; dann der Verliebte,
Der wie ein Ofen seufzt, mit Jammerlied
Auf seiner Liebsten Brau'n; dann der Soldat,
Voll toller Flüch' und wie ein Pardel bärtig,
Auf Ehre eifersüchtig, schnell zu Händeln,
Bis in die Mündung der Kanone suchend
Die Seifenblase Ruhm. Und dann der Richter,
In rundem Bauche mit Kapaun gestopft,
Mit strengem Blick und regelrechtem Bart.
Voll weiser Sprüch' und Alltagsredensarten
Spielt seine Rolle so. Das sechste Alter
Macht den besockten hagern Pantalon,
Brill' auf der Nase, Beutel an der Seite;
Die jugendliche Hose, wohl geschont,
'ne Welt zu weit für die verschrumpften Lenden:
Die tiefe Männerstimme, umgewandelt
Zum kindischen Diskante, pfeift und quäkt
In seinem Ton. Der letzte Akt, mit dem
Die seltsam wechselnde Geschichte schließt,
Ist zweite Kindheit, gänzliches Vergessen
Ohn' Augen, ohne Zahn, Geschmack und alles.
(„Wie es euch gefällt" II, 7, Übersetzung Schlegel und Tieck)

Durch soziometrische Forschungen stellte *Moreno* altersabhängige Veränderungen im „sozialen Atom" (1947b, 1953; vgl. *Jennings* 1942, *Petzold* 1979b, 435f) fest. „These social atoms change from time to time in their membership, but there is a consistency about their structure" (1947b, 80f). „But as we grow older replacements of lost members in significant roles take place with greater difficulty" (ibid.). So sind die sozialen Atome alter Menschen vielfach verarmt und atrophiert (vgl. *Petzold* 1979b, 443-463 und Abbildung 20, dieses Buch S. 156) und die Zahl der Personen, die für das soziale Rollenspiel zur Verfügung stehen, wird immer geringer, eine Entwicklung, die nach *Moreno* zum „social death" führt (1947b, 81). *„Deshalb sollten alte Menschen an erster Stelle versuchen, die Jugend ihres sozialen Atoms wiederherzustellen. Es ist wahrscheinlich leichter, die Störungen des sozialen Atoms durch soziatrische Maßnahmen zu behandeln, als die körperlichen und seelischen Beschwerden alter Menschen"* (ibid. 82).

Was für das soziale Atom gilt, trifft nach Annahmen *Morenos* auch für das kulturelle Atom zu. „It is probable that it is much the same with cultural atoms — that rôles and counter-rôles vanish and are replaced by new rôles and counter-rôles..." (1940b, 121). Es werden aber nicht nur alte Rollen durch neue ersetzt. Die Rollen haben in sich selbst — abhängig von der jeweiligen Situation, d. h. der Verfassung des sozialen und kulturellen Atoms — eine Entwicklungsdynamik: „They are in various stages of development" (1940a, 20). *Moreno* macht dies an der Veränderung von sozialen und kulturellen Atomen und den damit verbundenen Rollen im Verlauf einer Ehe deutlich. *„The realization of a marriage situation not only precipitates new rôles for the marriage partners but either enfeebles or intensifies rôles already established between them, for instance the rôle of the lover"* (1940a, 20).

Die Veränderungs- und Entwicklungsdynamik von Rollen wird noch deutlicher in *Morenos* Ausführungen zur Rollengenese. Eine Rolle entsteht im Zusammenwirken verschiedener Handlungsabläufe, indem sich die einzelnen Verhaltenseinheiten („series of meaningful acts") zu einer Ganzheit zusammenschließen (*F. B. Moreno, J. L. Moreno* 1944, 99ff; 1945, 124). Die darin eingeschlossene Zeitperspektive (*Hulett* 1944) bedingt, daß es Rollen gibt, die noch im Anfangsstadium ihrer Entwicklung stehen, andere sind schon prägnanter, weitere sind voll ausgebildet. Es besteht auch die Möglichkeit, daß einige „rudimentär" entwickelt bleiben, andere im Verschwinden begriffen sind (*Moreno* 1940a, 8). *„Every rôle in which an individual operates has a certain duration, a certain lifetime. Each has a beginning, a ripening and a fading out. A rôle after it has served for a period in a certain* *function, may vanish from the manifest life of an individual, but it continues as a dynamic factor in his inner life. It becomes a matrix from which a new rôle may draw strengthening support..."* (1940b, 120).

Die hier entwickelte Idee von aufsteigenden und absteigenden Rollen nimmt Gedanken aus Morenos „Homo Juvenis" auf: *„Der aufwärts geworfene Stein gestaltet eine einheitliche Kurve, deren steigender Bogen die Lebensbewegung darstellt, die sich über das Kind und Jüngling hinausstreckt, Homo juvenis, deren sinkender Bogen dem Absturz vom Lebensgipfel über den Mann und Greis abbildet: Homo sapiens. Der Entwicklung folgt die Rückentwicklung"* (1909/1914, 20). Obgleich eine derartige Linearität im Lichte der neueren Erkenntnisse der Sozialgerontologie (Lehr 1977) nicht zu halten ist, sind die Perspektiven dieses Ansatzes für eine „sozialpsychiatrische Rollentheorie des Alterns" (Petzold, Bubolz 1976, 138) fruchtbar, besonders, wenn die Rolleninvolution nicht als endogener Prozeß gesehen wird, sondern seine Abhängigkeit von der Situation, von der Struktur im „kulturellen Atom" im Blick bleibt, denn Rollen sind konfigurativ.

Morenos Rollentheorie *„trägt das Konzept der Rolle durch alle Dimensionen des Lebens. Sie setzt bei der Geburt an und geht über die ganze Lebenszeit des Individuums und des S o z i u s "* (1961a, 519). Eindrücklich wird das bei der Betrachtung der Mutterrolle in ihrer Entwicklung vom Mutter-Spielen des Kindes, über Heirat, Geburt, Erziehung, Fortgang der Kinder, Großmutterrolle. In diesem Prozeß gibt es Verwandlungen, Fortfall von Teilrollen, Zuwachs von Assessoire-Rollen (z. B. Vorsitzende im Elternbeirat), wobei eine *„Rolle zum Mutter-Muster für eine neue Rolle werden kann... Manchmal kann jedoch eine neue Rolle aufkommen, ohne Vorläufer und ohne auf einem Mutter-Muster aufzuruhen. Dies geschieht bei Anlässen, die in einem derartigen Maß neu und originär für das Individuum sind, daß es dazu stimuliert wird, alle für die notwendige Aufgabe erforderliche Spontaneität zusammenzunehmen"* (1940b, 120). Es erfolgt „role-creation".

In der Regel muß aber ein Minimum an Vorstellung von einer Rolle vorhanden sein, damit sie verkörpert werden kann. *„Die Spieler verfahren ähnlich wie der Rollenschöpfer (role creator) selbst. Sie können keine Rollen reproduzieren, die niemals in ihnen waren und sei es als eine noch so weit entfernte Erfahrung. Sie können auch nur auf Rollen reagieren, mit denen sie wenigstens in minimaler Form schwanger gegangen sind. Es gibt ein M i n i m u m  a n  R e z e p t i v i t ä t für Rollen im Zuschauer, wie es ein M i n i m u m  a n  P r o d u k t i v i t ä t für Rollen im Spieler geben muß"* (1944, 233). Durch die Fähigkeit zur Rollenkreation, die durch psychodramatisches Rollenspiel geschult und entwickelt werden kann, ist es nach *Moreno* möglich, die Verluste auszugleichen, die durch absteigende und erlöschende Rollen eingetreten sind. *„It is significant that psychodrama, sociodrama and role playing have developed in a rapidly changing world, in which many roles have become worn and have either to perish, to be revitalized or, to be replaced by new emerging roles which need rapid acculturation. Roleplaying probably renders its greatest service not only in the improvisation of new roles, but in the revitalizing of role-conserves"* (1960, 85).

Es kann damit das Rollenspektrum (range of roles, 1940a, 10) vor Verarmung geschützt und einer Atrophie des „Selbst" vorgebeugt werden (*Petzold, Bubolz* 1976, 131; *Petzold* 1979b, 324f); denn das Selbst wird nach *Moreno* aus den Rollen konstituiert, die ein Individuum spielt, und ein reiches Spektrum an Rollen ist damit gleichbedeutend mit einem differenzierten und reichen Selbst.

## 2.6 Das Konzept des „Selbst"

*Moreno* hatte in seinen Arbeiten bis 1940 die Begriffe „Selbst", „Ich", „Persönlichkeit" theoretisch nicht näher bestimmt und verwendet sie in seinen späteren Schriften weitgehend austauschbar. In seiner psychodramatischen Schaffensperiode sieht er sie, soweit sie im Sinne klassischer psychologischer oder anthropologischer Terminologie verwandt werden, als „heuristische Hypothesen, metapsychologische Postulate, Logoïde" an (1946, 153). Ich und Selbst sind keine vorgegebenen Realitäten. Sie entwickeln sich im Kleinkind mit der fortschreitenden Ausbildung von Rollen. Das Kind spielt in Rollen, ehe es ein Ich oder Selbst hat. *„The infant ist the actor. He has to act in rôles without having an ego or a personality to act with"* (F. B. Moreno, J. L. Moreno 1944, 96). Die Warm-up-Zonen und psychosomatischen Rollen bilden die Grundlage für die Entwicklung des Selbst.

*„Role playing is prior to the emergence of the self. Roles do not emerge from the self, but the self may emerge from roles"* (1946, 157). Im Unterschied zum aristotelischen und metapsychologischen Denken, das eine vorgegebene „Entelechie" oder ein vorgegebenes Selbst annimmt, vertritt *Moreno* als „sociometrist and behavioral scientist" einen empirischen Selbstbegriff. Das Selbst wird durch die Rollen, die ein Mensch spielt, konstituiert, d. h. durch die psychosomatischen, psychodramatischen, soziodramatischen/sozialen Rollen und die in ihnen jeweils konkretisierten Aspekte des Verhaltens. Diese Rollen „drücken die soziale..., physiologische... und psychologische Dimension des Selbst aus" (1961a, 519), und da die Rollen in ihrem Vollzug und ihrem Entstehen auf die stimulierende Kraft der Spontaneität zu-

rückzuführen sind, ist diese neben den Rollen die zweite bestimmende Größe in *Morenos* Selbstkonzept. *"My thesis is, the locus of the self is spontaneity... When spontaneity is at zero the self is at zero. As spontaneity declines, the self shrinks. When spontaneity grows, the self expands"* (1947a, 9).

Der Aufbau des Selbst vollzieht sich allmählich aus den verschiedenen Rollentypen, die *cluster* bilden. In den ersten Wochen und Monaten des Kleinkindes, in denen die psychosomatischen Rollen entstehen, bildet sich *„a sort of physiological self, a ‚partial' self, a clustering of physiological roles"* (1962a, 115). In ähnlicher Weise ergeben sich ein psychodramatisches und soziodramatisches „Partial-Selbst".

*„Das wirklich integrierte, ganze Selbst ist noch lange nicht geboren. Handlungs- und Kontaktbindungen müssen sich allmählich zwischen den sozialen, psychologischen und physiologischen Rollenbündeln bilden, damit wir nach ihrer Verbindung das identifizieren und erleben können, was wir ‚Ich' oder ‚Ich selbst' (or me) nennen. In this manner the hypothesis of a latent, metapsychological self can be reconciled with the hypothesis of an emergent, operational self"* (ibid. 115).

*Abb. 7* (aus 1962a, 116)

**SELBST-ROLLENDIAGRAMM**

Symbole

| | |
|---|---|
| Äußerer großer Kreis | = Selbst |
| Kleine Kreise im großen | = Ein Rollenbereich - Psychosomatische Rollen Psychodramatische Rollen und Soziale Rollen |
| Kleinste Kreise in den Kreisen | = Individuelle Rollen (private Rollen) |
| Verbindende Doppellinien | = Handlungsverbindungen |

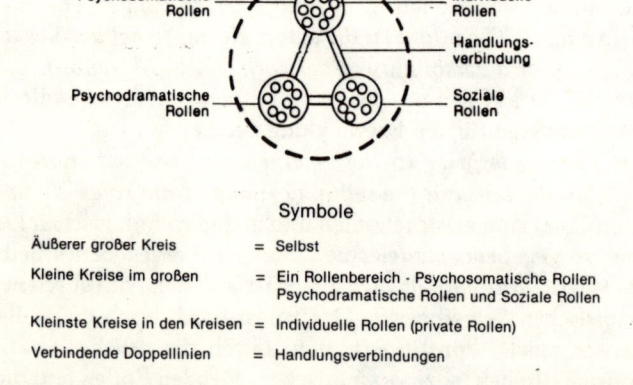

Die Rollencluster und die verschiedenen Partialselbst führen nach und nach zum Aufbau der Persönlichkeit. Herkömmliche Begriffe wie „Körper" und „Seele" werden als Cluster-Effekte der entsprechenden Rollen aufgefaßt.

*„Folgende Vorstellung mag möglich sein: die psychosomatischen Rollen verhelfen im Verlauf ihrer Transaktionen dem Kind dazu, das, was wir den ‚Körper' nennen, zu erfahren. Die psychodramatischen Rollen und ihre Transaktionen helfen dem Kind, das, was wir die ‚Psyche' nennen, zu erleben, und die sozialen Rollen bringen das hervor (produce), was wir Gesellschaft nennen. Körper, Psyche und Gesellschaft sind damit die intermediären Teile des ganzen Selbst. Wenn wir von dem entgegengesetzten Postulat ausgehen würden, daß nämlich das Selbst früher als die Rollen sei und die Rollen aus ihm hervorgingen, müßte man annehmen, daß die Rollen schon im Selbst eingebettet seien und sie notwendigerweise aus ihm hervorgehen müßten"* (ibid. 116).

Es scheint, daß Moreno einen summativen Selbst- bzw. Persönlichkeitsbegriff vertritt. So interpretiert ihn seine Schülerin G. A. Leutz (1974, 49), wenn sie annimmt, daß „die Summe aller sozialen Rollen" dem Begriff der „persona" bei C. G. Jung entspreche. Morenos kritische Einstellung zu den Gestalttheoretikern stützt diese Auffassung, da er sich strikt gegen das „Übersummativitätstheorem" (Ehrenfels) wandte. Der Soziometriker „befaßt sich nicht mit etwas vorgegebenem, einer Gestalt. Er selbst ist der Former der Gestalt und deshalb ein *Gestalter*, der Schöpfer des Rahmenwerkes" (1951, 13). „...it is known with analytical exactitude how the whole configuration is built up by its single elements" (ibid.).

In seinen Werken finden sich jedoch auch Passagen, in denen ein atomistischer Selbstbegriff überwunden scheint. Wenn Rollen ganz in das Selbst „integriert" oder in ihm „aufgelöst" (dissolved) sind, „so sehr ein Teil des Selbst des Kindes geworden sind, daß es leichter für es ist, die Rolle ‚zu sein'... als sie zu spielen" (F. B. Moreno, J. L. Moreno 1945, 438), so ist hier *das Selbst mehr als die Summe der Rollen.* An anderer Stelle wird diese Position noch deutlicher:

*„The self has often been defined. It is easy to agree that the individual organism and the self are not the same thing, although they cannot be neatly separated. The self is the melting pot of experiences coming from many directions. One of the dimensions of the self is the social, another dimension is the sexual, another is the biological, another dimension is the cosmic, b u t i s i s m o r e t h a n a n y o n e o f t h e m "* (1947a, 9, meine Hervorhebung).

Es ist allerdings zu vermerken, daß dieser Text aus *Morenos* philosophisch-visionärem Essay „The future of man's world" stammt, in dem er die Vision von der „expansion of the self from the plane of the individual organism to the cosmic plan of ruler of the universe" (ibid. 10f) entwickelt, die an seine poetisch-religiösen Frühschriften anschließt.

So kann seine Position im Hinblick auf den Selbstbegriff nicht eindeutig bestimmt werden. Eine konsequente Ausarbeitung erscheint allerdings erforderlich, um den Schwierigkeiten zu entgehen, die ein atomistisches Verständnis des Selbst als Summation von Rollen in anthropologischer Hinsicht aufwirft (vgl. dieses Buch S. 155 u. 165ff).

## 2.7 Abschließende Überlegungen zur Rollentheorie Morenos

Obwohl *Moreno* seine Überlegungen zu Rollen und Rollenspiel nicht in einem systematisch aufgebauten Werk vorgelegt hat, können sie jedoch neben den Arbeiten von *Mead* und *Müller-Freienfels* als der früheste Ansatz einer konsistenten Rollentheorie betrachtet werden, in der der Begriff der Rolle ausgearbeitet und Rollenkategorien ausdifferenziert werden. Besonders durch die entwicklungspsychologischen Arbeiten von *F. B.* und *J. L. Moreno* ist ein Modell der Rollenentwicklung vorgelegt worden, das im Prinzip einer Sozialisationstheorie gleichkommt. *Moreno* befaßt sich damit im Unterschied zur Mehrzahl der soziologischen Rollentheoretiker nicht nur mit metatheoretischen Begriffen wie Rolle, Norm, Situation, Handlung, sondern auch mit den Bedingungen ihres Zustandekommens, mit der Ontogenese von Rollen und Situationen.

*Moreno* hat damit schon Fragestellungen ins Auge gefaßt, denen später *Flavell* (1970, 1977), *Selman* (1971) und ihre Mitarbeiter mit differenzierten Untersuchungen nachgegangen sind, und die *Döbert, Habermas* und *Nunner-Winkler* (1980, 27) mit Recht als „Paradigmenwechsel der soziologischen Forschung" betrachten — *Flavell* selbst spricht vom „Entstehen einer neuen Forschungstradition" (1977, 174ff). *Moreno* hat dabei Rollenentwicklung nicht auf die Kindheit und Adoleszenz beschränkt, sondern sie auch auf das Erwachsenenalter und darüber hinaus auf das Senium ausgedehnt. *Moreno* ist mit seiner Vorstellung, daß Rollenentwicklung ein lebenslanger Prozeß sei, den Entwicklungs- und Sozialisationstheoretikern seiner Zeit um Jahrzehnte voraus, denn Überlegungen zu einer „Psychologie und Soziologie der Lebensspanne" (*Baltes* 1979) setzten in breitem Rahmen erst in der Mitte der 60er Jahre in den USA (*Brim, Wheeler* 1966; *Gordon* 1969) und in der Mitte der 70er Jahre (*Kohli* 1976, 1978; *Griese* 1976; *Petzold, Bubolz* 1976) in der Bundesrepublik Deutschland ein (*Nave-Herz* 1981).

Die Bindung der Rolle an einen intersubjektiven Kontext, den konkreter Interaktionen im *sozialen Atom*, an einen übergeordneten *soziokulturellen* Rahmen, den des *kulturellen Atoms*, als dem Bereich, der die gesellschaftlich vorgegebenen Rollenmuster enthält, stellen seine Rollentheorie in den konkreten Lebenszusammenhang. Denn auch das kulturelle Atom ist nicht die situationsenthobene Welt der sozialen Formen, „die ihr eigenes Leben führen" (*Durkheim*), sondern es ist an Situationen, „situational patterns", gebunden.

Das große Verdienst *Morenos* liegt darin, seine Rollentheorie von Anfang an als „Anti-Rollentheorie" formuliert zu haben, in dem Sinne, daß er sich gegen den Rollenbegriff als „blutleeres Konstrukt" wandte. Rolle und Handlung waren für ihn nicht trennbar: „*The psychology of action cannot divorce the act from the actor*" (1952a, 366). Er formulierte seine Rollentheorie als *Handlungstheorie*, durch die das Leben aus dem Leben expliziert werden sollte, und mehr noch, die darauf gerichtet war, in das Leben verändernd einzugreifen. Die Interventionsorientiertheit, die insgesamt für das Werk *Morenos*, seine Soziometrie und Gruppenpsychotherapie, kennzeichnend ist (*Dollase* 1981), hat den Rollenbegriff immer mit dem Begriff der Situation und der Handlung verbunden gehalten, so daß *Moreno* ein abstrahierendes, kategoriales System von Rollen nur im Ansatz entworfen hat, um das von ihm durchaus beachtete Phänomen der erstarrten Rollen, der Rollenklischees und Rollenkonserven, besser erfassen und angehen zu können, denn er ist auf die „Revitalisierung" erstarrter Rollen in konkreter Interaktion gerichtet, auf den individuellen Freiraum gegenüber den determinierenden kulturellen Mustern.

Er hat damit eine gedankliche Richtung eingeschlagen, die *Turner* (1956; 1962) — von der Position des Symbolischen Interaktionismus ausgehend — in seiner Auseinandersetzung mit dem funktionalisitischen Rollenbegriff durch das Konzept des „*role making*" ausgearbeitet hat. Im „tentative process" der Interaktionspartner artikulieren sich Rollen aus der Wechselseitigkeit des situativen Aufeinander-gerichtet-Seins (preparedness) der Gefühle, Ziele, Bedürfnisse und Werte. „...die Relationen zwischen Ego- und Alter-Rollen [sind] in einem vollen Sinn interaktiv..., wobei die dynamischen Prinzipien von verschiedener Art sind, je nach den Zielen der Rollenspieler und dem Charakter ihrer Beziehungen zueinander" (*Turner* 1962/1976, 130f).

Noch eindrücklicher lassen sich *Morenos* Überlegungen zu Konzepten von *McCall* und *Simmons* in Beziehung setzten, — die ihn übrigens nicht rezipiert haben —, wenn sie schreiben, „daß das tatsächliche Rollen-Handeln (oder, wie wir es nennen wollen, die *interaktive* Rolle im Gegensatz zur *sozialen* Rolle) nicht im einzelnen durch die Kultur vorgegeben ist, sondern *improvisiert* wird" (1966/1974, 89), weil „für den größten Teil aller Rollenbeziehungen keine genauen Anweisungen

existieren und daß daher die beteiligten Individuen ihre Rollen irgendwie *improvisieren* müssen" (ibid. 37).
Für derartige Improvisationen kommt nach *Moreno* dem Konzept der Spontaneität bzw. des „Aktionshungers" als der Kraft, die Lebendigkeit, Rollenflexibilität, Rollenkreation bewirkt, eminente Bedeutung zu. Über sie kommt die Dimension der Bedürfnisse in die Rollentheorie und wird die Rolle zurückgebunden an ihren Ursprung: an Leib und Interaktion. Die Spontaneität als Lebensenergie — Vergleiche zu *Bergsons* „*élan vital*" oder *Freuds* „Libido" sind durchaus angezeigt — stimuliert die Ausprägung des leiblichen, interaktionalen Rollenverhaltens der „psychosomatischen Rollen", die den „*point départ*" aller weiteren Rollenentwicklung darstellen. Spontaneität wird in dem „Physiodrama" leiblicher Interaktion zwischen Mutter und Kind wirksam, in dem die Rollen gleichsam geboren werden und wachsen und die Möglichkeit für jegliche spätere Rollenverkörperung bereitstellen.

Im Unterschied zu allen anderen klassischen Ansätzen der Rollentheorie hat *Moreno* damit die Aspekte der *Verkörperung* und der *Bedürfnisse* im Rollenkonzept herausgearbeitet, die erst in neuerer Zeit von *Dreitzel* aufgegriffen wurden, wenn er betont, daß „Individuen Bedürfnisse haben, die nur im Rollenspiel partiell befriedigt werden können — die Normierung des Verhaltens in sozialen Rollen hat die Funktion, ein System der Bedürfnisbefriedigung mit Hilfe gesellschaftlicher Sanktionsgewalt zu etablieren" (*Dreitzel* 1968, 245). Die „naturhaften Triebe" aus der Sphäre der Körperlichkeit werden so „durch Internalisierung kultureller Normen im Sozialisationsprozeß der Tendenz nach in einer gesellschaftlich akzeptablen Form strukturiert" (ibid. 242).

*Moreno* hat ein ähnliches Konzept durch die Parallelisierung der Rollenkategorien vertreten, allerdings ohne Bezug auf den Normbegriff, der in seiner Rollentheorie weitgehend fehlt. Körperlichkeit und Trieb bzw. Spontaneität werden bei *Moreno* auch nicht unbedingt der Gesellschaft entgegenstehend betrachtet, sondern sie konstituieren die Gesellschaft und sind in ihr wirksam (z. B. in der kollektiven Sponaneität). Körperlichkeit wird also nicht als das „Eigene" des Individuums im Kontrast zur Gesellschaft verstanden, sondern als *körperliche Interaktion*, wie sie konkret zunächst zwischen Mutter und Kind und dann in jedem Rollenspiel vollzogen wird. Die Betonung des interaktionalen Charakters der Rolle eröffnet Perspektiven zu Konzepten wie „Interaktionskompetenz" (*Döbert, Habermas, Nunner-Winkler* 1980, 25; *Habermas* 1971; *Peukert* 1979) und dem des „Aushandelns von Identitäten" (*Scott, Lyman* 1968), die zur Vertiefung von *Morenos* Entwürfen herangezogen werden können, weil sie bei ihm vorfindliche Gedanken ausarbeiten.

Auch neuere Versuche der phänomenologischen Soziologie, die auf der Grundlage des Werkes von *Merleau-Ponty* den Rollenbegriff im „zwischenleiblichen Verhalten" anzusiedeln versuchen (*Coenen* 1979), könnten bei *Moreno* Anregungen finden, z. B. für eine entwicklungstheoretische Begründung ihrer Annahmen, und sie könnten ihrerseits zu einer weiteren Formulierung der „sozialpsychiatrischen Rollentheorie" beitragen; denn *Moreno* sieht den konfigurativen Charakter der Rolle schon in ihrer Genese in der zwischenleiblichen Interaktion gegeben und sieht ihn bis ins hohe Alter hin wirksam. Rollenspiel erfordert immer leibhaftige Mitspieler. Ohne diese können Rollen nicht konkret vollzogen werden, sondern existieren allenfalls als Klischee, Muster, Kategorien in Form von kulturellen und sozialen Konserven.

Die eingangs (1.1.3) aufgezeigte Problematik, die in der Dichotomisierung von Individuum und Gesellschaft liegt, stellte sich auch *Moreno*, nachdem er zunächst im Sinne der existentialistisch-expressionistischen Ausrichtung seines philosophischen Frühwerkes individuumszentriert argumentiert hatte. Die Ausarbeitung des Konzeptes des „kulturellen Atoms" (Gesamtheit kulturspezifischer Rollenkonfigurationen), das er parallel zu dem des „sozialen Atoms" stellt (Gesamtheit der zum Lebenskontext eines Individuums gehörenden Personen), machen das Bemühen deutlich, einen Bruch zwischen Individuum und Sozius zu vermeiden. Bezeichnenderweise faßt denn auch *Moreno* die Rolle in das Bild des Bruches: „Sie hat einen individuellen Zähler und einen kollektiven Nenner" (1960, 85). Ist aber damit der Bruch aufgehoben?

*Morenos* Idee des sozialen Atoms bietet hier einen faszinierenden Ansatz: Der Mensch *hat* kein soziales Atom, sondern er *ist* sein soziales Atom, d. h. die Gesamtheit der Beziehungen eines Menschen machen ihn aus, und der Verlust eines jeden Mitgliedes aus dem sozialen Atom, das nicht ersetzt werden kann, bedeutet Abnahme, soziales Sterben, wie *Moreno* in seinem Artikel „The social atom and death" (1947) deutlich gemacht hat. Das Individuum ist seinem Wesen nach also schon kollektiv verfaßt, in die Kollektivität eingebunden. Es hat eine „Kollektiv-Identität". Es beginnt in der „Zwei-Einheit" der Mutter-Kind-Dyade (der Säugling erlebt die Mutter als Teil seiner selbst), er ist schon je Koexistierender.

Diese soziometrischen Überlegungen zu einer „Philosophie der Koexistenz" (*Marcel* 1978; *Merleau-Ponty* 1945; vgl. *Coenen* 1979; *Petzold* 1980 a) in Beziehung zu setzen, liegt nahe. In der Ausarbeitung seiner Rollenkonzepte bleibt indes bei *Moreno*, obgleich er Richtungen gewiesen hat, die Verbindung von Individuum und Gesellschaft brüchig. Die letztlich doch erfolgende Dichotomisierung in aktionale und kategoriale Rollen, in ein operationales und logoïdes Selbst, zeigt dies an, obgleich in der Parallelisierung von psychosomatischen, psychodramatischen und soziodramatischen Rolen, die sich über Cluster-Effekte vereinigen, in der Verschweißung von sozialem und kulturellem Atom, in der Komplementarität von Rollenerwartung und Rollenverkörperung sich Lösungen abzeichnen. *Morenos* Rollentheorie in neuere rollentheoretische Ansätze, etwa aus dem Bereich des symbolischen Interaktionismus einzubringen, erscheint mir vielversprechend, weil darüber die Verbindung von Sprache und Handlung ermöglicht würde, die *Moreno* vernachlässigt, ja teilweise abgelehnt hat.

Obwohl *Moreno* Rolle und Situation verbindet, entgeht ihm durch die starke Hier-und-Jetzt-Zentriertheit, die seinen gesamten soziometrischen und therapeutischen Ansatz kennzeichnet (*Petzold* 1981b), die historische Dimension, die „Geschichte der Situation". Damit wird das Problem von „Rolle und Macht", „Rolle und Besitz" ausgeblendet. Das Drama hat Dauer, Szenen stehen in der Zeit, Interaktion im Hier-und-Jetzt vollzieht sich an den Schnittstellen im Diskurs der Interaktion. So untersucht *Moreno* z. B. nicht die Bedingungen, *warum* soziale Atome im Alter atrophieren — und das nicht nur, weil er einen Lebenszyklus von Evolution und Involution annimmt (1909).

*Moreno* stellt soziale Tatsachen fest und versucht, sie *„in situ"* zu verändern; darin liegt die Stärke seines Ansatzes und sein immenser Beitrag zu den „angewandten" Humanwissenschaften, zu Psychotherapie und Soziotherapie, Kreativitätsförderung und Gruppenarbeit. Aber seine Bemühungen drohen zu einer Syssiphus-Arbeit zu werden. Die großen Fragestellungen der Soziologie und marxistischen Sozialtheorie können auch von *Moreno* nicht aktionistisch oder „soziometrisch" gelöst werden, und wo er das unternimmt, übernimmt er sich, wie seine zum Teil naive Auseinandersetzung mit *Marx* zeigt (z. B. 1951, 129-175). Er wirft *Marx* die Ausblendung psychologischer oder zumindest die Aufspaltung ökonomischer und psychologischer Probleme vor (ibid. 160), aber er selbst hat den ökonomischen Aspekt gänzlich aus dem Blick verloren.

So sind auch die Grenzen des *Moreno'schen* Theorieansatzes deutlich erkennbar. Sie liegen in einer fehlenden Einbindung seiner Anthropologie in eine Gesellschaftstheorie begründet, in der mangelnden Ausarbeitung von Zielen für seine differenzierte Interventionspraxis. Die Förderung von Kreativität, Spontaneität und Rollenflexibilität reicht nicht. Es müssen die Fragen gestellt werden: Wozu, in wessen Interesse und um welchen Preis?

Nun muß nicht jede Theorie den Anspruch und die Aufgabe haben, das ganze Feld sozialer und psychologischer Phänomene zu explizieren. Auch die Rollentheorien stellen nur ein Element in übergeordneten, soziologischen, sozialphilosophischen und erkenntnistheoretischen Fragestellungen dar, und insoweit ist auch *Morenos* Rollentheorie als Theorie „mittlerer Reichweite" zu sehen und in ihrer Bedeutung zu würdigen.

# 3. Rollentheoretische Entwicklungen in der Schule Morenos

Versuche, die Rollentheorie *Morenos* systematisch weiter zu entwickeln, finden sich, abgesehen von einer Arbeit von *Hale* (1975), in der amerikanischen Schule *Morenos* nicht. In Europa unternahmen *Grete A. Leutz* (1974) und *Hilarion G. Petzold* (1974, 1979) und in Argentinien *Jaime G. Rojas-Bermúdez* — alle drei direkte Schüler *Morenos* — mehr oder weniger ausgearbeitete Versuche zu einer Weiterentwicklung seiner Rollentheorie, wobei sie sich unterschiedlich eng an dessen Vorgaben hielten. In den französischen Schulen des Psychodramas wurde dem Rollenkonzept keine nennenswerte Aufmerksamkeit geschenkt.

## 3.1 Die südamerikanische Entwicklung — Jaime G. Rojas-Bermúdez

Auf dem 2. Internationalen Kongreß für Psychodrama, der 1966 in Barcelona stattfand, stellte Bermúdez sein Konzept des *„intermediären Objekts"* vor, mit dem eine Entwicklung der Rollen- und Selbsttheorie *Morenos* unter Rückgriff auf psychoanalytische Konzepte, insbesondere das der Partialobjekte von *Melanie Klein* und das des Übergangsobjektes von *Winnicott* verbunden war (*Rojas-Bermúdez* 1967). Er hat damit für die Moreno-Schule eine bedeutsame Weiterentwicklung der Theoreme zur Rollengenese geleistet.

*Rojas-Bermúdez* geht davon aus, daß der Ich-Kern (Núcleo del Yo) sich auf der Grundlage von 1. *internen programmierten genetischen Strukturen* bildet, 2. *externen programmierten genetischen Strukturen* und 3. *Gedächtnisspuren*. Die ersteren gründen in der Notwendigkeit des Organismus, Nahrung aufzunehmen, thermische, kinetische, taktile, akustische Stimulierung zu erhalten. All die Elemente aus der Umwelt des Kindes, die unter festgesetzten Bedingungen seine Bedürfnisse befriedigen, konstituieren den zweiten Bereich z. B. Milch, Schutz, Liebkosungen. Die beiden Strukturen greifen ineinander, wenn z. B. die Bedürfnisse aus der Außenwelt befriedigt werden, und diese Koinzidenz oder Komplementarität schlägt sich als Gedächtnisspur nieder

(*Rojas-Bermúdez* 1975, 61; 1979, 19; *Silva Dias, Tiba* 1977, 3). Die externe programmierte genetische Struktur wird von *Rojas-Bermúdez* (1975, 60) mit Morenos „Matrix der Allidentität" gleichgesetzt (*Moreno, Moreno* 1944). Er nimmt *Morenos* Konzept der psychosomatischen bzw. physiologischen Rollen auf und macht die von ihm (1944) beispielhaft genannten Rollen des ‚eater, urinator, defecator' zu psychosomatischen *Grundrollen*, aus denen sich nach und nach das Ich entwickelt. „Der Kern des Ich ist die Struktur, die sich aus der Interaktion der drei Bereiche: Geist, Körper und Umwelt mit den drei psychosomatischen Rollen: Esser, Defäkator, Urinator ergibt" (*Rojas-Bermúdez* 1975, 62). Dabei bestimmt die Rolle des Essers (*ingeridor*, eigentlich: Nahrungsaufnehmer) den Bereich von Körper und Umwelt, die Rolle des Defäkators die Bereiche Umwelt-Geist und die Rolle des Urinators die Bereiche von Geist und Körper (s. u.). Die psychosomatischen Rollen gründen auf dem Zusammenwirken von internen und externen genetisch programmierten Strukturen. Sie sind an lebensnotwendige körperliche Funktionen gebunden.

„*Los roles psicosomaticos son roles ligados a funciones fisiológicas indispensables. Se estructuran en base a la complementariedad de las Estructuras Genéticas Programadas Internas y Externas*" (1975, 60; vgl. 1979, 20).

Das Ich wächst aus dem undifferenzierten „physiologischen Selbst" (*Sí Mismo Fisiológico*). Es handelt sich um die „*sensación de existir*" (1979, 21), die in der integrativen Kraft des Organismus wurzelt. „Die Integration der verschiedenen physiologischen Funktionen und das schließliche Aufscheinen des Gefühls zu existieren, das mit der Geburt aufkommt, haben ihre Vorformen im intrauterinen Leben" (ibid.). *J. Moreno* und *F. Moreno* (1944, 99) haben zudem herausgestellt, daß in der frühesten Kindheit durch Warm-up-Prozesse Erfahrungen gemacht werden, die nach und nach zur Ausbildung von Identität führen: „*Es ist paradox, daß das Kind zum Zeitpunkt der Geburt einen Organismus hat, dessen anatomische und physiologische Einheit (u n i t y) niemals größer ist. Aber es hat keine eigene Welt, in der es handeln kann. Es ist ein Spieler (a c t o r) — ohne Worte und fast ohne zerebralen Kortex. Es muß seine Welt auf der Basis von schmalen und kaum verbundenen Zonen aufbauen, die ungleichmäßig über den gesamten Körper verteilt sind ... jede Zone ist der Brennpunkt eines physischen Starters im Prozeß des Warm-ups für einen spontanen Wirklichkeitszustand (s p o n t a n e o u s  a c t u a l i t y  s t a t e) — solch ein Zustand oder solche Zustände sind Elemente in der Heranbildung einer ‚Rolle'. Jede Zone bildet sich aufgrund einer lebensnotwendigen Funktion des Kindes.*" (ibid.)

*Rojas-Bermúdez* baut dieses Konzept weiter aus. Die Erfahrungen, die in der Mundzone gemacht werden und mit der Inkorporation von Nahrung verbunden sind, führen zur Ausbildung der *Rolle des Nahrungsaufnehmers (ingeridor)*. Es ist aber nicht nur die Mundzone, die wesentlich wird, sondern "es ist der Magen, das auslösende Organ für

*Abb. 8* (aus *Rojas-Bermúdez* 1975, 63)

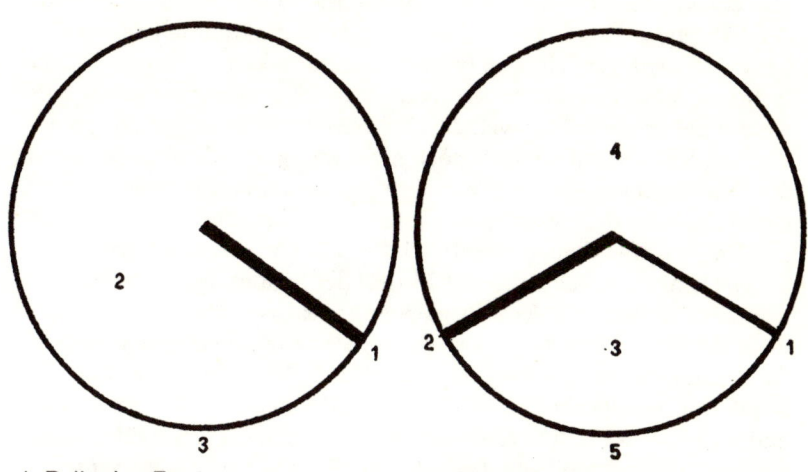

1. Rolle des Essers
2. Physiologisches Selbst
3. Modell des Essers

1. Rolle des Essers
2. Rolle des Defäkators
3. Milieu-Bereich
4. Physiologisches Selbst. Körper und Geist in Verschmelzung
5. Modell des Defäkators

1. Rolle des Essers
2. Rolle des Defäkators
3. Rolle des Urinators
4. Milieu-Bereich
5. Bereich des Körpers
6. Bereich des Geistes

den Hunger" (*Rojas-Bermúdez* 1979, 35). Die Wahrnehmung des Hungers und die Modalitäten der Befriedigung des Hungers führen mit der Rolle des Nahrungsaufnehmers zu einem Modell, das grundlegend für alle inkorporativen Prozesse wird (ibid. 36).

Die psychosomatische *Rolle des Defäkators* baut auf der des Nahrungsaufnehmers auf und basiert wiederum in einer lebensnotwendigen physiologischen Funktion: der Defäkation.

Die Rolle des Essers führt, angeregt durch das Hungergefühl, zur Entdeckung des Mundes zur Aufnahme der Nahrung und zum Gefühl der Sättigung. Es geschieht eine lustvolle Kontaktaufnahme zur Außenwelt, wenn der Hunger befriedigt werden kann. Dabei wird die Nahrung anfänglich nicht als etwas *fremdes* sondern als etwas zum Körper gehöriges erlebt, weil die Differenzierung zwischen „physiologischem Selbst" und Umwelt noch nicht erfolgt ist. Ähnlich ist es mit der Ausscheidung, die zu neuen Sensationen führt. Auch sie wird als etwas Eigenes erlebt, was zu der Erfahrung führt, daß etwas „von innen" im Außenfeld abgelegt wird (1979, 55). Die sich ausbildende Rolle des Defäkators beinhaltet die Muster der Spannungsabfuhr in einer nichtdestruktiven sondern formenden, kreativen Weise. Durch die Rolle des Nahrungsaufnehmers werden die Unterscheidungen von und die Relationen mit *Körper* und *Umwelt* möglich. Durch die Rolle des Defäkators erfolgt die Unterscheidung und Relation zwischen *Umwelt* und *Geist* — der sich wiederholende Vorgang der Ausscheidung läßt das physiologische Selbst *erkennen*, daß hier nicht ein Teil seiner selbst verloren geht, sondern durch die Nahrung Aufgenommenes verarbeitet, geformt und abgelegt wird: *„... por meio do cíbalo a criança descobre uma nova relação com ambiente, e esta relação está carregada com o deposiado pela criança no cíbalo, criatividade e forma".* „Durch die Vermittlung der Ausscheidung entdeckt das Kind eine neue Beziehung mit der Welt und diese Beziehung ist für das Kind mit dem in der Ausscheidung Abgelegten verbunden, Kreativität und Form" (*Silva Dias, Tiba* 1977, 11).

Die *Rolle des Urinators* ist komplexer als die vorangegangenen, weil sie u. a. die Dimension der psychosexuellen Entwicklung eröffnet. Sie baut auf ihnen auf und führt zu einer differenzierteren Strukturierung des Ichs. Wie die anderen psychosomatischen Rollen bildet sie sich aufgrund notwendiger körperlicher Reaktionen, die wahrgenommen werden und in Funktion treten. „Die Strukturierung der Rolle des Urinators kulminiert mit dem Auftreten der Sphinkterkontrolle, die den Beginn der Kontrolle der eigenen Inhalte anzeigt und damit das Erscheinen als Ich" (*Rojas-Bermúdez* 1979, 67). „Nach und nach kann das Ich seine Besitztümer unterscheiden und mit ihnen besondere und intensive Bindungen (vínculos) aufnehmen ... Durch das Speichern solcher Relationen kann sie das Ich willentlich wieder hervorrufen" (ibid. 1979, 109).

Damit ist die Möglichkeit zum Aufbau von Familienrollen gegeben. „In jeder Rolle ist die entsprechende interaktionale Verbindung gespeichert, d. h. daß jede Rolle, die sich strukturiert, in ihrem Inneren eine komplementäre Rolle enthält" (ibid. 110). Das Erkennen der Beziehung zur Mutter („*meine* Mama") und zum Vater („*mein* Papa") errichtet Besitzrelationen vom Kind zu einem Elternteil, zunächst ohne die Beziehungen zwischen diesen beiden Besitztümern zu berücksichtigen. Jedoch schon bald beginnt das Ich, diese Beziehungen wahrzunehmen. Es beginnt die „*triangulación*".

*Rojas-Bemúdez* (1979, 111) stellt fest: „Die Beziehung vom triangulären Typ ist die Basis der Sozialisation. Sie verlangt vom Individuum das Annehmen von Bindungen, die nicht zu ihm gehören, von Beziehungen, an denen es nicht teilnehmen kann ... Der Prozeß der Triangulación markiert den Übergang vom Natürlichen zum Sozialen, zu den sozialen Beziehungen ... die Triangulación verwandelt das ausschließliche Besitzenwollen einer Person und die verschiedenen Formen der Beziehungen, die diese Person ausübt, in soziale Rollen. Das Individuum sieht sich auf diese Weise einer großen Menge komplementärer Rollen und ihrer korrespondierenden Beziehungen (vínculos) gegenüber. Es sieht, wie sie interagieren, ohne daran aktiv teilzunehmen, z. B. Vater und Mutter untereinander, Verkäufer und Käufer etc. Das Speichern dieser Rollen konstituiert eine permanente Quelle der Stimulation für das Ich: die der potentiellen Rollen" (ibid. 111). Die *potentiellen Rollen* sind Muster, die im Verlaufe der Entwicklung in eigenes Rollenhandeln umgesetzt werden können. Es ergibt sich eine Interaktion von Ichstruktur und Sozialstruktur, wobei erstere für letztere Voraussetzung ist.

„Eine Sozialstruktur ohne Iche existiert nicht; die sozialen Rollen ohne ein Ich, das sie verkörpert, werden zu einer unstrukturierten kulturellen Konserve (Rollenkonserve)" (ibid. 130). Rollen sind demnach wie bei *Moreno* immer verkörperte, die sich in komplementären Interaktionen vollziehen. „*Die Rollen sind Extensionen des Ichs, durch welche es mit komplementären Rollen in Kontakt kommt*" (1970, 172). Das Ich kann dabei auf einen Vorrat an „potentiellen Rollen" zurückgreifen, die es beobachtet und aufgenommen hat, und auf Rollen, die es im Spiel erlernt hat. Die sozialen Rollen werden auf diese Weise etwa vom zweiten Lebensjahr, dem Zeitpunkt, wo das Ich in Erscheinung tritt, gelernt.

Der Lernprozeß ist von drei Komponenten bestimmt: *Erinnern, Spielen, Dramatisieren* (1979, 125). Das *Erinnern* beinhaltet das gedächtnismäßige Speichern von strukturierenden Stimuli, bis sich ein Bild (imagen) geformt hat, über das das Ich des Kindes willentlich verfügen kann. Dieses Bild kann *im Spielen* mit sich selbst und anderen reale „dreidimensionale und körperliche" Formen annehmen. Das Kind „entdeckt während des Spieles Interaktionen, es entdeckt die Formen des sozialen Verhaltens" (ibid.). Im Spiel übernimmt es diese Rollen gleichsam aus der Distanz. In der *Dramatisierung* wird es in diesen Rollen Protagonist. „Jetzt, in der Dramatisierung, durchlebt es die Inhalte jeder Person in den verschiedenen sozialen Formen, die während der Phase des Spiels entdeckt wurden. Es wird auf diese Weise die Beziehung und die Bedeutung der Komplementarität der Rollen entdeckt, um sie zu generalisieren" (ibid. 126).

Es werden immer mehr Rollen verfügbar, die nach und nach das psychologische Selbst (*Sí Mismo Sicologico*) konstituieren, das sich im Körperselbst (*Sí Mismo Físico*) artikuliert. Im *ganzen Selbst* koinzidie-

*Abb. 9 u. 10* aus *Rojas-Bermúdez* 1979, 135)

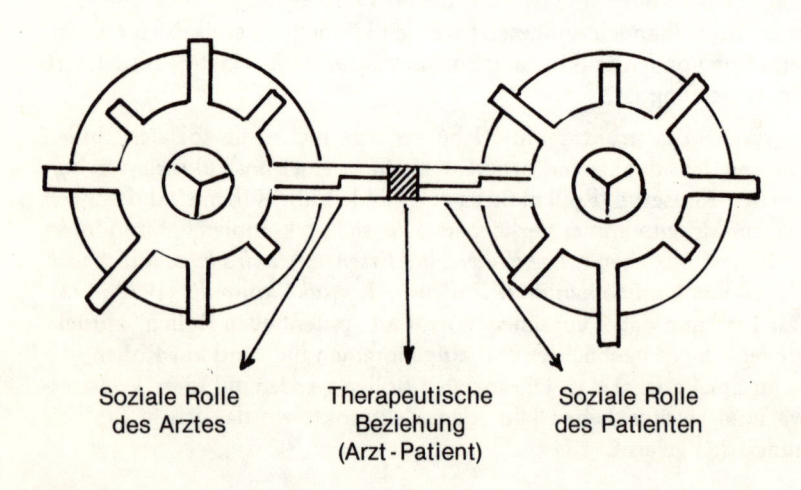

ren diese Größen. „Das Ich ist das Bewußtsein des Selbst" („*el Yo es conciencia de Sí Mismo*", ibid. 140). Es ist damit auch das Bewußtsein der in ihm selbst inkorporierten sozialen Rollen. Die sozialen Rollen als internalisierte soziale Muster sind „*Rollenkonserven*". Es ist für sie charakteristisch, daß sie bestimmte Eigenschaften inkorporieren, die sie von ihren Vorgaben, den sozialen Situationen in denen sie beobachtet und gespeichert wurden, übernommen haben. Sie stellen damit integrierende Bezugspunkte für die Mitglieder einer bestimmten Sozialstruktur dar. Rollenkonserven schließen gleichfalls in sich die Struktur der komplementären Rolle ein und ermöglichen damit die komplementäre Interaktion im Rollenspiel.

In der aktivierten Rollenkonserve, der verkörperten sozialen Rolle, entsteht der Kontakt mit der komplementären Rolle in der Beziehung (vínculo), wobei im Vollzug des Rollenhandelns auf die in ihnen inkorporierten Muster zurückgegriffen werden kann.

*Abb. 11* (aus *Rojas-Bermúdez* 1970, 171; 1979, 16)

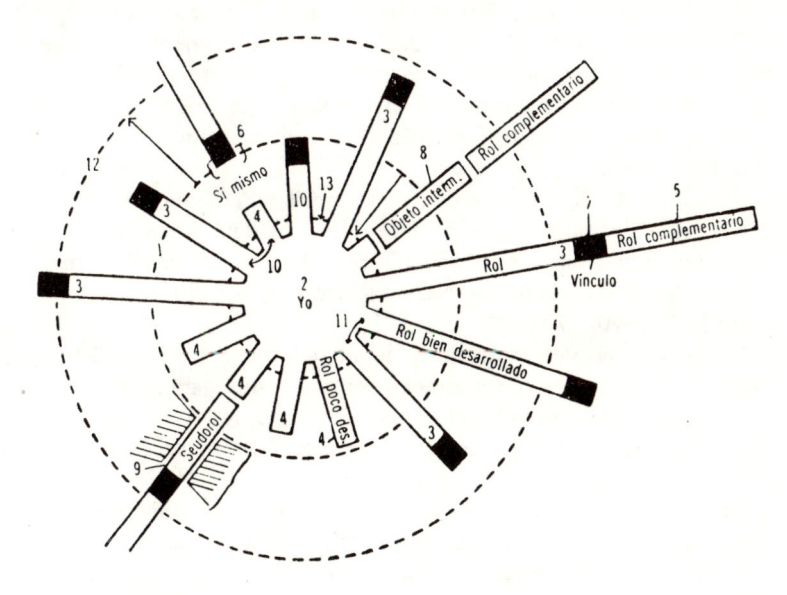

Legende zu Abbildung 11
1. Grenze des Selbst; 2. Ich; 3. Rolle; 4. ungenügend entwickelte Rolle; 5. komplementäre Rolle; 6. Beziehung zwischen komplementärer Rolle und Selbst; 7. Verknüpfung; 8. intermediäres Objekt; 9. Pseudorolle; 10. Interrollenbeziehung; 11. Interrollenbeziehung; 12. Ausdehnung des Selbst im Zustand der Bedrohung; 13. Zusammenziehen des Selbst in der speziellen Situation des warm-ups; 14. Kontext, der eine Pseudorolle unterstützt und aufrecht erhält.

*Rojas-Bermúdez* kommt aufgrund seiner entwicklungspsychologischen Überlegungen zum Entstehen des Selbst und des Ichs zu einem differenzierten persönlichkeitstheoretischen Modell, das in der dargestellten „allgemeinen Rollentheorie" (*Teoría General de los Roles*, 1970, 171) gründet.

Das Diagramm stellt das *Selbst* (1) als die psychologische Grenze der Persönlichkeit dar, daß das *Ich* (2), ähnlich wie eine Zellmembrane den Kern, gänzlich umschließt. Die *Rollen* (z. B. 3, 4) sind Extensionen des Ichs, durch die es mit den *komplementären Rollen* (5) anderer Iche in Kontakt kommt. Es ergeben sich dadurch Konfigurationen wie Vater/Sohn, Verkäufer/Käufer, Arzt/Patient, die zu einem Band, zu einer *Beziehung* (7) führen, z. B. einer filialen, komerziellen oder therapeutischen Beziehung. Es gibt *gut entwickelte Rollen* (3), die die Grenzen des Selbst überschreiten und damit klaren Kontakt mit korrespondierenden Rollen (5) ermöglichen, und *ungenügend entwickelte Rollen* (4), die im Bereich des Selbst verbleiben. Derartige Rollen kommen mit entsprechenden Komplementärrollen nur über das Selbst in Kontakt (6), außer in besonderen Situationen wie z. B. beim *warm-up* (13). Mit Hilfe *„intermediärer Objekte"* (8), z. B. Puppen, können ungenügend ausgebildete Rollen mit Komplementärrollen der Außenwelt in Kontakt gebracht werden, ohne daß die Grenzen des Selbst überschritten werden müssen und es zu Schutz- und Abwehrreaktionen bzw. Widerständen kommt.

„Das Selbst als psychologische Grenze der Persönlichkeit hat eine protektive Funktion. Es ist in dieser Hinsicht dem Abwehrmechanismus verwandt. Auf einer physikalischen Ebene entspricht es dem perikorporalen Lebensraum, den jedes Individuum braucht, um sich wohlzufühlen" (1970, 172).

In Situationen von Bedrohung dehnt sich das Selbst zur Sicherung aus (12). In besonderen Situationen des *warm-ups* zieht sich das Selbst zusammen (13). Überdies gibt es noch *Pseudorollen* (9), die sich in der Regel auf der Grundlage unterentwickelter Rollen ausbilden, oft als Reaktion auf eine unterdrückende Umwelt, die zum Aufrechterhalten einer Pseudorolle beiträgt (14), oder als Strategie eines schwachen Ichs, das sich nicht auflehnen kann und unfähig ist zu lernen (1979, 135). Zwischen den einzelnen Rollen bestehen *Interrollenbeziehungen* (10, 11), die, wenn Divergenzen vorhanden sind, die Möglichkeiten zu Konflikten bergen.

Die rollentheoretischen Überlegungen von *Jaime Rojas-Bermúdez* und seiner Schule stellen eine ausgesprochen eigenständige Entwicklung der Moreno'schen Theorie dar, indem sie die Konzepte der psychosomatischen und sozialen Rollen differenzierter ausarbeiten, als

*J. L.* und *Florence Moreno* das getan hatten (1944). Sie behalten die Differenzierung in *kategoriale* Rollen (Rollenkonserven) und *aktionale* Rollen (die als komplementäre Konfigurationen *gespielt* werden) bei und halten damit am Kernstück der Moreno'schen Rollentheorie fest. Durch die Festschreibung der physiologischen bzw. psychosomatischen Rollen auf die drei Grundrollen werden Analogien zur psychoanalytischen Phasenlehre (oral, anal, genital) hergestellt, und es wird die ödipale Triade als Prototyp für Sozialisationsprozesse angenommen.

Hier wird *Morenos* Ansatz überschritten und verengt zugleich, da er eine Vielzahl psychosomatischer Rollen annimmt. Andererseits erlaubt der Rekurs auf psychoanalytische Entwicklungskonzepte die Erarbeitung einer konsistenten Theorie über die Entstehung des Selbst und des Ichs. Diese sind mit dem Entstehen psychosomatischer Rollen verbunden. Die Ausarbeitung im Detail, die an dieser Stelle nicht referiert wurde, ist zuweilen sehr schematisch. Indem konsequent ein biologistisches Modell durchgehalten wird, wird die Erklärung des Entstehens sozialer Rollen schwierig, und so zeigt sich denn auch eine gewisse Brüchigkeit im Ansatz von *Rojas-Bermúdez*, wenn aus der psychosomatischen Rolle des Urinators die psychosexuelle Entwicklung abgeleitet wird, die in soziale Konfigurationen, nämlich die der ödipalen Triade, ausläuft, aus der sich dann weitere Möglichkeiten zu „potentiellen", d. h. zu späteren sozialen Rollen, ergeben. Der bei *Moreno* vorhandene Aspekt der Komplementarität von biologisch-körperlicher Basis und Sozialstruktur mit einem eindeutigen Überwiegen der Bedeutung autochthonen Potentials für die Rollenentwicklung wird auch von *Rojas-Bermúdez* nachvollzogen. Er steht damit, wie die Moreno-Schule insgesamt, in einem gewissen Kontrast zu der Mehrzahl der soziologischen und sozialpsychologischen Rollentheorien, die auf *G. H. Mead* fußend, das Schwergewicht auf den sozialen Kontext als Sozialisationsagentur legen.

Der Ansatz der südamerikanischen, spezifisch der argentinischen Schule, ist erweiterungs- und ausbaufähig und bietet für die Genese psychopathologischer Erscheinungsformen gute Explikationsmodelle — die drei fundamentalen psychosomatischen Rollen können, in ihrer Entwicklung und Ausbildung gestört, Grundlage für die verschiedensten psychiatrischen und psychosomatischen Erkrankungen werden (*Silva Dias, Tiba* 1977). Es soll dieser Bereich hier nicht näher dargestellt werden, da er über die Rollentheorie in engerem Sinne hinausgeht.

## 3.2 Der kategoriale Ansatz von G. A. Leutz

*Leutz* schließt sich in ihrer Darstellung der Entwicklungs- und Rollentheorie zunächst eng an *Moreno* an. Ausgehend von seiner Definition „Rolle ist die Einheit konservierten Verhaltens" (*Moreno* 1960, 80) nimmt sie an, *„daß Rollen aus einer Vielzahl einzelner Reaktionen und Verhaltensweisen (responses) bestehen, die eine mehr oder weniger feste Organisation aufweisen. Sieht man einzelne Responsen, etwa eine Kaubewegung, als Grundelement des Eßvorgangs an, so sind V e r haltensketten die nächstfolgenden Einheiten, z. B. Einspeicheln, Kauen, Schmecken, Schlucken, genußvolle Laute von sich geben, das Essen loben. Diese Verhaltensketten konstituieren in ihrem Zusammenspiel die somatische Rolle des Essenden und ihre Korrelate, nämlich die psychische Rolle des Genießers und die soziale Rolle des Konsumenten"* (*Leutz* 1974, 39).

*Leutz* hebt schon an dieser Stelle auf ein kategoriales System der Rollen ab, indem sie diese als Verhaltenskategorien von unterschiedlich komplexer Organisation ansieht. Sie ordnet dem ersten psychischen Universum, der Matrix All-Identität, die psychosomatischen Rollen zu: *„Der Terminus ‚psychosomatische Rolle', deutet allerdings bereits den Übergang zu einer neuen Rollenkategorie, der Kategorie der psychischen Rollen an"* (1974, 40). *Leutz* spricht auch von somatischen oder somato-psychischen Rollen (ibid.) und nimmt diese offenbar als im Körper angelegt an. Das Rollenhandeln wird im wesentlichen durch die dem Organismus inhärente Spontaneität bestimmt. Sie „bewirkt die Ablösung der Rolle des Parasiten während des Embryonalstadiums durch die somatischen Rollen des Neugeborenen" (ibid. 39). Die von *Moreno* beschriebene, über den Körper des Kindes verteilten Warm-up-Zonen (*Moreno, Moreno* 1944, 99) sieht sie als „rollenspezifische *Interaktionszone"* (ibid. 41) und nicht wie bei *Moreno* als *locus nascendi* der Rollen.

*Leutz* betont immer wieder die Interaktionseinheit zwischen Mutter und Kind, die sie mit *Moreno* als „Matrix der sozialen Entwicklung des Menschen" oder als „soziale Placenta" (ibid. 41) betrachtet. *„Der ungestörte, sich ganz im Augenblick gegenseitiger emotionaler Zuwendung vollziehende Ablauf der Interaktion zwischen Mutter und Kind in komplementären Rollen dürfte das Urmuster für alle späteren Teleprozesse sein, d. h. für die situationsgerechte gegenseitige Wahrnehmung zweier Menschen, mit den sich aus ihr ergebenden adäquaten Rollenerwartungen, die durch entsprechendes Rollenverhalten in kreativer Interaktion erfüllt werden"* (ibid. 41). Für das „zweite psychische Universum", in dem sich Phantasie und Realitätserleben trennen, treten „*neben den somatischen Rollen und den noch undifferenzierten somato-psychischen Rollen des ersten Universums... nun die psychischen und sozialen Rollen in den Vordergrund*" (ibid. 43).

Über *Moreno* hinausgehend nimmt *Leutz* ein „drittes psychisches Universum" an: „*Entsprechend dem Identitätserleben mit dem außerindividuellen Sein im ersten Universum, wird im dritten Universum die Identität mit dem Überindividuellen Sein erlebt. Allerdings erfolgt dieses Erleben der Verbundenheit mit dem Kosmos weder unbewußt als ‚participation inconsciente'..., sondern ohne Verlust der Fähigkeit des diskursiven Denkens als ‚participation consciente'. Dieses Erlebnis ist keine psychosoziale Notwendigkeit. Es spielt sich nicht nur in psychischen oder nur sozialen Rollen ab, sondern kommt durch das Transzendieren zu einer neuen Rollenkategorie integrativen Erlebens. M. E. empfiehlt es sich daher, diese Rollen ‚transzendente Rollen' oder ‚integrative Rollen' zu nennen*" (ibid. 43).

Damit hat *Leutz* ihr kategoriales System entwickelt, indem sie als *primäre Rollenkategorien*
1. die *somatischen* oder *psycho-somatischen* „oder korrekt *somatopsychischen Rollen*" (ibid. 48) sieht. Diese werden im Unterschied zur südamerikanischen Schule psychodramatischer Rollentheorie nicht limitiert, obwohl auch von *Leutz* der Rolle des Essenden zentrale Bedeutung beigemessen wird. Mit der physischen Funktionsreife sind die somato-psychischen Rollen „als aufsteigende, kulminierende und absteigende bzw. verlöschende Rollen besonders deutlich an die verschiedenen Lebensphasen gebunden" (ibid. 49).
2. Die *psychischen Rollen* entwickeln sich in der sozialen Matrix der Mutter-Kind-Dyade. „*Zur somatischen Rolle des Essenden gesellt sich die Rolle des Genießers... Psychische Rollen sind so gut wie immer Korrelate anderer Rollen*" (ibid.).
3. Die *sozialen Rollen* „*sind diejenigen Rollen, in denen sich der Mensch vornehmlich mit der äußeren Realität des Lebens auseinandersetzt, z. B. als Angestellte, als Gewerkschaftsmitglieder, Sportler, Ehemann, Vater, Sohn u. a. m. Allen Rollen entspricht ein Rollenstatus, der unabhängig vom Rollenträger existiert und fortdauert. Die Rollen sind demzufolge stereotypisch*" (ibid.).

*Leutz* faßt die sozialen Rollen als feste Muster auf. In ihnen erfüllt der Mensch die Erwartungen und Ansprüche der Gesellschaft, aber er entwickelt sich auch selbst, „indem er immer differenziertere Rollen annimmt... Die Summe aller sozialen Rollen eines Menschen entspricht jenem Persönlichkeitsanteil in der Psychologie *C. G. Jungs*, die ‚persona' genannt wird" (ibid. 49). *Leutz* nimmt damit an, daß der Mensch sich mit den sozialen Rollen identifiziert und eine „summative" soziale Persönlichkeit gewinnt, daß er aber gleichzeitig eine Fähigkeit zur „Rollendistanz" hat: *„Normalerweise verfügt der Mensch über genügend innere Freiheit, sich von seinen sozialen Rollen nicht nur prägen oder professionell deformieren zu lassen, sondern sich ihrer zum Zwecke der Lebensgestaltung zu bedienen. Je ausschließlicher sich jedoch ein Mensch mit seinen sozialen Rollen identifiziert, desto schwächer ist oder wird seine Persönlichkeit, desto klischeehafter sein Wesen"* (ibid. 49).

4. Die *transzendenten* oder *integrativen* Rollen sind *„diejenigen Rollen, in denen der Mensch vom zweiten Universum zum dritten transzendiert, über die Ebene des ‚Menschlich-Allzu-Menschlichen' hinausragt und, die Entfremdung überwindend, zu neuer, bewußt-empathischer Interaktion mit dem überindividuellen Sein, dem Kosmos gelangt"* (ibid. 50). Leutz entwickelt diese Rollenkategorie mit Bezug auf das theologisch-philosophische Frühwerk Morenos. Sie soll den Bereich des Ethischen, Kreativen und Religiösen umfassen, also auch den Bereich des Numinosen und des Archetypischen. „Stereotypische Rollen werden vom gesunden Menschen als seiner Person untergeordnet, archetypische quasi als übergeordnet erlebt" (ibid. 52).

*Abb. 12* (aus *Leutz* 1974, 51)

### Rollenkategorien

| Somatische | Psychische | Soziale | Transzendente |
|---|---|---|---|
| Der Essende | Der Genießer | Der Konsument | Der Kommunizierende (Kommunikand) |
| Der Blickende | Der Wahrnehmende | Der Sehende | Der Schauende |
| Der Coitierende | Der Verliebte | Der Ehegatte | Der Liebende |

*Abb. 13* (aus *Leutz* 1974, 154)

```
                    Progression
    ─────────────────────────────► Mut
          ▓▓Rollen-Entwicklung▓▓
    Angst ◄─────────────────────────
                    Regression
```

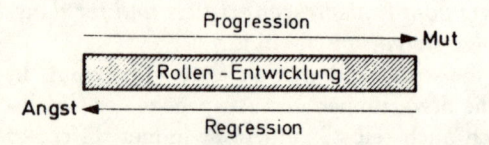

Leutz (1974, 153ff) sieht die Rollenentwicklung bestimmt von der kreativen Progression, „die durch die Eigenschaft „Mut", d. h. gebändigte, nicht blinde Spontaneität, gekennzeichnet ist. Desintegrierende Regression wird durch Angst, das Gegenteil des Mutes bedingt".

Als *sekundäre Rollenkategorien* faßt *Leutz* die „psychodramatischen Rollen" und die „konservierten Rollen" auf. Da es sich hier um eine nicht haltbare Interpretation der Moreno'schen Theorie ohne weiterführende Implikationen handelt — die psychodramatischen Rollen werden als alleinig für die psychodramatische Situation geltend aufgefaßt —, wird eine ausführlichere Darstellung nicht erforderlich.

Das Verdienst von *Leutz* ist, den kategorialen Ansatz der Rollentheorie, der bei *Moreno* gegenüber dem aktionalen nur rudimentär entwickelt war, weiter ausformuliert zu haben. Durch die Parallelisierung der Rollenkategorien und die Zuordnung zu einzelnen Entwicklungsstufen wird von ihr der Versuch gemacht, im Rahmen des Moreno'schen Ansatzes, ohne Rückgriff auf psychoanalytische oder andere entwicklungspsychologische Vorstellungen, ein Konzept der Rollenentwicklung vorzulegen.

Neben der Ausarbeitung des kategorialen Rahmens der Rollentheorie hat *Leutz* den schon von *J. L. Moreno* und *Z. Moreno* (1952, 1955) unternommenen Versuch, das Rollenlernen mit den Psychodramatechniken in Verbindung zu bringen (*Leutz* 1981; vgl. *Mathias* dieses Buch S. 244), weiter ausgeführt. Sie versucht, einen Bezug zu den fünf Entwicklungsschritten, die von *F. Moreno* und *J. L. Moreno* (1944, 103 f) beschrieben wurden, herzustellen, indem sie die zentralen Psychodramatechniken Doppel, Spiegel und Rollentausch als Elemente im Prozeß des Rollenlernens auffaßt. Mit *Moreno* sieht sie das „spontane Erwärmen des Kindes für eine Situation als den wesentlichsten Lernvorgang an" (*Leutz* 1974, 44).

Auf der *somatischen* Ebene erfolgt das Rollenlernen demnach ohne Identifikations- und Imitationsvorgänge. Die Notwendigkeiten des Körpers und das Faktum der Spontaneität dienen als Antrieb. Im Hinblick auf die *psychischen* und *sozialen* Rollen aber gewinnen die Prozesse des sozialen Lernens durch Beobachtung und Imitation wesentliche Bedeutung. *„Das Kind spiegelt in seinem Verhalten die beobachtete Rolle wider. Im frühkindlichen Imitationslernen ist demnach schon ein Prozeß eingeschlossen, der im Psychodrama als Spiegeltechnik wiedererscheint"* (ibid. 44). Die Doppelgängertechnik (eigentlich Doppel-Ich-Technik, vgl. *Petzold* 1979 b, 139 ff) repräsentiert die Beziehung zwischen Mutter und Kind vor der Ich-Du-Differenzierung. Das Kind erlebt die Mutter als Extension seiner selbst. *„Die Mutter ihrerseits errät und versteht all seine Freuden und Nöte und verrichtet alle Handlungen, die das Kind selbst noch nicht auszuführen vermag, die aber zur Befriedigung seiner lebenswichtigen Bedürfnisse notwendig sind"* (ibid. 45). Die psychodramatische Spiegeltechnik ordnet sie dem Ende des Stadiums der „Allrealität" zu. *„Das Kind hebt sich von den*

Menschen und Gegenständen seiner Umwelt ab und entwickelt eine Vorstellung von sich selbst. Dieser Wendepunkt kann besonders gut an Kindern beobachtet werden, die sich über ihr Spiegelbild zu wundern beginnen" (ibid. 46). Die psychodramatische Technik des Rollentausches schließlich wird dem vierten und fünften Schritt der Rollenentwicklung bei *Moreno* zugeordnet, bei dem „*sich das Kind in die Rolle des anderen versetzt, dessen Rolle spielt und sich aus innerer Distanz selbst zu sehen vermag*" (ibid. 47). Eine weitere Differenzierung des Bezuges von Psychodramatechniken und Rollenentwicklung hat *Mathias* (dieses Buch S. 244) vorgenommen.

*Abb. 14* (aus *Leutz* 1974, 154)

Rollen - Entwicklung

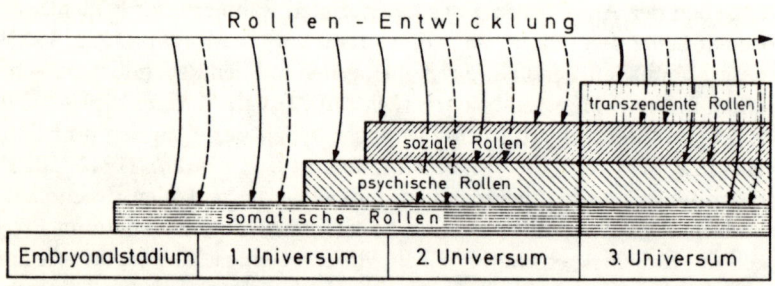

| Embryonalstadium | 1. Universum | 2. Universum | 3. Universum |
|---|---|---|---|
| | somatische Rollen | | |
| | | psychische Rollen | |
| | | soziale Rollen | |
| | | | transzendente Rollen |

Abb. 15. Die Rollenentwicklung kann folgendermaßen dargestellt werden.
Durchgehende Pfeillinie = entstehende Rollen, gestrichelte Pfeillinie = verlöschende Rollen

Das Faktum, daß *J. L. Moreno* und *Florence Moreno* 1944 in ihrem Entwurf zur Entwicklungstheorie keinen Bezug auf psychodramatische Techniken nehmen, ist nicht nur damit zu erklären, daß diese, z. B. die Doppeltechnik (vgl. *Petzold* 1979b), aber auch der Rollentausch, theoretisch und methodisch noch kaum elaboriert waren, — ihre Ausarbeitung ist ein Verdienst von *Z. Moreno*. Vielmehr muß man annehmen, daß *Florence Moreno*, auf deren Untersuchungen das entwicklungstheoretische Konzept zurückgeht, Lernschritte im Sinne der Psychodramatechniken nicht beobachtet hat. *Moreno* nimmt denn auch nur vorsichtig (1952, 249f; 1959, 87) zu der Beziehung von Psychodramatechnik und Entwicklungsschritten Stellung und spricht davon, daß derartige kindliche Erlebnisse „eine Parallele" zu den psychodramatischen Techniken nahelegen.

*Leutz* hebt mit Recht hervor, daß die Wirksamkeit verschiedener psychodramatischer Techniken darauf beruht, daß die frühkindliche

Beziehungsmodalität wieder hergestellt und auf diese Weise Entwicklungsschritte ermöglicht werden.

Unter den Moreno-Schülern, die sich mit der Weiterentwicklung der Rollentheorie befaßt haben, ist *Leutz* diejenige, die den Versuch unternommen hat, ein Modell der Psychopathologie unter Zugrundelegung der Rollentheorie zu entwerfen (1974, 152-172).

Sie nimmt an, daß psychopathologische Phänomene sich als Rollenstörungen manifestieren, und zwar „auf drei grundlegend verschiedene Weisen": „*1. durch weitgehendes Überspringen gewisser Entwicklungsmöglichkeiten bei unverändert progredienter Entwicklungsrichtung, 2. durch Stau der Entwicklung, 3. durch Regression, d. h. durch teilweisen oder völligen Rückzug von bereits erreichten Rollenebenen*" (ibid. 155).

*Abb. 15* (aus *Leutz* 1974, 155)

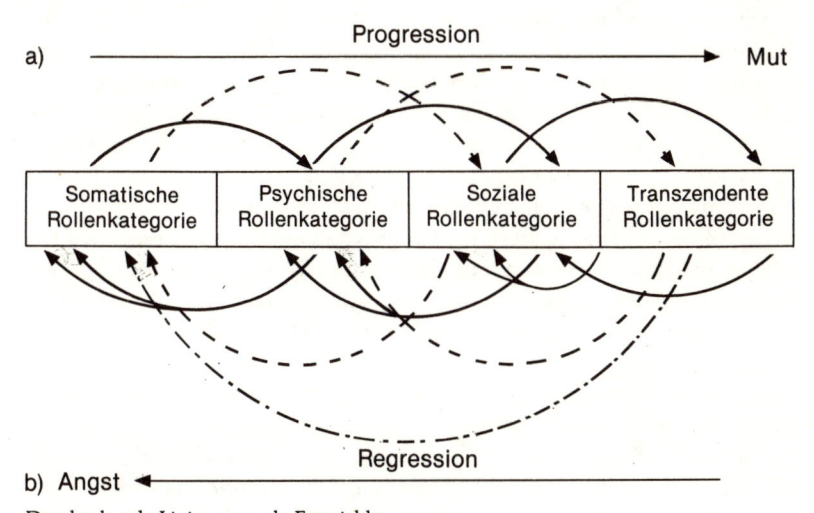

a) ⟶ Progression ⟶ Mut

| Somatische Rollenkategorie | Psychische Rollenkategorie | Soziale Rollenkategorie | Transzendente Rollenkategorie |

b) Angst ⟵ Regression

Durchgehende Linie: normale Entwicklung.
a) Gestrichelte Linien: semi-pathologische Entwicklung.
b) Gestrichelte Linien: pathologische Entwicklung

Bedauerlich ist, daß *Leutz Morenos* vorsichtige Haltung gegenüber psychiatrischen Klassifikationen nicht übernimmt, sondern auf dem „labelling approach" (*Rüther* 1975) abhebt.

*Morenos* eigene Ansätze, insbesondere unter Rückgriff auf seine Überlegungen zur Rollenentwicklung, könnten noch weiter ausgeschöpft werden. So wäre es von Interesse, die Bedingungen, unter denen sich defizitäre oder gestörte Rollenentwicklungen ergeben, näher

zu beschreiben. Ein Ansatz hierzu bietet sich in den von *Leutz* entwickelten Kategorien der Rollenmangelsyndrome und Rollenatrophien bzw. -defizite. Rollenmangelsyndrome können als „primäres Rollendefizit" bei Störungen der genetischen Anlage auftreten, weiterhin als Resultat von Entwicklungshemmungen. Derartige Defizite können zu Rollenunsicherheit führen, so daß in entsprechenden Situationen ein angemessenes Rollenspiel nicht möglich ist (ibid. 159).
Bei der Rollenatrophie unterscheidet *Leutz* physiologische und pathologische Rollenatrophie. Der ersteren geht zumeist ein Erlöschen wichtiger Rollen voraus, z. B. als Folge von Altersvorgängen. Cerebral-sklerotische Veränderungen machen ein adäquates Rollenspiel nicht mehr möglich. Sind die physiologischen Rollenatrophien auf Veränderungsprozesse im Organismus zurückzuführen, so sind die pathologischen Rollenatrophien und sekundären Rollendefizite durch Deprivationssituationen bedingt. Sie „sind recht häufig bei längerdauernden Formen der Hospitalisierung zu beobachten" (ibid. 162). Die Reduzierung der Interaktionsmöglichkeiten in Klinik, Heim oder Gefängnis, in „totalen Institutionen", und die rigide Festlegung auf die Rolle des Patienten, Strafgefangenen o. ä. führt dazu, daß vorhandene Rollen atrophieren bzw. verlorengehen. Die „Verrückung von Aktion und Reaktion auf verschiedene Rollenebenen", d. h. die Fixierung eines Problems auf einer Rollenebene, die nicht angemessen ist, wird von *Leutz* (ibid. 165) als weitere Form der Rollenpathologie gesehen. Probleme, die sich vorwiegend auf der sozialen Rollenebene abspielen, erlebt z. B. „der Querulant unverhältnismäßig stark und dauerhaft in Rollen der psychischen Rollenebene" (ibid. 166).

Die Rollenkonflikte sollen abschließend noch als Teile des *Leutz'schen* Entwurfes genannt werden. Drei Formen des Rollenkonfliktes werden unterschieden:
1) Der *Intra-Rollenkonflikt*. Er gründet im „Cluster-Effekt", wie ihn *Moreno* beschrieben hat. *„Der Cluster-Effekt kommt dadurch zustande, daß es kaum eine Rolle gibt, die sich nicht in mehrere Rollen unterteilen läßt, bzw. die nicht als Rollen-Cluster oder Rollenkonglomerat aus mehreren Rollen zusammengesetzt ist... Als Intra-Rollenkonflikt manifestiert sich der Cluster-Effekt aber erst dann, wenn die zu ein und demselben Rollen-Cluster, z. B. der Mutterrolle gehörenden Rollen von der Frau, welche die Mutterrolle innehat, nur in unterschiedlichem Maße akzeptiert, teilweise sogar abgelehnt werden. Im Beispiel der Mutterrolle akzeptiert eine Frau etwa die Rolle der Gebärerin und der Liebhaberin ihrer Kinder, sie lehnt die Rollen der Ernährerin und der Erzieherin dagegen ab"* (ibid. 167f). *Leutz* nimmt im Unterschied zu der gängigen soziologischen und sozialpsychologischen Interpretation

des Intrarollenkonfliktes, der als „Situation widersprüchlicher Rollenerwartungen in den verschiedenen Sektoren einer Rolle"[24] definiert wird, die Konfliktdynamik als vom Individuum ausgehend an. Die unterschiedliche Bewertung der Teilrolle durch die Person, ihre Annahme oder Ablehnung, führt bei ihr zum Intrarollenkonflikt und nicht die unterschiedlichen Erwartungen, die von den komplementären Rollen über die Interaktion an eine Rolle herangetragen werden.

2) Der *Inter-Rollenkonflikt* entsteht, „wenn zwei oder mehrere Rollen divergieren, sich möglicherweise sogar auschließen. Es kann vorkommen, daß ein junger Mann zwei Talente und Interessen hat, z. B. für Musik und Naturwissenschaft, deren Ausbildungen sich gegenseitig ausschließen" (ibid. 168f). Auch hier wird der Konflikt zwischen zwei Rollen im Rollenrepertoire eines Menschen gesehen und nicht, wie wiederum in der gängigen rollentheoretischen Literatur als „Situation widersprüchlicher Rollenerwartungen zwischen zwei oder mehreren Rollen eines Rollenträgers"[25]. *Leutz* folgt hier der Tendenz der Moreno-Schule, die die Rolle als wesentlich vom Individuum bestimmt sieht und weniger von der Verhaltenszuschreibung bzw. der Verhaltenserwartung der Umwelt. Aber auch dieser Aspekt findet sich, wie gezeigt wurde, bei *Moreno*, und so könnte der Konflikt zwischen Erwartung und Verkörperung durchaus in seinem theoretischen Rahmen formuliert werden. Der Rückgriff auf die Bezeichnungen für die klassischen Konflikt-Konstellationen der Rollentheorie (*Gross, Mason, McEachern* 1958; *Getzels, Guba* 1955) birgt die Gefahr der Verwirrung und der Mißverständnisse, wenn unter diesen Begriffen dann andere Konstellationen beschrieben werden.

3) beschreibt *Leutz* den *intrapersonalen Rollenkonflikt*. Derartige Konflikte haben „ihre Ursache nicht in der gegenwärtigen Lage des Klienten, sondern in einer vergangenen Situation" (1974, 170). So kann z. B. eine Vaterrolle nicht aktualisiert werden, wenn diese Rolle in einer zwiespältigen Vatererfahrung gründet, „d. h. auf der Internalisierung zweier ganz verschiedener väterlicher Verhaltensweisen im lerntheoretischen Sinne bzw. der Introjektion zweier verschiedener Vater-Imagines nach analytischer Vorstellung" (ibid.). Die Unterschiede zwischen dem intrapersonalen Rollenkonflikt und dem Intra-Rollenkonflikt erscheinen nicht stringent, denn die Ablehnung von Rollen wie in dem von *Leutz* für den Intra-Rollenkonflikt gegebenen Beispiel haben in der Regel auch biographische Hintergründe. Dennoch ist die Einbeziehung der Konfliktdimension auf der Rollenebene durch *Leutz* bedeutsam, denn das

---

[24] Lexikon der Soziologie, Hrsg. G. W. *Fuchs* et al. 1973, 318.
[25] ibid. 316.

Phänomen der Rollenkonflikte ist in der psychotherapeutischen Literatur weitgehend ausgeblendet worden. *Morenos* eigene Überlegungen etwa zum Person-Rollen-Konflikt sind nur skizzenhaft. Eine weitere Ausarbeitung dieses Bereiches könnte für die klinische Praxis wichtige Möglichkeiten der Diagnostik und Intervention erschließen.

## 3.3 Konzepte zu einer integrativen Rollentheorie in der Tradition Morenos von H. G. Petzold

Die hier vorgelegten *Konzepte* wurden zu einem Teil in einer früheren, unveröffentlicht gebliebenen Arbeit (*Petzold* 1974) zusammengestellt. Es wird an dieser Stelle nicht der Anspruch erhoben, einen neuen theoretischen Entwurf vorzulegen, sondern vielmehr ergänzende Elemente, die den Ansatz *Morenos* präzisieren und vertiefen. Nur mit den Konzepten zu einer „integrativen Persönlichkeitstheorie" wird über *Moreno* hinausgegangen. Ansonsten wird im Rahmen des Moreno'schen Systems weitergearbeitet, was aber auch heißt, daß die Beschränkungen dieses Systems in Kauf genommen werden. Es werden überdies nicht alle möglichen Dimensionen, die aufzugreifen sich lohnte, angegangen, z. B. eine Ausarbeitung der Theoreme zur Rollenentwicklung in Richtung auf eine Sozialisationstheorie.

### 3.3.1 Bemerkungen zu Morenos Theorie der Rollenentwicklung

Eine Ausarbeitung von *Morenos Sozialisations- und Entwicklungstheorie* hätte nach der von *Mathias* (dieses Buch S. 227 ff) vorgelegten Bestandsaufnahme vor allen Dingen eine genauere Untersuchung der reziproken, konfigurativen Rolleninteraktionen zwischen Mutter und Kind (M → K; M ← K; M ⇌ K) zu leisten, die „Matrix", die „Ökologie" (*Bronfenbrenner* 1978) der Entwicklung besser zu bestimmen und eine Präzisierung, zeitliche Zuordnung und empirische Überprüfung von *Morenos* fünf Schritten der Rollenentwicklung vorzunehmen. Es bliebe weiterhin die inzwischen umfangreiche Literatur zur *Rollenübernahme* in der Sozialisation aufzuarbeiten und auf Kompatibilität mit den Auffassungen *Morenos* zu untersuchen. Der von *Rojas-Bermúdez* (3.1) beschrittene Weg einer Integration psychoanalytischer Theoreme zur Entwicklung reicht nicht — er müßte überdies in umfassenderer Weise erfolgen und neben den Bezügen zu *M. Klein* (1973) und *W. Winnicott* (1974) auch die Arbeiten von *M. Mahler* (1979), *E. Jacobson* (1973) aufgreifen (vgl. *Fornari* 1970). Vor allen Dingen müßten die Arbeiten von *J. Piaget* und die sich mit seinen Konzepten auseinandersetzenden Autoren einbezogen werden.

*Piaget* und *Inhelder* (1979, 251ff) hatten ja für das kleine Kind eine Rollenübernahme im Bereich der visuellen Perzeption ausgeschlossen (vgl. auch *Flavell* 1979, 230), und mit der *Egozentrismushypothese* (*Piaget* 1973) — sie findet sich in ähnlicher Weise auch bei den *Morenos* (1944, 110) — wurde ein interaktionales Konzept des Rollenlernens erst für das Ende der mittleren Kindheit als möglich erachtet (*Miller, Kessel, Flavell* 1970; *Shantz* 1975; *Keller* 1976). *Moreno* hingegen setzt mit dem Ende der frühen bzw. dem Anfang der mittleren Kindheit das „placing himself actively in the other part and acting its rôle" (1944, 103) erheblich früher an.

Nun ist die Egozentrismushypothese nicht unwidersprochen geblieben. *Borke* hat in zwei Untersuchungen (1971, 1973) — die letztere als transkultureller Vergleich angelegt — den Nachweis geführt, daß bereits Kinder im Alter von drei Jahren den Standpunkt einer anderen Person einnehmen können, also Empathiefähigkeit (eine Voraussetzung zum role-taking) zeigen, womit Rollenübernahme schon vor der Entwicklung konkret-operationaler Denkstrukturen möglich sei. *Borkes* Interpretation — nicht ihre Ergebnisse — sind angefochten worden. Ihre Kontroverse mit *Chandler* und *Greenspan* (1972) hat indes fruchtbare Ergebnisse gehabt, indem sie Forschungsansätze anregte, die verschiedene, altersstufenabhängige *role-taking-skills* herausarbeiteten (*Shantz* 1975, 300; *Garvey, Hogan* 1973).

Die von *F. B. Moreno* und *J. L. Moreno* beschriebenen Schritte ließen sich durchaus in ein Modell sukzessiv wachsender *Skills* der Rollenausbildung bzw. -übernahme einbeziehen, wobei die zeitlichen Zuordnungen durch entsprechende Untersuchungen geklärt werden müßten. Die Untersuchungen von *F. B.* und *J. L. Moreno* (1945), *Sargent, Uhl, Moreno* (1939) und *F. B. Moreno* (1942, 1946) haben sich, lange bevor *Selman* (1971), *Flavell* (1971) u. a. die „neue Forschungstradition" (idem 1977, 174) zur Entwicklung der Fähigkeiten der Rollenübernahme Anfang der siebziger Jahre inaugurierten, mit Fragen von role-taking-skills befaßt. *F. B.* und *J. L. Moreno* (1945) ließen Kinder zwischen 4 und 6 Jahren die Rolle eines Polizisten, Lehrers, Schaffners usw. spielen und die Rollenperformanz beurteilen. Sie fanden folgende „levels of performance":

a) *Darstellung (enactment) unter dem Maß der Erkennbarkeit*, was das Einbeziehen von Elementen bedeutet, die entfernt mit der Rolle verbunden sind, aber für ihr Erkennen nicht ausreichen.

b) *Partielle Darstellung*, was ein oder zwei erkennbare Phasen der Rolle beinhaltet.

c) *Verzerrte Darstellung*, was das Spiel von Elementen bedeutet, die mit der zugewiesenen Rolle weitgehend unverbunden sind.

d) *Adäquate Darstellung*, was das Einbeziehen aller signifikanten Phasen, wie sie von der Jury bestimmt worden waren, beinhaltet.

„In ähnlicher Weise haben wir adäquate, verzerrte, teilweise und fehlende Rollenperzeptionen unterschieden" (F. B. Moreno, J. L. Moreno 1945, 196). Die Autoren fanden bei den Sechsjährigen die Fähigkeit zum *partial* und *adequate enactment* durchweg ausgeprägt und ein hohes Maß der Perzeption von Rollen aus einem *pool* von 15 angebotenen Rollen.

In den späteren kognitionspsychologischen Untersuchungen haben *R. Selman* und *D. Byrne* (1971, 1974) ein differenziertes, vierstufiges Modell der Rollenübernahme erarbeitet, das wesentlich an *Piaget* orientiert ist, und role-taking-skills von unterschiedlicher Komplexität herausarbeitet, und es wurden von *Flavell* und Mitarbeitern Ergebnisse vorgelegt, die die Egozentrismushypothese für Kinder im Alter von ein bis drei Jahren in ihrer Ausschließlichkeit relativieren (*Lempers, Flavell, Flavell* 1979). Die vorwiegende Orientierung dieser Forschungen an dem Konzept der kognitiven Entwicklung von *Piaget* schränkt meines Erachtens das Erfassen der Phänomene der Rollenentwicklung ein. *Werner* und *Kaplan* (1963, 49) weisen zu Recht darauf hin, daß auch gestischer Ausdruck, z. B. Berühren von Gegenständen, Zeigen, Geben, schon referentielle Akte sind, eine Position, die schon differenziert von *S. H. Mead* (1938, 310, 109f, 426ff) vertreten wurde, wenn er von der Einfühlung in Dinge und Rollenübernahme bei Dingen spricht. Derartige Vorgänge können damit in den Prozeß der Rollenaneignung im Sinne *Morenos* einbezogen werden, der ein „enactment of roles before the level of recognition" (1960, 83) vertritt; denn „wir können den Rollenprozeß nicht mit dem Zeitpunkt der Rollenentwicklung beginnen lassen, sondern wir müssen ihn, wenn wir konsistent bleiben sollen, auch in die non-verbalen Phasen des Lebens hineintragen" (*Moreno* 1961a, 519).

*Döbert, Habermas* und *Nunner-Winkler* (1980, 27) haben eine solche, die Ontogenese der Identitäts- und Rollenentwicklung einbeziehende Perspektive zu Recht als „Paradigmenwechsel der soziologischen Forschung" bezeichnet und festgestellt: *„Ironischerweise hat die Rollentheorie die Begriffsbildungen und Fragestellungen der Sozialisationsforschung mehr als die irgendeines anderen soziologischen Forschungsbereichs beherrscht, ohne ernstlich dazu anzuhalten, den Erwerb der Rollenkompetenz zu untersuchen. Es bedurfte des äußeren Anstoßes der spät zum Durchbruch gelangten kognitivistischen Entwicklungspsychologie, um eine fällige Fragestellung zu aktualisieren"* (ibid. 27f). Diese Feststellung trifft die rollentheoretischen Arbeiten

*Morenos* nicht. Vielmehr macht sie deren umfassende Anlage und Fragestellungen deutlich, die ihrer Zeit weit voraus waren.

Eine nähere Auseinandersetzung mit dem Konzept der Rollenentwicklung von *Moreno* bedarf, soviel wird aus diesem kurzen Exkurs deutlich geworden sein, differenzierter empirischer Untersuchungen, die im Zusammenhang mit der vorliegenden Arbeit nicht zu leisten sind.

Meine Ausarbeitung von Ansätzen *Morenos* zentriert sich deshalb auf andere Aspekte. Es soll das Konzept der Verkörperung und der Verbindung von aktionalen und kategorialen Rollen im Modell einer „integrativen Rolle" entfaltet werden, um auf dieser Grundlage zu einem Identitätsbegriff vorzustoßen, in dem sich Privates und Kollektives durchdringen.

## 3.3.2 Zum Modell einer integrativen Rolle

„Role is the fusion of private and collective elements" (*Moreno* 1960, 80). Sie wird durch den sozialen Kontext zugeschrieben, aber auch persönlich gewählt, sie ist ein durch Sozialisation vermitteltes Modell, das aber individuell verkörpert werden muß. Sie ist als symbolisches Konstrukt kognitiv präsent (*Solby* 1944, 224; *Moreno* 1961a, 519) und manifestiert sich als konkretes Verhalten (1960, 80) in Aktion und Reaktion mit den Rollenspielpartnern im sozialen und kulturellen Atom. In einer so verstandenen Rolle wirken Sozialisation und Verkörperung, Vorgabe und Gestaltung, Zuschreibung und Wahl, kognitives Konstrukt und Verhaltensmuster zusammen. Sie sind *„in actu"* nicht zu trennen.

Definitionen von Rollen, die nur den Aspekt der Verhaltenserwartung einbeziehen, berücksichtigen nicht, daß Rollen jeweils verkörpert werden müssen und daß die zur Verkörperung angebotenen Rollen „gewählt" werden müssen. Selbst da, wo ein *„Zwang zur Verkörperung"* gegeben ist, bleibt eine Wahlmöglichkeit im Hinblick auf den Grad der Verkörperung. Das Konzept der Rollenzuschreibung legt den Gedanken nahe, daß die von „außen" vorgegebenen Rollen für den Menschen etwas „Fremdes" seien (dies ist einer der Hauptkritikpunkte an der Rollentheorie, vgl. z. B. *Geulen* 1977). Eine solche Auffassung hat aber nur bedingte Gültigkeit, insoweit unterschiedliche Grade von gesellschaftlich-fremdbestimmter Festlegung und persönlicher Freiheit anzunehmen sind. Der Mensch ist „geboren", Rollen zu spielen (*Simmel* 1921). Sein Körper ist ausgestattet mit Spontaneität und den Fähigkeiten der Mimikry und Imitation. Grundsätzliche leibliche Muster der Kommunikation in Mimik und Gestik sind *immer schon* mitgegeben (vgl. *Eckman, Friesen* 1969; 1971 und die bei *Argyle* 1979 zusammengestellten Befunde). So ist der Leib als Organ der Verkörperung sozial durchtränkt. Er ist „my body" und „social body" zugleich. Es hat den natürlichen Leib als *„corps brute et sauvage"*, bar jeglicher Sozialität nie gegeben. Der Körper war schon je *„Rollenkörper"*. Die psychosomatischen Rollen, z. B. die Rolle des Essers oder die Sexualrollen, weisen dies aus. Die im Laufe der Entwicklung von „außen" angebotenen Komplexe von Verhaltensmustern treffen damit auf einen vorbereiteten Grund. Sie sind in zweifacher Weise nicht „fremd": zum einen durch die Vorgegebenheiten des Rollenkörpers, zum anderen dadurch, daß sie aus dem sozialen Milieu der Lebenswelt stammen, deren integraler Bestandteil der Mensch ist. Soweit Rollen aktional, d. h. in konkretem Handeln vollzogen sind, als Rollenspiel zwischen den Mitgliedern eines sozialen Atoms, kann Fremdheit nicht aufkommen. In dem Maße, in dem sich Muster verselbständigen, zu Rollenkonserven gefrieren, Teil von Institutionen (*Dubiel* 1972) werden, besteht die Gefahr, daß ein Maß an Fremdheit entsteht, das in situativen Verkörperungen nicht aufgenommen werden kann. Das Maß an Spontaneität, durch die Komplexität reduziert oder zu übergreifenden Ganzheiten verbunden werden kann, reicht nicht aus. Dies ist insbesondere der Fall, wenn Rollen einen intersubjektiven Kontext von nur noch geringerer Dichte haben, wenn sie nicht in der Interaktion zwischen konkreten Menschen entstehen, sondern wenn sie Ausdruck institutioneller Funktionen werden, die zum Lebensvollzug keinen unmittelbaren Bezug mehr haben.

Mit diesem Gedankengang wird nicht der alte Konflikt Individuum ⟵⟶ Gesellschaft reproduziert, sondern er erweist sich als Konflikt zwischen Individuum und *entfremdeter Gesellschaft*. Die Sozialität gehört ja dem Individuum zu, da der Einzelne eingebunden ist in die Gesamtheit, in ihr, mit ihr und aus ihr lebt. Auf dem Hintergrund dieser Überlegung wird auch ein Konflikt zwischen Gesellschaft und *entfremdetem Individuum* denkbar, einem Individuum, das sich aus seiner Sozialität herauszieht und an die Stelle des Miteinanders das „für sich" setzt, das letztlich immer nur „parasitär" sein kann: eine Verweigerung von Leistungen für die Gemeinschaft bei gleichzeitiger Inanspruchnahme der Gemeinschaft (denn die Autarkie der Robinsonade gibt es nicht).

Das Leben des Menschen als ζῷον πολιτικόν (*zōon politikón*, gesellschaftliches Lebewesen) vollzieht sich in der zentralen Zone eines Spektrums, dessen Enden jeweils die verselbständigten Formen eines abgekapselten Individualismus und einer nivellierenden Kollektivität sind. Im Zentrum des Spektrums treffen sich Spontaneität und Form, soziales Muster und Verkörperung in der Rolle, deren Matrix Leib und Interaktion sind. In der Rolle realisiert sich aufgrund ihres konfigurativen Charakters das „être-au-monde" (*Merleau-Ponty* 1945; *Müller* 1978) und das „être-aux-hommes" (*Dahl* 1981). Es ist eben der Mensch auf den Menschen gerichtet. Er ist wesensmäßig Koexistierender, und so sind Sozialisation und Verkörperung, kategoriale Vorgabe und aktionale Gestaltung keine Gegensätze, kein entweder oder, sondern Konstituenten eines einzigen Prozesses, dem des Rollenspieles eines Menschen mit anderen Menschen, Gruppen, Institutionen.

*Abb. 16* (aus *Petzold* 1974a)

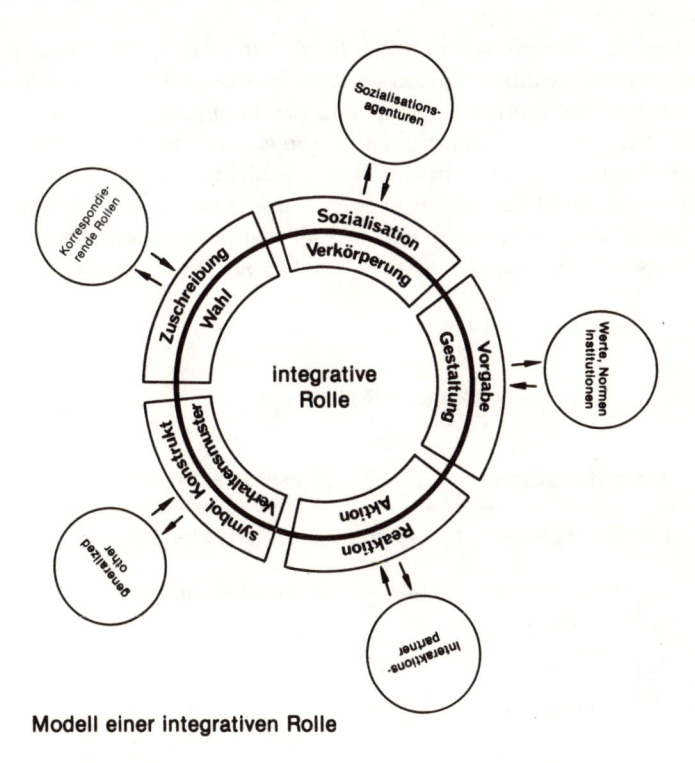

**Modell einer integrativen Rolle**

In einer integrativen Rollentheorie sind demnach das *kategoriale* und das *aktionale* System der Rollen keine sich ausschließende Größen, ja sie sind noch nicht einmal konträr, sondern sie sind miteinander verschränkt, sie durchdringen einander, im Sinne einer *Konvergenz* oder *Perichorese*, ohne sich ineinander aufzulösen. In ähnlicher Weise sind die Ich-Du-Beziehung *Bubers*, die Intersubjektivität *Mar-*

*cels* oder der Begegnungsgedanke *Morenos* keine dialektischen, sondern konvergente Modelle (vgl. *Jaquenoud, Rauber* 1981 u. *Schrey* 1978). Sie gründen im Axiom der Koexistenz. Es soll damit nicht eine Rückführung der Rollentheorie *Morenos* auf sein Frühwerk versucht werden. Dies würde den gewachsenen Fortschritt seines Werkes entwerten. Die Soziometrie mit ihren Konzepten des sozialen und kulturellen Atoms, mit ihrer Vorstellung der Vermaschung der Individuen in sozialen Netzwerken, die sich nicht *haben*, sondern durch die sie *sind*, erweist sich gegenüber *Morenos* „Einladung zu einer Begegnung" (1914) als eine Weiterentwicklung, die durch seine Ausführung zum „*co-being*" und „*co-acting*" (F. B. Moreno, J. L. Moreno 1944) gut abgesichert ist.

Durch die Überlegungen von *A. Schütz* und *M. Merleau-Ponty* zur Koexistenz als anthropologischem Axiom lassen sich die Konzepte *Morenos* weiter fundieren. Aufgrund des konfigurativen Charakters von Rollen, der Wechselseitigkeit des Spiels und der Reziprozität der Erwartungen können die beiden Systeme nicht voneinander getrennt werden. Da die Rollen immer in Szenen und Stücken gespielt werden, die Stücke aber in einem gewissen Maße antizipiert werden können und müssen (vgl. *Turners* preparedness 1956, 1962), damit „Zusam-

*Abb. 17* (aus *Petzold* 1979a)

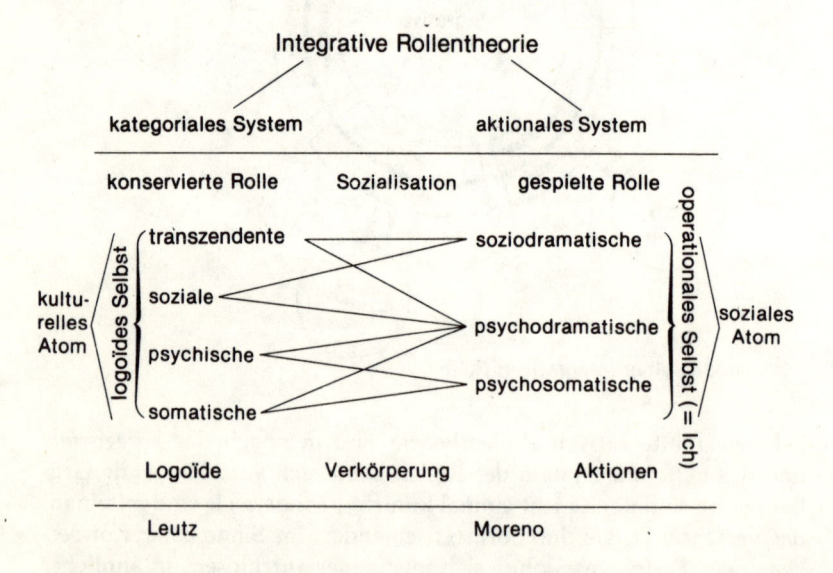

Modell einer integrativen Rollentheorie aus *Petzold* 1979a

menspiel" möglich wird, ist die Annahme von Mustern, die beiden Spielern bekannt sind, d. h. die Annahme von kategorialen Rollen aus dem Fundus der sozialen Welt, unumgänglich. Aber diese Muster gewinnen nur ihren Sinn, wenn sie im Spiel vollzogen werden. *Integrative Rollen artikulieren sich in der K o n v e r g e n z von Sozialisation und Verkörperung, von Muster und Handlung, Struktur (Logoïd) und Aktion.* Zähler und Nenner (*Moreno* 1960, 85) sind nicht mehr geschieden. Der Bruch ist aufgehoben.

Die von *Moreno* und *Leutz* ausgearbeiteten Rollenkategorien unterliegen dem gleichen Prinzip der Konvergenz. Im konkreten Vollzug laufen psychosomatische, psychodramatische und soziodramatische Rollen*vollzüge* und somatische, psychische, soziale und transzendente Rollen*muster* „ineinander". Dabei konkretisieren sich die aktionalen Rollen in dem von kategorialen Rollen umschriebenen Raum, den sie durch Verkörperung und Zusammenspiel teilweise oder gänzlich füllen oder den sie durch Kreativität oder Spontaneität, aber auch durch Reflexion und Entscheidung zu überschreiten vermögen.

*Abb. 18* (aus *Petzold* 1974a)

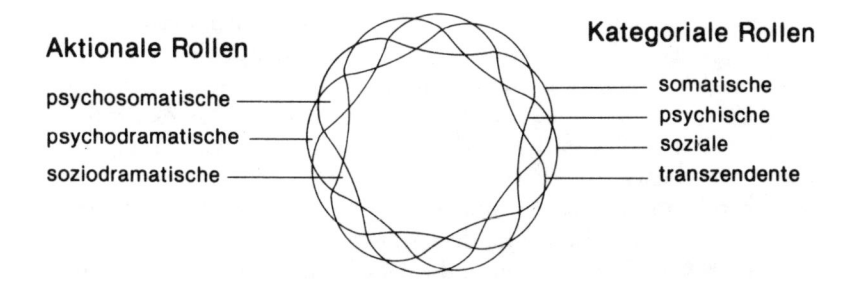

**Aktionale Rollen**

psychosomatische
psychodramatische
soziodramatische

**Kategoriale Rollen**

somatische
psychische
soziale
transzendente

In *Rollenintegralen* haben die Rollenkategorien aufgrund des perichoretischen Effektes der wechselseitigen Durchdringung ohne Vermischung, der Zusammenfügung zu einer Ganzheit ohne Verlust der Teile nur noch heuristischen Wert, genau wie in einer holistischen, system- oder feldtheoretisch fundierten Anthropologie die Begriffe Körper, Seele und Geist immer nur Aspekte der Qualitäten eines Ganzen bezeichnen (vgl. *Walter* 1978). *Moreno* hat das, was ich als *Perichorese* bezeichne, mit einem — allerdings summativ aufgefaßten — *Cluster-Effekt* (1962a) zu fassen versucht. Die Rollen schließen sich zusammen, aber nicht die Addition und Summe, sondern die *Synergie*, das Zusammenwirken, führt zu einer neuen Ganzheit, die übersummativ ein Mehr und ein Anderes ist als die additive Aneinanderreihung von Teilaspekten. Dabei können *Morenos* Vorbehalte gegen gestalttheoretische Ansätze (1951, 13ff) als unzutreffend übergangen werden; denn Übersummativität muß weder ein Verlust der „Würde des Teils" noch ein Verlieren des Prozesses, durch den sich das Ganze zusammenfügt, bedeuten. Das Ganze braucht nicht als *vor* den Teilen existierend gesehen zu werden, sondern Ganzes und Teile koexistieren in Synchronizität, und die „Verlaufsgestalt" des Rollenspiels, des Stückes, bleibt der Antizipation und Memoration zugänglich. *Die Rollen stehen in der Zeit.* Die Zeitperspektive ist konstitutiv für ihren angemessenen Vollzug (*Hulett* 1944). Rollenspiel, Rollenstück und Rollenschicksal im Sinne einer zeitabhängigen Veränderung integrativer Rollen greifen damit ineinander.

### 3.3.3 Zum Konzept eines Rollenselbst

Nehmen wir die Verwobenheit von *kategorialen Rollen* als „im Leibe" gespeicherte Rollen*kompetenzen* und von *aktionalen Rollen* als „vom Leibe" vollzogene Rollen*performanzen* an, in denen *Sozialisation* und *Verkörperung* sich artikulieren, so läßt sich für das Selbst eine „öffentliche" und eine „private" Seite feststellen; denn in der Verkörperung transzendenter (*Leutz*) und sozialer Rollen*muster* — sie kommen aus der gesellschaftlichen Sphäre des „kulturellen Atoms" — durch psychodramatische und soziodramatische Rollen*aktionen*, erweist sich die Durchdringung von Individuellem und Kollektivem. In gleicher Weise drückt sich diese Verbindung in der Sozialisierung leiblich vorgegebener, somatischer und psychischer Rollenmuster aus, die sich in psychosomatischen und psychodramatischen Rollenaktionen konkretisieren. Die Kategorie der „transzendenten Rollen" wird von mir den psychodramatischen und soziodramatischen Rollen*aktionen* zugeordnet. Mit *Pierre Weils* (1980) Konzept des „Kosmodramas", das in Gedankengängen der „transpersonalen Psychologie" gründet, wäre eine korrespondierende Aktionalrolle konstruierbar.

Schon *Moreno* hat für jeden Menschen ein „Rollenspektrum", ein *range of roles* (1940a, 20), angenommen, die im aktualen Verhalten gespielt werden können. Darüber hinaus spricht er von Rollen, „die aus dem manifesten Leben des Individuums verschwunden sind, aber als dynamische Faktoren in seinem inneren Leben weiter wirken" (1940b, 120). Ich habe deshalb für die spielbaren Rollen den Begriff des *Rollenrepertoires* und für die aktual nicht gespielten Rollen den des *Rolleninventars* eingeführt (*Petzold* 1974a). Das Rollenrepertoire ist vom jeweiligen sozio-kulturellen Kontext, d. h. von möglichen Partnern in sozialen Rollenspielen, maßgeblich bestimmt.

*Abb. 19* (aus *Petzold* 1974a)

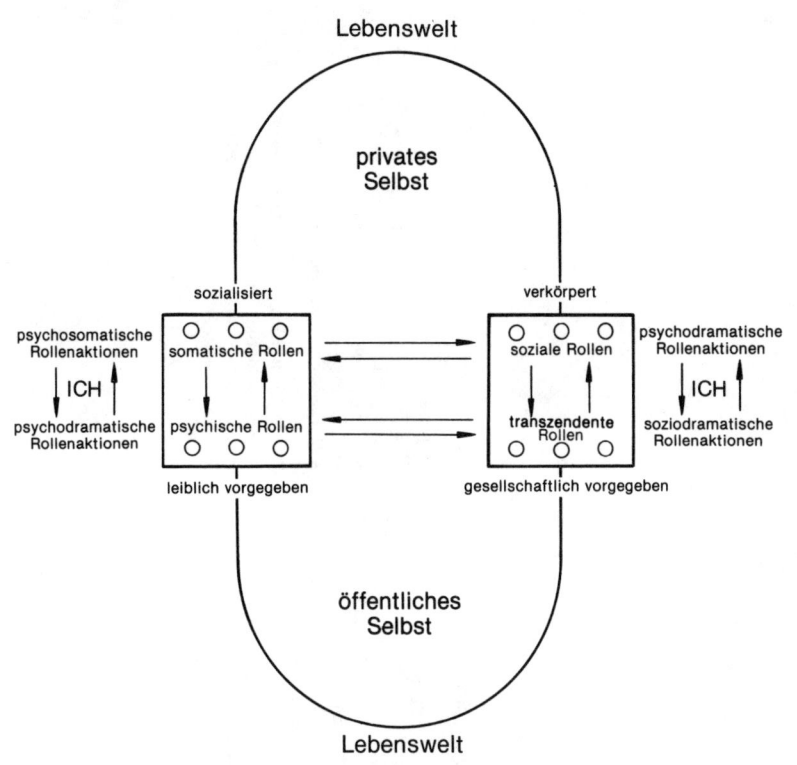

```
                           Lebenswelt

                            privates
                            Selbst

              sozialisiert                    verkörpert
psychosomatische  ┌─────────────┐      ┌─────────────┐  psychodramatische
Rollenaktionen    │  O  O  O    │      │  O  O  O    │  Rollenaktionen
                  │somatische Rollen│ ⇄ │ soziale Rollen│
    ↓ ICH ↑       │     ↓ ↑      │      │     ↓ ↑      │     ↓ ICH ↑
psychodramatische │psychische Rollen│ ⇄ │ transzendente │  soziodramatische
Rollenaktionen    │  O  O  O    │      │  O  O  O Rollen│ Rollenaktionen
                  └─────────────┘      └─────────────┘
                leiblich vorgegeben     gesellschaftlich vorgegeben


                           öffentliches
                             Selbst

                           Lebenswelt
```

Das Selbst als „öffentliche" und „private" Wirklichkeit

Damit wird die von *Moreno* betonte Veränderlichkeit des „range of roles", die von den Veränderungen im sozialen und kulturellen Atom abhängen (vgl. 2.5.3; *Jennings* 1942), bedeutsam. Das *Selbst* — und davon abhängige Konstrukte wie *Identität* und *Ich* werden von diesen Wandlungen unmittelbar beeinflußt. Im Rolleninventar eines Menschen bleiben zwar alle jemals gespielten Rollen eingegraben, aber sie sind nicht unbedingt verfügbar, „reaktualisierbar", denn dafür bedürften sie der *Verkörperungskraft* — (einem achtzigjährigen Ex-Sprinter dürfte die Reaktualisierung dieser Rolle des Fünfundzwanzigjährigen mißraten). Weiterhin fehlt es in „gealterten" sozialen Atomen an *Interaktionspartnern*. Ich habe in einer empirischen Untersuchung die aktualen sozialen Atome von alten Menschen (60-80-jährigen) erhoben und ihren Bestand mit vierzig Jahren rekonstruieren lassen (*Petzold* 1979b, 435-463).

*Abb. 20:* Veränderung eines sozialen Atoms über einen Zeitraum von 35 Jahren (aus *Petzold* 1979b, 446)

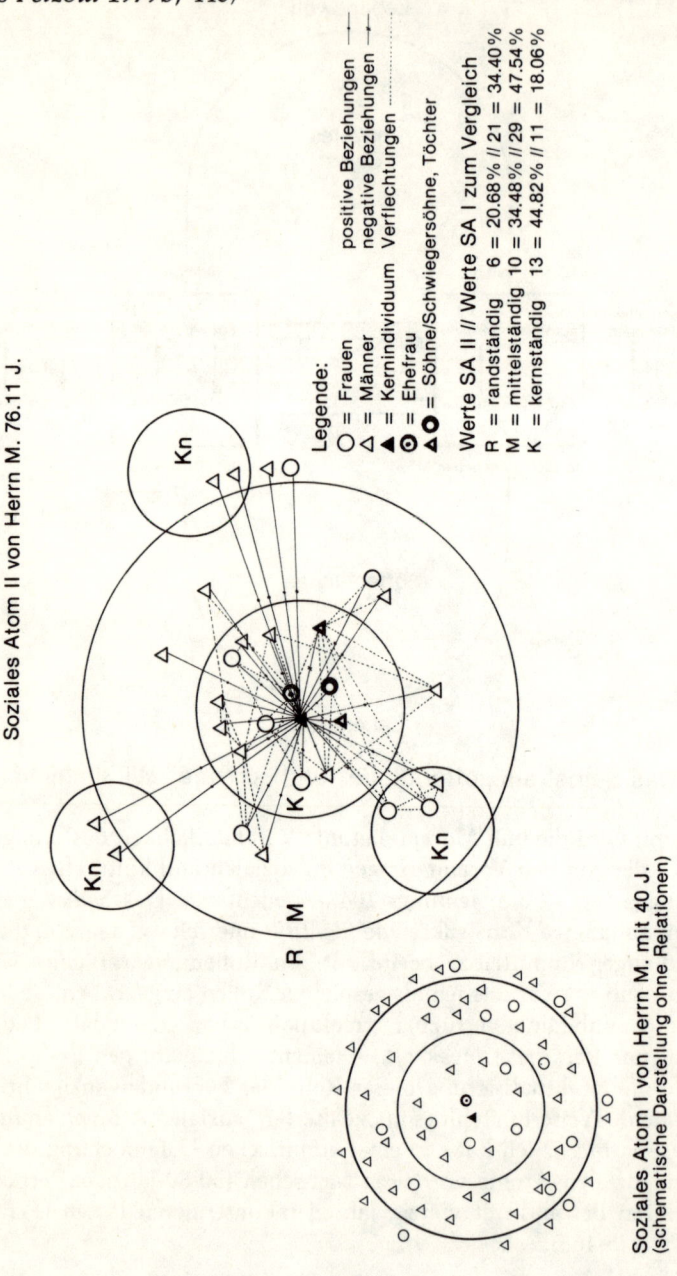

Abbildung 20 macht deutlich, wie beträchtlich der Rückgang möglicher Interaktionen bzw. Rollenkonfigurationen sein kann und wie sehr das Rollenrepertoire mit fortschreitendem Alter reduziert wird. Das Rollen-Selbst vermag damit zu atrophieren, was — da auch die entsprechenden Verkörperungen fortfallen — das Leib-Selbst, d. h. Selbst insgesamt, affiziert.

Rollenrepertoire und Rolleninventar sind in gleicher Weise Repertoire und Inventar von Szenen und Stücken, da Rollen von diesen losgelöst nicht gedacht werden können. Sie sind im Gedächtnis des Leibes eingegraben, und das bedeutet, daß es szenisches Gedächtnis, Skript- und Rollengedächtnis ist. Das *Rollen-Selbst* ist an dieses Gedächtnispotential des Leibes gebunden. Es konstituiert sich im Zusammenwirken (Synergie) der aktual spielbaren und der inventarisierten Rollen, Skripts und Szenen mit ihrer jeweiligen Geschichte und antizipierbaren Zukunft (Rollenschicksal), die im Hier-und-Jetzt jeder Szene bzw. jedes Rollenspiels *präsent* sind (vgl. *Petzold* 1981b, 1981c, 1981d). Leibgedächtnis, Leibzeit, Rollenleib führen damit wiederum auf das Konzept des *Leib-Selbst* hin, das das Konzept des sozialen Selbst bzw. den Moreno'schen Begriff des Rollen-Selbst einschließt. Die Rollen sind ja *verkörperte* — sogar in ihrer symbolischen Repräsentation, denn sie sind kortikal gespeichert und prinzipiell verkörperbar. Der Begriff des *Leib-Selbst* entspricht weitgehend dem des *„sujet incarné"* bei *Merleau-Ponty* (1945), bei stärkerer Akzentuierung des sozialen Eingebettetseins.

Auf dem Hintergrund dieser rollentheoretischen Überlegungen in der Tradition *Morenos* und der klinischen Perspektive seines Psychodramas einerseits und der phänomenologisch-strukturalen Theorie *Merleau-Pontys* (vgl. *Waldenfels* 1981) sowie der klinischen Perspektive der tiefenpsychologisch fundierten Gestalttherapie andererseits (*Perls* et al. 1951) habe ich *Konzepte* zu einer integrativen Persönlichkeitstheorie entwickelt. *Morenos* Arbeiten selbst sind schon als ein früher, integrativer Versuch anzusehen, genauso wie die Arbeit *Meads* (vgl. *Joas* 1980).Inzwischen ist die Komplexität sozialwissenschaftlicher Erkenntnis in einem Maße gewachsen, daß Integrationsversuche immer schwieriger werden, immer weitere Bereiche einbeziehen müssen (vgl. *Eppstein* 1979) und in Erwartung neuer Erkenntnisse eine konzeptuelle Offenheit im Entwurf einbetten müssen. Der tentative Charakter des vorliegenden Entwurfs intendiert Veränderung, Weiterentwicklung, Infragestellung, Korrespondenz über Konzepte, Inhalte, Ziele und darf nicht als Versuch der Fixierung der komplexen Wirklichkeit Mensch, der Polymorphie von Individuum und Gesellschaft gesehen werden: „there is no end to integration and there is no end to creation" (*Petzold* 1970).

# 4. Vorüberlegungen und Konzepte zu einer integrativen Persönlichkeitstheorie

*Ich schaue in den Spiegel ... und sehe mich s e l b s t.*
*Ja, i c h  s e l b s t  bin es! It's  m e .*
*Du siehst mich an. Ich sehe, daß du mich siehst,*
*Wie du mich siehst, mich erkennst, mich kennst.*
*Ich sehe dein Erkennen, weiß mich erkannt.*
*Dein Gesicht ist mein Spiegel.*
*Du hast dir ein Bild von mir gemacht.*
*Es prägt das Bild, das ich von mir habe;*
*Dennoch, mein Bild, das ich von mir habe,*
*Unterscheidet sich von dem Bild, das ich von dir habe.*
*Ich schaue in den Spiegel und sehe kein Ich.*
*Ich sehe mein Gesicht, meinen Leib.*
*Ohne Zweifel — das bin ich selbst. Es ist niemand anderes.*
*So kenne ich mich und so kennt man mich. —*
*Ich sehe dich an. Das bist du.*
*Ja, du selbst bist es, kein anderer.*
*Ich bin ich selbst. Du bist — ein anderer.*
*Weil ich weiß, daß die anderen anders sind,*
*Weiß ich, daß ich selbst bin.*
*Der Spiegel aus Glas zeigt die Homologie.*
*Der eines Gesichtes zeigt Gleichheit u n d  Differenz.*
*Beides führt zu mir selbst und zu dir.*
(aus *Petzold* 1981e)

Die Sprache eines Volkes beinhaltet seine Theorie über die Wirklichkeit, über den Menschen, über die Welt. Sie impliziert Persönlichkeitstheorien, Theorien über die Werte, über die Zeit ... nicht als die Spekulationen einzelner, herausragender Denker, sondern als die Sedimentationen kollektiver Erfahrungen und gemeinschaftlichen Wissens. Die Metapher „sich ein Bild von jemandem machen ... oder von sich selbst" impliziert ein Konzept von Identität. Es findet sich diese Metapher nicht in allen Sprachen. Nicht alle Kulturen brauchen ein Identitätskonzept (*Benoist* 1980). Die Worte *Ich* und *Selbst* und ihre semantischen Konfigurationen implizieren eine Modellvorstellung von Persönlichkeit: Das *Ich* ist aktiv, erkennend, handelnd. Es vermag das *Selbst* in den Blick zu nehmen. „Ich betrachte mich selbst im Spiegel". Es ist das Ich, das in der Selbstreflexion auf das Selbst reflektiert. Das Ich ist relational auf das Selbst, das Du, den anderen bezogen. Seine Identifikationen sind zugleich Differenzierungen, Kontakt und Abgrenzung in einem.

Die Sprache wandelt sich mit der Gesellschaft, die sie redet. Das Ich des 17. Jahrhunderts ist nicht das Ich unserer Zeit. Das Ich in der Sprache der Fulbe ist nicht das Ich in der elaborierten deutschen Hochsprache heute, und dieses unterscheidet sich in seinen Tönungen vom Ich in restringierten Sprachgruppen (*Bernstein* 1959) desselben Idioms. Zeit und Raum sind, wie *Claude Lévi-Strauss* gezeigt hat, „social time and social space", und genauso sind Begriffe wie Ich, Selbst, Identität, Hypostase, Person Artikulationen einer jeweiligen Kultur, einer konkreten Sozietät oder Gruppe. Die damit gegebene Relativität von Persönlichkeitstheorien bietet die Chance von Konkretheit und Angemessenheit, Lebensbezug. Inhalte und Formen von Theorien über die Persönlichkeit des Menschen müssen jeweils neu aufgefunden werden, für jede Zeit und jeden Raum.

Um dein Ich, dein Selbst, deine Identität zu verstehen, muß ich deine Welt betreten, deine Sprache sprechen lernen. Was das bedeutet vermag der in besonderer Weise zu ermessen, der mit Menschen „aus einer anderen Welt" zusammengelebt hat, in dem Bemühen, sie zu verstehen. — Das braucht nicht Zentralafrika zu sein; die andere Welt ist oft nur einen Straßenzug entfernt.

Die nachfolgenden tentativen Analysen und Konzepte basieren auf den Texten und Chiffren, die meine Sprachgemeinschaft für ihr Bild von Persönlichkeit geschaffen hat. Ich habe diese Texte auf meine Weise gelesen und gedeutet. Ich habe meinen Text niedergeschrieben und ihn damit eingereiht in die Vielzahl der Worte und Texte und Reden, deren Sedimentationen neue Chiffren und Texte hervorbringen oder den alten eine andere Qualität und Färbung geben werden.

## 4.1 Bühne oder Metaszene

Die Bühne, auf der wir spielen, auf der alle Szenen ablaufen, ist die Lebenswelt (*E. Husserl, A. Schütz*). Ihr gehören wir zu, auf ihr sind alle Spieler in *einem* Spiel verbunden, sind alle *Mit-Spieler*. Sie ist Matrix und Ausdruck *totaler Ko-Existenz*. Alles ist aufeinander bezogen, nichts ist unverbunden, und diese Intentionalität wirkt einen ganz grundsätzlichen, ursprünglichen *Sinn*: das Drama auf der Bühne dieser Welt ist Sinn-voll (*Petzold* 1980a). Dieser *primordiale Sinn*, der als ein

*Kon-Sens*, als eine Übereinstimmung alles Existierenden (*Dilthey* 1958), oder besser Koexistierenden, zu sehen ist (*Löwith* 1928), schafft die Grundlage für das Gefühl, daß diese Welt unsere Heimat ist, unser Haus, daß wir in einem Haushalt leben. Wir sind konstitutiver Bestandteil der Bühne, der Szene — nicht nur Figuren im Spiel, sondern ein Element, durch das das Spiel erst zustandekommt, das zur Sinnhaftigkeit des Spiels beiträgt[26].

Die Erfahrung der Zugehörigkeit und Koexistenz ist kondensiert in der „*Urszene*" des uterinen Mikrokosmos und dem „*Urdrama*" der embryonalen Entwicklung. Das Leben des noch Ungeborenen im Mutterleib repräsentiert die primordiale Struktur der totalen Zugehörigkeit (*Caruso* 1980), ist *Metaszene*, totale Verbundenheit: *Koexistenz*. Im Urdrama der embryonalen Entwicklung vollzieht sich gerafft das gesamte Stück der Evolution noch einmal und bezeugt die Zugehörigkeit auch für die Dimension der Zeit. In der organismischen Erfahrung dieser Koexistenz wurzelt das Grundvertrauen als etwas *schon je Mitgegebenes*, das nach der Geburt nur bekräftigt zu werden braucht und nicht, wie es *Erikson* vertritt, in der Interaktion zwischen Mutter und Kind erst ausgebildet wird.

Mit der Geburt tritt das Kind in eine erste „spezifizierte" Szene: den Kreißsaal, das Wöchnerinnenzimmer, den Purpursaal[27] oder wo auch immer die Szene der Geburt stattgefunden hat. Und dann folgt Szene auf Szene: das Leben — eine Geschichte von Szenen. Es *bleibt* die Metaszene, aber sie verliert an Dichte. Sie wird zum universalen Hintergrund, zum Hintergrund aller Hintergründe, der fast vergessen wird und sich in der Dämmerung zu verlieren scheint.

Zunächst ist die Metaszene noch sehr deutlich präsent in der innigen Beziehung von Mutter und Kind. Die Mutter „trägt" ihr Kind, und das Kind fühlt sich von ihr und bei ihr „aufgehoben". Im Stillen und Halten und Tragen wird das in den ersten nachgeburtlichen Wochen noch wirksame Grundvertrauen, die totale Verbundenheit, in der das Kind wie *in utero* zwischen sich und seiner Umwelt noch nicht differenziert (*Moreno, Moreno* 1944), *bekräftigt*. In diese Verbundenheit greifen roh die Entfremdungsmechanismen unserer Gesellschaft und Kultur ein: die zum Teil denaturierenden Brutpflegepraktiken in den Kliniken und Haushalten (Trennung von Mutter und Kind nach der Geburt, frühes „Abstillen", minimaler Körperkontakt durch Überlastung,

---

[26] *Plessner* (1966, 29) hat auf die Gefahren eines „um die kosmische Szene verkürzten" theatralischen und formal-funktionellen Rollenbegriffs aufmerksam gemacht.

[27] Im Purpursaal wurden die byzantinischen Kaiser geboren, weshalb sie zuweilen den Beinamen „Purpurgeborener" (πορφυρογένετος) führten.

mangelnde Zeit und eigene Leibentfremdetheit der Mütter). So werden Differenzierungsprozesse forciert oder zumindest mit Erfahrungen des Unverbundenseins gekoppelt. Den Preis, den wir für eine solche Differenzierung zahlen, ist der Verlust der Verbundenheit, des existentiellen Erlebens von Koexistenz. Es tritt die Fremdheit an die Stelle des Miteinanders. *Ich* und *Du* werden Gegensätzlichkeiten, die in keinem Wir gründen. Wir finden damit in den Brutpflegepraktiken unserer Kultur eine der Wurzeln von Entfremdung (*Montagu* 1975).

### 4.2 Leib und Rolle — Szene und Stück

Rollen gliedern sich aus dem universalen Hintergrund der sozialen Welt aus, aus dem Hintergrund der Lebenswelt (*Pettit* 1975). Vordergrund und Hintergrund bleiben in Synchronizität aufeinander bezogen. Der jeweilige Vordergrund wird zur Szene auf der Bühne der Welt.

Duke: „Thou seest we are not alone unhappy
This wide and universal theatre
presents more woeful pageants then the scene
wherein we play in"
(*Shakespeare*, As you like it II, 2).

„The stage is not a ‚stage' but a part of the actual world" (*Moreno* 1946, 351).

Die alte Metapher des *theatrum mundi*: Die Szenen gliedern sich aus der Bühne der Welt und dem Drama der Geschichte aus (*Petzold* 1981a), die Rollenspieler spielen ihren Part, wobei Bühne, Szene und Rolle im Drama eine Ganzheit bilden. Jedes Detail steht in Verbindung zum Ganzen und all seinen Elementen. Ohne Szene und Bühne, ohne dramatischen Zusammenhang der Handlung, d. h. ohne das Drama der Geschichte, bleibt die Rolle *sinn*-los (*Simmel* 1920). Die Szene als raum-zeitliche Konfiguration ist zur Welt, die Welt ist zur Szene, die Rolle ist zur Szene, die Szene ist zur Rolle gerichtet: *„être-au-scène"* (weiteres *Petzold* 1981c).

Die Szene steht in einem zeitlichen Zusammenhang, einer Szenenfolge, dem Stück, der Partitur. Vorgängige Szenen gewinnen bestimmende Kraft für nachfolgende. Der Zwang der Sequenz und damit das Moment der Verursachung rücken damit in den Fokus der Betrachtung, und es kommen Fragen auf: Wer hat die Stücke geschrieben, arrangiert, die wir spielen, die Szenen entworfen, in denen wir agieren oder agieren *müssen*? Wer sind die Zuschauer, wer die Regisseure und wer

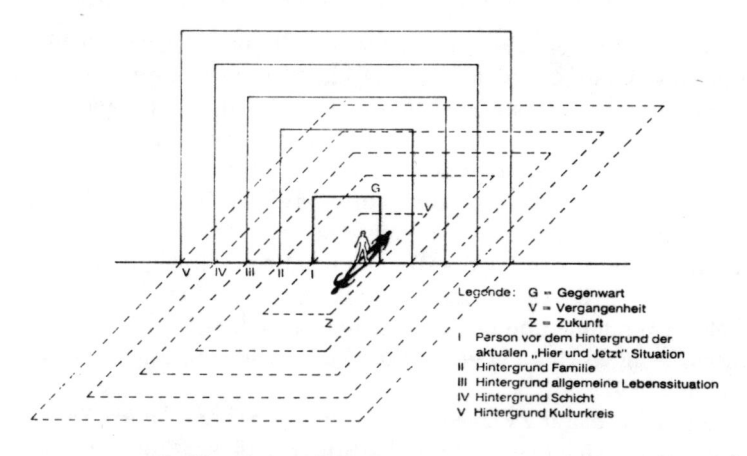

Legende:  G = Gegenwart
V = Vergangenheit
Z = Zukunft
I Person vor dem Hintergrund der aktualen „Hier und Jetzt" Situation
II Hintergrund Familie
III Hintergrund allgemeine Lebenssituation
IV Hintergrund Schicht
V Hintergrund Kulturkreis

*Abb. 21:* Die Person und ihr Umfeld als räumlich und zeitlich gestaffelte Figur/Hintergrund-Relation (= Kontext/Kontinuum) (aus *Petzold* 1974b)

*Erläuterungen zu Abbildung 21:*

Der Klient trägt in jedem Moment seiner Gegenwart die Ereignisse seiner Vergangenheit und die Möglichkeiten seiner Zukunft in sich. Er ist als Person nur in diesem zeitlichen Kontinuum zu begreifen. In gleicher Weise steht er in einem sozio-kulturellen (Volks- u. Schichtzugehörigkeit) und einem sozio-physikalischen (Land, geographische Region) Zusammenhang, der sich als gestaffelte Figur/Grund-Relation erweist und als Bezugsrahmen die aktuale „Hier-und-Jetzt-Situation", die Familie, die allgemeine Lebenssituation (Beruf, Freundeskreis etc.), die soziale Schicht und den Kulturkreis umfaßt. Für jeden dieser Bezugsrahmen findet sich wiederum ein *Zeitkontinuum;* denn jedes aktuale Geschehen, jede Familie, jede Lebenssituation, jede Kultur hat *Geschichte* und *Zukunftsperspektiven.* Ohne dieses Zeitkontinuum ist ein Verständnis von Struktur und Verhalten der genannten Systeme (Person, Familie, Schicht usw.) nicht möglich.

kassiert für die Vorstellung? (weiteres *Petzold* 1981e). Die Fragen nach der Macht (*Foucault* 1974, 1976), die in den Szenen und Stücken wirkt, nach den Interessen, die sie manipulieren, müssen gestellt werden.

Zur Szene gehört alles, was ich wahrnehmend und handelnd erreiche: Menschen, Dinge, Beziehungen, Bewegungen, Handlungen. Eine Szene ist nie statisch. Sie ist in Bewegung, eine *lebendige Struktur,* in mir, um mich herum, durchmischt. Es gibt kein Innen und Außen, keine zeitliche Trennung zwischen den Szenen der Innenwelt und denen der Außenwelt (*Waldenfels* 1976).

Die zeitliche und strukturelle Dimension der Szene bedingt, daß sie jeweils ganz neu und niemals ganz neu ist. Denn im Leib als „inkarniertem Subjekt" (*Merleau-Ponty* 1945, 1964), der die Konstante jeder

Szene bildet, sind szenische *Strukturen* — d. h. an unterschiedlichen Orten des Zeitkontinuums als homolog identifizierbare Konfigurationen — archiviert. Der Leib wird damit zum Ort in diesem Spiel der Szenen und Szenenfolgen und Rollenkonfigurationen, der Stabilität gewährleistet. Er vollzieht die Rollenverkörperungen, wenn er die Szene betritt und damit für diese konstitutiv wird. Er ist ein Punkt der „Ruhe in der Bewegung". Der Leib mit seiner Fähigkeit von Wahrnehmen und Speichern, von Memoration und Antizipation nimmt die Ereignisse auf, schreibt sie im *„Gedächtnis des Leibes"* nieder. In den kortikalen Engrammen, in den Lach- und Gramfalten, in der aufrechten oder gebeugten Haltung werden die Rollen, Szenen, Stücke eingegraben (*Iljine* 1923).

Der Leib wird damit zu einem *Reservoir von Szenen,* einem Reservoir von Rollen, einem Archiv von Partituren (Stücken), die mir verfügbar sind und die, da ich zahllose Szenen mit anderen durchlebt habe, zu „gemeinsamem Besitz" werden. Das ist die Essenz von Sozialisation: *die Internalisierung von Szenen und Szenengeschichten, von Rollenkonfigurationen, von Stücken, die ich mit anderen teile.* Hier ist die Grundlage für die Möglichkeit von Antizipation und Reziprozität zu sehen; weil wir den Verlauf der meisten Stücke kennen, sind sie uns vertraut, geben uns vormals erlebte Rollen, Szenenkonstellationen und Szenenfolgen *heute* Verhaltenssicherheit und Orientierung. Das Gedächtnis des Leibes stattet uns für die Potentialität von Situationen aus, beinhaltet die Rollen*kompetenz* in Form gespeicherter Ereignisse und Muster und ermöglicht uns eine adäquate Rollen*performanz* im szenischen Zusammenspiel.

Szenen und Partituren zeigen das Selbst *in actu,* den Menschen im Spiel. Ihre Archivierung führt im Verlaufe der Entwicklung zu Konzepten über „sich selbst" und über die Welt. Konzepten, die sich über die Lebensspanne wandeln, aber im Bestand der Archive ihre Ausgangsmaterialien bewahren: Erinnerungsbilder gehabter Identitäten. Rollen, Szenen, Partituren als lebendige Strukturen enthalten die Selbstbilder (*Filipp* 1979) und Weltbilder eines Menschen, die in der persönlichen und kollektiven Vergangenheit ihren Grund haben, sich im gelebten Leben der jeweils anwesenden und gestalteten Gegenwart artikulieren und sich hier-und-jetzt in die Zukunft entwerfen.

Der Leib steht im *Strom des Lebens,* im Strom der Evolution, aus dessen zeitloser Anonymität er sich ausgegliedert hat, ohne ihn zu verlassen. Leiblichkeit konstituiert das „Für-mich-mit-anderen", Koexistenz in individueller Form. Im Hinblick auf den *Strom der Zeit* geschieht Ähnliches: die Ausgliederung der individuellen Biographie aus der Geschichte, dadurch, daß der Leib Anfang und Ende hat. Im

Schnittpunkt von Kontext und Kontinuum stehend, ist er mein Ort im Raum und in der Zeit (*Petzold* 1981d). Im Geflecht der sozialen Konfigurationen ist er für mich der Ort der Begegnung (*Marcel* 1978). Er ist konstant in dem Wechsel der Szenen. Er ist Medium der Kommunikation, des sozialen Miteinanders in der Verkörperung von Rollen. Mein Leib ist Zeitleib, szenischer Leib, Rollenleib, „social-body" in einem. Er ist Garant von Kontinuität und Identität. Er ist der Ort der Freiheit, denn bei aller Fremdbestimmtheit durch gesellschaftliche Rollenzuschreibungen ist er es, der die Rollen *verkörpert*. Er ist der Ort des *Begehrens* (*désir*), der Wünsche, der Vitalität. Er ist es, der sich Rollen zur Verkörperung wählt, sich von ihnen distanziert (*role distance*) oder Verkörperung von Rollen verweigert.

Der Leib wird damit zum Fokus möglicher Unterdrückung und Disziplinierung. Dann nämlich, wenn die Szene Macht über den Leib gewinnt, Verkörperung erzwungen wird durch Bestrafung, Verstümmelung, Todesdrohung (*Foucault* 1976, 130). Der Tod des Leibes bedeutet das Erlöschen der Rollen, das Ende jeglicher Szene, den Abbruch des Stückes.

## 4.3 Selbst, Ich und Identität

Meine „Lebensspanne" als Ausgliederung aus der Zeit durch mein Geborenwerden und meinen Tod, die mich doch im Strom der Zeit beläßt — die Ausgliederung aus der Lebenswelt durch *meinen* Leib, der sich von der Anonymität des Lebendigen, der „chair commune" (*Merleau-Ponty* 1969) abschattet und doch mit ihr verbunden bleibt —, die von mir verkörperten Rollen, die als meine prägnant werden und zugleich in der sozialen Welt eingewurzelt sind, bilden die Grundlagen meiner *Identität*, in der *ich* mich *selbst* erlebe. Es werden damit drei Begriffe: *Identität*, *Selbst* und *Ich* als anthropologische Konstituenten eingeführt, die im folgenden expliziert werden sollen.

### 4.3.1 Das Selbst als Leib- und Rollen-Selbst

Der Leib als die Basis der menschlichen Existenz ist auch die Grundlage des „Selbst", jener individuellen, organismischen Präsenz, die in ihrer Einmaligkeit dennoch der kollektiven Welt des Biologischen und des Sozialen zugehört (zum Selbstbegriff vgl. *Stein* 1979 und *Neubauer* 1976). Das *Leib-Selbst* ruht in sich und zugleich in der Lebenswelt. Es ist deshalb nicht in seiner Totalität sozial produziert, wenn auch die Strukturen der sozialen Welt für seine Ausbildung konstitutiv sind. Aber die Eindrücke des „Außen" treffen auf homologe Strukturen im

„Innen". Die Sedimentationen von Handlungen, die Konserven des Rolleninventars, die gespeicherten, „eingefleischten" Szenen und Stücke sind im *Selbst* zu einer Textur verwoben, die eingeflochten ist in die Strukturen der Lebenswelt, aus der sie hervorgingen (*Pettit* 1975). *Leib-Selbst* und *Welt* sind ineinander anwesend, *une présence*, hinter die nicht zurückgegangen werden kann (*Apel* 1974; *Merleau-Ponty* 1964).

Nimmt man die Einheit des Diskurses von Leib, Welt und Unbewußtem an (*Frostholm* 1978), an dem das *Selbst* partizipiert, ja dessen Ausdruck es ist, so erscheint die These, die die Entwicklung des *Selbst* alleinig als „Aneignung der akkumulierten Erfahrung der Menschheit" (*Leontjew* 1973, 297ff, 459) sieht, zu kurz zu greifen. Sie erfaßt einen, wenn auch wesentlichen Aspekt und verliert dabei die Dimension der je gegebenen Welt der Strukturen, in deren Grund das *Selbst* eingewurzelt ist (vgl. *Lichtenstein* 1965, 117).

Das einfach „Da-sein", das das *Leib-Selbst* charakterisiert, kann als die Passivität einer synergetischen Gegebenheit aufgefaßt werden. Das *Leib-Selbst* als die aus dem Zusammenwirken vielfältiger Komponenten und Aspekte hervorgegangene Ganzheit ist sich in einer organismischen Weise bewußt (vgl. *Levins* „experiencing self" 1969, 44). Es *ist* und bedarf nicht der Bestätigung durch das *cogito* im Sinne von *Descartes*. Da das Leib-Selbst in der *kollektiven Leiblichkeit*, der „*chair commune*" (*Merleau-Ponty* 1964) gründet, die im Diskurs der Zeugungen sich von Generation zu Generation fortschreibt, da es eingewurzelt ist in die *Zwischenleiblichkeit* der Mutter-Kind-Dyade (*Moreno, Moreno* 1944) und aller menschlichen Interaktion (*Coenen* 1979; *Mead* 1932, 1934, 1938), ist es immer ein partikuläres und generelles zugleich, ein *Selbst für-sich-mit-anderen*, vom Beginn seiner Existenz an.

Der hier vertretene Begriff des Leib-Selbst geht hinter das Konzept des *Selbst* bei *Mead* zurück. Nach *Mead* ist das *Selbst* dem Menschen nicht von Natur oder Geburt an eigen, sondern die Internalisierung des sozialen Prozesses (*Mead* 1934, 173/1975, 216). Der Mensch wird erst zu einem *Selbst*, nachdem er zuvor ein anderer war (ibid. 1934/230\*; 163f/206f). „*... Soweit ich sehen kann, ist das Individuum solange kein Selbst im kollektiven Sinn, als es nicht ein eigenes Objekt ist. Diese Tatsache verleiht der Kommunikation entscheidende Bedeutung, da sie ein Verhalten ist, bei dem der Einzelne in dieser Weise auf sich selbst reagiert*" (ibid. 142/184; vgl. auch 145ff/187ff). Eine solche Auffassung führt *Mead* dazu, Selbst-Identität als primär kognitives und

---

\*) Die erste Angabe bezieht sich auf die amerikanische, die zweite auf die deutsche Ausgabe.

weniger als ein affektives Phänomen anzusehen — etwa in Abhebung von *James* und von *Cooley* (1964, 168f; vgl. Mead 1975, 216 und 1929). In meinem Ansatz wird das Selbst jedoch als *leibliches* Phänomen gesehen, in dem Kognitives und Affektives, Vernunft und Trieb integriert sind. Die von *Mead* hervorgehobene Reflexivität sehe ich als im Verlauf der kindlichen Entwicklung ausgebildete Ich-Funktion an, die das „*Ich-Selbst*" unter Einschluß der dem Ich vorgegebenen Erwartungsstrukturen („*me*") ermöglicht. Die organismische *awareness* des Leibes von sich selbst — sie ist schon im intrauterinen Leben anzunehmen (*Orban* 1980) — konstituiert das Leib-Selbst als jeder reflexiven Distanzierungsmöglichkeit und sozialen Zuschreibung vorgegeben. Dabei ist davon auszugehen, daß das Leib-Selbst ein sich entwickelndes ist, gebunden an die natürlichen (endogenen) Reifungs- und Entwicklungsprozesse und an die (exogenen) Einflüsse der Sozialisation. Seine organismische Dynamik, seine Antriebe und Bedürfnisse werden von Anbeginn sozial gestaltet. Das *Es* und die Gesellschaft stehen nicht schon je und unabänderlich in Konflikt, sondern der Leib *ruft* die Rollen; der „act hunger", die Spontaneität, das Bedürfnis der Rollenverkörperung (*Moreno, Moreno* 1944) verlangt nach Sozialität.

Damit wird auch hinter *Morenos* Selbstbegriff zurückgegangen; denn es ist das Leib-Selbst, das die Rollen verkörpert, aus denen sich nach und nach das „*Rollen-Selbst*", und zwar — so *Moreno* (1962a) — als summativer Cluster-Effekt der aktionalen Rollen eines Menschen, die als solche selbst von der Doppelgesichtigkeit Individualität/Kollektivität gekennzeichnet sind. Insoweit trägt auch das aus ihnen hervorgegangene *Rollen-Selbst* diese Charakteristik in sich, und ihm muß in gleicher Weise der konfigurative Charakter eignen, weil jede Rolle, von der es konstituiert ist, Komplementärrollen hat. Das *Rollen-Selbst* ist deshalb immer eingebunden in den sozialen Kontext, aus dem es hervorgegangen und dessen Teil es ist, genau so wie das *Leib-Selbst* in die „Zwischenleiblichkeit", in den Zusammenhang der Lebenswelt und ihrer Strukturen eingebunden ist. Das Rollen-Selbst setzt das Leib-Selbst voraus und ist durch die Verkörperung „mit ihm unlösbar" verbunden.

Ist das Leib-Selbst ein schweigendes, das in seiner primordialen, generativen Passivität ruht (vgl. *Winnicotts* Konzept des „silent self" 1965, 187ff), so wird es in den Verkörperungen des *Rollenleibes* ein handelndes und redendes, das aus der Anonymität der „chair commune" heraustritt, ohne sie zu verlassen. Es vermag sich selbst und anderen gegenüberzutreten im Sinne einer Reflexivität, die in Distanz zu gehen vermag, ohne sich zu verlieren. — Dies ist mit einem qualitativen Umschlag verbunden: Die *Selbst*-Wahrnehmung als „synästhetisches Ereignis" (vgl. *Freuds* Konzept der „Psychosynthese" 1918, 186 und dazu *Spitz* 1969, 35) gebiert das „*Ich-Selbst*" im Zusammenwirken bewußten Wahrnehmens und Handelns. Das „Ich-Selbst" erscheint als reflexive Selbstobjektivierung. Das *Ich* erkennt das *Selbst* oder genauer: durch das *Ich* vermag sich das *Selbst* zu erkennen. Da *Ich* und *Selbst* im *Ich-Selbst* (vgl. das „me" von *James* 1892/1961, 43ff und *Mead* 1903; 1913 und 1934, 173ff/1975, 216ff) unlösbar verbunden sind, sind sie immer Subjekt und Objekt des Erkennens zugleich, hinter die nicht zurückgegangen werden kann. Der Boden des *Ich* ist das Leib-Selbst, das dem Sein, der Welt der Strukturen, der Lebenswelt zugehört, das die *ganze Zeit* — Gegenwart, Vergangenheit und Zukunft — in seinem „Da-Sein" umgreift, wohingegeben das *Ich* nur im Jetzt, in der aktualen Performanz von aktionalen Rollen fungiert. Im Tiefschlaf, in der Bewußtlosigkeit existiert kein *Ich*, wohl aber das *Selbst*, das in der Stabilität der Leiblichkeit ruht. Im „*Ich-Selbst*" partizipiert das *Ich* erkennend am Reichtum des *Selbst*, an der „ganzen Zeit", an der archivierten Geschichte, die sich seinem Erleben erschließt.

## 4.3.2 Das Ich

Es wird damit das Konzept des „*Ich*" eingeführt als das „*Selbst in actu*", als die Instanz bewußter Wahrnehmung und Handlung, die wiederum aus einer Synergie resultiert. Nur hat sie dieses Mal „aktiven" Charakter: „*Ich* nehme mich *selbst* wahr, *ich selbst* werde handeln". Das *Ich* als das Gesamt der *Ich-Funktionen* (*Hartmann* 1972) ist die Instanz des *Habens* und *Machens*; das *Selbst* ist die des *Seins*. Der aktionale Charakter des *Ichs* als eine Synergie aktionaler Rollen, die Situationsgebundenheit der Rollenperformanzen und der konfigurative Charakter der Rollen verbieten es, das *Ich* als stabile, an unterschiedlichen Orten des Zeitkontinuums homologe Größe anzusehen. Das *Ich* ist ein „flüchtiges Phänomen", ein Jetzt-Zustand wacher, bewußter *Wahrnehmung* und *Handlung*. Es entsteht im „Kontakt" (vgl. *Perls, Hefferline, Goodman* 1951).

Das Konzept des *Ich* ist deshalb mit dem der Bewußtheit (awareness) und des Bewußtseins (consciousness)[28] unlösbar verbunden. Das Leib-Selbst in seiner passiven, *matten* Awareness hat eine organismische Bewußtheit seines Da-Seins und schließt die Dimensionen des individuellen und kollektiven Unbewußten ein. Aber nur in der hellwachen, *scharfen* Awareness, die Leib und Welt im Modus jeweils gege-

---

[28] Eine Theorie der *Bewußtheit* mit den Dimensionen individuelles und kollektives Unbewußtes, Bewußtes und Mitbewußtes, die im Hinblick auf eine integrative Persönlichkeitstheorie unverzichtbar ist, wird an anderer Stelle vorgelegt werden.

bener Wahrnehmungsfelder organisiert (*Gurwitsch* 1964, 322; vgl. 1929) und das Handeln leitet, konstituiert sich das *Ich* im jeweiligen Vollzug von wahrnehmendem Handeln und Erkennen und handelnder, erkennender Wahrnehmung, wobei es auf „Mitbewußtes" (*Rohracher*) zurückgreifen kann.

*Abb. 22:* Konstituierung von Identität

Ich sehe mich selbst
(Identifikation)

Ich werde von anderen gesehen
(Identifizierung)

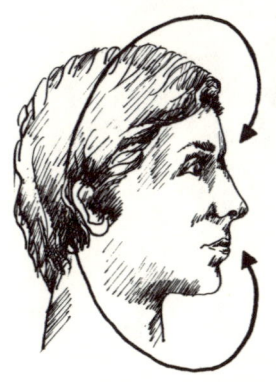

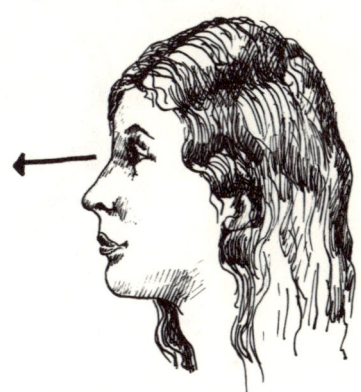

Ich sehe, wie andere mich sehen
(Identifikation und Internalisierung
der Identifizierung)

Auch für *Moreno* liegt eine wesentliche Charakteristik des *Ich* in der Selbst- und Rollenwahrnehmung (1937, 46), der telischen und autotelischen Funktionen (1939a, 4, vgl. S. 224). Die scharfe Awareness des *Ich* führt zum Erkennen der Intentionalität des *Selbst*, schon ehe diese sich in Handlungen konkretisiert, und nimmt dann auch die Handlungen und ihre Auswirkungen wahr. Das *Ich* belegt sie mit *Identifikationen: meine* Wahrnehmung, *mein* Handeln, *meine* Ausrichtung (Intentionalität), *meine* Wirkung auf. Aus den identifikatorischen Leistungen des *Ich* nach „innen" (Selbstwahrnehmung) und nach „außen" (Fremdwahrnehmung) ergeben sich Selbstrepräsentanzen bzw. Selbstbilder, d. h. Identität; denn auch die Verhaltenserwartungen und -zuschreibungen aus dem Außenfeld, die von „außen" kommenden *Identifizierungen* meiner selbst, das Bild, das andere von mir haben, werden vom *Ich* im situativen Kontext wahrgenommen und mit Identifikationen belegt. Damit gewinnt die Einschätzung der „anderen", die wahrgenommen, ja antizipiert wird, für die Entwicklung des Selbstbildes bzw. der Identität entscheidende Bedeutung.

*Abb. 23:* Integratives Modell der Persönlichkeit
(aus *Petzold* 1975; 1980e, 343)

*Legende:*

Dimensionen des
Leib-Subjekts
* I *Körper*
  II *Seele*
  III *Geist*
  IV *Lebenswelt* (sozialer u. ökologischer Kontext)

Gemeinsamkeiten und
Divergenzen
1 Differentes u. Divergentes
2 Homologes (strukturelle Gleichheit)
3 Similäres (strukturelle Ähnlichkeit)
4 Synergetisches (Prinzip der kreativen Übersummativität)

Persönlichkeit
Identität    = VGZ (I, II, III, IV)
Selbst       = t (1, 2, 3, 4; I, II, III, IV)
Ich (Selbst in actu) = G (2)

Dimensionen der
Bewußtheit
1 individuelles Unbewußtes
2 Bewußtes       } Awareness
3 Mitbewußtes
4 kollektives Unbewußtes

Zeit
t  = Kontinuum, d. h. die „ganze" Zeit
$t_1$ = individuelle Geschichte
$t_2$ = kollektive Geschichte
V = Vergangenheit
G = Gegenwart
Z = Zukunft

* Die römischen Zahlen gelten nur
  für den jeweiligen Kreis; die arabischen Zahlen für die jeweilige
  Farbe.

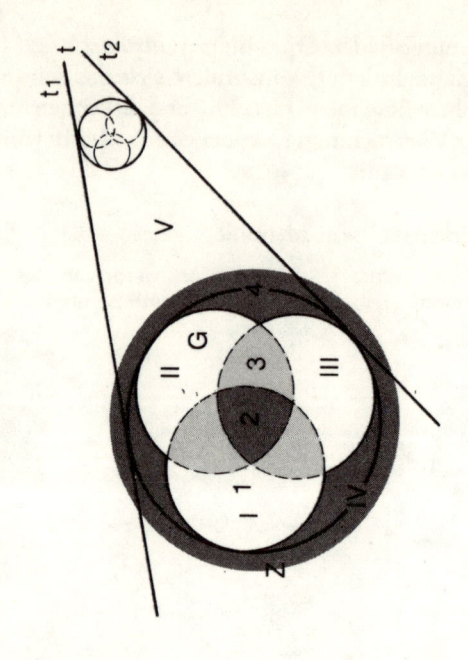

170

Ist das *Ich* aufgrund seiner Abhängigkeit von aktualer Wahrnehmung „flüchtig", so ist das *Selbst* in seiner Passivität überdauernder, auch wenn es durch Veränderungen des sozialen und kulturellen Atoms (*Moreno* 1947), durch die Rollenschicksale, durch Umschichtungen im Rolleninventar und -repertoire konstanten, aber mittleren und längerfristigen Veränderungsprozessen unterliegt.

Auch das *Ich* ist an die Dynamik des Entwicklungsgeschehens im Lebensverlauf gebunden (*Spitz* 1961; *Lacan* 1975), an die Entwicklung der Ich-Funktionen: Wahrnehmungsfähigkeit (Perzeption), Erlebnisfähigkeit (Emotion), Erkenntnisfähigkeit (Kognition). So ergeben sich in unterschiedlichen Phasen des Lebenskontinuums Ich-Leistungen von unterschiedlicher Komplexität und Qualität. Die Konstituierung von *Sinn* als das Erfassen von Zusammenhängen, die Verortung des Selbst im Kontext und damit die Ausbildung von Identität — und das ist die wesentliche Ich-Leistung —, ist abhängig von der entwicklungsbedingten *Kapazität*, Sinn zu erfassen und zu interpretieren bzw. intersubjektiv zu bestimmen. Dabei greift das Ich jeweils vorgegebenen, primordialen Sinn auf, der in den Strukturen der Lebenswelt ruht, als noch nicht erkennbarer, „stummer Sinn" (*Husserl*), als *„sens brute et sauvage"* (*Merleau-Ponty* 1964; 1969), der erkannt und ausgesprochen werden kann und in diesem schöpferischen Akt bereichernd in den stummen Sinn zurückwirkt.

Der primordiale Sinn weist eine *strukturelle Fülle* auf, die vom Ich in ihrer Totalität nie gänzlich erfaßt wird, die aber als gegebener Horizont anwesend ist. Spielt z. B. ein Vierjähriger mit seinem dreißigjährigen Vater, so ist der in dieser sozialen Interaktion ruhende Sinn für das Ich des Kindes und das Ich des Vaters verschieden, allein aufgrund der unterschiedlichen *Kapazität des Sinnerkennens und -interpretierens*. Der entstehende Konsens[29] ist nach Volumen und Qualität unterschiedlich. Oftmals wird von dem Erwachsenen ein „Mehr an Sinn" in eine Szene gelegt, als das Ich des Kindes verarbeiten kann. Durch die

---

[29] Konsens wird im Unterschied zu den meisten Konsenstheorien (*Park, Burgess* 1929; *Riley, Riley* 1952; *Gross* 1956, *Habermas* 1971, 1973b) nicht ausschließlich oder vorwiegend als sprachlich gefaßte Übereinstimmung gesehen. Sinn ruht vielmehr in den Sinnen (*Merleau-Ponty* 1945; 1964; *Tiliette, Métraux* 1976), Konsens in gemeinsamem Wahrnehmen und Handeln, nicht nur in gemeinsamem Sprechen (*Anzieu* 1982). Nach *Newcombs* (1959) Konzept der „co-orientation" kann das gemeinsame Gerichtet-Sein auf etwas, die Intentionalität, schon als Konsens aufgefaßt werden (wobei der Prozeß der Kommunikation bzw. Korrespondenz vom entstandenen bzw. entstehenden Konsens nicht abgetrennt werden kann, vgl. *Graumann* 1979, *Petzold* 1981g). *Klapp* (1957) geht so weit, zu sagen: „I think culture, structure, norm, role, symbol, and so on, should be treated as forms of consensus". Damit wird über das sprachlich Faßbare hinausgegangen (vgl. auch *Sheff* 1967).

Archivierung der Szene im Gedächtnis des Leibes wird der anwesende, aber „noch nicht zugängliche Sinn" aufgenommen — die Internalisierung von Szenen und Stücken erfolgt ganzheitlich —, und kann später, bei größerer Leistungsfähigkeit des Ich, erschlossen und für das Leben wirksam werden, ja er vermag Entwicklungen anzuregen.

Der mitgegebene Horizont des Sinnes, der ja nicht latent, sondern „da" und potentiell ergreifbar ist, öffnet für das Ich einen Raum des Erkennbaren, der nach dem Erkennen „ruft". Das jeweils Erkannte, in den Vordergrund der Awareness Getretene — ganz gleich, ob es aus der Sphäre des Leibes oder der sozialen bzw. ökologischen Welt stammt — wird vom Ich dem schon Bekannten zugeordnet oder es wird neu bestimmt. In diesen identifikatorischen Prozessen wird das Selbst reicher, die Archive des Leibes füllen sich, und es gewinnt die Identität zur Prägnanz.

Der bei *Moreno* nur wenig ausgearbeitete Begriff des *Ich* (vgl. S. 85) trifft das aktionale Moment im Rollenhandeln besonders gut. Er steht hier weitgehend für das Moreno'sche Konzept des „operationalen Selbst" (1962a), in dem sich das *Ich* artikuliert, das damit niemals vom *Selbst* losgelöst gedacht werden kann (vgl. *Mead* 1934, 178; 1975, 221).

### 4.3.3 Identität

Für das *Ich* liegt in seinen ständigen Wandlungen die Stabilität in zwei Bereichen: in der Leiblichkeit des *Selbst* und in einer gewissen Permanenz des *sozialen* und *ökologischen Kontextes* — in der Regel verbleiben wichtige Bezugspersonen über eine gewisse Dauer im sozialen Atom eines Menschen (vgl. *Jennings* 1942) und wird der ökologische Großraum beibehalten. Rollen- und Funktionszuschreibungen bleiben damit für einige Zeit erhalten. Aus dem Erleben dieser Stabilität erwächst für das Ich *Identität* im Sinne von mittelfristig überdauernden Konzepten über das Selbst im Kontext (*Filipp* 1979).

*Identität wird gewonnen, indem sich ein Mensch in leibhaftigem Wahrnehmen und Handeln auf dem Hintergrund seiner Geschichte als der erkennt, der er ist (Identifikation)* **und** *indem er von den Menschen seines relevanten Kontextes auf dem Hintergrund gemeinsamer Geschichte als der erkannt wird, als den sie ihn sehen (Identifizierung).* — Die Prozesse von Identifizierung und Identifikation stehen im Zeitkontinuum, d. h. sie erfolgen *immer wieder aufs neue* und sie schließen persönliche und gemeinsame Geschichte mit der dazugehörigen Zukunftsperspektive ein (vgl. *Leitner* 1982a,b; *Maurer* 1981). Der Identitätsbegriff erweist sich an das *Erleben des Ichs und an einen* *interaktionalen Kontext* gebunden. Er ist „doppelgesichtig" wie der Rollen- und Selbstbegriff.

Identität entsteht im Zusammenwirken von Leib (L) und Kontext (Kn) im Zeitkontinuum (Kt):

$$I = Kt\,(L, Kn)$$

Unter Kontext wird das interaktionale Feld und zwar sowohl der soziale als auch der ökologische Lebensraum (*Bronfenbrenner* 1978) gefaßt. Die Rollenzuschreibungen aus dem Außenfeld, die Identifizierungen, werden damit für das Identitätserleben des Ich genauso konstitutiv wie das Verkörpern und Ausgestalten dieser Rollen, die Identifikationen mit ihnen. Der interaktionale Aspekt von Identität erfordert beständige Auseinandersetzung des Ichs mit dem Du, den anderen, dem Kontext (*Fischer* 1979), ein Aspekt, dem im folgenden noch näher nachgegangen werden soll (vgl. 4.5 und *Maurer* 1982).

*Identität artikuliert sich im Schnittpunkt von Kontext und Kontinuum*, im Hier-und-Jetzt der Leiblichkeit und der Begegnung, das als *historisches hic et nunc* (*Petzold* 1981b) die Dimension individueller und kollektiver Geschichtlichkeit sowie privater und gesellschaftlicher Zukunft mit umfaßt. Ich gewinne meine Identität wesentlich dadurch, daß ich *meine Geschichte* h a b e , weil ich meine Geschichte b i n (*Marcel* 1978). In gleicher Weise muß der Zukunftshorizont: Wünsche, Hoffnungen, Pläne, Befürchtungen, Linien, die sich aus der Vergangenheit in die Zukunft weiterziehen, für ein prägnantes Identitätserleben anwesend sein. *Mead* (1932, 30) hat in den Analysen seiner *„Philosophy of the Present"* deutlich gemacht, daß die Erinnerung an unsere Vergangenheit „Sinn" hat, weil wir durch sie verstehen lernen, wer wir sind und warum wir so geworden sind (vgl. *Raiser* 1979, 148f). (Für viele psychische Dekompensationen ist bezeichnend, daß die Betroffenen sich mit ihrer Vergangenheit nicht mehr identifizieren können, oder daß sie ihre Zukunft verloren haben).

*Identität bedeutet, sich im Lebensganzen verstehen zu lernen* (*Petzold* 1981f). Das impliziert Rückgriff und Vorgriff, Memoration und Antizipation, Form und Phantasie, Rollenmuster und Rollenkreation. *Identität ist ihrem Wesen nach Identität im Prozeß*[30], das heißt Praxis von Identität, und zwar sowohl im Hinblick auf die soziale, situativinteraktionale Konstituierung (*Gergen* 1979) als auch im Hinblick auf die personale, biographisch-prospektive Konstituierung, dem Identitätsgewinn durch Lebensrekapitulation und Lebensentwurf. In diesem

---

[30] vgl. hierzu die interessanten Ansätze zu einer Triebsemiotik von *Kristeva* (1977; 1980, 187ff) und *Gergens* (1979) dynamische Selbstkonzepttheorie, sowie die Arbeiten bei *Maurer* 1981 und *Leitner* 1982b.

Prozeß der Identitätskonstitution wird *Sinn* gewonnen. Identitätserleben und Sinnerleben fallen zusammen. *Sinn scheint nur in Zusammenhängen auf* (*Luhmann* 1971, 31ff)[31], verbindet das Spiel der Strukturen zu Konfigurationen, das Spiel der Worte zur Sprache, das Spiel der Ideen zu Konzepten, das Spiel der Erfahrungen, Rollen, Szenen, Interaktionen zur Identität. Sich in Kontext und Kontinuum verstehen zu lernen, bedeutet, seinen Sinn im Zusammenhang, seinen Sinn mit anderen (*Konsens*) zu finden (vgl. zum Sinnkonzept *Petzold* 1978b). Die Dimension des Sinnes von der der Identität abzutrennen, heißt, das Wesen der Identität grundsätzlich mißzuverstehen, weil damit Zeit und Kontext, Symbolisches und Konkretes, Mensch, Mitmensch und Welt unverbunden bleiben.

Das Identitätskonzept erweist sich, wenn man einer summativen Anthropologie entgehen will, die den Menschen als Aglomeration oder als Aggregat von Rollen ansieht, als ein unabdingbares Erfordernis. Es ist nicht vom *Ich* oder *Selbst* zu trennen, kann aber durch diese Konzepte auch nicht ersetzt werden. Das Identitätserleben als die zentralste Funktion des Ichs, als das Erleben des „Ich-Selbst", des Bei-sich-Seins und des Mit-anderen-Seins, abgegrenzt und zugleich im Kontakt „koexistierend", ermöglicht, die Veränderungen des Zeitkontinuums, der situativen Kontexte, der wechselnden Rollenperformanzen und Rollenschicksale, die Verluste und Zugewinne im Rollenrepertoire auszuhalten. Es ermöglicht durch eine Abgrenzung nach „außen" die Anonymität der Lebenswelt, die unsere Leiblichkeit imprägniert, und die Generalität der sozialen Welt, die unser Selbst und unsere Rollen durchdringt, so zu strukturieren, daß wir in ihnen nicht verlorengehen und sie vielmehr als unseren „Grund" erfahren können: Verschränkung von Innen und Außen (*Waldenfels* 1976). Es ermöglicht weiterhin eine Abgrenzung nach „innen" gegenüber den Strebungen des Körpers, des Unbewußten, dem Bereich der Phantasmen, indem diese einerseits vom bewußten Erleben ferngehalten werden oder, wenn sie in dieses eintreten, identifiziert werden. Identität erweist sich damit als „Grenzphänomen" im Sinne der Stabilisierung einer Innen-Außen-Differenz und Verbindung von „Innen" und „Außen"; *denn Grenze bedeutet immer Abgrenzung und Kontakt zugleich.*
Das Identitätserleben des *Ich* ist nicht situationsenthoben. Es vollzieht sich in verschiedenen Kontexten und spezifischen Bereichen, die

---

[31]) vgl. auch von ganz anderer Argumentationsbasis *Mead* (1934, 81/1975, 120): „In anderen Worten, Sinn impliziert einen Bezug der Gebärde eines Organismus zur Resultante des sozialen Aktes, auf welche sie verweist oder die sie auslöst, da ein anderer Organismus in diesem Bezug passend auf sie reagiert".

die Identität „tragen". Ich habe unter dem Aspekt der Konkretheit (*Politzer*) fünf Bereiche herausgestellt, die, wie das Identitätskonzept selbst, doppelgesichtig, d. h. von *Identifikation* und *Identifizierung* bestimmt sind:
1. vom *Leib*, der ‚my body' und ‚social body' zugleich ist;
2. vom *sozialen Netzwerk*, das zu meiner Identität beiträgt und in dem ich zur Identität anderer beitrage;
3. von *Arbeit und Leistung*, die für eine prägnante Identität konstitutiv werden. In der Arbeit, im konkreten Tun, erkenne und verwirkliche ich mich selbst, wird mir Möglichkeit der Identifikation gegeben. In gleicher Weise aber werde ich durch meine Arbeit auch erkannt, erhalte ich Identifizierungen (*Heinl, Petzold* 1980);
4. von *materiellen* Sicherheiten. Ökonomische Absicherung, Besitz, ökologisches Eingebundensein geben mir Möglichkeiten der Identifikation, z. B. mit meinem Haus, meinem Quartier und stellen Möglichkeiten der Identifizierung bereit: dies ist das Haus, das Quartier, des X (vgl. *Maurer* 1982; *Bollnow* 1963, 23).
5. von *Werten* als dem letzten Bereich, der Identität trägt und der noch wirksam bleibt, wenn alle anderen „Säulen der Identität" schon geborsten sind. Die Werte werden sozial vermittelt, aber ich bekenne mich zu ihnen. Sie sind meine, aber ich teile sie mit anderen. Die Doppelgesichtigkeit der Werte gewährleistet eine hohe Enttäuschungsfestigkeit, da sie durch die Gemeinschaft derer, die sich zu den Werten bekennen, getragen werden, und da sie weiterhin eine hohe Beständigkeit im Hinblick auf Verwandlung in der Zeit haben. Sie „überdauern".

Die Identitätsbereiche wirken zusammen. Leib, Arbeit, materielle Sicherheiten, Werte und soziales Netzwerk sind interdependent. Akzentverschiebungen sind möglich. Der gänzliche Verlust eines Bereiches kann jedoch nicht aufgefangen werden. Zu einem vollen Identitätserleben sind alle „Säulen der Identität" in ihrer Doppelgesichtigkeit notwendig. Hieraus lassen sich erhebliche Konsequenzen für die Praxis psychosozialer Maßnahmen im Sinne „integrativer Interventionen" ableiten (vgl. *Petzold, Bubolz* 1979, 156f; *Petzold, Vormann* 1980, 224f, *Petzold* 1982b, d).

Die fünf Bereiche stehen in der Zeit, sie haben Vergangenheit (Entstehungsgeschichte) und Zukunft (Entwicklungsperspektiven). Sie weisen aus, wie bedeutsam das Element des Kollektiven für die Identität ist und wie anfällig Identität damit für die Auswirkungen entfremdeter Kollektivität wird, wenn nämlich die aus dem Kontext kommenden Identifizierungen nicht mehr mit Identifikationen belegt werden können. Wenn Leib und Kontext nicht mehr konvergieren, sondern in konflikthaften Antagonismus geraten oder auseinanderfallen. Identität erfordert eben beides: Leib und Kontext in interaktiver Synergie.

## 4.4 Identität und Identitätstheorien

Schaut man die Literatur zum Identitäts-Begriff durch, so zeichnen sich in der vorhandenen Vielfalt der Konzepte zwei Gewichtungen ab: einerseits in Richtung einer kollektiven Bestimmung von Identität (soziologische Perspektive, z. B. *Parsons* 1955; 1980, 73) und andererseits einer individuellen Bestimmung (psychoanalytische Perspektive, z. B. von *Levita* 1965; *Greenacre* 1958). Die Integrationsversuche dieser beiden Strebungen, etwa der von *Erikson* (1950, 1966) mit seiner Vorstellung der Ichsynthese biographischen Materials und gesellschaftlicher Realität, der von *Goffman* (1963) mit seiner Unterscheidung in soziale, persönliche und Ich-Identität, oder der von *Berger* und *Luckmann* (1966) mit ihrem Konzept sozialisationsabhängiger Identität — alle diese Versuche also tendieren in den Akzenten nach der einen oder anderen Richtung.

Auch *Morenos* Ausführungen (vgl. S. 88ff) lassen ein solches Schwanken erkennen und das, obgleich er aufgrund seiner fehlenden Anbindung sowohl an die soziologische als auch an die psychoanalytische Tradition, also frei vom Problem der „two sociologies" (vgl. S. 26ff) oder dem der Freud'schen Personenzentriertheit, eine mittlere Position hätte durchgängig vertreten können. Aber vielleicht gehört diese schwankende Bewegung ganz eigentlich zum Wesen der Identität, die einmal mehr von der Kollektivität, ein anderes Mal mehr von der Privatheit bestimmt ist. Ich möchte deshalb die Metapher des *Spektrums* von Leib und Kontext, von Individuum und Gesellschaft heranziehen, auf dem sich Identität verortet, eines Spektrums, das nicht in der Mitte geteilt ist, sondern auf dem die Bereiche ineinander übergehen, ohne sich ineinander aufzulösen oder zu verlieren. Identität muß auf diesem Spektrum auch nicht nur im Mittelbereich angesiedelt sein, sondern sie vermag „ungleichgewichtige Gleichgewichtigkeit" zu finden. Es wäre genau so falsch, Identität mit Ausgewogenheit, Konsistenz und Harmonie zu konnotieren, wie sie einseitig mit prinzipieller Konflikthaftigkeit zu verbinden.

Einen integrativen Weg versucht der von *Krappmann* (1970) vorgelegte Entwurf einzuschlagen, sein Modell einer „balancierenden Identität", durch die in den wechselnden sozialen Kontexten durch die Leistungen des Ichs jeweils Identität stabilisiert wird. Aber dieses Modell vernachlässigt einerseits die Faktizität der Kollektivität, die für *Krappmann* bedrohlich bleibt, und andererseits den Boden, auf dem derartige Ich-Leistungen erst erbracht werden können — denn sie setzen ja, besonders in Krisensituationen (*Haeberlin, Niklaus* 1978; *Erikson* 1966), eine integrierte Persönlichkeit, ein „reifes Ich" voraus.

In dem hier vertretenen Konzept des Leib-Selbst als „Boden des Ich" wird diese Dimension genau so einbezogen wie die der Kollektivität — der Leib als Teil der Lebenswelt. Identität ist, wenn sie aus dem Zusammenwirken von Leib und Kontext in der Zeit durch die erkennende Leistung des Ichs entsteht, kontextgebunden, jedoch deswegen nicht ein „flüchtiges Phänomen", Identität in beständigem Wechsel. Die Archive des Leib-Selbst gewährleisten eine gewisse Permanenz.

Es ist daher auch nicht sinnvoll, von verschiedenen Identitäten zu sprechen, wie es in der Tradition des symbolischen Interaktionismus geschieht (*Stryker* 1976, *McCall, Simmons* 1966), sondern von situativen Facetten *einer* Identität, die in einem Spektrum mit wechselnden Intensitäten und Schattierungen dem *Ich* bekannt und vertraut sind. Das „Aushandeln von Identitäten" (*Scott, Lyman* 1976, 98) geschieht ja nicht jenseits der Zeit. Wenn die „durch Interaktion hergestellten Identitäten die soziale Bühne bilden, auf der das Drama der Erklärung aufgeführt werden muß" (ibid. 98), so steht dieses Drama nicht in einem geschichtslosen Raum, bar biographischer Erfahrungen. Das „*déjà vue*" in Situationen: das habe ich schon einmal gesehen (Identifikation), und *den* haben wir schon einmal gesehen (Identifizierung), macht ja gerade des Identitätserleben des Ich aus und ermöglicht, Neues einzuordnen und Altes zu bejahen, abzuweisen oder zu verändern — soweit dies bei der Permanenz „kognitiver Stile" (*Schaie, Parnham* 1974; *Oerter* 1978), der Stabilität von Selbstschemata (*Filipp* 1979) und der Festigkeit von „Charakterstrukturen" (*Reich* 1973) möglich ist.

Es soll hier nicht die Position einer stabilen „reifizierenden" Identitätsvorstellung, wie sie z. B. *Levita* (1965, 149) vertritt, das Wort geredet werden, sondern es soll die im Diskurs fortwährender Stabilisierungen und Kreationen situativ erlebter Identität (=Synergie von L, Kn) wirksame Permanenz und Konsistenz (Kt) betont werden. Die interpretativen Leistungen des *Ich* stabilisieren durch Adaption, Integration und Kreation Identität ja nicht nur, sondern *entwickeln* sie, wobei man für die Identitätsentwicklung nicht nur das Krisenparadigma (*Erikson* 1966), sondern in gleichem Rang das Wachstumsparadigma (*Maslow* 1967, *Rogers* 1973; *Perls* 1980) zugrundelegen muß.

Dadurch, daß Identität als sich wandelnde, auf dem Spektrum von gesellschaftlicher Zuschreibung und persönlichem Begehren sich ständig neu verortende Größe verstanden wird, und die Konsistenz als das relative Überdauern von Erkennen und Erkanntwerden, wird eine Chance gewonnen, biographischem Konsistenzzwang, dem „Zwangscharakter der Identität" (*Adorno* 1967, 292) zu entgehen. In dem hier vertretenen Identitätskonzept, das so wesentlich in der Leiblichkeit wurzelt, soll die von *Adorno* zu Recht angegriffene Distanzierung des Subjektes von seiner eigenen Naturhaftigkeit aufgehoben werden, und zwar nicht allein oder vornehmlich über die Sprache und auch nicht allein durch die „schmerzlichen Anstrengungen des *erkennenden* Subjektes" (*Adorno* 1967, 39 meine Hervorhebung), sondern durch die Äußerungen des Körpers, die Arbeit, den Schrei (*Petzold* 1982a), durch das *erlebende* koexistive Subjekt; das Erleben etabliert eine andere Konsistenz über das Gedächtnis des Leibes, die keine „Zumutbarkeit" ist, die das *Es* nicht verteufelt und das *Begehren* (*Lacan*) reprimiert, sondern die dem Subjekt die Freiheit gibt, im Laufe seiner Biographie „ohne Angst verschieden zu sein" (*Adorno* 1964, 131).

Verschiedenheit auf der interpersonalen und der biographischen Ebene zu leben und *auszuhalten*, bedarf aber einer gewissen Konsistenz von Identität. *Adorno*, der die Bestimmung der Identität an kommunikative Akte anbindet (besonders in den „Minima Moralia" 1964), wird deshalb der Konsistenzproblematik nicht entkommen können; denn wenn er auch im utopischen Programm „negativer Dialektik" die „Identität der Phänomene vor ihren Identifizierungen", d. h. vor klassifikatorischen Einordnungen, retten will (1967, 162), so wird doch in den kommunikativen Akten ein Erkennen und Erwarten gesetzt, das ein „Haben" impliziert, wie *J. P. Sartre* in seiner Analyse des Blickes gezeigt hat. Durch die „Anerkennung von Ferne im Nächsten" (1964, 240), die *Adorno* so nachdrücklich fordert, und durch die in einer idealen, emanzipierten Gesellschaft in unverstellter Kommunikation ersehnte „Verwirklichung des Allgemeinen in der Versöhnung der Differenzen" (1964, 131) wird Konsistenz von Identität in den Interaktionen unvermeidbar, wenn auch das Moment des Konsistenzzwanges gemindert wird.

*Adornos* Überlegungen rücken hier, wie *Dubiel* (1973, 74) zeigt, in die Nähe der Identitätstheorie von *Habermas*. „Die in Interaktion explizit oder metakommunikativ stattfindende Definition der Beziehung ist zugleich immer auch Definition und Selbstdefinition der mit ihr befaßten Subjekte — ist immer Ansinnen, Abwehren, Aushandeln von jeweils neu sich aktualisierender personaler Identität" (*Dubiel* 1973, 75). Dieses Aushandeln, Balancieren ist das Kernstück des Identitätskonzeptes von *Habermas*, der in Weiterführung bestimmter Konzepte von *Goffman* und unter Rückgriff auf die Psychoanalyse und Sprachtheorie den differenziertesten Integrationsversuch vorlegt. Er unterscheidet eine *horizontale* (soziale) und eine *vertikale* (biographische) *Identität*. Letztere wird in einem permanenten Deutungsprozeß der Lebensgeschichte hergestellt: „*Die Lebenserfahrung integriert die in einem Lebenslauf konvergierenden Lebensbezüge zur Einheit einer individuellen Lebensgeschichte. Diese Einheit ist verankert in der Identität eines Ich und in der Artikulation eines Sinnes oder einer Bedeutung*" (*Habermas* 1968a, 193).

Habermas knüpft hier an *Dilthey* an, der den hermeneutischen Prozeß der Interpretation des Lebenszusammenhanges anhand der Autobiographie aufgezeigt hatte. Man könnte im Hinblick auf die „vertikale Identität" von einer „persönlichen Hermeneutik des Subjektes" sprechen, durch die, abhängig vom jeweiligen Stand der psychosozialen Entwicklung (*Strauss* 1968) und der damit gegebenen Kapazität zum Erfassen und Interpretieren von Sinn (vgl. S. 171) Identität aufgebaut wird.

Die *horizontale, soziale Identität* ergibt sich für *Habermas* mit der sprachlichen Faßbarkeit der individuellen Interpretation der Lebensgeschichte (so auch *Strauss*), ihrer intersubjektiven Kommunizierbarkeit. „*Die Gemeinsamkeit, die auf der intersubjektiven Geltung sprachlicher Symbole beruht, ermöglicht beides in einem: die gegenseitige Identifikation und das Festhalten an der Nicht-Identität des Einen mit dem Anderen*" (1968a, 119). Da für *Habermas* alles gesellschaftlich Institutionalisierte alltagssprachlich vermittelt ist, ergibt sich auch die Möglichkeit, Identität in einem übergreifenden Rahmen auf der „*intersubjektiven Bühne*" zu begreifen (*Habermas* 1967, 189ff). „*Deshalb kann die individuelle Lebensgeschichte ... nun ihrerseits als Funktion übergreifender struktureller Zusammenhänge und gesellschaftlicher Systeme aufgefaßt werden*" (1968a, 197). Die mit der Annahme eines persönlich-biographischen und eines sozialen Identitätskonzeptes mögliche Polarisierung wird nach *Habermas* durch die „*Ich-Identität*" integriert, die die Konsistenz einer Lebensgeschichte mit den Ansprüchen der Rollensysteme austariert, denen das Individuum zugehört (vgl. *Döbert, Nunner-Winkler* 1975, 304). Eine solche Balance wird aber nur möglich, wenn einerseits die gesellschaftlichen Rollenfestlegungen nicht zu rigide sind und andererseits auch dem Individuum über die *Rollendistanz*, der reflektierten Verinnerlichung von Normen also, eine entsprechende Flexibilität gegeben ist.

*Habermas* hat seine Identitätskonzeption weiter präzisiert (1976; 1980 mit *Döbert* und *Nunner-Winkler*), wobei sich Berührungspunkte mit dem hier vorgelegten Identitätskonzept ergeben, was die Aspekte der Identifizierung und der Identifikation anbelangt. Als Identität bezeichnen *Habermas* und seine Mitarbeiter „*die symbolische Struktur, die es einem Persönlichkeitssystem erlaubt, im Wechsel der biographischen Zustände und über die verschiedenen Positionen im sozialen*

*Raum hinweg Kontinuität und Konsistenz zu sichern. Ihre Identität behauptet eine Person gleichzeitig für sich und gegenüber anderen; die Selbstidentifikation, das Sich-Unterscheiden-von-Anderen, muß von diesen anderen auch anerkannt werden. Die reflexive Beziehung des sich mit sich identifizierenden Einzelnen hängt von den intersubjektiven Beziehungen ab, die er mit anderen Personen, von denen er identifiziert wird, eingeht"* (Döbert, Habermas, Nunner-Winkler 1980, 10).

*„Der Mensch als ein personales, sich im Geflecht der Umweltrelationen selbst steuerndes System, das seine Identität in der ‚Begegnung' mit anderen Systemen gewinnt, ist damit auf das Wahrnehmen und Erleben seiner selbst durch den Kontakt mit dem Umfeld verwiesen, um dadurch sein ‚Ich' seine Personhaftigkeit zu erfahren"* (Petzold 1974b, 295).

In gleicher Weise betont *Habermas* die Bedeutung von „Interaktionskompetenz" für die Entwicklung und Stabilisierung von Identität. Diese wird als eine sich im Verlauf von Reifungs- und Entwicklungsprozessen „*von der n a t ü r l i c h e n leibgebundenen Identität des kleinen Kindes über die r o l l e n g e b u n d e n e   I d e n t i t ä t des Schulkindes bis zur Ich-Identität des jungen Erwachsenen*" ausformende verstanden (*Döbert* et al. 1980, 10). „*Die  I c h - I d e n t i t ä t des Erwachsenen bewährt sich in der Fähigkeit, neue Identitäten aufzubauen und zugleich mit den überwundenen zu integrieren, um sich und seine Interaktionen in einer unverwechselbaren Lebensgeschichte zu organisieren*" (ibid. 11). Dem Verständnis der Entwicklungsprozesse der Identität kommt damit, wie die Autoren mit Recht betonen, kardinale Bedeutung zu — dies aber *lebenslang* und nicht als mit der Überwindung der Adoleszenzkrise im wesentlichen abgeschlossen (so *Döbert, Nunner-Winkler* 1975).

Psychoanalytische Entwicklungstheorie (*Bowlby, Mahler, Spitz* u. a.) kognitive Entwicklungspsychologie (*Piaget, Kohlberg, Baltes* u. a.), Sozialisationstheorie (*Mead, Parsons, Lorenzer, Kohli*) und Lebenslaufforschung (*Rahe, Holms, Brown,* vgl. *Filipp* 1981) müßten *synoptisch* zusammengefaßt werden; nun aber nicht nur zu einer Theorie der Identitätsentwicklung, sondern, damit unlösbar verbunden, auch der Entwicklung des Ich und des Selbst, d. h. der Gesamtpersönlichkeit. Von einer solchen synoptisch-integrativen Entwicklungstheorie sind wir aber noch sehr entfernt, besonders, wenn man die noch relativ jungen Forschungsbereiche der „Psychologie und Soziologie der Lebensspanne" (*Baltes, Brim, Kohli*) und der „life event research" heranzieht, die vieles, was gesichert erschien, wieder in Frage stellen. (*Habermas* und Mitarbeiter berücksichtigen diese Ansätze nicht).

Die Rückbindung des soziologischen Identitäts- und damit letztlich auch des Rollenbegriffes an Theorien zur Ontogenese des Menschen durch *Habermas* könnte für die Soziologie in der Tat einen Paradigmenwechsel bedeuten. Sie „würde zu sich in ein reflexives Verhältnis treten: sie würde ihre Grundbegriffe nicht mehr konventionell wählen, sondern mit dem Ziel entfalten, die allgemein formalen Eigenschaften der Handlungsfähigkeit vergesellschafteter Subjekte und der Handlungssysteme selber zu charakterisieren" (*Döbert* et al. 1980, 27).

Die Identitätstheorie von *Habermas* konnte nur in Aspekten behandelt werden. Bedeutsam ist seine Einbeziehung der zeitlichen Dimension über die Biographie, der die gesellschaftlich-historische Zeitdimension parallel gesetzt werden müßte. Das Bild von Identität, das ein Individuum von sich hat, ist orientiert — selbst in den Abweichungen — am Bild von Identität, das eine bestimmte Gesellschaft, Schicht, Subkultur in einer bestimmten historischen Situation betont (oder an Bildern von Identität). Dies ist eine komplexe Perspektive, die wohl immer auch nur bruchstückhaft zu erarbeiten ist — wie es bei *Claude Lévi-Strauss* in seinem interdisziplinären Seminar über Identität (*Benoist* 1980), deutlich wird. Auch *Gisela Ullrich* (1977) hat in ihrer literatursoziologischen Analyse von Texten von *Johnson, Walser, Frisch, Fichte* einen Versuch in diese Richtung unternommen. Dokumente benachteiligter Schichten bleiben zu analysieren (vgl. z. B. *Bublitz* 1980).

Weiterhin sind die differenzierten sprach-, interaktions- und rollentheoretischen Beiträge von *Habermas* zum Identitätskonzept hervorzuheben. Durch den komplexen, integrativen Ansatz seiner Analyse gelingt es ihm weitgehend, Reduktionen zu vermeiden, durch die Komplexität zerstört wird (*Luhmann* 1968; 1971, 26). An Ausblendungen zu bemängeln bleibt vornehmlich der fehlende Impetus zur Entwicklung von Konzepten zu einer *Praxis* der Gewährleistung, Sicherung, Entwicklung von Identität bzw., wo notwendig, der Restitution beschädigter Identität. Die schon von *Adorno* (1969) kritisierte — und doch auch von ihm durchgehaltene — Trennung von Theorie und Praxis schlägt bei *Habermas* voll zu Buche. Aber Identität existiert nur als Identität im Vollzug, als *Praxis von Identität*. Sie wird einerseits durch Akte des Wahrnehmens, Erkennens, Reflektierens und Handelns vom Individuum als Leistung seines Ichs konstituiert, und sie wird andererseits in kommunikativen und kooperativen Akten mit Personen und Institutionen des relevanten Kontextes ausgehandelt. Die Synergie dieser *beiden* Bewegungen konstituiert Identität.

## 4.5 Identität, Korrespondenz und Praxis

Die Stabilisierung und Kreation von Identität in Kontext und Kontinuum, in Kommunikation und Interaktion erweist sich aufgrund der Entfremdungstendenzen[32] in der Gesellschaft und in den Individuen als die Auseinandersetzung um einen Standort, als Ringen um *Sinn*. Die Manifestationen beschädigter und zerstörter Identität (*Goffman* 1963), die wir — nicht nur im psychosozialen Bereich — allenthalben finden, zeigen uns, wie hart der Kampf um Identität zuweilen geführt wird und wie viele und wie vieles dabei „auf der Strecke" bleibt. Es wäre falsch, diesen Kampf nur als das Ringen des einzelnen um Identität aufzufassen (wie z. B. *Lévi-Strauss* 1980, 9). Die Kontextdimension der Identität läßt nur einen kooperativen und solidarischen Kampf aussichtsreich erscheinen, und der Einzelkampf ist schon die verlorene Schlacht. Die Monomachia des „marginalen Menschen" (*Stonequist* 1961) kann nicht gelingen, weil sie den Boden der *Koexistenz* verläßt, die das Wesen des Menschen kennzeichnet und die Essenz der Identität darstellt. *Identität erwächst durch Begegnung und Auseinandersetzung, durch Korrespondenz und Kooperation im sozialen und ökologischen Raum und in der Dimension persönlicher und kollektiver Geschichte* (*Petzold* 1978).

Das *Ich* ist ja kein einsames, selbstgenügsames, das *Selbst* ist ja kein isoliertes, sondern der Mensch ist Mit-Mensch, der seinen Sinn für sich mit anderen als Kon-sens gewinnt. Er findet seine Identität nur in Kontakt und Abgrenzung, die von Grundvertrauen (con-fidentia) getragen sind, gemeinsam mit seinen Schicksalsgenossen (con-sortes) im Lebensganzen (con-tinuum).

So wird Identität *rückgebunden* an das *Koexistenzaxiom* und nicht im *Vorgriff* auf den „konstitutiven Schein" (*Habermas* 1971, 141) eines herrschaftsfreien *Diskurses*[33], einer „idealen Sprechsituation" (ibid.) begründet. Die je gegebene Verbundenheit der „Metaszene", der koexistiven „Matrix der Identität" (*Moreno* vgl. S. 229f) muß reaktuali-

---

[32] Eine Analyse der Entfremdungstendenzen kann und soll nicht geleistet werden (vgl. *Suchey* 1975; *Israel* 1975). Es sei nur betont, daß Entfremdung von der Arbeit nicht kausal, sondern — zumindest in unserer Zeit — gleichrangig mit der Entfremdung vom Leibe und vom Lebensraum (Ökosystem) zu sehen ist und diese „Ursachen" gleichrangig angegangen werden müssen im Sinne einer Veränderung des Bewußtseins. Komplexe Bewußtheit (awareness) erfordert Bewußtseins*bildung* in personaler Interaktion und solidarischer Kooperation im intersubjektiven Kontext (vgl. *Petzold* 1978, 1980a).

[33] Der Begriff „*Diskurs*" wird soweit das Konzept von *Habermas* gemeint ist, im Text kursiv geschrieben.

siert werden. Sie ist eine Verbundenheit des Seins, eine Verbundenheit des Handelns und nicht nur der Rede[34].

## 4.5.1 Die Konstituierung von Identität durch Korrespondenz

Die Fundierung von Identität in koexistiver Inter*aktion*, wie sie *Moreno* und das hier vorgestellte Modell vertreten, sieht Begegnung und Auseinandersetzung nicht nur im herrschaftsfreien Raum, nicht *nur* im Bereich der Rationalität oder des Sprechens[35], sondern im Bereich des Ko-relationalen, des Sich-in-Beziehungsetzens, des gemeinsamen Handelns. Korrespondenz zielt niemals nur auf Konsens, sondern darüber hinaus auf Kooperation zur Veränderung von Situationen (*Petzold, Lemke* 1979). Dabei gehen Rationalität und Sprache nicht verloren, sondern sie bleiben Elemente unter anderen: dem Leib, der Arbeit, der Welt, den Träumen. Die Diskurse der Worte und die der Bilder, die der Sprache des Tages und die der Sprache der Nacht, die Diskurse der Vernunft und die des Unbewußten, der Theorie und der Praxis, der Macht und der Partizipation wirken zusammen in der Konstituierung von Identität. Konzepte wie die der Rolle oder der Identität dürfen deshalb nicht im Bereich enthobener Theorie verbleiben, sondern sie müssen für die Humanisierung von Lebenszusammenhängen wirksam wer-

---

[34] Zumindest nicht der Rede der bürgerlichen Hochsprache. Dadurch, daß *Habermas* sich de facto auf diese gründet, wird er Opfer des Diskurses (im Sinne *Foucaults*), dessen Sprache aus ihm redet. Dennoch weist das Habermas'sche Modell diskursiver Auseinandersetzung in die richtige Richtung; aber es bleibt zu akademisch, zu handlungsfern, zu weit weg von den Gefühlen, von der Praxis. Vor allen Dingen liegt bei *Habermas* (1971, 120f) in der „kontrafaktischen" Verbannung von Macht und Herrschaft aus dem *Diskurs* eine Flucht vor der *Macht* und damit eine Verschleierung des Problems der Herrschaft, besonders das der Herrschaft durch Sprache. Es geht aber darum, in konkreten Situationen mit Macht und Herrschaft umgehen zu lernen, sie transparent und der Kontrolle und Partizipation zugänglich zu machen. Deshalb muß sie *anwesend* bleiben — sie läßt sich ja auch, und daran scheitert der *Diskurs* in der Praxis, aus den Situationen des konkreten Lebens nicht verbannen.

[35] Die bahnbrechenden Arbeiten von *Austin* und *Searle*, die Sprechen als Handlung auffassen und damit noch weitergreifend als *Wittgensteins* Konzept der Sprachspiele den Handlungscharakter von Sprache herausstellen, müßten im Hinblick auf die Nonverbalität und die „Sprache der Distanzen" noch radikaler interpretiert werden, radikaler jedenfalls, als dies *Habermas* tut. Im übrigen bleibt es fraglich, ob Sprache und Handlung die gleiche Syntax haben, auf die gleichen Strukturen zurückzuführen sind (vgl. *Struyker-Boudier* 1979). Die Diskurse des Leibes, der Träume, des Unbewußten dringen zwar auch in die Sprache ein (*Petzold* 1976), aber sie führen zu eigenen Formen und Phänomenen (vgl. *Merleau-Ponty* 1969; *Kristeva* 1977, 1979; *Anzieu* 1982). *Habermas* hat aber gerade diese Diskurse (z. B. die unbewußter Wünsche) aus der rationalen Argumentation herrschaftsfreier Rede ausgeschlossen.

den. *J. L. Moreno* hat beispielhaft gezeigt, wie er seine persönlichkeitstheoretischen Konzepte als „angewandte Anthropologie" in der Praxis fundierte.

### Exkurs

Im Psycho- und Soziodrama steht die Auseinandersetzung um Identität zentral. In konkreten Rollenübernahmen, im *Rollenwechsel* (d. h. Wechsel innerhalb der verschiedenen Rollen des eigenen Rollenrepertoires), im *Rollentausch* (d. h. Übernahme der Rolle eines anderen), in *Rollenzuweisungen* (durch die und innerhalb der Gruppe) vollziehen sich Identifizierungen und Identifikationen, wird Identität in gemeinsamem Handeln gewonnen. Schon bei der Gruppenarbeit in der Hudson-Schule für schwererziehbare Mädchen (*Moreno* 1934) ging es darum, daß die Zöglinge *ihre* Identität finden konnten, ihren Platz in einer von ihnen frei gewählten Bezugsgruppe — die Häuser waren nach soziometrischen Prinzipien der freien, wechselseitigen Wahl organisiert —, und es ging weiterhin darum, daß sie ein weites Spektrum an Rollen erwerben konnten (vgl. S. 71f), durch eine *„technique of freedom"* (1934, 7), die persönliche Entwicklung und „Selbstverwirklichung durch Rollenübernahme" (*Loch* 1968) möglich machte. *Moreno* hat das „Aushandeln der Identität" sehr konkret und praktisch angegangen: in Soziodramen mit Schwarzen und Weißen, in denen eine *„identity of role"* (1946, 382) gewonnen werden sollte, mit dem Ziel „to become better aquainted with the true *life role* of a Negro family, not only intelectually... but living and working it out together" (ibid. 383). In Soziodramen mit Familien und Paaren, Schülern und Studenten (*Haas* 1949), mit Unterschichtsbevölkerung (*Smilansky* 1968), Arbeitern und alten Menschen (vgl. *Petzold* 1973, 1979b) wurde in der Moreno-Schule das Problem der Konstituierung von Identität konkret angegangen (und zwar nicht nur im therapeutischen Kontext).

Die Zielrichtung der Arbeit *Morenos* war, Situationen mit den Betroffenen in einem „cooperative effort" (1937a, 209; 1934, 11) zu verändern. Er vertrat die Auffassung, daß Forscher dem Prinzip der „co-action" (1951, 134) verpflichtet seien. Forschung sei ein „inter-action research" (1943a, 331; 1955, 5)[36], in dem Forscher und Bezugsgruppe gemeinsam versuchen, menschlichere Lebensbedingungen herzustellen. Wenn es dem Forscher als *„teilnehmendem Beobachter gelingt, mehr und mehr ein Helfer und Unterstützer für jedes Individuum in der Gruppe und für dessen Bedürfnisse und Interessen zu werden und immer weniger ein Beobachter, dann erfährt er eine Verwandlung vom Beobachter zum Helfer (auxiliary ego). Die beobachteten Personen werden offen die Promotoren des Projektes, anstelle mehr oder weniger unwillig etwas über sich oder andere mitzuteilen. Das Problem wird ein gemeinsames Unterfangen"* (Moreno 1937a, 209).

*Moreno* hat mit diesem Ansatz das Paradigma objektivierender Sozialforschung durchbrochen und die „Aktionsforschung" (1936a als Einheit von Theorie und Praxis) begründet[37]. Gemeinsame Konsensfindung und Kooperation wurden damit Prinzip soziodramatischer Sozialintervention, deren philosophisches und ethisches Fundament im „Begegnungsgedanken" zu finden ist[38].

---

[36]) *„Sociometry is the sociology of the people, by the people, and for the people; here this axiom is applied to social research itself"* (1951, 38).

[37]) *Lewin* übernimmt den Begriff und das Konzept von *Moreno* und arbeitet es weiter aus, wenn auch weniger radikal (vgl. *Petzold* 1979a; 1980b).

[38]) Dieser verband schon die in *Morenos* Zeitschrift „Daimon" (1918ff) im „Genossenschafts-Verlag", Wien, publizierenden Autoren (z. B. *Buber, Brodt, Werfel* usw.) — der Dialog von Mensch zu Mensch, vom Ich zum Du auf gleicher Ebene und unter Einbeziehung des Standpunktes des anderen: „...dann werde ich Dich mit Deinen Augen und Du wirst mich mit den meinen ansehen" (*Moreno* 1914, 3).

Unter Rückgriff auf die „Intersubjektivitätstheorie" Gabriel Marcels (1978; vgl. Jaquenound, Rauber 1980) und in Fortführung seiner und Merleau-Pontys „Philosophie der Koexistenz" habe ich diesen Ansatz weiter ausgearbeitet in einem dem Habermas'schen Diskurs verwandten Entwurf, dem „Korrespondenzmodell".

Es wurde als Konzept interpersonaler Begegnung und Auseinandersetzung für Einzeltherapie, Einzelberatung (Petzold 1980a) und aktionaler Projekt- und Gruppenarbeit (idem 1978) ausgearbeitet, das die Erhaltung, Entwicklung und — wo notwendig — die Restitution von Identität zum Ziel hat. Die Praxis- und Alltagsorientierung dieses „Diskurses" liegt u. a. in der Einbeziehung von Mechanismen wie Übertragung und Projektion, der gruppendynamischen Positionsbildungen (gruppale Machtstrukturen), der persönlichen Macht, Position und Rollen, des konkreten Handlungs- und Arbeitszusammenhanges. Es wird also keine „*ideale* Sprechsituation" unterstellt, sondern mit einer *realen* Sprech- und Handlungssituation gearbeitet, die sich an dem Prinzip „komplexer Bewußtheit und engagierter Verantwortung für die *Integrität* von Menschen, Gruppen, Lebensräumen" (ibid.) orientiert. Diese normative Ausrichtung selbst wird jeweils Gegenstand von Korrespondenzprozessen. Korrespondenz wird wie folgt definiert:

„*Korrespondenz ist ein synergetischer Prozeß direkter und ganzheitlicher Begegnung und Auseinandersetzung zwischen Subjekten auf der Leib-, Gefühls- und Vernunftebene über ein Thema unter Einbeziehung des jeweiligen Kontextes und der historischen und prospektiven Dimension. — Ziel von Korrespondenz ist die Konstituierung von Konsens, der in Konzepten Niederschlag finden kann, die handlungsleitend für Kooperation werden. — Voraussetzung von Korrespondenz ist die wechselseitige Anerkennung subjektiver Integrität, durch die Koexistenz bezeugt und personale Identität bekräftigt wird*" (Petzold 1978, 35).

Die Einbeziehung der Zeitdimension, der Leiblichkeit und der Emotionalität neben der Ebene der Rationalität und der jeweiligen konkreten Situation führt zu einem unmittelbaren Realitätsbezug und entspricht damit Morenos Postulat und Praxis, *in situ* zu arbeiten. Der *Diskurs* hingegen versucht, mögliche Einwirkungen der Situation, so weit es geht, auszuklammern (*Habermas* 1971, 134). Die Methodologie psychologischer Gruppenarbeit, insbesondere des Psychodramas und der Gestalttherapie auf tiefenpsychologischer Grundlage (*Petzold* 1973b; 1977; 1979b, 1980a), stellt hier geeignete Instrumente bereit.

Auf der *interpersonalen Ebene* ist der Korrespondenzprozeß darauf gerichtet, in Begegnung und Auseinandersetzung *Sinn* zu konstituieren, intersubjektive Beziehung und damit Identifizierungen und Identifikation zu ermöglichen, d. h. aber Identität zu erhalten und zu entfalten und dadurch dem Individuum persönliche und situative Veränderungen zu ermöglichen. Dafür ist es notwendig, disfigurierende, die interpersonale Realität verstellende Elemente wie Übertragungen und Projektionen aufzudecken und abzubauen. Der Korrespondenzprozeß wird damit identitätsstiftend, indem die an ihm Beteiligten wechselseitig ihre personale Würde und Integrität bekräftigen.

Auf der *gruppalen Ebene* führt der Korrespondenzprozeß zu Sinn durch Analyse und Veränderung von Situationen, indem die an einer Situation beteiligten Personen ihre Lage reflektieren, d. h. in einem Prozeß der Differenzierung Komplexität freisetzen, die strukturiert und prägnant gemacht werden kann. In einer weiteren Phase des Gruppenprozesses, der verbal und aktional (psycho- und soziodramatisch) abläuft, werden Erfahrungen und Erkenntnisse integriert. Es wird auf diese Weise eine neue Stabilität gewonnen, die die Möglichkeit zur Veränderung, der Kreation, der Überschreitung des Bisherigen bietet (*Petzold* 1978b; *Petzold, Lemke* 1980). Es entsteht ein Zyklus von Reflexion und Handlung, von Theorie und Praxis, von Stabilisierung und Veränderung, von Integration und Kreation, der für das Identitätserleben zentrale Bedeutung gewinnt: die Chance zur Entfaltung, zum Wachstum der Identität, die ja immer in soziale Kontexte eingebunden und von ihnen bestimmt ist. Im gruppalen Korrespondenzprozeß wird, wie im individuellen, Identität gestiftet, bekräftigt und gesichert durch Akte von Konsens und Kooperation.

Es wird damit der Versuch möglich, Kontext und Kontinuum so zu gestalten, daß Identität weniger gefährdet und beschädigt wird. Wir haben dieses Konzept durch konkrete Projektarbeit im Bereich der Drogentherapie, in verschiedenen Wohngemeinschaftsmodellen, in der Arbeit mit alten Menschen, in der Therapie mit Arbeitern und bei Hilfsmaßnahmen in Ländern der „Dritten Welt" in die Praxis getragen und versucht, Situationen durch Korrespondenzprozesse zu verändern (*Petzold* 1974c; *Petzold, Vormann* 1980; *Petzold, Bubolz* 1979, 1982; *Heinl, Petzold* 1982; *Petzold* 1981h, 1982b,d). In der individuell-biographischen und kollektiv-historischen Rekonstruktion von Identität durch Korrespondenzprozesse, durch die kooperative Konstruktion der Bühne und der Szenen, die Identität bestimmen, wird diese den Akteuren verfügbar, indem sie „das Drehbuch, dem sie folgen, in eigener Regie auch vorentwerfen, ...die Rollen, die sie spielen, als Wege existentieller Identität ergreifen", und indem sie „die Distanz des Kritikers, der den Sinn des Geschehens ordnet und kommentiert, in ihrem Auftritt schon je übernommen haben" (*Lipp* 1975, 186; vgl. *Petzold* 1981e). So gewinnt man „zu seinem eigenen Leben, zu allem, was man

*Abb. 24:* Theorie-Praxis-Zyklus im Korrespondenzmodell
(aus *Petzold* 1973/1980c, 346)

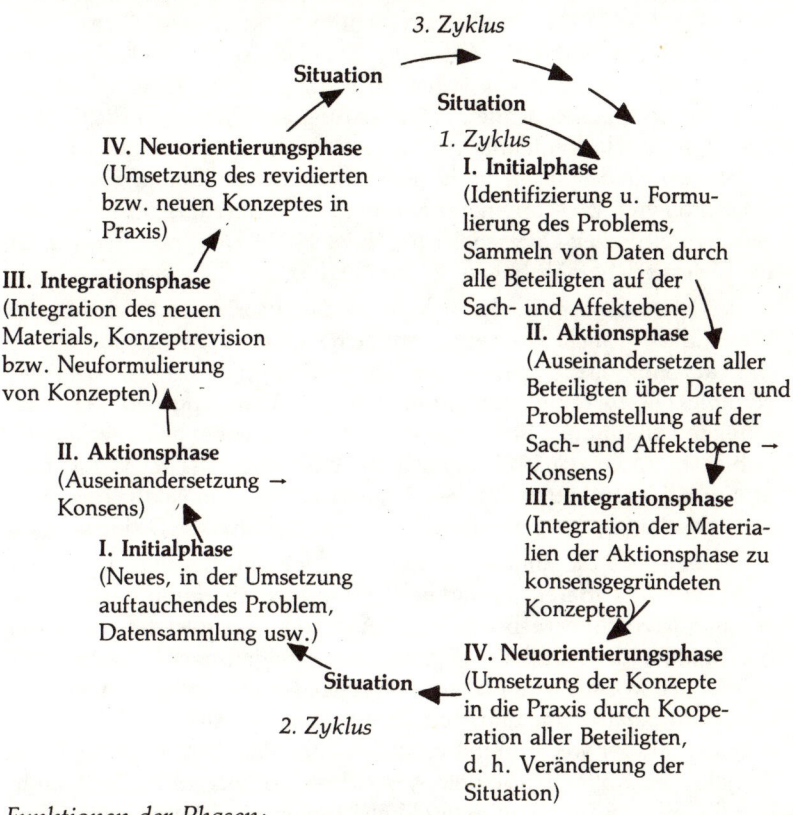

3. Zyklus

Situation

IV. Neuorientierungsphase
(Umsetzung des revidierten
bzw. neuen Konzeptes in
Praxis)

III. Integrationsphase
(Integration des neuen
Materials, Konzeptrevision
bzw. Neuformulierung
von Konzepten)

II. Aktionsphase
(Auseinandersetzung →
Konsens)

I. Initialphase
(Neues, in der Umsetzung
auftauchendes Problem,
Datensammlung usw.)

Situation
2. Zyklus

Situation
1. Zyklus
I. Initialphase
(Identifizierung u. Formulierung des Problems,
Sammeln von Daten durch
alle Beteiligten auf der
Sach- und Affektebene)

II. Aktionsphase
(Auseinandersetzen aller
Beteiligten über Daten und
Problemstellung auf der
Sach- und Affektebene →
Konsens)

III. Integrationsphase
(Integration der Materialien der Aktionsphase zu
konsensgegründeten
Konzepten)

IV. Neuorientierungsphase
(Umsetzung der Konzepte
in die Praxis durch Kooperation aller Beteiligten,
d. h. Veränderung der
Situation)

*Funktionen der Phasen:*

I. Differenzierung → Komplexität
II. Strukturierung → Prägnanz
III. Integration → Stabilität
IV. Kreation → Transgression

getan hat und tut, den Aspekt des Schöpfers" (*Moreno* 1924, 78).

Konzepte zur Rollentheorie und zur Identität in der Moreno-Tradition dürfen also nicht in der Rede verbleiben, sondern müssen in die Praxis führen, ins Psycho-, Sozio-, Politodrama, oder allgemeiner gefaßt, zu präventiven, psychosozialen und politischen Interventionen, die von der *Sorge um die Integrität* von Menschen, Gruppen, Lebensräumen getragen sind. Die Erhaltung und Entfaltung ihrer Identität muß gewährleistet werden durch „cooperative effort".

## 4.6 Epilog

In einer Zeit, in der über Identität so viel geschrieben wird (vgl. *Ullrich* 1977; *Klein* 1979), muß es um Identität nicht gut bestellt sein. Man könnte mit *Parsons* (1980, 68) darin „lediglich [sic!]... die Konsequenz einer zunehmenden, strukturellen Differenzierung der Gesellschaft" sehen, mit der „zunehmenden Pluralisierung der Rollenverpflichtungen des typischen Individuums". Eine solche Erklärung leuchtet ein. Die Geborgenheit des *social body*, der präsentischen Zeitauffasung und der begrenzten Welt originärer Kulturen ist verlorengegangen im Prozeß der kulturellen Differenzierung (*Elias* 1969). Der Preis, den wir für die Diversität bezahlt haben, ist der Verlust der Verbundenheit.

Der Individualismus, der sich gegen die absorbierende Vielfalt der Welt auflehnt, sucht verzweifelt mit dem Kult der Subjektivität, mit einem auf Abgrenzung zentrierten Identitätsbegriff, sich im Meer der Komplexität zu retten, und droht dabei in Veröd ung und Vereinsamung umzukommen. Eine andere Richtung vekündet den „Verlust des Subjektes" (*Foucault* 1973; *Baudrillard* 1981) und entlastet sich im Sinne einer „Identifikation mit dem Aggressor" von dem Faktum des Ausgeliefertseins an das unüberschaubare Spiel anonymer Diskurse.

Die eine wie die andere Lösung erscheint unbefriedigend. Es geht nicht darum, Differenzierung aufzugeben oder sie durch immer neue — und letztlich vergebliche[39)] — Akte der Komplexitätsreduktion (*Luhmann* 1968) handhabbar zu machen, sondern wohl darum, Verbundenheit in der Vielfalt leben zu können, bei uns und mit anderen zu sein, ohne Separierung und ohne Diffusion — *ko-existierend*. Ein Identitätsbegriff, der weder in individualistischen Autismus führt noch das Subjekt der Kollektivität opfert, sondern der *integrativ* ist, könnte handlungsleitend für konkrete Hilfeleistungen für Menschen werden, die an der Beschädigung, an Verlust, an der Überflutung ihrer Identität leiden.

Wahrscheinlich ist es richtig, daß sich in unserem Glauben an das Konzept der Identität „vielleicht nur noch ein auf wenige Jahrhunderte beschränkter Zustand einer bestimmten Kultur spiegelt", wie *Claude Lévi-Strauss* (1980, 9) meint. Wird Identität dadurch aber wirklich nur „ein kindlich rührendes Zeichen dafür, daß wir uns dem Punkt nähern, an dem jeder von uns aufhören muß, seine eigene kleine Person für das Wesentliche zu halten?" (ibid.). *Levi-Strauss* sieht unsere Identität als eine *„instabile Funktion und keine substantielle Realität, wir*

---

[39)] Komplexitätsreduktionen schaffen bekanntlich neue Komplexität (vgl. *von Hentig* 1972, 161-189 und die Beiträge in *Maeijewski* 1975).

*sind gleichermaßen flüchtige Orte und Augenblicke des Zusammentreffens, des Austausches und des Konfliktes, an denen stets nur und in zunehmend infinitesimalem Maßstab Kräfte der Natur und der Geschichte beteiligt sind, die gegenüber unserem Autismus von einer erhabenen Indifferenz sind"* (ibid.).

Eine derartige, fast tröstliche Abgeklärtheit, die den Schlußakkord von „Tristes Tropiques" (idem 1977) aufnimmt, wird aber weder die Not derer lindern, die in Konflikten stehen und an ihnen leiden, noch das Glück derjenigen nehmen, die im richtigen Augenblick zusammentreffen. Die Kräfte der Geschichte können der „flüchtigen" Identitäten nicht entbehren, solange es noch eine Geschichte der Menschen ist und dieser Planet sich noch nicht, erkaltet und verödet, im Dunkel des Raumes und im Schweigen der Zeit verloren hat.

# Teil II

# Die Entwicklungstheorie J. L. Morenos
*Ulrike Mathias*

*Morenos* Entwicklungstheorie, die unter anderem seine Rollentheorie einschließt, ist mit seinen soziometrischen Forschungen, seiner therapeutischen Tätigkeit und mit der Entwicklung des Psychodramas gewachsen und für diese Praxisfelder konzipiert. Sie ist auf die Gruppenpsychotherapie ausgerichtet. Nicht übersehen werden darf jedoch der entscheidende Einfluß seines philosophischen Hintergrundes und seiner anthropologischen Konzeptionen. „*Moreno* hat in seinem vom Expressionismus geprägten, dichterischen und philosophisch-theologischen Frühwerk die Grundlagen seiner Anthropologie und Kosmologie schon formuliert. Als Quellen seines Denkens sind hier zu nennen: sein Judentum, die philosophischen Schriften *Kierkegaards* und *Nietzsches* und *Bergsons* Konzept der ‚Schöpferischen Entwicklung'. Weitere Einflüsse sind in dem bis auf die Antike zurückgehenden Welttheatergedanken und im Rollenkonzept des Theaters, wie es bei *Shakespeare* zum Ausdruck kommt, zu sehen. Moreno nimmt vier ‚Universalia' an, die das Leben und damit auch das Psychodrama bestimmen: Kosmos, Zeit, Raum und Realität." (*Petzold* 1978a, S. 2758)

Eine differenzierte, umfassende Entwicklungstheorie (wie z. B. bei *Gesell, Piaget* oder *Harlow*) wurde von *Moreno* nicht formuliert. Es finden sich bei ihm jedoch Konzepte und Ansätze zu einer Theorie der Entwicklung. „Moreno sieht das Wesen der Entwicklung erstens in der Ausbildung der zwischenmenschlichen Beziehungsfähigkeit (sozioemotionale Entwicklung) und zweitens in der durch Rollenlernen gemachten Erfahrung (Rollenentwicklung)." (*Leutz*, 1974, S. 37)

Sehen wir uns *Morenos* Schriften zu einer Entwicklungstheorie genauer an, so finden sich an vielen Stellen Konzepte und Theoreme, die über die von *Leutz* genannten Aspekte hinausgehen. Da *Moreno* leider selbst nicht die Integration seiner Konzepte zu einer umfassenden Theorie geleistet hat, soll hier der Versuch gemacht werden, seine Beiträge, soweit das noch nicht geschehen ist, miteinander zu verknüpfen, um so ein einheitlicheres Bild zu schaffen. Eine Schwierigkeit bei diesem Unterfangen besteht darin, daß es sich nur auf einen - allerdings grundlegenden - Aufsatz stützen kann, den er zusammen mit seiner ersten Frau

*Florence Moreno* geschrieben hat (*Moreno, Moreno* 1944), daß weitere Aussagen zur Entwicklungspsychologie über sein Gesamtwerk verstreut sind und sich z. T. nur marginale Bemerkungen finden. Weiterhin, daß er seine Konzepte nicht immer sehr klar dargestellt hat, und daß sich zuweilen widersprüchliche Angaben finden, was sich aber daraus erklären läßt, daß sich seine Vorstellungen im Verlauf der Entwicklung seines Werkes entfaltet und auch verändert haben. Eine zeitlich differenzierte Betrachtung des Gesamtwerkes ist erforderlich, da es „keineswegs monolith ist" (*Petzold* 1979b). Hierin ist eine große Schwäche der bisherigen Morenorezeptionen zu sehen (z. B. *Schützenberger* 1970, *Petzold* 1973, *Leutz* 1974), in denen die Aussagen des Frühwerkes neben Konzepte aus seiner mittleren und späten Schaffensperiode gestellt werden, ohne daß Veränderungen ausreichend berücksichtigt werden (vgl. aber *Pfau-Tiefuhr* 1976 und *Petzold* 1974/1979).

Folgende Konzepte sind für eine Entwicklungstheroie *Morenos* zu berücksichtigen: Die Spontaneitätstheorie, die Entwicklung aus soziometrischer Perspektive, die Rollentheorie in Verbindung mit einer „Sozialisationstheorie". Dazugehörig sind ebenfalls *Morenos* Konzepte des sozialen und kulturellen Atoms.

# 1. Spontaneität und kindliche Entwicklung[1]

„Spontaneität an sich kann nie ein Kind gebären, aber sie ist ausschlaggebend für seine Geburt ... — Die Geburt ist nicht nur auf mechanische Kräfte zurückzuführen, sondern auch von der Spontaneität des Kindes beeinflußt. Während der Schwangerschaft wird es für die Geburt vorbereitet. Die Dauer der Gestation wird in erster Linie vom Genotyp des Fötus und nicht nur vom Zustand der Mutter bestimmt. Das Kind will geboren werden. Die Geburt ist ein urschöpferisches Geschehen. Bevor sie negativ ist, ist sie positiv; bevor sie pathologisch ist, ist sie gesund; bevor sie Trauma ist, ist sie Sieg." (*Moreno* 1954, S. 14; 1953 S. 42)

Um Monate „verfrüht" wird das Kind geboren, total abhängig von der Hilfe seiner Umwelt. Die organischen Gegebenheiten des Kindes zur Zeit der Geburt sind für ein eigenständiges Überleben völlig inadäquat ausgebildet. „Das Gehirn ist eines der am mangelhaftesten entwickelten Organe: das Vorderhirn ist unvollständig, die Zirkulation im Gehirn ist noch nicht gut, das Kapillarsystem ist unentwickelt, und die einzelnen Zentren sind noch nicht ausgebildet (wie z. B. Sprachzentrum, Muskelkoordination zum Laufen ...)" (*Moreno, Moreno* 1944, S. 91/92). *Moreno* beschreibt die Vorgänge, die zu einer Geburt führen wie folgt:

Die anatomischen Gegebenheiten der Lunge erreichen im letzten Schwangerschaftsmonat ein Stadium, in dem sie für ihren physischen Einsatz bereit ist. Zum gleichen Zeitpunkt ist das organische Wachstum soweit fortgeschritten, daß ein Verweilen des Embryos im Uterus nicht mehr möglich ist, da die Sauerstoffzufuhr und die Nahrungsver-

---

[1] Der folgende Abschnitt stützt sich inhaltlich auf den Artikel von *J. L. Moreno* und seiner ersten Frau *F. B. Moreno*: Spontaneity Theory of Child Development. Dieser Artikel ist veröffentlicht worden in: *Sociometry*, vol. VII, Nr. 2, 1944, S. 89-128, Beacon House, Beacon 1944 (Originalfassung); Psychodrama Monograph, vol. VIII, Beacon House, N. Y. 1944; *Sociometry and the scieenc of man, Beacon House, N. Y. 1956, S. 137-155 (geänderte, kürzere Fassung), Sociometry*, Vol. XVIII, 1956;*Psychodrama*, Bd. I, Beacon House, N. Y. 1964, S. 47-84 (Originalfassung ohne Bibliographie und Anmerkungen).

sorgung unzureichend sind. Genau zu diesem Zeitpunkt findet die Geburt statt. Das Kind wird in diesem ersten „psychodramatischen Prozeß" innerhalb kürzester Zeit in eine völlig neue Situation gestellt, in eine neue Welt geboren, ohne irgendwelche vorgegebenen Muster, wie es sich verhalten könnte. Der Auslöser, der den Geburtsvorgang einleitet, kommt vom Kind, dieser stimuliert die der Mutter, so daß beide auf diese Weise aktiviert (erwärmt) als interagierende Organismen zum Akt der Geburt kommen. Dieser Auslöser ist die Spontaneität.

„Dieser Faktor ist mehr und etwas anderes als eine im Körper des Neugeborenen vorgegebene Energie. Er ermöglicht dem Kind über sich hinaus in neue Situationen einzutreten, gleichsam den Organismus tragend alle Organe zu stimulieren und auf die Modifizierung ihrer Strukturen vorzubereiten, damit sie neue Reaktionsfähigkeiten (responsibilities) entwickeln können ... — This response to an old situation we have called *Spontaneity*." (*Moreno, Moreno* 1944, S. 92)

*Moreno* nimmt an, daß für die Entwicklung der Spontaneität genetische Determinationen keine besondere Bedeutung haben. Spontaneität ist gleichsam im Bereich zwischen biogenetischen Einflüssen und Umwelteinflüssen anzusiedeln, beeinflußt von Faktoren beider Bereiche, jedoch nicht determiniert von ihnen. Dieser Zwischenbereich, als der topographische Ort der Spontaneität, ist demnach charakterisiert durch relative Freiheit und relative Unabhängigkeit von biologischen Veränderungen, Wahlen und Entscheidungen. Hier entwickeln sich Tele und Kreativität, wobei nach *Moreno* Spontaneität „Erzkatalysator" für die zu formende „Ursubstanz" Kreativität ist. Das bedeutet, daß beide verschiedenen Kategorien zuzuordnen sind, nicht jeder spontane Prozeß zu einem kreativen führen muß, aber jede Kreativität ohne Spontaneität undenkbar ist (*Moreno* 1953, S. 3 ff).

Bei der Ausbildung und dem Ausdruck von Emotionen, Gedächtnis, Sprache, Interaktionen etc., in die biologische wie umweltbedingte Gegebenheiten einfließen, ist immer auch Spontaneität beteiligt.

*Morenos* Spontaneitätsbegriff stellt sich somit als ein metapsychologisches Konzept dar, dessen Bedeutung für die Theorie und Praxis seiner Triade „Soziometrie, Psychodrama, Gruppenpsychotherapie" dem Konzept des Unbewußten in der Psychoanalyse *Freuds* durchaus vergleichbar ist. Von analytischer Seite wurde denn auch bemerkt, *Moreno* habe das Konzept des Unbewußten durch das der Spontaneität substituiert (*Mattisson* 1973).

„*Personality can be defined as a function of genes, spontaneity, tele and environment.*" (*Moreno, Moreno* 1944, S. 94)

## 1.1 Erwärmungsprozeß (warming-up process)

Jede Aktion setzt einen mehr oder weniger adäquaten „Erwärmungsprozeß" voraus. Dieser Prozeß der Erwärmung kann als erste Manifestation der Spontaneität angesehen und — so *Moreno* — gemessen werden und ist als Teil eines jeden Ausdrucks des lebenden Organismus dem Handlungsvollzug vorgeschaltet. *Warm up* zielt immer auf Aktion, sei sie somatisch, psychisch oder sozial.

Das Kind lebt in der ersten Phase seines Lebens nur im Moment. Es existieren weder Vergangenheit noch Zukunft, sondern nur die Gegenwart. Die Erwärmung ist eine sofortige und totale und somit ein Prozeß des Augenblicks.

*„This is exemplified in the feeding act. He (the infant m. E.) behaves as if he would suffer from an act-hunger syndrome. To his act-hunger corresponds the category of the present — of the moment."* (Moreno, Moreno, 1944, S. 109)

„Dieser Aktionshunger des Kindes" (so *Moreno*, *Moreno*, 1944, S. 108) „ist so groß und unersättlich, daß es all seine Energie für ihn aufwendet und so wenig wie möglich für so vernachlässigbare Dinge wie Erinnern (das Erinnern wird vom Hilfs-Ich für das Kind geleistet)".

Diese Bemerkung über den Aktionshunger findet sich bei *Moreno* lediglich in seinem Artikel (1944) über die Spontaneität und kindliche Entwicklung. In keiner seiner späteren Arbeiten über Persönlichkeitstheorie (1964, II ff. und 1962) greift er sie wieder auf. Mit einem Satz „Hunger nach Ausdruck ist zuerst Hunger nach Handlung, lange bevor es Hunger nach Worten ist" (*Moreno* 1959, S. 199, Orig. *Moreno, Moreno, Moreno* 1955, S. 124) erwähnt *Moreno* 1959 noch einmal seine frühere Annahme. *Moreno* hat offensichtlich diesen Gedanken nicht weiterentwickelt. Das ist auch recht einsichtig, da ein solches Konzept durch seine Spontaneitätstheorie und sein Konzept des warm up und der Starter abgedeckt wird.

*Leutz* (1974, S. 79 und ihr folgend *Petzold* 1978a, S. 2763) hat versucht diesen Gedanken zu einem antriebsdynamischen Konzept auszuweiten.[2] Ein solcher Versuch geht an den anthropologischen Intentionen *Morenos* vorbei. Das Spontaneitätstheorem läßt sich nicht mit — wie auch immer gearteten — triebdynamischen Konzepten und der von ihnen implizierten Determinierung vereinbaren (vgl. *Moreno* 1946/1964, XII und besonders S. 102ff). Vielmehr setzt sich *Moreno* dezidiert von triebpsychologischen Überlegungen ab (1946, S. 83 und

---

[2] Das von *Leutz* 1974, S. 79 angegebene (und von *Petzold* 1978, S. 2763 übernommene) Zitat zum Aktionshunger ist in der Quellenangabe sowie in dem mir zugänglichen Werk *Morenos* nicht auffindbar!

85ff.). Die von *Leutz* (1974, S. 79ff.) in ihrer Theorie des Aktionshungers verarbeiteten Variablen sind von *Moreno* weitgehend als die Konstituenten der menschlichen Person bezeichnet worden (*Moreno, Moreno* 1944, S. 125) und stehen im Zusammenhang seiner *Spontaneitätstheorie*, so daß eine antriebspsychologische Theorie des Aktionshungers überflüssig wird (*Moreno* 1946, S. 86ff.). *„In einer Theorie des menschlichen Verhaltens und der Motivation muß die Spontaneität einen zentralen Platz einnehmen"* (*Moreno* 1946, S. 104).

Auslöser des Erwärmungsprozesses sind physische, geistige (*mental*), soziale und psychochemische Starter. *„The warming up process can be stimulated by bodily starters (a complex physical process in which muscular contractions play a leading role), by mental starters (feelings and images in the subject which are often suggested by another person), and by psychochemical starters (artificial stimulation through alcohol, coffee for instance)."* (*Moreno* 1937/1945, S. 67 — siehe hierzu besonders *Moreno* 1953, S. 338-340)

Die physischen Starter, die meist autonom funktionieren und normalerweise durch das ganze Leben hindurch wirksam bleiben, reagieren — wie von *Moreno* in Experimenten mit Erwachsenen beobachtet wurde (*Moreno, Moreno* 1944, S. 95) — bei bewußt eingesetzten, provozierenden Situationen in leicht zu verfolgenden, unfreiwilligen wie freiwilligen Aktionsketten. So steigt z. B. die Atemfrequenz, der Puls wird schneller und flacher. Diese autonome Phase des Aufwärmungsprozesses (ausgelöst durch die anfängliche experimentelle Konfrontation) bewirkt simultan andere Re-aktionen, die im neuromuskulären System ausgelöst werden, wie z. B. Schweißproduktion, Atemlosigkeit, Gleichgewichtsstörungen, motorische Reaktionen und weiterhin mimischer Ausdruck von Panik, Angst oder unartikulierte Laute.

Beim neugeborenen Kind sind anfänglich lediglich physische Starter ausgebildet. Nehmen wir z. B. den Geburtsvorgang, der eingeleitet wird durch die Aktivitäten der physischen Starter des Kindes, die, schon lange vor der Geburt ausgebildet, nun zum Einsatz kommen. Sie lösen den Erwärmungsprozeß des Kindes und der Mutter aus, indem Bewegungen des Kindes (Kopf, Extremitäten) gegen die Uteruswände die physischen Starter der Mutter ansprechen und Kontraktionen bewirken, die wiederum beide auf den Akt der Geburt vorbereiten. In nicht zu trennender Abfolge und dem Zusammenspiel der verschiedensten interagierenden Starter in den Aufwärmungsprozessen wird in diesem Fall die Geburt als erste „psychodramatische Aktion" vorbereitet. Wichtig ist noch, daß gleichzeitig bei der Mutter u. a. geistige Starter in Bewegung gesetzt werden, die sie für ihre Funktionen und Rollen nach der Geburt „erwärmen", nämlich die der Mutter, der pflegenden und sorgenden Person, die für das Kind als „Hilfs-Ich" agiert. Den Bezugsrahmen für das Konzept der Starter bilden der *locus nascendi*, der *status nascendi* und die *Matrix* — Moreno stützt sich auch hier auf seine „Philosophie des Augenblicks" (*Moreno* 1923). So ist z. B. für den Embryo die Placenta der *locus nascendi*, die *Matrix* ist das befruchtete Ei, aus dem er sich entwickelt, und der *status nascendi* ist die Geburtszeit. Beim Kleinkind finden somatische Aufwärmungsprozesse in bevorzugten Zonen statt, als den Wirkbereichen der physischen Starter (*Moreno, Moreno* 1944, S. 97). Diese Zonen werden so zu loci nascendi. *Zonen* sind Bereiche, denen sowohl physische Faktoren (wie Brust, Milch ...) als auch atmosphärische Faktoren (wie Zuneigung, Ablehnung, Ruhe oder Hetze) zuzuordnen sind. Werden alle Faktoren fokussiert, so tritt die Zone als solche in Aktion, die Starter lösen den Erwärmungsprozeß aus, der wiederum zum spontanen Stadium führt. Diese Stadien (Aktionen) sind Teil einer *Rollengestaltung*. Zonen treten jedoch nie isoliert auf, sie interagieren miteinander und bilden immer komplexer werdende Strukturnetze auf der Aktualitätsebene.

„*The bodily starters of any behavior as acting or speaking on the spur of the moment are accompanied by physiological signs. In the process of warming up these symbols unfold and release simple emotions, as anger, fear, or more complex states. It is not necessary that verbal reactions evolve in the process of warming up. They may or they may not. But the mimic symbols are always present; they are related to underlying physiological processes and to psychological states*" (Moreno 1934, S. 194; 1953, S. 338).

## 1.2 Hilfs-Ich (auxiliary ego)

Die Einheit Mutter-Kind, die zwar mit der Geburt aus ihrem biologisch organischen Verbindungsrahmen gelöst ist, setzt sich in der Mutter-Kind-Dyade[3] fort, die durch das oben beschriebene warm up —

---

[3] *Morenos* Konzept der Identitätsmatrix, der Phase der All-Identität in der frühkindlichen Entwicklung, geht weit über das Konzept der Mutter-Kind-Dyade hinaus. Die Mutter-Kind-Dyade beinhaltet lediglich die *Beziehung* der Mutter zu dem Kind in der nachgeburtlichen Entwicklungsperiode. Die All-Identität bezieht jedoch nicht nur die Körperlichkeit und Befindlichkeit von Mutter und Kind mit ein, sondern auch alle Objekte und Subjekte, d. h. die gesamte jeweilige Umwelt einschließlich der inhärenten sozialen und kulturellen Vorgaben. Die All-Identität umfaßt somit das gesamte interaktionale Geschehen, die Gesamtheit des Identitätserlebens als Koexistenz im Rahmen einer spezifischen Gesellschaft und Kultur. Sie ist dem Konzept des Menschen in der „Lebenswelt" (*Husserl, Schütz, Merleau-Ponty*), im „Lebensraum" (*Lewin*), dem der „ökologischen Sozialisation (*Bronfenbrenner*) vergleichbar.

besonders dem der Mutter — vorbereitet wird. Das adäquate Verhalten der Mutter gegenüber dem Kind ist für dessen Überleben notwendig und stellt gleichzeitig (siehe hierzu 3.2.1) einen untrennbaren Teil im Leben und Erleben des Kindes dar. Dieses kann in dieser Phase noch nicht zwischen sich und der Umwelt unterscheiden. Es schließt in seine Identität die Mutter mit ein, die als Helfer des Kindes sein sogenanntes „Hilfs-Ich" ist.

In der Art der Hilfsbedürftigkeit gibt es bei den Kindern individuelle Unterschiede, genauso wie bei den einzelnen Müttern die Hilfsbereitschaft und -fähigkeit variiert. So haben z. B. manche Kinder schon bei der Geburt Schwierigkeiten und benötigen spezielle Hilfe (Zange, Kaiserschnitt ...), während andere als Sturzgeburt kommen. Ebenso unterschiedlich ist das erste Saugen, das bei einigen spontan einsetzt, während andere viel Stimulierung benötigen. Die Unterschiede der Mütter in ihrer Rolle, ihrem Verhalten als Hilfs-Ich haben komplexere Hintergründe, wobei geistige, psychische, soziale und kulturelle Komponenten unterschiedlich starken Einfluß ausüben. Sie können die oben beschriebenen Erwärmungsprozesse fördern oder hemmen.

*„The mother (as the auxiliary ego) has two functions; the one is that of acting in the role of a mother adequately; the other one is that of developing a clear picture of the needs and rhythm of the infant in order that she can warm up to this requirements to help him functioning adequately"* (Moreno, Moreno 1944, S. 101).

Dem Akt des Essens z. B. geht ein beidseitiger Erwärmungsprozeß voraus und bezieht die Mutter mit ihrem Körper, dem Atem, den Armen, die das Kind halten, der Brust, die sie dem Kind (mit der Brustwarze als Fokus) darbietet, ein. Die Art und Weise, wie sie sich innerlich auf den momentanen Akt einstellt und einläßt, ja ihre ganze persönliche Befindlichkeit und Haltung kommt ebenso mit ins Spiel, wie die Hautwärme, die Wärme und Beschaffenheit (Geschmack) der Milch. Das Kind, bei dem der gesamte Mundbereich besonders fokussiert ist, befindet sich in einem warm-up-Prozeß, der mit dem der Mutter interagiert.

Die Befriedigung des Hungers beim Kind als physisches Anpassungsbestreben und das geistig-psychische Anpassungsbestreben der Mutter gehen Hand in Hand. Bei der Mutter (als Hilfs-Ich) entsteht ein Bild, eine Vorstellung von ihrem Kind, seiner Befindlichkeit und seinen Bedürfnissen während des Prozesses der Rollenannahme, in dem die Mutter, wie noch ausgeführt werden wird, *„role giver"* und das Kind *„role receiver"* ist.[4] Gleichzeitig aber nimmt das Kind an diesem Akt

---

[4] Nach *Moreno* beginnt das Rollenspiel mit der Geburt (siehe hierzu 3.3.2).

des Fütterns und Gefüttert-werdens aktiv teil. Es nimmt das Essen, die Flasche oder Brust, die Hände der Mutter, ihre Ausstrahlung, ihre Haltung und Gefühle als zum Ganzen gehörige Teile seiner Existenz an oder lehnt sie ab.[5] In jedem Fall ist die Mutter nach der Geburt (von Sonderfällen abgesehen) die wichtigste Bezugsperson des Kindes und der wichtigste Helfer zur Befriedigung seiner grundlegendsten Bedürfnisse und somit für seine Gesamtentwicklung.

Aus diesem Grunde nennt *Moreno* diesen Helfer des kindlichen Ichs „Hilfs-Ich". So ist auch zu verstehen, daß das Hilfs-Ich an jedem Erwärmungsprozeß des Kindes beteiligt ist und ebenso am Rollenspiel teilhat. Nehmen wir z. B. die Rolle des Kindes als essendes, so ist die Mutter mit ihrem ganzen Körper (hier besonders fokussiert mit der Brust, den haltenden Armen ...) Teil des Erwärmungsprozesses und der Aktion der Befriedigung selbst. Auch die innere Einstellung, die Ausgeglichenheit oder auch der Streß der Mutter bestimmen ihr eigenes Verhalten, z. B. das Maß von Einfühlung, ebenso wie das des Kindes. *Dieses Mitsein, das Mitagieren und Miterleben* — als Charakteristika der Identitätsmatrix (siehe Abschnitt 3.2.1) — *bestimmen die grundlegenden Erfahrungen und Bedingungen für die ersten emotionalen Lernprozesse* und beeinflussen somit die Grundeinstellungen des Kindes zu sich und seiner Umwelt.

Aus diesem interaktionalen Prozeß gehen über die Rollenannahme — die sich aus den zwei Funktionen der Rollenübergabe (Mutter = role giver) und dem Rollenempfangen (Kind = role receiver) bildet — wechselseitig sich bildende Rollenerwartungen hervor (hierzu Abschnitt 3.2). Diese Rollenerwartungen bilden auch die Grundlage für alle zukünftigen Rollenwechsel und Rollentausche[6] zwischen dem Kind und seinen Hilfs-Ichen. Im Verlauf der Entwicklung übernimmt das Kind mehr und mehr selbst die Funktionen des Hilfs-Ich und zwar in dem Maße, in dem die Mutter die allmählich wachsende Unabhängigkeit des Kindes in der eigenen Rollengestaltung zuläßt.

---

[5] Schon hier können z. B. durch die innere Haltung und das Verhalten der Mutter — wie körperliche Ferne und Ablehnung, Uneindeutigkeiten oder Haß — Spaltungen im Erleben des Kindes eintreten und die Wurzeln frühkindlicher Psychosen oder Borderlinesyndrome gelegt oder auch durch extrem unsicheres und nervöses Verhalten der Mutter labile Persönlichkeitsgrundlagen erzeugt werden (vgl. *Petzold* 1977a).
[6] Siehe hierzu Tabelle II, Abschnitt Trennung v. Phantasie und Realität.

# 2. Soziometrische Studien mit Säuglings- und Kindergruppen

Im Folgenden stelle ich kurz die Ergebnisse soziometrischer Untersuchungen dar, die *Moreno* mit Säuglingen und Kindern durchgeführt hat und die gleichzeitig wichtige entwicklungsspezifische Angaben enthalten. Sie sind im Werk *Morenos* zeitlich vor der Rollentheorie und der Entwicklungstheorie entstanden.

*Morenos* vordringliches Interesse galt schon in seiner Wiener Zeit der Gruppe und erst in ihr dem einzelnen Menschen. Seine Beobachtungen spontaner Kinderspiele ließen ihn seine Hypothesen über Wesen, Struktur und Dynamik der Gruppe und des Einzelnen in diesem Beziehungsgefüge immer gezielter verfolgen. Diese führte in Amerika zwischen 1929-1933 zur Entwicklung seiner Soziometrie, die für die mikrosoziologische Forschung wie auch für die gruppendynamischen Entwicklungen wertvolle Impulse und Beiträge lieferte (*Petzold* 1979a, 1980b).

Die ersten Beobachtungen bei Kindern und Säuglingen machte *Moreno* im Mitterndorfer Kinderkrankenhaus (1917-1919), wo er als Arzt tätig war. Die Säuglingsgruppen wurden von ihm über einen Zeitraum von ca. zwei Jahren beobachtet, wobei hauptsächlich seine Aufmerksamkeit den frühesten Anfängen zwischenmenschlicher Beziehungen, den Gruppenstrukturen und ihrer Entwicklung galt. Die Kinder befanden sich während des ersten Jahres im gleichen Raum mit kreisförmig angeordneten Betten. *Moreno* konnte folgende Stadien in der Entwicklung von Gruppen beobachten:

1. *Das Stadium der Identität*, auch Stadium *der organischen Isolation* genannt, von der 1.-20. Lebenswoche, in der alle Säuglinge isoliert voneinander leben, d. h. der Existenz eines anderen Säuglings nicht gewahr werden (Diagramm I.b).
2. *Das Stadium der horizontalen Differenziehrung*; zwischen der 20. und 28. Woche beginnen die ersten spontanen Reaktionen, wobei die Wahrnehmungen und Beziehungsstrukturen kettenförmig verlaufen und von der jeweiligen körperlichen Nähe abhängen. „On this level interrelations are aroused by physical proximity and are based upon physical distance or nearness" (*Moreno* 1953, S. 151; Diagramm II.b.).

3. *Das Stadium der vertikalen Differenzierung;* ab der 40./42. Woche wird die Gruppenorganisation bestimmt von den Unterschieden physischer Kraft und geistiger Aufgewecktheit der Kinder, die in dieser Zeit anfangen, sich selbständig zu bewegen und frei zu laufen (Diagramm III.b.).

*Moreno* setzte seine Beobachtungen in Amerika systematisch fort und untersuchte die Entwicklung von Gruppenstrukturen von Kindern im Kindergarten und in der Schule. Das betraf 1. Kinder von 4-14 Jahren in der Public School 181 in Brooklyn, New York (1931-1932), und 2. Jugendliche von 14-18 Jahren in der Riverdale Country School, Riverdale, New York (1932).

Im Kindergartenalter beginnen die Kinder, sich aktiv an den Untersuchungen zu beteiligen, wobei Wahl- und Handlungskriterien zugrundegelegt wurden. Die in Gruppenstrukturen wirkenden Kräfte von Anziehung und Abstoßung wurden von *Moreno* für soziometrische Zwecke den Termini von Wahl und Ablehnung gleichgesetzt. *Moreno* stellte fest, daß im Alter von etwa 4-7 Jahren die Wahlen mehr von der physischen Nähe und dem Auffälligkeitsgrad im Verhalten bestimmt werden, also mehr von zufälligen Momenten als durch bewußte Beziehungsaufnahme. *Moreno* spricht hier von einem „noch schwach entwickelten Tele" und nennt diese Entwicklungsphase auch Präsozialisationsphase („Pre-socialized period", *Moreno* 1953, S. 207). In der deutschen Übersetzung seines soziometrischen Werkes (1954/1967) wird dies unpräzise mit „Vorstufe der sozialen Reifung oder Vorstufe der Gesellung" (S. 60) bezeichnet.

*Morenos* Untersuchungen ergaben weiterhin, daß etwa nach dem sechsten Lebensjahr die Gruppenstrukturen zunehmend von immer wirksamer werdenden Teleprozessen bestimmt werden. In dieser Zeit (von 7-9 Jahren) werden die Kinder auch fähig, gemeinschaftlich zu handeln und Funktionen in der Gruppe zu suchen. Deshalb spricht *Moreno* auch von der ersten Sozialisationsphase („first socialized period"; 1954/1967, S. 60 unverständlicherweise übersetzt mit: „Erste Stufe der sozialen Reifung oder erste Stufe der Gesellung"). Parallel hierzu unter dem spezifischen Gesichtspunkt der Sexualentwicklung und deren Einflüsse auf Gruppenformationen verläuft das erste heterosexuelle Stadium, in dem gemischtgeschlechtliche Wahlhäufigkeiten die Gruppenstrukturen beeinflussen.

Von 13/14 Jahren an aufwärts verläuft die zweite Sozialisationsphase („second socialized period"; 1954/1967, S. 60: „Zweite Stufe der sozialen Reifung oder zweite Stufe der Gesellung"). Gruppen diesen Alters werden in ihrer Struktur gleichzeitig von abwechselnd gleichgeschlechtlichen und gemischtgeschlechtlichen Wahlhäufigkeiten bestimmt. D. h. es entstehen in diesem Entwicklungsabschnitt Gruppenformationen homogener und heterogener Geschlechtsspezifik.[7]

Die nachfolgende parallele Aufstellung soll dies verdeutlichen.

*Tabelle I.*[8]:

| Up to 7-9 years:<br>Pre-Socialized Period | Up to 6-8 years:<br>First Inter-Sexual Stage |
|---|---|
| 7-9 years to 13-14 years:<br>First Socialized Period | 8 years to 13 years:<br>First Homosexual Stage |
| 13-14 years on:<br>Second Socialized Period | 13-15 years on:<br>Second Intersexual Stage<br>13-17 years on:<br>Second Homosexual Stage |
| „The effect which the *maturing sociability* of individuals has upon the structure and differentiation of groups and what influence this organization once established exerts in return upon them have led us to distinguish this periods."<br>(*Moreno* 1934, S. 58; 1953, S. 207) | „The effect which the *maturing sexual function* of individuals has upon the structure of groups led us therefore to distinguish this stages."<br>(*Moreno* 1934, S. 60; 1953, S. 208) |

---

[7] Erwähnt sei hier noch, daß *Moreno* im Verlauf seiner soziometrischen Studien verschiedene Gesetzmäßigkeiten feststellte und formulierte, von denen die beiden wichtigsten genannt seien:
1. *Das soziogenetische Gesetz* beinhaltet, daß das Auftreten gewisser Strukturen nicht zufallsbedingt ist, sondern abhängig vom Reifegrad der Gruppe. „Es besagt: Höhere Formen der Gruppenorganisation gehen aus einfacheren hervor. Die Gruppenorganisation ist in ihrer Ontogenese bis zu einem hohen Grad ein Gleichnis der Formmodifikationen, welche die aufeinander folgenden vorzeitlichen Gesellschaften der Gattung im Laufe der Entwicklung durchgemacht haben." (*Moreno*, 1963, S. 151)
2. Das *soziodynamische Gesetz* besagt: „Soziometrisch isolierte Individuen, also solche, die im Soziogramm isoliert oder unbeachtet erscheinen, sowie wenig beachtete Menschen neigen dazu, auch in den formalen sozialen Ordnungen isoliert und wenig beachtet zu bleiben, und zwar um so stärker, je größer die Zahl der sozialen Kontakte ist. Ferner haben im Soziogramm auffallend bevorzugte Individuen die Tendenz, bevorzugt zu bleiben und das um so mehr, je zahlreicher die sozialen Kontakte sind. Dieser soziodynamische Effekt gilt auch für die Gruppe ..." (*Moreno*, 1963, S. 151), woraus sich für *Moreno* neue Kategorien ergeben, nämlich „emotionale Armut" und „emotionaler Reichtum".

[8] Ich habe die Perioden und Stadien in dieser Tabelle und den dazugehörigen Text im Original belassen, und lediglich parallelgesetzt, damit die ursprüngliche Terminologie nicht verfälscht wird, die Zugehörigkeit jedoch deutlicher wird!

Im Bereich der Soziometrie *Morenos* läßt sich somit die Entwicklung von Gruppen, deren strukturelle und dynamische Eigenheiten, kontinuierlich von der Geburt bis zum Erwachsenenalter verfolgen. Das trifft allerdings nur auf die Gruppenentwicklung zu, während Moreno der individuellen Entwicklung und der Rollenentwicklung keine genaue Altersangaben beiordnet und sie auch lediglich bis zum Kleinkindalter von 2-3 Jahren verfolgt (*Moreno, Moreno* 1944; *Moreno, Z.* 1954; vgl. Abschnitt Rollentheorie und Rollenentwicklung S. 207ff).

Die weiter oben genannten ersten drei Stadien in der frühesten Entwicklung von Gruppenbeziehungen (organische Isolation, horizontale und vertikale Differenzierung) hat *Moreno* nicht zu seinem Konzept der Rollenentwicklung und seinem Phasenmodell vom ersten (a und b) und zweiten Universum in Beziehung gesetzt. Verknüpft man diese einzelnen Entwicklungsstadien, die sich etwa zur gleichen Zeit konstituieren und die psychosozialen Aspekte betreffen, so kann sowohl die kollektive Ebene als auch die persönliche (hier von mir intra- und interpersonale Ebene genannt) in entwicklungs-psychologische Überlegungen einbezogen werden (Diagramme I.-III.). *„Every role is a fusion of private and collective elements; it is composed of two parts, — its collective denominator and its individual differentials"* (Moreno 1953, S. 75).

Ausgehend von *Morenos* Aussage in Verbindung mit seinen Ausführungen über die Entstehung des Selbst aus den Rollen — „Roles do not emerge from the self, but the self emerges from roles" (*Moreno* 1946, S. 157) — ist die Verknüpfung der beiden Entwicklungsmodelle naheliegend und m. E. auch folgerichtig (Diagramm V). Durch eine derartige Verbindung läßt sich die im Werk *Morenos* implizierte „Sozialisationstheorie" erarbeiten. Sie ergibt sich aus den hier genannten soziometrischen Ausführungen *Morenos*, seiner Rollentheorie, seiner Lerntheorie und den wenigen verstreuten direkten Angaben zum Sozialisationsbegriff (zur Sozialisationstheorie siehe Kap. 4).

# 3. Rollentheorie

## 3.1. Theoretische Grundlagen zum Rollenverständnis

*Morenos* Rollentheorie ist eigenartigerweise von den meisten Rollentheoretikern nicht rezipiert worden.[9]

*Moreno* geht in seinem Rollenkonzept über die Sicht der Person als isoliertes Individuum hinaus, indem er sie als im Rollenspiel interagierend mit ihrer Umwelt ansieht. Sein Begriff der Rolle ist weder im Sinne soziologischer Ansätze nur als Erwartungsbündel bzw. Verhaltenszuschreibung, noch im Sinne der „behavioral sciences" nur als konkretes Verhalten (overt behavior) gefaßt. Er ist auch nicht dem interaktionalen Rollenmodell von *Goffman* gleichzusetzen.

Im Unterschied zu den verschiedensten Definitionen von Rolle sagt *Moreno*: *„Role can be defined as actual and tangible forms which the self takes. We thus define the role as the functioning form the individual assumes in the specific moment he reacts to a specific situation in which other persons or objects are involved."* (1961a, S. 519)

Die Rolle ist demnach eine beobachtbare Verhaltenseinheit, die für *eine Situation spezifisch ist* und die situationszugehörige Menschen und Objekte einschließt. Ihre Bedeutung als Aktion kann nicht jenseits des jeweiligen Kontextes verstanden werden (*Clayton* 1975, S. 144).

Jede Rolle hat nach *Moreno* eine private und eine kollektive Seite — „Every role is a fusion of private and collective elements" (1964, S. 352) — und ist als solche eine kulturspezifische Einheit (1964, VI) und „a unit of conserved behavior" (1960, S. 80). Sie wird wirksam im *status nascendi* und *locus nascendi*. Die Spontaneität als die zum Rollenspiel aktivierende Komponente zeigt an, daß das Rollenspiel eine immer dynamische und aus dem Moment entstehende, auf die Gegenwart gerichtete Interaktionseinheit ist, an der mindestens zwei Personen (oder Objekt/Person, Tier/Person, Imagination/Person) beteiligt sind.

„A role is an interpersonal experience and needs usually two or more individuals to be actualized" (*Moreno* 1937b/1945, S. 9).

---

[9] *Petzold* (1979) stellt dies bei einer Übersicht fest: vgl. *Petzold*, dieses Buch S. 15.

Erst in der Rollenaktion, d. h. im Rollenspiel wie *Moreno* es versteht — also nicht in der reinen Übernahme der Rolle — werden aus den „konservierten Verhaltenseinheiten" durch den spontanen Akt des Rollenspiels Rollenveränderung und Rollenkreation.

*Moreno* vertritt die Auffassung, daß bei Rollentheoretikern wie *Mead* und *Linton* die Rolle eine von der Gesellschaft vorgegebene und vom Individuum anzunehmende (role-taking), also eine „Rollenkonserve" ist. Erst in der Aktion, dem Rollenspiel können Rollenkonserven belebt werden.

*Moreno* weist G. H. *Meads* Auffassung zur Rollenübernahme zurück:

*„He discovered the role and role-taking, taking the role of the other, a process of talking and interiorating the role unto the self, making it readily accessible in societal situations"* (Moreno 1960, S. 84).

Für *Moreno* ist role-taking ein Prozeß, der sich aus *role-giving* und *role-receiving* als den Funktionen eines interaktionalen Geschehens definieren läßt, der jedoch lange vor dem Spracherwerb und dem Imitationsvermögen des Kindes anfängt, nämlich mit der Geburt (*Moreno, Moreno* 1944, S. 104). Er betont:

*„There are enactable and unenactable roles; recognized and unrecognized roles; enactment of roles before the level of their recognition; recognition of roles before the level of their enactment"* (Moreno 1960, S. 83).

Im primären Lern- und Konditionierungsprozeß gehen Rollenaktion und Rollenwahrnehmung, Rollenspiel und Rollenannahme Hand in Hand und können *in situ* nicht voneinander getrennt werden (*Moreno* 1960, S. 83). Rollenspiel ist für *Moreno* ein spontanes Geschehen, das für ihn im Gegensatz steht zur reinen Rollenübernahme nach *Mead*, die er als „an attitude already frozen in the behavior of the person" (ibid., S. 84) ansieht. Er wendet sich gegen unfreiwillige, ausschließliche Übernahme alter Rollenmuster („taking the role of the others is a dead end", ibid., S. 85), die die bestehenden Verhältnisse nicht hinterfragt. Wo keine Wahl- und somit Entscheidungsmöglichkeiten gegeben sind, kann auch kein freies Verhalten und Agieren möglich sein. Es sei vielmehr das Kennenlernen variabler Verhaltensmöglichkeiten (Rollen) notwendig, um echte Entscheidungen treffen zu können. Die Rigidität und Sanktionierung von Unangepaßtheit bewirkt die Erfüllung fremder Erwartungen in Form von Rollen zur Durchsetzung von Anpassungsbestrebungen an Bestehendes, jedoch nicht an das Selbst.

*„The turning point was how to vitalize and change the roles, how to become a ‚role-changer' and ‚role-player' "* (ibid., S. 85/86).

## 3.1.1. Die Konstituierung des Selbst

„Role playing is prior to the emerge of the self. Roles do not emerge from the self, but the self emerges from roles" (Moreno 1962a, S. 114). Die Rollen sind nach Morenos Aussagen die Embryos, die Vorläufer des Selbst, sie streben nach „Cluster"-bildung und nach Vereinigung (1962a, S. 115).

Moreno hat in seinem Werk die Begriffe „Ich" und „Selbst" nicht immer klar geschieden, obgleich sich Unterschiede ersehen lassen. In seinem 1959 verfaßten deutschsprachigen Buch verwendet er die Begriffe zuweilen synonym, was zum Teil darauf zurückzuführen ist, daß es von sprachlichen Unsicherheiten gekennzeichnet ist, die erheblich zur terminologischen Verwirrung beigetragen haben. Er bezeichnet „ego" und „self" als „heuristische Hypothesen, metapsychologische Postulate, Logoïde" (1946, S. 153; 1964, VII). Später (1962a, 1964, II) kennzeichnet er das Selbst als die aus der Matrix der Identität entstandenen und im Verlauf der Entwicklung fortwährend weiterentstehenden Rollen. Alle einer Person verfügbaren Rollen bilden demnach das Selbst (ibid., S. III). Die im Handeln und ihrem Zusammenspiel erlebten Rollen werden von uns identifiziert und kostituieren „that which we call the ‚me' or the ‚I' " (ibid.). Als „Ich kann deshalb das Selbst *in actu* bzeichnet werden" (*Petzold* 1974a), denn „die greifbaren Aspekte dessen, was als ‚ego' bezeichnet wird, sind die Rollen, in denen man handelt ... Rolle und ego sind in beständiger Interaktion" (*Moreno* 1964, V).

„The organization of the self within the individual organism begins early in life. It is a universal phenomenon and observable in every individual" (Moreno 1947a, S. 10).

Um *Morenos* Rollen- und Selbstbegriff zu verstehen, müssen nach *Petzold* (1974a/dieses Buch S. 89) zwei Ebenen der Betrachtung klar unterschieden werden: 1. Rolle und Selbst als kategoriale („logoïde") Begriffe, 2. Rolle und Selbst als aktionale (dynamische) Begriffe (siehe hierzu das „Modell einer integrativen Rollentheorie" aus *Petzold*, dieses Buch S. 151).

### 3.1.1.1. Die kategoriale Begriffsebene

Folgende Vorgaben sind zu sehen: Vorgaben der *Körperlichkeit*, die einfach da sind — einen Körper hat jeder Mensch; essen, trinken, schlafen muß jeder Mensch —; weiterhin die Vorgaben der *Kultur*, in die jeder geboren wird, deren Spezifika wie Sprache, Tradition, Geschichte, Rituale (z. B. Begrüßung) usw. ebenso zum Einflußhintergrund gehören wie die Körperlichkeit. Beide Bereiche bieten universale

„Strukturen, Muster, Konserven". Das körperliche Rollenverhalten kommt als „rohes" unsozialisiertes Verhalten praktisch nicht vor. Die *somatische* Rolle, z. B. „Rolle des Essers", ist ein reines Konstrukt, da jeder Esser in einer ganz bestimmten kultur- und persönlichkeitsspezifischen Weise ißt. Somatische Rollen sind nicht notwendigerweise interaktional oder abhängig von „synthetischer Erfahrung" (*Moreno* 1937/1945). Die Rolle des Atmenden, des Urinierenden, des Denkenden usw. ist nicht unbedingt — vielfach sogar überhaupt nicht — an einen interaktionalen Prozeß gebunden und bedarf als solche kaum eines spezifischen Erfahrungshintergrundes. Das *Wie* der Ausübung dieser Rollen ist jedoch schon meist kulturspezifisch und unterliegt somit einem vorausgegangenen integrierenden Erfahrungsprozeß. Ebenso kommt die reine Form der „*sozialen Rollen*" kaum vor. Sie sind in ihrer Ausübung immer „interpretiert" und zu anderen Rollen „korrespondierend".

Als kategoriale Rollenbegriffe lassen sich bei *Moreno* somatische bzw. physische (1961a, S. 519/520) und soziale Rollen (1953, S. 75-79) aus seinem aktionalen Begriffssystem als Implikate herauslösen.

### 3.1.1.2. Die aktionale Begriffsebene:

Die Entwicklung von Rollen und deren Verkörperung (im Sinne von Handlungsbegriffen), die sich auf dem Hintergrund der ersten Ebene ausbilden und sich in Aktion konkretisieren können, ist die zweite Perspektive, die gesehen werden muß. Die Rollenentwicklung, wie sie *Moreno* darstellt, beschreibt die Aufeinanderfolge und das Ineinander- und Miteinanderwirken von verschiedenen Rollenkategorien (siehe 3.2.), die sich in bestimmbaren Zeiträumen in der Entwicklung des Kindes ausbilden und in Aktion umgesetzt werden, d. h. sich konkretisieren.

Der Prozeß des „*Rollenlernens*" — und das Erlernen von Rollen ist nur in einem sozialen Kontext möglich — und der der „*Verkörperung*" (*Petzold* 1974a) von Rollen ist die Verknüpfung dieser beiden Betrachtungsebenen und somit ein sozialisationstheoretischer Ansatz, der bei *Moreno* z. B. dynamische Interaktion beinhaltet. *Moreno* hat zwar auch hier immer wieder Brüche in seinen verstreuten Veröffentlichungen, in seinen Definitionen und Darstellungen, die nur eine genaue Analyse seines Werkes besonders im Hinblick auf die chronologische Entwicklung seiner Ansätze, Begriffe, Konzepte etc. (vgl. *Petzold* 1974 u. dieses Buch) aufdecken und somit verständlicher und zugänglicher machen kann; doch muß man gerade an dieser Stelle unterstreichen und würdigen, daß *Moreno* — wenn man einmal von den bahnbrechenden Arbeiten *Meads* absieht — vor Beginn der sozialisationstheoretischen Diskussionen — nämlich 1934 und 1937 — Ansätze zu einer Sozialisationstheorie formuliert hat.

Die Rollen und das Rollenspiel sind also entwicklungsmäßig vor der Entstehung des sozialen Selbst anzusiedeln. Aus ihnen erst geht das Selbst hervor und zwar nicht als *Summe* der Rollen sondern als deren *Gesamt*.

„Jede Rolle ist aus dem Zusammenwirken (synergy) vielfältiger Verhaltensweisen (overt behavior) und kognitiver Strukturen (covert behavior, symbolic representations) konstitutiert, und jede Rolle hat Korrelate in den einzelnen Rollenkategorien. Die Rollen der einzelnen Kategorien haben die Tendenz, ‚cluster' zu bilden, d. h. prägnanter zu werden, und die einzelnen Kategorien streben nach Vereinigung (unification). Sie werden durch ‚operational links' zu Handlungseinheiten verbunden (*Moreno* 1962, 114-117), die man als *Rollenintegral* bezeichnen kann ... Rollenintegrale sind mehr und etwas anderes als die Summe der Teilrollen, eine Aussage, die in gleicher Weise für das Selbst gilt" (*Petzold* 1974a).

*Moreno* nimmt drei aktionale Rollenformen an:
1. *Die psychosomatischen Rollen*, die aus der Vorgabe der Körperlichkeit entstehen und somit physiologisch determiniert sind. In dieser Rollenkategorie kann man, wenn man *Moreno* folgt, keine Trennung zwischen somatischen und psychischen Rollen einführen (wie es *Leutz* 1974, S. 48/49 tut), da *Moreno* hier im Gegensatz zu *Leutz* keinen heuristischen, kategorialen, „logoïden" (*Moreno* 1946, S. 153) Rollenbegriff vertritt, sondern einen aktionalen, dynamischen.

Soma und Psyche sind nach der Entwicklungstheorie *Morenos* nicht zu trennen. Sein Begriff der „psychosomatischen Rolle" ist damit völlig stringent. Er spricht in seinem Werk denn auch nirgendwo explizit von somatischen oder psychischen Rollen. Das bedeutet, daß der einzig kategoriale Anteil der psychosomatischen Rollen die Gegebenheiten (*patterns*) des Körpers sind. Die Entwicklung der psychosomatischen Rolle jedoch entsteht aus einem Kontext heraus und aktualisiert sich im „Physiodrama" (*Moreno* 1953, 724; *Berman* 1945), im Rollenspiel in der ersten Phase, der der All-Identität. Dieses ist dynamisch und interaktional und schließt sogar die sich später differenzierenden Rollenkategorien indirekt mit ein (ohne jedoch ihrer mächtig zu sein), nämlich in der Person der Mutter als auxiliary-ego, die ja, wie schon gezeigt wurde, vom Kind als zu seiner „Identität" gehörig erlebt wird. Der Beginn der Clusterbildung der psychosomatischen Rollen findet bereits in diesem ersten Entwicklungsstadium statt, d. h. einzelne psychosomatische Rollen werden prägnanter und verknüpfen sich mit anderen, sie korrespondieren miteinander.

Die kulturellen Gegebenheiten sind ebenso wie die Körperlichkeit als Vorgaben „immer schon" vorhanden, nur daß sie noch nicht aktualer Hintergrund von Rollengestaltung sind, da die entsprechenden Rollenkategorien erst in der nächsten Entwicklungsphase aktualisiert werden.

Die körperlichen und kulturellen Gegebenheiten sind die *kollektiven* Anteile der Rollen, während ihre individuelle Aktualisierung und Gestaltung, also ihre „Verkörperung", der *private* (Moreno nennt ihn auch „individuell", siehe Diagramm V) Anteil ist.

*„We know that ‚operational links' develop between the sexual role, the role of the sleeper ... the role of eater, which tie them together and integrate them into a unit. At a certain point we might consider it as a sort of physical self a ‚partial' self a clustering of the physiological roles"* (Moreno 1962a, S. 115).

*Petzold* (1974a) hat die Verbindung der Rollenkategorien als „Rollenintegral" bezeichnet (siehe dieses Buch S. 153)

2. *Die psychodramatischen Rollen* beginnen sich zur gleichen Zeit zu entwickeln wie die noch zu beschreibenden soziodramatischen (sozialen) Rollen, nämlich in der Phase der kindlichen Entwicklung, in der sich Realität und Phantasie getrennt voneinander ausbilden (im zweiten psychischen Universum). Die psychodramatischen Rollen „clustern" jedoch vor den sozialen Rollen und bilden „eine Art psychodramatisches Selbst" (*Moreno* 1962a, S. 114ff.). Dies entspricht auch der Welt des Kindes, das in dieser Phase seine Umwelt *mehr* phantasiebetont, magisch (es ist für die Kinder die Zeit der Märchen, Geister, Feen ... und der Phantasie) als funktionsbezogen und real erlebt. Es lernt in dieser Zeit erst, Phantasie und Realität voneinander zu trennen. So umfassen die psychodramatischen Rollen zwei Gebiete: einmal den Phantasiebereich, in dem nicht real vorhandene Wesen Gestalt annehmen und im Rollenspiel „verkörpert" werden, und zum anderen den Bereich der nächsten Umwelt, in der das Kind die Rolle *einer konkreten* Mutter, *eines konkreten* Kindes, *eines konkreten* Lehrers einnimmt; dieses sind psychodramatische Rollen.[10]

*„Psychodramatic roles — roles refering to a specific person's perception and enactment of a role; these roles emerge from the person in response to life and are tied to a personal definition of the role"* (Hale 1975, S. 89). Es wird deutlich, daß die Vorgaben der Körper- und Kul-

---

[10] *Coburn-Staege* (1973, S. 22) hat *Morenos* Rollenkategorien als: „(2) psychodramatische Rollen wie eine Mutter, ein Lehrer usw., (3) soziale Rollen wie die Mutter, der Lehrer usw." offensichtlich aus einem Übersetzungsmißverständnis heraus verwechselt und damit auch den Sinngehalt vertauscht. So werden bei *Coburn-Staege Morenos* soziale Rollen zu psychodramatischen und umgekehrt.

turmuster, als kollektive Elemente, in die Rollengestaltung einfließen, so daß gesagt werden kann: der private Anteil der psychodramatischen Rollen, die sich auch schon durch „operational links" mit den psychosomatischen Rollen verbinden, ist immer die persönliche, individuelle Interpretation von spezifischen Gegebenheiten der sozialen Umwelt und von schon ausgebildeten etablierten Rollen (auch psychosomatischen) auf dem Hintergrund des aktuellen Entwicklungsstandes.

„*The psychodramatic roles and their transactions help the infant to experience what we all call the ‚psyche'*" (Moreno 1962a, S. 116).

3. Die soziodramatischen (sozialen) Rollen[11] entstehen zur gleichen Zeit wie die psychodramatischen, bilden jedoch später Cluster und „eine Art soziales Selbst" (*Moreno* 1962, S. 116). Sie vermitteln dem Kind die Erfahrung von dem, „what we call society" (ibid. S. 116). Die Auffassung von *Petzold* (1974a), „psychodramatische Rollen als individuelle Interpretationen soziodramatischer Rollen" anzusehen, kann unterstützt werden mit dem Zusatz, daß die soziodramatischen (sozialen) Rollen, z. B. *die* Mutter *schlechthin, der* Vater *schlechthin, der* Lehrer *schlechthin,* zwar existieren (hier wäre ein Vergleich zu *Meads* „generalized other" angebracht), d. h. in der Umwelt wahrgenommen werden, jedoch in der Imitation, dem Rollenspiel, immer zu psychodramatischen Rollen werden. Das „Kind schlechthin" gibt es im Sinne *Morenos* nur als Rollenkonserve, als Konstrukt oder „Logoïd". Aber ein konkretes Kind ist wirklich existent und inkorporiert in sich Aspekte der allgemeinen Rolle des Kindes (vgl. *Moreno* 1946, S. 352).

Eine saubere Trennung von psychodramatischen und soziodramatischen (sozialen) Rollen kann auch in späteren Lebensphasen nicht vorgenommen werden, da die Verknüpfungen sehr komplex und eng sind. Sie ist letztendlich auch nicht nötig, da die soziodramatische (soziale) Rolle in Reinkultur nur sehr selten zu finden ist. Das ist nur der Fall, wenn die Privatperson in ihrem sozialen Kontext aufgeht, d. h. so mit ihm verschmilzt, daß es keinen (oder fast keinen) privaten Bereich mehr gibt, z. B. die Krankenschwester, die nur für ihren Beruf lebt, nichts anderes kennt, mit ihm identisch wird, oder der Revolutionär; im religiösen Bereich können die Rolle des Buddha ebenso wie fanatische Anhänger einer Sekte als Beispiele stehen (vgl. *Moreno* 1946, S. 157).

---

[11] *Petzold* (dieses Buch S. 93ff) hat in seiner Analyse der Entwicklung des Rollenkonzeptes bei *Moreno* gezeigt, daß die „soziodramatischen Rollen" ab 1944 in seinen Schriften nicht mehr auftauchen (nur in den Nachdrucken alter Texte) was den aktionalen Charakter seines Begriffssystems verdünnt hat. Ich verwende im Folgenden beide Begriffe nebeneinandergestellt, um eine gewisse Einheitlichkeit wiederherzustellen, ohne *Morenos* Veränderung zu übergehen.

*Leutz* (1974, S. 48ff.) hat eine von der *Morenos* recht unterschiedliche Auffassung und Interpretation der Rollenkategorien. Sie spaltet die psychosomatischen Rollen in somatische und psychische Rollen und ordnet den sozialen/soziodramatischen Rollen die stereotype Eigenschaft von vorgegebenen Verhaltensmustern (Rollenstatus) bei. Auch unterscheidet sich *Morenos* Auffassung des „Selbst" (*Moreno* 1962a) wesentlich von *Jungs* Begriff der „Persona", den *Leutz* wie folgt zu *Moreno* in Beziehung setzt: „Die Summe aller sozialen Rollen eines Menschen entspricht jenem Persönlichkeitsanteil, der in der Psychologie C. G. Jungs die ‚Persona' genannt wird" (1974, S. 49). Ganz sicher ist die Persona oder das Selbst „mehr und etwas anderes als die Summe ihrer Rollen" (*Petzold* 1974a) und umfassen nicht nur die sozialen/soziodramatischen Rollen.

Unterschiedlich von *Moreno* gebraucht *Leutz* ebenfalls den Begriff der psychodramatischen Rolle, die bei *Moreno* eine zentrale Bedeutung und Schlüsselposition in seiner Rollentheorie und in seinem Selbstkonzept einnimmt, während sie bei *Leutz* zu einer sekundären Rollenkategorie wird, offensichtlich nur für die spezifische Situation des Psychodramas relevant und nicht von übergreifender Bedeutung. Sie wird den konservierten Rollen — bei *Leutz* ebenfalls eine „sekundäre" Rollenkategorie — beigeordnet. Hier liegt in der Interpretation von *Morenos* Persönlichkeitstheorie ein Mißverständis vor, das auf einer Fehlrezeption seiner Rollentheorie und einer fehlenden Rezeption seiner Selbsttheorie beruht — die zentrale Arbeit *Morenos* von 1962 wird bei *Leutz* nicht zitiert und ist ihr offenbar unbekannt geblieben. Die so entstandene Lücke schließt sie durch den Entwurf eines eigenen Systems. Kulturelle Konserven ebenso wie die Rolle als „conserved behavior" sind für *Moreno* keine Rollenkategorie (auch nicht eine zweiter Ordnung), sondern (in Abgrenzung zu *Meads* role taking) die Vorgaben der spezifischen Kulturen, die als solche nicht in die Aktion übernommen werden sollen, sondern lediglich die Ausgangsbasis für den spontanen, kreativen Akt darstellen. Die psychodramatischen Rollen sind „der Kern von *Morenos* aktionaler Rollentheorie und eine Fortführung des Anti-Rollenkonzeptes, das er in seinem Stegreiftheater (1924) so kämpferisch vertreten hat" (*Petzold*, dieses Buch S. 62). Die transzendente bzw. integrative Rollenkategorie im Ansatz von *Leutz* ist sehr nützlich und bemerkenswert, wenn man sich vom *aktionalen* Begriffssystem *Morenos* (dessen Konsistenz und Wert ja durchaus hinterfragbar ist) löst und sich einem kategorialen Begriffssystem zuwendet.

Die Buddha-Christus-Rollendiagramme (in Psychodrama vol. I, 1946/1964, S. 157; *dieses Buch* S. 284), die *Moreno* als Illustration für die Aufteilung privater und öffentlicher Rollen in einer Person entworfen hat, werden von *Leutz* als Beispiele für eine vierte Rollenkategorie, die transzendentalen Rollen, aufgeführt. Im Rahmen von *Morenos* Rollenkonzept ist dies jedoch nicht angezeigt, während sie bei *Leutz* in einem anderen Zusammenhang und System als eigenständige (von *Moreno* unabhängige) Weiterentwicklung anzusehen sind, die als solche jedoch deutlich von *Moreno* und seinen damaligen Intentionen abweicht und klar abgesetzt werden muß.

*Moreno* zieht außerdem eine direkte Verbindung zur Spontaneität, die in seinen theoretischen und konzeptionellen Ausführungen immer wieder zentrale Bedeutung erhält.

„*My thesis is, the locus of the self is spontaneity ... When spontaneity is at a zero the self is at a zero. As spontaneity declines the self shrinks. When spontaneity grows the self expands. If the spontaneity potential is unlimited, the self potential is unlimited. One is a function of the other*" (Moreno 1947a, S. 9).

Zu *Morenos* Entwicklung des Selbst (siehe hierzu Diagramm V) ist zusammenfassend zu sagen: das Selbst konstituiert sich aus den psychosomatischen, den psychodramatischen und den soziodramatischen (sozialen) Rollen, die jeweils in den entsprechenden Entwicklungsabschnitten clustern und Einheiten bilden, durch Handlungsverbindungen miteinander korrespondieren und sich so zu komplexen Strukturnetzen differenzieren. Das Selbst als Realität ist immer ein handelndes Selbst. Das „logoïde" Selbst hat im Gegensatz zu diesem operationalen Selbst lediglich beschreibenden Charakter und ist allein nicht handlungsrelevant. Das bedeutet, daß die Vorgaben von Körper und Kultur universale und kollektive Determinanten sind für die „Verkörperung" der jeweiligen Rollen, die das Selbst aktualisiert. Das Selbst konstituiert sich also aus der im Kontext prägnant werdenden Verkörperung von Rollen im Rollenspiel, die als „Rollenintegrale" (*Petzold*, dieses Buch S. 153), als komplexe Strukturverflechtungen zu verstehen sind.

Das Modell einer integrativen Rollentheorie von *Petzold* (vgl. Diagramm S. 152) veranschaulicht die oben genannten Zusammenhänge und Unterschiede noch einmal sehr deutlich.

## 3.1.2 *Das soziale Atom*

Das soziale Atom ist ein wichtiges Konzept der Soziometrie *Morenos*. Es bezeichnet die kleinste Einheit eines sozialen Beziehungsgefüges.[12] Das Zustandekommen einer Beziehung ist im wesentlichen durch einen Prozeß bestimmt, den *Moreno* „Tele" nennt. Er meint damit „Zweifühlung", ein beidseitiges interaktionales Geschehen (was im Folgenden noch näher dargestellt wird: 3.1.4).

*„Die soziale Konfiguration der zwischenmenschlichen Beziehungen, die sich vom Augenblick der Geburt an entwickeln, wird das soziale Atom genannt. Es umschließt zunächst Mutter und Kind. Im Laufe der Zeit nimmt es an Ausdehnung zu, durch Personen, die in den Gesichtskreis des Kindes treten, ihm angenehm oder unangenehm sind, und umgekehrt, denen es angenehm oder unangenehm ist."* (Moreno 1959/1973, S. 278; Orginal 1939, S. 3)

Nach *Moreno* ist das soziale Atom eine Beziehungsstruktur, die nicht statisch sondern dynamisch ist, d. h. sie unterliegt Veränderungen und zwar über die gesamte Lebenszeit. Die Größe, Ausdehnungsfähigkeit und Kohäsion des sozialen Atoms variieren von Individuum zu Individuum und von Kontext zu Kontext auch im Hinblick auf die Entwicklung und die Zeit. So ist z. B. das soziale Atom eines alten Menschen im Vergleich zu einem sozialen Atom seiner Jugendzeit völlig verändert (vgl. *Petzold* 1979c).

*Moreno* unterscheidet emotionale und soziale Ausdehnungsfähigkeit eines Menschen: „Social expansiveness differing from emotional expansiveness does not infer only how potent an emotion is which is projected towards this or that person, but only how *many* persons a person is able to interrest, to how *many* persons he can transfer an emotion, and from how *many* persons he can absorb emotions" (*Moreno* 1953, S. 317).

„The test of emotional expansiveness measures the emotional energy of an individual that enables him to ‚hold' the affection of other individuals for a given period of time, in difference from social expansiveness which is merely the number of individuals with whom he is in social contact regardless of wether he is able to hold them or not" (ibid., S. 285).

Die Struktur des sozialen Atoms ist abhängig von der Anzahl und der Art der Beziehungen des Individuums. Soziale und emotionale Ausdehnungsfähigkeit beeinflussen einander, sie korrelieren. Es besteht z. B. eine um so größere Notwendigkeit bzw. Abhängigkeit des

---

[12] *Leutz* (1974, S. 11) zitiert *Moreno*: „Das soziale Atom besteht als die kleinste Einheit des sozialen Beziehungsgefüges aus allen Beziehungen zwischen einem Menschen und jenen Mitmenschen, die zu einer gegebenen Zeit in irgendeinem sozialen Verhältnis zu ihm stehen", leider ohne Quellenangabe. *Petzold* (1978, S. 2763) übernimmt dieses Zitat wortwörtlich. Dieser Text ist jedoch weder in *Moreno* 1934, 1946, 1953 noch sonst in seinem Oeuvre zu finden und eventuell eine Paraphrasierung von 1947b, 81.

Individuums von seinen Beziehungspartnern, je geringer deren Anzahl ist. Ebenso wichtig ist die Intensität einer Beziehung (Affektivität). Je intensiver eine positive Beziehung ist, desto größer ist auch hier die Abhängigkeit des Individuums von diesen Beziehungspartnern. Das ist besonders bedeutsam im Hinblick auf die ersten Entwicklungsphasen des Kindes, sowie auf die soziale und psychische Atrophie (*Petzold* 1979b) im sozialen Atom von alten Menschen, psychisch Kranken, Strafgefangenen etc.

Eine weitere wichtige Eigenschaft ist die Regenerationsfähigkeit des sozialen Atoms. So wie es mit zunehmendem Alter im ersten Lebensabschnitt an Größe, Kohäsion und Regenerationsfähigkeit gewinnt, verliert es in der letzten Lebensspanne auch an eben diesen Faktoren bis hin zum „sozialen Tod" (*Moreno* 1947b). Dieser kann durchaus vor dem physischen Tod eintreten, wenn alten Menschen nach und nach die Menschen sterben, die mit ihnen in einer Beziehung stehen (Freunde, Verwandte, Bekannte) und keine neuen Beziehungen aufgenommen werden können.[13] Das Konzept des sich verändernden sozialen Atoms legt wie das Konzept der aufsteigenden und abnehmenden Rollen in *Morenos* Rollentheorie (vgl. *Petzold* 1979b), die Idee einer lebenslangen Entwicklung und Sozialisation zugrunde. *Morenos* Entwicklungs- und Sozialisationstheorie beschränkt sich demnach nicht auf das Kindes- und Jugendalter, sondern hat den gesamten Lebenskontext im Blick. *Moreno* vertritt demnach schon lange vor anderen Autoren den Gedanken der lebenslangen Entwicklung und Sozialisation und damit verbunden des „life long learning".

Das soziale Atom nach *Moreno* setzt sich aus einem inneren und einem äußeren Kern und dem um diesen Kern sich lagernden Bekanntschaftsvolumen zusammen. Der innere Kern umfaßt die Personen, mit denen Beziehungen vollzogen sind, der äußere Kern die Personen, mit denen Beziehungen gewünscht werden.[14]

---

[13] Im pathologischen Bereich droht die Möglichkeit des sozialen Todes besonders bei langzeitig hospitalisierten psychiatrischen Patienten, bei denen die Beziehungsfähigkeit so stark gestört sein kann, daß alte Beziehungen abgebrochen oder verzerrt wahrgenommen werden und die Fähigkeit zu neuen Beziehungsaufnahmen fehlt (vgl. hierzu *Petzold* 1978, S. 2763-2765; 1979b).

[14] Das Diagramm des sozialen Atoms in *Leutz* (1974, S. 11) stimmt nicht mit dem in der von ihr angegebenen Quelle überein, sondern ist sowohl in der Darstellung als auch im Text modifiziert. Dadurch wird z. B. die inhaltliche Unterscheidung des inneren Kerns vom äußeren Kern unklar, sie fällt sogar ganz weg und wird auch in dem dazugehörigen Text (S. 11/12) nicht verdeutlicht. Da allerdings auch in den Orginalabdrucken dieses Diagramms von *Moreno* (1936, 1943, 1947, 1951; vgl. *Petzold* 1979c) Unterschiede zu finden sind, die sich bei genauer Betrachtung des Textes auf drucktechnische Fehler zurückführen lassen, ist es notwendig, diese Abweichungen als solche zu kennzeichnen, um Fehlrezeptionen zu vermeiden.

Somit setzt sich der Kern des sozialen Atoms aus Personen zusammen, die zum Subjekt in emotionaler Beziehung stehen, während das Bekanntsschaftsvolumen die Bekanntschaften sind, die für das Subjekt keine besondere emotionale Bedeutung haben.

*„But among these acquaintances there is a small group who mean something personal to him, in some degree and in respect to some criterion; ... There may be in this group, wether he knows it or not, individuals to whom he means something, who are attracted to him or who reject him"* (Moreno 1947, S. 287), so daß eine klare Grenze zum Kern nicht immer gezogen werden kann.

Das Modell des sozialen Atoms (siehe Diagramm IV und das Diagramm dieses Buches, S. 221) ist von Moreno weder als starres Konstrukt noch als Konzept intendiert. Vielmehr hat es einen dynamischen Charakter, was innerhalb seiner Theorie stringent ist.

*„From the point of view of a descriptive sociometry the social atom is a fact, not a concept"* (Moreno 1953, S. 52).

*„These social atoms are not constructions: they are actual, living, energy filled networks, revolving around every man and between men in myriads of forms, different size, constellation and duration"* (ibid., S. 292).

Betrachtet man das soziale Atom eines Menschen unter verschiedenen Gesichtspunkten, wie z. B. Arbeitsbereich, Familienbereich, und unter verschiedenen Kriterien, wie Liebe, Freizeit etc., so bietet sich ein jeweils unterschiedliches Bild von Beziehungsstrukturen. So ist möglicherweise unter dem Aspekt Freizeit die Beziehung zu einem bestimmten Menschen unerwünscht, während dieselbe Person im Bereich Zusammenarbeit besonders „attraktiv" ist. Somit kann das soziale Atom als eine Art personzentriertes Soziogramm aufgefaßt werden.

*„Whereas certain parts of these social atoms seem to remain buried between the individuals participating, certain parts link themselves with parts of other social atoms and these with parts of other social atoms again, forming complex chains of interrelations which are called, in terms of descriptive sociometry, sociometric networks. The older and wider the network spreads the less significant seems to be the individual contribution toward it. From the point of view of dynamic sociometry these networks have the function of shaping social tradition and public opinion"* (Moreno 1953, S. 53).

Jede Gesellschaft wird von diesen Netzwerken durchzogen und zusammengehalten (ibid. S. 618). Die soziometrischen Netzwerke sind Teile einer größeren Einheit, der soziometrischen Geographie einer Gemeinschaft, die ihrerseits wieder Teil der größten Konfiguration ist, nämlich der menschlichen Gesellschaft an sich als der soziometrischen Gesamtheit (*Moreno* 1953, S. 54).

In diesen Ausführungen werden *Morenos* Vorstellungen, vom Individuum ausgehend hin zu immer übergreifenderen Systemen höherer sozialer, ja kosmischer Ordnung, deutlich.

### 3.1.3 Das kulturelle Atom

In diesem Zusammenhang ist auch *Morenos* Konzept des kulturellen Atoms zu sehen, das im Bereich der kulturspezifischen Rollen- und Rollenbeziehungsmöglichkeiten die kleinste Einheit bildet.

„*Just as he (the individual m. E.) has at all times a set of friends and a set of enemies, he also has a range of roles and a range of counterroles ... The focal pattern of role-relations around an individual is called his cultural atom ... The sociometric organization of a group cannot be separated from its cultural-atomic organization. The social and cultural atom are manifestations of the s a m e social reality*" (*Moreno* 1953, S. 70).

Ebenso wie sich jede Gesellschaft aus einer großen Zahl sozialer Atome zusammensetzt, deren kleinster gemeinsamer Nenner sie sind, so besteht jede Kultur aus einer großen Anzahl von kulturellen Atomen, deren kleinster gemeinsamer Nenner sie sind (ibid. S. 618).

Wie schon weiter oben gezeigt, hat jedes Individuum teil an den vorgegebenen spezifischen sozialen Rollen der Kultur, in der es lebt. *Moreno* sagt hierzu: „*The cultural atom is the personalized modification of the general role cluster which dominates a particular culture*" (1953, S. 618).

Die Verknüpfung zwischen dem Selbst und den damit verbundenen Rollen und Rollenaktionen (Ausführung siehe oben), dem sozialen Atom über das Bekanntschaftsvolumen und dem kulturellen Atom soll das Diagramm IV veranschaulichen. Ich habe diese Verbindung des Selbst-Rollendiagramms mit dem sozialen Atom als dessen individuellen Kern vorgenommen, da sie mir stringent und logisch erschien. *Moreno* selbst hat diese Verbindung zwar explizit nicht gezogen, doch tauchte selbstverständlich in jedem Diagramm eines sozialen Atoms im Zentrum das Individuum auf, um das sich die jeweiligen sozialen Konfigurationen abzeichnen (*Moreno* 1953, S. 302). In seiner schematischen Darstellung des sozialen Atoms (1947, 1951, siehe Diagramm V) wird dies nicht deutlich. Ich sehe in dieser Verknüpfung eine Konkretisierung und Differenzierung von *Morenos* einzelnen, unverbundenen Anschauungsbildern und ihren Inhalten. Ein Gleiches gilt für die Erweiterung des Diagramms um das kulturelle Atom, das bei *Moreno*

(1953, S. 70 u. 618) inhaltlich jedoch schon in einen Zusammenhang mit dem sozialen Atom gestellt wird und hier lediglich noch eine Veranschaulichung im Zusammenhang erfahren soll.

Das Selbst als Zentrum des sozialen Atoms ist somit — ähnlich wie im Selbstrollendiagramm — der private Anteil des sozialen Atoms, während die Bekanntschaften, Freundschaften usw. sein kollektiver Part sind.

Erwähnt sei hierzu noch, daß *Moreno* bereits vor der Entstehung des Selbst-Rollendiagramms (1962a, dieses Buch S. 293) und der damit verbundenen Theorie schon 1943a (S. 319ff.) eine Verbindung zwischen der Person (bestehend aus Körper und Psyche) und dem sich darum lagernden sozialen und kulturellen Atom graphisch dargestellt hat, jedoch ohne dieses Vorgehen zu begründen oder ausreichend verständlich zu machen. Es ist jedoch daraus zu entnehmen, daß die Verknüpfung der Person als Zentrum des sozialen Atoms mit dem kulturellen Atom *Morenos* Gedankengut ist.

*Diagramm IV*

**DAS SELBST IM SOZIOKULTURELLEN KONTEXT**

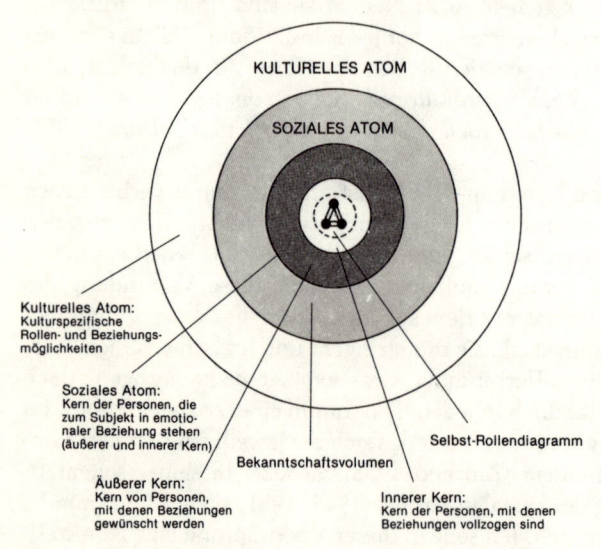

Kulturelles Atom:
Kulturspezifische Rollen- und Beziehungsmöglichkeiten

Soziales Atom:
Kern der Personen, die zum Subjekt in emotionaler Beziehung stehen (äußerer und innerer Kern)

Äußerer Kern:
Kern von Personen, mit denen Beziehungen gewünscht werden

Bekanntschaftsvolumen

Selbst-Rollendiagramm

Innerer Kern:
Kern der Personen, mit denen Beziehungen vollzogen sind

## Diagramm V

ACQUAINTANCE VOLUME — Acquaintances which are without individual[1] meaning for the subjekt.

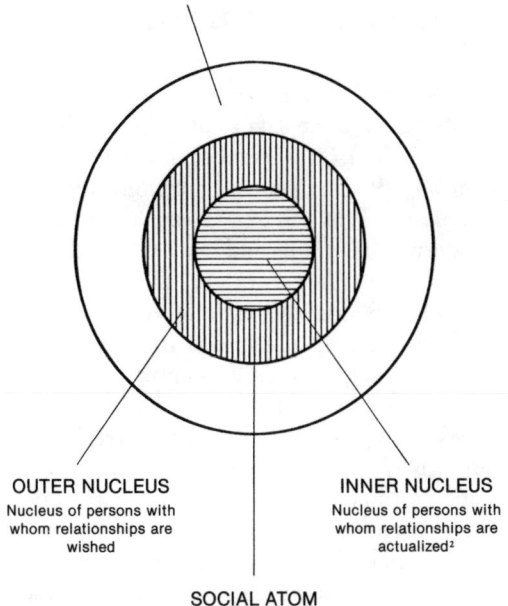

OUTER NUCLEUS
Nucleus of persons with whom relationships are wished

INNER NUCLEUS
Nucleus of persons with whom relationships are actualized[2]

SOCIAL ATOM
Nucleus of persons emotionally related to the subjekt (outer and inner nucleus)[3]

Original aus *Sociometric Review* 1 (1936) 13; in leicht verändertem Nachdruck in *Sociometry* 3 (1947) 289; 1960, 57.

*Übersetzung:* SOZIALES ATOM — Kern der Personen, die zum Subjekt in emotionaler Beziehung stehen (äußerer und innerer Kern). / ÄUSSERER KERN — Kern von Personen, mit denen Beziehungen gewünscht werden. / INNERER KERN — Kern der Personen, mit denen Beziehungen vollzogen sind. / BEKANNTSCHAFTSVOLUMEN — Bekanntschaften, die ohne emotionale Bedeutung für das Subjekt sind.
(In dem Abdruck des Diagramms in *Moreno*, 1951 S. 61 hingegen sind die Texte von „Acquaintance Volume" und „Social Atom" vertauscht, was wahrscheinlich auf einen drucktechnischen Fehler zurückzuführen ist, da das Diagramm und Begleittext sonst inhaltlich unverständlich werden).

---

[1] ab Nachdruck 1947 steht „emotional" statt „individual".
[2] ab Nachdruck 1947 steht „consummated" statt „actualized"
[3] diese Zeile erscheint ab Nachdruck 1947 und fehlt im Original 1936.

## 3.1.4 Tele

*Moreno* definiert Tele als „ein elementares Verhältnis, das sowohl zwischen Individuen und Gegenständen bestehen kann und im Menschen von der Geburt an allmählich einen Sinn für zwischenmenschliche Beziehungen entwickelt" (1959/1973, S. 29). Es beinhaltet mehr als nur Einfühlung (*empathy*) „es ist Zweifühlung im Gegensatz zu Einfühlung" (ibid. S. 48).

*Moreno* ist in seinen Definitionen des Tele in seinem Buch von 1959/1973 nicht stringent; S. 48 sagt er über Tele: „Es ist Zweifühlung im Gegensatz zu Einfühlung", während er eine hierzu widersprüchliche Ausführung beim Begriff der Begegnung bringt: *„Sie* (die Begegnung m. E.) ist ‚Zweifühlung', Tele" (S. 54). Er setzt damit Begegnung gleich Tele, obwohl er vorher (S. 47/48 und 29/30) lediglich von der Wirksamkeit des Tele in Begegnungen spricht. Die Gleichsetzung des existentialphilosophischen Begriffs Begegnung seines Frühwerkes mit dem sozialtechnologischen Konzept Tele, das aus seiner amerikanischen Anfangszeit stammt, führt zu einer Verkürzung und Nivellierung des Begegnungsbegriffs einerseits und zu einem Prägnanzverlust des Telekonzeptes als eines sozialwissenschaftlichen, operationalisierbaren Begriffs andererseits (zu Tele und Begegnung vgl. *Pfau-Tiefuhr* 1975; *Petzold* 1979b). In diesen Ungenauigkeiten, die auch an anderen Stellen zu finden sind, sehe ich eine große Schwäche des Buches von *Moreno* (1959/1973), das er offensichtlich ziemlich rasch fertiggestellt hat, wobei er viele Teile seiner amerikanischen Schriften z. T. recht unverbunden in den Text eingearbeitet hat. Auch ist die sprachliche Differenzierung — nach über 20 Jahren Amerika verständlicherweise — nicht immer stringent oder gelungen.

*Leutz* hat (1974, 20) augenscheinlich die begriffliche Ungenauigkeit *Morenos* aus seinem Buch (1959) übernommen und ebenfalls Tele gleich Begegnung gesetzt. Sie verwendet in ihren Ausführungen (S. 20-22) beide Begriffe mehrfach synonym, was trotz *Morenos* eigener Ungenauigkeit (Tele = Begegnung in 1959, S. 54) meines Erachtens bei einer genauen Rezeption der übrigen Originalliteratur insbesondere seiner Ausführungen in „Who shall survive" (1953) nicht haltbar ist. (Siehe hingegen *Leutz* 1978, S. 137, wo sie von „Begegnung im Teleprozeß" spricht, also Tele und Begegnung nicht als synonyme Begriffe gebraucht. Begegnung findet jedoch nicht im Teleprozeß statt sondern umgekehrt.)

Ebenfalls nicht ‚im Sinne *Morenos*' erscheint mir *Leutz'* Verknüpfung von zwischenmenschlicher Kohäsion und Sozialisation (1974,

S. 20): „für die Phänomene der zwischenmenschlichen Kohäsion, also der Sozialisation im Sinne *Morenos*".

Tele ist vielmehr ein gegenseitiger Prozeß des Erfassens interpersonaler Gefühlsströmungen und der realen Situation. Es bestimmt das Wesen jeder Interaktion — „*The tele phenomen operates in all dimensions of communication*" (1953, S. 76) — und ist somit grundlegender Bestandteil aller gesunden zwischenmenschlichen Beziehungen. Übertragung wird hingegen als pathologischer Beziehungsmodus gesehen (siehe dieser Abschnitt weiter unten).

Nach *Moreno* ist Tele von der ersten Begegnung an vorhanden und bestimmt die Gruppenkohäsion.

Im Verlauf der kindlichen Entwicklung wird das Tele, korrelierend mit den sich differenzierenden Rollen in der Phase der Trennung zwischen Phantasie und Realität, ebenfalls immer mehr differenziert. Das „schwache" Tele der frühesten Kindheit bewirkt, daß bei der Bildung soziometrischer Konfigurationen Zufallsfaktoren eine größere Rolle spielen, jedoch mit immer wirksamer werdendem Tele die Gruppenstrukturen immer mehr von Telefaktoren beeinflußt werden (1959, S. 30; siehe auch oben Kap. 2). Die Kohäsion zwischenmenschlicher Beziehungen in der Gruppe ist Korrelat (Funktion) des Teleprozesses. Mit wachsendem Tele steigt also auch der Kohäsionsgrad einer Gruppe. Verminderung oder Zerfall der Telefähigkeit sind pathologisch und bewirken Entfremdung oder auch Beziehungsabbruch und -unfähigkeit.

Das Telekonzept *Morenos* wurde von ihm ebenso wie die Kreativität (als zu formende Ursubstanz) an das metapsychologische Konzept der Spontaneität angebunden. Diese ist sowohl als Katalysator der Kreativität als auch des Tele anzusehen. „*Tele needs a catalyzer like spontaneity to be mobilized*" (*Moreno* 1953, S. 328). Demnach gehört Tele als Begriff in dasselbe System wie Spontaneität und Kreativität. Aus einem kreativen Prozeß, ausgelöst durch Spontaneität, kann eine kulturelle Konserve resultieren. Ebenso kann aus einem Teleprozeß eine soziale Konserve entstehen (siehe Diagramm VI).

„*Tele structures are transmitted from earlier to later configurations, in other words, tele can be ‚stored' and ‚conserved' ... The relation of spontaneity to creativity has here a parallel*" (*Moreno* 1953, S. 328).

Es wird deutlich, daß „*Tele eine Abstraktion ist und für sich keine soziale Existenz hat. Es muß als Prozeß innerhalb des sozialen Atoms verstanden werden*" (ibid. S. 317). Aus diesem Grunde ist die Gleichsetzung von Begegnung und Tele unmöglich.

*Moreno* grenzt den Begriff des Tele deutlich von den Begriffen der Einfühlung (Empathie) und Übertragung anderer psychologischer und soziologischer Schulen ab (*Freud* und Nachfolger, *Durkheim* und Nachfolger).

„*... empathy and transference are parts of a more elementary and more inclusive process, tele ... An objective social process functioning with transference as a psychopathological outgrowth and empathy as esthetic outgrowth*" (*Moreno* 1953, S. 311).

Damit hat *Moreno* die Begriffe Einfühlung und Übertragung einem übergeordneten Begriffssystem, dem des Tele, untergeordnet unter Beibehaltung ihrer Sinngehalte: „*Therefore I offered a solution which preserved both concepts, transference and empathy in their original profiles and related them logically to a larger concept, the tele hypothesis*" (*Moreno* 1953, S. 312).

Für *Moreno* ist Tele ein sozialpsychologisches Konzept, das im Sozialen seinen Wirkungsbereich hat, während Übertragung und Empathie psychopathologische bzw. psychologische Konzepte sind, die auf der individuellen Ebene ihren Wirkbereich haben (vgl. ibid. S. 316).

„*On the social plane we have isolated the factor ,tele' which is able to give the direction which the expansion of the self takes*" (*Moreno* 1947a, S. 9).

Die verschiedensten Telearten, die im Teleprozeß zum Ausdruck kommen, das Wie und die Art der Intensität, mit der dies geschieht, kann und soll hier nicht ausgeführt werden (siehe hierzu Tele Cart I, *Moreno* 1953, S. 296 u. Tele Cart II, ibid. S. 297).

### 3.1.4.1 Autotele

„*Während ein Kind heranwächst, macht es nicht nur Erfahrungen mit anderen Leuten, sondern auch mit sich selbst in seinen verschiedenen Rollen*" (*Moreno* 1959, S. 278).

In den zwischenmenschlichen Beziehungen und den hier wirksam werdenden Teleprozessen erlebt das Kind sich selbst durch sich selbst und durch die Reaktionen der Umwelt. Diese Faktoren tragen zu einem Bild des Kindes von sich selbst bei und bestimmen das Verhältnis, die Beziehung zu sich selbst, sein *Autotele*, wie *E. Fantel*, dieses Phänomen bezeichnet hat (*Moreno* 1939a, S. 4).

„*Auto-tele is the relation of the individual to himself aroused by his own real attributes*" (*Wellmann* 1963, S. 277; vgl. auch den dieses Buch S. 81f zitierten Text).

Das Autotele ist demnach schon in den allererster Lebenserfahrungen des Kindes — wenn auch noch rudimentär — wirksam, und zwar über das Mit-sein, das Identitätserleben mit der Mutter (siehe 1.2.). Schon in der nächsten Entwicklungsphase, der der All-Realität, beginnt es, sich, seinen Körper wahrzunehmen als von anderen Personen und Objekten getrenntes Wesen. Je weiter die Entwicklung fortschreitet, desto umfassender wird das Erleben des Kindes von seinem Körper, seinen Gefühlen, seinen Wünschen, von sich selbst etc. Gleichzeitig kommt hinzu, wie andere Personen (Mutter, Vater, Freunde etc.) auf das Kind, sein Verhalten, seinen Ausdruck und seine Reaktionen reagieren. Werden seine Gefühle und sein Handeln z. B. akzeptiert und zugelassen, so wird dies das Selbstbild des Kindes entscheidend beeinflussen und stärken. Werden z. B. Verhaltensweisen wie Weinen, Frech-Sein u. ä. abgelehnt, nicht gebilligt und mit Sanktionen verbunden, so wird das Kind diese Anteile seiner Persönlichkeit unterdrücken und womöglich abspalten.

Das Selbstbild oder besser die Selbstbeziehung eines Menschen, sein *Autotele*, ist demzufolge komplex und orientiert sich an seiner Umwelt, seinen Mitmenschen, die es beeinflussen, und an sich selbst. Nicht immer entspricht deshalb das Selbstbild auch dem wirklichen Selbst eines Individuums. Ist die Beziehung eines Menschen zu sich gestört, so kann die Wahrnehmung der eigenen Person unstimmig sein, oder die Störung kann, kommt sie von außen (Umwelt, Mitmenschen) nicht erkannt oder abgewehrt werden.

Das Autotele kann als individueller, „privater", intrapersonaler Beziehungsmodus angesehen werden, das Tele als „kollektiver", interpersonaler Wirkungsmodus zwischenmenschlicher Beziehungen.

Durch das Autotele gewinnt der Mensch Identität dadurch, daß er sich in und mit seinem Tun identifiziert. Durch das Tele erhält er Identität zugeschrieben, indem er vom Interaktionspartner als der, der er ist, identifiziert wird. Autotele und Tele werden damit konstitutiv für die öffentliche und private Seite der Rolle, des Selbst, der Identität (vgl. *Petzold*, dieses Buch, S. 155ff, 165ff).

### 3.1.4.2 Das gemeinsame Bewußte und Unbewußte

*„Natürliche Gruppen benehmen sich anders als Gruppen von Fremden. Mütter und Eheleute, Mitglieder einer Familie, zwei Liebende, Freunde und langjährige Geschäftsfreunde und ähnliche intim verbundene Gruppen haben eine gemeinsame Form eines stillschweigenden Sich-verstehens"* (Moreno 1959/1973, S. 48). Man kann diese Form stillschweigenden Einverständnisses als spezifische Form des Tele bezeichnen.

*Moreno* beschreibt das Phänomen schon 1924 als „mediale Verständigung":

*„Mediale Verständigung: Auf der historischen Bühne reichen fünf Sinne aus. Das Stegreifzusammenspiel entwickelt einen sechsten Sinn: die verborgene Empfindung. Allmählich muß eine eingespielte Truppe*

*auf einen großen Teil der Verständigungsmittel verzichten können. Es gibt Spieler, die durch eine geheime Korrespondenz miteinander verbunden sind. Sie haben eine Art Feingefühl für die gegenseitigen inneren Vorgänge, eine Gebärde genügt und oft brauchen sie einander nicht anzusehen. Sie sind füreinander hellseherisch. Sie haben eine Verständigungsseele"* (Moreno 1924, S. 57).

Weil die „natürlichen" Gruppen eine gemeinsame Vergangenheit haben und eine gemeinsame Zukunft erwarten, entwickeln sich gemeinsame Bewußtseinszustände. *„Die persönlichen Dimensionen der gemeinsam-bewußten und gemeinsam-unbewußten Lagen zweier oder mehrerer Personen sind begleitet durch ein System korrespondierender physischer und objektiver Zeichen"* (1959, S. 49).

Diese Zeichen können sich in Verhaltensweisen, Mimik, Gestik etc. oder auch in unterlassenem Verhalten äußern und somit ganze Ketten von „Verständigungen" nach sich ziehen, ohne daß ein Bewußtsein dessen vorhanden sein muß (vgl. schon 1924, S. 41). Diese im Kontext seiner Theaterexperimente formulierten Konzepte hatten zwar noch keine psychotherapeutische oder sozialpsychologische Intention, weisen *Moreno* aber als scharfen Beobachter sozialer Wirklichkeit aus. Die Beobachtungen aus seiner Theaterzeit macht *Moreno* vielfach in seinen späteren sozialwissenschaftlichen Arbeit fruchtbar, wie z. B.: das Konzept der „medialen Verständigung", das zu dem des „co-unconscious" wird.

*„Weder der Begriff des Individuellen Unbewußten (Freud) noch der des Kollektiven Unbewußten (Jung) kann auf diese Probleme ohne weiters angewandt werden"* (Moreno 1959, S. 50). ... *„Jung bezieht sein ‚kollektives Unbewußtes' auf symbolische Kenntnisse und kulturelle Allgemeinheiten und nicht auf gemeinsame Erlebnisse konkret verbundener Menschen"* (ibid. S. 50).

Je länger zwei oder mehrere Menschen, die einander fremd waren, zusammen sind, desto intensiver werden ihre Beziehungsstrukturen, ihre Teleprozesse, und desto eher bildet sich ein gemeinsames Unbewußtes (vgl. *Petzold* 1979b, S. 166ff.)

*„Co-conscious and co-unconscious states are by definition, such states which the partners have experienced and produced jointly and which can therefore be jointly reproduced and re-enacted. A co-conscious or co-unconscious state cannot be the property of one individual only. It is always a common property and cannot be reproduced but by a combined effort"* (Moreno 1964, VII).

Das gemeinsame Unbewußte bestimmt in jedem Fall die Interaktionsprozesse in intensiven, innigen Beziehungskonfigurationen und ist m. E. ein Telespezifikum von besonders hoher Wirksamkeit.

*"Transference dissociates, empathy perceives, tele integrates"* (Moreno 1961b, S. 236).

## 3.2. Rollenentwicklung

Den theoretischen und begrifflichen Hintergrund für die Rollenentwicklung bildet die oben ausgeführte Rollentheorie. Der Schwerpunkt des folgenden Abschnitts liegt auf den entwicklungsspezifischen Kriterien von *Morenos* Theorie.

Nach *Moreno* ist der Mensch immer ein handelndes Individuum, das sich zu seiner Welt verhält, d. h. zu ihr in Beziehung tritt. Das Individuum ist deshalb in jedem Stadium seines Lebens an Rollen und Interaktionen in Rollen gebunden: *"he is an interactor"*.

Die Rollenentwicklung beginnt schon vor der Geburt und durchläuft drei Entwicklungsphasen: 1. die All-Identität, auch erstes psychisches Universum genannt; 2. die All-Realität, als zweiter differenzierter Teil des ersten psychischen Universums, und 3. die Trennung und Differenzierung von Realität und Phantasie. In diesen Phasen bilden sich verschiedene Kategorien von Rollen, die schließlich das Selbst konstituieren: 1. psychosomatische Rollen, 2. psychodramatische Rollen und 3. soziodramatische (soziale) Rollen.

Die Ausbildung der Rollen und deren Verkörperung vollzieht sich schrittweise: *"Playing the role of the 'other' does not appear suddenly and fullgrown to the infant, but goes through serveral stages of development which overlap and often work hand in hand"* (Moreno, Moreno 1944, S. 103).

*Moreno* nimmt fünf verschiedene Stationen an[15]: 1. die andere Person (Mutter) ist wirklich Teil des Kindes („in all earnestness"); d. h. vollkommene, spontane All-Identität. Dieser Schritt wird also in der Phase der All-Identität vollzogen. 2. Die Aufmerksamkeit des Kindes ist auf den anderen fremden Teil von sich selbst zentriert. 3. Aus dem Kontinuum der Erfahrung hebt das Kind besonders den anderen Teil (die Mutter) hervor, während andere Teile (Objekte etc.) einschließlich es selbst mehr im Hintergrund bleiben. Hier vollzieht sich in der

---

[15] Entwicklungsschritte im Orginaltext:
„The first stage is that of the other person being a part of the infant in all earnestness — that is, complete spontaneous all-identity. The second stage is that of the infant centering attention upon the other stranger part of him. The third stage is that of the infant lifting the other part from the continuity of experience and leaving all other parts out, including himself. The fourth stage is that of the infant placing himself actively in the other part and acting its role. The fifth stage is that of the infant acting the role of the other towards someone else, who in turn acts in his role. With this stage the act of reversal of identity is complete." (*Moreno, Moreno* 1944, S. 103/104)

Wahrnehmung des Kindes die Trennung zwischen sich und anderen Personen wie auch Objekten. Diese werden als von sich selbst getrennt erlebt, wobei die Mutter die höchste Attraktivität hat und beim Kind eine Sonderstellung einnimmt. Die Stationen 2. und 3. sind in der Phase der All-Realität situiert.
4. Das Kind beginnt, sich aktiv in die Mutter (den anderen Teil) zu versetzen und deren Rollen zu spielen. 5. Das Kind kann in der Rolle seines Gegenübers agieren, während der andere seine Rolle spielt. Mit diesem Schritt ist der Akt des Tauschens der Identitäten (im Rollentausch) vollkommen vollzogen. Die beiden letzten Stationen (4. und 5.) werden in der Phase der Trennung von Realität und Phantasie durchlaufen.

„*These five stages represent the psychological bases for all role processes and for such phenomena as imitation, identification, projection and transference*" (Moreno, Moreno 1944, S. 104).

*Moreno* bezeichnet diese Rollenentwicklungsschritte an anderer Stelle als Stufen der Entwicklung, deren wichtigste Phasen sind:
„1. die Stufe der Identität, des Ich's mit dem Du, des Subjekts mit den umgebenden Objekten,
2. die Stufe der Ich-Erkenntnis, seiner Besonderheit als Person,
3. die Stufe der Du-Erkenntnis, der Erkenntnis des anderen" (*Moreno* 1959/1973, S. 83ff.)

In den jeweiligen Rollenentwicklungsphasen des Kindes sind spezifische psychodramtische Aspekte impliziert, die als Techniken im therapeutischen Setting des Psychodramas zur Anwendung kommen. Das Doppel, der Spiegel und der Rollentausch sind zentrale Handlungstechniken im Psychodrama (hierzu *Petzold* 1979b). Mit ihrer Anwendung werden entsprechende Entwicklungsphasen mit der Gesamtheit des dazugehörigen Interaktionsgefüges angesprochen und je nach Indikation handhabbar. Die Verbindung dieser drei Grundtechniken des Psychodramas mit der Entwicklungstheorie (1944) hat *Moreno* erst später (1952) unter entscheidender Mitarbeit von Z. *Toeman-Moreno* hergestellt (siehe hierzu *Petzold* 1979b, S. 142). Diese Verknüpfung erscheint auch naheliegend, da — wie noch aufzuzeigen ist — inhaltliche Entsprechungen nicht von der Hand zu weisen sind.

„*And so we may say that the double, the mirror and the reversal are like three stages in the development of the infant which have their counterpart in the therapeutic techniques which we can use in the treatment of all human relation problems but also in treating mental patients*" (Moreno 1952b, S. 246).

Somit können die drei Psychodramatechniken als der Rollenentwicklung oder „natürlichen Entwicklungsprozessen" entnommene Handlungs- und Aktionsmöglichkeiten betrachtet werden. Sie können jedoch nicht als Konstituenten des Entwicklungsprozesses angesehen werden.

### 3.2.1 All-Identität

Die erste Phase der Rollenentwicklung beginnt in der Embryonalzeit und zwar mit den psychosomatischen Rollen. Diese zeichnen sich durch die parasitäre Abhängigkeitsbeziehung zum Leib der Mutter aus und entwickeln sich von dieser „organischen Funktionseinheit" (*Leutz* 1974, 39) vor der Geburt zu einer „Interaktionseinheit" (ibid. S. 40) in der nachgeburtlichen Periode, dem ersten Teil des ersten psychischen Universums. Das Kind erlebt seine Umwelt als eine Einheit, jedoch ohne Bewußtheit und ohne Unterscheidung zwischen sich, den Personen und Objekten. Mutter — Welt — Kind, alles ist identisch, deshalb spricht *Moreno* vom Stadium der *All-Identität*.

*Morenos* Begriff der Identität unterscheidet sich klar von dem der Identifikation (1959, S. 86). Letztere setzt ein ausgeprägtes Selbst voraus, das mit einem anderen vorhandenen Selbst Identität sucht.

*„I want to emphasize the fact that by identity we dont mean identification. Identification is an entirely different concept ... Identification presupposes that there is an established self trying to find identity with another established self"* (Moreno 1952b, 244).

Identifikation kann also erst stattfinden, wenn das Kind zwischen sich und anderen unterscheiden kann, und setzt erlebte Identität und entwickeltes Autotele voraus. Das ist jedoch erst gegen Ende der nächsten Phase, dem differenzierten, zweiten Teil des ersten psychischen Universums, der All-Realität der Fall. *„The matrix of identity suggests that unity and integration come first before there is differentiation"* (*Moreno* 1952, S. 245; auch 1959, S. 86).

Im ersten psychischen Universum des Kleinkindes, in dem die All-Identität alles Handeln und Verhalten bestimmt, ist die Mutter als Hilfs-Ich (siehe 1.2.) ein wichtiger Teil des Erlebens und Erfahrens der Identität in und mit der Welt. Diese wohl zentralste Erfahrung dieser Entwicklungsphase, das Mitsein mit der Mutter, ist das Fundament für eine autonome Ichentwicklung für emotionale, interaktionale und „kosmische" Beziehungsfähigkeit (Tele, *Moreno* 1950, S. 172). Die Interaktionseinheit Mutter-Kind ist nach *Moreno* die Matrix der sozialen Entwicklung und beeinflußt das spätere Selbstvertrauen und Selbstbewußtsein (entsprechend *Eriksons* Urvertrauen) ebenso entscheidend wie die späteren Teleprozesse und die ersten emotionalen Lernprozesse.

Nach *Moreno* sind die ersten Rollen, die vom Kind nach seiner Geburt verkörpert werden, psychosomatische Rollen; aber schon in der

vorgeburtlichen Phase laufen Prozesse ab, die man als „Physiodrama" bezeichnen könnte (*Berman* 1945, S. 87; *Moreno, Moreno* 1944, vgl. 1.1). Es werden damit schon in der frühesten Lebenszeit die Prinzipien und Mechanismen bestimmend, die für das Rollenspiel konstitutiv sind.
In der Phase der All-Identität handelt das Kind demzufolge in psychosomatischen Rollen, die sich schon hier differenzieren, d. h. clustern (siehe 3.1.1). Die psychosomatischen Rollen des Kindes in dieser Phase sind z. B. die des Essenden, die des Schlafenden o. ä. Diese Rollen vermitteln dem Kind erste Erfahrungen von „Körper". *„It may be useful to think of the psychosomatic roles in the course of their transactions helping the infant to experience what we call the ‚body'"* (Moreno 1962a, 116).
Dies wird allerdings nur im Zusammenhang mit der Mutter und der Umgebung möglich, da Körper und Ich des Kindes noch nicht voneinander und von der Umwelt getrennt existieren: *„Es gibt nur das Ereignis und Erleben der Identität"* (Moreno 1959, 86; siehe hierzu Diagramm Ia).
*„It has been found useful to differentiate in the development of the infant three trends, the stage of* d o u b l e *(the technique used by the mother or mother-surrogates to act out the* d o u b l e *of the infant is a counterpart to the double technique in adult psychodrama); the stage of the* m i r r o r *(it is postulated that the body-mind recognition in the physical* m i r r o r *is a fore-runner to the self-recognition in the psychological mirror technique of psychodrama) and the stage of role-reversal"* (Moreno, Z. T. 1954, S. 291).
Die theoretischen Implikationen aus der Rollenentwicklung für die psychodramatische Technik des Doppelns und die Funktion des Auxiliary-Egos sind in der Koexistenz der Phase der All-Identität sowie in der spezifischen wechselseitigen Beeinflussung von Mutter und Kind zu finden.
*„The natural setting of mother-child relationship is comparable to the auxiliary ego-subject relation of the psychodramatic situation"* (Moreno, Moreno 1944, S. 101)[16] ... *„the mother-child relationship is a two-way relation involving cooperative action rather than individual behavior patterns separated from each other"* (ibid.).
Wie sich die Art der Interaktion, der Beziehung zwischen Mutter und Kind gestaltet, habe ich bereits ausführlich beschrieben (1.1, 1.2). Das Doppel nimmt eine ähnliche Rolle ein wie die Mutter im ersten

---

[16] Zu dieser Zeit (1944) gab es den Terminus „Doppel" als Bezeichnung der spezifischen Psychodramatechnik bei *Moreno* noch nicht (vgl. *Petzold* 1979b, S. 142).

psychischen Universum (1) des Kindes, der All-Identität: „*However, it is then and there that for all movements, perceptions, actions and interactions the phenomenon of the double is activated for the first time*" (*Moreno* 1952b, S. 245).

Die wechselseitige Beeinflussung in der Mutter-Kind-Beziehung ist, wie schon gezeigt wurde, ein Faktum, jedoch muß hier wie auch beim Doppeln klar gesehen werden, daß „die Wechselseitigkeit in der Beeinflussung beim Doppeln nicht als eine auf gleicher Ebene und von gleicher Qualität verstanden werden darf" (*Moreno* 1953, S. 320; *Petzold* 1979b, S. 156). „Das Doppel ist ein Hilfs-Ich, das die Matrix der All-Identität konstituieren hilft und so eine Nachsozialisation ermöglicht" (*Petzold* 1979b, S. 174). An dieser Stelle soll auf die psychodramatische Handlungstechnik des Doppelns nicht näher eingegangen werden.

Betrachtet man hinzuziehend *Morenos* soziometrische Untersuchungen mit Säuglingen (in Mitterndorf 1917/1918) für die Entwicklung von Gruppenstrukturen und deren Dynamiken, so entspricht dem Stadium der All-Identität das soziometrische Stadium der organischen Isolation (siehe Diagramm Ia und Ib).[17] Mit dieser Verknüpfung wird die intrapersonale, private Ebene mit der interpersonalen, kollektiven Ebene in der Entwicklung in Beziehung gebracht. Das heißt, daß jedes Individuum im Stadium der organischen Isolation — als der kollektiven Struktur — gleichzeitig ein Individuum im Stadium der All-Identität als der zugrundeliegenden persönlichen Struktur ist.

### 3.2.2 All-Realität und Ich-Erkenntnis

„*The second period is the period of differentiated all-identity or of all-reality, in which objects, animals, persons, and finally himself have become differentiated. But there is no difference yet made between real and imagined, between animated and dead, between appearances of things (mirros images) and things as they really are*" (Moreno, Moreno 1944, 110).

Die Phase der All-Realität zeichnet sich durch erste spontane Reaktionen auf die Umwelt aus. Dieses Gewahrwerden und Reagieren läuft nur im Moment realen Geschehens ab. Da es für das kleine Kind weder ein komplexes Vorstellungsvermögen, noch Vergangenheit oder Zukunft gibt, existiert nur das Jetzt, der reale Moment, wie es auch in der All-Identität der Fall ist.

---

[17] *Moreno* selbst hat diese Verbindung nicht gezogen. Die Verknüpfung habe ich vorgenommen, da sie mir plausibel und sinnvoll erscheint und inhaltlich nicht von *Morenos* Aussagen abweicht, sondern diese parallelsetzt.

232

*Diagramm Ia*

Matrix der All-Identität
1. psychisches Universum a)

*Diagramm Ib*

Soziometrisches Stadium
der organischen Isolation

Verknüpfung der intrapersonalen und der interpersonalen Ebene in der psycho-sozialen Entwicklung des Individuums

Diagramm aus *Moreno*, 1944, S. 116

Diagramm aus *Moreno*, 1953, S. 150

*Zu Diagramm Ia:*
Übersetzung des Textes Moreno, *Moreno* 1944, S. 116 Figur 1:
Der große Kreis steht für die kindliche Welt. Die kleinen Kreise in ihm stehen für lebendige Organismen wie z. B. Personen oder Tiere. Die Vierecke stehen für Objekte, unbelebte Dinge — Essen oder Geräte wie z. B. die Flasche. Die Kreise und Quadrate überschneiden sich um anzuzeigen, daß Personen und Objekte noch nicht als separate Einheiten erlebt werden sondern zu verschiedenartigen Konfigurationen verbunden sind, soweit sie in den Handlungsraum des Kindes eintreten. Die Flasche gehört zu der Hand, die sie hält und beide gehören im Akt des Saugens zu den Lippen. Die Konfigurationen, die es erlebt sind handlungsbestimmte. D. h. das verbindet die Teile von Personen und Dingen, die sich zu ihm hinbewegen, mit einer Vielfalt, die zu der Handlung des jeweiligen Augenblicks gehört.

*Zu Diagramm Ib:*
Übersetzung des Textes *Moreno* 1953, S. 150:
Stadium der organischen Isolation
Kriterium: Zusammenleben in nächster Nähe
Eine Gruppe von neun Babies des gleichen Alters wurden im gleichen Raum in nächster Nähe während des ersten Lebensjahres untergebracht. Der Schwerpunkt der Beobachtung wurde nicht auf die Entwicklung der verschiedenen Verhaltensweisen wie Weinen, Saugen, Lallen und Strampeln gelegt und darauf, ob diese nun wirklich soziale Reaktionen waren oder nicht etc., sondern auf die ersten Anfänge von wechselseitigen Beziehungen und Gruppenformationen. Während der ersten 26 Wochen konnte kein Anzeichen für einen solchen Beginn in der Beziehung von Kind zu Kind gefunden werden. Jedes Baby lebte vom anderen isoliert. Während dieser Periode der Isolation konnte etwa um den zweiten Monat die Stimme eines schreienden Babies die Aufmerksamkeit des benachbarten erregen, womit eine Unterteilung dieser Periode in die totale Isolation und des beginnenden Erkennens des anderen angezeigt ist.

Jetzt jedoch entwickelt sich beim Kind nach und nach Ich-Erkenntnis (*Moreno* 1959, S. 83). Die Aufmerksamkeit des Kindes zentriert sich auf den anderen fremden Teil von sich, also die Mutter (2), die sich aus dem Kontinuum der Erlebniswelt besonders hervorhebt. Die Mutter steht im Vordergrund jeglichen Interesses, während Objekte, andere Personen sowie das Kind selbst im Hintergrund bleiben (3). Hier vollzieht sich mit den Stationen der Rollenentwicklung (2) und (3) beim Kind die Trennung zwischen sich selbst und anderem im Sinne einer „Figur-Hintergrund-Differenzierung". Auch wenn die Mutter noch die erste Stelle innehat (sie ist Vordergrund), so werden hier die ersten Differenzierungen und Trennungen in der individuellen Entwicklung des Kindes möglich.

Mit diesem Entwicklungsabschnitt verknüpft *Moreno* verschiedene Thesen. Um ein Geschehen zu registrieren (so 1944, S. 107), ist eine Art innerer teilnehmender Beobachter notwendig. Nur was registriert wird, kann erinnert werden, und nur was erinnert wurde, kann vergessen werden.

Jedoch beim Kind im ersten psychischen Universum *„such an inner participant observer did not develop. It did not establish itself, because every part of the subject of the person was included in the act"* (Moreno, Moreno 1944, S. 107). Es soll in dieser Phase für das Kind nur der Moment der Aktion existieren, der das Kind vollständig absorbiert. Daraus ergibt sich für Moreno die Annahme der totalen Amnesie beim Säugling.

Auch ein Ich-Bewußtsein ist deshalb nicht möglich, weil das Erleben seiner selbst im Sinne einer konstanten Größe einen zeitlichen Horizont erfordert, Zeitperspektive aber Memoration und Antizipation voraussetzt. Es soll in dieser Phase für das Kind nur der *Moment* der Aktion erlebnishaft wahrnehmbar sein. Es ist in jeder Handlung voll absorbiert. Ein distanzierungsfähiges Ego, wie es für das ältere Kind und für den Erwachsenen kennzeichnend ist (*Moreno* 1939, S. 51; vgl. *Petzold, dieses Buch*, S. 168) ist noch nicht vorhanden. Aus diesem Grunde können die Vorgänge von Imitation, Projektion und Identifikation als Mechanismen sozialen Lernens für die Periode der All-Identität nicht greifen. *„The idea of projection implies that a human being, an animal, or an object are independent from the person projecting. Projection behavior of this kind is impossible for a being who lives within one sphere ... Likewise identification is without meaning in the first world of the infant. It implies two separated egos, whose existence is definitely established; otherwise, the desire for finding himself identical with other persons outside of him and the fulfillment of identification cannot take place"* (Moreno, Moreno 1944, S. 105).

Ein solcher Vorgang impliziert, daß das Kind in der Lage sei, *„sich selbst als Ich zu erkennen, und weiterhin, daß das Kind Teile seines Egos als unterschiedlich von Teilen des anderen Egos sehen kann oder auch Teile seines Egos, die dem anderen Ego ähnlich sind ... Wir bezweifeln daher, daß das frühkindliche Lernen auf Operationen wie Projektion, Imitation und Identifikation beruht"* (ibid.). Die „Ichlosigkeit" des kleinen Kindes macht ja das Hilfs-Ich der Mutter in besonderer Weise erforderlich, bis daß es durch die Erfahrungen von „image-building and co-action process in the role-taking" (ibid. S. 104) zur Ausbildung von Rollen, telischen und auto-telischen Prozessen sowie eines umfassenderen Zeithorizontes, d. h. Gedächtnis und Antizipation, kommt und damit zum Entstehen eines eigenen Ichs.

Die sich mit diesen Überlegungen verbindenden Thesen *Morenos* etwa zur totalen Amnesie und zur Traumlosigkeit des Säuglings beeinträchtigen die prinzipielle Aussagekraft dieser Thesen nicht, auch wenn sie sich nach dem heutigen Forschungsstand in der exklusiven Formulierung nicht mehr halten lassen.

„*We must conclude that the recurrent retroactive amnesia of the infant sum up to* **the total amnesia effect** *which the older child and adult have for the first three years of their lives. As the structure of time its past and future dimensions, are so weakly developed in the infant, learning by remembering is not possible*" (ibid. S. 108). Den Gedanken *Morenos,* daß Lernen aufgrund von Erinnern in dieser Phase nicht möglich ist, werde ich in meinen Ausführungen zur Lerntheorie wiederaufgreifen.

Aus der Annahme der kindlichen Amnesie in den ersten drei Jahren ergibt sich für *Moreno,* daß in diesem Zeitraum noch kein Unbewußtes und keine Träume existieren. „*The only type of infantile dream is provoked by a situation which stimulates or scares the infant on the spur of the moment, without awakening it*" (Moreno, Moreno 1944, S. 110). „*For an act-personality, like that of the infant, living predominantly in acts, the concept of the unconscious does not exist*" (Moreno, Moreno 1944, S. 109).

Diese drei Hypothesen *Morenos* sind innerhalb seiner Theorie konsistent, jedoch nach dem heutigen Stand wissenschaftlicher Forschung nicht mehr aufrecht zu erhalten. So wurden in der Schlafforschung bei Kindern dieses Alters die für Träume typischen REM-Phasen festgestellt. In der Therapieforschung wie auch in Erfahrungsberichten von Patienten sind häufig Erinnerungen aus dieser Zeit und früher aufgekommen (vgl. pränatale Psychologie, Primärtherapie, Thymopraktik). Im Körpergedächtnis, *body and motor memory,* werden gerade diese frühen präverbalen Erfahrungen gespeichert, die genauso abrufbar sind wie spätere, sprachlich kodierte Gedächnisinhalte (*Petzold* 1977; vgl. *Gazzaniga* 1972, S. 315). So kann auch heute nicht mit *Moreno* angenommen werden, daß der Ursprung des Unbewußten nach den ersten drei Jahren anzusiedeln sei.

In der Phase der All-Realität beginnt die Telefähigkeit sich auszubilden: „*Gradually the sense for nearness and distance develops and the infant begins to be drawn towards persons and objects or to withdraw from them. This is the first social reflex — indicating the emergence of the tele-factor, and is the nucleus of the later attraction-repulsion patterns and specialized emotions ... gradually a tele for objects separates itself from a tele for persons*" (Moreno, Moreno 1944, S. 110).

Diesen Aussagen Morenos folgend, entspricht die Phase der All-Realität dem Stadium der horizontalen Differenzierung seiner soziometrischen Studien (siehe Diagramm IIa und IIb); womit wieder die individuelle Entwicklungsebene mit der kollektiven, die intrapersonale mit der interpersonalen verbunden wird.

*Diagramm IIa*

Matrix der differenzierten
All-Identität = All-Realität
1. psychisches Universum b)

*Diagramm IIb*

Soziometrisches Stadium der
horizontalen Differenzierung

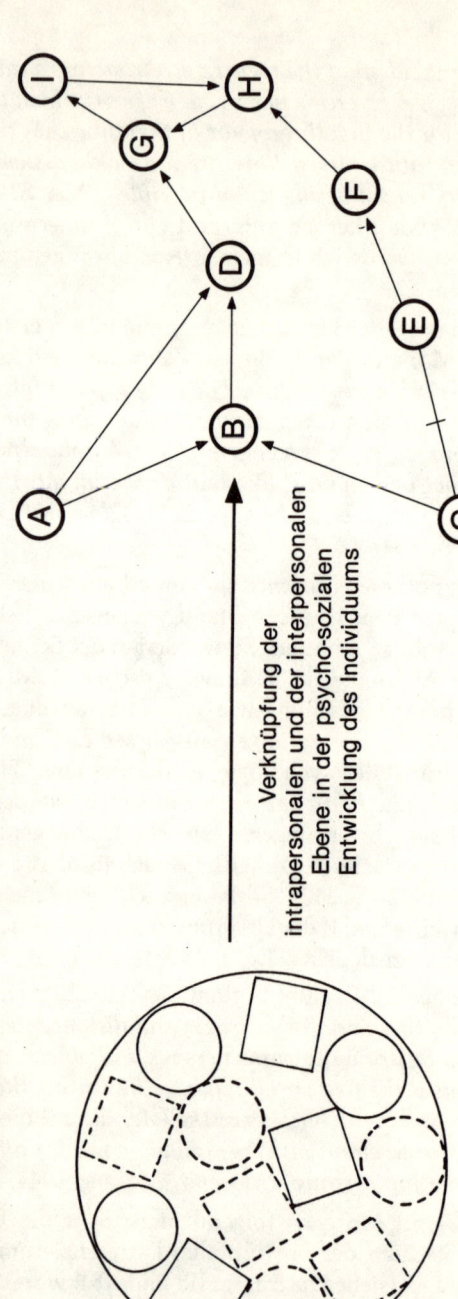

Verknüpfung der
intrapersonalen und der interpersonalen
Ebene in der psycho-sozialen
Entwicklung des Individuums

Diagramm aus *Moreno*, 1944, S. 117

Diagramm aus *Moreno*, 1953, S. 151

*Zu Diagramm IIa:*
Übersetzung des Textes Moreno, Moreno 1944, S. 117 Figur 2:
Der große Kreis stellt die Welt des Kindes dar. Die kleinen Kreise stehen für Personen, die Vierecke für Objekte. Sie sind auseinandergezogen, weil sie schon als separat funktionierende Einheiten differenziert werden. Sie sind jedoch innerhalb des großen Kreises gezeichnet, weil das Kind ihnen allen den gleichen Grad von Realität zuschreibt. Gestrichelte Kreise stellen vorgestellte Personen, gestrichelte Vierecke imaginierte Objekte dar. Sie werden zwar voneinander unterschieden, aber sie werden als gleich real betrachtet, als reale Personen und Objekte.

*Zu Diagramm IIb:*
Übersetzung des Textes Moreno 1953, S. 151:
Stadium der horizontalen Differenzierung
Kriterium: Leben in nächster Nähe
Der eigentliche Beginn der Gruppenentwicklung liegt zwischen der 20. und 28. Woche. Ein Baby, C, erkennt das nächste, E, das es seinerseits wahrnimmt. Ein Baby, D, wird von den beiden Nachbarbabies A und B wahrgenommen und erkennt ein weiteres, G. Ein Baby, A, nimmt zwei Babies, B und D, wahr, wird aber selbst nicht bemerkt. B wird von D angezogen, C von B. Durch C kann das Baby B indirekt von E beeinflußt werden — wir sehen hier den Vorläufer einer Kette —. In diesem Stadium werden Wechselbeziehungen von physischer Nähe geweckt und sind auf körperlicher Nähe und Distanz gegründet. Die körperliche Distanz bewirkt psychologischen Abstand. Emotionen vermitteln sich in diesem Stadium durch physische Nähe im Raum horizontal, und die Entwicklung der Gruppenstruktur erfolgt deshalb durch horizontale Differenzierung.

Die horizontale Differenzierung liegt im Zeitraum von der 20./28. Woche bis zur 40./42. Woche. Die Phase der All-Realität legt *Moreno* in die ersten drei Jahre. Daraus ergibt sich, daß bei einer Parallelisierung der soziometrischen Entwicklungsstadien mit den drei Entwicklungsphasen unter individuellen Aspekten die vertikale Differenzierung, die auch wesentlich von der Bewegungs- und Sprachentwicklung der Kinder beeinflußt wird, am Ende der Phase der All-Realität beginnt. Dies trifft auch aus inhaltlichen Gründen zu. Die vertikale Differenzierung in der Gruppenformation findet jedoch ihre stärkste Ausprägung in der Phase der Trennung zwischen Phantasie und Realität, also von ca. 3 Jahren an aufwärts (bes. Kindergartenalter). In der horizontalen Differenzierung beginnen sich Spontaneität und Tele (korrelierend; siehe auch Diagramm VI) zu entwickeln und im Hinblick auf Gruppenkonfigurationen rudimentären Beziehungscharakter im soziometrischen Sinne anzunehmen.

Die Ich-Erkenntnis, die in der All-Realitätsphase des Kindes von dem Erkennen der Mutter als fremden Teil seines Selbst und dem Herausheben der Mutter aus der Kontinuität des Erlebens charakterisiert ist, führt jedoch gegen Ende dieses Entwicklungsstadiums noch einen Schritt weiter, den *Moreno* als solchen 1944 noch nicht hervorhebt, der jedoch bei Z. *Morenos* Ausführungen zum „Spiegel" (1954) und in

*J. L. Morenos* Erläuterungen zu den „psychodramatic production techniques" (1952b, S. 245; vgl. 1959, S. 87) besondere Beachtung findet. *„Die Stufe der Ich-Erkenntnis entspricht der psychodramatischen Spiegelmethode. Wir kennen alle die andauernde Verwunderung von Kindern, wenn sie sich in einem Spiegel sehen. Im Anfang ist das Kind sich nicht bewußt, daß es im Spiegel ein Bild seines Selbst erblickt ... Wenn es begreift, daß das Bild im Spiegel sein eigenes ist, dann ist ein Wendepunkt in seinem Wachsen eingetreten, ein wichtiger Fortschritt in seinem Begreifen von sich selbst"* (Moreno 1959, S. 87).

Diese Erkenntnis von sich selbst als ein vom Körper der Mutter Getrenntes (nicht nur die Erkenntnis von der Besonderheit der Mutter als fremde Person und deren Attraktion also) ist ein wichtiger Schritt auf dem Weg zum Rollenspiel, zum bewußten Imitationslernen und zur Verkörperung von psychodramatischen und soziodramatischen (sozialen) Rollen, was in der nächsten Phase zum Tragen kommt. Das Kind muß sich mit sich selbst, seinem Körper als identisch erleben, um ein gesundes Selbst zu entwickeln.

Schon *Freud* spricht von diesen Erfahrungen als Entstehung des „Körper-Ichs" (*Schilder* 1935). *Neubauer* (1979) betont die große Bedeutung des Spiegels als Vermittler von Selbstinformationen für die Artikulierung des Körper-Konzeptes (S. 73ff.).

Auch *Moreno* hat den Körper zum Ausgangspunkt der Entwicklung kognitiver Prozesse und damit des Ichs und des Selbst gemacht. Moreno geht davon aus, daß bei jeder Aktivität „verschiedene Muskelgruppen in Aktion gesetzt werden und dadurch das Gemüt indirekt zu gewissen emotionalen Zuständen stimuliert wird. In den alltäglichen Aktivitäten des Lebens schließen die muskulären Anstrengungen immer Stimmungen oder Gemütszustände ein. Muskeln und Haltungen stehen in enger Beziehung ... Wir arbeiten mit dem Körper, der sich im Raum bewegt, und nicht primär mit sprachlichen Assoziationen. Es wurde kein verbaler Prozeß erwartet" (*Moreno* 1946, S. 216; Petzold 1979b, S. 399). Das subjektive Erleben des eigenständigen Körpers bestimmt demnach die Körperidentität. *Morenos* Schwerpunkte beziehen sich dann auch in der Phase der All-Identität explizit auf das körperliche Erleben, das er jedoch mit dem psychischen unlösbar verknüpft sieht („psychosomatische Rollen").

Ich möchte in Ergänzung der fünf Rollenentwicklungsschritte von *Moreno* deshalb zwischen dem 3. und 4. Schritt einen weiteren einfügen (3a): den des Erkennens der eigenen Person als eigenständige und von anderen getrennte Größe, die sich selbst (durch die Erfahrung des eigenen Körpers) zum Zentrum hat (siehe Tabelle der verschiedenen Entwicklungsaspekte, S. 245).

Dies erscheint kompatibel mit *Morenos* Theorie, da er von der Stufe der „Ich-Erkenntnis" und von der Wichtigkeit spricht, die dem Bild zukommt, das das Kind von sich selbst hat (*Moreno* 1939a, S. 4). Spezifiziert werden soll lediglich, daß hier zunächst keine kognitive Ich-Entwicklung angesprochen wird, sondern die Entwicklung der körperlichen Identität. Sie wird mit Abschluß dieser Entwicklungsstufe verfügbar und festigt die *Verkörperung* der psychosomatischen Rollen.

Die in dieser Phase implizierten sozialen und kulturspezifischen Rollen sind zwar vorgegeben, jedoch noch nicht handlungsrelevant. Sie kommen erst im nächsten Entwicklungsstadium zum Tragen.

„*The first great area of human existence stretching over nearly three years of live, seems to belong together like a domain, a world of its own. It has characteristics quite different form the types of experience which the child has after the past and the future begin to take more specific shape, and the breach between fantasy and reality initiates two basically different trends of warming-up processes. It seems, therefore, a useful theoretical construct to consider the first universe apart as a special age of life, such as childhood, adolescence, adulthood, and senescence*" (Moreno, Moreno 1944, S. 109).

### 3.2.3 Trennung zwischen Phantasie und Realität

In diesem nächsten Abschnitt der kindlichen Entwicklung beginnen sich Phantasie- und Realitätserleben getrennt voneinander zu entwickeln.

„*At a certain point in child development, with the beginning of the ‚second' universe, personality becomes normally devided. Two sets of warming-up process forms, the one towards reality acts, and the other towards fantasy acts begin to organize themselves. The more deeply engraved these tracks are, the harder it becomes to shift from one to the other on the spur of the moment*" (Moreno, Moreno 1944, S. 119).

Der wichtigste Lernprozeß dieser Phase ist eine ausgeglichene Entwicklung des Realitätserlebens und -lebens und die gleichgewichtige Ausbildung der Vorstellungswelt, der Phantasie. Erst dieses Gleichgewicht ermöglicht eine gesunde Weiterentwicklung und eine adäquate Verkörperung von neuen Rollen. „*The transition from the first to the second universe brings about a total change in the sociodynamics in the universe of the infant*" (ibid. S. 115).

Hier bilden sich jetzt gleichzeitig (wie schon im Abschnitt 3.1 über die Rollentheorie beschrieben) psychodramatische Rollen, die zuerst clustern, und soziodramatische Rollen, die später clustern, aus. *Moreno* spricht auch von der Stufe der Du-Erkenntnis (1959, S. 83), in der das Kind sich schrittweise aktiv in eine andere Person hineinversetzen und seine Rolle spielen lernt (Schritt 4) und später in der Lage ist, die Rolle des anderen zu spielen, der gleichzeitig seine Rolle übernimmt (Schritt 5). Damit, so *Moreno*, wird im Spiel ein vollkommener Tausch der Identitäten vollzogen. *"Playing a role is the personification of other forms of existence through the medium of play"* (Moreno, Moreno, Moreno 1955, S. 108).

Mit Hilfe des Rollenspiels kann Unbekanntes entdeckt und in das Selbst des Kindes integriert werden. *Moreno* betont, daß das Rollenspiel als Einnehmen einer Rolle anzusehen ist, um die Funktionen dieser Rolle kennen, verstehen und handhaben zu lernen, wozu die Gegenwart der jeweilig darzustellenden Person (Polizist, Doktor etc. ...) nicht erforderlich ist. Beim Rollentausch hingegen sind die Beteiligten körperlich anwesend, es findet ein echter Dialog statt. Wenn z. B. Mutter und Kind die Rollen tauschen, so nimmt die Mutter die Rolle des Kindes ein und das Kind die der Mutter, wobei nach jeder Aktion die eigenen Rollen wieder eingenommen werden.

*"Existential role reversal is not possible. The nearest thing to it is psychodramatic role reversal which is for children and certain types of psychotics as good as real. Role reversal is a technique of socialisation and self integration"* (ibid. S. 109/110).

*Moreno* unterscheidet demnach Rollenspiel und Rollentausch, wobei er (1959, S. 100) ebenfalls den Begriff Rollenwechsel verwendet. Diese in der Psychodramaliteratur recht freizügig variierte Verwendung der verschiedenen Termini von Rollentausch und Rollenwechsel, sowie die Reduzierung des Rollenspielbegriffes auf ein Funktionslernen von soziodramatischen (sozialen) Rollen erscheint mir differenzierungsbedürftig.

Ich verwende (siehe auch 1.2) den Begriff Rollenspiel als allgemeinen übergeordneten Terminus des Spiels, als Verkörperung von Rollen im aktionalen Sinn. Zum Rollenspiel grundsätzlich gehörig ist die Fähigkeit zum *Wechsel* aus einer Rolle meines Rollenrepertoires in eine andere. Rollen*wechsel* setzt voraus, daß ich eine entsprechende Rolle in meinem Repertoire habe, sie aus meinem Rolleninventar aktivieren kann oder daß ich in der Lage bin, aus vorhandenen Elementen ad hoc eine Rolle zu schaffen (role-creation). Auf diese Weise wird gleichsam in einem projektiven Prozeß auch ein Rollenwechsel mit Gegenständen, imaginierten Personen, Gefühlen, Gedanken, Traumbildern möglich — Größen (Objekte), die eigentlich gar keine „Rolle spielen" können —, indem ich mich in sie hineinversetze und meine Vorstellung einer Rolle inszeniere, eine Technik, die *Moreno* schon 1911 in den Gärten Wiens angewandt hat (*Moreno* 1969, S. 13/14).

Auch jedem Rollen*tausch* liegt, wie *Petzold* (1970) gezeigt hat, ein Rollenwechsel zugrunde, nur daß hier zwei zum Rollenhandeln fähige Subjekte die Rollen aktiv im Spiel tauschen. Der Prozeß des Rollen*tausches* unterscheidet sich qualitativ von dem des Rollen*wechsels* aufgrund der wechselseitigen Teleprozesse, durch die Protagonist und Antagonist, „primary-ego and double-ego", sich in jedem Moment gegenseitig beeinflussen (*Moreno* 1952, S. 249; *Petzold* 1979b, S. 153-168). Im Rollenwechsel, dem Wechsel innerhalb des eigenen Rollenrepertoires, sind nur Autoteleprozesse im Spiel.

Damit entspricht der Rollenwechsel — soweit eine Parallelsetzung angezeigt erscheint — dem vierten Schritt in der Rollenentwicklung, betrifft jedoch insbesondere Erfahrungen im Erfassen von Dingen und Wesen, mit denen ein Rollentausch nicht möglich ist. Im Rollentausch sind immer zwei Personen leiblich und konkret beteiligt, die für die Zeit dieses Tausches jeweils die Rolle des anderen spielen und danach ihre eigene Rolle wieder einnehmen. Die klare Unterscheidung der Begriffe Rollentausch und Rollenwechsel durch *Petzold* sowie ihre Anwendung im Rollenspiel als der Verkörperung von Rollen trägt zu einem besseren Verständnis bei und weicht in dieser differenzierten Form nicht von *Morenos* theoretischen und praktischen Intentionen ab.

Das Kind durchläuft nach Moreno innerhalb dieser Rollenentwicklungsphase drei kritische Stadien, in denen es die Erfahrung machen muß, daß ein Rollentausch nicht mehr oder nur noch bedingt möglich ist. In diesen Stadien treten in der Auseinandersetzung folgende Beziehungen in den Vordergrund: 1. *die Beziehung zu untergeordneten Wesen* wie Tiere jeder Art und Pflanzen; 2. *die Beziehung zu Objekten* a) natürlicher Art wie: Steine, Wasser, Farben, Licht etc. und b) von Menschen geschaffenen Dingen wie Maschinen und Roboter; 3. *die Beziehung zu übergeordneten und mächtigeren Wesen* wie a) Erwachsene, Fremde etc., und b) Idealfiguren wie Engel, Dämonen, Weihnachtsmann, Feen und Gott.

Mit Hunden, Katzen, Bäumen, Blumen ist ein Rollentausch nicht möglich, lediglich ein Rollenspiel, in dem das Kind die Rolle des Tieres u. ä. spielt. Eine echte dialogische Begegnung kann hier nicht erfolgen. Noch schwieriger ist es für das Kind, die Rolle eines Objektes oder einer Maschine zu spielen und die Erfahrung zu machen, daß ein Rollentausch mit diesen unmöglich ist.

Die größte Schwierigkeit jedoch geht von den Idealfiguren aus, die schwer zu erreichen und zu fassen sind, mit denen keine Kommunikation möglich ist und die doch übermächtig und somit furchteinflößend sind. Nur auf dem Wege der Realisation, d. h. in der Personifizierung und der so ermöglichten Rolleneinnahme, besteht für das Kind die

*Diagramm IIIa*  *Diagramm IIIb*

Matrix der Differenzierung von Realität und Phantasie  Soziometrisches Stadium der vertikalen Differenzierung

Verknüpfung der intrapersonalen und der interpersonalen Ebene in der psycho-sozialen Entwicklung des Individuums

Diagramm aus *Moreno*, 1944, S. 118  Diagramm aus *Moreno*, 1953, S. 152

*Zu Diagramm IIIa:*
Übersetzung des Textes *Moreno, Moreno* 1944, S. 118 Figur 3:
Der große obere Kreis (A) repräsentiert die All-Realitätswelt wie sie in Abbildung 2 beschrieben wurde. Die beiden unteren Kreise stellen die Welt der Phantasie (B) und die Welt der Realität (C) dar. In diesem Stadium der Entwicklung wird der aktuale Prozeß nur von den beiden unteren Kreisen repräsentiert. Die Matrix der All-Realität wird hier nur noch einmal abgebildet, damit der Doppelprozeß der Verschiebung besser vorgesellt werden kann. Eine Illustration der Ausgliederung wird hier anhand eines Personen- und Objektpaares in den Kreisen B und C gegeben.

*Zu Diagramm IIIb:*
Übersetzung des Textes *Moreno* 1953, S. 152:
Stadium der vertikalen Differenzierung
Kriterium: Leben in nächster Nähe
Der Unterschied in köperlicher Kraft und geistiger Wachheit beginnt die Organisation der Gruppe mit dem Zeitpunkt zu beeinflussen, zu dem die Babies anfangen zu laufen und sich frei bewegen können. Dies geschieht von der 40. bis 42. Woche an. Die Gruppe beginnt ein „Oben" zu entwickeln: die Führer A und B, und ein „Unten" mit den abhängigen Mitgliedern C, D, E, F, G, H, J und K und den isolierten Mitgliedern N, I, L und M. Dieses ist die vertikale Differenzierung.

Möglichkeit einer Auseinandersetzung *(Moreno, Moreno, Moreno* 1955, S. 121; *Moreno* 1959, S. 197).

Mit der Entwicklung der psychodramatischen und der soziodramatischen Rollen differenzieren sich gleichzeitig die Beziehungsstrukturen und das soziale Atom. Das Tele gewinnt mehr und mehr an Bedeutung und Einfluß (siehe 3.1.4) innerhalb der Gruppenkonfigurationen. Die Welt des Kindes wird in diesem Entwicklungsabschnitt wesentlich erweitert. Während alte Erfahrungen in neuen Kontexten differenziert und modifiziert werden, gewinnt das soziale und psychische Gefüge an konkretem Inhalt.

Soziometrisch gesehen durchläuft die Entwicklung der zwischenmenschlichen Beziehungsfähigkeit das Stadium der vertikalen Differenzierung. Einhergehend mit den sprachlichen und interaktionalen, den kognitiven und motorischen (u. ä.) Fähigkeiten des Kindes und den sich entwickelnden psychodramatischen und soziodramatischen Rollen formieren sich immer „höhere" differenziertere Gruppenstrukturen (im Sinne des soziogenetischen Gesetzes). Mit zunehmender sozialer Reife wächst gleichzeitig die emotionale Ausdehnungsfähigkeit im sozialen Atom, was sich am deutlichsten in seinen Veränderungen zeigt. Das soziale Atom, das bei Neugeborenen bis zum Kindergartenalter oder Schulalter noch durch den sozialen Kontext vorgegeben ist, verändert seine Struktur und seinen Umfang mit zunehmender zwischenmenschlicher Beziehungsfähigkeit (Tele). Sogenannte Wahlverwandschaften, wie Freunde etc., bestimmen mehr und mehr das Beziehungsgefüge.

Die Verknüpfung der interpersonalen mit der intrapersonalen Ebene wird im Diagramm IIIa/IIIb veranschaulicht.

Weitere Entwicklungen, die über diese Stadien hinausgehen, sind von *Moreno* lediglich in den schon beschriebenen soziometrischen Untersuchungen aufgezeigt worden, die die verschiedenen geschlechtsspezifischen und gruppenstrukturellen Veränderungen bis zum 13./17. Jahr verfolgen (s. Tabelle I).

Die in diesem Abschnitt ausgeführten Entwicklungsaspekte werden in der folgenden Tabelle in ihren möglichen Verknüpfungen verdeutlicht.

*Zur Tabelle der verschiedenen Entwicklungsaspekte:*

Die soziometrischen Entwicklungsstadien und die Entwicklungsstadien des Kindes sind einander ablösende Phasen der Reifung in der Entwicklung; ist z. B. das Stadium der organischen Isolation durchlaufen, so hört es auf, in all seinen Erscheinungen wirksam zu sein, wenn es vom nächsten abgelöst wird. Obgleich die Erfahrungsinhalte als solche fundamentale Bedeutung haben, bleiben sie als Hintergrund bestehen. Sie wirken indirekt weiter, doch nur selten unmittelbar. Ebenso ist es mit der All-Realität, die auf der All-Identität aufbaut und zu differenzierterem Erleben führt. Hierin liegt ein charakteristischer Unterschied zu den Rollenkategorien und den Psychodramatechiken. Die psychosomatischen Rollen werden z. B. bei der Ausbildung der psychodramatischen Rollen nicht zurückgelassen, sondern sie bleiben als korrespondierende Rollen im Zusammenspiel mit den neu differenzierten Rollen bestehen und unmittelbar wirksam bis ins hohe Alter (angezeigt durch übergreifende Pfeile). Ebenso ist es mit dem Doppel und dem Spiegel, die jederzeit wirksam werden können. Ich möchte es so formulieren: die Rollenkategorien und Psychodramatechniken sind Erfahrungs- und Handlungsmuster, die sich in einer bestimmten Zeit in einem bestimmten dazugehörigen Raum als ihrem Entwicklungsrahmen ausbilden und differenzieren. Die Entwicklungsräume, also z. B. die organische Isolation oder die All-Realität, sind spezifische Erfahrungshintergründe, deren *unmittelbare* Wirksamkeit zeitlich begrenzt ist. Sie werden von dem jeweilig aktuell werdenden weiterführenden Erfahrungsbereich abgelöst, ohne daß die alten Erfahrungsbereiche verloren gehen.

*Moreno* hat (1944) die Verknüpfung der Rollenentwicklung mit den Entwicklungsstadien des Kindes beschrieben und später (1952) — wohl auf Anregung von Z. *Toeman Moreno* (1947) — wie auch 1955 und 1959 die psychodramarelevanten Entwicklungsaspekte dazu in Beziehung gesetzt (*Moreno* 1959, S. 85ff.; vgl. Z. *Toeman Moreno* 1954).

*Tabelle der verschiedenen Entwicklungsaspekte*

| Soziometrische Stadien in der Entwicklung von Gruppen | Entwicklungsstadien des Kindes | Stufen der Rollen- und Identitätsentwicklung | Rollenkategorien | Psychodramatechniken abgeleitet aus der Rollenentwicklung |
|---|---|---|---|---|
| organische Isolation | All-Identität 1. psychisches Universum – undifferenziert | Identität 1. *Schritt*: andere Person (Mutter) ist Teil des Kindes, vollständige, spontane All-Identität | psychosomatische Rollen | Doppel (auxiliary ego) |
| Horizontale Differenzierung | All-Realität 1. psychisches Universum – differenziert | Ich-Erkenntnis 2. *Schritt*: Aufmerksamkeit des Kindes zentriert auf fremden Teil seiner selbst (Mutter) 3. *Schritt*: Kind hebt diesen Teil aus der Kontinuität d. Erlebens hervor; alles andere, auch es selbst, tritt zurück. 3a* *Schritt*: Erkennen der eigenen Person als von anderen getrennte Person (Körperebene) | (soziale Rollen sind im kulturspezifischen Hintergrund vorgegeben, hier implizit, jedoch noch nicht handlungsrelevant) | Spiegel |
| vertikale Differenzierung | Trennung von Phantasie und Realität 2. psychisches Universum | Du-Erkenntnis 4. *Schritt*: aktives Hineinversetzen in den anderen Teil und seine Rolle spielen. 5. *Schritt*: Rolle des anderen spielen, der die Rolle des Kindes spielt; vollkommener Tausch der Identitäten | psychodramatische Rollen (cluster zuerst) soziodramatische (soziale) Rollen (cluster später, bilden sich aber gleichzeitig aus) | Rollenwechsel* Rollentausch |
| weitere vertikale Differenzierung | Vorherrschen der Realität und aufgabenbezogene Kreativität | Wir-Erkenntnis | psychodramatische und soziodramatische Rollen | Rollentraining magic shop Zukunftsprojektion |
| vertikale Involution | Abnehmen der Realität | Kosmisches Erleben | transzendente Rollen Rollenverluste Clusterzerfall | Doppel und Umkehr des Rollentauschs (Kinder werden „Eltern" ihrer Eltern) Rückspiegelung Bilanz |
| kollektive Entwicklungsaspekte Moreno 1934 Moreno 1947 Petzold 1979 | individuelle Entwicklungsaspekte Moreno, Moreno 1944 Moreno 1908, 1947 Petzold, Bubolz 1976, 1979 | Entwicklungsaspekte des Rollenlernens Moreno, Moreno 1944 Moreno 1959, 1966 *Mathias 1979 Moreno, Z., 1977 | Entwicklungsaspekte des handelnden Selbst Moreno, Moreno 1944 Moreno 1959, 1962 Leutz 1974 Petzold 1979 | psychodramatische Entwicklungsaspekte Moreno, Moreno 1944 Moreno, Z., 1947, 1977 Moreno 1952, 1955, 1959 * Differenzierung s. Text und Petzold 1970 |

pränatale Entwicklung | Geburt

Entwicklungsverlauf in der Kindheit →

Entwicklung im frühen und mittleren Erwachsenenalter →

Entwicklung im Alter →

sozialer und biologischer Tod

Die Verknüpfungen und Parallelsetzungen, wie sie in dieser Tabelle gezeigt werden, habe ich vorgenommen, um die im *Morenoschen* Oeuvre vorfindlichen, z. T. unverbundenen Konzepte zur Entwicklung des Kindes in Beziehung zu setzen. Die Rollenentwicklungsstufen beschreiben die einzelnen Lernschritte, die einander im Verlauf der Reifung ablösen, die Rollenkategorien und Psychodramatechniken konstituieren und bis ins hohe Alter wirksam bleiben, während die Schritte 1-3 im Erfahrungsreservoire zurückgelassen werden und lediglich bei pathologischen Fixierungen wirksam bleiben.

Die Entwicklung im Erwachsenenalter — und *Moreno* vertritt die These von lebenslangen Entwicklungs-, Sozialisations- und Lernprozessen — soll hier nicht im Einzelnen aufgezeigt werden. Sie ist bei normalem Verlauf von einer Zunahme an Differenzierung und Realitätsorientierung gekennzeichnet. Im höheren Erwachsenenalter beginnen dann Involutionsprozesse, eine Atrophie des sozialen Atoms, der Verlust von psychosomatischen, psycho- und soziodramatischen Rollen (abnehmende Rollen) und der Zerfall von Clustern, d. h. aber, daß das Selbst abnimmt (vgl. *Petzold* 1979b), indem das soziale Atom verarmt. Der Tod tritt schließlich nicht nur als biologisches, sondern auch als soziales Ereignis, als „social death" ein (*Moreno* 1947).

*Leutz* hat mit ihrer Kategorie der „transzendenten Rollen" (1974, S. 51) einen integrierenden Typus von Altersrollen geschaffen, wie er schon bei *Moreno* 1909 anklingt, wenn er dem alten Menschen die Rollen des „Weisen" oder des „Heiligen" zuschreibt. Im Verlauf der Erwachsenenentwicklung geschieht auch eine Erweiterung des Ich-Du-Erlebens zum differenzierten Wir-Erleben und schließlich mehr und mehr zum Erleben eines existentiellen Eingebettetseins im Kosmos (*Z. Moreno* 1977). Die Technik des doppelnden *auxiliary egos* gewinnt wieder an Bedeutung, wenn die Hilfsbedürftigkeit des alten Menschen zunimmt. Es kommt, — ähnlich wie in *Grotjahns* (1955) Konzept der Umkehrung der ödipalen Situation — zu einer Umkehr des Rollentausches, wenn die „Kinder zu Eltern ihrer Eltern werden" und die aus dem Kosmos hervorgegangene Entwicklung rückläufig wird zu einem „Heimgang in den Kosmos" (*Z. Moreno* 1977).

Abschließend sollen noch kurz die in *Morenos* Werk zu findenden Altersangaben zu den Entwicklungsstadien zusammengefaßt werden. Die genauesten Angaben macht *Moreno* (1934/1953) im soziometrischen Bereich. Das Stadium der organischen Isolation umfaßt ca. die ersten 26 Wochen (1/2 Jahr), das der horizontalen Differenzierung beginnt zwischen der 20.und 28. Woche und reicht bis zur 40./42. Woche, in der das Stadium der vertikalen Differenzierung beginnt. Weitere Altersangaben resultieren aus seinen soziometrischen Untersuchungen in verschiedenen Schulen (siehe Kap. 2 und Tabelle I.) Danach nimmt *Moreno* vom Alter von 7–9 Jahren eine „Pre-socialized Period" an in Bezug auf soziale Aktivitäten in der Gruppe. Von 7/9–13/14 Jahren liegt die erste Sozialisationsperiode (First Socialized Period) und von 13/14 Jahren aufwärts die zweite Sozialisationsperiode.

Die geschlechtsspezifische Entwicklung, die die Gruppenstruktur betrifft, reicht bis zum Alter von 6–8 Jahre, das erste Stadium heterosexueller Art. Von 8 Jahren bis 13 Jahren liegt das erste homosexuelle Stadium; von 13–15 Jahren an das zweite heterosexuelle. Von 13–17 Jahren an findet man die zweite homosexuelle Phase, die mit dem Eintritt in das Erwachsenenalter beendet sein soll.

Die Entwicklung der kindlichen Persönlichkeit, wie sie von *Moreno, Moreno* (1944) beschrieben wird, beinhaltet lediglich eine Altersangabe, nämlich daß das erste psychische Universum (All-Identität und All-Realität) bis etwa zum dritten Lebensjahr anhält.

Die Altersangaben von Z. *Moreno* (1947 und 1954) beziehen sich in diesem Kontext auf die Entwicklung ihres Sohnes Jonathan und können nicht ohne weiteres verallgemeinert werden. Ihre Erfahrungswerte lassen vermuten, daß im Alter von $3/4$ Jahr – 1 Jahr bis zum Kindergartenalter von 3–4 Jahren sich Anfänge von Rollenspiel finden. Weitere Angaben finden sich in *Morenos* Theorie nicht. Notwendig für eine genaue altersspezifische Gliederung der kindlichen Entwicklung wäre das Hinzuziehen anderer (neuerer) Entwicklungstheorien, was ebenfalls eine inhaltliche und theoretische Auseinandersetzung erforderlich macht und empirische Untersuchungen. Aus diesem Grunde müssen hier die spärlichen Altersangaben für *Morenos* Entwicklungstheorie ausreichen, worin allerdings auch eine Schwäche seines Ansatzes zu sehen ist.

# 4. Sozialisationstheorie

*Moreno* hat in seinem Werk keine geschlossene Sozialisationstheorie formuliert. Vereinzelt finden sich Angaben zum Sozialisationsbegriff, die im folgenden zusammengetragen sind. Die in *Morenos* soziometrischen Ausführungen genannten Sozialisationsperioden sowie seine Rollentheorie können zusammen mit seiner Lerntheorie als Bestandteile einer intendierten Sozialisationstheorie angesehen und erarbeitet werden.

*Moreno* selbst spricht von „Spontaneity theory of child development" und von „Spontaneity theory of learning". Daraus ist die zentrale Bedeutung der Spontaneität in *Morenos* Denken deutlich zu ersehen, auf die ich noch zurückkommen werde. Um jedoch zu einer einigermaßen konsistenten und strukturierten Theoriegrundlage zu gelangen, ist es auch erforderlich, *Morenos* Ausführungen und Bemerkungen im Rahmen seiner eigenen Entwicklung, der Zeit, in der sie entstanden sind, zu sehen (vgl. *Petzold* 1979b). *Moreno* war kein systematischer Theoretiker, und lediglich seine soziometrischen Untersuchungen sind — dank seiner Mitarbeiterin *Hellen Jennings* — einigermaßen strukturiert. Er war vielmehr ein brillanter Praktiker, dessen Handeln sich immer wieder um das interaktionale Geschehen in all seiner Vielfalt zentrierte. Insofern lassen sich seine theoretischen Implikationen nur schwer mit anderen Sozialisationstheorien vergleichen (siehe *Gottschalch* 1971; *Oerter* 1972; *Fend* 1972).

Obgleich bei *Moreno* Rollenspiel, Rollenübernahme und Rollenlernen im sozialen Kontext eine zentrale Bedeutung zukommt, hat er den Begriff „Sozialisation" in seinem Werk lediglich 1952, 1953 und 1955 verwandt.[18] *„We call this particular phase in the growth of the child*

---

[18] *H. Petzold* wies mich darauf hin, daß der Begriff „Socialisation" von *Moreno* schon 1932 in seiner Arbeit „Application of the group method to classification" (S. 65, Anm. 1) gebraucht wurde; allerdings hier im Rahmen seiner Ausführungen über die Arbeit mit Strafgefangenen im Sinne von ‚Resozialisierung'. „Socialisation of man by all means to an assumed ‚norm' is not the objective of grouping. Assignment develops mechanism for the preservation of differences from norm. One of its by-products is reduction of outside pressure to a minimum and prevention of undesireable adjustment" (1932, 65).

the ‚matrix of identity'. This term involves an hypothesis of the socialization process" (Moreno 1952b, S. 244). Damit greift er seine Theorie zur kindlichen Entwicklung (1944) auf, ohne näher zu erläutern, was er unter „Sozialisationsprozeß" versteht.

Im Bereich der Soziometrie hat *Moreno* die Entwicklung von Gruppenkonfigurationen von der Geburt bis ins Erwachsenenalter verfolgt und die bereits dargestellten charakteristischen Stadien und deren Merkmale beschrieben. Diese Ausführungen müssen ebenfalls als zu einer Sozialisationstheorie gehörig angesehen werden, da sie vor allem den sozialen Bereich und darüber hinaus kulturelle und gesellschaftliche Aspekte betreffen.

„The fundamental mark in the process of socialization appears to be reached at 7-9 years. This does not mean that this process is finished at that age but that children reach at that age the point when they can form and direct a society. The next mark in the process of socialization is the age of 13-15 years when the sexual development begins to reflect upon it. A third mark is 16-17 years, when the maturing of mental development begins to reflect upon it" (*Moreno* 1953, S. 212/213).

Danach versteht *Moreno* in seiner Theorie die kindliche Entwicklung als Sozialisationsprozeß[19] (siehe hierzu Tabelle II der verschiedenen Entwicklungsaspekte). Begrenzt man den Begriff der Sozialisation auf die „Anpassung an soziale Situationen", würde er allerdings nicht zu *Morenos* „role changing" und „role creation" (*Moreno* 1953, S. 75; 1960, S. 86) passen. Die Phänomene der Spontaneität, Kreativität und Tele müßten Kernkonzepte in einer „Sozialisationstheorie im Sinne *Morenos*" sein. Und dies ist auch der Fall, indem *Moreno* nämlich die Idee des *Roleplaying*, d. h. der schöpferischen persönlichen Verkörperung einer Rolle, der Idee des *role-taking* (*Mead*), d. h. der Übernahme des *„generalized other"*, einer vorgegebenen „Kulturellen Konserve",

---

[19] *Leutz* (1974, S. 37) zitiert zwar das Phänomen der „spontanen Sozialisation" als einen Ausdruck *Morenos* (Angabe: Anmerk. 91, Grundlagen der Soziometrie, 1967), jedoch läßt sich weder in diesem Werk noch im amerikanischen Orginal (ed. 1934 u. 1953) der Begriff auffinden, wohl aber den der „spontanen Organisation" soziometrischer Konfigurationen (1967, S. 76). Auch *Petzold* (1978) verwendet den Sozialisationsbegriff zu freizügig. Auf keinen Fall erscheint es mir möglich, das Tele-Konzept oder das soziometrische der Anziehung und Abstoßung als die „für alle Formen der Sozialisation ursächlichen und ausschlaggebenden Kräfte" (*Leutz* 1974, S. 16) für die Konzeption einer „Sozialisation im Sinne Morenos" (ibid. S. 20) zugrundezulegen. Dies entspricht weder den in den Sozialwissenschaften gängigen Sozialisationskonzepten, noch der Denkrichtung *Morenos*, die im Hinblick auf das „Lernen sozialen Verhaltens in sozialen Kontexten" (= Sozialisation) auf die Rollentheorie und das Modell des sozialen und kulturellen Atoms zentriert ist.

gegenüberstellt. Das Rollenspiel ist jedoch nur ein Teilbereich, *ein sozialisierender Faktor in der Entwicklung.*

Das Wachstum und somit das Lernen eines Menschen bleibt für *Moreno* nicht auf die Kindheit und Jugend beschränkt, sondern endet erst mit dem Tod (*social death*). „*Learning is an all inclusive process of which educational learning is only one phase. It must include learning in life itself from infancy up to old age, for sub-human as well as human organisms. It must include social and cultural institutions. It must include therapeutic learning ...*" (*Moreno* 1953, S. 544).

Zentral in *Morenos* Konzept des Lernens ist die Spontaneität: „*Learning is affected by the rising and falling of the spontaneous states in the learner*" (ibid. S. 539).

Er geht dabei von der Annahme aus, daß sich im Menschen zwei in ihrer Struktur und Funktion grundsätzlich verschiedene und voneinander unabhängige Gedächtniszentren entwickeln: ein Handlungszentrum und ein Inhaltszentrum, in dem die gelernten Inhalte gespeichert werden (*Moreno* 1934/1953, S. 538).

*Morenos* Hypothese besagt weiter, daß Lerninhalte mit unerregten Zuständen gekoppelt sind im Gegensatz zu Handlungen, die mit einem hohen Erregungszustand einhergehen. Sie verlaufen auf unterschiedlichen Bahnen im Nervensystem und können demzufolge nicht simultan ablaufen. Erreicht gelerntes Material das Handlungszentrum der Persönlichkeit nicht, d. h. ist es nicht mit einer Aktion verbunden, so bleibt faktisches Wissen eingeschlossen, nicht integriert. Es kommt so nicht zur vollen Entfaltung und bleibt mehr oder weniger abgespalten von der aktiven Persönlichkeit des Individuums (*Moreno* 1953, S. 538). „*The contents enter the mind when the subject is in the behavior of acting*" (ibid. S. 540).

Integration von Inhalten und/oder Erlebtem in die Persönlichkeit ist (auch aus der Sicht der Gestalttherapie) ein ganzheitlich organismischer Prozeß. Lediglich kognitiv erfaßte Inhalte bleiben als „offene Gestalten" desintegriert, solange sie nicht für die Gesamtheit der Persönlichkeit aktiviert und erfahrbar gemacht werden. Auf dem Weg des „lebendigen Lernens" (oder therapeutischen Lernens) können kognitive Inhalte integriert und somit handlungsrelevant und handhabbar gemacht werden.

*Morenos* Konzept des Lernens ist ein dynamisches, das nicht losgelöst vom Kontext zu sehen ist. Das Subjekt ist „the actor in situ" und „*the degrees to which the subject warms up to an experience and expression of himself and others is a measure of the autonomy of the self*" (*Moreno* 1953, S. 645). Diese Autonomie des Selbst wird bestimmt von den im Lernprozeß (in der Aktion/Interaktion) gemachten individuellen Erfahrungen, die das Ergebnis von dynamischer Integration sind. Im Zentrum dieses kontinuierlichen Prozesses steht die Spontaneität, die in der Aktion/Interaktion den größten Einfluß auf die Art der Integration und somit der Erfahrung hat.

„Spontaneity does not operate in a vacuum but in relation to already structured phenomena, cultural and social conserves" (*Moreno* 1953, S. 545) und, wie ich meine, zu individuellen Konserven (= Erfahrungen, siehe Diagramm VI). Damit ist der Bezug zu den kulturellen und sozialen Gegebenheiten (Vorgaben) hergestellt: Sie sind in der Aktion zu belebende Größen.

„*The dynamic interrelatedness of all types of learning brings to the fore a concept ... of mental catharsis. Mental catharsis is here defined as a process which accompanies every type of learning, not only a finding resolution from conflict, but also of realisation of self, not only release and relief but also equilibrium and peace. It is not a catharsis of abreaction but a catharsis of integration*" (*Moreno* 1953, S. 546).

Diese von *Moreno* beschriebene und schon in Wien praktizierte Methode des Lernens ist *lebendiges Lernen*, das den ganzen Menschen und den Kontext einschließt. Ein Beispiel aus seiner Wiener Zeit mag dies verdeutlichen:

„*The general aim of the classes was on one hand to train the whole organism of the child and not merely one of its functions; on the other hand, to lead them into the experience of ‚wholes'. For example, in the botany class the child was brought into active contact with the thing-in-itself, a direct response to a direct contact was desired. The child experienced the tree. This tree became a center of attention: about the tree the child's imagination and fantasy were let loose. The child learned to love the tree before he analysed it*" (*Moreno* 1969, S. 14).

Diese Form des lebendigen Lehrens und Lernens hat in unseren Schulen und therapeutischen Einrichtungen ect. erst in den letzten 10 Jahren *wieder* an Bedeutung gewonnen (vgl. *Braunmühl* 1975; *Brown* 1971, 1975; *Brown, Petzold* 1978; *Goodman* 1964, 1969, 1972; *Lederman* 1969; *Leonard* 1968; *Oaklander* 1978; *Roszak* 1972; *Stevens* 1975; *Petzold, Brown* 1977; *Mathias* 1977; *Petzold, Mathias* 1977), wobei schon bekannte Konzepte wie, z. B. die von *Rousseau* oder der Reformpädagogik, einen neuen Durchbruch in ihrer Verbreitung und Anwendung erreichten. Das gilt insbesondere für das Werk und die Methoden von *Moreno* (Psychodrama) und *Perls* (Gestalttherapie: dtsch. 1975, 1976, 1978, 1979, 1980).

Geeignete Instrumente zur Verwirklichung des Lernkonzepts sieht Moreno — wie auch aus dem Wiener Beispiel zu sehen ist — im psychodramatischen und soziodramatischen Rollenspiel, wobei dieses durchaus nicht nur auf den therapeutischen und pädagogisch-schulischen Bereich beschränkt bleiben soll, sondern nach Morenos Vorstellungen und nach dem Vorbild seines eigenen Familienlebens (*Moreno, Moreno, Moreno* 1955) auch im Alltagsleben Bedeutung gewinnen soll.

„*Die Weihebühne ist das Privathaus ... Die Spieler der Weihebühne sind die Bewohner des Privathauses*" (Moreno 1924, S. 74).

Moreno sieht in der Anwendung psychodramatischer Methoden im familiären Rahmen eine Bereicherung des Familienlebens, wobei hier nicht von therapeutischer Intervention gesprochen werden kann, sondern „we hoped to learn what methods the child uses spontaneously *to socialize himself* (meine Heraushebung) and how we can aid him in this enterprise" (Moreno, Moreno, Moreno 1955, S. 106). Als besonders effektiv beschreibt Moreno in diesem Zusammenhang die Rollentauschtechnik in Konfliktsituationen oder auch zur Förderung der empathischen Fähigkeiten aller Beteiligten (ibid.).

„ ,*Role' playing can be used as a technique of exploration and expansation of the self into an unknown universe. It is probably for the child the method par excellence to encounter and if possible to solve a situation which puzzles him*" (ibid. S. 108). Rollentausch ist nach Moreno ein „Zwei-Weg"-Rollenspiel, und: „*Role reversal is a technique of socialization and self integration*" (ibid. S. 110).

Zusammenfassend beinhaltet eine Sozialisationstheorie nach Moreno folgendes:

Der Lernprozeß zur Entwicklung eines handelnden Selbst vollzieht sich in einem sozialen und kulturellen Kontext und zielt auf Integration von in Aktionen/Interaktionen belebten und gelebten Inhalten. Dieser Vorgang ist ein dynamischer, lebendig fortlaufender Prozeß des Wachstums und der Veränderung, der von der Geburt bis zum Tode reicht. Psychodramatisches und soziodramatisches Rollenspiel sind die die Sozialisation fördernden Methoden, die in den entsprechenden Entwicklungsstadien initiiert werden können. Sie vermitteln dem Kind lebendige Erfahrung.

Die Entwicklung unter verschiedenen Aspekten habe ich bereits beschrieben ebenso wie Art und Einfluß frühkindlichen Rollenlernens auf die Persönlichkeit. Da die Spontaneität als ein Kernkonzept in *Morenos* Sozialisationstheorie verstanden werden muß, soll Diagramm VI die bisherigen Ausführungen zur Funktion und Stellung der Spontaneität verdeutlichen und einsichtiger machen.

*Diagramm VI*

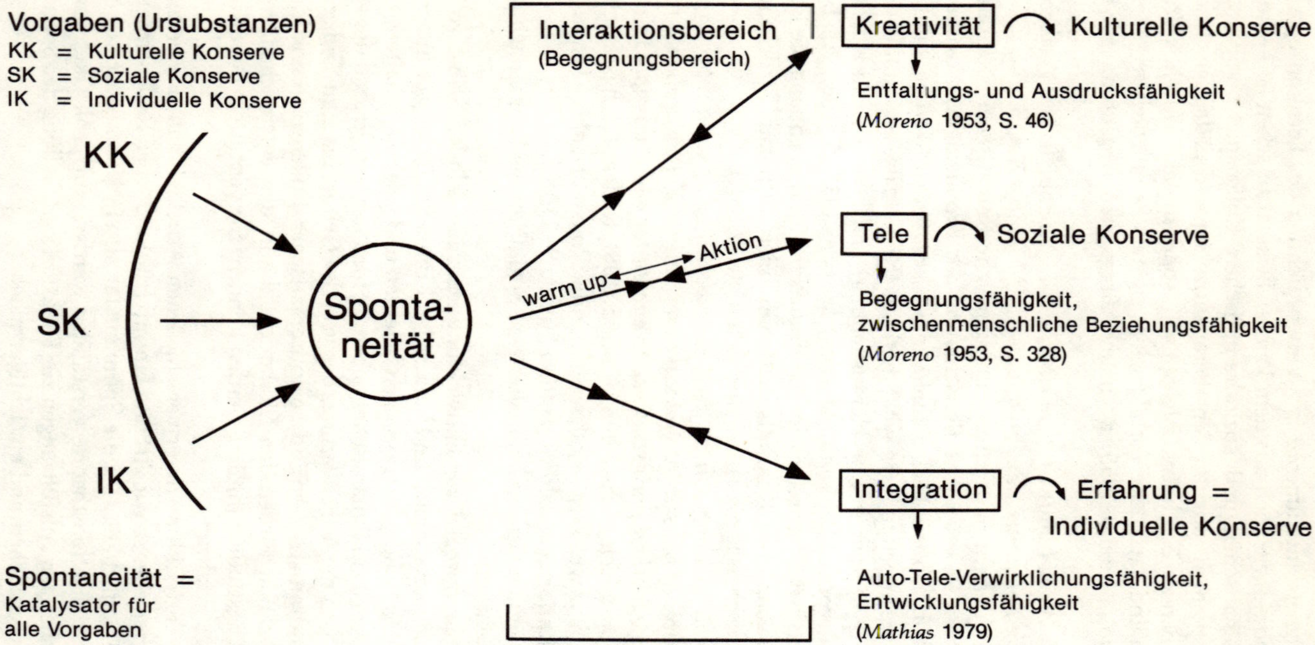

**Vorgaben (Ursubstanzen)**
KK = Kulturelle Konserve
SK = Soziale Konserve
IK = Individuelle Konserve

**Spontaneität =**
Katalysator für
alle Vorgaben

| Kreativität | ↷ Kulturelle Konserve
Entfaltungs- und Ausdrucksfähigkeit
(*Moreno* 1953, S. 46)

| Tele | ↷ Soziale Konserve
Begegnungsfähigkeit,
zwischenmenschliche Beziehungsfähigkeit
(*Moreno* 1953, S. 328)

| Integration | ↷ Erfahrung = Individuelle Konserve
Auto-Tele-Verwirklichungsfähigkeit,
Entwicklungsfähigkeit
(*Mathias* 1979)

**Interaktionsbereich**
(Begegnungsbereich)

Aktion
warm up

Spontaneität

„Spontaneity does not operate in a vacuum but in relation to already structured phenomena, cultural and social conserves." (*Moreno* 1953, S. 545)

In diesem Diagramm wird die zentrale Stellung der Spontaneität in allem aktionalen/interaktionalen Geschehen veranschaulicht. Die Vorgaben (Kulturelle Konserven, Soziale Konserven, Individuelle Konserven) als „Ursubstanzen" werden durch die Spontaneität als deren Katalysator neu belebt. Die Spontaneität baut auf dem Fundament der Vorgaben auf und führt im Aktions-, Interaktionsbereich über Warm-up-Situationen zu konkreten Handlungen. Diese Handlungen werden nach vollzogenem Prozeß zu Konserven und gehen somit in den weiteren Vorgabenbereich ein, auf dem sich die darauf folgenden Handlungen aufbauen. Die fortlaufenden Korrelationen zwischen warm-up, Spontaneität und Aktion habe ich bereits in meinen Ausführungen über die Starter erläutert.

Unter Kreativität ist in diesem Zusammenhang die Entfaltungs- und Ausdrucksfähigkeit eines Individuums zu verstehen. Diese muß mobilisiert werden, um wirksam zu werden. Das von der Spontaneität (über warm-up) angesprochene Ziel, die Kreativität, kommt nun in dem konkreten Handlungsbereich in Kontakt mit der Spontaneität. Aus diesem Zusammenwirken, dem kreativen Prozeß, folgt nach vollzogener Handlung die kulturelle Konserve (z. B. ein Bild, ein Buch, eine Theorie etc.).

Tele beinhaltet die Begegnungsfähigkeit, die zwischenmenschliche Beziehungsfähigkeit des einzelnen Menschen, die erst durch einen spontanen Interaktionsprozeß zu Beziehungsstrukturen führen kann. Auch Tele benötigt hierzu den Katalysator Spontaneität, um mobilisiert zu werden (*Moreno* 1953, S. 328). Es tritt in der Begegnung in Aktion, in der ein irgendwie geartetes Beziehungsgefüge (-struktur) entsteht. Dieses ist die jeweilige soziale Konserve, die wiederum zum Ausgangspunkt (Vorgabe) für neue konkrete Aktivitäten dienen kann. Eine soziale Konserve ist z. B. Familie, Freundschaft, Interessengruppe etc. Diese jeweilig existierende Gruppenkonfiguration oder auch Zweierbeziehungsstruktur wird dann zum Ausgangspunkt neuer Begegnungs- und/oder Umstrukturierungsprozesse, z. B. neue Freundschaften können initiiert werden, alte gefestigt oder aufgelöst werden.

Damit sind der kulturelle Bereich und der soziale Bereich mit *Morenos* Konzept der Spontaneität abgedeckt. Den individuellen (od. privaten) Bereich hat *Moreno* nicht in seine Theorie der Spontaneität einbezogen. Aus den vorausgegangenen Ausführungen seiner Lerntheorie und seinen Beiträgen zum Sozialisationsgeschehen habe ich in enger Anlehnung an seine Konzepte den individuellen Bereich zur Spontaneitätstheorie *Morenos* in Beziehung gesetzt.

Die Integration gründet in auto-telischen Prozessen und wird hier definiert als die „Fähigkeit zur Selbstwahrnehmung, Selbstverwirklichung und Entwicklung" (meine Definition in Anlehnung an *Morenos* Ausführungen zur dynamischen Integration innerhalb seiner Lerntheorie). Die Spontaneität wirkt als Katalysator auch auf den Faktor Integration und führt so über ein konkret vollzogenes Geschehen zur persönlichen Erfahrung. Die persönlichen Erfahrungen des Individuums sind die „individuellen Konserven", von denen neue Integrationsprozesse ausgehen und zu vollzogenen persönlichen Erfahrungen werden können.

In den meisten Fällen lassen sich die einzelnen Faktoren und ihre Bereiche nicht klar voneinander trennen, sie sind miteinander verwoben. Das heißt, daß z. B. in einer Begegnung sowohl Tele als auch Integration beteiligt sein können und es überdies noch zu einem kreativen Prozeß kommen kann oder die konkrete Interaktion schon ein solcher ist. Somit ist die Trennung der Bereiche in kulturelle, soziale und individuelle, sowie der dazugehörigen Begriffe (Kreativität, Tele, Integration) lediglich eine heuristische.

Welche Konsequenzen sich aus der Theorie *Morenos* für die Praxis der Psychodramakindertherapie im speziellen und für die Psychodramatherapie allgemein ergeben, wäre folgerichtig der nächste Schritt, der getan werden müßte.

Die Entwicklungstheorie *J. L. Morenos*, wie ich sie hier dargestellt habe, bietet die theoretischen Grundlagen für weiterführende Auseinandersetzungen und Entwicklungen in Theorie und Praxis. Sie dokumentiert auch, daß die behauptete „Theorielosigkeit des Psychodramas" (*Ploeger* 1971) lediglich etwas über eine grobe Unkenntnis des interessanten und reichen Ouevres *Morenos* aussagt und den Begründer der modernen Gruppentherapie, des Psychodramas und der Soziometrie nicht treffen kann..

„There is no controversy about my ideas,
they are universally accepted.
I am the controversy." (*Moreno* 1953, cviii).

## Teil III

## Arbeiten zur Rollentheorie

*Jakob L. Moreno*
*Florence B. Moreno*
*Zerka T. Moreno*

# 1. Rolle*
## (1960)
### Jakob L. Moreno

## Definition

Eine Rolle ist eine Fusion von privaten und kollektiven Elementen. Sie setzt sich aus zwei Teilen zusammen: ihrem kollektiven Nenner und ihrem individuellen Zähler. „Rôle", ursprünglich ein französisches Wort, das in die englische Sprache gelangte, leitet sich vom lateinischen *rotula* (das kleine Rad), das runde Holz, Diminutiv von rota = Rad, ab. In der Antike wurde es ursprünglich nur gebraucht, um eine runde (hölzerne) Rolle zu bezeichnen, auf der Pergamentstücke befestigt waren, so daß sie glatt aufgerollt („Rolle") werden konnten, da sonst die Blätter brachen oder verknitterten. Von daher wurde das Wort für eine Sammlung von Blättern in einer Schriftrolle oder einem buchähnlichen Gebilde verwandt. Es wurde schließlich zur Bezeichnung jedes offiziellen Papierbandes verwandt, der in Frankreich bei Gericht in Gebrauch war oder bei der Regierung wie z. B. in England die roles of parliament — mit genauen Aufzeichnungen oder Akten. In Griechenland und auch im Alten Rom hingegen waren die Parts im Theater auf den oben genannten „Rollen" niedergeschrieben und wurden von den Souffleuren den Schauspielern vorgelesen (die versuchten, ihren Part zu erinnern). Diese Wortbedeutung scheint in den weniger schriftkundigen Perioden des früheren und hohen Mittelalters für die öffentlichen Aufführungen von Kirchspielen durch Laien verlorengegangen zu sein. Erst in der Zeit um das 16. und 17. Jahrhundert mit dem Aufkommen der modernen Bühne wurden die Parts in einem Theaterstück von „Rollen", Papierfaszikeln, gelesen. Seitdem wird jeder szenische „Part" eine Rolle.

Wir beobachten hier das interessante Phänomen, daß das Wort „Rolle" die Assoziation aufkommen läßt, es handele sich um etwas Theatralisches, etwas Äußerliches sozusagen (die Rolle ist „gespielt"), im Unterschied zu dem älteren Wort „persona", das heute die Ganzheit des Charakters eines Individuums, die Gesamtheit der Gefühle, Ge-

---

*) *Role*, aus: J. L. Moreno, The Sociometry Reader, The Free Press, Glencoe, Ill. 1960, 80–85.

danken und Handlungen bedeutet, und das damit zu komplex und „intransparent" geworden ist.

Diese Definition und Analyse macht deutlich, daß der Terminus „Rolle" in die soziologische Terminologie über das Drama und die technologische Konserve des Buchs gekommen ist. Entsprechend seiner Etymologie *ist die Rolle die Einheit von „konserviertem" Verhalten.*

## Selbst versus Rollen

Es ist nützlich, zwischen folgendem zu unterscheiden: *Rollenübernahme (role-taking),* das Übernehmen einer geschlossenen, völlig ausgearbeiteten Rolle, die dem Individuum keinerlei Veränderung, keinerlei Freiheitsgrade erlaubt, *Rollenspiel (role-playing),* das dem Individuum einige Freiheitsgrade ermöglicht, und *Rollenkreation (role-creating),* die dem Individuum einen hohen Grad an Freiheit erlaubt, wie z. B. dem *spontanen Spieler (spontaneity player).* Die greifbaren Aspekte dessen, was wir als „Ich" oder „Selbst" bezeichnen, sind die Rollen, in denen sie handeln. Rollen und die Beziehungen zwischen Rollen sind die bedeutendste Entwicklung innerhalb jeder spezifischen Kultur. Mit der „Rolle" als Bezugskonzept zu arbeiten, scheint gegenüber den Begriffen „Persönlichkeit", „Selbst" oder „Ich" ein methodologischer Vorteil. Jene Begriffe sind weniger konkret und von metapsychologischen Geheimnissen umhüllt.

Das Entstehen von Rollen geht dem Entstehen des Selbst voran. Rollen entstehen nicht aus dem Selbst, sondern das Selbst mag aus den Rollen entstehen. Die Hypothese, die von vielen vertreten wird, daß das Entstehen von Rollen und das Entstehen von Sprache ein und dasselbe sind, kann aufgrund der Ergebnisse experimenteller Rollenforschung nicht gehalten werden. Lange bevor die sprachgebundenen Rollen in der Welt des Kindes auftauchen, funktionieren schon „psychosomatische Rollen" (z. B. die Rolle des Essenden, des Schlafenden und des Gehenden). Wir finden bei Kindern einen beträchtlichen psychischen Widerstand gegen das Eindringen der Sprache und sogar einigen Widerstand gegen das Einbringen von Gesten. Es gibt keinen Grund anzunehmen, daß die nonverbalen Bereiche nicht menschlich seien. Vielmehr gibt es überwältigende Belege dafür, daß diese „stummen" Bereiche mit den sprachlichen im Menschen koexistieren und ein großes Potential für unabhängiges Wachstum besitzen. Es gibt in vielen Formen sozialer Kommunikation die Beteiligung von Gesten. *Das Telephänomen wird in allen Dimensionen der Kommunikation wirksam.* Es ist deshalb ein Irrtum, wenn man es auf bloße Gedankenarbeit und entsprechende sprachliche Kommunikationsprozesse reduziert.

## Rollenkategorien

Man kann drei Rollenkategorien unterscheiden:
a) psychosomatische Rollen, wie der Schlafende, der Essende, der Gehende;
b) psychodramatische Rollen, wie z. B. *eine* Mutter, *ein* Lehrer, *ein* Neger, *ein* Christ usw.;
c) soziale Rollen, wie *die* Mutter schlechthin, *der* Sohn schlechthin, *die* Tochter, *der* Lehrer, *der* Neger, *der* Christ schlechthin usw.

Die Genese von Rollen geht durch zwei Stadien; Rollenwahrnehmung und Rollenspiel (role-perception and role-enactment).

## Messung von Rollen

Eine einfache Methode, Rollen zu messen, besteht darin, als Norm festgelegte Prozesse zu verwenden, die keinerlei Veränderung erlauben, wie z. B. Rollenkonserven wie Shakespeares Hamlet oder Othello, Goethes Faust oder Byrons Don Juan. Wenn einer Reihe von Spielern die Instruktion gegeben wird, den Hamlet-Text entweder wortwörtlich, wie er sich bei Shakespeare findet, zu verwenden oder ihn frei im Verlauf der Vorstellung zu verändern, so werden einige den Originaltext vorziehen, andere mögen frei im Text kleinere oder größere Veränderungen einfügen. Diese Abweichungen stellen den Freiheitsgrad des jeweiligen Spielers dar, der der Wirksamkeit eines Spontaneitätsfaktors zugeschrieben werden kann. Ihre Zufügungen oder Veränderungen mögen sich innerhalb des Shakespeare'schen Maßes an Ausdruck bewegen oder weit unter diesen liegen. Eine Skala von Hamlet-Versionen würde dazu führen, daß die Original-Fassung von Shakespeare an dem einen Ende der Skala läge und ein völlig transformierter und persönlich gestalteter Text an der anderen Seite.

Eine andere Methode des Messens verwendet als Meßnorm soziale Rollen, die durch soziale und legalistische Gebräuche und Formen rigide umschrieben sind. Illustrationen hierfür sind soziale Rollen wie der Polizist, der Richter, der Arzt usw. Es handelt sich hier um Rollen oder soziale Stereotype, die sich von Rollenkonserven insoweit unterscheiden, als die Sequenz von Situationen, der Text ihrer Reden nicht festgelegt ist. Kein Shakespeare hat „ihre" Verse und Handlungen im voraus geschrieben. Ein unterschiedlicher Grad von Spontaneität ist erlaubt, ja sogar von ihnen erwartet. An einen Polizisten kann zum Beispiel die Anforderung gestellt werden, die Autorität des Gesetzes in jeder Situation darzustellen, in die er hinein kommt. Aber es mag erforderlich sein, daß er in den verschiedenen Situationen unterschiedlich handelt. Ohne einen gewissen Grad an Spontaneität könnten seine Worte und Handlungen in der Tat fatale Folgen für ihn selbst und seine Mitbürger haben. Wenn man also eine Reihe von Polizisten in eine Reihe von Standard-Lebenssituationen hineinstellt, in denen sie handeln müßten, käme man zu einer Skala, an deren einem Ende die adäquateste Form des Handelns in einer bestimmten Situation stünde, am anderen Ende die inadäquateste Handlung des Polizisten in der nämlichen Situation.

Eine weitere Methode des Messens besteht darin, eine Person eine Rolle *in statu nascendi* entwickeln zu lassen, indem man sie zuerst in eine sehr wenig strukturierte und darauf in eine sehr hoch strukturierte Situation stellt. Das Spiel der verschiedenen Personen wird sich sehr unterscheiden und uns damit ein Maß für das Messen von Rollen bereitstellen.

Eine weitere Methode des Messens besteht darin, eine Anzahl von Personen, die sich nicht kennen, in eine Situation zu stellen, mit der sie gemeinsam umgehen müssen. Zum Beispiel: Sechs Männer vom gleichen militärischen Rang kampieren. Plötzlich sehen sie einen feindlichen Fallschirmspringer im benachbarten Waldstück landen. Sie müssen aus dem Augenblick heraus handeln. Eine Jury beobachtet, wie die Gruppe *in statu nascendi* zusammenwächst. Es kann beobachtet werden, a) welche Beziehungen sich zwischen den sechs Männern entwickeln, wer die Initiative in der Anfangsphase, in der Mittelphase und in der Endphase ihrer Interaktionen übernimmt, wer sich als der „Führer" herausstellt; b) welche Aktionen sie im Hinblick auf den Feind unternehmen; c) wie und durch wen die Situation abgeschlossen wird. Eine andere Methode besteht darin, eine Anzahl von Personen in einer spezifischen Rolle unabhängig voneinander und zu unterschiedlichen Zeiten mit einem *auxiliary ego* spielen zu lassen, dessen Handlungsablauf sorgfältig eingeübt und weitgehend objektiviert wurde. Das Hilfs-Ich kann dann als Instrument verwandt werden, um die Variationen im Verhalten zu messen, die die getesteten Personen aufweisen.

Eine weitere Methode schließlich ist die Untersuchung der gleichen Rolle in einer Reihe verschiedener Situationen, z. B. der Rolle des Fremden. Eine Person übernimmt diese Rolle z. B. zuerst in einer Situation mit einem Mädchen, das zufälligerweise neben ihm im Zug sitzt; später dann in einer Situation, in der er sie auf der Straße anspricht. In noch einer weiteren Szene macht er einem Mädchen mit einem unterschiedlichen ethnischen Hintergrund einen Heiratsantrag. Schließlich wird noch eine Szene gespielt, in der er seine Arbeit nach mehreren Jahren sorgsamer Pflichterfüllung wegen seiner Rasse verliert. Diese

Serie würde die Entwicklung einer Skala im Hinblick auf die gleiche Rolle möglich machen, etwa die Rolle eines Fremden, eines Sohnes, eines Arbeiters usw.

Für alle Untersuchungen, die wir gemacht haben, besteht Konsens, daß role-taking und role-playing einen gemeinsamen Ursprung haben. Die Genese der Rollenentwicklung zeigt klar, wie das eine aus dem anderen erwächst, daß role-playing und role-taking zwei Phasen des gleichen Prozesses sind. In hunderten von Versuchen wurde herausgefunden, daß der Prozeß des role-taking kein bloß kognitiver ist, und daß auf der anderen Seite der Prozeß des role-playing nicht nur Verhalten oder bloßes Handeln ist, sondern daß Kognition, Perzeption, Verhalten und Handeln auf's Feinste miteinander verwoben sind und nicht säuberlich getrennt werden können. Es gibt spielbare und nicht spielbare Rollen, erkannte und nicht erkannte; Spiel von Rollen vor der Ebene, wo sie erkannt werden, und Erkennen von Rollen, vor der Ebene, wo sie gespielt werden. Es gibt adäquate, verzerrte, teilweise und fehlende Rollenperzeptionen, adäquates, verzerrtes, teilweises und nicht vollzogenes Rollenspiel (role-enactment). Es besteht oft eine Diskrepanz zwischen der Feststellung des Rollenverhaltens durch Beobachter und der Feststellung solcher Rollen in der Aktion durch die Spieler und Mitspieler selbst. Wie fest geprägt und gefroren eine Rolle jedoch auch immer geworden ist und wie sehr sie auch in die Wahrnehmung und das Verhalten eines bestimmten Individuums integriert ist — hier findet sich immer ein schwacher Punkt in ihrer festgefügten Form, denn damit sie zu einem bestimmten Augenblick ablaufen kann, muß sie a) durch einen Prozeß des Warm-ups — und sei er auch nur minimal — laufen, in den der gesamte Organismus einbezogen ist, und b) durch einen Prozeß mimetischen Lernens, um die Rolle des anderen zu übernehmen, wie „generalisiert" dieser „andere" auch sein mag. Das Individuum repräsentiert jedes Mal eine etwas andere Version. Rollenübernahme ist nicht möglich ohne ein minimales Anspielen der Rolle, ein schrittweises Lernen und darum Kämpfen, wie fragmentarisch, rudimentär und embryonisch dieser Rollenspielprozeß auch sein mag. Rollenhandeln (role-acting) und Rollenwahrnehmung (role-perception), Rollenspiel (role-playing) und Rollenübernahme (role-taking) gehen in den primären Lern- und Konditionierungsprozessen Hand in Hand. *In situ* können sie nicht getrennt werden.

## Role-playing versus Role-taking

Der Terminus „Rolle" kommt aus der Bühnensprache. *Rollenspiel kann als ein experimenteller Vorgang betrachtet werden, eine Metho-*

de, Rollen in adäquater Weise darzustellen. Die gegenwärtige Popularität dieser Termini und Konzepte leitet sich von dem Wert her, den sie als Trainingsinstrument in den verschiedensten sozialen, Beschäftigungs- und Arbeitssituationen gehabt haben. Sie sind das Resultat der Initiative, die der Autor unternommen hat, um sie zu entwickeln. Durch die Untersuchung von Rollen in Aktion haben sich neue Kenntnisse über Rollen entwickelt. *Im Unterschied zum role-playing ist role-taking eine im Verhalten einer Person schon gefrorene Haltung.* Role-playing ist ein Akt, ein spontanes Spielen. Role-taking ist ein fertiges Produkt, eine Rollenkonserve.

Der amerikanische Trend ist in dieser Hinsicht am angemessensten in *G. H. Meads* „Mind, Self and Society" (1934) repräsentiert. *Ralph Linton* und andere haben ihn weiterentwickelt. Der europäische Trend wird durch *Morenos* Buch „Das Stegreiftheater" (1923) markiert und in der ersten Ausgabe von „Who Shall Survive?" (1934) und in seinem Text „The Psychodrama and the Psychopathology of Interpersonal Relations" (*Sociometry* 1937). Die Unterschiede zwischen diesen beiden Richtungen sind wesentlich. Die eine entwickelte die *Idee des role-taking*, die andere *die Idee des role-playing*. Da diese beiden Termini oft austauschbar verwandt werden, ist eine Diskussion des Ursprungs jedes dieser Konzepte und ihrer Bedeutung notwendig. *Meads* Konzept des role-taking und *Morenos* Konzept des role-playing repräsentieren zwei unterschiedliche Ansätze. *Meads* Denken war vom sozialen Behaviorismus der 20er Jahre beeinflußt. Er entdeckte die Rolle und das role-taking, das Übernehmen der Rolle des anderen als einen Prozeß, in dem eine Rolle in das Selbst hineingenommen und interiorisiert wird, um sie in sozialen Situationen unmittelbar zur Hand zu haben.

Diese Rollen mußten, um sozial effektiv zu sein, schon vorgeformt sein, fertige Produkte, „Rollenkonserven", bereit zu unmittelbarer Aktion.

Meine Sicht setzte bei einer Position an, die genau das Gegenteil von dem Beschriebenen darstellt. Zuerst ist zu sagen, daß die Rolle, die *Mead* entdeckt hatte, sich schon „gratis" in den Theateraufführungen fand, die ich besucht hatte. Die ideale Darstellung von Rollenkonserven finden wir in den geschriebenen Stücken von Shakespeare, Goethe und Molière und in den Annäherungen an Rollenkonserven, die uns im Leben selbst begegnen.

*Meine Rollentheorie beginnt mit einer Kritik der Rollenkonserven, und sie war um so schärfer, je rigider und unnachgiebiger die Rollenkonserven mir erschienen.* Ein richtiges Theater zu betreten bedeutet, an den rigidesten und unnachgiebigsten Darstellungen von Rollenkonserven teilzunehmen, die man sich vorstellen kann. Der Augenblick der Schöpfung war nicht frei und *Spontaneität war den Rollenspielern verboten.* Ausnahmen änderten die Regel nicht, da sie ohnehin als solche intendiert waren. In diesem Zusammenhang nahm ich zum ersten Mal den Widerstand von Rollenspielern gegenüber Rollenkonserven wahr, den Widerstand des lebendigen Schauspielers, dem es zuwider war, Rollen zu spielen, die von einem Autor geschrieben und seinem Genius übergestülpt wurden. Ich erinnere mich gut an den Kampf der Eleanora Duse zwischen ihr selbst als einer privaten *dramatis persona* und den Rollen, die sie zu verkörpern hatte, den Kampf zwischen den Rollenkonzepten, wie sie der Autor geschaffen hatte, und den Vorstellungen, die sie selbst von diesen Charakteren hatte. Später beobachtete ich dann den Widerstand von Menschen gegenüber einigen der Rollen, die die Gesellschaft ihnen aufzwingt, und besonders gegen deren konservierte Form.

Ich stellte deshalb die Idee der Rollenspontaneität gegen die der Rollenkonserve, das spontane Spiel von Rollen, die veränderbar sind und für immer neue Situationen sich erwärmen können, gegen die Rollenübernahme, das sich Übergeben an eine Rolle, die schon vorgeformt und fest etabliert ist. Das Ziel revolutionärer Rollenforschung würde damit das Studium von Rollen in *statu nascendi* und womöglich in *locus nascendi*. Die Rollen wurden häufig als *fremd* in bezug auf das Selbst erlebt, wie sie auch häufig dem Leben des Schauspielers fremd sind. Für diesen Widerstand gegen Rollenkonserven und Stereotypen kann man verschiedene Erklärungen haben:

1. Wir leben in einer Welt, die sich verändert. Neue Rollen-Sets kommen auf und versuchen, die alten zu verdrängen.

2. Innerhalb einer gegebenen Gesellschaft repräsentiert ein Rollen-Set eine ethnische Gruppe, ein anderer andere ethnische Gruppen, und beide kämpfen um die Herrschaft.

3. Wie das Kind der Assimilation der organisierten, syntaktischen Sprache Widerstand entgegensetzt, wehrt es sich gegen soziale Rollenbündel (role-cluster), mit denen es während der Kindheit und der Adoleszenz konfrontiert ist. Dieser Widerstand kann wachsen, wenn es dadurch von sich weg geführt wird. Er ist minimal, wenn es seine eigene Rolle übernehmen kann. Dies ist z. B. der Fall bei der Rolle des Essenden, des Geräuschemachers, des Zerstörers, des Atmenden, des Schlafenden, des Laufenden — den psychosomatischen Rollen; er steigt, wenn es die Rolle einer Idee übernimmt, die über ihm steht, z. B. Geister, Engel, Gott usw. — psychodramatische Rollen. Der Widerstand erreicht sein Maximum, wenn das Kind die Rollen von anderen in Form von sozialen Rollen übernimmt.

Jedes role-taking muß in *statu nascendi* eine Form von role-playing gewesen sein. Je weiter die Rolle zu einer Konserve wurde, desto weniger Spontaneität wurde benötigt, um sie abzuspielen. Wann immer wir neue Rollen lernen, so geschieht dies durch übendes Rollenspiel; aber es gibt immer die Tendenz, mit einem Minimum an Anstrengung zu lernen, wie man die Rolle spielt. Es ist nicht ohne Bedeutung, daß Psychodrama, Soziodrama und Rollenspiel sich in einer rasch wandelnden Welt entwickelt haben, in der viele Rollen sich verbraucht haben und entweder verschwinden müssen, wiederbelebt werden oder durch neu entstehende Rollen ersetzt werden, die eine schnelle Akulturation erforderlich machen. Role-playing erweist sich wahrscheinlich nicht nur für die Improvisation neuer Rollen als sehr nützlich, sondern auch in der Revitalisierung von Rollenkonserven. Die Rolle des anderen zu übernehmen ist eine Sackgasse. *Der springende Punkt war, wie man Rollen vitalisieren und verändern könnte, wie man zu einem „Rollenveränderer" (role-changer) und „Rollenspieler" (role-player) würde. Diese Zielsetzung erforderte das Entdecken einer neuen Methode, der Technik des Rollenspiels.*

## 2. Das Rollenkonzept, eine Brücke zwischen Psychiatrie und Soziologie*
(1961)

*Jakob L. Moreno*

### Die Dritte Psychiatrische Revolution

Nach *Zilboorg* (1941) haben sich in den vergangenen drei Jahrhunderten zwei psychiatrische Revolutionen ereignet. Jede psychiatrische Revolution war mit neuen Theorien und Methoden der klinischen Praxis verbunden. Die erste psychiatrische Revolution ging von *Philippe Pinel* (1792) aus, der Anstaltsinsassen von ihren Ketten befreite; die zweite psychiatrische Revolution von *Sigmund Freud* (1893) und seiner Behandlung des Individuums mit Hilfe der Psychoanalyse. Im Rückblick bedarf *Zilboorgs* Betrachtung einer grundlegenden Korrektur. Die zweite psychiatrische Revolution hatte mindestens zwei weitere Höhepunkte: *Ivan P. Pawlovs* (1904) konditionierten Reflex und *Adolf Meyers* (1906) Psychobiologie.

Übereinstimmung besteht in bezug auf die Tatsache, daß wir uns mitten in der „dritten" psychiatrischen Revolution befinden (*Moreno* 1956; *Spotnitz* 1961). Die Psychoanalyse ist in ihrer bisher größten Krise. Ihre Bedeutung vermindert sich im Westen, und in den kommunistischen Ländern des Ostens wird sie abgelehnt (*Moreno* 1960a). Das gegenwärtige Zeitalter ist durch vielfältige Neuerungen gekennzeichnet, die auch eine Grundlage für Neuentwicklungen in der Psychiatrie geschaffen haben. Bezeichnend dafür ist die Methode der Psychiatrie in der Gruppe (*Moreno* 1923, 1932, 1934; *Giliarovskii* 1932). Die Theorien der zwischenmenschlichen Beziehungen (*Moreno* 1937; *Sullivan* 1938), der Soziometrie und der Mikrosoziologie sowie die Theorien der Begegnung, der Spontaneität und der Kreativität (*Moreno* 1939) haben in der Psychiatrie, der Sozialpsychologie und der Sozialanthropologie weite Bereiche der Forschung erschlossen. Neue Therapiemethoden wie Gruppenpsychotherapie, Psychodrama, Soziodrama, Psychosomatische Medizin (*Dunbar* 1943) und Psychopharmakologie (*Hoch* 1959) wurden eingeführt. Die Ideen von der Thera-

---

*) Erschienen unter dem Titel: The Role Concept, a Bridge between Psychiatry and Sociology, in: *American Journal of Psychiatry* 118 (1961), S. 518-523. Übersetzt mit freundlicher Genehmigung des Moreno Institute, Beacon, und des AJP.

peutischen Gesellschaft und der Therapeutischen Gemeinschaft sowie das Konzept der Tagesklinik und die „offenen Türen" von Gefängnissen und psychiatrischen Kliniken beginnen, die Zwangsmethoden bei der Verwahrung von Gefangenen und psychiatrischen Patienten zu ersetzen.

An dieser Stelle sei eine Rede von Dr. *William Alanson White* zitiert, die er auf einer Konferenz über die „Anwendung der Gruppenmethode zur Klassifikation" (*Moreno* 1932) in Philadelphia am 31. Mai 1932 gehalten hat.

Ich erinnere mich, es ist ein paar Jahre her, an den Besuch eines Gefängnisses im Osten mit etwa tausend Gefangenen. Es hatte keine Mauern und nur einige wenige Zellen. Die Hausorganisation wurde ähnlich derjenigen in Schulen gehandhabt. Beim ersten Mal fand ich keinen Gefangenen in einer Einzelzelle, beim zweiten Mal lediglich einen einzigen. Die Gefangenen hatten die Freiheit zur Selbstbestimmung, und der Aufseher war klug genug, sie so zu behandeln, daß sie sich wohlfühlten. Weder brachen sie aus, noch taten sie irgendetwas, das den Betrieb dieses Gefängnisses unmöglich gemacht hätte. — Einige Jahre zuvor hatte der Kongreß ein Gefängnis für Washington bewilligt, D. C. Roosevelt ein Komitee ins Leben gerufen, das über entsprechende Pläne und Vorschläge entscheiden sollte. Unter denjenigen, die Roosevelt delegierte, war ein Bankier, ein bekannter Philanthrop. Als er von seiner Ernennung erfuhr, protestierte er sofort und sagte: „Ich kann diesem Komitee nicht dienen. Ich weiß nichts über das Projekt. Ich war niemals in meinem Leben im Gefängnis." Der Präsident antwortete: „Genau deshalb wähle ich Sie." Ein Gefängnis ohne Mauern und ohne eine Zelle wurde errichtet. Es arbeitet nach wie vor erfolgreich.

Nichtsdestoweniger reisten kürzlich amerikanische Psychiater nach Rußland und England auf der Suche nach „neuen" Ideen. Bei gründlichem Suchen hätten sie diese zu Hause gefunden.

Im Laufe der letzten dreißig Jahre wurde eine neue Theorie entwickelt, die eine Brücke zwischen der Psychiatrie und den Sozialwissenschaften schlagen sollte; sie strebte eine Überwindung der Grenzen der Psychoanalyse und des Behaviorismus vermittels einer systematischen Erforschung sozialer Phänomene an. Eines der wichtigsten Konzepte in diesem theoretischen System ist das Rollenkonzept.

## Das Psychiatrische Rollenkonzept (*Moreno* 1934)

Gegenwärtige Arbeiten über Ursprung und Entwicklung der Rollentheorie und des Rollenkonzeptes betonen die Beiträge von Soziologen und Psychologen, vernachlässigen aber die Beiträge von Psychiatern. Der Leser gewinnt den Eindruck, Psychiater hätten mit der Entwicklung des Rollenkonzeptes nichts zu tun. Die Verfasser solcher Arbeiten sind oft selbst Psychiater (*Green* 1961). Warum suchen diese Autoren nach Ursprüngen neuer Ideen in anderen Wissenschaften, ohne dabei ihre eigene Wissenschaft, die Psychiatrie, zu beachten? Bei der Diskussion theoretischer Probleme werden Psychiater von Vertretern anderer Disziplinen nicht ganz ernst genommen; sie reagieren mit Minderwertigkeitsgefühlen, wenn sie von Psychologen und Soziologen kritisiert werden, weniger wissenschaftlich zu sein. Soziologen hingegen neigen häufig zu einer scheinbaren Überlegenheit, dabei beschäftigen sie sich jedoch mehr mit Schreiben als mit Beobachtung und Experiment.

Fairerweise muß aber klargestellt werden, daß neben nicht-medizinischen Autoren viele Psychiater wesentlich an der Entwicklung des Rollenkonzeptes beteiligt waren, das seinerseits die recht akademischen Formulierungen vieler Autoren soziologischer und psychologischer Provenienz beeinflußte.

## Geschichte des Rollenbegriffs

Rolle, ursprünglich ein alt-französisches Wort, welches in das mittelalterliche Französisch und Englisch eindrang, leitet sich vom lateinischen „rotula" ab. In Griechenland ebenso wie im Alten Rom wurden die Theaterstücke auf „Rollen" geschrieben und von Souffleuren den Schauspielern vorgelesen, die versuchten, ihren Part auf diese Weise auswendig zu lernen; diese Bedeutung des Wortes Rolle scheint in den weniger gelehrten Perioden des frühen und hohen Mittelalters in den öffentlichen Aufführungen von Kirchspielen durch Laien verlorengegangen zu sein. Mit dem Aufkommen der modernen Bühne, etwa im 16. oder 17. Jahrhundert, wurden die Parts der theatralischen Charaktere von „Rollen", Rollen aus Papier, gelesen. So wird jeder szenische „Part" zur Rolle (*Meiers* 1947, S. 239).

Rolle ist demzufolge kein soziologischer Begriff; er wurde über das Drama Bestandteil des soziologischen Vokabulars. Es wird oft übersehen, daß die moderne Rollentheorie ihren logischen Ursprung und ihre Perspektiven vom Drama her bezieht. Sie hat eine lange Geschichte und Tradition im Europäischen Theater zu verzeichnen, aus der heraus sich allmählich ihre heutige therapeutische und soziale Orientierung entwickelte. Der Keim dieser Ideen wurde in der Mitte der zwanziger Jahre von Europa in die USA verpflanzt (*Moreno* 1923). Aus den Rollen und Gegenrollen, den Rollensituationen und den Rollenkonserven entstanden in natürlicher Abfolge ihre modernen Erweiterungen: Rollenspieler, Rollenspiel, Rollenerwartung, Ausagieren und schließlich Psychodrama und Soziodrama. Unabhängig davon entstand 1934 das soziologische Konzept der Rollenübernahme von *G. H. Mead* und wurde 1936 von *R. Linton* weiterentwickelt; beiden Autoren war offensichtlich die grundlegende Abhängigkeit des Prozesses der Rollenübernahme vom Drama nicht bewußt. Später haben amerikanische

Soziologen das Rollenkonzept so monopolisiert, als wäre es soziologisches Eigentum. Dies gilt besonders für *T. Parsons* (1951). Eine Vielzahl von Begriffen und Bedeutungen, die *Parsons* und seine Mitarbeiter in ihren Schriften präsentieren, kann man jedoch in älteren Publikationen finden (*Moreno* 1960b).

## Definition von Rolle

Rolle kann definiert werden als die aktuellen und greifbaren Formen, die das Selbst annimmt (*Moreno* 1946). Wir sprechen demgemäß von Rolle als der funktionellen Form, mit der der Mensch in einem bestimmten Augenblick auf eine bestimmte Situation reagiert, an der andere Menschen oder Objekte beteiligt sind. Die symbolische Repräsentation dieser vom Individuum und von anderen wahrgenommenen funktionellen Form wird Rolle genannt. Diese Form wird aufgrund vergangener persönlicher Erfahrungen und kultureller Muster der Gesellschaft, in der das Individuum lebt, gebildet und kann durch die spezifische Produktivität des Individuums erfüllt werden (*Solby* 1944). Jede Rolle ist eine Fusion von privaten und kollektiven Elementen. Jede Rolle hat zwei Seiten, eine private und eine kollektive (*Moreno* 1943).

## Konstrukte der Rolle

Der Rollenbegriff ist quer durch die Humanwissenschaften, die Physiologie, die Psychologie, die Soziologie, die Anthropologie, anwendbar und verbindet diese auf einer neuen Ebene. Die Soziologen *G. H. Mead* (1934) und *R. Linton* (1936) beschränkten die Rollentheorie auf eine Dimension, nämlich die soziale. Die psychiatrisch orientierte psychodramatische Rollentheorie ist umfassender. Sie bezieht den Rollenbegriff auf alle Dimensionen des menschlichen Daseins und auf sämtliche Lebensstadien eines Individuums und seiner *Mitmenschen*. Wir können den Beginn des Rollenprozesses nicht erst bei der Sprachentwicklung ansetzen; der Konsistenz halber müssen wir bereits die nonverbalen Lebensphasen miteinbeziehen. Aus diesem Grund kann die Rollentheorie nicht auf soziale Rollen beschränkt bleiben; sie muß vielmehr drei Dimensionen enthalten: die sozialen Rollen, Ausdruck der sozialen Dimension, die psychosomatischen Rollen, Ausdruck der physiologischen Dimension und die psychodramatischen Rollen, Ausdruck der psychologischen Dimension des Selbst.

Psychosomatische Rollen können am Beispiel der Rolle des Essenden und der sexuellen Rolle illustriert werden. Charakteristische Interaktionsmuster zwischen Mutter und Säugling beim Prozeß der Nah-

Tabelle der Klassifikationen von Rollen (*Moreno* 1944)

| *Ursprung* | *Ausmaß an Spontaneität* | *Inhalt* | *Quantität* | *Form* |
|---|---|---|---|---|
| Kollektive Rollen | Rollenübernahme (Konserve) Rollenspiel | Psychosomatische Rollen (z. B. Rolle des Essenden) | Unzulänglichkeit von Rollen Angemessenheit von Rollen | flexibel |
| Individuelle Rollen | Rollenkreation | Psychodramatische Rollen Soziale Rollen | Überlegenheit von Rollen | rigide |

| *Zeit* | *Aufwärmgeschwindigkeit* | *Konsistenz* | *Klasse* |
|---|---|---|---|
| Erwartung (Zukunft) | langsam durchschnittlich | schwach | dominant |
| Gegenwärtigkeit | schnell überhitzt | ausgeglichen | rezessiv |
| Erinnerung (Vergangenheit) | | stark | |

rungsaufnahme führen zu den Rollenkonstellationen des Essenden, die über verschiedene Lebensperioden hinweg verfolgt werden können. Psychodramatische Formen des Rollenspiels wie Rollentausch, Rollenidentifikation, Doppeln und Spiegeln wirken bei der seelischen Entwicklung des Individuums mit. Auf einer späteren Stufe entstehen die sozialen Rollen und bauen auf den psychosomatischen und psychodramatischen Rollen als früheren Formen der Erfahrung auf (vgl. die Tabelle der Rollenklassifikationen).

## Funktion der Rolle

„Die Funktion der Rolle besteht unter anderem darin, das Unbewußte vom Sozialen her zu erschließen und Gestalt und Ordnung hineinzubringen" (*Moreno* 1923). Der Zusammenhang zwischen Rollen und Situationen, in denen das Individuum handelt (Status), und die bedeutsame Beziehung zwischen Rolle und Ich wurden von *Moreno* (1934) mit Nachdruck betont.

Von jedem wird erwartet, daß er gemäß seiner offiziellen Rolle im Leben handelt; ein Lehrer hat sich wie ein Lehrer zu verhalten, ein Schüler wie ein Schüler und so weiter. Aber das Individuum drängt nach wesentlich mehr Rollen als denjenigen, die es im Leben ausübt, und im Rahmen einer Rolle nach Variationen derselben. Jedes Individuum ist voll von verschiedenen Rollen, in denen es handeln möchte und die ihm auf verschiedenen Stufen seiner Entwicklung verfügbar sind. Angst entsteht nicht selten durch den aktiven Druck, der von den verschiedenen Rollen bzw. Rollenvarianten auf die manifeste, offizielle Rolle ausgeht (*Moreno* 1934).

Jedes Individuum — genauso wie es jederzeit eine Reihe von Freunden und Feinden hat — besitzt ein Repertoire von Rollen, in denen es sich selbst entspricht, und von Gegen-Rollen, in denen es seine Mitmenschen sieht. Dabei gibt es verschiedene Stadien der Entwicklung. Die greifbaren Aspekte dessen, was als „Ich" bezeichnet wird, sind die Rollen, in denen es handelt mit den Mustern von Rollenbeziehungen um ein Individuum als deren Zentrum. — Wir betrachten Rollen und Beziehungen zwischen Rollen als ein bedeutendes Spezifikum jeder kulturellen Entwicklung (*Moreno* 1940).

Rolle ist die Einheit der Kultur; Ich und Rolle sind in fortwährender Interaktion.

## Rollenspiel, Rollenwahrnehmung und Rollenausübung (*Moreno* 1945)

Die Rollenwahrnehmung ist kognitiver Natur und antizipiert zukünftige Reaktionen (*responses*). Die Rollenausübung zeigt die Fertigkeit im Verhalten. Ein hohes Maß an Rollenwahrnehmung kann von geringer Fertigkeit in der Rollenausübung begleitet sein und umgekehrt. Rollenspiel ist sowohl Funktion der Rollenwahrnehmung als auch Funktion der Rollenausübung. Rollentraining besteht im Gegensatz zum Rollenspiel im Bemühen, durch Rolleneinübung zukünftige Situationen adäquat zu bewältigen.

## Rollenpathologie (*Moreno* 1936)

Regressives Verhalten ist keine wirkliche Regression, sondern eine Form des Rollenspiels. Beim paranoiden Verhalten z. B. ist das Rollenrepertoire des Patienten stark reduziert zu einem verzerrten Handeln in einer einzigen Rolle. Der Patient ist der adäquaten Rollenausübung *in situ* unfähig. Entweder überzieht er sie, oder er füllt sie nicht angemessen aus; inadäquate Wahrnehmung wird von verzerrter Ausübung begleitet. Die histrionischen Neurosen von Schauspielern gehen auf die Auswirkungen von Rollenfragmenten zurück, die der Persönlichkeit des Schauspielers „fremd" sind (*Moreno* 1934).

## Gemeinsam-unbewußte Zustände und die „Inter-Psyche" (*Moreno* 1959)

Beim „Rollentausch" versucht ein Spieler, sich mit dem anderen zu identifizieren. Dieser Rollentausch kann nicht in einem Vakuum stattfinden. Miteinander eng vertraute Individuen tauschen Rollen leichter als andere von großer psychologischer oder ethnischer Distanz. Die Ursachen für diese großen Unterschiede liegen in der Entwicklung von gemeinsam-bewußten und gemeinsam-unbewußten Zuständen. Weder das Konzept unbewußter Zustände (*Freud*) noch dasjenige kollektiver unbewußter Zustände (*Jung*) kann einfach auf diese Phänomene angewandt werden, ohne die Bedeutung der beiden Begriffe zu strapazieren. Die freien Assoziationen von A mögen einen Weg zu den unbewußten Zuständen von A weisen; die freien Assoziationen von B mögen einen Weg zu den unbewußten Zuständen von B weisen; aber kann das unbewußte Material von A sich natürlicherweise und direkt mit dem unbewußten Material von B verbinden, ohne daß sie an gemeinsamen unbewußten Zuständen teilhaben? Das Konzept der individuellen unbewußten Zustände wird für die Erklärung beider Momente, desjenigen der gegenwärtigen Situation von A und, im Rollentausch, desjenigen der gegenwärtigen Situation von B, unbefriedigend. Wir brauchen ein Konzept, bei welchem der objektive Hinweis auf das Vorhandensein dieses doppelläufigen Prozesses nicht aus der Psyche eines Individuums hergeleitet wird, sondern von einer weiteren Realität, nämlich der Tatsache, daß das Unbewußte zweier oder mehrerer Menschen mit einem System gemeinsam-unbewußter Zustände verquickt ist. Diese sind von großer Bedeutung für Menschen in intimer Gemeinschaft wie z. B. Eheleute, Vater und Sohn, Mutter und Tochter, Geschwister und Zwillinge, aber auch in anderen engen Gemeinschaften wie Arbeitsteams, Kampfgruppen, in Konzentrationslagern oder charismatischen religiösen Gruppen. Ehe- und Familientherapie sollten z. B. so durchgeführt werden, daß die „Inter-Psyche" der ganzen Gruppe nachvollzogen wird, so daß alle ihre Tele-Beziehungen, ihre gemeinsam-bewußten und gemeinsam-unbewußten Zustände zum Ausdruck kommen.

Gemeinsam-bewußte und gemeinsam-unbewußte Zustände sind, per definitionem, solche Zustände, welche die Partner zusammen erfahren oder hervorgerufen haben und die deshalb auch nur zusammen reproduziert oder nachvollzogen werden können. Ein gemeinsam-bewußter oder ein gemeinsam-unbewußter Zustand kann nicht *einem* Individuum allein zu eigen sein. Er ist immer ein *gemeinsames* Gut und kann nur von beiden Partnern aus reproduziert werden. Wenn ein Nachvollziehen eines solchen gemeinsam-bewußten oder gemeinsam-unbewußten Zustandes erwünscht oder notwendig ist, muß dieses Nachvollziehen mit Hilfe aller an einer Episode beteiligten Partner erfolgen. Die logische Methode eines solchen Nachvollziehens *à deux* ist das Psychodrama. Wie genial auch immer die Wahrnehmung eines Partners einer Gemeinschaft sein mag, so kann er eine bestimmte Episode doch nicht allein nachvollziehen. Die gemeinsam-bewußten und die gemeinsam-unbewußten Zustände der Partner sind die Quelle ihrer Eingebungen und ihres Wissens.

## Messung von Rollen

In der Regel können Rollen folgendermaßen entwickelt sein: 1. Rudimentär, normal oder überentwickelt; 2. fast oder ganz fehlend (bedeutungslos); 3. pervertiert zu einer negativen Funktion. Eine Rolle innerhalb der genannten Kategorien kann ebenso unter dem Gesichtspunkt ihrer zeitlichen Entwicklung klassifiziert werden: 1. Sie war niemals vorhanden; 2. sie ist gegenwärtig vorhanden; 3. sie war einmal vorhanden, ist jedoch nun gelöscht (*Moreno* 1940).*

## Empirische und experimentelle Validierung der Rollentheorie

In den letzten Jahren wurde eine beträchtliche Anzahl von experimentellen und Validierungsstudien durchgeführt (*Blake* 1955; *Mouton* und *Blake* 1956).

---

\*) Der Schlußteil dieses Abschnittes wurde fortgelassen, weil sich auf S. 261f die gleichen Ausführungen ausführlicher finden.

# Zusammenfassung

Das dieser Arbeit zugrundeliegende Konzept ergibt sich aus der Feststellung, daß *der Mensch ein Rollenspieler ist*, daß jedes Individuum durch ein bestimmtes Repertoire von Rollen gekennzeichnet ist, die sein Verhalten bestimmen, und daß jede Kultur durch eine gewisse Art und Zahl von Rollen charakterisiert ist, die sie den ihr angehörenden Menschen mit unterschiedlichem Erfolg auferlegt (*Moreno* 1943).

Im Unterschied zu den von Psychologen und Soziologen präsentierten Theorien entwickelte sich die „psychiatrische Rollentheorie" in starkem Maße aus dem klinischen Kontext, nämlich aus Methoden der Prävention, aus der Behandlung von Psychosen und Neurosen, von zwischenmenschlichen Beziehungen in Ehe und Familie, von Arbeitsstörungen sowie aus Methoden der Psychohygiene und Erziehung.

Rollenforschung und Rollentherapie befinden sich noch in ihrem Anfangsstadium. Psychodrama stellt ein wertvolles Instrument für experimentelle Rollenstudien und -kontrollen dar. Es ermöglicht die Beobachtung des „Life-Verhaltens" von Individuen in der konkreten Darstellung ihrer Situation.

### Literatur

*Ackermann, N.*, Family Dynamics, Basic Books, New York 1960.
*Blake, R.*, *Group Psychotherapy* 8 (347), 1955.
*Bromberg, W.*, *Progress in Psychotherapy* 1, Grune & Stratton, New York 1956.
*Cameron, N.*, The Psychology of Behavior Disorders, Houghton Mifflin, Boston 1947.
*Cottrell, L.*, und *Gallagher, R.*, Sociometry Monographs No. 1, Beacon House, Beacon, N.Y. 1941.
*Drews, R.S.*, Proceedings. Second International Congress of Group Psychotherapy, Karger, Basel 1957.
*Dunbar, F.*, Psychosomatic Diagnosis, Hoeber, New York 1943.
*Fantel, E.*, Group Psychotherapy. A Symposium 124 (145), 1945.
*Friedemann, A.*, Psychotherapy in Switzerland, in: *Progress in Psychotherapy* 1, Grune & Stratton, New York 1956.
*Giliarovskii, V.A.*, The Form, Content and Course of Psychoses, *Sovet. Nevrapatol.* 1 (332), 1932.
*Green, A.*, *L'Evolution Psychiatrique* 26 (1), 1961.
*Haas, R.*, (Ed.), Psychodrama and Sociodrama in American Education, Beacon House, Beacon, N.Y., 1946.
*Harrow, G.*, *Group Psychotherapy* 3 (316), 1951.
*Haskell, M.R.*, *Group Psychotherapy* 11, 1959.
*Hoch, P.*, Pharmacologically induced Psychoses, in: *American Handbook of Psychiatry* 2, Basic Books, New York 1959.
*Jennings, H.*, Sociodrama as Educational Process, in: Fostering Mental Health in our Schools, Nat. Ed. Assn., Washington D.C. 1950.
*Lebovici, S.*, Social Psychiatry in France, in: *Progress in Psychotherapy* 6, Grune & Stratton, New York 1959.

Linton, R., The Study of Man, Appleton-Century-Crofts, New York 1936.
Lippit, R., Psychodrama Monograph No. 22, Beacon House, Beacon, N.Y. 1947.
Mead, G. H., Mind, Self and Society, University of Chicago Press, Chicago 1934.
Meiers, J.I., Sociatry 1 (239) 1947. (Also the Oxford University Dictionary on Historical Principles, prepared by Wm. Little et al., revised and edited by C.T. Onions, third revised edition 1748. Oxford: Clarendon Press 1955.)
Moreno, J.L., Das Stegreiftheater, Kiepenheuer, Berlin [1923] 1924.
—, The First Book of Group Psychotherapy, Beacon House, Beacon, N.Y. 1932/1957.
—, Who Shall Survive? Nervous and Mental Disease Co., Washington, D.C. 1934; 2. Aufl. Beacon House, Beacon, N.Y. 1953.
—, Sociometry 2 (1) 1936.
—, Sociometry 1 (3) 1937; 2. Aufl.: Psychodrama Monograph No. 16, Beacon House, Beacon, N.Y. 1945.
—, Sociometry 2, 1939; 2. Aufl.: Psychodrama Monograph No. 2, Beacon House, Beacon, N.Y. 1945.
—, Sociometry 3 (243) 1940; 2. Aufl.: Psychodrama Monograph No. 6, Beacon House, Beacon, N.Y. 1945.
—, Sociometry 3 (20), 1940; 2. Aufl.: Psychodrama Monograph No. 7, Beacon House, Beacon, N.Y. 1945
—, Psychodramatic Treatment of Psychoses, Sociometry 3 (120), 1940; 2. Aufl.: Psychodrama Monograph No. 15, Beacon House, Beacon, N.Y. 1945.
—, Sociometry 6 (438), 1943.
—, Spontaneity Theory of Child Development, Beacon House, Beacon, N.Y. 1944.
—, Group Psychotherapy. A Symposium, Beacon House, Beacon, N.Y. 1945.
—, Psychodrama 1 (153), 1946.
—, (Hrsg.), Progress in Psychotherapy, Grune & Stratton, New York 1956.
—, Psychodrama, in: American Handbook of Psychiatry 2, Basic Books, New York 1959.
—, Psychiatric Encounter in Soviet Russia, Beacon House, Beacon, N.Y. 1960a.
—, (Hrsg.), The Sociometry Reader, The Free Press, Glencoe, Ill. 1960b.
Mouton, J. S. und Blake, R., Group Psychotherapy 9 (7), 1956.
Overholser, W. und Enneis, J., Group Psychotherapy 12 (283), 1959.
Parsons, T. The Social System, The Free Press, Glencoe, Ill. 1951.
Rosen, J., Direct Analysis, Grune & Stratton, New York 1953.
Sarbin, T., Sociometry 6 (273), 1943.
Schauer, G., Sociometry 9 (144), 1946.
Schützenberger, A., Trav. Meth. France 39 (Oct.) 1955.
Solby, B., American Sociological Review 6 (523), 1941.
Solby, B., Sociometry 7 (222), 1944.
Spotnitz, H., The Couch and the Circle, Knopf, New York 1961.
Sullivan, H.S., Psychiatry 1 (Feb.), 1938.
Toeman, Z., Sociometry 7 (205), 1944.
Twitchell-Allen, D., Group Psychotherapy 7 (167), 1954.
Yablonsky, L. und Enneis, J., Psychodrama, Theory and Practice, in: Progress in Psychotherapy 1, Grune & Stratton, New York 1956.
Zilboorg, G. und Henry, G.W., A History of Medical Psychology, Norton, New York 1941.

## 3. Definition der Rollen*
## (1946)

*Jakob L. Moreno*

Rolle kann als eine imaginäre Person definiert werden, die von einem Schriftsteller geschaffen wurde, zum Beispiel ein Hamlet, ein Othello oder ein Faust; diese imaginäre Rolle muß niemals existiert haben, wie Pinocchio oder Bambi. Sie kann ein Lebensmodell sein wie Faust; oder eine Imitation davon wie Othello. Rolle kann also als ein von einem Schauspieler übernommener Part oder Charakter definiert werden, zum Beispiel als eine solch imaginäre Person wie Hamlet, die von einem Schauspieler zur Realität erweckt wird. Rolle kann auch als ein übernommener Charakter oder eine angenommene Funktion in der sozialen Realität definiert werden, zum Beispiel Polizist, Rechtsanwalt, Arzt, Abgeordneter. Rollen können definiert werden als die aktuellen und greifbaren Formen, die das Selbst annimmt; Selbst, Ich, Persönlichkeit, Charakter usw. sind Cluster-Effekte, heuristische Hypothesen, metapsychologische Postulate, „Logoïde". Rolle ist eine letzte Kristallisation aller Situationen in einem *bestimmten* Handlungsbereich, die das Individuum durchlebt hat (zum Beispiel der Essende, der Vater, der Flugzeugpilot).

### Untersuchung der Rollendynamik

Meine erste klinische Beobachtung der Rollendynamik wurde durch den Konflikt hervorgerufen, in dem sich ein Berufsschauspieler befindet. Wenn ein Schauspieler die Rolle des Hamlet übernimmt, muß er sich selbst als Privatperson, die er außerhalb seiner beruflichen Existenz ist, unterdrücken und reduzieren; eine bestimmte Rolle kann jedoch den Raum der Privatperson des Schauspielers nur unvollständig ersetzen oder ausfüllen. Hinter der Maske von Hamlet lauert die private Persönlichkeit des Schauspielers. Ich habe das oft den primären *Rolle-Person-Konflikt* genannt. Der Konflikt zwischen Hamlet und dem Schauspieler ($X_1$) findet im Verlauf der Produktion des Hamlet Parallelen zwischen der Privatperson $X_2$ und der Rolle der Ophelia; der Pri-

---
*) Aus: *Psychodrama*, Vol. I (1946), 153-160.

vatperson $X_3$ und der Rolle von Hamlets Stiefvater, dem König; der Privatperson $X_4$ und der Rolle von Hamlets Mutter, der Königin, usw. (siehe Diagramm I). Die Interaktionen zwischen Hamlet und Ophelia, König und Königin, werden von den Interaktionen ihrer entsprechenden Privatpersonen $X_1$, $X_2$, $X_3$ und $X_4$ unsichtbar begleitet. Dieser Konflikt erzeugt oft ernsthafte Störungen in der Privatperson des Schauspielers und in der Rollengestaltung sowie in der Beziehung zwischen den beiden.

Ich erinnere daran, daß Duse immer sehr davon abhängig war, von einem Souffleur ihren Text zu bekommen. Von ihren Freunden erfuhr ich entschuldigend, daß sie unter einem schlechten Gedächtnis leide, aber diese Abhängigkeit von einem Souffleur kam bei der Premiere und bei einer Rolle, an der sie desinteressiert war, nicht vor. Sie bestand nur bei Rollen, die sie bei zahlreichen Anlässen vorgetragen hatte und von denen sie persönlich tief berührt war, wie zum Beispiel Elida in Ibsens *Die Frau vom Meer*. Meine Theorie der Rollendynamik erklärt dieses Phänomen folgendermaßen: Für Duse war die Rolle der Elida eine so heilige und persönliche Angelegenheit, daß sie sich als eine schöpferische Person an dem Verlust von Spontaneität und Gegenwärtigkeit des Fühlens und Sprechens stoßen mußte, zu dem sie ein streng wortgetreues Abrufen einer Rolle zu zwingen schien. In ihrer Suche nach einer Strategie zur Rettung ihrer eigenen Integrität als Künstlerin und der großartigen Rollenschöpfung von Ibsen versuchte sie angestrengt, sich *nicht* mehr an den Text zu erinnern, nachdem er gesprochen worden war. Nach jeder Aufführung der Rolle der Elida befreite sie ihr Gedächtnis vom Dialog. In ihr blieb nichts anderes zurück als der Rhythmus der Rolle, die Aufeinanderfolge der emotionalen Stichworte und die Bewegungsmuster. Der Souffleur war wie ein Hilfs-Ich, das ihr bei Bedarf die Worte gab, die sie leicht in ihre musikalische Stimme und in ihre vibrierenden Gefühle aufnehmen konnte.

Der Schauspieler leidet unter einem dreifachen Konflikt: dem Konflikt mit dem Autor, dem Konflikt mit seinen Mitspielern und dem Konflikt mit dem Publikum. Sein Konflikt mit dem Autor oder Dramatiker ist auf die Tatsache zurückzuführen, daß dieser den Schauspieler auf den zweiten Platz verweist, während er die erste schöpferische Arbeit, die Rollenproduktion, leistet. Außerdem erntet er die gesamte Katharsis, die eine Rolle beinhalten kann, und außer bei den ersten Lesungen bleibt für den Schauspieler davon wenig übrig. Der zweite Konflikt, der Konflikt mit den Schauspielkollegen, endet oft in tiefen persönlichen Verwicklungen. Eine berühmte Schauspielerin, die ihr Ensemble selbst leitete, hatte nie Proben mit ihnen. Ihre Partner hörten sie erst am Abend der öffentlichen Vorstellung in ihrer Rolle.

Sie mußten ihre eigenen Rollen so lernen, daß sie sich rasch an jede unerwartete Darstellungsweise der Primadonna anpassen konnten. Die Hauptdarstellerin tat dies deswegen, weil sie vor ihrem Schauspieler-Ensemble als Pallas Athene erscheinen wollte, die vollendet und vollkommen aus Jupiters Haupt hervorging. Sie sollten von den anfänglichen Mängeln und der allmählichen Verbesserung der Rolle nichts mitbekommen. Der Wunsch, ein Schauspieler zu sein, der sich nicht blamiert, der spontan und in Hochform ist, erzeugte eine besondere Art von Lampenfieber, die Furcht vor ihren eigenen Partnern, ihren Kommentaren und Eifersüchteleien. Der Konflikt mit dem Publikum nimmt

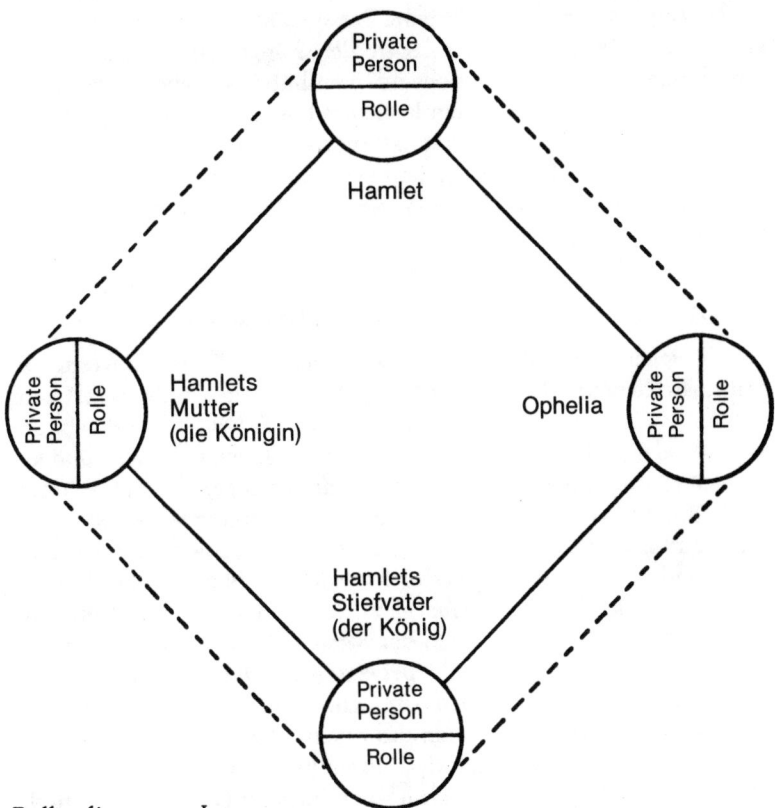

*Rollendiagramm I*

Die gesamte Person des Schauspielers teilt sich — wie in den Kreisen gezeigt wird — in seine private Person und die Rolle, die er übernimmt. Die ausgezogenen Linien bedeuten die Beziehungen der Schauspieler in ihren dramatischen Rollen, die gestrichelten Linien ihre Beziehungen als Privatpersonen.

ebenfalls oft pathologische Formen an. Ich kenne eine Schauspielerin, die sich immer davor fürchtete, mit der gleichen Rolle vor dem Publikum zu erscheinen. Jede Wiederholung verursachte ihr ein Minderwertigkeitsgefühl. Sie wollte genial wirken und fühlte sich gezwungen, ständig an ihrer Rolle zu arbeiten und sie bei jeder Wiederholung zu verbessern, sie hin und wieder zu verfeinern und jedesmal einen neuen Aspekt zu verbessern. Jede Nacht dieselbe Rolle zu spielen war deshalb eine strapaziöse Aufgabe für sie, nicht nur weil sie Wiederholungen vulgär fand, sondern des Schuldgefühls wegen, das daraus resultierte. Sie mußte die Rolle ständig verbessern, um ihren schöpferischen Status zu behalten. Gewöhnlich hörte sie eine Rolle zu spielen auf, wenn sie an das Ende ihrer Spontaneität und ihres Einfallsreichtums gelangt war.

Das Ausmaß, in dem die private Persönlichkeit, die privaten Rollen eines Schauspielers beeinträchtigt werden, hängt deshalb in erster Linie von diesen drei oben beschriebenen Konflikten ab, aber auch davon, wie sehr sich seine beruflichen Rollen mit seinen privaten Rollen vereinbaren oder nicht vereinbaren lassen, sie erweitern (Rollenkatharsis) oder verkrüppeln. Periodische und systematische Rollenuntersuchung kann unseren vorzeitig alternden Künstlern eine notwendige psychische Prophylaxe bieten.

## Psychosomatische Basis und das Messen von Rollen

Das Spielen von Rollen beginnt früher als die Entwicklung des Selbst. Rollen entstehen nicht aus dem Selbst, sondern das Selbst kann sich aus Rollen entwickeln. Auch wenn es noch kein „Selbst" gibt und kein sozialer „anderer" beteiligt ist, wenn noch keine Sprache und keine soziale Maschinerie verfügbar ist, kann der S-Faktor ein Gebärdenspiel anregen. Wie wir an Kindern und Psychotikern sehen, ist es dem Individuum möglich, mit verschiedenen Alter Egos zu arbeiten. Ein „Ich"-und-„andere"-System erfordert nicht unbedingt eine Sprache und eine soziale Welt. Für *George H. Mead* sind das Selbst und eine Gemeinschaft von Selbsten von der *Sprache beherrscht*. Auch *Freuds* Forschungsstil war von Sprache beherrscht. *Freud* dachte aus anderen Gründen als *Mead*, daß Sprache die Grundlage für psychologische Analyse ist und daß sie das Wesen des psychischen Wachstums erfassen kann. Er nahm unbewußt an, daß sie ein wichtiger Träger der psychischen Entwicklung ist; *Mead* schrieb ihr eine ähnliche Bedeutung in der sozialen Entwicklung zu und dachte, daß mittels Inferenzschluß jede wesentliche Information davon abgeleitet werden kann. Beide verleugneten die präsemantische und asemantische Entwicklung der Psyche und der Gruppe.

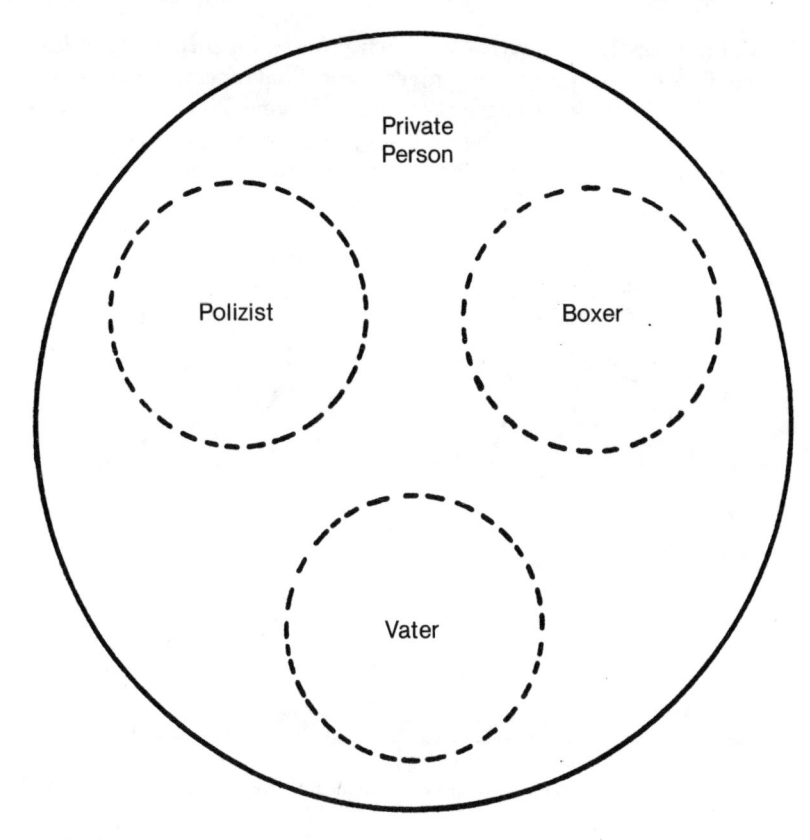

*Rollendiagramm II*
Der große Kreis stellt die gesamte private Person dar. Die kleinen Kreise repräsentieren drei soziale Rollen, in der diese Privatperson handelt.

Eine einfache Methode zur Messung von Rollen besteht darin, als Norm dauerhaft festgelegte Prozesse zu verwenden, die keine Veränderung erlauben, also Rollenkonserven wie Shakespeares Hamlet oder Othello, Goethes Faust oder Byrons Don Juan. Wenn mehrere Personen die Instruktion bekommen, den Hamlettext entweder wortwörtlich (wie ihn Shakespeare vorgegeben hat) zu verwenden oder ihn im Verlauf der Darstellung frei zu verändern, werden einige den Originaltext bevorzugen und andere werden kleinere oder größere Veränderungen im Text vornehmen. Diese Abweichungen repräsentieren die Freiheitsgrade des bestimmten Darstellers, die der Wirkung eines

S-Faktors zugeschrieben werden können. Was sie hinzufügen oder austauschen, kann dem Ausdrucksniveau von Shakespeare entsprechen oder auch weit darunter liegen. Es würde sich eine Skala von Hamletversionen ergeben, die von der ursprünglichen Shakespeareversion bis zu einem vollkommen transformierten verpersönlichten Text reichen könnte.

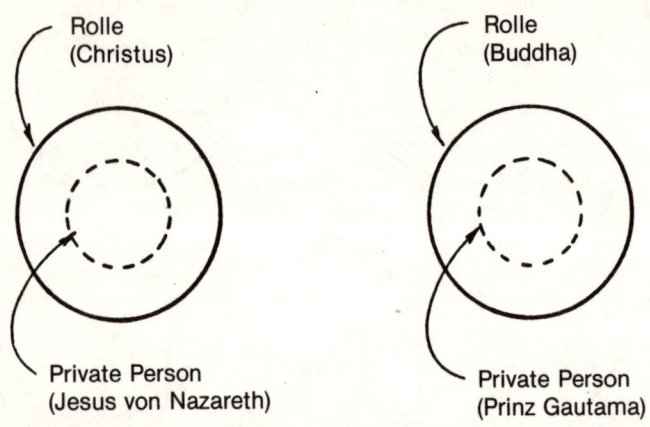

```
        Rolle                          Rolle
       (Christus)                     (Buddha)




    Private Person                 Private Person
   (Jesus von Nazareth)           (Prinz Gautama)
```

*Rollendiagramm III*

Das Rollendiagramm III zeigt zwei Beispiele dafür, daß die Rolle die private Person in einem solchen Ausmaß ersetzen und verschlingen kann, daß die private Person ein Teil von ihr wird. In Diagramm I und II. hingegen sind die Rollen ein Teil oder ein Stück der privaten Person.

Eine andere Meßmethode benutzt als Normen soziale Rollen, die durch soziale und gesetzliche Gewohnheiten und Modelle starr vorgeschrieben sind. Beispiele dafür sind soziale Rollen wie der Polizist, der Richter, der Arzt usw. Sie sind Rollen oder soziale Stereotypen und unterscheiden sich von Rollenkonserven, weil die Abfolge der Situationen und der Text nicht streng skizziert sind. Kein Shakespeare hat „ihre" Sätze und Handlungen im voraus niedergeschrieben. Sie dürfen ein unterschiedliches Maß an Spontaneität zeigen, ja es wird sogar von ihnen erwartet. Von einem Polizisten wird zum Beispiel verlangt, daß er die Autorität des Gesetzes in jeder Situation, in die er kommt, repräsentiert, aber man wird von ihm erwarten, daß er sich in verschiedenen Situationen unterschiedlich verhält. Ohne ein bestimmtes Ausmaß an Spontaneität könnten seine Worte und Handlungen fatale Folgen für ihn und seine Mitbürger haben. Würde man mehrere Polizisten in verschiedene Standardlebenssituationen stellen, die ihr Einschreiten erfordern, ergäbe dies eine Skala. Am einen Ende der Skala wird die adäquateste Leistung eines Polizisten in einer bestimmten Situation stehen, am anderen Ende die inadäquateste Leistung in derselben Art von Situation.

Eine andere Meßmethode besteht darin, eine Person zuerst in wenig strukturierte Situationen und später in immer höher organisierte Situationen zu stellen und sie eine Rolle in status nascendi entwickeln zu lassen. Die Produktionen verschiedener Personen werden sich stark voneinander unterscheiden und werden einen Maßstab für die Rollenmessung abgeben.

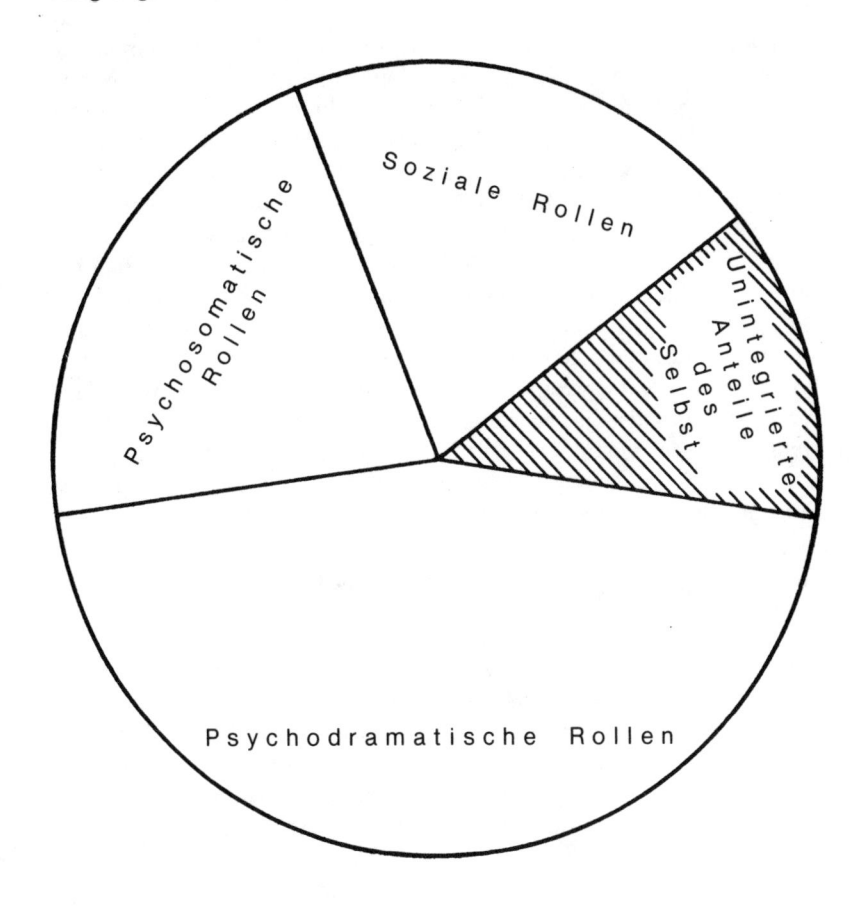

*Rollendiagramm IV*
Dieses Diagramm zeigt das Rollenspektrum einer Person. Das Vorhandensein ungelöster, unintegrierter Anteile weist auf den logoidistischen Charakter des Selbst hin.

Eine andere Meßmethode stellt eine Reihe einander unbekannter Personen in eine Situation, die sie gemeinsam bewältigen müssen. Beispiel: Sechs Männer von gleichem militärischen Rang zelten. Plötzlich sehen sie im nahen Wald einen feindlichen Fallschirmjäger landen. Sie müssen augenblicklich handeln. Eine Jury beobachtet, wie die Gruppe in status nascendi wächst; sie kann feststellen: a) welche Beziehungen sich zwischen den sechs Männern entwickeln; wer in der ersten Phase, in den mittleren Phasen und in den Endphasen ihrer Interaktion die Initiative entwickelt, wer als der „Führer" hervorgeht; b) Welche Handlung setzten sie gegen den Feind? c) Wie wird die Situation beendet und durch wen?

Eine andere Methode besteht darin, mehrere Personen unabhängig und zu verschiedenen Zeiten in einer bestimmten Situation dem*selben* Hilfs-Ich gegenüberzustellen, dessen Darstellung sorgfältig vorbereitet und weitgehend objektiviert worden ist. Das Hilfs-Ich kann dann ein Instrument sein, das die Antwortvariationen der Testpersonen mißt.

Wieder eine andere Methode ist die Untersuchung derselben Rolle, zum Beispiel der Rolle des Fremden, in einer Reihe verschiedener Situationen. Eine Person, die diese Rolle übernimmt, wird zum Beispiel zuerst einem Mädchen gegenübergestellt, das in einem Zug seine Nachbarin geworden ist; später spricht er sie auf der Straße an. In einem noch späteren Stadium macht er einem Mädchen mit anderer rassischer Herkunft einen Heiratsantrag, und schließlich wird er nach mehreren Jahren pflichtgetreuer Dienste aufgrund seiner Rasse von seiner Arbeitsstelle entlassen. Diese Serie würde die Entwicklung einer Skala in bezug auf dieselbe Rolle, zum Beispiel auf die Rolle des Fremden, des Sohnes, des Arbeiters usw. erlauben.

## Bemerkungen zum „Rollenspiel" der Psychoanalytiker und Hypnotiseure

Der Psychoanalytiker gibt zu verstehen, daß er dem Patienten gegenüber die Rolle des Vaters (des Beichtvaters und Interpreten) übernimmt. Die Situation wird daher durch den Psychoanalytiker definiert, weil er dem Patienten eine Haltung überträgt. Ist es dann überraschend, daß der Patient den Prozeß umdreht (die Empfehlung annimmt) und zuvorkommend eine Übertragung auf den Analytiker produziert?

Der Hypnotiseur suggeriert der Versuchsperson während des hypnotischen Schlafes die Rolle, die sie später, sobald sie erwacht, spontan ausführt, oder er fordert die Versuchsperson im posthypnotischen Zustand auf, eine Rolle auszuleben, die latent in ihr ist. Das hypnotische

Verfahren erscheint in diesem Licht als ein vorbereitender Schritt für eine unvorbereitete psychodramatische Sitzung, ein „Hypnodrama". Wahrscheinlich täten die Hypnotherapeuten besser daran, die psychodramatischen Prinzipien bewußt und systematisch in ihre Behandlungsmethode zu integrieren, anstatt sie unbewußt zu benutzen.

# 4. Die einheitliche Rollentheorie und das Drama* (1962)

*Jakob L. Moreno*

Die Inspiration für die moderne Rollentheorie kam aus dem Drama und dem Theater. Die profunde Abhängigkeit der Konzeptualisierung des Rollenprozesses von der Dynamik des Theaters wurde vergessen oder unterdrückt. Ich habe drei Dimensionen der Rollenentwicklung vorgeschlagen, psychosomatische, psychodramatische und soziale Rollen. Sie alle haben ihren Ursprung im Theater und im Drama.

Im Rahmen jeder Theaterproduktion können wir zuerst die Personalisierung sozialer Rollen unterscheiden: Vater, Mutter, Doktor, Richter repräsentieren die herkömmlichen soziologischen Dimensionen der Rollenprozesse. Aber wir finden in Theaterstücken noch eine andere Gruppe von Rollen: Gott, der Teufel, Engel, Feen, Geister, Halluzinationen, die unzählbaren dramatischen Figuren aus den Mythologien aller Kulturen. Es ist offensichtlich, daß diese Rollen nicht der Kategorie sozialer Rollen zugeordnet werden können, da sie außerhalb des sozialen Kontextes als kulturelle oder psychopathologische Phänomene entstehen. Es handelt sich um Phantasierollen, die dank poetischer Imagination innerhalb des Theatersettings entworfen und mit all den Nuancen porträtiert wurden, die notwendig sind, um ihre Profile als ,,dramatis personae" zu entwickeln. Im dramatischen Kontext ist die Rolle von Hamlets Geist, die Rolle des Kobolds genauso real wie die sozialen Rollen des Doktors oder des Richters.

Ich habe diese Rollen als Phantasie- oder psychodramtische Rollen bezeichnet, um sie von den sozialen Rollen zu unterscheiden. Der Soziologe, der auf die soziale Welt gerichtet ist, hat seine Klassifikation von Rollen auf die sozialen Rollen begrenzt. In der konkreten Welt der Realität sind sie das, was er gesehen, erlebt und ausgelebt hat. Hamlets Geist und Kobolde haben keine greifbare Existenz außerhalb des psychologischen und kulturellen Panoramas des Theaters, und so ist ihre Bedeutung für die Rollentheorie nicht in ausreichendem Maße herausgestellt worden. Um aber eine Psychologie des Kindes oder des Psy-

---

*) The United Role Theory and the Drama, aus: *Group Psychotherary* 3 (1962), S. 253-254.

chotikers auszuarbeiten, ist es sehr nützlich, die psychodramatischen Rollen von den sozialen Rollen zu trennen. Das kleinere, aber auch etwas ältere Kind ist von psychodramatischen Rollen erfüllt, lange bevor soziale Rollen für es eine klare Bedeutung haben. Diese Phantasierollen hören nicht auf, in ihnen wirksam zu sein, selbst wenn die sozialen Rollen anfangen, die Psyche zu überfluten. Sie setzen sich vielmehr über das gesamte Leben jedes Individuums fort.

In ähnlicher Weise ist die Unterscheidung von Phantasierollen und sozialen Rollen wesentlich für Erkenntnisse über die Entwicklung von Psychosen. Genau wie im Falle des Kindes handelt der Psychotiker eher in Phantasierollen als in sozialen Rollen. So ist vom Standpunkt eines psychiatrischen Rollenkonzeptes die Unterscheidung zwischen psychodramatischen und sozialen Rollen sehr bedeutungsvoll\*. Innerhalb des Theatersettings kann man noch eine weitere Rollenkonstellation feststellen, die sowohl von den sozialen als auch von den Phantasierollen unterschieden werden muß. Der Schauspieler muß oftmals einen Schlafenden darstellen, und er muß dieses Problem angehen wie jede andere Rolle. Er muß die Position und die Gesten des Schlafenden einüben, so wie für jede andere Rollenkonstellation, z. B. die Rolle des Doktors oder die Phantasierolle des Geistes. Ein Schauspieler hat vielleicht die Rolle des Essenden darzustellen, überzeugend alle Nuancen des Greifens oder Kauens zu spielen, wobei all die physiologischen Charakteristika dieser Rollenkonstellation impliziert sind. Eine andere psychophysiologische Rolle von Bedeutung ist die Sexualrolle. Die Anstrengungen eines Schauspielers, das Sexualverhalten eines „Don Juan" darzustellen oder die klammernde Liebe eines Kindes zu seiner Mutter, fallen in diese dritte Kategorie, die ich zusammenfassend als psychosomatische Rollen bezeichnet habe.

In der Entwicklung der Rollenprozesse sind psychosomatische und Phantasierollen im Kleinkindalter und in der Kindheit hochaktiv, wohingegen die sozialen Rollen erst in einem späteren Stadium in der Psyche zu wirken beginnen, wenn Sprachsymbole und andere Formen sozialer Kommunikation zu entstehen beginnen.

Innerhalb des Rahmenwerkes des Theaters sind die drei Rollenkategorien: soziale, Phantasie- und psychosomatische Rollen immer als eine Sache im Fluß dargestellt worden. Sie wurden in konkreten Begriffen ausgesprochen und nicht in abstrakter Form. Das Psychodrama, das sich aus dem Theater herleitet, hatte deshalb das Privileg, sie in das wissenschaftliche Denken und die wissenschaftliche Sprache einzufüh-

---

\*) Vgl. The Role Concept, a Bridge between Psychiatry and Sociology, in: *American Journal of Psychiatry*, Vol. 118, No. 6, Dec. 1961; dtsch. S. 267 ff.

ren und zu einer vollständigen Rollentheorie auszuformulieren. Der Nachteil des Soziologen war, daß er sich der großen Bedeutung des Theaters und des Dramas für das Rollenkonzept, das er gebrauchte, nicht bewußt war. Das Theater, eines der großen kulturellen Instrumente, um in die Geheimnisse der vorliterarischen und vorwissenschaftlichen Gesellschaften einzudringen, umschloß in seiner Ganzheit die Rollentheorie, die der wissenschaftliche Beobachter in Stücken zu entwickeln gezwungen war.

Um zusammenzufassen: Für den Kliniker, der sich mit der Untersuchung von Verhalten befaßt, ist es von heuristischem Wert, soziale von psychodramatischen und psychosomatischen Rollen zu unterscheiden. Natürlich wird die letztendliche Rechtfertigung hierfür erst aus langfristig durchgeführten Experimenten und durch eine weitere Verbreitung und Validierung dieser Hypothesen erfolgen. Nichtsdestoweniger ist dies praktisch unerläßlich für den praktizierenden Kliniker in der psychodramatischen Arbeit.

# 5. Rollentheorie und das Entstehen des Selbst* (1962)

## Jakob L. Moreno

„Rollenspiel geht dem Entstehen des Selbst voraus. Rollen entstehen nicht aus dem Selbst, sondern das Selbst entsteht aus Rollen" („Roleplaying is prior to the emergence of the self. Roles do not emerge from the self, but the self emerges from roles"; zitiert aus PSYCHODRAMA, Bd. 1, 1946, S. 157).** Dies ist natürlich nur eine Hypothese, die dem Soziometriker und dem Verhaltenswissenschaftler nahezuliegen scheint, aber von den Aristotelikern, Theologen und Metapsychologen zurückgewiesen werden könnte. Der Soziometriker wird darauf verweisen, daß das Spielen von Rollen nicht nur ein ausschließlich menschlicher Zug sei, sondern daß Rollen auch von Tieren gespielt werden. Man kann sie beobachten, wie sie Sexualrollen einnehmen, die Rolle des Nestbauers oder z. B. Führerrollen.*** Dagegen werden die Aristoteliker geltend machen, daß ein latentes Selbst postuliert werden müsse, das allen Rollenmanifestationen gegenüber präexistent sei. Ohne eine solche Selbst-Struktur wären die Rollenphänomene ohne Bedeutung und Richtung. Sie müssen in etwas gegründet sein, das sie vereinigt.

Es ist möglich, die Auffassungen der Verhaltenswissenschaftler mit denen der Philosophen zu versöhnen: Das Kind lebt vor und unmittelbar nach der Geburt in einem undifferenzierten Universum, das ich als „Matrix der Identität" bezeichnet habe. Diese Matrix ist eine existentielle, doch nicht eine erfahrene. Sie kann als der Ort angesehen werden, von dem aus in allmählichen Schritten das Selbst und seine Zweige, die Rollen, entstehen. Die Rollen sind die Embryos, die Vorläufer des Selbst. Rollen streben nach Bündelung und Vereinigung (clustering

---

\*    Aus: Role Theory and the Emergence of the Self, *Group Psychotherapy 2* (1962), 114-117; der erste Passus dieses Aufsatzes über die „Geschichte des Rollenkonzeptes" wurde nicht übersetzt, da er sich ähnlich S. 259f findet.

\*\*   Für eine ausführliche Diskussion der Rollentheorie vgl. „Spontaneity Theory of Child development", *Sociometry*, Vol. VII, 1944 und „Sociometry and the Cultural Order", *Sociometry*, Vol. VI, 1943.

\*\*\*  Vgl. „Sociometry of Subhuman Groups", *Sociometry Monograph*, No. 38, Beacon House, Beacon 1958.

and unification). Ich habe physiologische oder psychosomatische Rollen, wie z. B. die Rolle des Essenden, des Schlafenden und die sexuelle Rolle, unterschieden von psychologischen oder psychodramatischen Rollen, z. B. Geistern, Feen, halluzinierten Rollen, und dann von sozialen Rollen, wie z. B. Eltern, Polizist, Doktor usw. Die ersten Rollen, die entstehen, sind die physiologischen oder psychosomatischen.

Wir wissen, daß „Handlungsverbindungen" (*operational links*) sich zwischen der sexuellen Rolle, der Rolle des Schlafenden, der Rolle des Träumenden und der Rolle des Essenden entwickeln, diese zusammenbinden und zu einer Einheit integrieren. An einem bestimmten Punkt können wir diese als eine Art physiologisches Selbst, ein „Partial-Selbst", eine Bündelung (*clustering*) von physiologischen Rollen ansehen. Ähnlich beginnen sich im Verlaufe der Entwicklung die psychodramatischen Rollen zu bündeln und eine Art psychodramatisches Selbst hervorzubringen, und schließlich fangen die sozialen Rollen an, sich zu bündeln und eine Art soziales Selbst zu formen. Das physiologische, psychodramatische und soziale Selbst sind nur „Teil"-Selbste. Das wirklich integrierte, ganze Selbst späterer Jahre ist noch lange nicht geboren. Handlungs- und Kontaktglieder müssen sich allmählich zwischen den sozialen, psychologischen und physiologischen Rollenbündeln entwickeln, damit wir nach ihrer Vereinigung identifizieren und erfahren können, was wir das Ich-Selbst oder das Ich („me or the ‚I' ") nennen.

Auf diese Weise kann die Hypothese eines latenten, metapsychologischen Selbst mit der Hypothese eines entstehenden Handlungs-Selbst (*emerging operational self*) versöhnt werden. Rollentheorie ist indes sehr nützlich, um ein mysteriöses Konzept des Selbst greifbar und operational zu machen. Es ist beobachtet worden, daß sich häufige Unausgewogenheiten in der Bündelung von Rollen innerhalb des Bereiches psychosomatischer Rollen, psychodramatischer Rollen oder sozialer Rollen finden und auch Unausgewogenheiten zwischen diesen Bereichen selbst. Diese Ungleichmäßigkeiten führen zu einer Verzögerung im Entstehen eines wirklichen, erfahrbaren Selbst oder verschärfen Störungen innerhalb des Selbst.

Da die Matrix der Identität im Augenblick der Geburt das gesamte Universum des Kindes umgreift, gibt es keine Differenzierung zwischen interner und externer Wirklichkeit, zwischen Objekten und Personen, Psyche und Umwelt, sondern es gibt nur eine totale Existenz. Es mag eine nützliche Vorstellung sein zu denken, daß die psychosomatischen Rollen im Ablauf ihrer Transaktionen dem Kind helfen, das zu erfahren, was wir den „Körper" nennen. Die psychodramatischen Rollen und ihre Transaktionen können dem Kind helfen, das zu erfahren, was wir die „Psyche" nennen, und die sozialen Rollen das, was wir die „Gesellschaft" nennen. Körper, Psyche und Gesellschaft sind demnach die miteinander verbundenen Teile des gesamten Selbst.

*Diagramm V*

SELBST-ROLLENDIAGRAMM

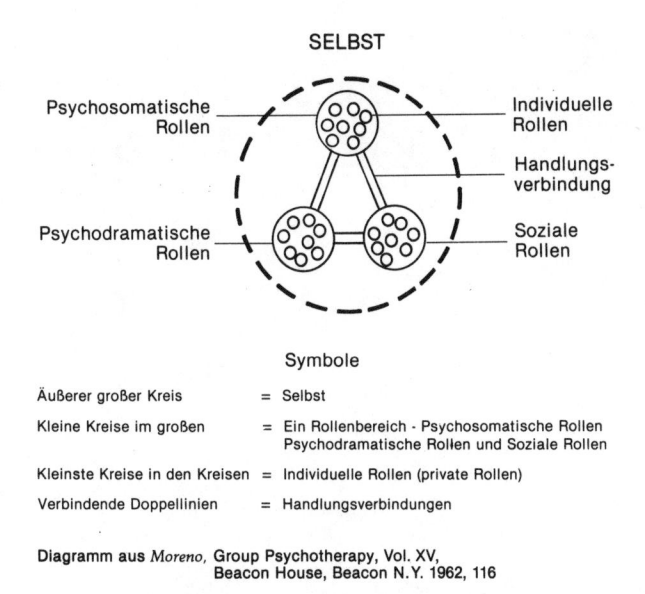

SELBST

Psychosomatische Rollen

Psychodramatische Rollen

Individuelle Rollen

Handlungsverbindung

Soziale Rollen

Symbole

| | | |
|---|---|---|
| Äußerer großer Kreis | = | Selbst |
| Kleine Kreise im großen | = | Ein Rollenbereich - Psychosomatische Rollen Psychodramatische Rollen und Soziale Rollen |
| Kleinste Kreise in den Kreisen | = | Individuelle Rollen (private Rollen) |
| Verbindende Doppellinien | = | Handlungsverbindungen |

Diagramm aus *Moreno*, Group Psychotherapy, Vol. XV, Beacon House, Beacon N.Y. 1962, 116

Wenn wir mit dem gegenteiligen Postulat beginnen würden, daß nämlich das Selbst vor den Rollen läge und die Rollen aus ihm entstünden, so müßten wir annehmen, daß die Rollen schon im Selbst eingebettet seien, und daß sie dann notwendigerweise aus ihm hervorkommen. Vorgefertigt, wie sie sind, müßten sie dann prädeterminierte Formen annehmen. Eine solche Theorie ist in einer dynamischen, sich verändernden, selbst-kreativen Welt schwer zu akzeptieren. Wir wären damit in der gleichen Position wie die Theologen der Vergangenheit, die annahmen, daß wir mit einer „Seele" geboren seien und daß von dieser ursprünglichen Seele all das herkommt, was eine Mensch tut, sieht oder fühlt. Auch für den modernen Theologen sollte es ein Vorteil sein, sich die Seele als eine Ganzheit vorzustellen, die sich aus Millionen kleiner Anfänge entwickelt und selbst schöpft. Die Seele ist damit nicht der Anfang, sondern das Ende der Evolution.

# 6. Die Entwicklung des kulturellen Atoms beim psychiatrischen Patienten* (1940)

*Jakob L. Moreno*

Einer der ersten Schritte, die bei einem psychiatrischen Patienten unternommen werden müssen, besteht darin, zu entdecken, wieweit er in der Lage war, beim Aufbau einer imaginären Möglichkeit bei sich selbst zu sein. Wir sind sicherlich in einem gewissen Ausmaß auch an seinem sozialen Atom interessiert, aber sein kulturelles Atom — die Rollen, in denen er sich selbst sieht und in welchen er andere bezogen auf seine Rollen sieht — ist für uns von größter Bedeutung, denn aus seinem kulturellen Atom erhalten wir unser Bild von seiner inneren Welt. Auf der Grundlage dieses Bildes können wir daran gehen, innerhalb seines Rahmens eine Welt für ihn zu schaffen, die die Personen und Rollen bevölkern, die seine Halluzination erfordern, so daß wir ihm auf einem gemeinsamen Grund begegnen können. So betrachten wir, wie diese Rollen beginnen, wachsen und sich verändern.

Jede Rolle, in der ein Individuum handelt, hat eine bestimmte Dauer, eine bestimmte Lebenszeit. Jede hat einen Anfang, eine Reife und ein Verblassen. Wenn eine Rolle über eine Periode eine bestimmte Funktion innehatte, mag sie vom manifesten Lebensvollzug eines Individuums verschwinden, aber sie schreibt sich als dynamischer Faktor in seinem inneren Leben fort. Sie mag eine Matrix werden, aus der eine neue Rolle Stärkung und Unterstützung erhält — zunächst durch Imitation und später durch einen Kontrasteffekt, bis die neue Rolle sich in ihrer eigenen Sphäre und Berechtigung etabliert. Es gibt daher eine dynamische Interdependenz zwischen Serien von Rollen in der Dimension der Zahl. Dennoch steht es im Widerspruch zu den psychodramatischen Fakten, anzunehmen, daß eine Rolle, die in der frühen Kindheit erworben wurde, wie ein Zwang wirksam ist und nachfolgende Rollen dominiert, sie beherrscht und sie unter ihr Muster zwingt, wie z. B. psychoanalytische Forscher behauptet haben. Die Fakten der psychodramatischen Bühne legen vielmehr nahe, daß eine neue Rolle — wenn sie noch im Entwicklungsstadium ist — auf einer älteren Rolle aufruht, bis die Zeit kommt, daß sie in der Lage ist, sich zu befreien

---

*) Aus: Psychodramatic Treatment of Psychoses, *Sociometry* 2 (1940), 115-132.

und selbständig zu fungieren. Es kann durchaus gesagt werden, daß eine Rolle, wenn sie ihr volles und selbstgenügendes Wachstum erreicht hat, sich von ihrem Mutter-Muster trennt wie eine Zelle sich von ihrer Stammzelle löst. Im Verlauf der Zeit kann diese neue Rolle das Mutter-Muster für andere neue Rollen werden. Bei Künstlern finden wir ein Beispiel hierfür, etwa bei Schriftstellern oder Malern, die bei ihren ersten Werken streng gewisse Formen kopieren, auf ihnen gründen und dann später ihre eigenen Formen entwickeln.

Manchmal jedoch kann eine neue Rolle unmittelbar aufkommen, ohne Vorläufe und ohne Anbindung an irgendein Mutter-Muster. Dies geschieht gelegentlich in einigen Situationen, die in einem solchen Ausmaß originär und neu für die Person sind, daß sie stimuliert wird, alle Spontaneität zusammenzufassen, die für diese besondere Anforderung notwendig ist.

Wir haben gesehen, daß kulturelle Atome sich rasch in der Dimension der Zeit und in der interpersonalen Dimension (der der Rolle — Gegenrolle) verändern. Diese Veränderungen bedeuten nicht notwendigerweise, daß die Konfiguration des kulturellen Atoms zu einem gegebenen Zeitpunkt keine dynamische Ähnlichkeit — oder sogar Identität — mit seiner Konfiguration zu einem anderen Zeitpunkt hat. Wir haben beim Vergleich des sozialen Atoms einer Person zu verschiedenen Zeitpunkten beobachtet, daß, obgleich gewisse Personen aus dem sozialen Atom verschwanden, diese durch andere Personen ersetzt wurden, die ähnliche Bedürfnisse befriedigten. Es ist wahrscheinlich, daß für das kulturelle Atom das gleiche gilt — daß Rollen und Gegenrollen verschwinden und durch neue Rollen und Gegenrollen ersetzt werden, die Rollenkonfigurationen von ähnlicher Gleichgewichtigkeit bilden.

Wir haben weiterhin festgestellt, daß diese Veränderungen selten plötzlich und vollständig erfolgen. Es gibt innerhalb der Entwicklung des kulturellen Atoms einen strukturellen Übergang von einer Zeitphase zur anderen, der dazu dient, die kulturellen Entwicklungen eines Individuums zusammenzuhalten.

# 7. Soziodrama*
## (1943)
*Jakob L. Moreno*

Wir wollen uns für einen Augenblick vorstellen, daß wir kleine Kinder sind, die zum ersten Mal ein Theater betreten. Es sehen dann die dramatischen Ereignisse auf der Bühne anders aus als für den weltklugen, nüchternen Erwachsenen. Sie sind gegenwärtig und real. Es gibt keinen Bühnenautor, der einen Text geschrieben hat. Es gibt keinen Regisseur, der mit den Leuten jedes Wort und jede Geste einstudiert hat. Die Bühne ist nicht eine „Bühne", sondern ein Teil der gegenwärtigen Welt. Für die unverdorbene Vorstellung des Kindes sind diese Schauspieler nicht Schauspieler, sondern wirkliche Menschen. Es ist, als ob wir durch die Wirkung eines Zauberstabes eine private, persönliche Welt erleben dürften, Ereignisse, die normalerweise vor Blicken versteckt werden, wie Liebe und Haß, Mord und Krieg, Krankheit und Tod, alle Exzesse des menschlichen Herzens, die persönlichen Intrigen hinter den Staats- und Kirchenangelegenheiten, Enthüllungen der geheimsten und kompliziertesten inneren Bewegungen der Gesellschaft. Der vor unserem kindhaften Auge ablaufende dramatische Prozeß würde uns dann wie das Leben selbst erscheinen. Wenn wir also wieder wie ein kleines Kind erleben könnten, besäßen wir noch das Geschenk, das Drama naiv als absolute Realität annehmen zu können. Eine griechische Tragödie, ein Drama von Shakespeare, Ibsen oder O'Neill, würde uns jenseits all seiner künstlerischen Aufmachung und Konstruktion direkt berühren. Aber Kinder werden rasch von der ursprünglichen Auffassung abgebracht und ernüchtert. Sie erfahren, daß die Szenen vorbereitet und festgelegt werden. Sie beginnen zu realisieren: diese Schauspieler spielen nur, es ist nichts Ernstes. „Bambi" im Film ist nicht das wirkliche „Bambi", es ist ein Bild, das Menschen von ihm gemacht haben. Von nun an ist die ursprüngliche Einheit zwischen Phantasie und Realität im Kind gebrochen und beginnt sich in zwei getrennten Erfahrungsdimensionen zu entwickeln. Man kann sagen, daß Psychodrama ein Versuch ist, den Dualismus zwischen Realität und

---

*) Ausschnitt aus: Sociodrama, *Sociometry* 1 (1943) 434-449; repr. in: Psychodrama, Vol. I (1946), 350-366.

Phantasie aufzuheben und die ursprüngliche Einheit wiederherzustellen.

Im Laufe des Psychodramas wurde von vielen Beobachtern ein seltsames Phänomen bemerkt. Z. B. ist eine verheiratete Frau, die sehr intime und persönliche Lebenssituationen darstellen will, um eine Lösung für ihre Konflikte zu finden, sehr überrascht, wie leicht ein vollkommen Fremder (ein Hilfs-Ich) nach einer kurzen Vorbereitung die Rolle ihres Mannes spielen kann und spontan Worte und Gesten hinzufügt, von denen sie glaubte, daß sie nur *ihr* bekannt wären. Das läßt sich leicht erklären. Jeder Mensch lebt in einer Welt, die ihm völlig privat und persönlich vorkommt, und an der er durch mehrere private Rollen teilnimmt. Aber die Millionen privater Welten überlappen sich in großen Bereichen. Den größten überlappenden Anteil bilden die rein kollektiven Elemente. Nur die wenigsten Anteile sind privat und persönlich. Daher ist jede Rolle eine Fusion privater und kollektiver Elemente. Jede Rolle hat zwei Seiten, eine private und eine kollektive Seite.

Die Rollen einer Person können wie eine Zwiebel auseinandergenommen werden. Zuerst schält man einen Teil ab und dann einen anderen, bis alle privaten Rollen entfernt sind. Aber im Gegensatz zur Zwiebel finden wir einen Kern, einen Kern von Rollen. Von diesem Kern aus erscheinen die privaten Rollen wie ein Anstrich, der den kollektiven Rollen individuelle Färbung gibt, die in jedem Fall etwas anders aussieht. Es ist *der* Vater [schlechthin], *die* Mutter, *der* Liebhaber, *der* Gentleman, *der* Soldat [schlechthin] gegenüber *einem* [bestimmten] Vater, *einer* Mutter, *einem* Liebhaber, *einem* Gentleman, *einem* [bestimmten] Soldaten. In dem einen Fall versucht das Hilfs-Ich, den Vater, den Liebhaber, den Soldaten usw. so darzustellen, wie er in einer bestimmten Kultur, z. B. in einem arabischen Dorf, in einer russischen Kollektivfarm, im Nazi-Deutschland oder in einer japanischen Kolonie auftritt. Im anderen Fall ist es ein Vater, ein Liebhaber, ein Soldat, den das Subjekt selbst darstellen muß, weil er mit ihm identisch ist oder weil er privat mit ihm verbunden ist. Aber sie repräsentieren einen bestimmten Vater, einen bestimmten Soldaten, einen besonderen Menschen. Diese Formen des Rollenspielens werden persönlich gelebt und erlebt, und sie müssen persönlich dargestellt werden. Die allgemeinen Rollen werden kollektiv gelebt und erlebt, und sie müssen kollektiv dargestellt werden. Die Rollen, die kollektive Ideen und Erfahrungen repräsentieren, werden soziodramatische Rollen genannt, solche, die individuelle Ideen und Erfahrungen repräsentieren, nennt man psychodramatische Rollen. Aber wir wissen von unseren Experimenten, daß diese zwei Formen des Rollenspielens nie wirklich getrennt werden können. Wann immer eine Frau ihre eigene Rolle als Ehefrau oder Mutter sehr individuell und intim und in ihrem realen Lebenskontext darstellt, geht zu einem großen Teil die allgemeine Frauen- und Mutterrolle in das Bild ein. Deshalb werden die Zuschauer des Psychodramas gleichzeitig von zwei Phänomenen berührt: eine Mutter und ihr Kind als persönliches Problem und die Mutter-Kind-Beziehung als ein Idealmuster. Psychodrama wurde als Tiefenhandlungsmethode definiert, die sich mit interpersonalen Beziehungen und privaten Ideologien befaßt, und Soziodrama* als eine Tiefenhandlungsmethode, die sich mit Inter-Gruppen-Beziehungen und kollektiven Ideologien befaßt.**

Die soziodramatische Arbeitsweise unterscheidet sich in vielerlei Hinsicht von der als psychodramatisch beschriebenen Arbeitsweise. In einer psychodramatischen Sitzung richtet sich die Aufmerksamkeit des Leiters und seiner Mitarbeiter auf das Individuum und seine privaten Probleme. Diese werden vor einer Gruppe ausgebreitet, und die Zuschauer fühlen sich proportional zu der Übereinstimmung zwischen ihrem eigenen Rollenkontext und dem Rollenkontext des zentralen Subjektes durch die psychodramatischen Handlungen angesprochen. [...]

Das eigentliche Subjekt eines Soziodramas ist die *Gruppe*. Die Teilnehmerzahl ist unbegrenzt, sie kann aus so vielen Personen bestehen wie irgendwo leben, oder zumindest aus so vielen, wie zur selben Kultur gehören. Soziodrama beruht auf der stillschweigenden Annahme, daß die Teilnehmergruppe bereits durch die sozialen und kulturellen Rollen, die in gewissem Maße alle Träger der Kultur miteinander teilen, organisiert ist. Es ist daher nebensächlich, wer die Individuen sind oder von wem die Gruppe zusammengestellt wird oder wie groß sie ist. Die Gruppe als Ganzheit muß auf die Bühne gestellt werden und ihre Probleme bearbeiten, weil die Gruppe im Soziodrama dem Individuum im Psychodrama entspricht. Aber da die Gruppe nur eine Metapher ist und nicht an sich existiert, besteht sie eigentlich aus aufeinander bezogenen Personen, jedoch nicht aus privaten Individuen, sondern aus Repräsentanten derselben Kultur. Wenn das Soziodrama effektiv werden soll, muß es daher die schwierige Aufgabe in Angriff nehmen, Tiefenhandlungsmethoden zu entwickeln, in denen das Werkzeug nicht private Individuen, sondern repräsentative Typen innerhalb einer bestimmten Kultur sind. Es interessiert sich für die ty-

---
*) Soziodrama hat zwei Wurzeln — sozius, d. h. Geselle, der andere Mensch, und drama, d. h. Handlung. Soziodrama heißt dann Handlung in bezug auf den anderen Menschen.
**) Vgl. *J. L. Moreno*, Sociometry and the Cultural Order, *Sociometry Monographs* No. 2, 1943, 331.

pisch deutsche Vaterrolle im allgemeinen und nicht im besonderen für einen individuellen Vater, der zufällig Müller heißt, ein Deutscher ist und in Deutschland lebt. Es interessiert sich für die Rolle des Gentleman, wie er als ideale Rolle in englischsprechenden Ländern aufrechterhalten wird — und nicht für ein bestimmtes Individuum, das sich wie *ein* bestimmter Gentleman benimmt.

Betrachten wir zunächst zwei breite Anwendungsgebiete der soziodramatischen Arbeitsweisen, nämlich Anthropologie und interkulturelle Beziehungen. Kulturanthropologen haben zahlreiche Methoden zur Erforschung von ausgestorbenen, primitiven und zeitgenössischen Kulturen entwickelt, z. B. die Analyse von Zeugnissen jeder Art, geschriebener Zeugnisse wie Bücher, bildhafter Zeugnisse wie Filme, technologischer Zeugnisse wie Werkzeuge, ästhetischer Zeugnisse wie Tempel und Statuen, und durch tatsächlichen Kontakt mit einer Kultur mittels teilnehmender Beobachter. Soziodrama führt einen neuen Zugang zu anthropologischen und kulturellen Problemen ein, Methoden der Tiefenhandlung und der experimentellen Verifikation. Diesem Zugang liegt die Erkenntnis zugrunde, daß *der Mensch ein roleplayer\* ist*, daß jeder Mensch durch ein bestimmtes Rollenspektrum charakterisiert ist, das sein Verhalten bestimmt, und daß jede Kultur durch ein bestimmtes Rollenset charakterisiert ist, das sie mit mehr oder weniger Erfolg ihren Mitgliedern aufdrängt. Das Problem ist, wie eine kulturelle Ordnung durch dramatische Methoden sichtbar gemacht werden kann. Das wäre verhältnismäßig einfach, wenn (a) alle entscheidenden Rollen und Situationen einer Kultur bekannt wären, (b) mehrere Mitglieder dieser Kultur für die Darstellung zur Verfügung stünden. Ein fähiger Leiter könnte aus der Tatsache, daß diese von ihrem Heimatland getrennten Individuen mit einem gewissen Maß an Besonnenheit und Objektivität ihre eigenen Rollen spielen können, Nutzen ziehen. [...]

---

\*) Role-player ist die wörtliche Übersetzung des deutschen Wortes „Rollenspieler", das ich schon im „Stegreiftheater", S. 31, 36-63, verwandt habe. Es scheint nützlich zu sein, zwischen *Rollenübernahme* [*role-taking*] — was das Übernehmen einer fertigen, voll ausgeformten Rolle bedeutet, die dem Individuum keinerlei Variationsmöglichkeiten oder Freiheitsgrade erlaubt — und *Rollenspiel* [*role-playing*] zu unterscheiden, — was dem Individuum einige Freiheitsgrade erlaubt — sowie *Rollenkreation* [*rolecreating*], — was dem Individuum einen hohen Grad an Freiheit erlaubt, wie z. B. dem *Stegreifspieler* [*spontaneity player*]. Eine Rolle, wie sie in dieser Arbeit definiert wird, ist aus zwei Teilen zusammengesetzt: ihrem *kollektiven Nenner* [*collective denominator*] und ihrem *individuellen Zähler* [*individual differential*].

## 8. Ein Bezugsrahmen für das Messen von Rollen* (1940)

*Jakob L. Moreno*

Das Psychodrama stellt eine neue Methode für die Untersuchung von Rollen dar. Es bietet ein experimentelles Milieu, das nicht an die Grenzen einer bestimmten Gemeinschaft oder Kultur gebunden ist. Hier ist keine endgültige Festlegung von Rollen erforderlich (die gesetzliche, soziale und ökonomische Information ist nur eine Draufgabe). Sie werden in statu nascendi untersucht; sie sind nicht gegeben, sie entstehen leibhaftig, sie werden vor unseren Augen geschaffen. Der Dichter ist nicht hinter dem Werk versteckt; er hilft uns Stufe für Stufe durch die Gedankengänge seines Entwurfes, durch alle Entwicklungsstufen der Darstellung. Dies bahnt nicht nur den Weg für die Untersuchung von Rollen in vivo vom Augenblick ihrer Geburt an, sondern bietet auch die Möglichkeit eines wissenschaftlichen Bezugsrahmens und meßbaren Nachweises. Die Rollen müssen nicht festgelegt sein; sie definieren sich selbst, wenn sie sich vom status nascendi zu einer ausgereiften Gestalt entwickeln. Manche Rollen werden durch eine rechtliche Situation gefordert (der Rechtsanwalt, der Kriminelle), manche werden von einer technologischen Situation gefordert (z. B. ein Rundfunksprecher), oder manche werden durch eine physiologische Situation gefordert (der Essende), aber nur während der psychodramatischen Arbeit können wir untersuchen, wie sie spontan Gestalt annehmen.

Wir haben oben aufgezeigt, wie das Hilfs-Ich für therapeutische Ziele eingesetzt wird. In unserem therapeutischen Theater haben wir eine Reihe von Personen, Männer und Frauen, die darin geschult sind, jede Rolle zu spielen, die ein Protagonist für die Darstellung einer Lebenssituation braucht. In der Abwesenheit einer Frau, einer Geliebten usw. kann ein weibliches Hilfs-Ich einspringen und sie darstellen, nachdem sie vom Protagonisten entsprechend informiert worden ist. Vom Standpunkt der Behandlung aus eröffnet dies drei Möglichkeiten: Einerseits kann die Situation für den Ehemann — den Protagonisten — so konkret wie möglich gemacht werden; andererseits kann er ge-

---

*) Aus Treatment of Marriage Problems, *Sociometry* 2 (1940) 1-23; repr. Psychodramatic Psychodrama, Vol. I (1946), S. 340-347.

schickt durch entscheidende Momente hindurchgeführt werden; und drittens können die Unzulänglichkeiten in der Persönlichkeit des Hilfs-Ichs erfaßt werden.

Die Hilfs-Iche werden in Hunderten von Rollen untersucht, wodurch es möglich wird, ihren Rollenumfang und ihre Art der Rollendarstellung zu klassifizieren. Ein bestimmtes Hilfs-Ich war z. B. in zwei oder drei verschiedenen Ehemann-Rollen sehr effektiv, aber in einer bestimmten Variante mußte ein anderes Hilfs-Ich eingesetzt werden. Nach einem Zeitraum von Jahren lernten wir jedes Hilfs-Ich nicht nur in bezug auf seinen Rollenumfang, sondern auch in bezug auf sein psychodramatisches Rollenverhalten zu klassifizieren.

Ein eigens für Hilfs-Iche entwickelter Test sollte als Bezugsrahmen für alle Rollen dienen, die von Protagonisten auf der therapeutischen Bühne dargestellt werden könnten. Unter anderem wurde folgende Situation für die Untersuchung von Verhalten in Eherollen entwickelt: „Zeigen Sie uns, wie Sie sich verhalten würden, wenn Ihnen Ihr Mann (Ihre Frau) plötzlich eröffnet, daß er (sie) eine andere Frau (einen anderen Mann) liebt und sich scheiden lassen möchte." Jede Darbietung wurde analysiert. Wir wollten herausfinden, welchen Verhaltensrichtlinien die Mehrheit der Getesteten folgte und wie weit sie voneinander abwichen. Die wichtigsten abweichenden Punkte waren (a) die Dauer des spontanen Zustandes und (b) die Intensität des spontanen Zustandes, die aus der dynamischen Wechselbeziehung zwischen Handlungen und Pausen berechnet wurde. Eine hohe Anzahl von Worten, Sätzen, Gesten und Bewegungen drückte zusammen mit kurzen und wenigen Pausen pro Zeiteinheit ein hohes Ausmaß von Spontaneität des Darstellers aus. Während des Tests saß eine Gruppe von Beobachtern im Publikum. Nachdem die Rolle des Ehemannes (der Ehefrau) in der oben angeführten spezifischen Situation von mehreren Hilfs-Ichen dargestellt war, wurden die Darbietungen grob in mehrere Kategorien eingestuft. A, B, C, D usw. Dann sollte sich jeder Beobachter einer Darstellungskategorie zuordnen. Dadurch wurde eine vorläufige Norm ermittelt, die angab, wie sich die meisten Menschen in dieser spezifischen Situation verteilen würden. Auf diese Weise konnte ein Bezugsrahmen für diese und für andere Rollen erstellt werden. Jedes Subjekt, das zur Behandlung kommt und alle Rollen spielt, die seine Situation betreffen, kann nach den Normen gemessen werden, die mit unseren Hilfs-Ichen ausgearbeitet wurden.

Die spontanen Abweichungen eines Subjektes von der Norm einer Rolle kann nun an der allgemeinen Richtlinie bestimmt und gemessen werden: der Handlungsablauf, die Dauer des spontanen Zustandes, das Ausmaß der Bewegung auf der Bühne, der Umfang des Vokabulars und der Ausdrucksweisen, und die Merkmale der Stimme und der verwendeten Gesten. Im Laufe eines solchen Experimentierens wird der vorläufige Bezugsrahmen selbst ständig getestet und wieder getestet, um ihn weiter zu verfeinern und zu verbessern. Ein solches Unternehmen wird eine genauere Antwort auf folgende und ähnliche Fragen geben: „Wie kann eine Rolle gemessen werden?" „In welche Kategorien fällt ein bestimmtes Subjekt als Ehemann oder als Vater?" „Welche Art von Frau oder Mutter ist die beste Ergänzung für das Subjekt im Leben oder auf der psychodramatischen Bühne?" „Wie können wir das Gelingen oder Mißlingen einer Ehe vorhersagen?"

*Entwicklung des sozialen Atoms in der Ehe*

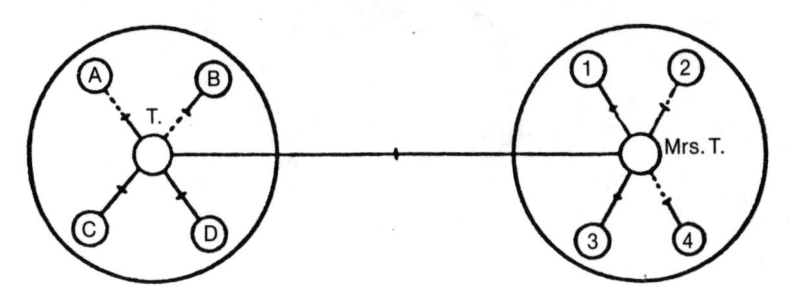

*Soziogramm I*
Vorehelicher Stand, erste Phase.

T. zieht Mrs. T. an und Mrs. T. zieht T. an. Alle anderen Personen ihres jeweiligen sozialen Atoms sind dem anderen Partner nicht bekannt und haben keine Beziehung zu ihm.

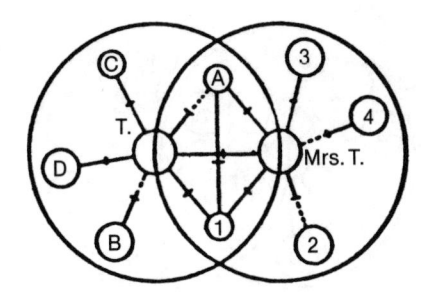

*Soziogramm II*
Vorehelicher Stand, zweite Phase.

Die sozialen Atome haben sich zu überschneiden begonnen. Zwischen jeder Hauptperson und einigen Mitgliedern des sozialen Atoms des anderen ist eine Beziehung hergestellt worden.

## Entwicklungsschritte einer typischen Ehebeziehung

Die folgende Konstruktion einer typischen Entwicklung einer Ehebeziehung wurde von psychodramatischen Untersuchungen von Ehekonflikten abgeleitet.

Bevor zwei Personen eine Ehe eingehen, haben sie voneinander getrennte soziale Atome. Diese sozialen Atome sind entweder voneinander unabhängig oder sie überlappen sich meistens (siehe Soziogramm I und II). Ein kleinerer oder größerer Teil jedes sozialen Atoms bleibt

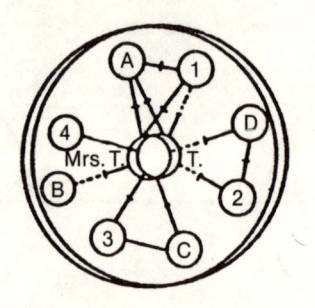

*Soziogramm III*
Ehestand, Anfangsphase.

Alle Mitglieder beider sozialer Atome sind mit beiden Hauptpersonen und auch mit den Mitgliedern des anderen sozialen Atoms bekannt geworden. Sie reagieren aufeinander entweder positiv (Anziehung), negativ (Ablehnung) oder gleichgültig.

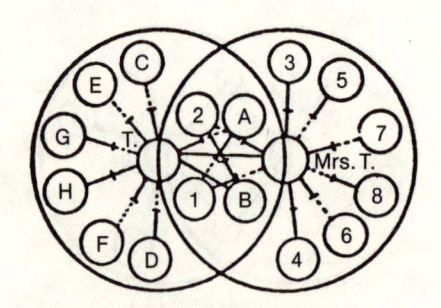

*Soziogramm IV*
Ehestand, spätere Phase.

Beide Partner haben neben den Personen, die beiden sozialen Atomen angehören, einige Bezugspersonen ihres jeweiligen sozialen Atoms, die sie aus ihrer gegenseitigen Beziehung heraushalten. Dies kann der Anfang einer Trennung sein.

dem anderen Partner unbekannt, d. h. manche der emotionalen Bekanntschaften der Frau bleiben dem Mann unbekannt, und umgekehrt bleiben manche von seinen Bekanntschaften ihr unbekannt. Wenn die zwei Partner vom vorehelichen Stand in den Ehestand treten, findet eine Veränderung des Verhaltens und der Organisation ihrer sozialen Atome statt (siehe Soziogramme III und IV). Sie verhalten sich jetzt zueinander in Rollen, die vor dieser Zeit nicht erfüllt waren — nämlich in den Rollen des Ehemannes und der Ehefrau, und des Versorgers und der Hausfrau (siehe Rollendiagramm II). Sie bilden eine Gruppe von zwei Personen, aber die Anzahl der Rollen, die sie zu zweit spielen, ist größer als zwei. Die Verhaltensänderungen der beiden Partner zueinander können ihren neuen Rollen und der Beziehung zwischen diesen Rollen zugeschrieben werden. Die Verwirklichung einer Ehesituation bringt nicht nur neue Rollen für die Ehepartner mit sich, sondern schwächt oder intensiviert auch die Rollen, die bereits zwischen ihnen festgelegt sind, z. B. die Rolle des Geliebten. Die Ehesituation und die sich daraus ergebenden Rollen bringen entweder neue Befriedigungen oder neue Spannungen mit sich. Deshalb verschwinden manche Unausgewogenheiten des vorehelichen Standes und neue Unausgewogenheiten entstehen.

Jeder Mensch ist ebenso der Brennpunkt zahlreicher Anziehungen und Ablehnungen wie auch der Brennpunkt zahlreicher Rollen, die mit den Rollen anderer Menschen verbunden sind. Jeder Mensch hat, ebenso wie er immer eine Reihe von Freunden und eine Reihe von Feinden hat, auch eine Reihe von Rollen, und sieht sich einer Reihe von Rollen gegenüber. Sie sind in verschiedenen Entwicklungsstadien. Die erfaßbaren Aspekte dessen, was als „Ich" bekannt ist, sind die Rollen, in denen der Mensch handelt. Das Netz von Rollenbeziehungen um ein bestimmtes Individuum herum wird sein kulturelles Atom genannt. Wir prägen hier einen neuen Begriff, „kulturelles Atom", da wir keinen anderen kennen, der dieses besondere Phänomen der Rollenbeziehungen ausdrückt. Der Begriff wurde in Analogie zu dem Begriff „soziales Atom" gewählt. Die Verwendung des Wortes „Atom" kann hier gerechtfertigt werden, wenn wir ein kulturelles Atom als die kleinste funktionale Einheit innerhalb eines kulturellen Modells betrachten. Das Adjektiv „kulturell" läßt sich rechtfertigen, wenn wir die Rollen und Rollenbeziehungen als die bedeutsamste Entwicklung in jeder spezifischen Kultur ansehen (ungeachtet dessen, wie Kultur von irgendeiner Denkrichtung definiert wird). So wie soziometrische Methoden die Konfiguration des sozialen Atoms erforschen können, so sind Spontaneitätstests und psychodramatische Methoden die wichtigsten Mittel zur Untersuchung kultureller Atome.

*Entwicklung des kulturellen Atoms,
Wechselbeziehungen von Rollen in der Ehe*

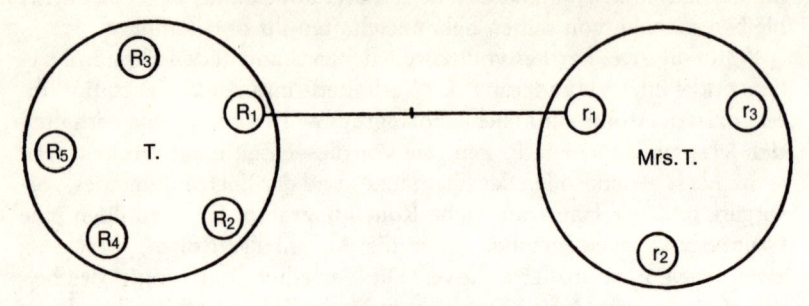

*Rollendiagramm I*
Vorehelicher Stand

R1: Rolle des Geliebten
R2: Rolle des Versorgers
R3: Rolle des Ehemannes
R4: Rolle des Dichters
R5: Rolle des Abenteurers

r1: Rolle der Geliebten
r2: Rolle der Hausfrau
r3: Rolle der Ehefrau

Mr. und Mrs. T. fühlen sich in den Rollen der Geliebten voneinander angezogen. Die anderen Rollen kommen in diesem Stadium ihrer Beziehung noch nicht vor.

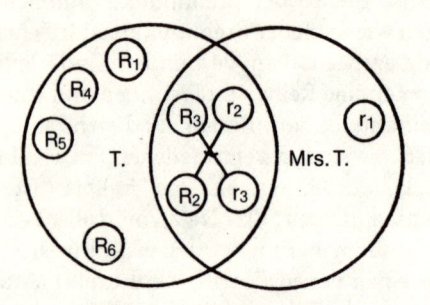

*Rollendiagramm II*
Ehestand, Anfangsphase

R6: Rolle des Vaters

Die Rollen des Ehemannes und des Versorgers finden in Mrs. T. in den Rollen der Ehefrau und der Hausfrau ihre Erfüllung. Die Rollen des Dichters und Abenteurers sind unerfüllt, und eine neue unerfüllte Rolle ist hinzugekommen, des Rolle des Vaters. Beide Geliebten-Rollen sind in den Hintergrund getreten.

Nach der Eheschließung lernen zwei Menschen einander in viel mehr Rollen kennen als vor der Eheschließung, und in manchen vorehelichen Rollen lernen sie einander intensiver kennen. Einige Rollen, mit denen die Partner vor der Eheschließung konfrontiert waren, wurden

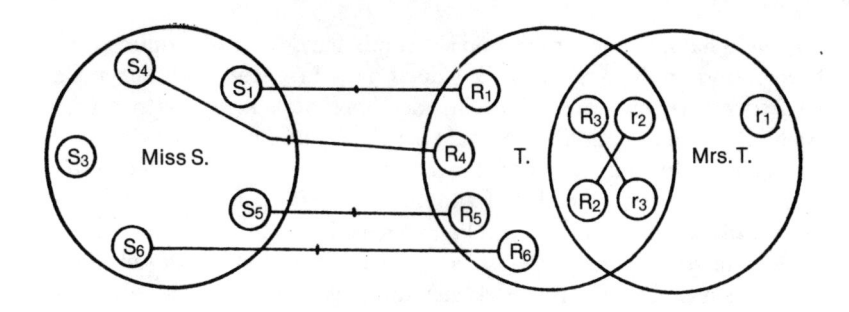

*Rollendiagramm III*
Ehestand, spätere Phase.
Eine dritte Person ist hinzugekommen.
Miss S.

S1: Rolle der Geliebten          S5: Rolle der Abenteurerin
S3: Rolle der Ehefrau            S6: Rolle der Mutter
S6: Rolle der Dichterin

Wir sehen jetzt, daß in T. die Geliebter-Rolle in bezug auf Miss. S. wieder geweckt wurde, während er zu seiner Frau die gleiche Beziehung hat wie zuvor. Miss S. befriedigt seine Dichter- und Abenteurerrollen und wir sehen auch, daß sie mit ihrer Mutterrolle die ideale Person für die Erfüllung seiner Vaterrolle zu sein scheint.

von vielen verschiedenen Personen verkörpert; z. B. der Vater in der Rolle der Autorität; zwei Menschen in den Rollen der Liebhaber; drei Menschen in den Rollen der Mitarbeiter usw. Es ist eine Besonderheit der Ehesituation, daß die Teilnehmer oft die Neigung haben zu glauben, daß sie *alle* Rollen selbst befriedigen können. Das Ausmaß, in dem alle Rollen eines Menschen durch den Ehepartner befriedigt werden, kann von den Ehepartnern selbst vor der Ehe nicht vorhergesehen werden — außer sie unterziehen sich einem psychodramatischen Training, das der einzige Weg zu sein scheint, durch den sie die Stufen der Entwicklung ihrer Ehe vorwegnehmen oder vorhersagen lernen.

Unter gewöhnlichen Umständen werden sie jedoch dem offiziellen Ehestand und den allgemeinen Spielregeln entsprechend darauf verzichten, bestimmte Rollen, die sie in der Vergangenheit ausgeführt haben, weiter auszuleben, oder sie werden sich sogar die Entwicklung neuer Rollen verbieten, weil sie fürchten, daß der Partner sie nicht akzeptieren oder erfüllen kann. Das erzeugt oft einen typischen Konflikt in den Rollenstrukturen zweier Ehepartner. Im Fall von Mr. und Mrs. T. können sie in zwei Rollen eine lebbare Anpassung herstellen. Die

Partnerin hat nur zwei Rollen und sie ist mit dem Mann vollkommen zufrieden und an ihn angepaßt. Er jedoch hat einige Rollen, in denen sie entweder eine schlechte Partnerin oder überhaupt keine Partnerin ist (siehe Rollendiagramm II). Im Laufe der Zeit führt dies — wie wir sahen — zu einem Bruch in ihrer Beziehung. Zwei der unerfüllten Rollen in seinem sozialen Atom sind eine offene Zielscheibe für jede andere Frau gewesen, die sie besser befriedigen kann als die Ehefrau. Mr. T. hielt diese Rollen vor seiner Frau versteckt, oder er legte keinen Wert auf sie, wenn er bei ihr war. Der Konflikt zwischen ihnen dauerte jahrelang, ohne etwas anderes als unausgesprochene Gereiztheit zu ergeben. Viele Verheiratete verlieren ihre Partner lange bevor ein offener Bruch sichtbar wird, so wie im Fall von Mr. und Mrs. T. In diesem Fall lag der Verlust teilweise an einer bestimmten Rolle (der Vater-Baby-Mutter-Rolle), in der die Ehe nicht glücklich war. Dieser teilweise Verlust kann manchmal ohne weitere Folgen für die Ehesituation bleiben, wenn die Rollen, welche die Partner in die Ehe mitgebracht haben, gut zusammenpassen. Dieser Teilverlust wird jedoch oft der erste Anfang, der sich zu einer vollkommenen Trennung und Scheidung entwickeln kann.

Der Wechsel von der reinen Ehesituation (in der keine Kinder vorhanden sind) zur Familiensituation bringt neue Veränderungen im Verhalten der zwei Partner mit sich. Die ursprüngliche Zweiergruppe vergrößert sich z. B. auf eine Fünfergruppe. Während die Partner auf einer streng privaten Ebene ihre Rollen des Ehemannes und der Ehefrau weiterführen können, müssen sie auch in neuen Rollen handeln, in denen des Vaters und der Mutter. Die hinzukommenden Familienmitglieder nehmen ihre Rolle des Sohnes und der Tochter an. Mann und Frau müssen sich den Kindern gegenüber als Vater und Mutter verhalten. Außerdem müssen sie in Gegenwart der Kinder in letzteren Rollen interagieren. Die Rollen des Ehemannes und der Ehefrau werden mehr und mehr auf Situationen eingeschränkt, die ihnen die Abgeschiedenheit früherer Zeiten erlauben. Die neue Rollenverteilung verdeckt die Tatsache, daß die Familie aus zwei Gruppen besteht: aus der ursprünglichen Zweiergruppe (Mann und Frau und ihr spezifischer Rollenumfang) einerseits und der Fünfergruppe (Mann und Frau jetzt in den Rollen von Vater und Mutter und ihre Kinder in den Rollen von Söhnen und Töchtern) andererseits. Die Zweifachheit der Rollen des Vaters (Ehemannes) und der Mutter (Ehefrau) sind für die unaufhörliche Verwirrung der Kinder verantwortlich, die nicht verstehen können, daß es innerhalb der Familie Rollen und Beziehungen gibt, an denen sie nicht teilhaben.

Auf einer anderen Ebene tauchen in der Familiensituation ähnliche Konflikte auf wie in der einfachen Ehesituation. Wenn ein Kind klein ist, kann sein begrenzter Rollenumfang leicht von den Eltern befriedigt werden. Sie sind für das Kind Pfleger, Erzieher, Förderer und Beschützer. Aber wenn das Kind älter wird, erweitert sich der Umfang der Rollen, die erfüllt werden sollen. In formellen Situationen, die etwa durch die Kirche oder durch die Schule vertreten werden, oder in informellen Situationen, wie gegenwärtige Nachbarschaft, werden wichtige Rollen angeboten, die von Personen außerhalb der Familie getragen werden. Diese Entwicklungen können zu Spannungen zwischen den zwei Partnern, zu Spannungen zwischen den Eltern und den Kindern oder zu Spannungen zwischen den Kindern selbst führen. Solche Probleme werden unter Umständen nicht gelöst, bis die Kinder ganz erwachsen sind und sich von den Eltern getrennt haben und selbst die Rollen übernommen haben, die in der Welt der Erwachsenen wesentlich sind, bis sie Liebhaber, Ehemänner, Ehefrauen, Väter und Mütter geworden sind.

# 9. Rollenanalyse und Gruppenstruktur
Eine Untersuchung mit dem Schwerpunkt auf Anpassungsprobleme im militärischen Bereich
(1944)
*Zerka Toeman Moreno* \*

## Synopse

Das Sitzungsmaterial für diese Veröffentlichung wurde 1942 von der Autorin gesammelt und im Rahmen der fortlaufenden soziometrischen Forschungen unter dem Titel „Zusammenstellung eines psychodramatischen Auditoriums" in *Sociometry*, Band 5, Nr. 2, im Mai 1942 veröffentlicht. Leiter der psychodramtischen Sitzungen war *J. L. Moreno, M. D.* Es wurden Rollenanlysen der Psychodrama-Darstellung sowie eine Analyse der Votierungsstruktur von drei Auditorien gemacht.

Die Psychodrama-Methode leistet einen wichtigen Beitrag in der Weiterbildung und im Training von militärischem Personal. Tausende kommen geistig angegriffen von den Fronten zurück. Diese Männer befanden sich zu Beginn ihres Einsatzes in guter Verfassung, waren in der Lage, ihr Zivilleben zur eigenen Zufriedenheit zu gestalten. Aber die Härte des Militärdienstes sowie der Einsatz auf dem Schlachtfeld verlangen nach einer grundlegenden Wiedereingliederung des Individuums. Es wird mit unbekannten Situationen konfrontiert, deren kumulierender Effekt häufig in einem Zusammenbruch endet. Die These, die wir aufstellen wollen, ist, daß Psychodramaarbeit zur besseren Anpassung an das militärische Leben führen kann.

Die Psychodramabühne ist eine einzigartige Gelegenheit, den Menschen in Dimensionen zu beobachten, die bisher nur auf verbalen Ausdruck beschränkt waren. Die große Wichtigkeit des *motorischen Sinnes* in der militärischen Ausbildung macht das Psychodrama zu einer ausgezeichneten Behandlungsmethode. Sie gibt dem Leiter die Möglichkeit, zusammen mit dem Protagonisten, und ohne ihn zu verletzen, die Lebenssituation so nahe zu spiegeln, wie es das Objekt erlaubt. Auf der Psychodramabühne gibt es keine Begrenzungen der Ausdrucksmöglichkeiten. Es entsteht ein Erforschen von neuen Dimensionen der Realität, z. B. der des Handelns, und es erschließt neue Formen der Analyse, z. B. die Aktionsanalyse. Hier kann der Protagonist seine Konflikte ohne Barrieren projizieren. Er kann Hilfspersonen wählen,

---

\*) Roleanalysis and audience structure. With special emphasis on problems of military adjustment, *Sociometry* 2 (1944) 205-222.

um abwesende Personen darzustellen, die mit seinen Problemen in Verbindung stehen. Er kann die Situation wählen, die Zeit, den Ort und die Personen, mit denen er sein Lebensbild gestalten möchte.

Der Leiter erhält einen umfassenden Eindruck des Syndroms des Protagonisten, während dieser seine Probleme darstellt und die Hilfs-Ichs in ihre Rollen einweist. Diagnose und Führung gehen so Hand in Hand. Durch Umsetzen des Problems in eine Handlung unter maximalem Warm-up der Spontaneität und sofortigem Analysieren nach beendigter Darstellung, erhält die Person Einblick in ihre Reaktionsweisen. Sobald sie einen gewissen objektiven Eindruck erhalten hat, kann ein Wiedereingliederungstraining beginnen. Durch Handlungstraining bietet das Psychodrama viele Vorteile im Vergleich zu anderen Methoden der Persönlichkeitsführung. Es ist möglich, den Protagonisten zum Handeln zu ermutigen, ihn zu unterbrechen und ihm zu zeigen, wo seine Reaktion unangemessen ist. Der Trainer kann ihn wieder neu beginnen lassen, ihn für einen anderen Weg erwärmen, um ihm zu zeigen, daß sein alter Warm-up-Prozeß ihn zu denselben Konflikten führen wird, die ihn in das Psychodrama-Laboratorium gebracht haben. Er bekommt Wiederspiegelungen seiner früheren Handlungsweisen und ist in der Lage, seine augenblickliche Darstellung im Lichte des Gelernten zu sehen. Der Protagonist erhält neue Möglichkeiten, sich für einen anderen Spontaneitätszustand zu erwärmen, der es ihm möglich macht, eine besser integrierte, mit sich zufriedene Person zu sein.

Spontaneität wird im Volksmund häufig für anarchistisches Verhalten gehalten. Das heißt: „zu tun, was, wann und wo immer es einem gefällt", oder als impulsive, unkontrollierte Aktion, die zu emotionaler und sozialer Unbeständigkeit führt. Nach *Moreno* jedoch öffnet das Spontaneitätstraining den Weg zu einem flexiblen und systematischen Lernprozeß, der wiederum eine verläßlichere Grundlage für das Umgehen mit Disziplin gibt, als autoritäre Methoden dies vermögen. Wird Disziplin mit Gehorsam verankert, entstehen keine so tiefen Wurzeln, wie durch die spontane Matrix des Individuums, das „sua sponte" geführt wird.

Eine interessante Parallele finden wir im Konflikt von Konserve und Spontaneität im Drama. Das Dilemma des Schauspielers im althergebrachten Drama besteht in der Schwierigkeit, seine Rolle kreativ zu gestalten. Hin- und hergerissen zwischen der Rollenkonserve, den eingeübten Gefühlen und Gesten und dem Wunsch, neue zu kreieren — ein neuer Hamlet zu sein, geboren aus dem Moment heraus — wird die Rollenkonserve für ihn bedeutungslos. Die Spaltung im Schauspieler wird zur Zerreißprobe, so daß seine Darstellung nicht mehr überzeugend ist. Unsere Kultur verlangt eine spezielle Verkörperung des Hamlet. Doch kann unser Schauspieler die sorgfältig eingeübten Worte noch so empfinden, daß er nicht mehr nach ihrem Sinn suchen muß? Ist das endlich der große Hamlet, den er sich so sehnlichst zu spielen wünschte? Oder spürt er nicht tief in seinem Innern die Schmerzen des anderen Hamlet, der sterben mußte, ehe er geboren war? Diese Dichotomie kann das Schauspielvermögen unseres Darstellers so beeinflussen, daß ihm das Spielen jeder konservierten Rolle unmöglich wird.

Der Stegreifspieler kennt diese Dichotomie nicht. Er hat das Privileg, den Hamlet des Augenblicks darzustellen. Stegreifspiel setzt jedoch ein Training voraus, das die kreativen Elemente im Spieler aktiviert. Er braucht Führung, damit sein Hamlet nicht nur spontan ist, sondern ästhetisch akzeptabel, und sich harmonisch in die anderen Rollen der Schauspieler einfügt. Aber sein Training besteht nicht aus Textlernen und Einstudieren vorgegebener Gefühle. Es ist ein Üben des eigenen Kreativitätspotentials, um die Spontaneität so zu stärken, daß sie in gefahrvollen Situationen verfügbar ist. Seine Angst besteht nicht darin, daß morgen abend, zur selben Zeit, dieselben Gefühle, dieselben Worte mit derselben Signifikanz wiederholt werden müssen, um das Publikum zu interessieren. Seine Situation ist die Kreativität des Augenblicks, unbewertet von Proben, vollständig er selbst, wie unvollständig es auch aus der Sicht des konservativen Dramas erscheinen mag. Seine Werte haben sich an dem Punkt konzentriert, wo das kreative Ego nicht gezwungen wird, sich mit Hilfe des konservierten Selbst zu beweisen — *des Selbst, das von ihm erwartet wird*.

Die Scheinkriegsführung, die von unseren Soldaten verlangt wird, ist eine reale Reproduktion des konservativen Dramas. Die Männer folgen einem streng vorgegebenen Muster. Jeder Schritt ist vorgezeichnet, so daß niemand ohne definitive Anweisung ist. Jeder Augenblick ist vorbereitet für den nächsten, welcher wieder gleichermaßen programmiert sein muß und so weiter, bis der Feind geschlagen ist oder sich ergibt. Kein noch so gut vorbereitetes Scheinkriegstraining kann den Soldaten letztlich auf das Unbekannte vorbereiten, den Moment, in dem er sich durch Überraschungstaktiken des Feindes hilflos fühlt, oder seine Ausrüstung versagt. Im letzten Fall kann ihm seine technische Ausbildung helfen. Es kann jedoch sein, daß der Notfall außerhalb des Bereichs der technischen Möglichkeiten liegt. Das ist der Augenblick, in dem seine Spontaneität, seine Intuition und sein Einfallsreichtum Entscheidungen aus dem Moment heraus treffen muß, um zu überleben. In jedem Menschen existiert eine Quelle nicht trainierbarer Spontaneität. Jeder ist unzählige Male am Tag darauf angewiesen, Spontaneität in Situationen zu entwickeln, für die er keine passende Vorerfahrung zur Verfügung hat. Offensichtlich hängen viele Dinge von der sekundenschnellen Reaktion des Soldaten während eines Kampfes ab. Er muß sorgfältig „gedrillt" werden. Seine Waffen sind ihm bekannt, und er weiß, was er von ihnen zu erwarten hat. Ihm ist auch klar, wie er mit ihnen zu seinem Schutze und dem seiner Kameraden umgehen muß. Aber er wird mit Situationen konfrontiert werden, die sofortige Aktion verlangen und in keinem Zusammenhang mit seinem Training stehen. Daher ist es notwendig, Übungsmöglichkeiten zu haben, um die Spaltung in der Persönlichkeitsstruktur des „Soldaten-Spielers" zu überbrücken. Wir glauben, daß diese Brücke in der Anwendung von psychodramatischen Methoden gefunden werden kann.

## Methoden und Vorgehensweisen

Eine Vielzahl psychodramatischer Experimente enthält drei Kategorien von Standardsituationen: *Intimbereich, Arbeit, soziales Umfeld.* Diese Situationen sind gleichermaßen im privaten und im militärischen Leben anwendbar, wie wir gleich sehen werden. Jede der drei Grundsituationen besteht aus einer Reihe repräsentativer Rollen, in denen jede Person funktionieren muß.
1. *Intimbereich:* z. B. die Familie. Handelt es sich bei der betroffenen Person um einen Soldaten, so reduziert sich dessen vertraute Umgebung auf den Kontakt mit ein paar Kameraden. Seine häusliche Situation kann er sich dann nur vorstellen. Bei einer Privatperson kann sich die vertraute Umgebung aus folgendem zusammenstellen: Liebesverhältnis, voreheliches Leben, Eheleben, Beziehung zu Frau und Kind oder anderen Bezugspersonen.
2. *Arbeitsfeld:* Im Falle des Soldaten besteht das Arbeitsfeld aus den Kameraden, der Einheit, der Schwadron und seiner Funktion innerhalb dieses Kreises. Beim Zivilisten kann es sich um einen Arzt handeln. Sein Arbeitsfeld ist das Krankenhaus oder die Praxis.
3. *Soziales Umfeld:* Der Soldat findet sein soziales Umfeld in der Beziehung zu den Kameraden, den Vorgesetzten, Offizieren und Kommandeuren sowie in seiner Einstellung zur Kriegspolitik und den Kriegszielen. Das soziale Umfeld muß ebenso einfach darzustellen sein wie die häusliche Umgebung oder das Arbeitsfeld; z. B. das Zusammentreffen mit einem Vorgesetzten, die Bitte um Sonderurlaub wegen eines Krankheitsfalles in der Familie. Bei einem Zivilisten kann man dessen Einstellung zu den Nachbarn, seiner Heimatstadt, seine Religion und sein Verhältnis zur Kirche porträtieren. So zeigt sich seine demokratische oder faschistische Beziehung zu Regierung, Rasse und Nationalität.

Die Rollen, die sich aus diesen Lebensumständen entwickeln, sind folgende:

*Rollen im Intimbereich:* Sie beginnen mit der vorehelichen Zeit, dem Freund, Liebhaber, Ehemann oder Phantasiefreund, Traumliebhaber und Traummann auf der Phantasieebene. Die Rolle des Vaters oder des Sohnes kann zum Ausdruck kommen. Als Familienoberhaupt wird die Rolle des Ernährers und der Autoritätsperson wesentlich. Die vertraute Umgebung des Soldaten wird durch ein paar Kameraden seiner Kompanie dargestellt. In vielen Fällen sind mehrere Rollen zu einer geworden, z. B. wenn es sich um einen Vater von zwei Kindern handelt, der mit ihnen und seiner Frau zusammenlebt. In dem Fall verkörpert er folgende Rollen: Vater, Ehemann, Ernährer und Autoritätsperson. Bei einer Frau könnte es sich um parallele Rollen handeln.

*Rollen im Arbeitsfeld:* Ein einfacher Soldat bekommt Befehle von einem Höhergestellten oder, wenn wir es mit einem Offizier zu tun haben, sein Verhalten kann Untergebenen und Vorgesetzten gegenüber dargestellt werden. Im Falle des Zivilisten, Arztes, Anwalts oder Pfarrers kann die Beziehung zu seinen Klienten oder Gemeindemitgliedern gezeigt werden. Ist der Protagonist eine Frau, Fabrikarbeiterin, Sekretärin, Heimarbeiterin etc., wird ihr Umgang mit Arbeitskollegen und Vorgesetzten dargestellt. Bei einem Jugendlichen, z. B. einem Sohn oder einem Studenten, werden wir die Beziehung zu anderen Studenten, und zu den Lehrern herausfinden.

*Rollen im sozialen Umfeld:* Bei einem Soldaten überschneidet sich seine Arbeits- und Sozialbeziehung mit dem privaten Umfeld, das heißt, seine Rollen gehen ineinander über. Dennoch kann er ein Held oder ein guter Kamerad sein. In der sozialen Umwelt des Zivilisten stehen seine Rollen als Kirchgänger, Leiter von sozialen Organisationen oder als Redner im Vordergrund.

## Darstellung eines typischen Problems

Der dargestellte Fall eines Militärangehörigen wurde aus 15 anderen ausgewählt. Da es sich um ein vielen gemeinsames Problem handelt, ist es insgesamt von Interesse. Das behandelte Problem ist folgendes: „Sollte ein Soldat heiraten, während er im Militäreinsatz ist, oder sollte er warten, bis der Krieg vorbei ist?"

Der Protagonist, nennen wir ihn Jack Roberts, wurde durch einen Vorgesetzten zu uns gebracht. Er betrat die Bühne und stellte sich vor. Er war 25 Jahre alt, Leutnantsanwärter und stammte aus einer kleinen Stadt in Ohio. Er war der jüngste von drei Geschwistern, seine Eltern lebten noch und waren angesehene Leute der Stadt. Er hatte das Gymnasium besucht und sich selbst als durchschnittlichen Studenten bezeichnet. Das Interview mit dem Leiter des Psychodramas enthüllte, daß er zuerst in seinem Arbeitsfeld mit dem Problem konfrontiert wurde und daß dies von seinem Vorgesetzten bemerkt wurde. Als erste Szene sollte er seine Arbeitssituation darstellen. Der Leiter bereitete den Protagonisten vor. Wir zeigen hier nur die wesentlichsten Teile des Materials. Viele psychodramatische Sitzungen wurden zu einer zusammengefaßt. Aus Platzmangel wollen wir die Hintergrundgeschichte, die sich vor dem jetzigen Bühnenauftritt entwickelte, nicht im einzelnen beschreiben.

Jack ist zusammen mit seinem Hilfs-Ich auf der Bühne. Das Hilfs-Ich will einen höheren Offizier darstellen. Jack wärmt es für die Rolle auf.

*Leiter:* Als Jack begann, über seine Probleme zu sprechen, schämte er sich. Er sagte, er glaube nicht, daß er auf der Bühne gut sein werde. „Ich bin kein Schauspieler!"

Der Leiter erklärte ihm, daß ein Spieler im Psychodrama kein Schauspieler zu sein braucht. Solange er ehrlich ist und ein Problem hat, das ihn quält, wird er in der Lage sein, seinen Konflikt angemessen darzustellen. Laßt uns sehen, wie Jacks Problem die Aufmerksamkeit seines Offiziers erregt und woraus sein Konflikt besteht.

*Leiter:* Jack, beschreibe die Situation. Erzähle uns, wo diese Szene stattfand.
*Jack:* Es war ein kleines Zimmer im Lager, wo ich eine Grundausbildung machte. Der Raum war ziemlich kahl, einfach möbliert, mit Postern an den Wänden.
*Leiter:* Um welche Tageszeit?
*Jack:* Früh am Abend.
*Leiter:* Warst Du zuerst allein im Zimmer?
*Jack:* Nein, der Offizier wartete auf mich.
*Leiter:* Dann geh' von der Bühne, damit der Offizier sich auf seine Rolle einstellen kann.

Jack geht von der Bühne. Das Hilfs-Ich bereitet sich inzwischen auf seine Rolle vor. Dann betritt Jack den Bühnenraum und salutiert. Der Offizier dreht sich zu ihm um und bittet ihn, sich hinzusetzen. Der Offizier sieht besorgt aus und runzelt die Stirn.

*Offizier:* Ich habe nach Ihnen geschickt, Roberts, weil wir Sie, als einen Kandidaten für O. C. S., sorgfältig beobachtet haben. Bis auf die letzten Wochen waren Ihre Leistungen gut. In letzter Zeit waren Sie weniger wachsam. Wir brauchen Männer der Tat als Offiziere. Wie erklären Sie sich die Veränderung in Ihnen? Sie scheinen gedankenverloren zu sein, beschäftigt mit Dingen, die nichts mit Ihrem Beruf zu tun haben.
*Jack:* Ich wußte nicht, daß es so offensichtlich ist, Sir (er sitzt unruhig auf seinem Stuhl).
*Offizier:* Sind Sie in Schwierigkeiten? Ist zu Hause etwas nicht in Ordnung?
*Jack:* Nein, Sir, nicht gerade zu Hause.
*Offizier:* Was immer es ist, wir wollen nicht, daß es Ihre Chancen für die Offiziersausbildung verdirbt. Ich wollte Sie nur warnen. Es ist nicht unsere Aufgabe, uns in Ihr Privatleben einzumischen. Aber wir alle müssen Opfer bringen heutzutage. Sind Sie sich darüber im klaren?
*Jack:* Ja, ich glaube, Sir.

*Offizier:* Hm, wir werden sehen, daß Sie nicht noch einen Fehler machen. Wir würden uns freuen, wenn Sie Ihre Ausbildung zu Ende bringen würden. Wir brauchen gute Männer. Das ist alles.
*Jack:* Vielen Dank, Sir.

Jack salutiert und verläßt die Bühne. Das Hilfs-Ich folgt ihm. Der Leiter winkt Jack zu sich zurück, um das Gespräch weiterzuführen.

*Leiter:* Die Szene fand statt, als Du noch ein Soldat warst. Der Offizier und vielleicht auch andere sahen, daß Dich etwas bedrückte, was sich auch bei Deinem Dienst bemerkbar machte. Doch jetzt bist Du Leutnantsanwärter. Es muß schon eine Weile her sein, seit Du Deinen Grad O. C. S. gemacht hast!
*Jack:* Ja, das stimmt.
*Leiter:* Was hat Dich damals bewegt und machte Dich unaufmerksam?
*Jack* (senkt den Blick): Ob ich heiraten soll oder nicht. Es hat angefangen, als ich im Ausbildungslager war, und ich war unfähig, zu entscheiden. Also verdrängte ich es für eine Weile. Doch jetzt muß ich der Sache ins Gesicht sehen.
*Leiter:* Wir geben Dir hier keine Ratschläge. Du erhältst nur die Chance, Deine Konflikte auf der Bühne zu objektivieren. Und zwar mit Unterstützung von Hilfspersonen, die versuchen, abwesende Personen darzustellen. Die Lösung mußt Du selbst finden. Entweder hier oder später. Du denkst, Dein Problem sei ein privates. Aber es sind viele allgemeingültige Elemente darin enthalten. Dafür ist wichtig zu wissen, wie das Problem entstand und wie Du es löst. Wo ist Deine Freundin jetzt?
*Jack:* Sie ist zu Hause bei ihren Angehörigen.
*Leiter:* Das Hilfs-Ich wird die Rolle Deiner Freundin spielen. Informiere sie, wie Deine Freundin handelt, und was passierte, als Du sie zuletzt gesehen hast. Es muß nicht genauso sein, wie es gewesen ist. Versuche nur, uns das Wesentliche von einer oder mehreren Situationen, die Du mit ihr erlebt hast, zu zeigen.

Ein Hilfs-Ich wird ausgewählt, um Jacks Freundin Diane zu spielen. Jack informiert sie über Dianes Verhalten. Nach zwei Minuten beginnen sie mit der Szene. Jack beschreibt die Situation.

*Jack:* Diane kam in die Ausbildungsstätte, um mit mir über das Problem unserer Heirat zu sprechen. Die Diskussion fand nach dem Mittagessen statt, als wir einen Spaziergang machten.

Jack und Diane gehen auf der Bühne im Kreis umher, während sie die Szene spielen.

*Diane:* Es tut mir leid, daß ich Dich mit meinem Besuch aufgeregt habe. Ich wollte nur die Dinge in Ordnung bringen.
*Jack:* Du weißt, daß ich Dich liebe, sonst hätte ich Dich letzten Sommer nicht gefragt, ob Du mich heiraten möchtest. Ich weiß, daß Du es getan hättest, wenn ich Dich stärker unter Druck gesetzt hätte. Aber Deine Familie hat der Heirat nicht zugestimmt und deshalb zögerte ich, Dich zu zwingen. Ich war Soldat und sie wußten, daß die Zukunft ungewiß war.
*Diane:* Es war nicht leicht für mich, zwischen zwei Möglichkeiten zu stehen. Ich wußte nicht, was ich machen sollte. Aber als Du gegangen warst, fühlte ich mich, als ob ich Dich im Stich gelassen hätte. Es war falsch, Dich gehen zu lassen.
*Jack:* Ich habe Dir geschrieben, wie ich mich fühlte. Wenn ich mein Diplom bekomme, wartet eine verantwortungsvolle Stelle auf mich. Ich schulde meinem Beruf ebensoviel wie Dir. Wenn ich nach Übersee versetzt werde, werde ich gespalten sein in der Sorge um Dein Wohlergehen und dem meiner Männer.

*Diane:* Aber Du hast gesagt, daß ich Dir helfen kann, wenn Du nach Übersee geschickt wirst. Du würdest dann jemanden haben, der zu Dir hält und zu dem Du zurückkommen kannst. Zählt das nicht, auch wenn Du Offizier bist? Außerdem brauchst Du Dir um mich keine Sorgen zu machen. Ich werde auf mich aufpassen. Ich werde wieder arbeiten und zuhause leben, falls Du versetzt wirst.

Jack nimmt Dianes Hand und bleibt stehen. Diane bleibt ebenfalls stehen und sieht Jack an.

*Jack:* Es ist komisch, aber für mich ist es ein Unterschied, ob ich Offizier bin oder nicht. Seltsam, daß ich letzten Sommer versucht habe, Dich von der Heirat zu überzeugen und jetzt versuchst Du, mich zu überzeugen. Wir fühlen nie dasselbe zur selben Zeit.
*Diane:* Aus diesem Grunde bin ich hier. Damit wir vorwärtskommen.
*Jack:* Ich glaube nicht, daß ich dafür jetzt bereit bin.

Jack geht weiter im Kreis herum und Diane geht mit ihm. Beide sehen unglücklich aus. Jack macht ein besonders angespanntes Gesicht.

*Jack:* Warum warten wir nicht, bis ich mit O. C. S. fertig bin? Ich möchte mich zuerst darauf konzentrieren. Dann fassen wir einen endgültigen Entschluß.

Diane sieht deprimiert aus.

*Diane:* Du meinst, ich soll das Problem nicht mehr erwähnen, bis Du Dich entschlossen hast?
*Jack:* Ich weiß, daß es schwer ist. Aber es ist der einzige Weg, auf dem ich meine Zukunft jetzt klar erkennen kann.
*Diane:* Ich glaube auch, daß es das Einzige ist, was wir tun können.

Jack ist ein bißchen entspannter, nachdem Diane das gesagt hat.

*Jack:* Vielleicht hätten wir schon letzten Sommer heiraten sollen. Ich wollte nur nicht, daß Du etwas ohne die Zustimmung Deiner Familie tust.

Jack und Diane verlassen die Bühne. Jack kommt zurück zum Gespräch mit dem Leiter.

*Leiter:* Jack, wie oft hast Du die Heirat verschoben?
*Jack:* Oh, es ging ein paar Mal hin und her.
*Leiter:* Es scheint mir, daß immer, wenn Du sie heiraten wolltest, sie nicht wollte, und wenn sie wollte, dann konntest Du Dich nicht entscheiden.
*Jack:* Ja, das stimmt.
*Leiter:* Du hast nie den richtigen Zeitpunkt erwischt. Wir erleben das oft. Und so hast Du Diane ohne eine Entscheidung nach Hause geschickt. Sie war bereit, Deinen Vorschlag, zu warten, bis Du die Offiziersschule fertig gemacht hast, zu akzeptieren.
*Jack:* Das stimmt. Aber jetzt bin ich mit der Schule fertig und ein kurzer Urlaub ist fällig. Ich muß zu einem Entschluß kommen. So oder so.
*Leiter:* Nun hast Du also Deine Befähigung. Fühlst Du, daß Deine Verantwortung der Armee gegenüber, die Heirat betreffend, schwerwiegender ist als zuvor?
*Jack:* Ich glaube, die Armee ist genauso wichtig wie die Verantwortung einer Frau und eventuell einer Familie gegenüber.
*Leiter:* Glaubst Du, daß Du Diane geheiratet hättest, wenn der Krieg nicht gekommen wäre?
*Jack:* Wenn ich soviel für sie empfunden hätte wie jetzt, vielleicht.

*Leiter:* Wolltest Du jemals vorher jemanden heiraten?
*Jack:* Ja, zweimal. Aber es wurde nichts daraus. Seitdem ist Diane die Nummer eins.
*Leiter:* Wie denkt Dianes Familie jetzt über Dich, wo Du Leutnant bist?
*Jack:* Tja, wie ich aus Dianes Briefen entnehme, scheinen sie darauf Wert zu legen. Ich glaube, der eigentliche Grund ist, daß Diane begieriger ist, mich zu heiraten.
*Leiter:* Warum glaubst Du, daß sie dagegen waren?
*Jack:* Sie hatten Angst vor einer ungewissen Zukunft. Sie dachten, daß Diane zu jung sei, um sich zu binden. Hauptsächlich, weil sie selbst so zögerte.
*Leiter:* Glaubst Du, Diane hätte im Sommer eingewilligt, Dich zu heiraten, wenn ihre Familie Deinen Antrag unterstützt hätte?
*Jack:* Ich glaube, ja. Sie ist mit ihrer Familie sehr verbunden und sie ist sehr jung.
*Leiter:* Was denkst Du von ihrer Familie? Glaubst Du, sie hätten sich nicht einmischen sollen?
*Jack:* Oh, ich gebe ihnen nicht die Schuld. An ihrer Stelle hätte ich vielleicht dasselbe getan. Aber gleichzeitig fühle ich, daß mein Zögern auch Schuld an ihrer Unentschlossenheit ist, die von dem Druck der Familie verursacht wurde.
*Leiter:* Stell Dir vor, Du hättest eine Gelegenheit, in die Zukunft zu sehen. Sagen wir, in die nächsten fünf Jahre. Der Krieg ist aus. Was würdest Du gern tun und wo würdest Du gern sein? Zögere nicht. Hol Dir das Leben, von dem Du träumst.
*Jack:* Ich würde gern an der Westküste leben.
*Leiter:* Verheiratet oder allein?
*Jack:* Nun, zu der Zeit werde ich wohl verheiratet sein.
*Leiter:* Mit Diane?
*Jack:* Das hängt davon ab, ob sie auf mich wartet.
*Leiter:* Du bist ein vorsichtiger junger Mann, nicht wahr? Stell Dir vor, sie wartet.
*Jack:* Lieber Diane, als irgend jemand anderes.

Jack geht mit leichten Bewegungen über die Bühne. Er benutzt die Arme, um die Szene zu beschreiben.

*Jack:* Wir haben zwei Kinder. Einen Jungen und ein Mädchen. Der Junge ist der ältere. Wir leben in einem Vorort von Los Angeles in einem hübschen großen Haus. Sehr gemütlich und komfortabel. Es hat sechs Räume und ist modern eingerichtet. Es ist ein schönes Zuhause und wir sind sehr stolz darauf. Meine Blumen im Vorgarten erregen den Neid aller Nachbarn. Diane pflanzt Gemüse, hinten beim Kücheneingang. Die Kinder haben viel Platz zum Spielen.
*Leiter:* Welche Tageszeit ist es?
*Jack:* Es ist Abend. Die Kinder sind im Bett.
*Leiter:* Erkläre der Hilfsperson, wie Du Dir die Zukunft vorstellst.

Jack und Diane verlassen die Bühne wieder, damit Jack sich auf die neue Szene vorbereiten kann.

*Leiter:* Wir haben gesehen, daß Jack sich leicht in die Situation hineinversetzen konnte, mit Diane verheiratet zu sein und zwei Kinder mit ihr zu haben. Sein Zukunftsbild ist klar. Jack zögerte nicht. Er wußte, er wollte mit Diane an der Westküste leben und Junior-Geschäftsführer sein. Einige Menschen haben ein festes Bild von ihrer Zukunft. Andere haben keine Vorstellung von ihrer Zukunft. Sie sind nicht fähig, vorauszuschauen. Anscheinend hat Jacks Wunsch, mit Diane verheiratet zu sein, alle seine Träume bunt gefärbt. Er wollte es nur auf der Gesprächsebene nicht zugeben. Wir werden sehen, wie seine Vorstellung vom Leben mit Diane sein wird.

Jack und Diane gehen zurück. Jack ordnet die Möbel auf der Bühne.

Jack: Das ist das Wohnzimmer. Diane und ich haben unser Nach-dem-Abendbrot-Geplauder. Die Kinder schlafen. Diane näht und ich rauche eine Pfeife.

Jack sagt Diane, wohin sie sich setzen soll. Er selbst setzt sich hin und legt seine Füße auf den anderen Stuhl. Er sieht zufrieden aus. Diane tut so, als sei sie in ihre Nadelarbeit vertieft.

Jack: Du siehst heute abend besonders hübsch aus, mein Schatz.
Diane: Danke. Du siehst etwas müde aus. Hattest Du einen anstrengenden Tag im Büro?

Jack zündet die Pfeife an und raucht.

Jack: Ja, ziemlich. Wir eröffnen viele neue Luftverkehrsverbindungen. Wie geht es den Kindern?
Diane: Oh, es geht ihnen gut. Der Junior braucht neue Sachen zum Anziehen. Er wächst aus allem heraus. Er wird ein kluger Junge. Vielleicht solltest Du Dich mehr um ihn kümmern. Mary ist sehr artig. Sonst ist heute nichts Besonderes passiert.
Jack: Ja, sie werden groß und wir fühlen uns älter. Heute kam ein Brief von Mutter.
Diane: Geht es ihr besser?
Jack: Tja, sie beklagt sich nie. Du weißt, wie sie ist. Aber Kenneth schrieb ein paar Zeilen dazu. Er schreibt, daß der Arzt einen Klimawechsel für sie vorschlägt. Vielleicht sollte sie hierher kommen.
Diane: Nun, warum sollte sie nicht herkommen? Wir haben sie gern hier.

Jack sieht Diane prüfend an. Dann spricht er stockend.

Jack: Was würdest Du sagen, wenn Mutter für immer bei uns wohnen würde? Ich wollte Dich nicht früher fragen. Alte Menschen können schwierig sein. Und es würde eine zusätzliche Last für Dich sein. Aber es geht ihr nicht gut und sie braucht jemanden, der sich um sie kümmert. Ich habe gezögert, es auszusprechen, weil es bedeutet, daß die Kinder zusammen in ein Zimmer ziehen müßten, damit Mutter ein eigenes haben kann.
Diane: Aber natürlich kann sie ein eigenes Zimmer haben. Wir machen es ihr so gemütlich wie möglich. Sie ist mir willkommen. Du hättest Dir darüber keine Sorgen zu machen brauchen. Wir schaffen einfach Platz für sie. Wann kann sie kommen?

Jack sieht erleichtert aus. Er entspannt sich und räkelt sich in seinem Sessel.

Jack: Es ist prima von Dir, es so zu nehmen. Ich wußte nicht, wie Du über die Sache denken würdest. Ich bin so erleichtert, zu wissen, daß Mutter gut aufgehoben ist.
Diane: Du hast Dir darüber Sorgen gemacht. Ich weiß.
Jack: Es würde bedeuten, daß Du noch mehr an das Haus gebunden bist als bisher.
Diane: Mit Kindern ist man immer ans Haus gebunden. Du hast noch nicht gesagt, wann sie kommen wird.
Jack: Wenn Kenneth sie herbringen kann, dann sobald ich ihr geschrieben habe, daß sie kommen kann. Vielleicht schon irgendwann in der nächsten Woche. Sollte Kenneth nicht von zu Hause fort können, muß ich sie holen. Sie ist zu alt und zu krank, um allein zu kommen.
Diane: Egal wann sie kommt. Sie ist jederzeit willkommen.
Jack: Mrs. Roberts, ich glaube, Du bist ein sehr nettes Mädchen.

Jack lächelt, geht zu Diane hinüber und streichelt ihren Rücken.

*Diane:* Danke, Mr. Roberts. Du bist genauso nett.

Jack und Diane verlassen die Bühne. Jack geht zurück zum Gespräch mit dem Leiter.

*Leiter:* Wie hat das Hilfs-Ich als Diane gehandelt?
*Jack:* Sie hat ihre Sache gut gemacht. In der ersten Szene mit ihr fühlte ich mich manchmal, als ob Diane und ich wirklich dort wären und die Sache besprächen.
*Leiter:* Sieht Miss B Diane ähnlich?
*Jack:* Nein, sie sieht ihr nicht ähnlich.
*Leiter:* Solange das Hilfs-Ich fähig ist, die Atmosphäre der abwesenden Person herzustellen, genügt der Antrieb für den Protagonisten, um sich für seine Rolle zu erwärmen. Hast Du sie mit dem Problem, das in dieser letzten Szene dargestellt wurde, konfrontiert, ehe Du hier auf der Bühne erschienen bist?
*Jack:* Nein, ich dachte mir nur, daß dies eine gute Sache zum Diskutieren sei. Dad geht es nicht so gut. Vielleicht mache ich mir Sorgen, was aus Mama wird, wenn sie allein ist. Ich fand es besser, Miss B nicht zu informieren, um zu sehen, wie sie reagieren würde.
*Leiter:* Eine Art Test für Diane?
*Jack:* So könnte man es nennen.
*Leiter:* Sie hat sicher bestanden!
*Jack:* Ja, das hat sie wirklich.
*Leiter:* Erwartest Du, daß Diane in dieser Situation ähnlich handelt?
*Jack:* Viel mehr als das. Ich glaube, ich habe eine vorgefaßte Meinung Dianes Hilfsbereitschaft betreffend.
*Leiter:* Wann siehst Du Diane das nächste Mal?
*Jack:* In ein paar Wochen.
*Leiter:* Wir würden uns sehr freuen, wenn Du uns mitteilen würdest, wie die Dinge gelaufen sind. Würdest Du das tun?
*Jack:* Bestimmt werde ich das tun. Ich möchte noch sagen, daß ich sehr dankbar bin, das Problem hier bearbeiten zu können.
*Leiter:* Fühlst Du Dich der Sache gegenüber besser?
*Jack:* Noch nicht. Aber ich hatte eine Chance zu sehen, wie es sein könnte, verheiratet zu sein.
*Leiter:* Glaubst Du, daß Du dem Problem noch so nahe stehst, daß Du nicht darüber reden kannst? Oder hast Du es so weit bearbeitet, daß Du die Dinge klarer siehst?
*Jack:* Ja, ich sehe die Dinge klarer.
*Leiter:* Wir danken Dir für Deine Ehrlichkeit und finden, daß Du eine gute Arbeit auf der Bühne geleistet hast. Im Ernst, Jack, es gibt keinen Grund, warum ein Offizier nicht ein guter Familienvater und ein guter Offizier zugleich sein sollte. Beide Dinge sind nicht unvereinbar. In der Situation des Ehemannes würdest Du der Ernährer sein. Später wirst Du Vater sein. Andererseits wirst Du der Führer und die Autoritätsperson für Deine Männer in der Armee sein, d. h. eine Art militärischer Vater. Es ist durchaus möglich, die Erfahrungen der einen Rolle auf die andere zu übertragen.
*Jack:* Du meinst, daß ich als Offizier vielleicht auch lernen kann, ein Ehemann zu sein und umgekehrt? Aber würde nicht die Autoritätsperson, die ich in der einen Rolle verkörpere, in Konflikt mit der anderen Rolle geraten? Und würde sie sich nicht auch auf die andere Rolle übertragen?
*Leiter:* Nicht, wenn Du beide Rollen gut voneinander trennst. Rollen sind im Grunde nur zur Funktion in ihrem eigenen Rahmen bestimmt.

*Jack:* Das stimmt.
*Leiter:* Der Ausweg aus diesem Fall ist ganz klar: Soll Jack jetzt heiraten, oder soll er warten, bis er aus der Armee zurückkommt und sich dem Familienleben widmen kann? Niemand kann ihm sagen, was er tun soll. Er muß seine eigenen Entscheidungen fällen. Aber er wird sehen, daß er durch die Möglichkeit, sich und seine Konflikte in eine objektive Situation zu bringen, fähig ist, schneller und konkreter zu einer Lösung zu kommen als sonst möglich.

Das Ergebnis dieser Sitzung war, daß Jack seiner Freundin telegraphierte, daß er nach Hause kommen werde und die Hochzeit in ein paar Wochen stattfinden solle. Wir hörten von Zeit zu Zeit von ihm: Seit seiner Heirat ist er in einen höheren Rang aufgestiegen, hat sich gut in sein Eheleben eingefunden und hat gleichzeitig Selbstvertrauen für seine militärischen Aufgaben gewonnen.

## Analyse*

Methoden der Rollenanalyse: Wir betrachten (a), daß die Erwartung des Spielers, wie er in einer künftigen Rolle spielen wird, ihn wie auch jedes Gruppenmitglied beeinflußt; (b) den Rollenmangel des Darstellenden; (c) die Angemessenheit und Dominanz in der Rolle auf der Bühne und in der Realität; und (d), ob die Rolle an erster oder zweiter Stelle für den Protagonisten sowie auch für jedes Gruppenmitglied auf der Bühne und in der Realität steht. Die Erwartung, in einer Rolle spielen zu müssen, kann Angst vor der Situation hervorrufen, in der die Rolle zum Ausdruck kommt. In einem anderen Fall kann die Erwartung einer Rolle den gegenteiligen Effekt haben. Eine Chance zu haben, die Rolle darzustellen, kann Mut machen und die Selbstsicherheit und Zufriedenheit in der Rolle erhöhen. In dem einen Soldaten mag die Eheerwartung und -erfüllung ein Überlegenheitsgefühl in der Rolle als kämpfender Mann hervorrufen, während bei einem anderen die Fähigkeit, Soldat zu sein, gemindert werden kann. Die Soldatenrolle mag im Augenblick für die Person dominierend sein. Zwei Jahre später kann die Rolle als Ehemann im Vordergrund stehen. In einigen Fällen wird der nicht erkannte Rollenmangel als Ehemann die Person so beeinflussen, daß die Ehe für sein Nachlassen als Soldat verantwortlich ist. Sollte der Rollenmangel jedoch vor der Ehe wahrgenommen werden, könnte die Entscheidung, nicht zu heiraten oder die Heirat aufzuschieben, getroffen werden. Das würde wiederum seinen Wert als Soldaten erhöhen. Wir stellten fest, daß Rollentraining dem Rollenmangel entgegenwirkt. In Kriegszeiten sollte das Rollentraining in Militärcamps und -schulen auf die Soldatenrolle beschränkt werden, obgleich die

---

* Die psychiatrische Analyse des Leiters ist aus Platzgründen ausgelassen worden.

verschiedenen Rollen, in denen die Person zu agieren hat, wesentlich miteinander verbunden sind und voneinander abhängen.

## Scoring von Rollendominanz, Rollenadäquanz und Rollenmangel bei Einzelpersonen und Gruppen

Die Autorin hat eine Kombination von 4 Aufzeichnungsmethoden als Basis für die Analyse von Rollen- und Gruppenreaktionen angewandt. Die erste Methode bestand darin, jedes Gruppenmitglied still für sich Notizen machen zu lassen, während der Prozeß auf der Bühne ablief. Die zweite Methode war, sofort nach der Handlung Stellung zu nehmen. Der Vorteil der ersten Methode liegt darin, daß die Gruppe zwar sofort ihren spontanen Eindruck notiert, aber nicht dauernd die gesamte Handlung im Auge hat. Bei der zweiten Methode wird dieser Gesamteindruck zwar gewonnen, aber einige Augenblickssituationen werden nicht so deutlich wahrgenommen. Es ist möglich, eine Kombination von beiden Methoden anzuwenden. Dieses erfordert jedoch eine Neu-Auswertung der Reaktionen. Um zwei unterschiedliche Wahrnehmungen der Bühnendarstellung zu bekommen, wurden zwei verschiedene Fragen gestellt. Die erste Frage sollte die Wirkung der Bühnenrolle deutlich werden lassen. Die zweite Frage diente zur Feststellung der Rollenstruktur in der Gruppe. Die erste Frage lautete: „Wenn Du anstelle des Protagonisten in der Rolle des Soldaten wärst (des Liebhabers, Ehemannes, Sohnes, Vaters etc.), würdest Du Dich in derselben Weise verhalten? Antworte mit ja oder nein." Die zweite Frage lautete: „Glaubst Du, daß sich ein Soldat, Liebhaber, Ehemann, Sohn oder Offizier in dieser Weise darstellen sollte, wie der Protagonist es tat? Antworte mit ja oder nein." Den *auxiliary egos* des Spielers wurden dieselben Fragen gestellt.

Eine dritte Methode, die Reaktionen von Zuschauern zu analysieren, ist die Verfeinerung der ersten Methode und kann als Interview oder Selbstanalyse bezeichnet werden. Jedes Mitglied der Gruppe wird gebeten, seine Reaktionen zum Geschehen auf der Bühne aufzuschreiben. Die Grundfragen an die Gruppenmitglieder sind folgende: „(1) Bist Du jemals selbst in einer derartigen Lage gewesen? (2) Hat die Darstellung Dich ermutigt oder abgestoßen? (3) Legst Du Wert auf Gelingen oder Mißerfolg in dieser Situation? (4) Bist Du an ein persönliches Erlebnis erinnert worden, das Du nicht gern gespielt sehen möchtest? (5) Hast Du opponiert, weil der Protagonist auf der Bühne eine Rolle verkörperte, in der Du eigene Anteile erkennst? Nenne Deine Gründe für die Zustimmung oder Ablehnung (z. B.: Möchtest Du als Jude einen Juden auf der Bühne verfolgt werden sehen? Oder möchtest Du als

Neger einen Neger gelyncht sehen? Oder bist Du als Soldat nicht mit dem Soldaten einverstanden, der heiratet und sich und seine Frau durch die Trennung unglücklich macht?) (6) Wenn Du in der Lage des Protagonisten wärst, hättest Du die Situation zufriedenstellend gelöst? (7) Wenn nicht, glaubst Du, daß die Darstellung auf der Bühne Dir mögliche Alternativen zeigen konnte? (8) Notiere Deine eigenen sachdienlichen Vorschläge zum Geschehen auf der Bühne." Den schriftlich festgehaltenen Gruppenwahrnehmungen sollte immer ein kurzes Interview mit jedem Einzelnen sowie eine offene Diskussion folgen, sobald das Psychodrama-Spiel beendet ist.

Die vierte angewandte Methode ist die des sogenannten „Rollen-Analytikers". Gruppenmitglieder werden gebeten, ihre eigene Version der auf der Bühne dargestellten Rolle zu inszenieren. Jede Version der Rolle wird in Kategorie A, B, C, D etc. eingeteilt, und der Rest der Gruppe muß sich selbst mit der einen oder anderen Kategorie identifizieren.

Dann werden verschiedene Gruppen gebildet, um zu entscheiden, in welchem Maße die Gruppe die Rollenanalyse beeinflußt, und umgekehrt, inwieweit das Rollenspiel die Gruppenreaktionen beeinflußt. In der ersten Sitzung wurde ein aktueller Fall vor einem Publikum von Soldaten, ihren Frauen, Verlobten und Freundinnen dargestellt. Die zweite Sitzung fand statt vor einem Publikum von älteren Leuten (Ärzte, Lehrer, Sozialarbeiter etc.), einer objektiv eingestellten Gruppe, die am wenigsten von der Darstellung betroffen war — Kontrollgruppe 1.

*Tabelle 1*

Rollenerlebnis der Gruppe

| Ausgangsgruppe 95 Personen | | Kontrollgruppe 1 95 Personen | | Kontrollgruppe 2 95 Personen | |
|---|---|---|---|---|---|
| Person A | Soldat Liebhaber Ehemann in spe Vater in spe Sohn | Hilfs-Ich A1 | Soldat Liebhaber Ehemann in spe Vater in Spe Sohn | Hilfs-Ich A2 | Soldat Liebhaber Ehemann in spe Mutter in spe Sohn |
| Hilfs-Ich B | Liebhaber Ehefrau in spe Mutter in spe Schwiegertochter in spe | Hilfs-Ich B1 | Liebhaber Ehefrau in spe Mutter in spe Schwiegertochter in spe | Hilfs-Ich B2 | Liebhaber Ehefrau in spe Mutter in spe Schwiegertochter in spe |
| Hilfs-Ich C | Offizier | Hilfs-Ich C1 | Offizier | Hilfs-Ich C2 | Offizier |

Die dritte Sitzung spielte sich vor einer Gruppe von Jugendlichen, Studenten und Berufsanfängern ab, die die oben angegebene Problemsituation noch vor sich haben — Kontrollgruppe 2.

Die beiden Kontrollgruppen wußten nicht, daß Hilfs-Ichs anstelle der wirklichen Personen benutzt wurden. Die Hilfs-Ichs A 1, A 2, B 1, B 2, C 1, C 2 reproduzierten dieselben Situationen und Konflikte wie die Hauptfigur A es mit den Hilfspersonen B und C getan hatte. Die Rollen wurden zwar vorgegeben, aber nicht vorher einstudiert.

*Tabelle 2*

Rollenanalyse von Hauptfigur A und Hilfs-Ich A1 und A2
(Frage 1)

| Rollen | Person A | | | Hilfs-Ich A1 | | | Hilfs-Ich A2 | | |
|---|---|---|---|---|---|---|---|---|---|
| | + | − | 0 | + | − | 0 | + | − | 0 |
| Soldat | 92% | 3% | 5% | 82% | 11% | 7% | 88% | 9% | 3% |
| Liebhaber | 3% | 87% | 10% | 11% | 74% | 15% | 6% | 82% | 12% |
| Ehemann in spe | 93% | 2% | 5% | 94% | 1% | 5% | 91% | 3% | 6% |
| Sohn | 80% | 11% | 9% | 84% | 4% | 12% | 92% | 5% | 3% |
| Vater in spe | 83% | 8% | 9% | 80% | 6% | 14% | 90% | 4% | 6% |
| Liebespaar (Interaktion) | 5% | 80% | 15% | 7% | 72% | 21% | 8% | 76% | 16% |
| Ehepaar (Interaktion) | 89% | 8% | 3% | 92% | 5% | 3% | 90% | 4% | 6% |

Tabelle 2 zeigt die Rollenanalyse, die auf Frage 1 basiert: „Würdest Du anstelle von Person A in der Rolle des Soldaten, Liebhabers, Ehemannes, Sohnes oder Vaters ebenso handeln wie diese? Antworte mit ja oder nein."

Wie wir in Tabelle 2 sehen, wurde Jack (Person A) am höchsten in seiner Rolle als Ehemann bewertet (Ehemann in spe 93 %). An zweiter Stelle stand seine Soldatenrolle (reale Rolle 92 %). Hier zeigt sich sein innerer Konflikt: Welcher Rolle soll er den Vorrang geben? In der Rolle des Liebhabers wurde er als mangelhaft erlebt (3 % positiv, 87 % negativ). Ebenso in der Zweierbeziehung, obwohl dabei die positive Bewertung etwas höher ausfiel. Das veranschaulicht, daß Person A im Zusammenspiel mit Hilfs-Ich B während der Liebespaar-Szene nicht so unvollkommen erschien, obwohl immer noch auf niedriger Stufe. Vielleicht hat Hilfs-Ich B einen wesentlichen Teil zur Gesamtsituation beigetragen, was sich in der außerordentlich hohen Bewertung von Hilfsperson B bei der Liebespaar-Szene (siehe Tabelle 4) widerspiegelt. In der Ehemann-Interaktion wurde Person A niedriger bewertet als in ihrer Rolle als Ehemann. Hierbei zeigt sich deutlich, daß die Gruppe spürt, wie die Fähigkeit des Hilfs-Ichs zum Einfühlungsprozeß in die Rolle als Ehemann beitrug. Zum Vergleich dient Tabelle 4, wo dem Hilfs-Ich B eine gleich hohe Bewertung für seine Ehefrau-Interaktion wie für seine Rolle als Ehefrau gegeben wird. Seine Punktzahl ist durchweg höher als die von Person A. Die Analyse zeigt, daß ein Training der Rollenübernahme (role-taking) und der Rolleninteraktion (role-inter-action), wie das Hilfs-Ich es erhalten hat, sensibel macht für „Tele"-Awareness, welche die Person wiederum anregt, im Rollenspiel ihr Bestes zu geben. Ebenso wird beim Testen von unverheirateten Paaren auf der Rollenebene folgendes deutlich: Die Rolle, die zur Zeit des Tests die reale ist (z. B. die des Liebhabers), enthält schon viele wichtige Beziehungsmomente. Aber bei der Ehemann-Ehefrau-Projektion komen noch tiefere Beziehungsinhalte an die Oberfläche.

*Tabelle 3*

Gruppenanalyse Person A und Hilfs-Ich A1 und A2
(Frage 2)

| Rollen | Ausgangsgruppe | | | Kontrollgruppe 1 | | | Kontrollgruppe 2 | | |
|---|---|---|---|---|---|---|---|---|---|
| | + | − | 0 | + | − | 0 | + | − | 0 |
| Soldat | 99% | — | 1% | 90% | 4% | 6% | 93% | 3% | 4% |
| Liebhaber | 5% | 82% | 13% | 9% | 79% | 12% | 8% | 81% | 11% |
| Ehemann | 95% | 3% | 2% | 92% | 2% | 6% | 93% | 3% | 4% |
| Sohn | 93% | 7% | — | 91% | 4% | 5% | 94% | 2% | 4% |
| Vater | 89% | 5% | 6% | 89% | 3% | 8% | 91% | 6% | 3% |
| Liebespaar (Interaktion) | 8% | 77% | 15% | 5% | 79% | 16% | 9% | 81% | 10% |
| Ehepaar (Interaktion) | 92% | 4% | 4% | 91% | 3% | 6% | 93% | 4% | 3% |

Tabelle 3 zeigt die auf Frage 2 basierende Gruppenanalyse: „Glaubst Du, daß ein Soldat, ein Liebhaber, Sohn oder Vater sich so verhalten sollte, wie der Protagonist es tat? Antworte mit ja oder nein." Bei der Analyse der Ausgangsgruppe (Tabelle 3) stellen wir folgendes fest: Da es sich bei der Zusammensetzung der Gruppe weitgehend um Soldaten handelt, akzeptierten sie fast geschlossen die Rolle des Soldaten. Es gab nur eine Stimmenthaltung und keine Gegenstimme. Jede andere Rolle war weniger wichtig für diese Gruppe, obwohl die Rolle des Ehemannes die zweite Stelle der Bewertung einnahm. Ein typisches Ergebnis für die Rollenstruktur dieser Gruppe. Im wesentlichen gleicht die Struktur der Gruppe der Rollenbewertung des Protagonisten. Nur hat die Rolle des Sohnes Vorrang gegenüber der Vaterrolle. Das erklärt sich möglicherweise aus der Tatsache, daß die Soldaten spüren, daß die zukünftige Vaterrolle nicht wichtiger genommen werden sollte als die Rolle des Sohnes, die ja schon vor der Soldatenzeit existierte. Ebenso können wir beobachten, daß der Gruppenanalyse mehr Punkte gegeben wurden als der Rollenanalyse. Vielleicht fiel es der Gruppe leichter, die zweite Frage zu beantworten, da sie allgemeiner gehalten war. Indirekt angesprochen zu werden, scheint keine persönlichen Konsequenzen zu haben. Indem die Gruppenmitglieder als Rückhalt benutzt werden, wird die Gruppe selbst aufgrund ihres eigenen Verhaltens zum Subjekt der Analyse. Reaktionen können viel spontaner entstehen, wenn die Gruppe nicht merkt, daß sie sich „ausliefert". Die indirekte Methode macht es dem Leiter möglich, durch die genaue Einschätzung der Rollenkonfiguration einer gegebenen Gruppe herauszufinden, welche Rollen indifferent erscheinen und welche dominieren.

Gehen wir zurück zu Tabelle 2, um zu untersuchen, wie Kontrollgruppe 1 votiert hat. Diese Gruppe wurde anders zusammengesetzt als die Anfangsgruppe. Jede der Gruppen steht für sich und ist ein individueller Fall. Aus diesem Grunde gibt eine anders zusammengesetzte Gruppe auch eine andere Bewertung des Rollenspielers. Anhand der Protokolle von Gruppenanalysen, die wir gemacht haben, stellten wir fest, daß, je repräsentativer die Rollen für die Mehrzahl der Gruppenmitglieder sind, sich die Aufzeichnungen der Gruppen umso mehr gleichen. In dieser Gruppe steht die Rolle des Ehemannes vor der des Soldaten. Es handelt sich hier um eine Gruppe, die am wenigsten direkte Verbindung zum Kriegsgeschehen hat und für die die Rolle des Zivilisten vorrangig ist. Obwohl Sohn-, Soldaten- und Vaterrolle dicht aufeinander folgen, rangiert die Soldatenrolle vor der des Vaters. Die Differenz ist sehr klein. Die letzten drei Rollen bewegen sich fast auf gleicher Ebene. Die Liebhaberrolle hat mehr Gewicht als in der ersten Gruppe. Vielleicht war unser Hilfs-Ich A 1 nicht so überzeugend in der Soldatenrolle. Aber wir halten es eher für eine ehrliche Gruppenreaktion als für einen Rollenmangel. Es ist interessant zu beobachten, daß diese Gruppe, die objektiver sein sollte als die Ausgangsgruppe, im Gegensatz zur ersten Gruppe viele Gelegenheiten zur Bewertung ausließ. Bei der genauen Betrachtung von Tabelle 3 zeigt sich, daß von den drei Gruppen die Kontrollgruppe 1 der Soldatenrolle die wenigsten Punkte gegeben hat. Dies deckt sich mit militärischen Untersuchungen, die feststellen, daß ältere Männer nicht so leistungsfähige und mutige Soldaten sind wie jüngere. Alle Tabellen, die sich auf die Reaktion der Kontrollgruppe 1 beziehen (siehe auch Tabelle 4 und 5) zeigen, daß in dieser Gruppe die Zahl der neutralen Mitglieder konstant höher war als in anderen Gruppen, was ihre emotionale Entfernung von dem angesprochenen Problem deutlich macht. Die Gruppenanalyse in bezug zu Hilfs-Ich B 1 läuft parallel zur Rollenanalyse von B 1. Sie ähnelt dem Fall von Hilfs-Ich B, mit minimalen Unterschieden zwischen Tabelle 4 und 5. (Hilfs-Ich C, C 1 und C 2, der Offizier in der ersten Situation, sind von dieser Analyse ausgeschlossen worden, weil ihre Funktion unbedeutend war und die Soldatenrolle sich mit der von Person A und den Hilfs-Ichen A 1 und A 2 überschnitt.) Die Zahl der neutralen Gruppenmitglieder war wiederum in Tabelle 4 und 5 höher.

Die Analyse von Kontrollgruppe 2, deren Mitglieder sich noch nicht in der Militär- und Liebhaber-Situation befanden, zeigt, daß sich diese Gruppe nicht sehr von der Ausgangsgruppe abhebt. Nur die Soldatenrolle macht eine Ausnahme.

*Tabelle 4*

Rollenanalyse Hilfs-Ich A, A1 und A2 (Frage 1)

| Rollen | Hilfs-Ich A | | | Hilfs-Ich A1 | | | Hilfs-Ich A2 | | |
|---|---|---|---|---|---|---|---|---|---|
| | + | − | 0 | + | − | 0 | + | − | 0 |
| Liebhaber | 52% | 36% | 12% | 49% | 35% | 16% | 54% | 40% | 6% |
| Ehefrau in spe | 95% | 2% | 3% | 96% | 1% | 3% | 94% | 2% | 4% |
| Mutter in spe | 92% | 3% | 5% | 93% | 2% | 5% | 91% | 5% | 4% |
| Schwiegertochter in spe | 94% | 4% | 2% | 91% | 3% | 6% | 92% | 4% | 4% |
| Liebespaar (Interaktion) | 82% | 11% | 7% | 62% | 27% | 11% | 87% | 10% | 3% |
| Ehepaar (Interaktion) | 95% | 1% | 96% | — | 4% | 93% | 2% | 2% | 5% |

*Tabelle 5*

Gruppenanalyse Hilfs-Ich B, B1 und B2 (Frage 2)

| Rollen | Ausgangsgruppe | | | Kontrollgruppe 1 | | | Kontrollgruppe 2 | | |
|---|---|---|---|---|---|---|---|---|---|
| | + | − | 0 | + | − | 0 | + | − | 0 |
| Liebhaber | 53% | 39% | 8% | 48% | 42% | 10% | 56% | 41% | 3% |
| Ehefrau in spe | 94% | 1% | 5% | 94% | 2% | 4% | 92% | 2% | 6% |
| Mutter in spe | 93% | 3% | 4% | 91% | 2% | 7% | 90% | 5% | 5% |
| Schwiegertochter in spe | 91% | 2% | 7% | 90% | 2% | 8% | 91% | 3% | 6% |
| Liebespaar (Interaktion) | 89% | 7% | 4% | 86% | 7% | 7% | 89% | 5% | 6% |
| Ehepaar (Interaktion) | 96% | 1% | 3% | 94% | 1% | 5% | 94% | 2% | 4% |

Die Soldatenrolle nahm nicht den ersten Platz ein, die Rolle des Sohnes, Ehemannes, Soldaten und Vaters waren umstritten, während der real existierenden Rolle des Sohnes ein leichter Vorrang gegeben wurde. Im Vergleich zur Vorstellung, die unsere Soldaten der Anfangsgruppe hatten, liegt hier das Schwergewicht auf der Erziehung zur Rolle (*education at a role*). Die Personen der Kontrollgruppe 2 nahmen eine Erwartungshaltung zur Rolle des Soldaten, Ehemannes und Vaters ein, und der Konflikt wurde hier zum Ausdruck gebracht. Die Kontrollgruppe 2 bewegt sich etwa zwischen der Soldatengruppe und der am wenigsten betroffenen Gruppe. Die Teilnahme an der Auswertung gleicht bei Kontrollgruppe 2 der der Ausgangsgruppe, da die zwingenden persönlichen Beziehungen zum Problem auf der Hand liegen. In Tabelle 4 sehen wir, daß sie an der Rollenbewertung des Hilfs-Ichs B 2 sogar stärker teilnehmen als die Soldatengruppe. Dies weist auf eine überzeugendere Liebhaber-Rollen-Konfiguration hin, und das ist der Punkt, in dem sie sich am meisten von der Ausgangsgruppe und der 1. Kontrollgruppe unterscheiden. Hierzu siehe Tabelle 5 (Gruppenanalyse von Hilfs-Ich B 2), wo keine wesentlichen Unterschiede bei der Rollenanalyse des Hilfs-Ichs durch die Gruppe zu verzeichnen sind.

## Zusammenfassung

Die Psychodrama-Methode ist eine wertvolle Hilfe zum Verständnis und zur Lösung von psychologischen und sozialen Problemen, die bei Männern und Frauen in der Armee auftreten. Das gilt auch für Militär-Aspiranten. Die Methode kann bei kleinen und großen Soldatengruppen als Gruppentherapie angewandt werden und gibt auch die Möglichkeit, den Einzelfall, der besondere Aufmerksamkeit erfordert, zu behandeln. Eine flexible Methode also, die als Präventivmaßnahme wie auch zur Rehabilitation benutzt werden kann. Hier wird ein Psychodrama-Prozeß anhand von drei Schwerpunkten dargestellt — der Gruppenzusammensetzung, der Darstellung auf der Bühne und der Gruppenreaktion auf die Bühnendarstellung. In der Rückschau auf zwei Jahrzehnte psychodramatischer Versuche konnte ich feststellen, daß jeder Fall seine besondere Aussage hat.

In einem Psychodrama hat die Gruppenzusammensetzung einen psychotherapeutischen Nebeneffekt. Die Gruppenanalyse, kombiniert mit einer soziometrischen Untersuchung, veranlaßte *Moreno* dazu, diese Bezeichnung zu prägen und sein Konzept zu formulieren. Der zweite Schwerpunkt ist die Darstellung auf der Bühne. Hierdurch wurde eine neue Entwicklung eingeleitet, die heute zu den zentralen Themen der psychologischen und der erziehungswissenschaftlichen Szene gehört: Ihre Ausdrucksform ist die Einübung in Spontaneität, das Wiederholungstraining und besonders das Rollenspiel.

Der dritte Schwerpunkt in diesem Artikel, die Reaktion der Gruppe auf die Psychodramadarstellung, wurde von *Moreno* bereits in seinem Pionier-Werk „Das Stegreiftheater" (1923) behandelt. Er zeigte darin, daß volkstümliche Vorstellungen wie Kino, Puppentheater, Theateraufführungen oder Dramen unterschiedliche Arten von Spontaneität im Publikum entstehen lassen.

### Literatur

*Burgess, E. W.*, An Experiment in the Standardization of the Case-Study Method, *Sociometry*, Volume 4, Number 4, November 1941.

*Cottrell, L. S., Jr.*, and *Gallagher, R.*, Developments in Social Psychology, 1930-1940, *Sociometry Monograph*, Number 1, Beacon House, Inc., N. Y. City, 1941.

*Hendry, C. E.*, Role Practice Brings the Community into the Classroom, *Sociometry*, Volume 7, Number 2, May 1944.

*Meyer, A.*, Spontaneity, *Sociometry*, Volume 4, Number 2, May 1941.

*Moreno, J. L.*, Philosophy of the Moment and the Spontaneity Theatre, *Sociometry*, Volume 4, Number 2, May 1941.

—, Das Stegreiftheater, Berlin 1924, American Translation: The Theatre for Spontaneity, *Psychodrama Monograph*, Number 3, Beacon House, Inc., N. Y. City, 1944.

—, Creativity and the Cultural Conserves, *Sociometry*, Volume 2, Number 2, April 1939.

—, Sociodrama, A method for the Analysis of Social Conflicts, *Psychodrama Monograph*, Number 1, Beacon House, Inc., N. Y. City, 1944.

*Moreno, J. L.*, and *Jennings, H. H.*, Spontaneity Training, *Sociometry Review*, 1936.

—, The Advantages of the Sociometric Approach to Problems of National Defense, *Sociometry*, Volume 4, Number 4, November 1941.

*Moreno, J. L.*, and *Dunkin, W. S.*, The Function of the Social Investigator in Experimental Psychodrama, *Sociometry*, Volume 4, Number 4, November 1941.

—, Impromptu Magazine, Nos. 1 and 2, 1931.

*Moreno, J. L.*, and *Toeman, Z.*, The Group Approach in Psychodrama, *Sociometry*, Volume 5, Number 2, May 1942.

*Sarbin, T. R.*, The Concept of Role-Taking, *Sociometry*, Volume 6, Number 3, August 1943.

*Solby, B.*, The Psychodramatic Approach to Marriage Problems, *American Sociological Review*, Volume 6, Number 4, August 1941.

*Toemann, Z.*, Psychodramatic Rating and Prediction of Pre-Marital Couples, to be published.

—, Psychodramatic Treatment of Family Problems, to be published.

*Umansky, A. L.*, Psychodrama and the Audience, *Sociometry*, Volume 7, Number 2, May 1944.

*Wilder, J.*, The Psychodrama as Compared with other Methods of Psychotherapy, *Sociometry*, Volume 5, Number 2, May 1942.

*Zander, A.*, and *Lippitt, R.*, Reality Practice in Education, *Sociometry*, Volume 7, Number 2, May 1944.

## 10. Rollentests und Rollendiagramme von Kindern*
### Ein psychodramatischer Ansatz zu einem anthropologischen Problem
(1946)

*Florence B. Moreno, Jakob L. Moreno*

## Einleitung

Im Laufe der psychodramatischen Forschung ist häufig postuliert worden, daß die Rolle der wichtigste Einzelfaktor ist, der die kulturelle Atmosphäre der Persönlichkeit bestimmt. „Die beobachtbaren Aspekte dessen, was als ‚Ich' bekannt ist, sind die Rollen, in denen es handelt.[...] Wir betrachten Rollen und Beziehungen zwischen Rollen als die bedeutendste Entwicklung innerhalb jeder spezifischen Kultur."**

Im Drama sind das Übernehmen und Spielen von Rollen natürliche Anhaltspunkte. Man bezieht sich nicht auf den privaten Mr. X, der die Rolle spielt, sondern auf die Rolle, die er spielt. Die Eigenschaften, die er als Mr. X hat, sind nicht von Bedeutung. Es kommt auf die Eigenschaften in der Rolle an. Die Eigenschaften, die für einen Schauspieler als Privatperson, zum Beispiel für John Barrymore, charakteristisch sein können, sind hier nicht relevant; wichtig sind hier die Eigenschaften, von denen man vermutet, daß sie für eine bestimmte Rolle, zum Beispiel für Hamlet, charakteristisch sind.

Die modernen Untersuchungen von Eigenschaften wie Dominanz und Unterwerfung usw. erscheinen den Autoren nicht so produktiv wie die Arbeit mit „Rollen". Im Vergleich mit den Untersuchungsgegenständen „Persönlichkeit" oder „Ich" erscheint dies als eine Abkürzung und als ein methodischer Vorteil. Letzere sind weniger konkret und in metapsychologische Rätselhaftigkeit gehüllt.

Die Autoren haben versucht, diese Annahme durch die Entwicklung eines spezifischen Programms für Rollenforschung zu untersuchen. Seit *Binet* einen Test zur Messung von Intelligenz eingeführt hat, sind häufig Versuche unternommen worden, einen Test zur Messung von

---

*) *F. B. Moreno, J. L. Moreno*, Role Tests and Role Diagrams of Children, *Sociometry* 3 (1945); repr. in: Psychodrama, Vol. I (1946), 161-176.

**) Vgl. Moreno, J. L., „Psychodramatic Treatment of Marriage Problems", *Sociometry* 1 (1940). [teilweise *dieses Buch* S. 301 ff]. Die Autoren versuchen bewußt nicht zu definieren, was „Kultur" ist. Sie ziehen es vor, eine Definition aus Experimenten, wie dem hier beschriebenen, wachsen zu lassen.

„Persönlichkeit" zu konstruieren. Aufgrund der engen Interaktion des Rollenprozesses mit der Persönlichkeitsstruktur einerseits und dem kulturellen Kontext der Situationen andererseits läßt möglicherweise kein Test zur Untersuchung von Persönlichkeit so viel erwarten wie ein „Rollentest". Da wir annehmen, daß der Rollenumfang eines Individuums für die Abwandlung einer bestimmten Kultur in den dazugehörigen Persönlichkeiten steht, mißt der „Rollentest" das Rollenverhalten eines Individuums und enthüllt dadurch das *Ausmaß* der Differenzierung, die eine spezifische Kultur in einem Individuum erreicht hat, und seine Interpretation dieser Kultur. Wie der Intelligenztest das geistige Alter eines Individuums mißt, so kann der Rollentest sein *kulturelles* Alter messen. Das Verhältnis zwischen dem chronologischen Alter und dem kulturellen Alter eines Individuums kann dann sein kultureller Quotient genannt werden.

## Das Verfahren

Das Projekt ist an zwei Orten durchgeführt worden: in einer kleinen Stadt — Projekt A, und in einem unterprivilegierten Bezirk von New York City — Projekt B.

In *Projekt A* wurde eine Jury von fünf Personen der Gemeinschaft, in der die Kinder leben, gebildet. Sie sollte die chrakteristischen Rollen der Gemeinschaft festlegen, die sie vermutlich in der Zukunft übernehmen müssen. Insgesamt hat die Jury 55 Rollen genannt:
Mutter-Vater, Bruder-Schwester, Arzt-Krankenschwester, Lehrer, Gärtner, Dienstmädchen, Polizist, Briefträger, Priester, Taxifahrer, Elektriker, Tischler, Feuerwehrmann, Telefonist, Maler, Koch, Präsident, Major, Bürger, Postbeamter, Fahrkarteninspektor bei der Eisenbahn, Eilbote, Bibliothekar, Friseur, Kosmetikerin, Kellner, Butler, Leichenbestatter, Pilot, Soldat, Matrose, General, Automechaniker, Fabrikarbeiter, Fabrikwerkmeister, Busfahrer, Postmeister, Kohlenmann, Radiounterhalter, Eiscremeverkäufer, Architekt, Rechtsanwalt, Ingenieur, Verwalter, Kaufmann, Richter, Bankangestellter, Installateur, Fleischhauer, Bäcker, Drogist, Milchmann, Psychiater, Tankstellenwärter.

Folgende fünfzehn Rollen haben die höchsten Präferenzwerte erreicht:
Mutter-Vater, Bruder-Schwester, Polizist, Lehrer, Arzt, Taxifahrer, Postler, Priester, Installateur, Bankangestellter, Rechtsanwalt, Eisenbahningenieur, Verwalter, Kaufmann, Richter.

Die für den Test benutzten Rollen können natürlich von einer Gemeinschaft zu einer anderen und noch drastischer von einer Kultur zu einer anderen variieren. Die Auswahl der zu testenden Rollen ist von entscheidender Bedeutung, denn wenn die Rollen im Leben dieser bestimmten Gemeinschaft nur nebensächlich sind, kann kein echtes Bild vom Rollenverhalten und den Möglichkeiten des Kindes gewonnen werden. Deshalb war es das Wichtigste, solche Rollen auszuwählen, die in der Gemeinschaft, in der die Testpersonen leben, wirklich repräsentativ sind.

In differentiellen anthropologischen Studien, die zwei Kulturen vergleichen, müßten identische Rollenmuster (wie Soldat oder Priester) und nicht identische Rollenmuster, das sind solche Rollen einer Kultur, für die es keine Korrespondenten in der anderen gibt (wie Wissenschaftler und Flugzeugpilot, für die es in prähistorischen Kulturen keine Parallele gibt), festgestellt werden.

In *Projekt B* wurde parallel verfahren. Es wurde eine Jury von fünf Personen gewählt, die in der Nachbarschaft der ausgesuchten Kinder lebten. Sie wurden ebenfalls gebeten, die Rollen auszusuchen, die sie für die Gemeinschaft, in der sie leben, charakteristisch finden. Die Anzahl der Rollen wurde nicht begrenzt. Sie führten 105 Rollen an, beinahe zweimal so viel wie die Jury in der Kleinstadt (Projekt A). Dann wählten sie aus ihrer Liste die fünfzehn (ihrer Ansicht nach) treffendsten Rollen. Schließlich wurde ihre endgültige Liste mit der oben angeführten Liste für Projekt A verglichen, und man fand eine Diskrepanz zwischen den zwei Rollenlisten. Zehn Rollen waren dieselben; folgende fünf waren nicht angeführt: Polizist, Installateur, Priester (jedoch ersetzt durch Pfarrer), Bankangestellter und Eisenbahningenieur.

In Projekt A* wurde der Rollentest in zwei Vorgänge geteilt: a) Rollendarstellung und b) Rollenwahrnehmung. Die Teilung wurde aus analytischen Gründen vorgenommen, obwohl aktuell Darstellung und Wahrnehmung nicht völlig getrennt werden können.

Der Test wurde an vielen Kindern durchgeführt. Hier werden die Testergebnisse von sechs Kindern dargestellt (Details siehe Tabelle 1).

## Beschreibung des Tests

*a) Rollendarstellung*

Ein Kind wurde gebeten, eine der fünfzehn ausgewählten Rollen nach der anderen darzustellen. Um die Selbstbewußtheit auf ein Minimum zu reduzieren und bei der Erwärmung für die Darstellung behilflich zu sein, wurde dem Kind das ganze Verfahren als ein Spiel angebo-

---

*) Die Ergebnisse, die aus den in Projekt B gegebenen Tests gewonnen wurden, werden in einem später folgenden Beitrag vorgestellt (vgl. *dieses Buch* S. 349ff).

ten. Ein älteres Kind, das als Hilfs-Ich geschult war, diente als Publikum und sollte nach der Darstellung des Testkindes raten, welche Rolle es gespielt hatte. Damit das Testkind nicht spürte, daß die Aufmerksamkeit besonders auf es konzentriert war, oder wenn es sich weigerte, die Rollen zu spielen, übernahm das Hilfs-Ich eine Rolle, die nicht bei den ausgewählten fünfzehn dabei war, und das Testkind sollte raten, welche Rolle das war. Diese Interaktion diente gewöhnlich als Starter für das Testkind.

Die Instruktionen lauteten: (1) „Zeig uns, was er (ein Polizist, ein Lehrer usw.) tut." (2) Wenn das Testkind nach einer Weile zögerte oder andeutete, daß es die Darstellung der Rolle beendet hatte, wurde es gefragt: „Was tut er (der Polizist, der Lehrer usw.) *noch*?" (3) Wenn sich das Testkind überhaupt nicht für die Darstellung einer Rolle erwärmen konnte, wurde es gefragt: „Wenn Du nicht spielen kannst, *erzähle* uns, was er (der Polizist, der Lehrer usw.) tut." (4) Wenn das Testkind die Rolle richtig beschrieben hat, wurde es neuerlich aufgefordert, ihre Darstellung zu versuchen.

*b) Rollenwahrnehmung*

Wenn einmal feststand, welche Rollen das Testkind nicht spielen konnte, wurde ein Versuch unternommen, herauszufinden, ob es fähig war, sie zu *erkennen*. Sie wurden dann vom selben Erwachsenen in standardisierter dramatischer Form dargeboten, wobei sich jede Rollenphase in einer standardisierten Abfolge ereignete. Jede Rolle wurde in eine Reihe bedeutungsvoller Akte geteilt, aus denen sie sich zusammensetzt. Ein Kind *erkennt* vielleicht eine Rolle, nachdem es den einen oder anderen charakteristischen Akt gesehen hat, zum Beispiel eine Körperhaltung oder eine Geste. Ein anderes Kind wird vielleicht zwei oder mehr Aktphasen sehen müssen, bis es eine Rolle erkennt. Aber sogar unter den Rollen, die ein Kind darstellen konnte, wird manches unterschiedlich inadäquat gewesen sein, zum Beispiel kann ein Kind nur ein oder zwei Phasen einer Rolle dargestellt haben und es ausreichend finden, entweder weil es sich nicht für mehr erwärmt hat (obwohl es mehr darüber wußte) oder weil sein Wissen begrenzt war.

# Ergebnisse

Im Folgenden werden Beispiele aus den Rollentests von zwei Kindern dargestellt, die in derselben Gemeinschaft leben, Nachbarn und Freunde sind, seit sie zweieinhalb Jahre alt waren, gleich alt sind (6 Jahre) und überdurchschnittliche Intelligenz besitzen (118 und 140). (Jede Rollendarstellung ist in ihre wichtigsten Phasen unterteilt: 1, 2, 3 usw.).

|  | Rita | Kay |
|---|---|---|
| Polizist | 1. Steht ruhig, winkt, als ob sie den Verkehr lenkte, sagt: „Da hinüber bitte". Bewegungen mit den Händen.<br>2. Wechselt den Standort, um anzudeuten, daß sie sich in einem anderen Stadtteil befindet, und sagt (wie zu jemandem): „Sie sind verhaftet, Sie haben etwas gestohlen."<br>3. „Wenn Sie schießen, töte ich Sie." | 1. „Was soll ich tun?" (Das Kind Hilfs-Ich stellt eine andere Rolle dar. Sie erwärmt sich noch immer nicht.)<br>------<br>Wahrnehmung: Wenn der Tester die Rolle in allen ihren Phasen darstellt, erkennt sie die Rolle. |
| Lehrer | 1. Sie spricht, als ob sie vor einer Gruppe stünde, leutselig und bedeutsam: „Nun, Kinder, könnt ihr zeichnen und malen oder tun was ihr wollt."<br>2. „Später gehen wir hinaus und spielen." | 1. „Ich weiß nicht."<br>------<br>Wahrnehmung: Erkannte die Rolle nach einer Darstellungsphase. |
| Straßenfeger | 1. „Jetzt müssen wir die Straßen sauber machen."<br>2. „Hier ist die Bürste, damit die Straße sauber wird." Macht Kehrbewegungen, als wenn sie die langstielige Bürste des Straßenkehrers benutzen würde. | 1. „Ich reinige die Straßen."<br>Zum Tester: „Ich weiß nicht, was ich tun soll." |
| Kaufmann | 1. „Kann ich Bananen haben? Wieviel kosten sie?" (übernimmt die Rolle des Kunden)<br>2. Wechselt den Platz, als ob sie hinter den Ladentisch ginge und dem Kunden gegenüberstünde: „$ 25."<br>3. Kommt zurück in die Position des Kunden: „Gut, ich nehme welche."<br>4. Reicht dem Kaufmann Geld. | 1. „Ich weiß nicht."<br>------<br>Wahrnehmung: Nach der ersten Phase der Darstellung erkennt sie die Rolle. |
| Richter | 1. „Rücken Sie heraus damit. Was haben Sie dieser Dame getan?"<br>2. „Schreiben Sie ihren Namen. Sie ist eine ungezogene Dame."<br>3. Beiseite zu den Erwachsenen: „Er ist im Gerichtsgebäude." | 1. „Ich weiß nicht."<br>------<br>Wahrnehmung: Erkennt die Rolle nach ihrer vollständigen Darstellung nicht. |

| | | |
|---|---|---|
| Arzt | 1. „Nun, Kinder, will ich Euch untersuchen." Macht Gesten und Bewegungen, als hielte sie den Kopf eines Kindes. Benutzt eine Puppe. Nimmt ein Stäbchen, versucht es in den Mund der Puppe einzuführen, um die Zunge hinunterzudrücken. „Nun, was ist mit diesem kleinen Mädchen passiert? Sie hat sich den Hals gebrochen. Ich werde etwas hineintun." Nimmt eine Schere und schneidet Papierstreifen.<br>2. „Hier sind Pillen für sie."<br>3. Bandagiert das Kind mit Papierstreifen und tut, als ob sie ihm Pillen gäbe.<br>4. „Wieviel kostet das?"<br>5. „Es macht $ 50." | 1. Mit schwacher Stimme: „Ich sorge für Menschen, wenn sie krank sind." |
| Briefträger | 1. Bittet um Briefe. Bekommt leere Briefumschläge. Geht zu verschiedenen Stellen des Raums, wirft sie hinter die Stühle und sagt: „Das gehört Miss Tara. Wo ist ihr Briefkasten?"<br>2. Wirft den Brief hinter den Stuhl.<br>3. Nimmt einen anderen, sagt: „Das ist eine Karte für Mrs. Jones. Hier ist ihr Briefkasten." Wirft ihn gleichfalls in den Raum hinter einen anderen Stuhl.<br>4. „Das gehört Mrs. Sweet", und so weiter. Sie bringt alle an unterschiedliche Orte.<br>5. „Nun geht er zurück zum Postamt." | 1. „Was tue ich? Ich bringe Briefe." Steht noch immer. Macht mit ihren Händen Gesten, als ob sie Briefe austeile. |
| Priester | 1. „Das mag ich nicht."<br>2. Steht unmittelbar auf, als ob sie sich einem Publikum gegenüber befände: „Also gut, sagt Eure Gebete."<br>3. „Gut, wir sind bereit zum Singen." „O. K."<br>4. Macht Bewegungen, als ob sie am Seil der Kirchenglocke zöge, sagt: „Ding, ding, ding."<br>5. „O. K., alle hinaus." | 1. „Ich kann das nicht."<br>-----<br>Wahrnehmung: Nach der vollständigen Darstellung sagt sie: „Eine Person in der Kirche; Geistlicher?" (Sie ist Protestantin.) |

| | | |
|---|---|---|
| | 6. Tut, als ob sie die Türen öffne.<br>7. „Nun steht er da und redet."<br>8. „Sie beten und singen gerade." | |
| Taxifahrer | 1. „Soll ich hier anhalten?"<br>2. „Wohin wollen die beiden Damen? In den Vergnügungspark?"<br>3. „Wohin wollen die beiden Damen?"<br>4. Hält die Hände ans Lenkrad, macht Bewegungen, als würde sie fahren, sagt: „Hup, hup."<br>5. „Also hier ist Ihr Fahrtziel."<br>6. „Tüt-tüt."<br>7. „Der Swimmingpool? In Ordnung."<br>8. „Soll ich hier anhalten? Was kostet das?" | 1. Hebt die Hände, als hätte sie sie am Lenkrad und würde Auto fahren.<br>2. „Ich muß anhalten und Leute aufnehmen."<br>3. „Jetzt muß ich bremsen." Macht eine Bewegung, als ob sie auf die Bremse stiege. |
| Rechtsanwalt | „Ach, das ist zu schwer. Das kenne ich nicht." -----<br>Wahrnehmung: „Kenne ich nicht." | 1. „Kenne ich nicht."<br>-----<br>Wahrnehmung: „Kenne ich nicht." |
| Installateur | 1. „Ich muß den Ring hier herausbekommen. Schau, kleines Mädchen, jetzt ist Dein Ring wieder aus dem Rohr heraußen."<br>(a) „Noch etwas? Das Rohr ist gebrochen? Gut, ich muß hinausgehen und mein Werkzeug holen."<br>2. Geht aus dem Raum, kommt mit ein paar Stäben wieder. Stöhnt „Ooooh!", als sie sich bückt. „Ich muß den Nagel da reinkriegen." Arbeitet eine Weile daran weiter.<br>3. „Verdammt. Da, jetzt." Poliert ihn.<br>4. „Jetzt muß ich mein Werkzeug und alles andere wegräumen." Nimmt die Gegenstände und geht aus dem Raum. | 1. „Kenne ich nicht; ich weiß nicht."<br>-----<br>Wahrnehmung: „Kenne ich nicht." |
| Lokomotivführer | 1. Hält ihre Hand hoch, als würde sie sich an etwas anhalten. „Das ist das Steuer. Ich fahre." Beiseite zu den Erwachsenen: „Er ruft die Stationen nicht aus. Er fährt die Lokomotive." | 1. „Ich weiß nicht, wie man da tut."<br>-----<br>2. Wahrnehmung: „Zugfahrer". Nach einer Pause: „Lokomotivführer." |

337

| | | |
|---|---|---|
| Schaffner | 1. „Ihre Fahrkarten, bitte." <br> 2. „Hornell, nächster Halt Hornell." <br> 3. Geht, als ob sie den Gang eines Waggons abschreite und schaut von einer Seite auf die andere, beugt sich vor, als nehme sie Fahrkarten von den Fahrgästen entgegen. <br> 4. Er sagt: „Steigen Sie ein. Beeilen Sie sich." (eine Seitenbemerkung zu den Erwachsenen.) | 1. „Ich nehme Fahrkarten." „Was soll ich tun? Ich weiß es nicht." |
| Mutter-Vater | 1. „Ich werde das Geschirr waschen und das Haus aufräumen." Macht Kehrbewegungen. <br> 2. Wechselt zu einer tieferen Stimmlage über: „Ich werde arbeiten und in Fabriken Schwerarbeit leisten, Geld und Gold verdienen. Ich gehe hinaus zum Holzfällen." <br> 3. Wechselt wieder Position und Stimme: „Ich wische den Boden; koche für die Gören. Ich werde den Boden sauber machen." | 1. „Weiß ich nicht." <br> ----- <br> Wahrnehmung: „Mutter und Vater." Erkannte die Rolle nach der vollständigen Darbietung. |
| Bankangestellter | 1. „Wieviel verdienen Sie? Ich muß das wissen." <br> 2. „Jetzt kann ich meine Scheine herausholen. Hier ist mein eigener Kassenschalter. Ich händige den Leuten Geld aus." <br> 3. Hebt das Telefon ab und sagt: „Kommen Sie auch in die Bank?" | 1. „Weiß ich nicht." <br> ----- <br> Wahrnehmung: „Weiß ich nicht." |

Diese Antwortstichproben zeigen die zwei extremen Reaktionen der beiden überdurchschnittlich intelligenten Kinder. Kay hat die höhere Intelligenz, ist jedoch unfähig, sich für die Darbietung der meisten Rollen zu erwärmen, und besitzt auch eine überraschend schlechte Rollenwahrnehmung. Sie zeigte auch im Spontaneitätstest einen verhältnismäßig niedrigen S-Faktor. Sie ist ein empfindsames, intuitives Kind mit hervorragenden musikalischen Fähigkeiten. Von frühester Kindheit an fürchtete sie sich vor anderen Kindern, und bis zu ihrem fünften Lebensjahr weinte sie unaufhörlich, wenn sich ihr andere Kinder näherten. In dem Kindergarten, den sie besuchte, war einmal eine soziometrische Untersuchung vorgenommen worden. Sie nahm damals eine extrem isolierte Position ein.* In den letzten zwei Jahren hat sich ihre Entwicklung beträchtlich verändert. Sie ist zum Angreifer geworden, erscheint in ihren sozialen Beziehungen alles andere als gehemmt, und bei flüchtiger Beobachtung kann man sie als „viel spontaner" bezeichnen. Als sie jedoch kürzlich bestimmten Spontaneitätstests unterzogen wurde, erwies sich ihre *soziale* Spontaneität noch immer als zurückgeblieben. Sie reagierte begeistert auf die „Spiel"-Idee, aber obwohl sie ein Darbietungsbeispiel sah und *beschreiben* konnte, was einige der verschiedenen Rollen darstellten, gelang es ihr nicht, sich für ihre Darbietung zu erwärmen. Im Gegensatz dazu besitzt Rita weder eine so hohe musikalische Begabung wie Kay, noch ist sie im Schreiben und in Handfertigkeiten so genau wie sie; sie zeigt jedoch in anderen Spontaneitätstests einen höheren S-Faktor. Ihre soziometrische Position im gleichen Kindergarten ergab weder Isolation noch extreme Beliebtheit. Sie wurde recht häufig gewählt, erwiderte jedoch nur die Wahl eines Kindes, mit dem sie nahezu während der gesamten Untersuchungsdauer spielte. Insgesamt ist Kay in auftretenden Situationen, besonders in sozialen Situationen, viel weniger wendig und viel mehr an Stereotypen gebunden als in ihrem musikalischen Ausdruck und in Zeichentests. Zieht man Kays niedrigen Rollenscore und die vorhergehenden Faktoren in Betracht, ergeben sich Anzeichen dafür, daß ein niedriger S-Score mit einem niedrigen soziometrischen Score und einem niedrigen Rollenscore Hand in Hand geht.

## Analyse

Zur Verfeinerung der Scores und um allen Darstellungsversuchen soviel Anerkennung wie möglich entgegenzubringen, wurde die Bewertung der Darbietung in folgende Stufen aufgeteilt:
a) *Darbietung unter dem Niveau des Wiedererkennens* bedeutet den Einschluß von Elementen, die zwar entfernt etwas mit der Rolle zu tun haben, aber für ihre Wiedererkennung nicht ausreichen.
b) *Teilweise Darbietung* bedeutet, daß eine oder zwei erkennbare Ausschnitte der Rolle dargestellt wurden.
c) *Verzerrte Darbietung* bedeutet die Darstellung von Eigenheiten, die mit der vorgegebenen Rolle weitgehend nichts zu tun haben. Das Kind kann bizarre Elemente in die Rollengestaltung einbeziehen.

---

*) Im Artikel „Sociometric Status of Children in a Nursery School Group", *Sociometry*, Vol. V, No. 4, November 1942, läuft Kay unter dem Namen Mildred und Rita unter dem Namen Florence.

*Tafel 1*
Rollenscores
(Anzahl der verzeichneten Rollen: 15)

|  | Anzahl der Rollendarbietungen | Anzahl der Rollenwahrnehmungen | Darbietung unter dem Niveau des Erkennens | Teilweise Darbietung | Verzerrte Darbietung | Angemessene Darbietung |
|---|---|---|---|---|---|---|
| **Rita** (6 J., 4 M.) I.Q. 118 | 14+ 1— | 13+ 2— | 1 | 7 |  | 5 |
| **Ella** (6. J., 9 M.) I.Q. 135 | 13+ 2— | 13+ 2— |  | 9½ | ½ | 2 |
| **Jerry** (6 J., 2 M.) I.Q. 108 | 9+ 6— | 9+ 6— | 1 | 7 | 1 |  |
| **Freddie** (8 J., 6 M.) I.Q. 85 | 7+ 8— | 5+ 8— | 3 | 3 |  | 1 |
| **Kay** (6 J., 2 M.) I.Q 140 | 2+ 13— | 7+ 8— | 1 | 1 |  |  |
| **Jean** (4 J., 10 M.) I.Q. 120 | 0 | 7+ 8— |  |  |  |  |

Schlüssel: 9+ bedeutet, daß neun der fünfzehn Rollen dargestellt wurden.
Beispiel: 6— bedeutet, daß sechs der fünfzehn Rollen nicht dargestellt wurden.

d) *Angemessene Darbietung* bedeutet den Einschluß aller von der Jury als wichtig bewerteten Rollenphasen.

*Rollenstabilität*

Ella und Rita haben den höchsten Rollenrang: 14:1 und 13:2. Beide sind überdurchschnittlich intelligent. Ella führt mit etwa zehn Punkten Vorsprung. Obwohl Ella einige Monate älter ist als Rita und höhere Intelligenz aufweist, ist ihr Rita in der Rollendarstellung ungefähr ebenbürtig. Diese Zahlen dokumentieren jedoch nicht die großen qualitativen Unterschiede in ihren Darbietungen. In bestimmten Rollen war zum Beispiel Ella viel dramatischer als Rita, das heißt sie baute eher eine oder zwei Phasen einer Rolle mit ausgedehnten Gesten, Bewegun-

*Tafel 2*
Dargebotene Rollen
(Gesamtzahl der Rollen: 15)

|  | Jerry | Jean | Freddy | Kay | Ella | Rita |
|---|---|---|---|---|---|---|
| Polizist | x |  | xx |  | xx | xxx |
| Lehrer | x |  |  |  | xx | xx |
| Rechtsanwalt |  |  | x |  |  |  |
| Lokomotivführer |  |  | x |  | xx* | xx |
| Eisenbahnschaffner |  |  | x |  | xx* | xxx* |
| Kaufmann | xx |  | xxx* |  | xxx* | xx* |
| Richter |  |  |  |  |  | x |
| Mutter-Vater | xx |  |  |  | xx | xxx |
| Bruder-Schwester | xx |  |  |  | xx* | xx |
| Arzt | x |  |  |  | xx | xx* |
| Bankangestellter |  |  |  |  | xx | xx |
| Taxifahrer | xx |  | xxx | xx* | xxx* | xx* |
| Briefträger | xx |  | xx | xx | xx* | xxx* |
| Pfarrer | xx* |  |  |  | xx* | xx |
| Installateur |  |  |  |  | xxx* | xxx* |

Schlüssel:  x bedeutet Darstellung *unter* dem Niveau des Wiedererkennes
xx bedeutet *teilweise* Darstellung
xxx bedeutet *vollständige* Darstellung
\* bedeutet, daß diese bestimmte Rolle mit höchster dramatischer Qualität gespielt wurde, das heißt mit intensiver Erwärmung für die Rolle, mit langer Dauer der Darstellungen oder mit der größten Menge Details an Gesten und Verbalisierungen.

gen und Verbalisationen aus, während Rita eher alle Phasen einer Rolle anspielte. Diese exzessive Dramatisierung von Ella führte zu Rolleninstabilität; die Tatsache, daß sie sich nicht innerhalb der Rollen halten konnte, zeigt, daß die Grenzen zwischen ihren Rollen dünn sind. Sie wurde vom dramatischen Aspekt ihrer Spontaneität so sehr verleitet, daß sie sich kein vollständiges Muster der Rolle mit ihren verschiedenen Elementen vergegenwärtigte; ihre undisziplinierte Spontaneität trug sie auf der Spur einer Rolle von einer Rolle zur anderen. Das führt außerdem zu einer ungleichmäßigen *Bündelung (clustering) von Rollen*. Das Folgende ist nur ein Beispiel für diesen Punkt in ihrer Rolle des „Lehrers":
„Kinder, Ihr müßt heute lesen. Ihr müßt Eure Lektionen gut lernen. Wenn Ihr brav lernt, gehen wir ins Museum. Wir werden unsere Direktorin, Mrs. Brown, fragen." Dann wurde sie leicht grotesk, schaukelte mit erhobenen Armen vor und zurück, schaute jedoch das Publikum dabei weiter an und sagte: „Ich bin die größte fetteste Dame im

Zirkus." Dann wurde sie ein Ausrufer in einem Zirkus und schrie: „Rechts zu den Elefanten und Clowns, rechts rum" usw.

Rita dagegen faßte in manchen Rollen alle wichtigen Phasen knapp zusammen und war in der halben Zeit von Ellas Darbietung von einem oder zwei Aspekten einer Rolle fertig. In anderen Rollen war Rita jedoch sehr dramatisch und begeistert, aber niemals *unkontrolliert* spontan.

*Relationen zwischen Intelligenz und Rollenscores*

Die Ergebnisse sind nicht vollständig genug, um eindeutige Schlüsse bezüglich der Beziehung von Intelligenz zu kultureller Reife ziehen zu können. Tafel 1 legt jedoch nahe, daß hohe Intelligenz einen höheren Rollenscore verursachen *kann*; an Kay wird deutlich, daß das nicht notwendig der Fall ist, denn sie ist Ella in Rollendarstellung unverhältnismäßig unterlegen, obwohl sie nur sieben Monate jünger ist als Ella. Dies unterstützt ferner unsere obige Behauptung, der Binet-Intelligenztest sei insofern begrenzt, als er Rollenverhalten nicht erfassen könne. Da die Untersuchung weiterläuft und auf eine größere Anzahl von Kindern ausgedehnt wird, werden feinere Rollenscores und eventuell Rollenquotienten gewonnen werden, die mit Intelligenzquotienten korrelliert werden können.

*Individuelle Antworten auf dieselbe Rolle*

Wir können anhand der Tafeln 1 und 2 weitgehend das Ausmaß der kulturellen Differenzierung feststellen. Äußerst wichtig ist auch die kulturelle Differenzierung hinsichtlich ihrer Interpretation. Die Rolle des Polizisten wurde zum Beispiel von zwei Kindern als eine Art automatischer Verkehrsregler interpretiert. Rita hat ihn als Verkehrspolizisten vorgestellt (mit mehr Flexibilität als ein Automat), als jemanden, der die Macht hat, Leute zu verhaften, und als jemanden, der mit Gangstern zu tun hat, einschließlich Schießen und Töten. Freddie hob nur das Verhaften und ins Gefängnis gehen hervor. In den Mutter- und Vaterrollen betonten Ella, Rita und Jerry jeweils die mütterlich-väterliche Beziehung zum Kind und spielten auf diesbezügliche Konflikte an; die spezifischen Pflichten jedes Elternteils wie Hausfrau und die Rolle des Erhalters; und die Mutter allein, besonders die mütterlichen und häuslichen Aspekte. Folgende Beispiele bestätigen dies:

*Ella*
Mit hoher Stimme: „Mein Liebling, Du mußt Dich setzen und Dein Frühstück essen. Susan, mach das. Vati hat gesagt, Du sollst das tun. Ich werde Dich übers Knie legen und verhauen. Du gehst jetzt ins Bett." Sie wechselt zu einer normalen Stimmlage über und sagt: „Jetzt bin ich Vati." Mit tieferer Stimme: „Mutter, was sollen wir mit diesem Mädchen machen? Sie ist überhaupt nicht brav. Du gehst jetzt ins Bett. Sag jetzt Deine Gebete..." Benutzt den Teddybär. Versucht ihn ins Bett zu bringen. Verändert die Stimme: „Jetzt bin ich Mami." „Ich muß ein Ei braten. Liebling, halte Deinen Teller her. Ich habe viel Zeit darauf verwendet.

*Rita*
„Ich werde das Geschirr waschen und das Haus aufräumen." Macht Kehrbewegungen. Wechselt zu einer tieferen Stimmlage über: „Ich werde arbeiten und in Fabriken Schwerarbeit leisten, Geld und Gold verdienen. Ich gehe hinaus zum Holzfällen und -sägen." Verändert wieder Position und Stimme: „Ich wische den Boden; koche für die Gören. Ich werde den Boden sauber machen."

*Jerry*
„Komm, Kleines, Du mußt jetzt schlafengehen. Halte Deine Beine still." Macht Bewegungen, als ob sie ein Baby niederlege. „Ich glaube, ich werde das Haus in Ordnung bringen." Beginnt Gegenstände im Raum aufzuheben, verliert sich völlig in der Rolle, als sie systematisch darangeht, den Raum zu reinigen und aufzuräumen. Verbringt viel Zeit damit und hätte nicht aufgehört, wenn nicht der Tester diese Szene beendet hätte. Er fragte sie: „Wo ist der Vater?" Sie antwortete: „Ach, er arbeitet. Kommt heim, ißt sein Abendbrot und ißt weiter. Geht in die Werkstatt zurück und repariert etwas." Der Tester sagt: „Zeig uns das." Scheint unfähig, sich zu einer Aktion der Rolle des Vaters zu erwärmen.

*Rollendominanz und ihr Einfluß auf zwischenmenschliche Beziehungen*

Tabelle 2 zeigt, daß alle Kinder — mit Ausnahme von Jean — die Rollen des Taxifahrers und des Briefträgers dargestellt haben. Drei der Kinder waren in der Rolle des Taxifahrers besonders überzeugend. Der Kaufmann wurde von vier Kindern gespielt. Der Rechtsanwalt und der Richter lagen außerhalb des Kulturbereiches aller Kinder. Abbildung 1 zeigt die Wechselbeziehung von Rollen und hebt die Kollisionen dominanter Rollen hervor, aus denen sich die Anziehungen und Ablehnungen von Rita, Ella und Kay erklären. Man kann hier sehen, daß Ella und Rita in bestimmten Rollen gleich überzeugend sind. Es ist daher nicht überraschend, daß bei einem Zusammentreffen der drei Mädchen zwischen Ella und Rita ein heftiger Konflikt um die Rollendominanz über Kay auftritt, die nur zwei Rollen hat, die ihr und gleichzeitig ihren zwei Freundinnen wichtig sind. Wenn Kay mit nur einer der anderen zwei Mädchen zusammen ist, werden ihre starken Rollen durch Kays passive Antworten darauf ergänzt. Wenn die drei Mädchen zusammen sind, bemühen sich Rita und Ella, die Gegenspontaneität und

Gegenrollendominanz gegenseitig zu überwinden, und konkurrieren in der Ausübung ihrer Rollenmacht über die schwächere Kay. Die Konflikte zwischen den anderen Kindern sind vermutlich aufgrund ihrer schwachen Rollenwerte und ihrer Schwäche in der Erwärmung zu Darstellungen überhaupt weniger bemerkenswert. Jerry und Rita scheinen in ihrem Spiel ganz verträglich; das kann Jerrys überzeugender Mutterrolle zugeschrieben werden, die von Ritas schwacher Mutterrolle ergänzt wird, sowie Jerrys überzeugender Priesterrolle, die durch Ritas verbale Ablehnung der Rolle (auch wenn sie versucht hat, sie darzustellen) etwas ausgeglichen wird. Die Ergebnisse des Rollentests zeigen, daß die graphische Darstellung von Anziehungen und Zurückweisungen durch Rollendiagramme weiter entwickelt werden kann. Es enthüllt eine tiefere zwischenmenschliche Struktur, die einerseits das Individuum in die Rollen aufteilt, in denen es sich manifestiert, und andererseits den Anziehungs- und Zurückweisungsphänomenen eine sozial faßbare Realität verleiht.

## Allgemeine Diskussion

Einer der hervorragendsten Grundzüge dieser Untersuchung ist das Problem der *darstellbaren* und *nicht darstellbaren Rollen*. Wie kommt es zum Beispiel, daß in einigen Fällen die am leichtesten gespielten Rollen eher von den entfernteren sozialen Erfahrungen stammen als aus den unmittelbaren primären Erfahrungen von zu Hause und/oder der Schule? Warum scheinen einige Kinder eher den Rollen des Taxifahrers, des Briefträgers oder des Zugführers eine gewisse Angstlust oder Spannung abgewinnen zu können als den Mutter-Vater-Rollen? Warum müssen einige Kinder die Rollen in sich selbst vielleicht verbal oder bildhaft objektivieren und definieren, bevor sie sie darstellen können, während andere Kinder sich unmittelbar für gewisse Teile der Rolle ohne Handlungsplan erwärmen?

Wir erinnern uns, daß es für dieselben Kinder im Alter von vier Jahren die spannendste Angelegenheit war, Mutter, Vater, Bruder und Geschwister zu spielen. Jetzt, etwas mehr als zwei Jahre später, werden diese Rollen offensichtlich vorausgesetzt. In ihrer sich erweiternden Welt sind nun andere Rollen (wie Polizist und Briefträger) viel abenteuerlicher. Diese Beobachtungen haben jedoch eine noch tiefere und grundlegendere Erklärung. Sie beruht auf der Theorie der Identitätsmatrix.*

---

* Moreno, J. L., Moreno, F. B., „Spontaneity Theory of Child Development", *Sociometry*, Vol. VII, No. 2, 1944.

Bevor wir eine Erklärung ausarbeiten, wird es zweckdienlich sein, eine Zusammenfassung unserer Schlußfolgerungen zu geben, die wir in einer früheren Arbeit gezogen haben. Der Spontaneitätstheorie zufolge wird das Kind nicht ohne seine Mitwirkung in die Welt geworfen. Es spielt im Geburtsakt eine grundlegende Rolle. Den Faktor, mit dessen Hilfe sich das Kind selbst in das Leben hineintreibt, nennen wir Spontaneität. Dieser Faktor hilft dem Kind während der ersten Tage, sich selbst in einer fremden Welt gegen große Übermächte zu behaupten. Zu einem Zeitpunkt, in dem Gedächtnis, Intelligenz und andere cerebrale Funktionen noch wenig entwickelt oder nicht existent sind, ist der S-Faktor die Hauptstütze der Wendigkeit des Kindes. Zu seiner Unterstützung stehen ihm die Hilfs-Iche und Objekte zur Verfügung, mit denen es seine erste Umgebung, die Identitätsmatrix, bildet. Wir unterschieden zwischen (a) einer Periode in der frühen Kindheit, über die es später in vielen Phasen eine echte Amnesie hat, und (b) einer Periode in der frühen Kindheit, in der sich die Funktion des Träumens entwickelt und in der die Gedächtnis- und Intelligenzfunktionen zunehmen. Vermutlich verlängert sich für manche Kinder die Identitätsmatrix über ihren üblichen Zeitpunkt der Beendigung hinaus. Sie brauchen offensichtlich eine verlängerte Periode psychischer Inkubationszeit (in der ihnen Mutter, Vater und andere Hilfs-Iche helfen).

Infolge der Mit-Erfahrung der mütterlichen oder väterlichen Rollen werden diese Rollen so sehr ein Teil des kindlichen Selbst, daß es dem Kind leichter fällt, sie in einer spontanen zufälligen Aktivität zu „sein", als sie im Stegreif zu spielen, wenn sie mit dem verbalen Stimulus „spiel die Mutter" angeboten werden. Je mehr diese Rollen ein Teil des Selbst geworden sind, umso schwerer wird dem Kind in späteren Jahren ihre Darstellung fallen, besonders, wenn es versucht, sie auf die Ebene des abstrakten Lernens zu heben, denn im frühesten Stadium der Rollenassimilation (Identitätsmatrix) erlebt das Kind eine Lebensform, die sowohl vor-*un*bewußt als auch vor-bewußt ist; sie ist völliges Handlungsleben. Später werden die Rollen durch Konditionierung, Wahrnehmung und Objektivierung assimiliert. Da einer der ersten Rollenerfahrungen die Mutterrolle ist, muß es für ein Kind sehr schwierig sein, sie zu reproduzieren, wenn es versucht, sie auf die Ebene der Objektivierung und Wahrnehmung zu heben. Es ist schwierig, eine Rolle zu entwickeln, die voll in das Selbst integriert ist. Das Rollenspiel kommt durch die *un*integrierten Teile zustande, welche die offensichtlich in das Selbst übergegangenen Rollenanteile mit aktivieren. Soziale Rollen wie Polizist, Arzt usw. sind offensichtlich in ihnen mehr oder weniger unintegriert. Zumindest prinzipiell sind sie weniger schwierig darzustellen. Die Kinder sind dabei viel mehr von ihrer Fähigkeit zur Wahrnehmung ihrer sozialen Bedeutung abhängig. Die Spontaneität, mit der sie sich für sie erwärmen, entnehmen sie jedoch offensichtlich älteren Rollenverbindungen (Mutter-Vater-Rollen), die tief in ihnen integriert sind. Außerdem verkomplizieren die Rollencluster in der Mutter- und Vaterrolle den Erwärmungsprozeß, wenn das Kind die Rolle der Mutter oder des Vaters auf die abstrakte Ebene bringen will. Obwohl sie undarstellbar sind, scheint es dennoch eine Übertragung der Spontaneität von diesen Rollenclustern zu anderen Rollen zu geben, zum Beispiel vom Vater zum Polizisten usw.

Kinder, welche die mütterlichen oder väterlichen Rollen zum Beispiel leicht ohne jede Vorbereitung spielen können, sind deshalb Kinder, die von den sozialen und mehr unmittelbaren Rollenaspekten durchdrungen sind, und sie können diese ziemlich gut von den älteren und tieferen Erfahrungen dieser Rollen trennen. Da „die Mutter" nicht nur eine einzelne Rolle, sondern ein Rollencluster* ist, kann manche ältere Manifestation dieser Rolle ein Kind stark beunruhigen und so verwirren, daß es sie nicht darstellen kann; für andere Teile kann es eine echte Amnesie haben (nicht bloßes „Vergessen" aufgrund von Verdrängung im psychoanalytischen Sinn). Zusammenfassend kann man sagen: Manche Kinder können die Muttererfahrung auf ihre sozialen und oberflächlichen Manifestationen beschränken, und deshalb können sie die Rolle objektivieren und darstellen. Andere Kinder können die Rolle nicht auf ihren unmittelbaren sozialen Kontext begrenzen. Sie sind zumindest innerlich, wenn nicht auch äußerlich stärker vom gemeinsamen Handeln mit der Mutter in einer wechselseitig entwickelten Identitätsmatrix abhängig, so daß diese Kinder vielleicht weniger reif und deshalb spontaner sind. Durch diese Eigenart ihrer Psyche können sie auch von der Spontaneität ihrer Mutter profitieren, als ob es ihre eigene wäre.

Für manche Kinder sind sogar sozial leichte Rollen wie der Installateur, der Kaufmann usw. schwierig darzustellen. Es scheint, als ob ihre Fähigkeit zur Übertragung des S-Faktors von früheren Konfigurationen schwach wäre. Andererseits ist ihre Abhängigkeit von ihrer Wahrnehmung via Gedächtnis und Intelligenz kein ausreichender Antrieb zur Darstellung. Sie werden viel älter und reifer werden müssen, bis ihre schwache Spontaneität durch eine vollständigere Einbeziehung und Assimilation von Rollenstereotypen und Konserven reichlich kompensiert sein wird. Für alle Kinder dieser Untersuchung ist zu erwähnen,

---

* Die Mutterrolle kann ein Clustern von Rollen wie Gesellin und Frau des Vaters, Hausfrau, Pflegerin des Kindes usw. einschließen.

daß bestimmte Rollen (wie der Rechtsanwalt und der Richter) deshalb unspielbar gewesen sind, weil sie noch nicht in ihrem Erfahrungshorizont liegen.

## Zusammenfassung

1. Der Rollentest beruht auf der Annahme, daß Rollen die wichtigsten Einzelfaktoren sind, die den kulturellen Charakter von Individuen bestimmen.

Im Vergleich zu „Persönlichkeit" oder „Ich" scheint es methodisch vorteilhafter, mit dem Begriff „Rolle" zu arbeiten. Erstere sind weniger konkret und in metapsychologische Rätselhaftigkeit gehüllt.

2. In den zwei untersuchten Prozessen — Rollendarstellung und Rollenwahrnehmung von Kindern — wurde festgestellt, daß die Wahrnehmung einer Rolle nicht automatisch die Fähigkeit zu ihrer Darstellung bedeutet. Andererseits gibt es Kinder, die spontan eine Rolle über das Ausmaß der Wahrnehmung hinaus darstellen können; der S-(Spontaneitäts-)Faktor ist wirksam.

3. Rollen sind nicht isoliert; sie bilden Cluster. Es gibt eine Übertragung von S von nicht dargestellten Rollen zu den gegenwärtig dargestellten. Dieser Einfluß wird *Clustereffekt* genannt.

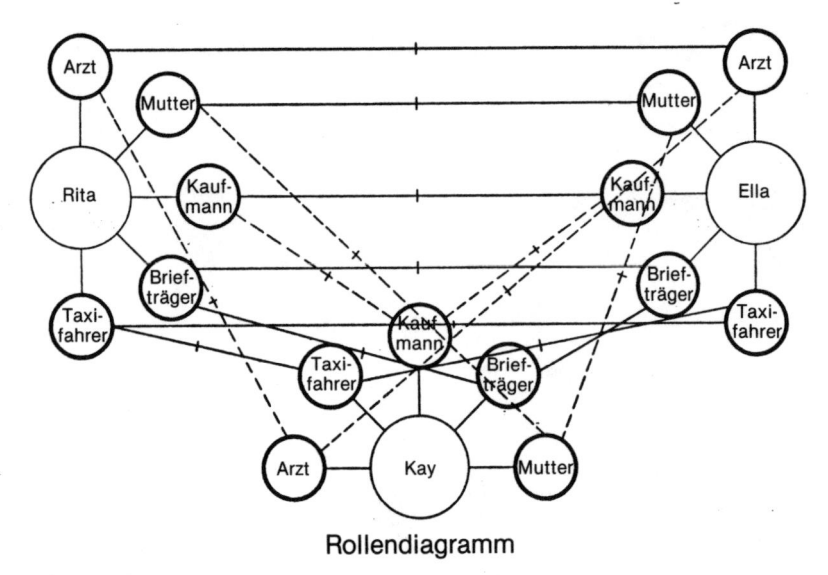

Rollendiagramm

Schlüssel:
———: gegenseitig antagonistisch
———: gegenseitig verträglich

4. Es gab Rollen, mit denen die Kinder eng vertraut waren, die sie jedoch nicht spielen konnten, als sie im Test vorgegeben wurden.

5. Die Auswahl der Rollen berücksichtigte angemessene Unterschiede in den zwei untersuchten Projekten A und B. Die Ergebnisse legen die Vermutung nahe, daß anthropologische Untersuchungen von Vergleichen der Ergebnisse von Rollentests mit primitiven Gesellschaften und mit ethnischen Minderheiten und Normalgruppen in unserem eigenen Land profitieren können.

# 11. Zur Verbindung von Rollentest und soziometrischem Test
## Ein methodologischer Ansatz* (1946)

*Florence B. Moreno*

## Die Situation

Die vorliegende Arbeit wurde durch eine Untersuchung von Leona Kerstetter[1] angeregt, in der soziometrische Daten in Verbindung mit dem „New York University Youth Workshop" gesammelt worden waren. Diese Gruppe wurde vom „East Riviera Youth Council" in der Ost-Harlem-Sektion von New York City organisiert. Das Freizeitprogramm hat seinen Sitz in der „Benjamin Franklin Highschool for Boys". Das Forschungsprogramm, das soziometrische Tests einschloß, war in der Form einer Übersichtsstudie darauf gerichtet, Informationen über die Hobbys zu gewinnen, die die Schüler interessieren, und über mögliche Freunde, mit denen sie diese teilen wollten. Die Untersuchung mit soziometrischen Tests wurde an zwei Gruppen, der ninth grades vorgenommen, in denen das Alter zwischen 13 und 15 Jahren lag. Eine der Gruppen hatte durchschnittliche IQ-Werte, eine andere niedrige. Die Schüler waren in der Wahl von Freunden für Hobbys und Aktivitäten nicht auf ihre Klasse beschränkt. Sie durften eine unbegrenzte Zahl von Spielkameraden aus dem Bereich der Stadt wählen. In der Durchschnittsgruppe wiesen die Ergebnisse einen Mangel an Gruppenkohäsion aus, da 58 % der Wahlen sich auf Kameraden außerhalb der Gruppe richteten. Von den 42 % der Wahlen innerhalb der Gruppe waren 72 % wechselseitige Wahlen. Drei davon in der ersten Wahl. In der Gruppe mit dem niedrigen IQ-Durchschnitt zeigten die Resultate einen noch größeren Mangel an Kohäsion, da 80 % der Wahlen sich auf Kameraden außerhalb der Gruppe richteten. 20 % der Wahlen verblieben in der Gruppe. 27 % von 26 Schülern waren demnach, soweit man die Wahlen innerhalb der Gruppe in Betracht zieht, isoliert. Die Wahlen, die von außerhalb der Gruppen kamen, wurden nicht berücksichtigt. Es gab keine Dreiecks- oder Paarbeziehung.

---

*) Combining Role and Sociometric Testing — A Methodological Approach, *Sociometry* 2 (1946), 155-161.
[1] Teilnehmer von L. M. Kerstetters Psychodrama-Seminar an der New York University haben die Daten gesammelt.

Auf der Basis dieser soziometrischen Ergebnisse wurde ein Interviewschema für die Mitglieder beider Gruppen erarbeitet, das einen Rollentest einschloß und darauf gerichtet war, die tieferen Implikationen der soziometrischen Daten aufzudecken.
Das Ziel dieser Untersuchung ist:
1. Die Interviewmethode durch Einzel- und Gruppen-Rollentests zu ergänzen, um die tieferen Verästelungen der soziometrischen Beziehungen aufzudecken und dazu beizutragen, die fehlende Gruppenkohäsion zu verbessern.
2. Die Resultate der vorliegenden Untersuchung als Illustration für Rollentestmethoden vorzustellen.

## Individueller Rollentest

*Methode:* Jeder Schüler wurde für sich getestet. Die Rollen, die jedem Schüler vorgegeben wurden, sind von einer Jury von fünf Personen ausgewählt worden, die mit dem kulturellen Setting, in dem der Test gegeben wurde, vertraut waren. Es wurden von der Jury ungefähr 100 Rollen aufgelistet, die für diese spezifische Kultur relevant sind. Es wurden schließlich 15 aus den 100 ausgewählt, da sie noch spezifischer für das kulturelle Setting seien als die Rollen, mit denen die Schüler gelegentlich Kontakt gehabt haben müßten. In der vorliegenden Untersuchung wurden folgende Rollen verwandt: Polizist, Lehrer, Mutter, Vater, Bruder, Schwester, Priester, Schulpfleger, Gangster, Geschäftsinhaber, Busfahrer, Vermieter, Straßenfeger, Arzt, Schwester.
Während des Tests waren zwei Protokollanten anwesend und ein Student, der als Hilfs-Ich fungierte, um jeden Schüler für das Rollenspiel aufzuwärmen, indem er das Muster einer Rollenkonfiguration vorspielte, das Ausmaß an Zwiegespräch, Aktionen usw. Dabei spielt er eine Rolle, die nicht in den 15 ausgewählten aufgeführt war.
Die vorgegebenen Instruktionen sind ein wichtiger Prozeß, besonders wenn sie zentrale Bereiche der Interessen der Kinder betreffen. In unserer vorausgehenden Untersuchung zum Rollentest[2] auf der Grundschulstufe wurde die Ebene des Spiels dadurch geordnet, daß man ihn wie ein Kinderspiel vorstellte. Für die vorliegende Studie schien es angemessen, die Jugendlichen mit dem Vorschlag anzugehen, „einen Job zu bekommen". Der Rollentest stellt eine logische Form dar, das einmal „auszuprobieren", um zu sehen, wie adäquat man in diesen Jobs handeln könne. Gleichzeitig ist auch ihre Einsicht in Rollen anderer Leute, mit denen sie zurecht kommen müßten, festzustellen.

---

[2] *F. B. Moreno, J. L. Moreno,* Rollentests und Rollendiagramme, *dies. Buch* S. 331ff.

Deshalb wurde jedem der Jungen folgende Erklärung der Prozedur gegeben:

„Du erinnerst Dich doch daran, daß wir im letzten Semester eine Untersuchung über Eure Freizeitaktivitäten machten, um Eure Hobbys herauszufinden. Du erinnerst Dich daran, daß eine davon Theaterspielen war. Heute werden wir eine besondere Form von Theaterspiel durchführen, in der Du verschiedene Leute in unterschiedlichen Jobs spielen kannst. Egal, welche Arbeit Du später mal kriegst, Du kommst dabei mit Leuten mit vielen unterschiedlichen Jobs in Kontakt, z. B. mit dem Straßenkehrer, dem Doktor, dem Taxifahrer usw. Es ist für uns wichtig, alle Menschen richtig zu verstehen, und ein Weg, das zu tun ist, die gleichen Erfahrungen wie sie zu machen. Wir versetzen uns an ihre Stelle und versuchen, uns vorzustellen, wie das ist, Straßen zu säubern, kranke Menschen zu behandeln, Leute in einem Taxi herumzufahren und ihre Klagen anzuhören."

Nach dieser Vorinstruktion begann der eigentliche Rollentest. Jede Rolle wurde dem Schüler mit folgender Instruktion vorgestellt: „Zeig' uns, was z. B. Polizisten tun". Wenn er zögerte, wurde ihm gesagt, er könne alles tun, was er wünsche, etwa in der Art des Sprechens und Spielens wie der Student, der ihm das Beispiel eines Spiegels vorgemacht habe. Nachdem er alle Rollen gespielt hat, wurde der Schüler gefragt, welche von den 100 Rollen er genommen hätte, wenn er die freie Wahl gehabt hätte. Das informiert über seine Rollenaffinitäten und dient als Mittel, sein Rollenrepertoire auszudehnen, indem ihm gestattet wird, Rollen zu spielen, die er speziell gewählt hat.

Der individuelle Rollentest wurde den Mitgliedern der Gruppe mit normaler Intelligenz und niederer Gruppenkohäsion gegeben. Es wurde mit den Schülern begonnen, die im Soziogramm eine wichtige Position innehatten. Es wurden zwei Jungen getestet, die sich wechselseitig wählten, weiterhin ein Schüler, der in seiner eigenen Gruppe isoliert war, und der Junge, den er außerhalb der Gruppe gewählt hatte. Zum Zeitpunkt des Abschlusses dieses Berichtes waren vier Rollentests in dieser Gruppe abgeschlossen.

*Ergebnisse:* 1. Die Zahl der getesteten Schüler war nicht groß genug, um eine signifikante Erklärung für den Mangel an Kohäsion in der Gruppe als *ganzer* zu geben. Jedoch die Resultate des Rollentests bei dem Paar, das sich wechselseitig wählte, bestätigt die Annahme einer früheren Untersuchung, das Kompatibilität abhängig sein kann von der Rollendominanz eines Individuums, die durch eine komplementäre Rolle der Schwäche ergänzt wird. Zum Beispiel waren bei dem hier getesteten Paar die Bruder- und Vaterrollen, ja fast alle männlichen Rollen bei dem einen dominant, während sie beim anderen schwach ausgeprägt waren. Hinzugefügt werden mag hier, daß jedoch wechselseitig dominante Rollen in der Interaktion auch wechselseitiges Interesse hervorzurufen vermögen und einen Faktor gegenseitiger Anziehung darstellen könnten, z. B. die Rollen des Ladeninhabers und des Lehrers.

2. Wie in der vorausgegangenen Untersuchung über wechselseitige Anziehung zeigte sich, daß das Rollenspiel des einen Individuums insgesamt dramatisch ausgeprägter und voller konfiguriert war als beim anderen. Das Rollenrepertoire (*role range*) des einen war größer als das des anderen.

3. Insgesamt gibt es keine statischen Bedingungen im Hinblick auf Rollenbeziehungen; die totale Kombination der interagierenden Rollen, geprägt von der Flexibilität der individuellen Spontaneität, ist ein determinierender Faktor in der Kompatibilität des sich wechselseitig wählenden Paares.

4. Beim Fortgang der Untersuchungen können Paare, Dreiecksbeziehungen und Isolierte näher bestimmt werden, wenn man die oben beschriebenen Prozeduren, d. h. den Rollentest, verwendet. Auf der Basis dieser Ergebnisse können Bereiche des Rollentrainings entwickelt werden, um Führung und Gruppenkohäsion zu fördern.

*Role Scoring:* Das Kriterium für adäquate Rollenperformanz wurde von der Jury festgesetzt, die die 15 Rollen auswählte. Unter adäquater Performanz wurde eine Rollen*konfiguration* (*role configuration*) verstanden, die, obwohl vielleicht noch partiell ausgeführt, genügend charakteristische Phasen einbezieht, um die Rolle leicht erkennbar zu machen, oder die *alle* notwendigen Phasen einbezieht, um eine vollständige *Konfiguration* herzustellen. Die Mitglieder der Jury listeten Rollenphasen auf, um ein charakteristisches Rahmenwerk, wie es im kulturellen Hintergrund der getesteten Personen existiert, festzustellen. Nachstehend ein Beispiel für ein typisches Rahmenwerk der Rolle des Polizisten einschließlich der notwendigen Phasen, die für das kulturelle Setting, in dem diese Untersuchung stattfand, charakteristisch sind:

1. Verkehrspolizist
2. Freund und Helfer, Befreier aus Gefahr oder Führer
3. Bewahrer von Gesetz und Ordnung (im Hinblick auf kleine Vergehen usw.)
4. Schutzpolizist
5. Bewahrer von Gesetz und Ordnung im Hinblick auf schlimmere Verbrechen (Bandenunwesen, Mord usw.)
6. Gesetzesbrecher durch Annahme von Bestechungsgeldern
7. Kommissar in der Hauptwache (der den Lokalwachen Anweisung gibt usw.)

Nachstehend ein Beispiel für die Performanz eines Spielers und ihre Bewertung (*rating*):

„Hallo, Polizeiwache — Ein Betrunkener schlägt seine Frau. — Ich komme herüber (wechselt die Position und klopft an die Wand). Was habe ich gehört, Ihr Mann schlägt Sie? — Das ist nicht wahr! — Dann tut's mir leid, daß ich Sie gestört habe."

Er nimmt wieder das Telefon ab: „Was? Eine Frau droht aus dem Fenster zu springen? Überprüfen Sie den Anruf, ich fahre rüber. — Sie entschuldigen, wo will die Frau aus dem Fenster springen (geht über die Bühne). — Sind Sie derjenige, der angerufen hat? Nein? Das ist falscher Alarm, und das zweite Mal. Beim nächsten Mal müssen wir Sie einbuchten."

Nachdem die Rolle gespielt worden war, wurde der Schüler gefragt, ob es ihm Spaß gemacht habe. Er sagte nein. Dies wurde mit einem Minuszeichen (—) festgehalten. Er arbeitete ein bestimmtes Fragment der Rolle mit beträchtlicher Intensität aus, was durch zwei Sternchen (**) symbolisiert wurde. Da es sich nicht um eine vollständige Konfiguration handelte, wenngleich um eine erkennbare, erhielt er zwei XX. Die symbolische Form des ratings für diese Rolle liest sich dann: — ** XX. Die Zahl der Rollen, die er mit vollständiger oder teilweiser Erkennbarkeit zu spielen imstande war, wurde hinzugefügt, um sein Rollenrepertoire festzuhalten. Es werden weitere Bemühungen unternommen, um einen kulturellen Quotienten festzustellen, durch den der Rollenscore in Beziehung zum chronologischen Alter gesetzt werden kann.

## Rollentest in Gruppen

*Methoden:* Rollentests in Gruppen zielen darauf ab, ein schnelleres, wenn auch verglichen mit dem individuellen Test partielleres Maß für das kulturelle Klima der Gruppe zu entwickeln. Nur drei Mitglieder der Gruppe spielten hier die Rollen. Die Individuen in der Gruppe stimmten darüber ab, welche der drei Rollen sie mochten. Dies geschah nicht auf der Basis einer adäquaten Darstellung, sondern auf der Basis, ob sie tatsächlich mit *so* einem Polizisten, Straßenfeger oder Schulpfleger in Kontakt gekommen sind. Durch die Frage, „warum" sie das Spiel mochten, wurden die Rollenidentität, die Wahlmotivation und persönliche Daten analysiert. Die Vorinstruktionen waren folgende:

„Ihr erinnert Euch, daß wir im letzten Semester eine Untersuchung machten, um Eure Hobbys herauszufinden. Ihr wißt vielleicht, daß eines von ihnen Theaterspielen war. Heute morgen werden wir eine besondere Form des Theaterspiels haben, in dem Ihr die Freiheit habt, Euch so auszudrücken wie Ihr wollt, indem Ihr annehmt, daß Ihr Leute in verschiedenen Jobs spielt. Ganz egal, welchen Job Ihr wählt, kommt Ihr in Kontakt mit Leuten in vielen anderen Jobs, z. B. dem Straßenkehrer, Doktor, Taxifahrer usw. Da es für uns wichtig ist, alle Leute richtig zu verstehen, und ein Weg dazu darin besteht, die gleichen Erfahrungen zu teilen, versetzen wir uns an ihre Stelle und schauen an, wie es ist, die Straßen zu fegen, kranke Leute zu versorgen, Leute in einem Taxi herumzufahren und ihre Klagen anzuhören. Wir können nicht allen von Euch die Gelegenheit geben, diese Leute ‚zu sein'. Deshalb wählen wir drei Jungen aus Eurer Gruppe aus. Jeder von ihnen wird uns zeigen, wie Leute in unterschiedlichen Jobs sich verhalten, und dann werden wir Euch andere fragen, welcher von den dreien Euch am besten gefallen hat. In einem Satz könnt Ihr dann sagen, warum der Euch gefallen hat. Wir bitten Euch, das aufzuschreiben, nachdem die drei Jungens gespielt haben."

Diese Instruktionen sind nicht für alle standardisiert. Die Wortwahl muß dem jeweiligen kulturellen „Klima" und dem Interesse der Gruppe entsprechen. Die obigen Instruktionen werden deshalb nicht für alle Schulen, z. B. solche mit unterschiedlichem pädagogischen Konzept, angemessen sein.

Nachdem die vorbereiteten Instruktionen gegeben wurden, wurden zwei Hilfs-Ichs (Studenten)[3] aufgefordert, uns Beispiele zu geben, was wir mit dem Satz „versuche diese Leute zu sein" meinen. Eines der *auxiliary egos* verließ den Raum, das andere wurde angewiesen: „Zeige uns, was der Limonadenverkäufer tut". Wenn er, nachdem er einen Teil der Rolle gespielt hat, aufhörte, wurde er aufgefordert, noch mehr zu zeigen, wenn es ihm möglich sei und in seiner neuen Rolle weiter zu spielen. Nachdem er seine Vorstellung gegeben hatte, wurde das nächste Hilfs-Ich hereingerufen und ihm wurde die gleiche Instruktion gegeben. Nach diesen beiden Vorführungen wurde der Gruppe im Sinne eines „Versuchs" vor der eigentlichen Aufgabe gesagt, sie solle doch niederschreiben, wer von den beiden Limonadenverkäufern ihnen am besten gefallen habe, besonders wenn sie sich vorstellt, daß man sie tatsächlich in einem Laden treffen würde. Die beiden sehr lebendigen dramatischen Darstellungen stellten für die Gruppe ein so gutes warm up dar, daß sie eifrig darauf bedacht waren, mitzuarbeiten. Die Teilnehmer hatten dabei gleichfalls die Gelegenheit, eine Wahrnehmung der Rollenkonfiguration und des Ausmaßes an Verbalisierung, Handlung usw. zu gewinnen.

Drei Schüler, A, B, C, wurden aufgrund ihrer Position im Soziogramm ausgewählt. A und B waren Isolierte, C war der Meistgewählte. Sie wurden aufgefordert, nach vorne zu kommen, weil sie die Spieler sein sollten. A sollte der erste Spieler sein und B und C wurde gesagt, daß sie aus dem Raum gehen sollten, damit jede ihrer Vorstellungen eine neue Erfahrung sein könne. Nachdem A, B und C jeweils die Rolle des Polizisten gespielt hatten, wurde die Gruppe wie im vorangegangenen Beispiel aufgefordert, 1. niederzuschreiben, welcher der Polizisten ihnen am besten gefallen hatte und 2. festzuhalten, „warum". Die gleiche Vorgehensweise wurde für die Rollen des Straßenfegers und des Schulpflegers gewählt. Diese drei Rollen waren aus den 15 ausgewählt worden, die auch für den individuellen Test galten, weil sie zwei Kontraste darstellten. Zwei autoritäre Rollen auf der einen Seite und eine inferiore Rolle auf der anderen.

---

[3] Mitglieder von *L. M. Kerstetter's* Psychodrama Seminar, New York University, fungierten als Hilfs-Ich.

*Ergebnisse:* 1. Der am meisten gewählte Schüler aus dem Soziogramm war in gleicher Weise der meistgewählte beim Spielen in den drei verschiedenen Rollen.

2. Die beiden Isolierten erhielten beim Spielen in den drei verschiedenen Rollen einige Wahlen, wohingegen sie im Soziogramm weder wählten noch gewählt wurden.

3. Dies mag nahelegen, daß soziometrische Beziehungen intensiviert werden können, wenn die Wahl im Hinblick auf ein Rollenkriterium gemacht wird.

4. Die Motivation der Zuschauer, die eine oder die andere Rolle zu wählen, läßt sich in folgende Kategorien ordnen:
1) Anerkennung von Pflichterfüllung in der Rolle
2) Interesse an der Rolle
3) dramatische Überzeugungskraft („er spielte so, daß es wie wirklich aussah")
4) Erkennen von Stereotypen („er spielt so, wie unser Schulpfleger wirklich ist")
5) („das war spaßig — das hat uns gefallen")
6) stereotyper Status einer Rolle („mir gefiel der Straßenkehrer, weil er sich aus allem raushielt")

Die Analyse der Motivation reflektiert hier offenbar die lokale kulturelle Atmosphäre, ist eine Projektion von in der Klasse gültigen Werten, eine stereotype Widerspiegelung von Autoritäten, die mit der Gemeinde und der Schule in Verbindung stehen. Diese Erkenntnis ist von Bedeutung für die Verbesserung interpersoneller Beziehungen von Erwachsenen und Kindern und von Haltungen im Hinblick auf den Rollenstatus (*role status*).

Wie in der voraufgegangenen Rollenuntersuchung weisen ein langsames warm up und eine Schwäche im Spielen auf einen niedrigen Spontaneitätsfaktor hin, der in dieser Untersuchung auch noch von einer niedrigeren soziometrischen Position begleitet wurde.

## Schlußfolgerung

1. Individuelles Rollentesten hat sich als eine erfolgreiche Ergänzung zur Interviewmethode erwiesen, da das Rollenverhalten zusammengehörige Fakten aufscheinen ließ, die sonst weitere Untersuchungen über zurückgehaltene Informationen nach sich gezogen hätten.

2. Rollentesten in Gruppen wies auf weiteres Training für Führungspositionen hin und auf eine Verbesserung der Positionen von isolierten Personen. Beides vermag die Gruppenkohäsion zu fördern.

**Literatur**

*Lippit, R.*, Psychodrama in Leadership Training, *Sociometry 3* (1943), 286, 292.
*Moreno, F. B., Moreno, J. L.*, Roletests and Rolediagrams of Children, *Sociometry* (Sondernr. Group Psychotherapy) 3/4 (1945), 188-203.
*Sarbin, Th. R.*, The Concept of Role-taking, *Sociometry 3* (1943), 273-285.
*Toeman (Moreno), Z.*, Role Analysis and Audience Structure, *Psychodrama monographs* 12, Beacon House 1944.
*Hendry, C. E.*, Role-practice Brings the Community into the Classroom, *Sociometry 2* (1944), 196-204.

## 12. Rollenmüdigkeit
## (1980)
*Zerka T. Moreno, A. Barbour\**

Während der letzten fünf Jahre hat es eine Schwemme von Literatur gegeben, die das Syndrom negativer, physiologischer, emotionaler und verhaltensorientierter Symptome beschreibt, welches Menschen verschiedenster Sparten in den helfenden Berufen befällt (*Maslach*, 1976, 1978; *Kroes*, 1976). Physiologisch äußert es sich in extremer Müdigkeit, Spannung, Schlaflosigkeit, Rückenschmerzen, Kopfschmerzen und zahlreichen kleineren Leiden. Auf der Gefühlsebene drückt sich das Syndrom als Zynismus, Verwirrung, Nervosität, mangelnde Einsatzfreudigkeit, Hilflosigkeit, Frustration, Starrheit und Mißtrauen aus. Auf der Verhaltensebene äußert es sich durch nachlassende Leistungsfähigkeit, mangelnden Einsatz, Überempfindlichkeit, Langeweile, Abwesenheit und Entfremdung. Volkstümlich wird es als „Ausgebranntsein" (*burn-out*) bezeichnet, ein Resultat besonderer Aspekte der helfenden Berufe: Ein Mensch gibt, bis er nichts mehr zu geben hat (*Rossiter*, 1979; *Sibley*, 1979; *Rose-Clapp*, 1979).

Obwohl „Ausgebranntsein" ein lebendiges Bild dieses Phänomens gibt und auch das dazugehörige Gefühl beschreibt, glauben wir, daß es nicht nur am Beruf des Helfers liegt (Sozialarbeiter, Krankenschwester, Pfarrer), sondern vielfältigere Ursachen hat, als „zuviele Aufgaben bewältigen zu müssen". Wir vermuten daher, daß das Phänomen aus der Perspektive der Rollentheorie aufgeschlüsselt werden kann.

*Moreno* betrachtet die Rolle als funktionelle Verhaltenseinheit, zusammengesetzt aus „privaten" und „kollektiven" Elementen, einem individuellen Zähler und einem kollektiven gemeinsamen Nenner. Die Rolle setzt sich zusammen aus privat-individuellen und sozial-kollektiven Elementen. Sie wird zum Bindeglied zwischen der Psychologie des Individuums (oder Psychiatrie) und der Soziologie (oder Sozialpsychologie), zur Brücke zwischen dem Selbst und den anderen. *Moreno* teilte Rollen in psychosomatische, psychodramatische und soziale ein. Die Entstehung der Rollen, so *Moreno*, durchläuft meistens zwei wesentli-

---

\*) Aus: Role Fatigue, *Group Psychotherapy, Psychodrama and Sociometry*, Vol. XXXIII (1980), 185-191.

che Stadien: die Rollenwahrnehmung (*role perception*) und das Rollenspiel (*role enactment*). Zuerst nimmt man die mit dem Rollen-Selbst und dem Anderen verknüpften Erwartungen wahr, dann wird die Einstellung zur Rolle angenommen. Später formt man seine spezifische Form der Rolle. Dann erst zeigt sich das Rollenverhalten. Es ist schwierig, eine Rolle zu verkörpern, ohne sie zuvor wahrzunehmen.

Unser Selbstvertrauen ist abhängig von den Rollen, die wir im Leben übernehmen, und von deren Wertschätzung; zeitweise besteht unsere einzige Möglichkeit der Kommunikation mit anderen in unseren Rollen, die wir mit ihnen spielen. Wenn wir beginnen, unsere Rollen geringer zu bewerten, haben wir es schwer, nicht auch uns selbst geringer einzuschätzen. Man braucht nicht viel, um die Selbstachtung eines Individuums, welches nicht zu dem steht, was es tut, zu untergraben. Laut *Moreno* entwickelt sich das „Selbst" aus der „Rolle" (*Moreno* 1962). In diesem Beispiel ist die eigene Individualität bedroht. Man versteht leicht, warum eine solche Person zu psychosomatischer Krankheit oder zu emotionalen Problemen neigt (*Hollander* 1968).

Wir wollen nun einen Menschen betrachten, dessen erster Weg, mit anderen zu kommunizieren, über eine Rolle geht, die für ihn aber, aus welchen Gründen auch immer, unbefriedigend ist. Verlust des Rollenwertes (*role value*) ist gleichzeitig ein Verlust dessen, was als „ursprünglich" bezeichnet wird. Wenn dieser Fall eintritt, wird das sozialkollektive Element weniger erreichbar oder es wird zumindest weniger sicher und weniger bestimmt. Man erkennt leicht, warum ein solcher Mensch diese Rolle nicht gut spielen kann und sich dadurch von anderen entfernt. Z. B. eine Frau, deren ursprüngliche Identität in der Rolle der Mutter bestand und deren Kinder sie nicht mehr als Mutter brauchen, wird es nicht länger zufriedenstellen, eine Mutter zu sein. Die Frau wird sich gleichzeitig fragen, welche anderen Werte als die der „Mutter" ihr bleiben. Bisher war es von größter Wichtigkeit für sie, sich mit dem signifikanten Anderen, „Mutter", in Beziehung zu setzen. Nun findet sie in dieser Rolle keine Befriedigung mehr und verliert die Lust, die noch übrig gebliebenen Forderungen der *Rolle* zu spielen. Sie zeigt Unsicherheit im Umgang mit denen, die in ihr die „Mutter" sahen. Mit der Auflösung der Rolle zerfällt das von *Moreno* beschriebene Bindeglied (*link*)\* zwischen „privat" und „kollektiv", „selbst" und „anderen" ebenfalls.

In Situationen, in denen Lebensentscheidungen getroffen werden müssen, sind diese Menschen selten mit klaren negativen oder positiven Alternativen konfrontiert. Meistens sind beide Aspekte vermischt,

---

\*) Zum „link" zwischen den Rollen vgl. Abb. S. 293 (d. Hrsg.).

was dann das Dilemma des Annäherungs-Vermeidungs-Konfliktes (*approach-avoidance*) hervorruft. Situationen, die attraktive (*approach*) und unattraktive (*avoidance*) Elemente zugleich enthalten, enden unweigerlich in Stagnation. Um einen derartigen Fall handelt es sich bei der oben beschriebenen Rolle, die nicht länger aufrecht erhalten werden kann, aber für das Selbstvertrauen und den angstfreien Anschluß an die Umwelt notwendig ist. Wäre die Entscheidung einfacher, würde der Mensch entweder die Rolle — ganz gleich, was sie erfordert — akzeptieren, oder die Rolle abwerfen und weitergehen. Ohne Spontaneität oder eine befriedigende neue Rolle scheint das jedoch nicht zu funktionieren. Der Rollenträger verharrt in seiner Rolle, wird zunehmend unzufriedener und erscheint schließlich als „rollenmüde". Wir wollen hier zeigen, daß die Auflösung des Rollenwertes zur Rollenmüdigkeit und zum Ausgebranntsein führt.

Begriffsmäßig könnte Rollenmüdigkeit als Verlust der einer Rolle zur Verfügung stehenden Energie bezeichnet werden. Dazu kommen Anteile von physischer, emotionaler und intellektueller Erschöpfung. Dies äußert sich in den schon erwähnten physiologischen, emotionalen und verhaltensorientierten Symptomen oder in Anzeichen von Verwirrung, die anscheinend mit dem Problem nichts zu tun haben. Eines davon könnte ein Abwehrmanöver sein, um die Rolle, die so viel Dissonanz in das gesamte System gebracht hat, in sich zu verschließen. Andere Symptome könnten im Umfeld der Person festgemacht werden: Im engen Kontakt zu anderen wird das Problem durch Televerbindung erspürt und die Umwelt wird sensibel für die Forderungen der Rolle.

Wenn unsere Ausführungen Rollenmüdigkeit einigermaßen genau beschreiben, so werden Psychodramaleiter und Gruppenpsychotherapeuten ein oft vorkommendes Thema wiederfinden. Es gibt Sitzungen, in denen fast jeder Anwesende es leid ist, eine Rolle zu spielen, und gleichzeitig unentschlossen oder unfähig, sie aufzugeben. („Ich habe keine Lust mehr, ein Sexobjekt zu sein, aber ich möchte doch begehrt werden." „Ich bin es leid, den Clown zu spielen, aber ich bekomme dadurch so viel Anerkennung." „Ich habe keine Lust, für meine Familie Essen zu kochen, aber ich möchte nicht, daß jemand anderes es tut"; vgl. *Seemann* [1953] anläßlich einer Diskussion über Rollenambivalenz).

Ausgebranntsein ist eine emotionale Erschöpfung, die besonders in der Arbeit mit Menschen auftritt. Z. B. bei Polizisten und als Folge von Arbeit unter extremen Streßbedingungen (*Maslach, Jackson* 1979). Rollenmüdigkeit zeigt sich nicht nur in helfenden Berufen. Man findet sie auch in anderen Berufen mit hohen Anforderungen, wie z. B. bei Sekretärinnen. Allen gemeinsam ist folgendes: Müdigkeit, altbekannte, oft wiederholte Abläufe einer Rolle zu spielen, obgleich andere die

Arbeit anerkennen. Man stelle sich vor, wie es sein würde, in einem erfolgreichen Schauspiel mitzuwirken, was schon an hundert Abenden aufgeführt worden ist. Wie lange kann sich ein Mensch derselben Routine aussetzen, ehe er tödlich gelangweilt ist? Von Lawrence Olivier wird berichtet, strebsamen Schauspielern folgenden Rat gegeben zu haben: „Spiele eine Rolle niemals länger als 6 Monate, dann ist sie gestorben." Wann tritt der Sättigungswert einer oft gezeigten Aufführung mit den Erscheinungen von Leersein, Sinnlosigkeit und Nutzlosigkeit ein? Wiederholte und sinnlose Aufgaben werden in Gefängnissen und in Sklavenlagern unter Diktatoren angewandt, um die Menschen auf einer menschenunwürdigen Existenzebene zu halten. Oft ist diese nutzlose Beschäftigung eine willkommene Alternative zum Nichts. Charlie Chaplin hat mit „Modern Times" einen beeindruckenden tragikomischen Film gedreht über das Dilemma von Fließbandarbeit und deren Effekt auf den Helden der Handlung.

Selbst wenn eine Rolle zunächst zufriedenstellend ist und entsprechende Anerkennung findet, wird die Zeit, die ein Mensch es ertragen kann, sie wieder und wieder zu spielen, begrenzt sein. Obgleich die helfenden Berufe ihren guten Anteil an Rollenmüdigkeit aufweisen, gibt es zahllose Menschen in Positionen, die nicht als Beruf identifiziert sind, die die Rollenmüdigkeit ebenso gründlich befallen hat. Es ist zwar weniger dramatisch, lustlos Briefe zu tippen, Klienten zu rufen, Bücher zu ordnen oder Windeln zu wechseln, als Arzt zu sein, ein Gefängnis zu betreuen oder mit behinderten Kindern zu arbeiten. Die Müdigkeit ist jedoch genau die gleiche.

In John A. Williams Novelle „Sons of Darkness, Sons of Light" sagt einer der Darsteller: „Ich glaube, ich bin es leid, ein Jude zu sein!" Welcher Prozeß birgt eine derartig negative Einstellung zu einer Lebensform, die so tief verwurzelt ist in Kultur, Familie, Religion und Identitätsgefühl? Wenn es stimmt, daß Rollen sich in zwei Stufen entwickeln, nämlich durch Wahrnehmung (*perception*) und durch Spielen (*enactment*), so könnte die Rollenmüdigkeit denselben Weg gehen. Der Mensch nimmt die Rolle auf andere Weise wahr als in der Vergangenheit und findet die Rollenperformanz schließlich weniger befriedigend. Die Rolle könnte sozial weniger anerkannt gesehen werden als vorher oder nicht in dem Maße sozial anerkannt wie einige andere Rollen, die plötzlich attraktiver erscheinen. Die alte Rolle ist nicht mehr reizvoll, macht den Menschen unzufrieden und beraubt ihn jeder Hoffnung; dies mag zu „Handlungs-Hunger" (*act hunger*) führen. Wie auch immer die Entwicklung sein mag, die Rollenwahrnehmung hat eine Einwirkung auf das Rollenspiel. Mit der Veränderung der Wahrnehmung verliert das Rollenspiel für den Akteur an Bedeutung.

Jobs und Beschäftigungen schlucken einen großen Teil der menschlichen Zeit und Energie; ein großer Teil ihres Identitätsgefühls ist mit der Arbeit verbunden. Darum ist es natürlich, daß Rollenmüdigkeit vom Beruf abhängt. Viele Berufe fordern einen „Gefühlspanzer" vom Arbeiter. Andere erzeugen Streß in verschiedenster Form durch Langeweile, Ritualisierung, Wiederholen oder durch bürokratische Methoden, strenge Vorgesetzte und unerfreuliches Arbeitsklima. Sogar Rollen, die eigentlich ganz befriedigend scheinen, können Verhaltensweisen erfordern, die Dissonanzen erzeugen (z. B. „freundlich" zu sein zu Kunden, Klienten oder Patienten, ohne Rücksicht darauf, wie unausstehlich diese sein mögen). Schließlich wird dadurch der Blickwinkel für die Arbeitsrolle beeinflußt. Motivationsforscher stellten fest, daß 80 % der Arbeiter in diesem Lande morgens ungern an ihre Arbeit gehen. Rollenmüdigkeit ist vielleicht ein Weg, um dieses weitverbreitete Phänomen zu erklären. Rollenmüdigkeit wird leicht nur mit Arbeit und Berufen in Verbindung gebracht, sie ist jedoch auch darüber hinaus ein in unserer Gesellschaft verbreitetes Phänomen, das z. B. auch mit der traditionellen Rollenerwartung von Männern und Frauen zusammenhängt, nämlich mit der Vorstellung, wie diese sich zu verhalten haben, wie Familienkonzeptionen zu sein haben und wie Menschen miteinander umgehen sollten. Es ist wichtig, daß Menschen wahrnehmen, daß sie fortwährend Rollen spielen, die für andere nicht mehr nützlich und für sie selbst nicht mehr befriedigend sind. Meistens sind Menschen unter diesen Umständen blockiert, unbeweglich oder, mit *Morenos* Worten, „konserviert". Sie stellen vielleicht fest, daß sie ihr „Leben in die Hand nehmen" müßten, sind aber zugleich deprimiert, da sich offensichtlich keine Alternative bietet.

Ob das Problem nun in einem Krisenzentrum auftaucht oder während eines Curriculum-Ausschusses, bei der Beratung eines Schwerkranken oder beim Verrichten der Hausarbeit, die gemeinsame Konsequenz ist ein Energiemangel, die Rolle weiterzuspielen. Diese Tatsache bezeichnen wir als Rollenmüdigkeit. Diese geht einher mit einem Verlust von Ich-Stärke, Mangel an Selbstwertgefühl oder einem krankhaften Selbstgefühl und setzt sich aus einer Vielzahl von physiologischen, emotionalen und verhaltensorientierten Symptomen zusammen, wie sie im Vorhergehenden beschrieben wurden. Man kann feststellen, daß es sich durch veränderte Rollenwahrnehmung entwickelt. Theoretisch kann als besonders bezeichnend hervorgehoben werden, daß eine veränderte Rollenperzeption verändertes Rollenspiel hervorbringt.

Nach *Elwood Murray* ist „jede Theorie eine Form von Therapie". Wenn *Morenos* Rollentheorie ein adäquater Weg ist, dieses Phänomen zu beschreiben, könnte sie ebenso (vielleicht ansatzweise) einen Hinweis für die Therapie der Rollenmüdigkeit geben. Angenommen, Rollenmüdigkeit entsteht aus der veränderten Wahrnehmung einer unbefriedigten Rollenperformanz, so könnte ein Konzentrieren auf die Rollenwahrnehmung und das Korrigieren dieser Wahrnehmung für jedes spätere Verhalten entscheidend sein.

Die Therapie der Rollenmüdigkeit würde folgendes einschließen:
1. Eine Neubestimmung dessen, was wahrgenommen wird.
2. Die Rolle auf verschiedene Weise psychodramatisch ausprobieren, um z. B. durch Rollentausch die Perspektive signifikanter Anderer kennenzulernen.
3. Ausarbeitung, Reduzierung oder Eliminieren der Rolle.
4. Wiederaneignen von Rollenerwartungen.
5. Neubestimmung des Rollenspiels.
6. In-Betracht-Ziehen von alternativen Rollen.
7. Ausprobieren von alternativen Rollen.

Alle diese Schritte können sowohl durch Aktionen als auch durch soziometrische Untersuchungen ausgeführt werden. Wir hoffen, diese Vorschläge anwenden zu können und möchten später über die Ergebnisse berichten.

### Literatur

*Adamha News*, US Dept. of Health and Human Services, Washington, D. C., Vol. VI, No. 10, May 20, 1980, p. 4, „Burnout, How Job Stress Takes Its Toll".

*Banton, M.*, Roles, New York, Basic Books, 1965.

*Barbour, A.*, Nonverbal Behavior: Actors and Animals, *Et Cetera*, Vol. 34, No. 4, Dec., 1977.

*Biddle, B., Thomas, E. J.* (Eds.), Role Theory: Concepts and Research, New York, Wiley and Sons, 1966.

*Goffmann, E.*, The Presentation of Self in Everyday Life, New York, Doubleday, 1959.

*Hollander, C.*, Role Conception of the Immobile Psychiatric Patient, M. A. Thesis, University of Denver, LB 2378U6, 1968.

*Kroes, W. H.*, Society's Victim — The Policeman: An Analysis of Job Stress in Policing, Springfield, Mo., Charles C. Thomas, 1976.

*Kroes, W. H., Hurrell, J. J.* (Eds.), Job Stress and the Police Officer: Identifying Stress Reduction Techniques, December, 1975. No. 017-033-0149-9 U.S. Government Printing Office, Washington, D. C. 20402 (n.d.).

*Maslach, C.*, Burned-out, *Human Behavior*, Vol. 5, 1976.

*Maslach, C.* The Client Role in Staff Burnout, *Journal of Social Issues*, Vol. 34, No. 4, 1978.

*Maslach, C., Jackson, S. E.*, Burned-out Cops and Their Families, *Psychology Today*, May, 1979.

*Moreno, J. L.*, Role Theory and the Emergence of Self, *Group Psychotherapy and Psychodrama*, Vol. 15, No. 2, June, 1952.

*Rose-Clapp, M.*, Burnout Syndrome: Who Ministers to the Overworked Minister? *The Denver Post*, Dec. 16, 1979, p. 98.

*Rossiter, A.*, Burnout Hits Execs Swiftly, *The Denver Post*, May 2, 1979, p. 37.

# Literatur

*Abraham, K.*, Über eine besondere Form des neurotischen Widerstandes gegen die psychoanalytische Methodik, Int. Z. f. Psychoanal. 3 (1919) 173-180.
*Adler, A.*, Neurotisches Rollenspiel, Int. Z. für Individualpsychol. 6 (1928) 427-432.
*Adler, A.*, Der Aufbau der Neurose, Int. Z. für Individualpsychol. 10 (1932) 321-328.
*Adorno, Th. W.*, Minima Moralia, Suhrkamp, Frankfurt 1964.
*Adorno, Th. W.*, Negative Dialektik, Suhrkamp, Frankfurt 1967[2].
*Adorno, Th. W.*, Aufsätze zur Gesellschaftstheorie und Methodologie, Suhrkamp, Frankfurt 1970.
*Ajuriaguerra, J. de*, Le corps comme relation, Rev. de psychologie pure et appliqué 2 (1962) 137-157.
*Aguilera, D. C., Messik, J. R.*, Grundlagen der Krisenintervention, Freiburg 1977.
*Alewyn, Th., Sälzle, K.*, Das große Welttheater, Rowohlt, Reinbek 1959.
*Allport, G. W.*, The historical background of modern social psychology, in: G. Lindzey, Handbook of social psychology, Vol. I, Cambridge, Mass., 1954, 3-56.
*Antoch, R.*, Zur Bedeutung des Lebensstil-Konzeptes im Prozeß der Berufsfindung und Berufsberatung, in: Brandl, G. (Hrsg.), Vom Ich zum Wir. Individualpsychologie konkret, Reinhard, München 1979, 129-143.
*Anwärter, M., Kirsch, E., Schröter, K.*, Seminar: Kommunikation, Interaktion, Identität, Suhrkamp, Frankfurt 1976.
*Anzieu, D.*, Analytisches Psychodrama mit Kindern und Jugendlichen, Junfermann, Paderborn 1982.
*Anzieu, D. et al.*, Psychoanalyse und Sprache. Vom Körper zum Sprechen, Junfermann, Paderborn 1982.
*Apel, K. O.*, Das Leibapriori der Erkenntnis, in: H. G. Gadamer, P. Vogeler, Neue Anthropologie, Bd. 7, Thieme, Stuttgart 1975, 264-288.
*Arbeitsgruppe Bielefelder Soziologen* (Hrsg.), Alltagsgewissen, Interaktion und Gesellschaftliche Wirklichkeit, Rowohlt, Reinbek 1973.
*Argelander, H.*, Die szenische Funktion des Ichs und ihr Anteil an der Symptom- und Charakterbildung, Psyche 5 (1970) 325-345.
*Argelander, H.*, Gruppenprozesse, Rowohlt, Reinbek 1972.
*Argyle, M.*, Soziale Interaktion, Kiepenheuer & Witsch, Köln 1972.
*Argyle, M.*, Körpersprache und Kommunikation, Junfermann, Paderborn 1979.
*Asemissen, U.*, Schauspiel und menschliches Sein, Neue Rundschau Jg. 1971, 239-252.
*Austin, J. L.*, How to do things with words, Oxford Univ. Press, Oxford 1963; dtsch.: Zur Theorie der Sprechakte, Reclams U. B., Stuttgart 1972.

*Bahrdt, H. P.*, Zur Frage des Menschbildes in der Soziologie, Europäisches Archiv für Soziologie 1 (1961) 1-17.
*Baldwin, J. M.*, Handbook of psychology, Mc Millan, London 1891.
*Baldwin, J. M.*, Mental Development in the Child and in the Race, Mac Millan, New York 1898.
*Balint, M.*, Urformen der Liebe und die Technik der Psychoanalyse, Huber, Bern 1965.
*Baltes, P.*, Psychologie der Lebensspanne, Klett, Stuttgart 1979.
*Bandura, A.*, Social learning theory, General Learning Press, New York 1971.
*Bandura, A.*, Lernen am Modell, Klett, Stuttgart 1976.
*Banton, M.*, Roles. An introduction to the study of social relations, Basic Books, London/New York 1965.

*Barbour, A.*, The self disclosure aspect of the psychodrama sharing session, *Group Psychotherapy* 4 (1979) 132-138.
*Barbu, Z.*, The sociology of drama, *New Society* 227 (1967) 163-169.
*Baudrillard, J.*, Die Dickleibigkeit als transpolitische Form und Weise des Verschwindens. Symposium: Die Wiederkehr des Körpers. Freie Universität Berlin 30. 3. - 4. 4. 1981; ersch.: in: *Kamper, D., Wulf, Ch.*, Die Wiederkehr des Körpers, Suhrkamp, Frankfurt 1981.
*Baumann, B.*, George H. Mead and Luigi Pirandello, *Social Research* 34 (1967) 563-607.
*Basquin, M. et al.*, Das Psychodrama als Methode in der Psychoanalyse, Junfermann, Paderborn 1981.
*Benedict, R.*, Continuities and discontinuities in cultural conditioning, *Psychiatry* 1 (1938) 161-167; dtsch. in: *Kohli* (1978) 195-205.
*Benoist, J. M.*, Identität. Ein interdisziplinäres Seminar unter Leitung von C. Lévi-Strauss, Klett, Stuttgart 1980.
*Berg, van V.*, Die zwei Soziologien, Individualismus und Kollektivismus in der Soziologie, Mohr, Tübingen 1975.
*Berger, P.*, Einladung zur Soziologie. Eine humanistische Perspektive, Walter, Olten 1963.
*Berger, P., Luckmann, Th.*, The social construction of reality, Doubleday, New York 1966; Die gesellschaftliche Konstruktion der Wirklichkeit, Fischer, Frankfurt 1970.
*Bergson, H.*, Le rire 1900, P. U. F., Paris 1947².
*Bergson, H.*, Essai sur les données immédiates de la conscience [1889], P. U. F., Paris 1948.
*Bermann, L.*, Research in „physio"-drama, *Sociometry* 1 (1947) 87.
*Berne, E.*, Was sagen Sie, nachdem Sie Guten Tag gesagt haben? Kindler, München 1975.
*Bernstein, B.*, Soziokulturelle Determinanten des Lernens, *Kölner Z. Soziol. Sozialpsychol.* 4 (1959)
*Biddle, B. J., Thomas, E. J.*, Role Theory: Concepts and research, Wiley, New York 1966.
*Billen, J.*, Identität und Entfremdung — Zur Grundlegung der Entfremdungstheorie bei Hegel und Marx, in: *Billen, J.*, Identität und Entfremdung, Frankfurt 1979, 13-43
*Binet, A.*, La suggestibilité, Schleicher, Paris 1980.
*Bion, W. R.*, Experiences in groups, Tavistock, London 1961.
*Börne, L.*, Gesammelte Schriften, Hamburg/Frankfurt 1862.
*Bohnen, A.*, Individualismus und Gesellschaftstheorie, Mohr, Tübingen 1975.
*Bollnow, O. F.*, Mensch und Raum, Klett, Stuttgart 1963.
*Borke, H.*, Interpersonal perception of young children: egocentrism or empathy? *Developmental Psychology* 7 (1971) 263-269.
*Borke, H.*, The development of empathy in Chinese and American children between three and six years of age: a cross-cultural study, *Developmental Psychology* 9 (1973) 102-108.
*Braunmühl, E. von*, Antipädagogik, Beltz, Weinheim 1975.
*Breuer, J., Freud, S.*, Studien über Hysterie. G.W. Bd. I, 75, Imago, London 1952.
*Brim, O. G., jr.*, Personality, development as role-learning, in: *I. Iscae, H. Stevenson* (Hrsg.), Personality development in children, Univ. of Texas Press, Austin 1960.
*Brim, O. G. jr., Wheeler, S.*, Erwachsenensozialisation, dva, Stuttgart 1966.
*Bronfenbrenner, U.*, Ansätze zu einer experimentellen Ökologie menschlicher Entwicklung, in: *Oerter* (1978) 33-65.
*Brown, G.*, Human teaching for human learning, Viking, New York 1971.
*Brown, G.*, The live classroom, Viking, New York 1975.
*Brown, G., Petzold, H.*, Gefühle und Aktion, Flach, Frankfurt 1978.

*Brown, G. W., Harris, I.,* Social origins of depression, London 1978.
*Buber, M.,* Ich und Du, Lambert Schneider, Heidelberg 1968.
*Bublitz, H.,* Ich gehörte irgendwie so nirgends hin ... Arbeitertöchter an der Hochschule, Foens-Verlag, Gießen 1980.
*Burke, K.,* The philosophy of literary form: Studies in symbolic action, New York 1941.
*Burke, K.,* The grammar of motives, Prentice Hall, Englewood Cliffs 1945.
*Burke, K.,* Dramatism, in: *D. L. Sills,* International Encyclopedia of the social sciences, Bd. 7, 445-452, 1969.

*Caruso, I.,* Narzißmus und Sozialisation, Bonz, Stuttgart 1980.
*Chandler, M. J., Greenspan, St.,* Ersatz egocentrism. A reply to H. Borke, *Developmental Psychology* 9 (1973) 102-108.
*Claessens, D.,* Rolle und Verantwortung, *Soziale Welt* 1 (1963) 1-13.
*Claessens, D.,* Rolle und Macht, Juventa, München 1970[2].
*Clayton, L.,* The personality theory of J. L. Moreno, *Group Psychotherapy* 18 (1975) 144-167.
*Cobb, S.,* Social support and health through the life course, in: *Riley* (1979) 93-106.
*Coburn-Staege, U.,* Der Rollenbegriff. Ein Versuch der Vermittlung zwischen Gesellschaft und Individuum, Quelle & Meyer, Heidelberg 1973.
*Coburn-Staege, U.,* Lernen durch Rollenspiel, Fischer, Frankfurt 1977.
*Coenen, A.,* Diesseits vom subjektiven Sinn und kollektiven Zwang, Diss. Katholieke Hogeshool Tilburg, Tilburg 1979.
*Comte, A.,* Plan des travaux scientifiques nécessaires pour réorganiser la société, Aubier-Montaigne, Paris 1978.
*Cooley, Ch. H.,* Human nature and the social order, Skribner, New York 1902; Nachdruck, New York 1964.
*Cottrell, L. S.,* Roles and marital adjustment, *Publ. Am Sociol. Soc.* 27 (1933) 107-112.
*Cottrell, L. S.,* The adjustment of the individual to his age and sex roles, *Am. Sociol. Review* 7 (1942) 617-620.
*Coulson, M. A.,* Role: A redundant concept in sociology? in: *Jackson* (1972).
*Coutu, W.,* Emergent human nature, Knopf, New York 1949.
*Coutu, W.,* Role-playing versus role-taking: An appeal for classification, *Am. Sociol. Review* 16 (1951) 180-187.

*Dahl, K.-A.,* Der phänomenologische Ansatz Maurice Merleau-Pontys und seine Bedeutung für die Gestalttherapie, *Integrative Therapie* 2/3 (1981) 95-117.
*Dahrendorf, R.,* Homo Sociologicus, Westdeutscher Verlag, Köln/Opladen 1958, UTB 1974[14].
*Danish, S. J., D'Angelli, A. R.,* Kompetenzerhöhung als Ziel der Intervention in Entwicklungsverläufen über die Lebensspanne, in: *Filipp* (1981) 156-172.
*Datan, N., Ginsberg, L. H.,* Life-span development psychology: Normative life crises, New York 1975.
*Denkler, H.,* Politische Dramaturgie, in: *R. Grimm,* Deutsche Dramatheorien, 2 Bd., Athenäum, Frankfurt 1973.
*Denzin, K.,* The genesis of Self in early childhood, *Sociol. Quart.* 13 (1972) 291-314.
*Dewey, J.,* The school and society, University of Chicago Press, Chicago 1899.
*Dilthey, W.,* Gesammelte Schriften, Bd. 7, Göttingen 1958.
*Döbert, R., Nunner-Winkler, G.,* Konflikt und Rückzugspotentiale in spätkapitalistischen Gesellschaften, *Zeitschr. f. Soziol.* 2 (1973) 301-325.
*Döbert, R., Nunner-Winkler, G.,* Adoleszenzkrise und Identitätsbildung, Suhrkamp, Frankfurt 1975.

*Döbert, R., Habermas, J., Nunner-Winkler, G.,* (Hrsg.), Entwicklung des Ichs, Hain, Meisenheim 1980².
*Dohrenwend, B. S., Dohrenwend, B. P.,* (Hrsg.), Stressfull live events. Their nature and effects, New York 1974.
*Dohrenwend, B. S., Dohrenwend, B. P.,* Some issues in research on stressful life events, J. of Nervous and Mental Disease 166 (1978) 7-16.
*Dollase, R.,* Soziometrie als Interventions- und Meßinstrument, Gruppendynamik 2 (1975) 82-92.
*Dollase, R.,* Einführung zur dtsch. Übers. von *Moreno* (1951), 1981.
*Dolles, W.,* Der „Lausbub" und „Rowdy" als psycho-biologische Rolle, Z. pädagog. Psychol. 2 (1920) 170-179.
*Dreitzel, H. P.,* Die gesellschaftlichen Leiden und das Leiden an der Gesellschaft, Enke, Stuttgart 1968, 1972.
*Dubiel, H.,* Identität und Institution, Bertelsmann Universitätsverlag, Düsseldorf 1974.
*Duncan, H. D.,* Communication and social order, Bedminster, Totowa 1962.
*Duncan, H. D.,* Symbols in Society, Oxforf Univ. Press, New York 1968.
*Durkheim, E.,* De la division du travail social, Alcan, Paris 1893; P. U. F. 1922.
*Durkheim, E.,* Les règles de la méthode sociologique, Alcan, Paris 1894; P. U. F. 1947.

*Eckman, P., Friesen, W. V.,* The repertoire of nonverbal behavior. Categories, origin, usage, and coding, Semiotica 1 (1969) 49-58.
*Eckman, P., Friesen, W. V.,* Constants across cultures in the face of emotion, J. Personal and Social Psychology 17 (1971) 124-134.
*Edding, F.,* Verwirklichung des lebenslangen Lernens, in: *Tietgens, H.,* Leitlinien der Erwachsenenbildung, Westermann, Braunschweig 1972.
*Eggert, M. A.,* Person und Rolle, Voruntersuchungen zu einer Psychologie des kindlichen Rollenspiels, Diss. Freiburg 1936; Wild, Endingen 1937.
*Elias, N.,* Über den Prozess der Zivilisation. Wandlungen des Verhaltens in der weltlichen Oberschicht des Abendlandes, 2 Bde., Suhrkamp, Frankfurt 1976.
*Erikson, E. H.,* Childhood and society, Norton, New York 1950; dtsch.: Kindheit und Gesellschaft, Klett, Stuttgart 1957.
*Erikson, E. H.,* Identität und Lebenszyklus, Suhrkamp, Frankfurt 1966.
*Eppstein, S.,* Entwurf einer integrativen Persönlichkeitstheorie, in: *Filipp* (1979) 15-46.
*Ershov, P. M.,* Regieführen als praktische Psychologie, Moskau 1972 (russ.).
*Essen, S.,* Individualpsychologisches Psychodrama, in: *H. Petzold,* Dramatische Therapie, Hippokrates, Stuttgart 1981.
*Fend, H.,* Sozialisierung und Erziehung, Beltz, Weinheim 1972.
*Ferenczi, S.,* Contributions to psychoanalysis, 2 Bde., London 1952.
*Ferenczi, S.,* Bausteine zur Psychoanalyse, 4 Bde., Huber, Bern 1964.
*Filipp, S. H.,* Aufbau und Wandel von Selbstschemata über die Lebensspanne, in: *Oerter* (1978) 111-134.
*Filipp, S. H.,* Selbstkonzept-Forschung: Probleme, Befunde, Perspektiven, Kohlhammer, Stuttgart 1979.
*Filipp, S. H.,* Entwurf eines heuristischen Bezugsrahmens für Selbstkonzept-Forschung: Menschliche Informationsverarbeitung und Handlungstheorie, in: *Filipp* (1979) 129-152.
*Filipp, S. H.,* Kritische Lebensereignisse, Urban & Schwarzenberg, München 1981.
*Fischer, M.,* Phänomenologische Analysen der Person-Umwelt-Beziehung, in: *Filipp* (1979) 47-74.
*Fischer, M., Fischer, U.,* Wohnortwechsel und Verlust der Ortsidentität als nicht-normative Lebenskrise, in: *Filipp* (1981) 139-253.

*Flavell, J. H.*, The developmental psychology of Jean Piaget, van Nostrand, New York 1967; 1970[7].
*Flavell, J. H.*, Stage-related properties of cognitive development, *Cognitive Psychology* 42 (1971) 421-453.
*Flavell, J. H.*, Cognitive development, Prentice Hall, Englewood Cliffs 1972.
*Flavell, J. H.*, Rollenübernahme und Kommunikation bei Kindern, Beltz, Weinheim 1975.
*Fornari, F.*, Psychoanalyse der ersten Lebensjahre, Fischer, Frankfurt 1970.
*Foucault, M.*, Die Ordnung der Dinge, Suhrkamp, Frankfurt 1971.
*Foucault, M.*, Die Ordnung des Diskurses, Hanser, München 1974.
*Foucault, M.*, Die Subversion des Wissens, Ullstein, Frankfurt 1976.
*Foucault, M.*, Die Archäologie des Wissens, Suhrkamp, Frankfurt 1978.
*Freud, S.*, Wege der psychoanalytischen Therapie (1918), G. W. XII, 181-194.
*Freud, S.*, Das Ich und das Es (1923), G. W. XII, 135-189.
*Freud, S.*, Kurzer Abriß der Psychoanalyse, G. W. XIII, 403-427.
*Freud, S.*, Das Unbehagen in der Kultur, G. W. XIV, 419-506.
*Freud, S.*, Abriß der Psychoanalyse, G. W. XVII, 63-138.
*Friedrichs, J., Kamp, K.*, Methodologische Probleme des Konzeptes „Lebenscyclus", in: Kohli (1978) 154-191.
*Frostholm, B.*, Leib und Unbewußtes, Bouvier, Grundmann, Bonn 1978.
*Fuchs, W. et al.*, Lexikon der Soziologie, Westdeutscher Verlag, Opladen 1973.

*Gadamer, H. G.*, Wahrheit und Methode, Mohr, Tübingen 1975[4].
*Gaillard, O.*, Das deutsche Stanislavski-Buch, Aufbau-Verlag, Berlin 1967.
*Garfinkel, H.*, Studies in ethnomethodology, Prentice Hall, Englewood Cliffs 1967.
*Garvey, C., Hogan, R.*, Social speech and social interation: Egocentrism revisted, *Child Development* 44 (1973) 562-568.
*Gazzaniga, M. S.*, One brain — two minds? *American Scientist* 60 (1972) 311-317.
*Gehlen, A.*, Der Mensch, Athenaion, Wiesbaden 1976.
*Gergen, K.*, Selbsterkenntnis und die wissenschaftliche Erkenntnis des sozialen Handelns, in: Filipp (1979) 75-96.
*Gerhardt, U.*, Rollenanalyse als kritische Soziologie, Luchterhand, Neuwied 1971.
*Getzels, J. W., Guba, E. G.*, Role, role conflict, and effectiveness: an empircal study, *Am. Sociol. Review* 19 (1954) 164-172.
*Geulen, D.*, Das vergesellschaftlichte Subjekt. Zur Grundlegung der Sozialisationstheorie, Suhrkamp, Frankfurt 1976.
*Goffman, E.*, Stigma. Notes on the management of spoiled identity, Prentice Hall, Englewood Cliffs 1963.
*Goffman, E.*, The presentation of self in every day life, New York 1959; dtsch.: Wir alle spielen Theater. Die Selbstdarstellung im Alltag, Piper, München 1969.
*Goffman, E.*, Asylums, Doubleday/Anchor, Garden City 1961; dtsch.: Asyle. Über die soziale Situation psychiatrischer Patienten und anderer Insassen, Suhrkamp, Frankfurt 1974.
*Goffman, E.*, Encounters. Two studies in the sociology of interaction, Indianapolis 1961; dtsch.: Interaktion. Spaß am Spiel, Rollendistanz, Piper, München 1973.
*Goffman, E.*, Rahmenanalyse, Suhrkamp, Frankfurt 1977.
*Goode, W. J.*, A theory of role-strain, *Amer. Soc. Review* 25 (1960) 483-496.
*Goodman, P.*, Compulsory miseducation and the community of scholars, New York 1964.
*Goodman, P.*, Freiheit und Lernen, *Neue Sammlung* 5 (1969) 419-427.
*Goodman, P.*, Über Incidental Education, in: Summerhill pro and contra, Reinbek 1972.

Gordon, C., Socialisation across the life-cycle: a stage developmental model. Harvard University, Department of Social Relations, Mimeograph, Harvard, Boston 1969.
Gordon, C., Role and value development across the liefe-cycle, in: Jackson (1972).
Gosnell, D., Some similarities and dissimilarities between the psychodramaturgical approaches of J. L. Moreno and E. Goffman, Int. J. Sociom. Sociatry 3/4 (1964) 94-106.
Gottschalch, W., et al., Sozialisationsforschung, Fischer, Frankfurt 1971.
Graumann, C. F., Interpersonale Perspektivität und Kommunikation, Phänomenolog. Forschungen 8 (1979) 168-186.
Grabsch, R., Identität und Tod, Campus, Frankfurt 1982.
Greenacre, Ph., Early physical determinants in the development of the sense of identity, J. Amer. Psychoanal. Assn. 6 (1958) 612-627.
Griese, H. M., Erwachsenensozialisation, Beltz, Weinheim 1976.
Grotjahn, M., Analytic psychotherapy with the elderly, Psychoanal. Review 42 (1955) 418-427.
Gross, N., Symbiosis and consensus as integrative factor in small groups, Amer. Sociol. Review 2 (1956) 174-179.
Gross, N. C., et al., Explorations in role analysis. Studies on the school superintendency role, New York 1958.
Guillaume, P., L'imitation chez l'enfant, Alcan, Paris 1925.
Gurvich, G., Sociologie du théatre, Les lettres nouvelles 4 (1956) 196-210.
Gurwitsch, A., Phänomenologie der Thematik und des reinen Ich, Psychol. Forschungen 12 (1929).
Gurwitsch, A., The field of consciousness, Pittsburgh 1964.

Haas, R., Psychodrama und Sociodrama in American education, Beacon House, Beacon 1949.
Habermas, J., Erkenntnis und Interesse, Suhrkamp, Frankfurt 1968a, 1971[2].
Habermas, J., Thesen zur Theorie der Sozialisation, Münster 1968b.
Habermas, J., Zur Logik der Sozialwissenschaften, Suhrkamp, Frankfurt 1970.
Habermas, J., Vorbereitende Bemerkungen zu einer Theorie der kommunikativen Kompetenz, in: Habermas, Luhmann (1971).
Habermas, J., Kultur und Kritik, Suhrkamp, Frankfurt 1973, 1979[2].
Habermas, J., Wahrheitstheorien, in: Festschr. F. W. Schulz, Neske, Pfullingen 1973b.
Habermas, J., Erkenntnis und Interesse, Suhrkamp, Frankfurt 1968, 1972[2].
Habermas, J., Zur Rekonstruktion des historischen Materialismus, Suhrkamp, Frankfurt 1976.
Habermas, J., Können komplexe Gesellschaften eine vernünftige Identität ausbilden, in: Habermas (1976).
Habermas, J., Moralentwicklung und Ich-Identität, in: Habermas (1976).
Habermas, J., Notizen zum Begriff der Rollenkompetenz, in: Habermas, J., Kultur und Kritik, Suhrkamp, Frankfurt 1979.
Habermas, J., Theorie der kommunikativen Kompetenz, 2 Bde., Suhrkamp, Frankfurt 1981.
Habermas, J., Luhmann, N., Theorie der Gesellschaft oder Sozialtechnologie, Suhrkamp, Frankfurt 1971.
Habermas, J., Henrich, D., Zwei Reden aus Anlaß des Hegel-Preises, Suhrkamp, Frankfurt 1974.
Haeberlin, U., Nicklaus, E., Identitätskrisen, Haupt, Bern 1978.
Hale, A., The role diagram expanded, Group Psychotherapy 1/4 (1975) 77-88.
Hartley, E. L., Hartley, R. E., Die Grundlagen der Sozialpsychologie, Rembrandt, Berlin 1955 (orig. 1955).

Hartmann, H., Ich-Psychologie, Klett, Stuttgart 1972.
Haug, F., Kritik der Rollentheorie, Fischer, Frankfurt 1977.
Hebbel, F., Sämtliche Werke, Hist. krit. Asgb. R. M. Werner, 24 Bde., Berlin 1901ff.
Hegel, F. W., Ästhetik, hrsg. v. F. Bassenge, Berlin 1955.
Heinl, H., Petzold, H., Gestalttherapeutische Fokaldiagnose und Fokalintervention bei Störungen aus der Arbeitswelt, Integrative Therapie 1 (1980) 20-57.
Heinl, H., Petzold, H., Psychotherapie und Arbeitswelt, Junfermann, Paderbon 1982.
Hentig, H. von, Magier oder Magister. Über die Einheit der Wissenschaft im Verständigungsprozess, Suhrkamp, Frankfurt 1974.
Hoffmann, J., Das Theater mit der Rollentheorie, Das Argument 85 (1973) 927-937.
Holmes, T. H., Harris, T. O., Peto, J., Life events and psychiatric disorders. Part 2: Nature of causal line, Psychol. Med. (1973) 159-176; dtsch. in: Katschnig (1980).
Homans, G. C., Social behavior. Its elementary forms, London 1961.
Hulett, J. E., The persons time perspective and the social role, Social Forces 23 (1944) 155-159.
Husserl, E., Cartesianische Meditationen, M. Nijhoff, Den Haag 1973.
Ichheiser, G., „Sein" und „Erscheinen". Ein Beitrag zur Psychologie des Selbstbewußtseins, Jahrbuch der Charakterologie 5 (1928) 21-66.
Ichheiser, G., Die Überschätzung der Einheit der Persönlichkeit als Täuschungsquelle bei der psychologischen Beurteilung des Menschen, Zeitschr. für angew. Psychol. 33 (1929) 279-291.
Ichheiser, G., The image of the other man: A study of social psychology, Sociometry 3 (1940) 277-291.
Ichheiser, G., Misinterpretations of personality in every day life and the psychologist's frame of reference, Character and Personality 12 (1943) 145-160.
Ichheiser, G., Structure and dynamics of interpersonal relations, Amer. Sociol Rev. 3 (1943) 302-305.
Iljine, V. N., Improvisiertes Theaterspiel zur Behandlung von Gemütsleiden, Teatralny Kurier, Beilage, Kiew 1909 (russ.).
Iljine, V. N., Kranke spielen Theater — ein Weg zur Heilung des Leibes und der Seele, Teatralny Kurier, Beilage, Kiew 1910 (russ.).
Iljine, V. N., Die Struktur des menschlichen Körpers, die Charakterologie und die Rolle des Geistes, Budapest 1923 (russ.).
Israel, J., Der Begriff der Entfremdung — Makrosoziologische Untersuchungen von Marx bis zur Soziologie der Gegenwart, Rowohlt, Reinbek 1975[3].

Jackson, J. A., Role, University Press, Cambridge, 1972.
Jacobson, E., Das Selbst und die Welt der Objekte, Suhrkamp, Frankfurt 1973.
James, W., The principles of psychology, London/New York 1890, Nachdr. 1950.
James, W., Psychology. The briefer course, New York 1892; Nachdruck 1961.
Janet, P., Les médications psychologiques, Alcan, Paris 1919.
Janet, P., L'évolution de la mémoire et de la notion de temps, Chahine, Paris 1928.
Janet, P., L'évolution psychologique de la personnalité, Chahine, Paris 1929.
Janet, P., L'intelligence avant le language, Flammarion, Paris 1936.
Janet, P., Les troubles de la personnalité, Ann. med. psychol. 95 (1937) 141-200 und 421-468.
Janov, A., The primal scream, Bell, New York 1970.
Jaquenoud, R., Rauber, A., Intersubjektivität und Beziehungserfahrung als Grundlage der therapeutischen Arbeit in der Gestalttherapie, Beiheft 4 zur Integrativen Therapie, Junfermann, Paderborn 1981.
Jennings, H. C., Psychoanalysis and Dr. Moreno, Impromptu 2 (1931) 12-14.

*Jennings, H.*, Experimental evidence on the social atom at two time points, *Sociometry* 2 (1942) 135-145.
*Jetter, W.*, Symbol und Ritual. Anthropologische Elemente im Gottesdienst, Vandenhoeck & Rupprecht, Göttingen 1978.
*Joas, H.*, Die gegenwärtige Lage der soziologischen Rollentheorie, Akademische Verlags-gesellschaft, Wiesbaden 1973, 1978 3. Aufl.
*Joas, H.*, George Herbert Mead, in: *Käsler, D., C. H. Beck*, Die Klassiker des soziologischen Denkens, 2 Bde., München 1978, Bd II, 7-39.
*Joas, H.*, Praktische Intersubjektivität. Die Entwicklung des Werkes von G. H. Mead, Suhrkamp, Frankfurt 1981.

*Katschnig, H.*, Sozialer Stress und psychische Erkrankung, Lebensverändernde Ereignisse als Ursache seelischer Störungen, Urban & Schwarzenberg, München 1980.
*Katz, R. L.*, Empathy — its nature and uses, Free Press, Collier-Macmillan, New York, Toronto 1968.
*Keller, M.*, Kognitive Entwicklung und soziale Kompetenz, Klett, Stuttgart 1976.
*Kellermann, H.*, Widerstand im Psychodrama, in: *Petzold, H.*, Der Widerstand als Konzept der Psychotherapie, Junfermann, Paderborn 1981.
*Kelly, G.*, The psychology of personal constructs, Norton, New York 1956; dtsch.: Junfermann 1983.
*Kemper, Th. D.*, Self-Conceptions and the expectations of significant others, *The Sociological Quarterly* 7 (1966) 323-343.
*Kernberg, O.*, Further contributions to the treatment of narcisstic personalities, *Int. J. Psychoanal.* 55 (1974) 215-240.
*Klapp, O. E.*, The concept of consensus and its importance, *Sociology and Social Research* 41 (1957) 336-342.
*Klein, G. S.* Two theories for one? *Bulletin of the Menninger Clinic* 3 (1973) 102-132.
*Klein, K.-P.*, Identität als Ware — Rezeptionstheoretische und didaktische Aspekte der Trivialliteratur, in: *Billen* (1979) 80-99.
*Klein, M.*, Die Psychoanalyse des Kindes, Kindler, München 1973.
*Kluth, H.*, Sozialprestige und sozialer Status, Enke, Stuttgart 1957.
*König, R.*, Freiheit als Problem der Wissenschaft, Berlin 1962.
*Köstlin-Gloger, G.*, Sozialisation und kognitive Stile, Beltz, Weinheim 1973.
*Kohli, M.*, Soziologie des Lebenslaufs, Luchterhand, Neuwied 1978.
*Kohli, M.*, Sozialisation und Lebenslauf, in: Zwischenbilanz der Soziologie. Verhandlungen des 17. Deutschen Soziologentages, Enke, Stuttgart 1976.
*Kohut, H.*, Analysis of the self, Intern. Universities Press, New York 1971; dtsch.: Narzißmus, Suhrkamp, Frankfurt 1973.
*Kohut, H.*, The search for the self, Intern. Universities Press, New York 1978.
*Kosík, K.*, Individuum a dejiny, *Palmen* 10 (1966) 3-10.
*Krappmann, L.*, Soziologische Dimensionen der Identität, Klett, Stuttgart, 1969, 1978[5].
*Kreckel, R.*, Soziologisches Denken, Leske, Opladen 1975.
*Kristeva, J.*, Polylogue, Seuil, Paris 1977.
*Kristeva, J.*, Die Revolution der poetischen Sprache, Suhrkamp, Frankfurt 1978.
*Kristeva, J.*, Das Subjekt im Prozeß: Die poetische Sprache, in: *Benoist* (1980) 187-221.
*Kuhn, Th. S.*, Die Struktur wissenschaftlicher Revolutionen, Suhrkamp, Frankfurt 1973.
*Kuhn, T. S.*, Die Entstehung des Neuen, Suhrkamp, Frankfurt 1977.
*Kuhn, T. S.*, Second thoughts on paradigms, in: *Suppe, F.* (Hrsg.), The structure of scientific theories, Urbana, Ill. 1974, 459-482; dtsch. in: *Kuhn* (1977) 389-420.
*Kutter, P.*, Konflikt und Krankheit, *Psycho-Analyse* 1 (1980) 8-23, Bonz, Stuttgart.

Kwant, R. C., Mens en expressie in het licht van de wijsbegeerte van Merleau-Ponty, Het Spectrum, Utrecht/Antwerpen 1968.
Lacan, J., Schriften, Bd. I., Suhrkamp, Frankfurt 1975.
Lederman, J., Anger and the rocking chair, Viking, New York 1969.
Lehr, U., Psychologie des Alterns, Steinkopf, Darmstadt 1977, 1979³.
Leitner, H., Identität, Körper, Zeit, Wege zum Menschen 5/6 (1982a) 180-192.
Leitner, H., Lebenlauf und Identität, Campus, Frankfurt 1982b.
Lempers, J. D., Flavell, E. R., Flavell, J. H., The development in very young children of tacit knowledge concerning visual perception, Genetic Psychol. Monogr. 1979.
Leonhard, G. B., Education and Ecstasy, New York 1968; dtsch.: Erziehung durch Faszination, Anschlag auf die ordentliche Schule, Rowohlt, Reinbek 1973.
Leontjew, N. N., Probleme der Entwicklung des Psychischen, Fischer, Athenäum, Frankfurt 1973.
Leutz, G. A., Vom kindlichen Spiel zum Psychodrama, Schweizer Theaterjahrbuch 33 (1967) 172-178.
Leutz, G. A., Correspondences between the psychodramatic theory of child development and the techniques, processes and therapeutic goals of psychodrama, Ref. auf dem Intern. Kongress für Gruppenpsychotherapie, Kopenhagen 1980, ersch. in den Proceedings, London 1981, und dtsch.: „Entsprechungen zwischen der Spontaneitätstheorie der kindlichen Entwicklung und Prozess und Ziel der Psychodramatherapie", in: Psychoth. Psychosom. med. Psychol., Thieme, Stuttgart 1982 (im Druck).
Leutz, G. A., Oberborbeck, K., Psychodrama, Vandenhoeck & Rupprecht, Göttingen 1980.
Lévi-Strauss, C., Das Wilde Denken, Suhrkamp, Frankfurt 1973.
Lévi-Strauss, C., Tristes Tropiques, Plon, Paris 1977.
Lévi-Strauss, C., Vorwort, in: Benoist (1980) 7-9.
Levin, D. C., The Self: A contribution to its place in theory and technique, Intern. J. Psychoanal. 50 (1969) 41.
Levin, D. C., Discussion of the Self: A contribution to its place in theory and technique, Intern. J. Psychoanal. 51 (1970) 175.
Levita, D. J. de., The concept of identity, Mouton, Paris 1965; dtsch.: Der Begriff der Identität, Suhrkamp, Frankfurt 1971.
Lewin, K., Feldtheorie in den Sozialwissenschaften, Huber, Bern 1963.
Lichtenstein, H., Towards a metapsychological definition of the concept of the self, Intern. J. Psychoanal. 4 (1965) 117.
Lieber, H. J., Geschichte und Gesellschaft im Denken Diltheys, Kölner Z. Soziol. Sozialpsychol. 17 (1965) 703-742.
Liebermann, M. A., Adaptive processes in late life, in: Datan, Ginsberg (1975) 135-160.
Linton, R., The study of man, Appleton-Century, New York 1936.
Linton, R., The cultural background of personality, Appleton-Century, N. Y. 1945.
Linton, R., The tree of culture, Knopf, New York 1955.
Linton, R., Cultural and mental disorders, Thomas, Springfield 1957.
Lipp, W., Plan, Sprache und Gründung. Zur Soziologie geschichtlicher Initiative, in: Maciejewski (1975) 162-209.
Loch, W., Rollenübernahme und Selbstverwirklichung, in: G. Bräuer, Studien zur Anthropologie des Lernens, Essen 1968.
Löwith, K., Das Individuum in der Rolle des Mitmenschen, Drei Masken, München 1928.
Lorenzer, A., Sprachzerstörung und Rekonstruktion, Suhrkamp, Frankfurt 1970.
Lorenzer, A., Zur Begründung einer materialistischen Sozialisationstheorie, Suhrkamp, Frankfurt 1972.

Lorenzer, A., Sprachspiel und Interaktionsformen, Suhrkamp, Frankfurt 1977.
Luckmann, T., Das Problem der Religion in der modernen Gesellschaft, Rombach, Freiburg 1963.
Luhmann, N., Funktion und Folgen formaler Organisation, Berlin 1964.
Luhmann, N., Zweckbegriff und Systemrationalität, Mohr, Tübingen 1968.
Luhmann, N., Diskussion als System, in: Habermas, Luhmann (1971).
Lumpkin, K. D., The family: A study of member roles, University of north Carolina Press, Chapel Hill 1933.

Maciejewski, F., Theorie der Gesellschaft oder Sozialtechnologie, Theorie-Diskussion, Supplement I, Suhrkamp, Frankfurt 1975.
Mack, J. E., Borderline states in psychiatry, Grune & Stratton, New York 1975.
Mahler, M., Die psychische Geburt des Menschen, Fischer, Frankfurt 1979.
Maier, N. R. F., Solem, A. R., Maier, A. A., Rollenspielpraxis im Führungstraining DVA, Stuttgart 1977.
Marcel, G., Leibliche Begegnung, in: A. Kraus, Leib, Geist, Geschichte, Hüthig, Heidelberg 1978.
Marek, H. G., Der Schauspieler im Lichte der Soziologie, Wien 1956.
Marx, K., Das Kapital, Kröner, Stuttgart 1961; Capital, London 1906.
Marx, K., Das Elend der Philosophie, Frühschriften, Hrsg. von S. Landshut, Stuttgart 1955.
Marx, K., Das Achtzehnte Brumaire des Louis Bonaparte. Politische Schriften Bd. I. Hrsg. von H. J. Lieber, Darmstadt 1960.
Maslow, A., Self-actualization and beyond, in: Bugenthal, J. F. I. (Hrsg.), Challenges of humanistic psychology, New York 1967, 279-286.
Masterson, J., Treatment of the borderline adolescent, Wiley, New York 1972.
Mathias, U., Eltern als integrative Erzieher, in: Petzold, Brown (1977) 185-200.
Matisson, M.-D., Le psychodrame, Editions universitaires, Paris 1973.
Matzner, J., Der Begriff der Charaktermaske bei Karl Marx, Soziale Welt 15 (1964) 130-139.
Maurer, F., Lebensgeschichte und Identität, Fischer, Frankfurt 1981.
Maurer, F., Räumliche Umwelt und Identität, Wege zum Menschen 5/6 (1982) 193-204.
Mc Call, G., Simmons, J. L., Identities and interactions, Free Press/Macmillan, New York 1966; dtsch.: Identität und Interaktion, Schwann, Düsseldorf 1974.
McKinney, J. C., A comparison of the social psychology of G. H. Mead and J. L. Moreno, Sociometry 4 (1947) 338-349.
McIntyre, C. J., Acceptance by others and its relation to acceptance of self and others, J. abnorm. social Psychol. 17.
Mead, G. H., Rezension von G. Simmel, Philosophie des Geldes, J. Polit. Econ. 9 (1900/01) 616-619.
Mead, G. H., The definition of the physical, Decennial Publications, University of Chicago Ill. (1903) 77-112.
Mead, G. H., Social psychology as counterpart of physiological psychology, Psychological Bulletin VI (1909) 401-408.
Mead, G. H., The social self, Journal of Philosophy X (1913) 374-380.
Mead, G. H., The genesis of the Self and social control, Intern. J. of Ethics XXXV (1924/25) 251-277.
Mead, G. H., A behavioristic account of the significant symbol, Journal of Philosophy IXX (1929) 157-163.
Mead, G. H., A pragmatic theory of truth, Univ. California Publ. Philos. 11 (1929) 65-88.

*Mead, G. H.*, The nature of the past, in: *Cross, J.*, Essays in honour of John Dewy, New York 1929, 235-407.
*Mead, G. H.*, Cooley's contribution to American social thoughts, *Amer. J. Sociol.* XXXV (1929/30) 693-706.
*Mead, G. H.*, The philosophy of the present, University of Chicago Press, Chicago 1932; dtsch. in Auswahl in: Mead (1969).
*Mead, G. H.*, The philosophy of the act, Univ. of Chicago Press, Chicago 1938.
*Mead, G. H.*, Mind, self and society, University of Chicago Press 1934; dtsch.: Geist, Identität, Gesellschaft, Suhrkamp, Frankfurt 1975.
*Mead, G. H.*, Selected writings. George Herbert Mead (Hrsg.) *A. J. Reck*, Indianapolis 1964.
*Mead, G. H.*, George Herbert Mead on Social Psychology. Selected Papers, hrsg. von *A. Strauss*, University of Chicago Press, Chicago 1964; dtsch.: Sozialpsychologie, Luchterhand, Neuwied 1969.
*Merleau-Ponty, M.*, Phénoménologie de la perception, Gallimard, Paris 1945.
*Merleau-Ponty, M.*, Le visible et l'invisible, Gallimard, Paris 1964.
*Merleau-Ponty, M.*, La prose du monde, Gallimard, Paris 1969.
*Merton, R. K.*, The role-set. Problems in sociological theory, *British J. Sociol.* 8 (1957) 106-122.
*Merton, R. K.*, Social theory and social structure, New York 1957[2].
*Miller, P. M., Kessel, F. S., Flavell, J. H.*, Thinking about people thinking about people... A study of social cognitive development, *Child Development* 44 (1970) 613-623.
*Montada, L.*, Kritische Lebensereignisse im Brennpunkt: Eine Entwicklungsaufgabe für die Entwicklungspsychologie? in: *Filipp* (1981) 272-292.
*Montagu, A.*, Körperkontakt, Klett, Stuttgart 1975.
*Mordini, A.*, Der Logos des Theaters — Zu einer Metaphysik des Schauspielers, *Antaios* 7 (1965/66) 242-364.
*Moreno, F. B.*, Sociometric status in a nursery school group, *Sociometry* 4 (1942) 395-411.
*Moreno, F. B.*, Combining role and sociometric testing — a methodological approach, *Sociometry* 2/3 (1946) 155-161; dtsch. dieses Buch S. 349-356.
*Moreno, J. L., (Jakob Levy)*, Homo Juvenis (1909), in: Einladung zu einer Begegnung 1 (1914) 19-22; in unzuverlässiger engl. Übers., *Group Psychotherapy* 3/4 (1970) 79-83.
*Moreno, J. L., (Jakob Levy)*, Einladung zu einer Begegnung, Flugbericht, Anzengruber, Wien 1914.
*Moreno, J. L.*, Die Gottheit als Komödiant, Anzengruber, Wien 1919.
*Moreno, J. L.*, Rede über den Augenblick, Anzengruber, Wien 1923.
*Moreno, J. L.*, Das Stegreiftheater, Kiepenheuer, Potsdam 1924; 2. Aufl. Beacon House 1970.
*Moreno, J. L.*, Rede vor dem Richter, Anzengruber, Wien 1925.
*Moreno, J. L.*, The inauguration of impromptu (Editorial), *Impromptu* 2 (1931a) 3.
*Moreno, J. L.*, Notes on the pathology of immediate creation, *Impromptu* 2 (1931b) 11-12.
*Moreno, J. L.*, Application of the group method to classification National Committee on Prisons and Prison Labor, Washington 1932.
*Moreno, J. L.*, Who shall survive? A new approach to the problem of human inter-relations, Nervous and Mental Disease Publishing Company, Washington, D. C. 1934; erw. Ausgabe Beacon House, Beacon 1953; dtsch.: Die Grundlagen der Soziometrie. Wege zur Neuordnung der Gesellschaft, Westdeutscher Verlag, Köln/Opladen 1954, 2. Auflage 1967.

*Moreno, J. L.,* Report of the research staff to the advisery research board II, Hudson School, Hudson 1936a.
*Moreno, J. L.,* Organization of the social atom, *Sociometric Review* 1 (1936b) 11-16; repr. *Sociometry* 3 (1947) 287-293; in 1951, 58-64 und 1960, 55-61.
*Moreno, J. L.,* Sociometry relation to other social sciences, *Sociometry* 3 (1937a) 206-219.
*Moreno, J. L.,* Interpersonal therapy and psychopathology of interpersonal relations, *Sociometry* 1 (1937b) 9-76; erweitert bzw. verändert in: *Moreno* (1946).
*Moreno, J. L.,* Psychodramatic shock therapy — a sociometric approach to the Problem of mental disorders, *Sociometry* 1 (1939a) 1-30; repr. *Psychodrama Monographs* 5, Beacon House, Beacon 1939.
*Moreno, J. L.,* Creativity and cultural conserves, *Sociometry* 2 (1939b) 1-36.
*Moreno, J. L.,* Psychodramatic treatment of marriage problems, *Sociometry* 1 (1940a) 1-23.
*Moreno, J. L.,* Psychodramatic treatment of psychoses, *Sociometry* 2 (1940b) 115-132.
*Moreno, J. L.,* Mental catharsis and the psychodrama, *Sociometry* 3 (1940c) 209-244.
*Moreno, J. L.,* The philosophy of the moment and the spontaneity theatre, *Sociometry* 2 (1941a) 205-226.
*Moreno, J. L.,* Foundations of Sociometry, *Sociometry* 1 (1941b) 15-35.
*Moreno, J. L.,* Sociometry and cultural order, *Sociometry* 3 (1943a) 299-344.
*Moreno, J. L.,* The concept of sociodrama, *Sociometry* 4 (1943b) 434-449.
*Moreno, J. L.,* Psychodrama and therapeutic motion pictures, *Sociometry* 2 (1944) 230-244.
*Moreno, J. L.,* Psychodrama and the psychopathology of inter-personal relations, (überarbeitete Fassung von *Moreno* 1937b), *Psychodrama Monographs* 16, Beacon House, Beacon 1945.
*Moreno, J. L.,* Psychodrama, Bd. I., 1946, Beacon House, Beacon 3. Aufl. 1964.
*Moreno, J. L.,* The future of man's world, *Psychodrama Monographs* 21, Beacon House, Beacon 1947a.
*Moreno, J. L.,* The social atom and death, *Sociometry* 10 (1947b) 81-86.
*Moreno, J. L.,* Sociometry and the social philosophy of G. H. Mead, *Sociometry* 4 (1947c) 350-353.
*Moreno, J. L.,* The sociometric approach to social case work, *Sociometry* 2 (1950) 172-175.
*Moreno, J. L.,* Sociometry. Experimental method and the science of society, Beacon House, Beacon 1951; dtsch.: Soziometrie als experimentelle Methode, Junfermann, Paderborn 1981.
*Moreno, J. L.,* A note on sociometry and group dynamics, *Sociometry* 4 (1952a) 364-366.
*Moreno, J. L.,* Psychodramatic production techniques, *Group Psychotherapy* 4 (1952b) 243-273.
*Moreno, J. L.,* Interpersonal therapy, Group-Psychotherapy and the function of the unconscious, *Group Psychotherapy* 3/4 (1954) 191-204.
*Moreno, J. L.,* Preludes to my autobiography, Beacon House, Beacon 1955.
*Moreno, J. L.,* Sociomety and the science of man, Beacon House, Beacon 1956.
*Moreno, J. L.,* Gruppenpsychotherapie und Psychodrama, Thieme, Stuttgart, 1959, 2. Aufl. 1973.
*Moreno, J. L.,* The sociometric reader, Free Press, Glencoe 1960.
*Moreno, J. L.,* The role concept, a bridge between psychiatry and sociology, *Amer. J. Psychiat.* 118 (1961a) 518-523; dtsch.: *Integrative Therapie* 1/2 (1979) 14-23; dieses Buch S. 267-275.

Moreno, J. L., Interpersonal therapy and co-unconscious states, *Group Psychotherapy* 3/4 (1961b) 234-241.
Moreno, J. L., Role theory and the emerge of the self, *Group Psychotherapy* 2 (1962a) 114-117; dtsch.: dieses Buch S. 291-296.
Moreno, J. L., The united role theory and the drama, *Group Psychotherapy* 3 (1962b) 252-254; dtsch.: dieses Buch S. 287-289.
Moreno, J. L., Gedanken zu meiner Gruppenpsychotherapie, *Ciba Symposium* 11 (1963) 148-157, Basel.
Moreno, J. L., Introduction to the third edition von: Moreno, Psychodrama, vol. I (1946), Beacon House, Beacon 1964.
Moreno, J. L., Die Psychiatrie des 20. Jh. als Funktion der Universalia Zeit, Raum, Realität und Kosmos, 2. Intern. Congr. Psychodrama Barcelona 1966; dtsch. in: *Petzold, H.* (1972) 101-112.
Moreno, J. L., The Vienese origins of the encounter movement, paving the way for existentialism, group psychotherapy and psychodrama, *Group Psychotherapy* 1/2 (1969) 7-16.
Moreno, J. L., Das Stegreiftheater und die Stanislavskische Methode, in: Das Stegreiftheater, 2. Aufl., Beacon House, Beacon 1970.
Moreno, J. L., Jennings, H., Spontaneity training — a method of personal development, *Sociometric Review* 1 (1936) 17-23.
Moreno, J. L., Moreno, F. B., Spontaneity theory of child development, *Sociometry* 7 (1944) 89-128; repr. in: *Psychodrama Monograph* 7, Beacon House, Beacon 1944; repr. in: Sociometry and the science of man, Beacon House, Beacon 1956, 137-155; (geänderte, kürzere Fassung) repr. in: *Soziometry* 18 (1956); repr. in: Psychodrama vol. I, Beacon House, Beacon, 3. Auflage 1964, 47-84.
Moreno, J. L., Moreno, F. B., Role test and role diagrams of children, *Sociometry* 3/4 (1945) 188-203; dtsch. dieses Buch S. 331-348.
Moreno, J. L., Moreno, Z. T., Moreno, J., The discovery of the spontaneous man, *Group Psychotherapy* 2 (1955) 103-129.
Moreno, Z. T., Role analysis and audience structure, *Sociometry* 2 (1944) 205-221; dtsch. dieses Buch S. 311-330.
Moreno, Z. T., The „double situation" in psychodrama, *Sociatry* 4 (1947) 436-446.
Moreno, Z. T., Psychodrama in the crib, *Group Psychotherapy* 3/4 (1954) 238-241.
Moreno, Z. T., Die Bedeutung des Doppelgängers und des Rollentausches für den kosmischen Menschen, *Integrative Therapie* 1 (1977) 40-44.
Moreno, Z. T., Barbour, A., Role fatique, *Group Psychotherapy* XXXIII (1980) 185-191; dtsch. dieses Buch S. 357-363.
Müller, M., Über Sinn und Sinngefährdung des menschlichen Daseins, *Philosoph. Jahrbuch* 74, I (1966) 1-29.
Müller, W., Être-au-monde, Bouvier/Grundmann, Bonn 1978.
Müller-Freienfels, R., Philosophie der Individualität, Felix Meiner Verlag, Leipzig 1920, 2. Aufl. 1923.
Müller-Freienfels, R., Geheimnisse der Seele, Delphin-Verlag, München 1927.
Müller-Freienfels, R., Die Entwicklungsphasen als psychosoziologische Rollen, *Vierteljahresschrift für Jugendkunde* 2 (1933) 73-81.
Mundt, Th., Dramaturgie od. Theorie u. Geschichte der dramatischen Kunst, Berlin 1848.
Mosen, J., Sämtliche Werke, Oldenburg 1863.

Nadel, S. F., The theory of social structure, London 1957.
Nash, H., The role of metaphor in psychological theory, *Behavioral Science* 8 (1963) 336-347.

*Natanson, M.*, Man as an actor, *Philosoph. and Phenomenolog. Research* 3 (1966) 330-339.
*Nave-Herz, R.* (Hrsg.), Erwachsenensozialisation, Beltz, Weinheim 1981.
*Neiman, L. J., Hughes, J. W.*, The problem of the concept of role — a re-survey of the literature, *Social Forces* 30 (1951) 141-149.
*Neubauer, W. F.*, Selbstkonzept und Identität im Kindes- und Jugendalter. Erziehung und Psychologie, Beihefte der Zeitschrift *Psychologie in Erziehung und Unterricht*, Heft 73, 1976. Repr. bei Reinhardt, München/Basel 1978.
*Newcomb, Th. M.*, Social psychology, London 1950.
*Newcomb, Th. M.*, An approach to the study of communicative acts, *Psychological Review* 60 (1953) 393-404.
*Newcomb, Th. M.*, The study of consensus, in: *Merton, R.* et al., Sociology today, Basic Books, New York 1959, 272-292.

*Oaklander, V.*, Windows to our children, Real People Press, Moab, Utah 1978; dtsch.: Klett-Cotta, Stuttgart 1982.
*O'Connel, W. E.*, Adlerian psychodrama with schizophrenics, *J. Individual Psychology* 19, 69-76.
*O'Neill, J.*, Modes of individualism and collectivsm, Heinemann, London 1973.
*O'Neill, J.*, Sociology as a skin trade, Heinemann, London 1975.
*O'Neill, J.*, Making sense together. An introduction to wild sociology, Heinemann, London 1979.
*Oerter, H.*, Moderne Entwicklungspsychologie, Auer, Donauwörth 1971.
*Oerter, H.* (Hrsg.), Entwicklung als lebenslanger Prozeß, Hoffmann & Campe, Hamburg 1978.
*Olbrich, E.*, Normative Übergänge im menschlichen Lebenslauf: Entwicklungskrisen oder Herausforderungen? in: *Filipp* (1981) 123-138.
*Olsen, M.*, The process of social organization, Holt, Rinehart & Winston, New York 1968.
*Opp, K.-D.*, Soziales Handeln — Rollen — und soziale Systeme, Enke, Stuttgart 1970.
*Orban, P.*, Sozialisation, Athenäum, Frankfurt 1973.
*Orban, P.*, Subjektivität, Akademische Verlagsanstalt, Frankfurt 1976.
*Orban, P.*, Psyche und Soma. Über die Sozialisation des Körpers, Athenäum, Frankfurt 1981.

*Park, R. E., Burgess, E. W.*, Introduction to the science of sociology, Univ. of Chicago Press, Chicago 1921.
*Parsons, T.*, Age and sex in the social structure of the United States, *Am. J. Sociol.* 42 (1936) 81-94.
*Parsons, T.*, The social system, Free Press, Glencoe, Ill. 1951.
*Parsons, T.*, Der Stellenwert des Identitätsbegriffes in der allgemeinen Handlungstheorie, in: *Döbert, Habermas, Nunner-Winkler* (1980) 68-88.
*Parsons, T., Shils, E. A.*, Towards a general theory of action, Harper & Row, New York 1951.
*Parsons, T., Bales, R. F.*, Family socialisation and interaction process, Free Press, Glencoe, Ill. 1955.
*Pearlin, L. J., Schooler, C.*, The structure of coping, *J. of Health and Social Behavior* 19 (1978) 2-21.
*Peck, R.*, Psychologische Entwicklung in der zweiten Lebenshälfte, in: *Thomae, H., Lehr, U.*, Altern, Probleme und Tatsachen, Akademische Verlagsanstalt, Frankfurt 1972.
*Perls, F. S.*, Gestalttherapie in Aktion, Klett, Stuttgart 1975; Original: Real People Press, Lafayette 1969.

Perls, F. S., Grundlagen der Gestalttherapie, Pfeiffer, München 1976.
Perls, F. S., Gestalt, Wachstum, Integration, Junfermann, Paderborn 1980.
Perls, F. S., Hefferline, R., Goodman, P., Gestalt Therapy, Julian Press, New York 1951; dtsch.: Gestalttherapie, 2 Bde., Klett-Cotta, Stuttgart 1979.
Pettit, J., The life-world and role theory, in: Pivcević, E., Phenomenology and philosophical understanding, Cambridge 1975.
Petzold, H., Some important techniques of psychodrama. Vidareutbildungskurs in psykiatri, E. Franzke (Hrsg.), Växjö 1970b.
Petzold, H., Angewandtes Psychodrama in Therapie, Pädagogik, Theater und Wirtschaft, Junfermann, Paderborn 1972, 2. erw. Auflage 1977.
Petzold, H., Das Soziodrama als Instrument kreativer Konfliktlösung, in: H. Petzold (Hrsg.), Kreativität und Konflikte, Junfermann, Paderborn 1973a; repr. in: Petzold (1981a).
Petzold, H., Gestalttherapie und Psychodrama, Nicol, Kassel 1973b.
Petzold, H., Die Rollentheorie Morenos — Grundlagen und Materialien zur Praxis, Unveröffentl. MS, Düsseldorf 1974a.
Petzold, H., Psychotherapie und Körperdynamik, Junfermann, Paderborn 1974b, 3. Aufl. 1979.
Petzold, H., Drogentherapie, Junfermann, Paderborn 1974c; Klotz, Frankfurt 1980[2].
Petzold, H., Integrative Therapie ist kreative Therapie, Fritz-Perls-Institut, Düsseldorf 1975 (mimeogr.).
Petzold, H., Die neuen Körpertherapien, Junfermann, Paderborn 1977a.
Petzold, H., Integrative Arbeit mit Träumen, Integrative Therapie 3/4 (1977b) 147-175.
Petzold, H., Das Psychodrama als Methode der klinischen Psychotherapie, in: Handbuch der Psychologie, Bd. 8, II, Hogrefe, Göttingen 1978a, 2751-2795.
Petzold H., Das Ko-respondenzmodell in der integrativen Agogik, Integrative Therapie 1 (1978b) 31-58.
Petzold, H., Moreno und Lewin, Gruppendynamik 4 (1979a).
Petzold, H., Psychodrama-Therapie, Dissertation, Philosophische Fakultät, Universität Frankfurt, Institut für Heil- und Sonderpädagogik, in: Beihefte zur Integrativen Therapie 3, Junfermann, Paderborn 1979b.
Petzold, H., Zur Veränderung der sozialen Mikrostruktur im Alter — eine Untersuchung von 40 „sozialen Atomen" alter Menschen, Integrative Therapie 1/2 (1979c) 51-78.
Petzold, H., Die Rolle des Therapeuten und die therapeutische Beziehung, Junfermann, Paderborn 1980a.
Petzold, H., Moreno — nicht Lewin — der Begründer der Aktionsforschung, Gruppendynamik 2 (1980b) 142-160.
Petzold, H., Modelle und Konzepte zu Ansätzen integrativer Therapie, Integrative Therapie 4 (1980c) 323-350.
Petzold, H., Moreno und Lewin und die Anfänge der psychologischen Gruppenarbeit, Z. für Gruppenpädagogik 6 (1980d) 1-18.
Petzold, H., Welttheater — zur Geschichte der Bühnenmetaphern, in: H. Petzold, Dramatische Therapie, Hippokrates, Stuttgart 1981a.
Petzold, H., Das Hier-und-Jetzt-Prinzip in der psychologischen Gruppenarbeit, in: C. H. Bachmann, Kritik der Gruppendynamik, Fischer, Frankfurt 1981b, 214-299.
Petzold, H., Tetradisches Psychodrama als integrative Dramatherapie, 1981c, in: Petzold (1981a).
Petzold, H., Leibzeit, Integrative Therapie 2/3 (1981d) 167-178.
Petzold, H., Theater — oder das Spiel des Lebens, Flach, Frankfurt 1981e.

Petzold, H., "Sich selbst im Lebensganzen verstehen lernen" — Erlebnisaktivierende Methoden in einem integrativen Ansatz zur Vorbereitung auf das Alter, 1981f, in: Schneider (1981) 84-122.
Petzold, H., Grundlagen der menschlichen Kommunikation im Lebensverlauf, Gestalt-Bulletin 1/2 (1981g) 54-69.
Petzold, H., Transcultural aspects of therapeutic communities, Paper for the „International Congress of Therapeutic Communities", Manila, 9.-13. Nov. 1981. Congress Acts, Dare Foundation, Manila 1981h.
Petzold, H., Konzepte des Widerstandes in der Psychotherapie, in: Petzold, H., Widerstand — ein strittiges Konzept in der Psychotherapie, Junfermann, Paderborn 1981i.
Petzold, H., Der Schrei in der Psychotherapie, Trans, Zeitschr. für therapeutische Kultur 1 (1982a) Kaiser, München (im Druck).
Petzold, H., Integrative intervention in the treatment of the drug addict, Paper for the „Intern. Council. Alcohol. Addict., Institute on Treatment of the Drug Addict", 22.-26.3. 1982, Bangkok 1982b; Proceedings ICAA, Genf 1982.
Petzold, H., Methodenintegration in der Psychotherapie, Junfermann, Paderborn 1982c.
Petzold, H., An integrative model of identity and its importance for the treatment of the addict, Bangkok 1982d; Proceedings ICAA, Genf 1982.
Petzold, H., Brown, G. W., Gestaltpädagogik. Konzepte der Integrativen Erziehung, Pfeiffer, München 1974.
Petzold, H., Bubolz, E., Bildungsarbeit mit alten Menschen, Klett, Stuttgart 1976.
Petzold, H., Mathias, U., Integrative Pädagogik in der Arbeit mit behinderten und verhaltensgestörten Kindern, in: Brown; Petzold (1978) 156-166.
Petzold, H., Bubolz, E., Psychotherapie mit alten Menschen, Junfermann, Paderborn 1979.
Petzold, H., Lemke, J., Gestaltsupervision als Kompetenzgruppe, Gestalt-Bulletin 1/2 (1980) 88-94.
Petzold, H., Vormann, G., Therapeutische Wohngemeinschaften, Pfeifer, München 1980.
Petzold, H., Bubolz, E., Persönlichkeitsentwicklung und Soziotherapie mit alten Menschen, 1982 (in Vorber.).
Peukert, U., Interaktive Kompetenz und Identität, Patmos, Düsseldorf 1979.
Pfau-Tiefuhr, U., Begegnung als Ereignis. J. L. Morenos Konzept der Therapeutischen Interaktion, Diss. Med. Hochschule Hannover 1976.
Piaget, J., Nachahmung, Spiel, Traum, Klett, Stuttgart 1969.
Piaget, J., Das moralische Urteil beim Kinde, Fischer, Frankfurt 1973.
Piaget, J., Die Äquilibration der kognitiven Strukturen, Klett, Stuttgart 1976.
Piaget, J., Inhelder, B., Die Psychologie des Kindes, Walter, Olten 1972.
Piaget, J., Inhelder, B., Die Entwicklung des räumlichen Denkens beim Kinde, Klett, Stuttgart 1975.
Plessner, H., Zur Anthropologie des Schauspielers, in: Plessner, H., Zwischen Philosophie und Gesellschaft, Franke, Bern 1953, 180-192.
Plessner, H., Soziale Rolle und menschliche Natur, in: H. Plessner, Diesseits der Utopie, Ausgewählte Beiträge zur Kultursoziologie, Düsseldorf 1966, 23-35.
Ploeger, A., Psychodramatherapie, Z. f. prakt. Psychol. 8 (1970) 366-373).
Politzer, G., Où va la psychologie concrète, Revue de psychologie concrète 2 (1929); dtsch. in: Politzer (1974).
Politzer, G., Psychologie mythologique et psychologie scientifique, Revue de psychologie concrète 2 (1929); dtsch. in: Politzer (1974).
Politzer, G., Kritik der klassischen Psychologie, Europäische Verlagsanstalt, Köln 1974.

*Politzer, G.*, Critique des fondements de la psychologie, P. U. F., Paris 1967; dtsch.: Kritik der Grundlagen der Psychologie, Suhrkamp, Frankfurt 1978.
*Popitz, H.*, Der Begriff der sozialen Rolle als Element der soziologischen Theorie, Mohr, Tübingen 1967; trad. engl. in: Jackson (1972) 11-34.
*Pribram, K. H., Galanter, E., Miller, G. A.*, Strategien des Handelns, Klett, Stuttgart 1973.

*Radecki, J.*, Sociodrama and role stress, Group Psychotherapy XXXIII (1980) 170-178.
*Raiser, K.*, Identität und Sozialität, Kaiser, München 1971.
*Rank, O.*, Das Trauma der Geburt, Leipzig 1924.
*Rapp, U.*, Handeln und Zuschauen, Luchterhand, Neuwied 1973.
*Reich, W.*, Charakteranalyse, Fischer, Frankfurt 1973[3].
*Rellstab, F.*, Stanislavskij Buch, Stutz, Wädenswil 1976.
*Richter, H. E.*, Eltern, Kind, Neurose, Rowohlt, Reinbek 1969.
*Riley, M. W.*, Aging from birth to death, Boulder, Col. 1979.
*Riley, M. W., Riley, J. W., Toby, M. L.*, The measurement of consensus, Social Forces 31 (1952) 97-106.
*Robbins, J. J.*, The poet in impromptu, Impromptu 2 (1931) 6.
*Rocheblave-Spenlé, A. M.*, La notion de rôle en psychologie sociale, P. U. F., Paris 1962.
*Rogers, C.*, Entwicklung der Persönlichkeit, Klett, Stuttgart 1973.
*Rohracher, A.*, Einführung in die Psychologie, Urban & Schwarzenberg, München 1963[12].
*Rohracher, A.*, Die Arbeitsweise des Gehirns und die psychischen Vorgänge, Urban & Schwarzenberg, München 1967[2].
*Rojas-Bermúdez, J. G.*, El objeto intermediaro, Quardenos de Psicoterapie 2 (1967).
*Rojas-Bermúdez, J. G.*, Titeres y psicodrama, Genitor, Buenos Aires 1970.
*Rojas-Bermúdez, J. G.*, Quê es el Psicodrama, Genitor, Buenos Aires 1975.
*Rojas-Bermúdez, J. G.*, Nucleo del Yo, Genitor, Buenos Aires 1979.
*Rommetveit, R. R.*, Social norms and roles, Oslo/Minneapolis 1955.
*Roszak, Th.*, Gegenkultur, Econ, Düsseldorf 1972.
*Rousseau, J. J.*, Emile oder über die Erziehung, UTB, Paderborn 1971.
*Royce, J.*, The world and the individual, McMillan, London 1900.
*Rüther, W.*, Abweichendes Verhalten und labeling approach, Köln 1979.
*Ruge, A.*, Vorwort in: Deutsche Jahresbücher für Wissenschaft und Kunst 4 (Leipzig 1981) 1.
*Rutschky, K.*, Der phänomenologische Rollenbegriff. Arbeitspapier im Seminar „Zur Kritik der bürgerlichen Rollentheorie" Institut für Soziologie, Freie Universität Berlin 1971.

*Sader, M.*, Rollentheorie, in: Handbuch der Psychologie, Bd. 7,1 Hogrefe, Göttingen 1975[2].
*Sarbin, Th.*, The concept of role taking, Sociometry 3 (1943) 273-285.
*Sarbin, Th. R.*, Role theory, in: G. Lindzey, Handbook of Social Psychology, Cambridge (Mass.) Vol. I, 1954.
*Sarbin, Th. R.*, Role. Theoretical interpretation of psychological change, Wiley, New York 1964.
*Sargent, J., Uhl, A., Moreno, J. L.*, Normal and abnormal characteristics of performance patterns, Sociometry 4 (1939) 37-38.
*Scott, M. B., Lyman, S. M.*, Accounts, Americ. Sociol. Review 33 (1968) 46-62; dtsch. in: Anwärter, Kirsch, Schröder (1976) 73-114.

*Searle, J. R.*, Sprechakte. Ein sprachphilosophischer Essay, Suhrkamp, Frankfurt 1971.
*Sears, R., Rau, L., Alpert, R.*, Identification and child rearing, Standford, Calif. 1965.
*Selman, R. L.*, Thinking another's perspective Role-taking development in early childhood, *Child-Development* 42 (1971) 1721-1734.
*Selman, R. L., Byrne, D. F.*, A structural-developmental analysis of the level of roletaking in middle childhood, *Child-Development* 47 (1974) 803-806; dtsch. in: *Döbert, Habermas, Nunner-Winkler* (1980) 109-114.
*Shantz, C. U.*, The development of social cognition, in: *E. M. Hetherington* (Hrsg.), Review of child development reserarch, Chicago 1975, 257-323.
*Sheff, T. J.*, Toward a sociological model of consensus, *Amer. Sociol. Review* 2, (1967) 32-46.
*Shoobs, N.*, The application of Individual Psychology through psychodramatics, *Individual Psychology Bulletin* 5 (1946) 3-21.
*Shoobs, N.*, Individual psychology and psychodrama, *J. Individual Psychol.* 12 (1956) 46-52.
*Shoobs, N.*, Role-playing in the Individual Psychology Interview., *J. Individual Psychology* 20 (1964) 84-89.
*Simmel, G.*, Soziologie. Untersuchungen über die Formen der Vergesellschaftung, Leipzig 1908; 4. Aufl. 1958.
*Simmel, G.*, How is society possible?, *Amer. J. Sociol.* 31 (1910/11) 372-391.
*Simmel, G.*, Zur Philosophie des Schauspielers, *Logos* 9 (1921/22) 339-362; auch in: *Simmel* (1923) 231-265.
*Simmel, G.*, Fragmente und Aufsätze, München 1923.
*Simmel, G.*, Der Schauspieler und die Wirklichkeit, in: Brücke und Tür, Stuttgart 1957.
*Simonov, P. V.*, Die Methode K. S. Stanislavskijs und die Physiologie der Emotionen, Moskau 1962 (russ.).
*Silva Dias, Victor, R. C.*, Tiba, Icami, Núcleo de Eu, Sao Paulo, Industria Grafica e Editora, Sao Paulo 1977.
*Smilansky, B.*, The effects of sociodramatic play on disadvantaged children, Wiley, New York 1968.
*Smith, R. E., Johnson, J. H., Sarason, I. G.*, Life change, the sensation motive, and psychological distress, *J. Consult. Clinic. Psychol* 46 (1978) 348-349.
*Solby, B.*, The role concept in job adjustment, *Sociometry* 2 (1944) 222-229.
*Sorokin, P. A.*, Fads and fables of modern sociology, Regenery, Chicago 1956.
*Spitz, R.*, Eine genetische Theorie der Ichbildung, Fischer, Frankfurt 1972.
*Spitz, R.*, Die Entstehung der ersten Objektbeziehungen, Klett, Stuttgart 1961.
*Spitz, R.*, Vom Säugling zum Kleinkind, Klett, Stuttgart 1969.
*Suchey, H.-H.*, Entfremdung, Wissenschaftl. Buchgesellsch., Darmstadt 1975.
*Sunden, H.*, Die Religion und die Rollen, Tölpelmann, Berlin 1966.

*Schaie, K. W., Parham, I. A.*, Stability of adult personality, Facts or fables? Paper presented for the Division of Adult Development and Aging, American Psychological Association, New Orleans 1974.
*Schaie, K. W., Gribbin, K.*, Einflüsse der aktuellen Umwelt auf die Persönlichkeitsentwicklung im Erwachsenenalter, *Z. f. Entwicklungspsychol. u. pädagog. Psychol.* 4 (1975) 233-243.
*Schenda, R.*, „Education permanente" für das Alter, in: *Petzold, H., Bubolz, E.* (1976) 19-36.
*Schilder, P.*, Das Körperschema. Ein Beitrag zur Lehre vom Bewußtsein des Körpers, Springer, Berlin 1924.

Schilder, P., The image and appearance of the human body, Paul French & Truber, London 1935.
Schless, A. P., Schwatz, L., Goetz, C., Mendel, J., How depressives view the significance of life events, Brit. J. Psychiatr. 125 (1974) 406-410.
Schlüter, K., Der Mensch als Schauspieler, Bonn 1966.
Schneider, H. D., Aspekte des Alterns — Ergebnisse sozialpsychologischer Forschung, Athenäum, Frankfurt 1974.
Schneider, H. D., Resourcen im Alter, Zeitschr. für Gerontol. 12 (1979) 426-438.
Schneider, H. D., Vorbereitung auf das Alter, Schöningh, Paderborn 1981.
Schrader-Klebert, K., Der Begriff der Gesellschaft als regulative Idee. Zur transzendentalen Begründung der Soziologie bei Georg Simmel, Soziale Welt 19 (1968) 97-118.
Schrey, D., Dialogisches Denken, Wissensch. Buchges. Darmstadt 1978.
Schütz, A., Der sinnhafte Aufbau der sozialen Welt, Springer, Wien 1932.
Schütz, A., Collected papers, I - III. The Hague, Nijhoff, The Hague 1970, 1971, 1970.
Schützenberger, A. A., Précis de psychodrame, Editions universitaires, Paris 1970; dtsch.: Hippokrates, Stuttgart 1979.

Stanislavskij, K. S., Die Arbeit des Schauspielers an sich selbst, 2 Bde., Henschel, Berlin 1963.
Stanislavskij, K. S., Stanislavskij's legacy, hrsg.: E. Reynolds, Hapagood, Theatre Art Book, New York 1968.
Stanislavskij, K. S., Building a character, Methuen, London 1969[4].
Stanislavskij, K. S., Das Geheimnis des schauspielerischen Erfolges, Scientia, Zürich, o.J.
Stein, H., Psychoanalytische Selbstpsychologie und Selbstphilosophie, Hain, Meisenheim 1979.
Steiner, C., Scripts people live, Grove, New York 1972; dtsch.: Wie man Lebenspläne verändert, Junfermann, Paderborn 1982.
Steinert, H., Symbolische Interaktion, Klett, Stuttgart 1973.
Steller, M., Hommers, W., Zienert, H. J., Modellunterstütztes Rollentraining, Springer, Berlin 1978.
Stevens, J. O., Die Kunst der Wahrnehmung, Kaiser, München 1975.
Stonequist, E. V., The marginal man, New York 1961[2].
Strauss, A., Spiegel und Masken, Suhrkamp, Frankfurt 1968.
Stryker, S., Die Theorie des symbolischen Interaktionismus, in: Anwärter, Kirsch, Schröter (1976) 257-274.
Struyker-Boudier, C. E. M., Sprechakt und Rede, Phänomenologische Forschungen 8 (1979) 91-136.

Tarde, G., Les lois de l'imitation [1888], Alcan, Paris 1898.
Tarde, G., Etude de psychologie sociale, Girard et Brière, Paris 1898.
Tenbruck, F. H., Georg Simmel, Kölner Z. Soziol. Sozialpsychol. 16 (1958) 587-614.
Thomae, H., Patterns of aging, Karger, Basel 1976.
Tiliette, X., Métraux, A., Maurice Merleau-Ponty: Das Problem des Sinnes, in: Speck, J., Grundprobleme der großen Philosophen. Philosophie der Gegenwart, Bd. II., Vandenhoeck & Ruprecht, Göttingen 1973.
Turner, R. H., Role-taking, role-standpoint and reference-group behavior, Amer. J. Sociol. 61 (1955/56) 316-328.
Turner, R. H., Role-taking: Process versus conformity, in: Rose, A. (Hrsg.), Human behavior and social processes, Rowtledge & Kegan, London 1962, 20-40; dtsch. in: Anwärter, Kirsch, Schröter (1976) 115-139.
Tomaszevski, T., Tätigkeit und Bewußtsein, Beltz, Weinheim 1978.
Turmliz, O., Die Reifejahre, Julius Klinghardt, Leipzig 1924.

*Ullrich, G.*, Identität und Rolle, Probleme des Erzählens bei Johnson, Walser, Frisch und Fichte, Klett, Stuttgart 1977, 5. Aufl., 1981.
*Urbanek, E.*, Roles, masks and characters: A contribution to Marx's idea of the social role, *Social Research* 34 (1967) 529-562.

*Vierkandt, A.*, Gesellschaftslehre, Enke, Stuttgart 1923; 2. überarbeitete Aufl. 1928.
*Vischer, F. F.*, Ästhetik oder Wissenschaft des Schönen, Stuttgart 1857.
*Vorweg, M.*, Grundgedanken zu einer Theorie der Sozialrolle im Kapital von Marx, in: Mende, G., Lange, E., Die philosophische Bedeutung des „Kapital" von Karl Marx, Berlin 1968.

*Waldenfels, B.*, Die Verschränkung von Innen und Außen im Verhalten, *Phänomenologische Forschungen* II, Albert, Freiburg 1976.
*Wallace, A. F. C.*, Paradimatic process in culture change, *Amer. Anthropologist* 74 (1972) 467-470.
*Walter, H. J.*, Gestalttheorie und Psychotherapie, Steinkopff, Darmstadt 1978.
*Weber, M.*, Methodologische Schriften, Studienausgabe, Fischer, Frankfurt 1968.
*Weidenfeld, D.*, Der Schauspieler in der Gesellschaft, Köln/Berlin 1959.
*Weil, P.*, Kosmodrama, Paper Intern. Congr. Group Psychother., Kopenhagen 1980.
*Weiner, H., Knepler, H.*, Rollentheorie und Rollenspiel, in: *Petzold* (1972) 62-77.
*Wellmann, M.*, Basic principles of Moreno's contribution to psychology, *Group Psychotherapy* 16 (1963) 260-284.
*Wellmer, A.*, Kritische Gesellschaftstheorie und Positivismus, Suhrkamp, Frankfurt 1969.
*Wendlandt, W.*, Rollenspiel in Erziehung und Unterricht, Reinhardt, München 1977.
*Werner, H., Kaplan, B.*, Symbol formation. An organism developmental approach to language and the expression of thought, Wiley, New York 1963.
*Wicklund, R. A.*, Die Aktualisierung von Selbstkonzepten in Handlungsvollzügen, in: *Filipp* (1979) 153-170.
*Willms, B.*, Gesellschaftsvertrag und Rollentheorie, *Jahrbuch für Rechtssoziologie und Rechtstheorie* 1 (1970) 275-298.
*Willms, B.*, Funktion-Rolle-Institution, Westdeutscher Verlag, Düsseldorf 1971.
*Wilshire, B.*, Role playing and identity: The limits of the theatrical metaphor, *Cultural Hermeneutics* 4 (1977) 199-207.
*Winnicott, D. W.*, The maturational processes and the facilitating environments, Hogath, London 1965; dtsch.: Reifungsprozeß und fördernde Umwelt, Kindler, München 1974.
*Wiswede, G.*, Rollentheorie, Kohlhammer, Stuttgart 1977.
*Wittgenstein, L.*, Philosophische Untersuchungen, in: Schriften I, Frankfurt 1960.
*Wolff, H. P.*, The developmental psychologies of Jean Piaget and psychoanalysis, New York 1960.
*Wunnenberg, W.*, Die Rolle als Schutz und Gefängnis, *Praxis d. Psychoth. Psychosom.* 25 (1980) 283.

*Zijdervelt, A.*, Twee dilemmas, vier Denkvormen, *Soziale Wetenschappen* 17 (1974) 41-65.

# Schriften von Jakob Levy Moreno,
# 18. 5. 1899 — 14. 5. 1974
*zusammengestellt von H. G. Petzold**

### 1913
Levy, J. (Moreno), Einladung zu einer Begegnung. Das Testament des Schweigens, Flugbericht I, Anzengruber Verlag, Wien, Herbst 1913.

### 1914
—, Einladung zu einer Begegnung. Die vier Menschenalter, Heft 1, Anzengruber Verlag, Wien 1914
—, Homo juvenis (Jesuitenwiese: Sommer 1909), in: Einladung zu einer Begegnung 1 (1914) 19-22; engl. Übers. *Group Psychotherapy* V, XXIII, 3/4 (1970) 74-83.

### 1915
—, Einladung zu einer Begegnung. Das Schweigen — Ich — Die Begegnung. Heft 2, Anzengruber Verlag, Wien, Frühling 1915.

### 1918
—, Daimon, hrsg. von J. L. Moreno, 1 Jahrgang, ab 1919 fortgesetzt als „Der neue Daimon" 1 Jahrgang.
—, Die Gottheit als Autor. Ein Gespräch, *Daimon*, Brüder Suschitzky Verlag, Wien, 1918, 3-21.
—, Ich. Das vollendete Schweigen, *Daimon*, Brüder Suschitzky Verlag, Wien, 1918, 110-111.
—, Bericht aus fünf Zeiten, *Daimon*, Brüder Suschitzky Verlag, Wien, 1918, 140-143.
—, Das Recht der Toten, *Daimon*, Brüder Suschitzky Verlag, Wien, 1918, 161-162.
—, Einladung zu einer Begegnung. Das Testament des Schweigens, *Daimon*, Brüder Suschitzky Verlag, Wien, 1918, 206-207.

### 1919
—, Die Gottheit als Redner, *Der Neue Daimon*, Genossenschaftsverlag; Wien/Prag/Leipzig, 1/2 (1919) 3-18.
—, An alle Leser. Zum Aufstand gegen die Autoren. Erklärung an Spartakus, *Der Neue Daimon*, Genossenschaftsverlag, Wien/Prag/Leipzig, 1/2 (1919) 29-32.
—, Die Gottheit als Komödiant, *Der Neue Daimon*, Genossenschaftsverlag, Wien/Prag/Leipzig, 2/3 (1919) 48-63.
—, Das Königreich der Kinder, Sprüche aus dem Buche der Kinder, *Der Neue Daimon*, Genossenschaftsverlag, Wien/Prag/Leipzig, 8 (1919) 116-118.

### 1920
—, Einladung zu einer Begegnung. Drei Schriften, Genossenschaftsverlag, Wien, Leipzig, 1920.
—, Das Testament des Vaters, Gustav Kiepenheuer, Potsdam 1920, $1922^2$.

### 1922
—, Rede über den Augenblick, Gustav Kiepenheuer, Potsdam 1922.

---

*) Es wurden in dieses Verzeichnis nur Schriften aufgenommen, die ich selbst einsehen konnte. Sämtliche Titel befinden sich im Original oder in Kopie in meiner Bibliothek. Nur die Übersetzungen ins Deutsche wurden mit aufgeführt. Werke von *Moreno* wurden in dreizehn Sprachen übersetzt. Die Übersetzungen sowie die Vielzahl der Nachdrucke in Sammelbänden sind bibliographisch nur noch schwer und kaum noch vollständig zu erfassen.

### 1923
—, Der Königsroman, Gustav Kiepenheuer, Potsdam 1923.

### 1924
—, Das Stegreiftheater, Gustav Kiepenheuer, Potsdam 1924, 2. erw. Aufl. Beacon House, Beacon 1970.
—, Stegreiftheater Modell, in: Almanach, Würthel & Sohn, Wien 1924.
—, Rede über die Begegnung, Gustav Kiepenheuer, Potsdam 1924.

### 1925
—, Rede vor dem Richter, Gustav Kiepenheuer, Potsdam 1925.

### 1928
—, Impromptu school, paper published by the Plymouth Institute, Brooklyn, New York 1928.

### 1929
—, Standartization vs. impromptu, Moreno Laboratories, New York 1929, mimeogr.

### 1931
—, Impromptu. Published as Quarterly Journal by Impromptu, Carnegie Hall, New York. Editor: J. L. Moreno, Managing editor: J. J. Robbins, Assistant editor: Robert Mitchell, 1 Jg. 2 Hefte, 1931.
—, Editorial, *Impromptu* I, 1 (1931) 3.
—, Ave Creator, *Impromptu* I, 1 (1931) 4-5.
—, The impromptu state, *Impromptu* I, 1 (1931) 9.
—, The new name, *Impromptu* I, 1 (1931) 10-11.
—, Dramaturgy and creaturgy, *Impromptu* I, 1 (1931) 12-13.
—, The creative act, *Impromptu* I, 1 (1931) 18-19.
—, Towards a curriculum of the impromptu play school, *Impromptu* I, 1 (1931) 20-23.
—, The inauguration of impromptu, *Impromptu* I, 2 (1931) 3.
—, The creative revolution, *Impromptu* I, 2 (1931) 4-5.
—, The impromptu orchestra, *Impromptu* I, 2 (1931) 7-9.
—, Notes on the pathology of immediate creation, *Impromptu* I, 2 (1931) 11-12.

### 1932
—, Whitin, E. St., Plan and technique of developing a prison into a socialized community, National Committee on Prisons and Prison Labor, New York 1932.
—, Whitin, E. St., Application of the group method to classification, National Committee on Prisons and Prison Labor, New York 1932.
—, The application of the group method to the classification of prisoners, Pamphlet released by the National Committee on Prisons and Prison Labor, New York 1932.

### 1933
—, White, W. A., Psychological organization of groups in the community, 57th Yearbook on Mental Deficiency, Boston, Mass. 1933.

### 1934
—, Who shall survive? A new approach to the problem of human interrelations, Nervous and Mental Disease Publ. Co., Washington 1934; erw. Ausg. Beacon House, Beacon 1953, dtsch., Die Grundlagen der Soziometrie, Westdeutscher Verlag, Opladen 1954, 1967.²

### 1936
—, Sociometric Review, Published by New York State Training School for Girls, Hudson, N. Y., 1 Jahrgang.

—, Organization of the social atom, *Sociometric* Review I (1936) 11-16; repr. *Sociometry* X, 3 (1947) 287-293 Sociometry, experimental method and the science of society, Beacon House, Beacon 1951, p. 58-64; The sociometry reader, The Free Press, Glencoe 1960, p. 55-61.
—, Jennings, H., Spontaneity training, a method of personality development, *Sociometric Review* I (1936) 17-25.
—, Jennings, H., Advances in sociometric technique, *Sociometric Review* I (1936) 26-40.
—, A plan for the re-grouping of communities, *Sociometric Review* I (1936) 58-61.
—, Report of the research staff to the advisory board II, published by New York State Training School for Girls, Hudson, N. Y. 1936.

### 1937
—, Sociometry. A Journal of Inter-Personal Relations. *J. L. Moreno*, Founder and Publisher, *G. Murphy*, Editor, *E. L. Horowitz*, Managing Editor, Beacon Hill, Beacon 1937-1955, 18 Jahrgänge; danach von der American Sociological Society übernommen und weitergeführt.
—, Editorial foreword, Sociometry I, 1/2 (1937) 5-8.
—, Inter-personal therapy and the psychopathology of inter-personal relations, *Sociometry* I, 1/2 (1937) 9-76; repr. in: Psychodrama and the psychopathology of interpersonal relations, Beacon House, Beacon, *Psychodrama Monographs*, 16 (1945).
—, Sociometry in relation to other social sciences, *Sociometry* I, 1/2 (1937) 206-219.

### 1938
—, Jennings, H., Statistics of social configurations, *Sociometry* I , 3/4 (1938) 342-374, repr. in: *Moreno, J. L.*, The Sociometry Reader (1960) 19-51.
—, The racial saturation point in the American community, Address read before the Amer. Assn. for the Advanc. of Science, Ottawa, June (1938) mimeogr.

### 1939
—, Psychodramatic shock therapy — a sociometric approach to the problem of mental disorders, *Sociometry* II, 1 (1939) 1-30; repr. in: *Group Psychotherapy and Psychodrama XXVII*, 1/4 (1974) 2-29; Beacon House, Beacon, *Psychodrama Monographs*, 5 (1939).
—, Creativity and cultural conserves — with special reference to musical expression, *Sociometry* II, 2 (1939) 1-36; repr. in: Psychodramatic treatment of performance neurosis, Beacon House, Beacon, *Psychodrama Monographs*, 2 (1944).
—, *Sargent, J., Uhl, A.*, Normal and abnormal characteristics of performance patterns, *Sociometry* II, 4 (1939) 38-57.

### 1940
—, Psychodramatic treatment of marriage problems, *Sociometry* III, 1 (1940) 1-23; repr. in : *Psychodrama Monographs* 7 (1947), dtsch. in *Petzold, H.*, und *Mathias, U.*, Rollenentwicklung und Identität, Junfermann Verl. Paderborn, 1982, 301-309.
—, Jennings, H. Sargent, J., Time as a quantitative index of inter-personal relations, *Sociometry* III, 1 (1940), 62-80; repr. in: *Sociometry Monographs* 13 (1942).
—, Psychodramatic treatment of psychoses, *Sociometry* III, 2 (1940) 115-132; repr. in: *Psychodrama Monographs* 15 (1948); dtsch. in *Petzold, H.* und *Mathias, U.*, Rollenentwicklung und Identität, Junfermann Verl. Paderborn, 1982, 295-296.
—, Mental catharsis and the psychodrama, *Sociometry* III, 3 (1940), 209-244 repr., *Group Psychtherapy and Psychodrama XXVIII*, 1/4 (1975) 5-32; *Psychodrama Monographs* 6 (1945).
—, A frame of reference for testing the social investigator, *Sociometry* III, 4 (1940) 317-328.

### 1941

—, Foundations of sociometry, an introduction, *Sociometry* IV, 1 (1941) 15-35 repr. *Group Psychotherapy, Psychodrama & Sociometry* XXX, 1/4 (1977) 1-12.
—, The prediction and planing of success in marriage, *Marriage and Family Living*, 3 (1941) 83-84.
—, The words of the father, Beacon House, New York 1941.
—, The philosophy of the moment and the spontaneity theatre, *Sociometry* IV, 2 (1941) 205-226.
—, The advantages of the sociometric approach to problems of national defense, *Sociometry* IV, 4 (1941) 384-391.
—, *Dunkin, W.*, The function of the social investigator in experimental psychodrama, *Sociometry* IV, 4 (1941), 392-417 repr., *Group Psychotherapy and Psychodrama* XXVI, 3/4 (1973) 7-30.

### 1942

—, *Fischel, J.*, Spontaneity procedures in television broadcasting with special emphasis on interpersonal relation systems, *Sociometry* V, 1 (1942) 7-28.
—, *Toeman, Z.*, The group approach in psychodrama, *Sociometry* V, 2 (1942) 191-196.
—, Sociometry in action, *Sociometry* V, 3 (1942) 298-316.

### 1943

—, Open letter to the contributors and readers of sociometry, *Sociometry* VI, 3 (1943) 197-198.
—, Sociometry and the cultural order, *Sociometry* VI, 3 (1943) 299-344.
—, Sociometry in the classroom, *Sociometry* VI, 4 (1943) 425-428.
—, The concept of sociodrama, a new approach to the problem inter-cultural relations, *Sociometry* VI, 4 (1943) 434-449.
—, Anouncement of the Sociometric Institute, Supplement to *Sociometry* 1 (1943).

### 1944

—, *Moreno, Florence, B.*, Spontaneity theory of child development, *Sociometry* VII, 2 (1944) 89-128 repr., *Sociometry* XVIII, 4 (1955) 137-155, Beacon House, Beacon, *Psychodrama Monographs*, 8 (1944).
—, Psychodrama and therapeutic motion pictures, *Sociometry* VII, 2 (1944) 230-240 repr., Beacon House, Beacon, *Psychodrama Monographs*, 11 (1945).
—, A case of paranoia treated through psychodrama, *Sociometry* VII, 3 (1944) 312-327 repr., Beacon House, Beacon, *Psychodrama Monographs*, 13 (1945).
—, *Moreno, Florence B.*, Spontaneity theory in its relation to problems of interpretation and measurement, *Sociometry* VII, 4 (1944) 339-355.
—, *Jennings, H.*, Sociometric methods of regrouping with reference to authoritative and democratic methods, *Sociometry* VII, 4 (1944) 397-414.

### 1945

—, The two sociometries, human and subhuman, *Sociometry* VIII, 1 (1945) 64-75; repr., Beacon House, Beacon, *Sociometry Monographs*, 38 (1958) 64-75.
—, In memoriam Richard Firestone, *Sociometry* VIII, 1 (1945) 90-91 repr., Beacon House, Beacon, *Sociometry Monographs*, 38 (1958) 90-91.
—, Ideas and plans for the development of a sociometric society, *Sociometry* VIII, 1 (1945) 103-106, repr., Beacon House, Beacon, *Sociometry Monographs*, 38 (1958) 103-106.
—, Sociometry, Comtism and and Marxism, *Sociometry* VIII, 2 (1945) 117-119.
—, Sociometry and the present emergency in the European peace, *Sociometry* VIII, 2 (1945) 174-180.

—, White, W. (Chairman); Speakers: *Branham, V.; Baker, A.; Morse, F.; Jaffray, J.; Alexander, F.; Ellis W.,; Bixby, L., Doll, E.; Holsopple, Q.; Schroeder, P.; Potter, E.; Karpman, B.; Hartwell, S.; Within, S.*, The application of the group method to the classification of prisoners, *Sociometry* VIII, 3/4 (1945) 15-40.
—, Scientific foundations of group psychotherapy, *Sociometry* VIII, 3/4 (1945) 77-84.
—, Moreno, Florence B., Role tests and role diagrams of children, *Sociometry* VIII, 3/4 (1945) 188-204, dtsch. in *Petzold, H.*, und *Mathias, U.*, Rollenentwicklung und Identität, Junfermann Verl. Paderborn, 1982, 331-348.
—, The future of man's world, *Sociometry* VIII, 3/4 (1945) 297-304 repr., Beacon House, Beacon, *Psychodrama Monographs*, 21 (1947).

### 1946

—, Sociogram and sociomatrix, a note to the paper by Forsyth and Katz, *Sociometry* IX, 4 (1946) 348-349 repr., in *Moreno. J. L.*, The Sociometry Reader (1960) 236-237.
—, Situation test, *Sociometry* IX, 2/3 (1946) 166-167.
—, Psychodrama, Vol. I, Beacon House, Beacon 1946, 1970³, dtsch., Junfermann Verl. Paderborn, 1983.
—, Psychodrama and group psychotherapy, *Sociometry* IX, 2/3 (1946) 249-253.

### 1947

—, Sociatry. Journal of Group and Intergroup Therapy, J. L. Moreno, Editor, Beacon House, Beacon 1947-1949, 2 Jahrgänge, ab 1950 als: Group Psychotherapy. Journal of Sociopathology and Sociatry; ab 1970 Group Psychotherapy and Psychodrama; 1974 Editor Jonathan D. Moreno, 1975 Editor Zerka T. Moreno; ab 1976 als Group Psychotherapy, Psychodrama & Sociometry, insgesamt 33 Jahrgänge.
—, Editorial I: The sciences and sociatry, *Sociatry* I, 1 (1947) 7-8.
—, Editorial II: Sociatry and psychiatry, *Sociatry* I, 1 (1947) 9.
—, Foundations of sociatry, an introduction, *Sociatry* I, 1 (1947) 10-15.
—, Editorial foreword, *Sociometry* X, 1 (1947) 8.
—, Progress and pitfalls in sociometric theory, *Sociometry* X, 3 (1947) 268-272.
—, Note on the spontaneity theory of birth, *Sociatry* I, 1 (1947) 127.
—, Note on the models of reality, *Sociatry* I, 1 (1947) 128.
—, Editorial: International sociatry and the united nations organization, *Sociatry* I, 2 (1947) 145-147.
—, Editorial, *Sociatry* I, 3 (1947) 253-254.
—, Sociometry and the social psychology of G. H. Mead, *Sociometry* X, 4 (1947) 350-353.
—, Workshop in sociodrama. Projects and evaluation, *Sociatry* I, 3 (1947) 333.
—, Editorial: The Sociodrama of Mohandas Ghandi, *Sociatry* I, 4 (1947) 357-358.
—, Moreno Clinic, Psychodramatic Institute Program — 1948-49, *Sociometry* X, 4 (1947) 403-404.
—, Sociometric planing of the international congress on mental health, preliminary notes, *Sociatry* I, 4 (1947) 361-364.
—, Forms of psychodrama, *Sociatry* I, 4 (1947) 447-448.
—, Discussion of Snyder's „The present status of psychotherapeutic counseling", *Psychol. Bull*, 44 (1947) 564-567.
—, Contributions of sociometry to research methodology in sociology, *Amer. Sociol. Rev.*, 12 (1947) 287-292.
—, Open letter to group psychotherapists, an introduction to sociatry, *Sociatry* I, 1 (1947) 16-30; repr., Beacon House, Beacon, *Psychodrama Monographs, 23 (1947).*
—, The social atom and death, *Sociometry* X, 1 (1947) 80-84; repr., in: *Moreno, J., L.*, The Sociometry Reader (1960), 52-54.

—, Organization of the social atom, *Sociometry* X, 3 (1947) 287-293; repr., in: *Moreno, J. L., The Sociometry Reader* (1960) 52-54.
—, The theatre of spontaneity, Beacon House, Beacon N. Y., 1947.

### 1948

—, Editorial, *Sociatry* II, 1/2 (1948) 5.
—, Psychodrama of an adolescent, *Sociatry* II, 1/2 (1948) 7-36.
—, Sociology and Sociodrama, *Sociatry* II, 1/2 (1948) 67-68.
—, Experimental theology, *Sociatry* II, 1/2 (1948) 93-98.
—, Psychodrama of a pre-marital couple (a protocol), *Sociatry* II, 1/2 (1948) 103-120.
—, Psychodrama of a marriage (three sessions), *Sociatry* II, 1/2 (1948) 121-169.
—, Spontaneity training and experimental theology, *Sociatry* II, 1/2 (1948) 170-171.
—, Sociodrama „The next president of the United States", a note, *Sociatry* II, 1/ 2 (1948) 172.
—, The spontaneity theory of learning, an introduction, *Sociatry* II, 3/4 (1948) 191-196.
—, The three branches of sociometry: a postscript, *Sociometry* XI, 1/2 (1948) 121-128; repr. Beacon House, Beacon, *Sociometry Monographs*, 21 (1949).
—, Psychodrama and group psychotherapy, *Ann. N. Y. Acad. Sci.*, 49 (1948) 902-903.
—, *Schwartz, M.*, Psychodrama combined with insulin in the treatment of psychoses, *Psychiat. Quart.*, 22 (1948) 621-633.
—, Editor's note, *Sociometry* XI, 3 (1948) 145.
—, Experimental sociometry and the experimental method in science, in: *Bennis, W., Current Trends in Social Psychology*, New York 1948, 119-162.

### 1949

—, Sociometry and Marxism, *Sociometry* XII, 1/3 (1949) 106-143.
—, Origins and foundations of interpersonal theory, sociometry and microsociology, *Sociometry* XII, 1/3 (1949) 235-254.
—, The situation test in American-British military psychology vs. German military psychology, *Sociometry* XII, 4 (1949) 344-353.

### 1950

—, Note as to the possible meaning of group psychotherapy for the people of the United States, *Group Psychotherapy* III, 2/3 (1950) 256-257.
—, Sociometry in relation to other social sciences, *Sociometry* XIII, 1 (1950) 63-75.
—, Introduction, Hypnodrama and psychodrama, *Group Psychotherapy* III, 1 (1950) 1-10.
—, Hypnodrama and psychodrama, Beacon House, Beacon, *Psychodrama Monographs*, 27 (1950) 1-10.
—, Explanatory of terms and concepts, Beacon House, Beacon, *Psychodrama Monographs*, 27 (1950), 55-56.
—, The function of a „Department of human relations" within the structure of the government of the United States, *Group Psychotherapy* III, 4 (1950) 284-291; repr., *International Journal of Sociometry and Sociatry* V, 1/2 (1966) 3-10.
—, Fragments from the psychodrama of a dream, *Group Psychotherapy* III, 4 (1950) 344-365.
—, Group psychotherapy, theory and practice, recommendations presented at the A. P. A. Philadelphia conference on group method (June, 1932), *Group Psychotherapy* III, 2/3 (1950) 142.
—, Cradle of group psychotherapy, its twentieth anniversary within the American Psychiatric Association, *Group Psychotherapy* III, 2/3 (1950) 126-141.
—, The sociometric approach to social case work, *Sociometry* XIII, 2 (1950) 172-175.

—, The ascendance of group psychotherapy and the declining influence of psychoanalysis, *Group Psychotherapy* III 2/3 (1950) 121-125.
—, Note on cohesion in social groups, *Sociometry* XIII, 2 (1950) 176.
—, The group plan, *Group Psychotherapy* III, 2/3 (1950) 143-146.
—, Sociometric theory of leadership and isolation in WHO SHALL SURVIVE?, *Sociometry* XIII, 4 (1950) 382-383.
—, The group diagnostic tests, spontaneity test, *Group Psychotherapy* III, 2/3 (1950) 147-178.
—, Therapy of groups, concerning group therapy in prisons, *Group Psychotherapy* III, 2/3 (1950) 179-188.

### 1951

—, Borgatta, Edgar, F., An experiment with sociodrama and sociometry in industry, *Sociometry* XIV, 1 (1951) 71-104.
—, The situation of group psychotherapy, *Group Psychotherapy* III, 4 (1951) 281-283.
—, Some misunderstandings in the terminology of group psychotherapy and psychodrama, *Group Psychotherapy* IV, 1/2 (1951) 112-113.
—, Sociometry, experimental method and the science of society, Beacon House, Beacon 1951; dtsch. Soziometrie als experimentelle Methode, Junfermann, Paderborn, 1981.
—, Psychodramatic production techniques, the technique of role reversal, the mirror technique, the double technique and the dream technique; transcript of a didactic session, *Group Psychotherapy* IV, 4 (1951) 243-273.

### 1952

—, Sociodramatic approach to minority problems, *Group Psychotherapy* V, 2/3 (1950) 7-19.
—, Current trends in sociometry, *Sociometry* XV, 1/2 (1952) 146-163.
—, Sociodrama of a family conflict, transcript of a session, *Group Psychotherapy* V, 1/3 (1952) 20-37.
—, Some comments to the trichotomy, tele-transference-empathy, *Group Psychotherapy* V, 1/3 (1952) 87-90.
—, A note on Sociometry and group dynamics, *Sociometry* XV, 3/4 (1952) 364-366.
—, How Kurt Lewin's „Research center for group dynamics" started and the question of paternity, a session from the sociometric movement, *Group Psychotherapy* V, 1/3 (1952) 1-4; repr. *Sociometry* XVI, (1953) 101-106.

### 1953

—, Psychodramatic frustration, *Group Psychotherapy* VI, 3/4 (1953) 137-167.

### 1954

—, Old and new trends in sociometry, turning points in small group research, *Sociometry* XVII, 2 (1954) 179-193.
—, Transference, counter transference and tele: Their relation to group research and group psychotherapy, *Group Psychotherapy* VII, 2 (1954) 107-117.
—, Sociometry and experimental sociology, *Sociometry* XVII, 4 (1954) 358-363.
—, Interpersonal therapy, group psychotherapy and the function of the unconscious, *Group Psychotherapy* VII, 3/4 (1954) 191-204; repr., Beacon House, Beacon, *Psychodrama and Group Psychotherapy Monographs*, 35 (1958).
—, Discussion and summary, *Group Psychotherapy* VII, 3/4 (1954) 327-333.

### 1955

—, The birth of a new era for Sociometry, *Sociometry* XVIII, 4 (1955) 5-12.
—, The significance of the therapeutic format and the place of acting out in psychotherapy, *Group Psychotherapy* VIII, 1 (1955) 7-19.

—, Clarification and summary, *Group Psychotherapy* VIII, 1 (1955) 87-91.
—, The sociometric school and the science of man, *Sociometry* XVIII, 4 (1955) 15-35.
—, Preludes to my autobiography, introduction to „Who shall survive?", Beacon House, Beacon 1955.
—, Comments on current trends in psychotherapy, introduction, *Group Psychotherapy* VIII, 2 (1955) 168-169.
—, American culture-in-transition, *Sociometry* XVIII, 4 (1955) 95-99.
—, Comment on current trends in psychotherapy, summary and evaluation, *Group Psychotherapy* VIII, 2 (1955) 191-196.
—, Comments on „The discovery of the spontaneous man", *Group Psychotherapy* VIII, 4 (1955) 351-352.
—, Canon of creativity, analysis of the creativity chart, *Sociometry* XVIII, 4 (1955) 103-104.
—, Crisis of the hippocratic oath, *Group Psychotherapy* VIII, 4 (1955) 357.
—, The group oath, *Group Psychotherapy* VIII, 4 (1955) 357.
—, Theory of spontaneity and creativity, *Sociometry* XVIII, 4 (1955) 105-118.
—, Moreno, Z., Moreno, Jonathan, The discovery of the spontaneous man, *Group Psychotherapy* VIII, 2 (1955) 103-129; repr., Beacon House, Beacon, *Psychodrama And Group Psychotherapy Monographs*, 34 (1958).
—, System of spontane-creativey-conserve, a reply to P. Sorokin, *Sociometry* XVIII, 4 (1955) 126-136; repr., in: *Moreno, J. I.*, The Sociometry Reader (1960) 8-14.
—, Moreno, Z. T., The discovery of the spontaneous man, *Sociometry* XVIII, 4 (1955) 155-182.

### 1956

—, International Journal of Sociometry 1956-1973, Editor: *J. L. Moreno*, Associate Editor: *J. Nehnevajsa*, ab 1957 als International Journal of Sociometry and Sociatry und *H. H. Jennings* als Coeditor, ab 1971 als Handbook of International Sociometry, Beacon House, Beacon, insgesamt 7 Bde.
—, Foreword, *Group Psychotherapy* IX, 3 (1956) 177.
—, The story of Johnny psychodramatist, *International Journal of Sociometry* I, 1 (1956) 3-4.
—, Freud's hundredth birthday, the pioneer of psychoanalysis, *Group Psychotherapy* IX, 4 (1956) 251.
—, Sociometry and the Science of Man, Beacon House, Beacon 1956. Hardcoverausgabe von *Sociometry* XVIII, 4 (1955).
—, The dilemma of existentialism, Daseinsanalyse and the psychodrama, with special emphasis upon existential validation, *International Journal of Sociometry* I, 1 (1956) 55-63.

### 1957

—, Psychodrama of Adolf Hitler, *International Journal of Sociometry and Sociatry* I, 2/3 (1957) 71-79.
—, Psychodrama of „Adolf Hitler", summary and evaluation of the significance of the psychotic Hitler drama, *International Journal of Sociometry and Sociatry* I, 2/3 (1957) 80-81.
—, Replies to Medard Boss, Jiri Kolaja and Jiri Nehnevajsa on existentalism, *International Journal Of Sociometry and Sociatry* I, 2/3 (1957) 117-121.
—, Sociometry of the Soviet purges, a discussion, *International Journal of Sociometry and Sociatry* I, 2/3 (1957 121-122.
—, Preface, *International Journal of Sociometry and Sociatry* I, 2/3 (1957) 70.

—, Sputnick and the psychodramatic space traveller, *International Journal of Sociometry and Sociatry* I, 4 (1957) 193-195.
—, The first book on group psychotherapy, Beacon House, Beacon, 1957 (veränderter repr. von Moreno 1932).

### 1958

—, Harms, E., Joergensen, L., On the history of psychodrama, *Group Psychotherapy* XI, 3 (1958) 257-260.
—, Rosemary Lippitt, a portrait, *Group Psychotherapy* XI, 1 (1958) 5.
—, Earliest definitions of group psychotherapy, *Group Psychotherapy* XI, 4 (1958) 361.
—, Research note on transference and tele, *Group Psychotherapy* XI, 4 (1958) 362.
—, Rezension von S. Lebovici, R. Diatkine and E. Kestenberg — Bilan de dix ans de therapeutique par le psychodrama chez l'enfant et l'adolescent, *Group Psychotherapy* XI, 4 (1958) 363.
—, Rezension von H. R. Teirich — Musik in der Medizin, *Group Psychotherapy* XI, 4 (1958) 364.

### 1959

—, Earliest definitions of group psychotherapy, *Group Psychotherapy* XII, 1 (1959) 110.
—, Research note on transference and tele, *Group Psychotherapy* XII, 1 (1959) 111.
—, Introduction, *Group Psychotherapy* XII, 2 (1959) 123.
—, Definitions of group psychotherapy, *Group Psychotherapy* XII, 2 (1959) 192.
—, Definitions of the transference-tele relation, *Group Psychotherapy* XII, 2 (1959) 193.
—, Psychodrama, in: S. Arieti (Hrsg.), American Handbook of Psychiatry, Bd. II, 1357-1396, Basic Books, New York 1959.
—, In Memorian J. W. Klapman, M. D., *Group Psychotherapy* XII, 2 (1959) 197.
—, Das Psychodrama, in: Handbuch der Neurosenlehre und Psychotherapie, Bd. IV, 312-319, Urban & Schwarzbenberg, München.
—, Definitions of group psychotherapy, *Group Psychotherapy* XII, 3 (1959) 263.
—, Gruppenpsychotherapie und Psychodrama, Thieme, Stuttgart 1959, 1973²; französ. Übers., Psychothérapie de groupe et psychodrame, P. U. F., Paris 1969.
—, Definitions of the transference-tele relation, *Group Psychotherapy* XII, 3 (1959) 264.
—, Concerning the origin of the terms group therapy and group psychotherapy, *Americ. J. Psychiat.* 116 (1959) 167-177, repr. *Group Psychotherapy* XII, 3 (1959) 265-266.
—, Definitions of group psychotherapy, *Group Psychotherapy* XII, 4 (1959) 342.
—, Definitions of the transference-tele relation, *Group Psychotherapy* XII, 4 (1959) 343.
—, Moreno Z., Psychodrama, vol. II, Beacon House, Beacon 1959.
—, Gruppenpsychotherapie und Psychodrama. Einleitung in die Theorie und Praxis, Georg Thieme Verlag, Stuttgart 1959.
—, Concerning the origin of the terms group therapy and group psychotherapy, *Group Psychotherapy* XII, 4 (1959) 344.

### 1960

—, Definitions of group psychotherapy, *Group Psychotherapy* XIII, 1 (1960) 56.
—, Psychiatric encounter in Sowiet Russia, *International Journal of Sociometry and Sociatry* II, 2 (1960) 63-87, repr., Beacon House, Beacon, *Psychodrama and Group Psychotherapy Monographs*, 37 (1961).
—, Definitions of the transference-tele relation, *Group Psychotherapy* XIII, 1 (1960) 57.
—, Concerning the origin of the terms group therapy and group psychotherapy, *Group Psychotherapy* XIII, 1 (1960) 58-59.
—, Discussion of Ehrenwald's dialogue „Psychoanalyst vs. psychodramatist", *Group Psychotherapy* XIII, 2 (1960) 74-75.

—, The Sociometry Reader, The Free Press of Glencoe, Glencoe, Illinois 1960.
—, Definitions of group psychotherapy, *Group Psychotherapy* XIII, 3/4 (1960) 230.
—, Definitions of the transference-tele relation, *Group Psychotherapy* XIII, 3/4 (1960) 230.
—, Concerning the origin of the terms group therapy and group psychotherapy, *Group Psychotherapy* XIII, 3/4 (1960) 231-232.
—, Moreno, Zerka T., An objective analysis of the group psychotherapy movement, *Group Psychotherapy* XIII, 3/4 (1960) 233-237; repr., Beacon House, Beacon, *Psychodrama and Group Psychotherapy Monographs*, 38 (1961).
—, Political prospects of sociometry, *International Journal of Sociometry and Sociatry* II, 1 (1960) 3-5 aus „Who shall survive?" 1953.
—, Social and Organic unity of mankind, in: *Moreno, J. L.*, The Sociometry Reader (1960) 3-7.
—, Three dimensions of society — the external society, the sociometric matrix and the social reality, in: *Moreno, J. L.*, The Sociometry Reader (1960) 118-126.
—, The principle of encounter, in: *Moreno, J. L.*, The Sociometry Reader (1960) 15-16.
—, Tele: a definition, in: *Moreno, J. L.*, The Sociometry Reader (1960) 17-18.
—, Theory of interpersonal networks, in: *Moreno, J. L.*, The Sociometry Reader (1960) 67-79.
—, Role, in: *Moreno, J. L.*, The Sociometry Reader (1960) 80-86, dtsch. in *Petzold, H.* und *Mathias, U.*, Rollenentwicklung und Identität, Junfermann Verl. Paderborn, 1982, 259-266.
—, Preface, in: *Moreno, J. L.*, The Sociometry Reader (1960), G-Xiii.
—, Sociometric base of group psychotherapy, in: *Moreno, J. L.*, The sociometry Reader (1960) 113-117.
—, The sociometric system, in: *Moreno, J. L.*, The Sociometry Reader (1960) 127-130.

*1961*

—, The „Open Door" policy in mental hospitals vs. the „closed door" policy in the community (Discussion of Dr. Pearse's paper), *Group Psychotherapy* XIV, 1/2 (1961) 18-19.
—, The role concept, a bridge between psychiatry and sociology, *Am. J. Psychiat.* 118 (1961) 518-523; dtsch. in: *Petzold, H., Mathias, U.*, Rollenentwicklung und Identität, Junfermann. Paderborn 1982.
—, Note on psychodrama of the blind, *Group Psychotherapy* XIV, 1/2 (1961) 54.
—, Psychodrama of Judaism and the Eichman trial, *Group Psychotherapy* XIV, 1/2 (1961) 114-116.
—, Interpersonal therapy and co-unconscious states, a progress report in psychodramatic theory, *Group Psychotherapy* XIV, 314 (1961) 234-241.
—, Group oath, *Group Psychotherapy* XIV, 3/4 (1961) 242.

*1962*

—, The group psychotherapy movement, past, present and future, *Group Psychotherapy* XV, 1(1962) 21-23.
—, Role theory and the emergence of the self, *Group Psychotherapy* XV, 2 (1962) 114-117. dtsch. in *Petzold, H.* und *Mathias, U.*, Rollenentwicklung und Identität, Junfermann Verl. Paderborn 1982, 291-293.
—, *Blake R., Corsini, R., Dreikurs, R., Ezriel, H., Johnson, P., Langen, D. J., Lebovici, S., Lerner, A., Lundin, W., Miller, M., Mowrer, H., Warner, W., Wolf, A., Yablonsky, L.*, Code of ethics for group psychotherapy and psychodrama, Beacon House, Beacon, *Psychodrama And Group Psychotherapy Monographs*, 31(1962).

—, The united role theory and the drama, *Group Psychotherapy* XV, 3 (1962) 253-254, dtsch. in *Petzold, H.,* und *Mathias, U.,* Rollenentwicklung und Identität, Junfermann Verl. Paderborn, 1982, S. 287-289.
—, The place of group psychotherapy, psychodrama and psychoanalysis in the framework of creativity and destruction, *Group Psychotherapy* XV, 4 (1962) 339-341.

*1963*

—, The actual trends in group psychotherapy, *Group Psychotherapy* XVI, 3 (1963) 117-131.
—, Gedanken zu meiner Gruppenpsychotherapie, *Ciba Symposion* 11 (Basel 1963) 148-157.
—, Genesis of sociometry, *International Journal of Sociometry and Sociaty* III, 1/2 (1963) 21-24.
—, Behavior Therapy, *Americ. J. Psychiat.* 120 (1963) 194-196; repr. *Group Psychotherapy* XXV, 3 (1972) 102-104.
—, *Moreno, Zerka, Moreno, Jonathan,* The first psychodramatic family, *Group Psychotherapy* XVI, 4 (1963) 203-249; repr., *International Journal of Sociometry and Sociatry* III, 3/4 (1963) 78-115.

*1964*

—, *Moreno, Zerka, Moreno, Jonathan,* New Moreno legends, from the first psychodramatic familiy, *Group Psychotherapy* XVII, 1 (1964) 1-35.
—, Psychodrama I, Beacon House, Beacon 1964, 2. neu eingeleitete Aufl.
—, Psychodrama of murder, a joint trial of Lee Harvey Oswald and Jack Ruby, *Group Psychotherapy* XVII, 1 (1964) 61-62.
—, The third psychiatric revolution and the scope of psychodrama, *Group Psychotherapy* XVII, 2/3 (1964) 149-171.
—, Discussion of J. D. Sutherland's address, recent advances in the understanding of small groups, their disorders and treatment, *International Journal of Sociometry and Sociatry* IV, 1/2 (1964) 56-59.

*1965*

—, Psychodrama in action, *Group Psychotherapy* XVIII, 1/2 (1965) 87-117.
—, Therapeutic vehicles and the concept of surplus reality, *Group Psychotherapy* XVIII, 4 (1965) 211-216.

*1966*

—, Psychodrama of a marriage, text of a motion picture, including psychodrama of a dream, *Group Psychotherapy* XIX, 1/2 (1966) 49-93.
—, Role playing and psychodrama in politics: a brief note, *International Journal of Sociometry and Sociatry* V, 1/2 (1966) 67-69.
—, The roots of psychodrama — autobiographical notes: A reply to Sarro, *Group Psychotherapy* XIX, 3/4 (1966) 140-145.
—, *Friedemann, A., Battegay, R., Moreno, Z.,* The International Handbook of Group Psychotherapy, Philosophical Library, New York 1966.
—, Psychiatry of the twentieth century: function of the universalia: time, space, reality and cosmos, *Group Psychotherapy* XIX, 3/4 (1966) 146-158; dtsch. in: *H. Petzold,* Angewandtes Psychodrama, Junfermann, Paderborn, 1972, 78-84.
—, Cervantes, Don Quixote and psychodrama, reply to Professor Francisco Garacia-Valdecasas, *Group Psychotherapy* XX, 1/2 (1967) 15-24.
—, The psychodrama of Sigmund Freud, Beacon House, Beacon, *Psychodrama Monographs,* 42 (1967).
—, Preface, *Group Psychotherapy* XX, 3/4 (1967) 109-110.

### 1968

—, The validity of psychodrama, *Group Psychotherapy* XXI, 1 (1968) 3.
—, Open letter to the members of the International Council of Group Psychotherapy, *Group Psychotherapy* XXI, 2/3 (1968) 89-90.
—, The birth of a new era for sociometry, *International Journal of Sociometry and Sociatry* V (*Handbook of Sociometry*), 3/4 (1968) 3-10.
—, Address of the honorary president of the fourth International Congress of Group Psychotherapy, *Group Psychotherapy* XXI, 2/3 (1968) 95-96.
—, Universal peace in our time, *Group Psychotherapy* XXI, 2/3 (1968) 175-176.
—, La paz universal en nuestro tiempo, *Group Psychotherapy* XXI, 2/3 (1968) 177-179.

### 1969

—, The viennese origins of the encounter movement, paving the way for existentialism, group psychotherapy and psychodrama, *Group Psychotherapy* XXII, 1/2 (1969) 7-16; repr. in *Moreno, Zerka* und *Moreno, J. L.*, Origins of encounter and encounter groups, Beacon House, Beacon, *Psychodrama and group psychotherapy Monographs*, 45 (1970).
—, The concept of the here and now, hic et nunc, small groups and their relation to action research, *Group Psychotherapy* XXII, 3/4 (1969) 139-140.
—, Moreno, Z., Psychodrama, vol. III, Beacon House, Beacon 1969.
—, Las Palabras del padre, *Group Psychotherapy* XXII, 3/4 (1969) 143-145.
—, The triadic system, psychodrama — sociometry — group psychotherapy, *Group Psychotherapy* XXIII, 1/2 (1970) 16.
—, What is sociometry?, *Group Psychotherapy* XXIII, 1/2 (1970) 30.
—, Is god a single person? My first encounter with a muse of high order, Zerka, *Group Psychotherapy* XXIII, 3/4 (1970) 75-78.
—, Homo juvenis, the generation gap, *Group Psychotherapy* XXIII, 3/4 (1970) 79-83.

### 1971

—, Comments on Goethe and psychodrama, *Group Psychotherapy* XXIV, 1/2 (1971) 14-16; repr. in: *Diener, G.* und *Moreno, J. L.*, Beacon House, Beacon, *Psychodrama and group psychotherapy Monographs*, 48 (1972).
—, Opening address, Sixth International Congress of Psychodrama, Amsterdam, Netherlands, August 22-27, 1971, *Group Psychotherapy* XXIV, 3/4 (1971) 81-86.
—, Influence of the theater of spontaneity upon the modern drama, *Handbook of International Sociometry* VI, 1/4 (1971) 84-90.
—, Rezension von Jules Massermann's Psychiatric Odyssey, with special emphasis on chapter eleven, „Psychodramatic ventures and misadventures" *Group Psychotherapy* XXIV, 1/2 (1971) 64-74.

### 1972

—, The magic charter of psychodrama, *Group Psychotherapy* XXV, 4 (1972) 131; repr., *Handbook of International Sociometry* VII, 1/4 (1973) 2.

### 1973

—, Open letter from J. L. Moreno on behalf of the International Association of Group Psychotherapy, *Group Psychotherapy and Psychodrama* XXVI, 3/4 (1973) 131.
—, Note on indications and contra-indications for acting out in psychodrama, *Group Psychotherapy and Psychodrama* XXVI, 1/2 (1973) 23-24.

### 1976

—, Moreno, Zerka, A sociometric view of recent history: the rise and fall of leadership, (1943), *Group Psychotherapy, Psychodrama and Sociometry* XXIX, 1/4 (1976) 63-69.

*1978*
—, Religion's heritage to science, *Group Psychotherapy, Psychodrama and Sociometry* XXXI, 1/4 (1978) 53-58; repr., aus „Who shall survive?" 1953.

*1979*
—, Moreno, Z., Boria, G., Introduzione allo psicodramma moreniano, Quaderni di Psicodramma Classico, Centro di Psicoterapia, Brescia 1979.

### Veröffentlichungen von Florence B. Moreno

*1942*
—, Moreno, Florence B., Sociometric status of children in a nursery school group, *Sociometry* V, 4 (1942) 395-412.

*1944*
—, Moreno, J. L., Spontaneity theory of child development, *Sociometry* VII, 2 (1944) 89-128; *Sociometry* XVIII, 4 (1955) 137-155 repr., Beacon House, Beacon, *Psychodrama Monographs*, 8 (1944).

—, Moreno, J. L., Spontaneity theory in its relation to problems of interpretation and measurement, *Sociometry* VII, 4 (1944) 339-355.

*1945*
—, Moreno, J. L., Role tests and role diagrams of children, *Sociometry* VIII, 3/4 (1945) 188-204; dtsch. in *Petzold, H.*, und *Mathias, U.*, Rollenentwicklung und Identität, Junfermann Verl. Paderborn, 1982, 331-348.

*1946*
—, Combining role and sociometric testing, *Sociometry* IX, 2/3 (1946) 155-161, dtsch. in *Petzold, H.*, und *Mathias, U.*, Rollenentwicklung und Identität, Junfermann Verl. Paderborn, 1982, S. 349-356.

*1947*
—, Psychodrama in the neighbonrhood, *Sociatry* I, 2 (1947) 168-178.
—, Sociodrama in the sociology of the classroom, *Sociatry* I, 4 (1947) 404-413.

*1948*
—, The learning process in nurses training, *Sociatry* II, 3/4 (1948) 207-215.

### Veröffentlichungen von Jonathan D. Moreno

*1955*
Moreno, Jonathan; Moreno, Zerka; Moreno, J. L., The discovery of the spontaneous man, *Group Psychotherapy* VIII, 2 (1955) 103-129, repr., Beacon House, Beacon, *Psychodrama And Group Psychotherapy Monographs*, 34 (1958).

*1963*
Moreno, Jonathan; Moreno, J. L.; Moreno, Zerka, The first psychodramatic family, *Group Psychotherapy* XVI, 4 (1963) 203-249, repr., *International Journal of Sociometry and Sociatry* III, 3/4 (1963) 78-115.

*1964*
—, Moreno, J. L.; Moreno, Zerka, New Moreno legends, from the first psychodramatic family, *Group Psychotherapy* XVII, 1 (1964) 1-35.

*1971*
—, Philodrama and psychophilosophy, *Group Psychotherapy* XXIV, 1/2 (1971) 24-30.
—, The words of the son, *Handbook of International Sociometry* VI, 1/4 (1971) 105-106.

*1972*
—, Proposal for director-in-residence at Moreno Institute, *Group Psychotherapy* XXV, 3 (1972) 118-119.

*1974*
—, Editorial, *Group Psychotherapy and Psychodrama* XXVII, 1/4 (1974) 1.
—, Psychodrama and the future of the social sciences, *Group Psychotherapy and Psychodrama* XXVII, 1/4 (1974) 59-70.

*1975*
—, Notes on the concept of „role-playing", *Group Psychotherapy and Psychodrama* XXVIII, 1/4 (1975) 105-107.

*1977*
—, Scholasticism without god: Martin Heidegger (1889-1976), *Group Psychotherapy, Psychodrama & Sociometry* XXX, 1/4 (1977) 135-137.

### Veröffentlichungen von Zerka Toeman Moreno

*1942*
Toeman, Zerka, The group approach in psychodrama, *Sociometry* V, 2 (1942) 191-196.

*1944*
—, Role analysis and audience structure, with special emphasis on the problems of military adjustment, *Sociometry* VII, 2 (1944) 205-222, dtsch. in *Petzold, H.,* und *Mathias, U.,* Rollenentwicklung und Identität, Junfermann Verl. Paderborn, 1982, 311-330.

*1945*
—, Psychodramatic research of pre-marital couples, *Sociometry* VIII, 1 (1945) 89, repr., Beacon House, Beacon, *Sociometry Monographs,* 38 (1958).
—, A sociodramatic audience test, *Sociometry* VIII, 3/4 (1945) 161-171.
—, Audience reactions to therapeutic films, *Sociometry* VIII, 3/4 (1945) 255-260.

*1946*
—, Clinical psychodrama: auxiliary ego double and mirror techniques, *Sociometry* IX, 2/3 (1946) 178-183.

*1947*
—, Psychodrama, its relation to stage, radio and motion pictures, *Sociatry* I, 1 (1947) 119-126.
—, The „double situation" in psychodrama, *Sociatry* I, 4 (1947) 436-446.

*1948*
—, Editorial, *Sociatry* II, 1/2 (1948) 6.
—, Projects in tests and measurements, from the works of J. L. Moreno and the files of the sociometric institute, *Sociatry* II, 3/4 (1948) 407-419.

*1949*
—, History of the sociometric movement in headlines, *Sociometry* XII, 1/3 (1949) 255-259.

*1951*
—, Psychodrama in a well-baby clinic, *Group Psychotherapy* IV, 1/2 (1951) 100-106.

*1952*
—, In Memoriam: Marion Reed Smith, *Group Psychotherapy* V, 1/3 (1952) 173.

#### 1954
—, International committee on group psychotherapy and the first international congress on group psychotherapy, *Group Psychotherapy* VII, 1 (1954) 91-92.
—, Psychodrama in the crib, *Group Psychotherapy* VII, 3/4 (1954) 291-302.

#### 1955
—, Moreno, J. L., Moreno, Jonathan, The discovery of the spontaneous man, *Sociometry* XVIII, 4 (1955) 155-182, repr., Beacon House, Beacon, *Psychodrama And Group Psychotherapy Monographs*, 34 (1958).

#### 1958
—, Note on spontaneous learning „In Situ" versus learning the academic way, *Group Psychotherapy* XI, 1 (1958) 50-51.
—, „The Relucant Therapist" and the „Relucant Audience" technique in psychodrama, *Group Psychotherapy* XI, 4 (1958) 278-282.
—, Didier Anzieu — le psychodrame analytique chez l'enfent (Rezension), *Group Psychotherapy* XI, 4 (1958) 363.
—, Otto Engelmayer — Das Soziogramm in der modernen Schule (Rezension), *Group Psychotherapy* XI, 4 (1958) 364.
—, Clio Pavlides — Sociometry (Rezension), *Group Psychotherapy* XI, 4 (1958) 364.
—, Helen J. Driver — Multiple counseling (Rezension), *Group Psychotherapy* XI, 4 (1958) 364.

#### 1959
—, A survey of psychodramatic techniques, *Group Psychotherapy* XII, 1 (1959) 5-14, repr., Beacon House, Beacon, *Psychodrama And Group Psychotherapy Monographs*, 44 (1975).
—, Moreno, J. L., Psychodrama II, Beacon House, Beacon 1959.

#### 1960
—, Moreno, J. L., An objective analysis of the group psychotherapy movement, *Group Psychotherapy* XIII, 3/4 (1960) 233-237, repr., Beacon House, Beacon, *Psychodrama And Group Psychotherapy Monographs*, 38 (1961).
—, Hildred Nichols and Lois Williams — Learning about role-playing for children and teachers (Rezension), *Group Psychotherapy* XIII, 3/4 (1960) 241-242.

#### 1962
—, Stevenson, G.; Stein, C.; Murphy, G.; Harthy, E.; Yablonsky, L.; Haskell, M.; Twitchell-Allen, D.; Meisers, J.; Weiner, H.; The twenty-fifth anniversary of the american theatre of psychodrama, *Group Psychotherapy* XV, 1 (1962) 5-20.

#### 1963
—, Sociogenesis of individuals and groups, *International Journal of Sociometry and Sociatry* III, 1/2 (1963) 29-38.
—, Moreno, J. L.; Moreno, Jonathan, The first psychodramatic family, *Group Psychotherapy* XVI, 4 (1963) 203-249, repr., *International Journal of Sociometry and Sociatry* III, 3/4 (1963) 78-115.

#### 1964
—, Moreno. J. L.; Moreno, Jonathan, New Moreno legends, from the first psychodramatic family, *Group Psychotherapy* XVII, 1 (1964) 1-35.

#### 1965
—, Psychodramatic rules, techniques and adjunctive methods, *Group Psychotherapy* XVIII, 1/2 (1965) 73-86.

—, The saga of sociometry, *Group Psychotherapy* XVIII, 4 (1965) 275-276.
—, J. L. Moreno — Psychotherapie de groupe et psychodrame (Rezension), *Group Psychotherapy* XVIII, 3 (1965) 204.

### 1967

—, The seminal mind of J. L. Moreno and his influence upon the present generation, *Group Psychotherapy* XX, 3/4 (1967) 218-229; repr. *International Journal of Sociometry and Sociatry* V *(Handbook of Sociometry)*, 3/4 (1968) 71-82.

### 1968

—, Psychodrama on closed and open circuit television, *Group Psychotherapy* XXI, 2/3 (1968) 106-109.
—, Eye witness account of the doctor honoris causa degree awarded to J. L. Moreno, October 14, 1968, at Barcelona University, *Group Psychotherapy* XXI, 2/3 (1968) 180-184.

### 1969

—, Moreneans, the heretics of yesterday are the orthodoxy of today, *Group Psychotherapy* XXII, 1/2 (1969) 1-6, repr. in *Moreno, Zerka and Moreno, J. L.*, Origins of encounter and encounter groups, Beacon House, Beacon, *Psychodrama and group psychotherapy Monographs*, 45 (1970).
—, Practical aspects of psychodrama, *Group Psychotherapy* XXII, 3/4 (1969) 213-219.
—, *Moreno, J. L.*, Psychodrama III, Beacon House, Beacon 1969.

### 1971

—, Beyond Aristotle, Breuer and Freud: Moreno's contribution to the concept of catharsis, *Group Psychotherapy* XXIV, 1/2 (1971) 34-43.
—, Psychodrame therapeutique et theatre moderne (Rezension), *Group Psychotherapy* XXIV, 1/2 (1971) 62.
—, Jean-Jacque Fombeur — Formation en profondeur dynamique de groupe et psychodrame (Rezension), *Group Psychotherapy* XXIV, 1/2 (1971) 63.

### 1972

—, Note on psychodrama, sociometry, individual psychotherapy and the quest for „unconditional love", *Group Psychotherapy* XXV, 4 (1972) 155-157.

### 1973

—, Origins of the group psychotherapy movement, *Handbook of Sociometry* VII, 1/4 (1973) 5-13.
— Psychodrame d'Enfant, Editions epi, Paris 1973.

### 1974

—, Psychodrama of young mothers, *Group Psychotherapy and Psychodrama* XXVII, 1/4 (1974) 191-203.

### 1975

—, Dedication and editorial note, *Group Psychotherapy and Psychodrama* XXVIII, 1/4 (1957) 1.

### 1976

—, Editorial, *Group Psychotherapy, Psychodrama & Sociometry* XXIX, 1/4 (1976) ii.
—, *Moreno, J. L.*, Sociometric view of recent history: the rise and fall of leadership (1943), *Group Psychotherapy, Psychodrama & Sociometry* XXIX, 1/4 (1976) 63-69.
—, Lewis Yablonsky: Resolving emotional problems through role-playing (Rezension), *Group Psychotherapy, Psychodrama & Sociometry* XXIX, 1/4 (1976) 145.

## 1977
—, Editorial, *Group Psychotherapy, Psychodrama & Sociometry* XXX, 1/4 (1977) ii.
—, Martin Haskell: Socioanalysis: Self-direction via sociometry and psychodrama (Rezension), *Group Psychotherapy, Psychodrama & Sociometry* XXX, 1/4 (1977) 115-116.

## 1978
—, Editorial, *Group Psychotherapy, Psychodrama & Sociometry* XXXI, 1/4 (1978) 3.
—, The function of the auxiliary ego in Psychodrama with special reference to psychotic patients, *Group Psychotherapy, Psychodrama & Sociometry* XXXI, 1/4 (1978) 163-166.

## 1979
—, Editorial note, *Group Psychotherapy, Psychodrama & Sociometry* XXXII, 1/4 (1979) 4.
—, Moreno, J. L., Boria, G., Introduzione allo psicodramma moreniano, Quaderni di Psicodramma Classico, Centro di Psicoterapia, Brescia 1979.
—, Escape me never, *Group Psychotherapy, Psychodrama & Sociometry* XXXII, 1/4 (1979) 5-11.

## 1980
—, L'envoi, *Group Psychotherapy, Psychodrama & Sociometry* XXXIII, 1/4 (1980) 5.
—, Barbour, A., Role fatique, *Group Psychotherapy, Psychodrama & Sociometry* XXXIII, 1/4 (1980) 185-191; dtsch. in *Petzold, H.*, und *Mathias, U.*, Rollenentwicklung und Identität, Junfermann Verl. Paderborn, 1982, 357-363.

# Autorenregister

Abraham, K., 365
Ackermann, N., 275
Adler, A., 20, 45, 51, 52, 365
Adorno, Th. W., 178, 181, 365
Ajuriaguerra, J. de, 365
Aguilera, D. C., 365
Alewyn, Th., 19, 365
Allport, G. W., 365
Alpert, R., 105, 381
Antoch, R., 51, 365
Anwärter, M., 365, 381, 383
Anzieu, D., 171, 183, 365
Apel, K. O., 166, 365
Appia, T., 63
Arbeitsgruppe Bielefelder Soziologen, 365
Argelander, H., 365
Argyle, M., 150, 365
Asemissen, U., 24, 39, 365
Austin, J. L., 183, 365

Bahrdt, H. P., 24, 365
Baldwin, J. R., 32, 34, 365
Baldwin, T. W., 30
Bales, R. F., 15, 23, 378
Balint, M., 365
Baltes, P., 122, 180, 365
Bandura, A., 34, 73, 365
Banton, M., 15, 22, 24, 32, 363, 365
Barbour, A., 357, 363, 365, 377
Barbu, Z., 366
Baudrillard, J., 188, 366
Baumann, B., 25, 38, 366
Basquin, M., 366
Benedict, R., 366
Benoist, J. M., 159, 181, 366, 373
Berg, van V., 26, 27, 366
Berger, P., 15, 24, 27, 28, 176, 366
Bergson, H., 33, 34, 124, 193, 366
Bermann, L., 211, 230, 366
Berne, E., 20, 366
Bernstein, B., 160, 366
Biddle, B. J., 15, 24, 32, 56, 57, 77, 363, 366
Billen, J., 366
Binet, A., 33, 366
Bion, W. R., 366
Blake, R., 274, 275, 276
Börne, L., 20, 366
Bohnen, A., 26, 27, 366
Bollnow, O. F., 175, 366

Borke, H., 147, 366
Bowlby, J., 180
Brandl, G., 365
Braunmühl, v. E., 252, 366
Breuer, J., 366
Brim, O. G., 23, 122, 180, 366
Brodt, M., 184
Bromberg, W., 275
Bronfenbrenner, U., 173, 199, 366
Brown, G. I., 180, 252, 366, 374
Brown, G. W., 366, 379
Buber, M., 151, 184
Bublitz, H., 181, 366
Bubolz, E., 118, 119, 122, 175, 186, 245, 379, 382
Bugenthal, J. F., I. 374
Burgess, E. W., 33, 171, 330, 378
Burke, K., 21, 367
Byrne, D. F., 148, 381

Calderon De La Barca, 19, 22
Cameron, N., 275
Caruso, I., 161, 367
Chandler, M. J., 147, 367
Claessens, D., 15, 18, 24, 25, 30, 32, 367
Clayton, L., 207, 367
Cobb, S., 367
Coburn-Staege, U., 15, 18, 212, 367
Coenen, A., 27, 28, 125, 166, 367
Comte, A., 27, 367
Converse, P. E., 23
Cooley, Ch. H., 32, 167, 367
Cottrell, L. S. 33, 275, 330
Coulson, M. A., 21, 24, 367
Coutu, W., 108, 367

Dahl, K.-A. 151, 367
Dahrendorf, R., 15, 24, 26, 28, 44, 367
D'Angelli, A. R., 367
Danish, S. J., 367
Datan, N., 367
Denkler, H., 20, 367
Denzin, K., 367
Dewey, J., 32, 367
Diderot, D., 57
Dilthey, W., 27, 38, 41, 161, 179, 367
Döbert, R., 122, 124, 148, 179, 180, 181, 367, 378, 381
Dohrenwend, B. S., 367

400

Dohrenwend, B. P., 367
Dollase, R., 63, 71, 101, 123, 368
Dolles, W., 49, 50, 368
Dreitzel, H. P., 15, 17, 21, 24, 26, 84, 124, 368
Drews, R. S., 275
Dubiel, H., 150, 178, 368
Dunbar, 267, 275
Duncan, H. D., 21, 368
Dunkin, W. S., 330
Durkheim, E., 27, 33, 34, 123, 224, 368

Eckmann, P., 150, 368
Edding, F., 368
Edwards, R., 30
Eggert, M. A., 54, 368
Ehrenfels, Chr., 121
Elias, N., 188, 368
Enneis, J., 276
Epiktet, 19, 30
Emerson, W., 32
Erikson, E. H., 115, 116, 161, 176, 177, 229, 368
Eppstein, S., 157, 368
Ershov, P. M., 37, 368
Essen, S., 51, 368

Fantel, E., 81, 224, 275
Fend, H., 249, 368,
Ferenczi, S., 368
Ficin, 30
Filipp, S. H., 164, 172, 177, 180, 367, 368, 369, 374, 377, 383
Fischer, M., 173, 368
Fischer, U., 368
Flavell, E. R., 372
Flavell, J. H., 122, 147, 148, 368, 372, 374
Fornani, F., 146, 368
Foucault, M., 16, 29, 163, 165, 182, 183, 188, 368, 369
Franzke, E., 378
Freud, S., 78, 96, 124, 168, 196, 224, 226, 238, 267, 273, 280, 366, 369
Friedemann, A., 275
Friedrichs, J., 369
Friesen, W. V., 150, 368
Frisch, M., 181
Frostholm, B., 166, 369
Fuchs, G. W., 145, 369

Gadamer, H. G., 365, 369

Gaillard, O., 36, 369
Galanter, E., 380
Gallagher, R., 275, 330
Garfinkel, H., 35, 369
Garvey, C., 147, 369
Gazzaniga, M. S., 235, 369
Geiger, J., 31
Gehlen, A., 24, 27, 369
Gergen, K., 173, 369
Gerhardt, U., 15, 18, 24, 38, 39, 369
Gesell, A., 193
Getzels, J. W., 145, 369
Geulen, D., 149, 369
Giliarovskij, P., 267, 275
Ginsberg, L. H., 367
Goethe, J.-W., 31
Goetz, C., 382
Goffman, E., 15, 21, 46, 77, 84, 176, 178, 182, 207, 363, 369
Goode, W. J., 15, 369
Goodman, P., 168, 252, 369, 378
Googe, B., 30
Gordon, C., 115, 116, 122, 369
Gosnell, D., 369
Graumann, C. F., 171, 369
Gottschalch, W., 249, 369
Green, A., 268, 275
Greenacre, Ph., 176, 369
Greenspan, St., 147, 367
Gribbin, K., 382
Griese, H. M., 122, 369
Grimm, R., 367
Grotjahn, M., 246, 369
Gross, N. C., 15, 22, 145, 171, 369, 370
Grabsch, R., 370
Grynaeus, 30
Guba, E. G., 145, 369
Guillaume, P., 34, 370
Gurvich, G., 39, 370
Gurwitsch, A., 169, 370

Haas, R., 184, 275, 370
Habermas, J., 15, 17, 28, 122, 124, 148, 171, 178, 179, 180, 181, 182, 183, 185, 367, 370, 378, 381
Haeberlin, U., 177, 370
Hale, A., 129, 212, 370
Harlow, G., 193
Harris, I., 366
Harris, T. O., 370
Harrow, G., 275

401

Hartley, E. L., 52, 370
Hartley, R. E., 52, 370
Hartmann, H., 168, 370
Haskell, M. R., 275
Haug, F., 15, 20, 21, 29, 30, 31, 39, 370
Hebbel, F., 20, 370
Hegel, F. W., 20, 38, 370
Heinl, H., 175, 186, 370
Hefferline, R., 168, 378
Hendry, C. E., 330, 356
Heinrich, D., 370
Henry, G. W., 276
Hentig, v. H., 188, 370
Hoch, P., 267, 275
Hoffmann, J., 29, 39, 370
Hogan, R., 147, 369
Hollander, C., 358, 363
Holmes, T. H., 180, 370
Homans, G. C., 15, 22, 370
Hommers, W., 382
Hughes, J. W., 24, 377
Hulett, J. E., 117, 154, 370
Hurrell, J. J., 363
Husserl, E., 160, 171, 199, 370

Ichheiser, g., 54, 371
Iljine, V. N., 37, 164, 371
Inhelder, B., 147, 380
Israel, J., 182, 371

Jackson, J. A., 15, 21, 24, 371, 380
Jackson, S. E., 359, 363, 369
Jacobsen, E., 146, 371
Jacobsen, N. W., 52, 53, 54
James, W., 32, 34, 167, 168, 371
Janet, P., 34, 371
Janoska-Bendl, J., 24
Janov, A., 371
Jaquenoud, R., 152, 185, 371
Jennings, H., 65, 71, 98, 117, 155, 172, 249, 275, 330, 371
Jetter, W., 18, 371
Joas, H., 15, 27, 28, 30, 78, 107, 109, 110, 157, 371
Johannes Chrysostomos, 19, 22
Johannes von Salisbury, 19, 30
Johnson, J. H., 181, 381
Jung, C. G., 96, 121, 139, 214, 226, 273

Kamp, K., 369
Kamper, D., 366

Kaplan, B., 148, 383
Katschnig, H., 371
Katz, R. L., 98, 371
Keller, M., 371
Kellermann, H., 85, 372
Kelly, G., 372
Kemper, Th. D., 26, 372
Kernberg, O., 372
Kessel, F. S., 147, 374
Kierkegaard, S., 193
Kirsch, E., 365, 381, 383
Klapp, O. E., 171, 372
Klein, G. S., 372
Klein, K.-P., 372
Klein, M., 129, 146, 188, 372
Kluth, H., 23, 372
Knepler, H., 57, 383
König, R., 28, 372
Köstlin-Gloger, G., 372
Kohlberg, L., 180
Kohli, M., 114, 122, 180, 372
Kohut, H., 372
Kosik, K., 20, 38, 372
Krappmann, C., 15, 176, 372
Kreckel, R., 18, 372
Kristeva, J., 173, 183, 372
Kroes, W. H., 357, 363
Kuhn, T. S., 16, 17, 20, 372
Kutter, P., 372
Kwant, R. C., 372

Lacan, J., 171, 178, 182, 372
Lange, E., 383
Lebovici, S., 275
Lederman, J., 252, 372
Lehr, U., 118, 372
Leithäuser, Th., 36
Leitner, H., 172, 173, 372
Lemke, J., 183, 186, 379
Lempers, J. D., 148, 372
Leonard, G. B., 252, 372
Leontjew, N. N., 166, 372
Lessing, G. E., 48
Leutz, G. A., 16, 18, 24, 57, 111, 121, 129, 138, 139, 140, 141, 142, 143, 144, 145, 146, 153, 154, 193, 194, 197, 198, 211, 214, 215, 216, 217, 222, 229, 245, 246, 250, 372
Lévi-Strauss, C., 160, 181, 182, 188, 373
Levin, D. C., 166, 373
Levita, D. J. de, 176, 177, 373

Levy, J., 375
Lewin, K., 66, 184, 373
Lichtenstein, H., 166, 373
Lidz, Th., 115
Lieber, H. J., 373
Liebermann, M. A., 373
Lindzey, G., 381
Linton, R., 15, 17, 21, 22, 27, 32, 33, 56, 78, 208, 264, 269, 270, 276, 373
Lipp, W., 186, 373
Lippitt, R., 275, 330, 356
Loch, W., 184, 373
Löwith, K., 38, 161, 373
Lorenzer, A., 21, 180, 373
Luckmann, Th., 15, 18, 24, 27, 28, 176, 366, 373
Luhmann, N., 15, 88, 174, 181, 188, 370, 373
Lumpkin, K. D., 33, 54, 373
Lyman, S. M., 15, 28, 124, 177, 381

Maciejwski, F., 188, 373
Mack, J., E., 373
Mahler, M., 146, 180, 373
Maier, N. R. F., 18, 373
Maier, A. A., 373
Marcel, G., 125, 151, 165, 173, 185, 373
Marek, H. G., 39, 373
Marx, K., 20, 27, 31, 38, 126, 373, 374
Maslach, C., 357, 359, 363
Maslow, A., 177, 374
Mason, W. S., 145
Masterson, J., 374
Mathias, U., 84, 93, 101, 103, 111, 114, 141, 142, 146, 191, 245, 252, 254, 374, 379
Mattisson, M.-D., 196, 374
Matzner, J., 20, 374
Maurer, F., 172, 173, 175
McCall, G., 15, 24, 123, 177, 374
McEachern, A. W., 145
McKinney, J. C., 108, 374
McIntyre, C. J., 374
Mead, G. H., 15, 17, 21, 22, 31, 32, 54, 56, 58, 59, 62, 63, 68, 78, 86, 96, 107, 108, 109, 110, 122, 137, 148, 157, 166, 167, 168, 172, 173, 174, 180, 208, 214, 250, 264, 269, 270, 276, 280, 374
Meiers, J. I., 269, 276
Mende, G., 383
Mendel, J., 382

Merleau-Ponty, M., 36, 125, 151, 152, 157, 163, 165, 166, 171, 183, 185, 199, 374
Merton, R. K., 15, 22, 24, 27, 374
Messik, J. R., 365
Métraux, A., 171, 383
Meyer, A., 267, 330
Mierlo, J. V., 30
Miller, G. A., 380
Miller, P. M., 147, 374
Montada, L., 374
Montagu, A, 162, 374
Mordini, A., 39, 374
Moreno, F. B., 85, 88, 92, 95, 96, 100, 101, 102, 103, 104, 105, 106, 111, 112, 113, 117, 119, 121, 122, 130, 137, 141, 142, 147, 148, 152, 161, 166, 167, 194, 195, 196, 197, 198, 199, 200, 206, 227, 228, 230, 231, 233, 234, 235, 237, 239, 243, 257, 344, 349, 350, 356, 374, 376
Moreno, J. D., 240, 243, 253, 376
Moreno, J. L., 15, 16, 17, 19, 21, 22, 24, 25, 31, 32, 35, 36, 54, 55, 56, 57, 58, 59, 60, 61, 62, 63, 64, 65, 66, 67, 68, 69, 70, 71, 72, 73, 74, 75, 76, 77, 78, 79, 81, 82, 83, 84, 85, 86, 87, 88, 89, 90, 91, 92, 93, 94, 95, 96, 97, 98, 99, 100, 101, 102, 103, 104, 105, 106, 107, 108, 109, 110, 111, 112, 113, 114, 116, 117, 118, 119, 120, 121, 122, 123, 124, 125, 126, 127, 129, 130, 133, 136, 137, 138, 139, 140, 141, 142, 143, 144, 145, 146, 147, 148, 149, 152, 153, 154, 155, 157, 161, 162, 166, 167, 169, 171, 176, 182, 183, 184, 185, 191, 193, 194, 195, 196, 197, 198, 199, 200, 201, 203, 204, 205, 206, 207, 208, 209, 210, 211, 212, 213, 214, 215, 216, 217, 218, 219, 220, 221, 222, 223, 224, 225, 226, 227, 228, 229, 230, 231, 232, 233, 234, 235, 236, 237, 238, 239, 240, 241, 242, 243, 244, 245, 246, 247, 249, 250, 251, 252, 253, 254, 255, 256, 257, 259, 264, 267, 268, 269, 270, 271, 272, 274, 275, 276, 277, 287, 291, 293, 295, 297, 299, 301, 311, 312, 330, 331, 344, 350, 356, 357, 358, 362, 363, 368, 375, 376, 381
Moreno, Z. T., 88, 96, 100, 141, 142, 206, 228, 230, 237, 240, 243, 244, 245, 246, 247, 253, 257, 276, 311, 330, 357, 376, 377

Mouton, P., 274, 276
Müller, M., 377
Müller, W., 151, 377
Müller-Freienfels, R., 15, 23, 43, 44, 45, 46, 47, 48, 50, 54, 58, 122, 377
Murray, H. E., 361
Mundt, Th., 20, 377
Mosen, J., 20, 377

Nadel, S. F., 15, 377
Naegele, K. D., 23
Nash, H., 31, 377
Natanson, M., 21, 377
Nave-Herz, R., 122, 377
Neiman, L. J., 24, 377
Neubauer, W. F., 165, 238, 377
Newcomb, Th. M., 15, 23, 171, 377
Nicklaus, E., 177, 370
Nietzsche, F., 20, 50, 193
Nunner-Winkler, G., 122, 124, 148, 179, 180, 367, 378, 381

Oaklander, V., 252, 377
O'Connell, W. E., 51, 377
O'Neil, J., 26, 35, 377
Oerter, H., 177, 249, 377
Olbrich, E., 377
Olsen, M., 27, 377
Opp, K.-D., 378
Orban, P., 167, 378
Overholser, W., 276

Palingenius, 30
Park, R. E., 33, 171, 378
Parnham, I. A., 177, 382
Parsons, T., 15, 22, 23, 24, 27, 86, 109, 115, 176, 180, 188, 270, 276, 378
Pawlow, I. P., 267
Pearlin, L. J., 378
Peck, R., 116, 378
Perls, F. S., 157, 168, 177, 252, 378
Peto, J., 370
Petronius, 30
Pettit, J., 162, 166, 378
Petzold, H., 16, 19, 30, 57, 63, 66, 69, 70, 74, 84, 86, 89, 99, 105, 116, 117, 118, 119, 122, 125, 126, 129, 141, 142, 146, 151, 152, 153, 154, 155, 156, 157, 159, 160, 162, 163, 165, 170, 171, 173, 174, 175, 178, 180, 182, 183, 184, 185, 186, 187, 193, 194, 197, 201, 203, 207, 209, 210, 211, 212, 213, 214, 215, 216, 217, 222, 225, 226, 228, 230, 231, 234, 235, 238, 241, 245, 246, 249, 250, 252, 366, 370, 374, 378, 379, 382, 383
Peukert, U., 124, 380
Pfau-Tiefuhr, U., 55, 76, 194, 222, 380
Piaget, J., 115, 146, 147, 148, 180, 193, 380
Pinel, 267
Pirandello, L., 25, 34, 38
Pitts, J. R., 23
Pivcević, E., 378
Philippe, E., 267
Plato, 19, 30
Plessner, H., 24, 39, 161, 380
Ploeger, A., 256, 380
Plotin, 19, 30
Politzer, G., 15, 28, 34, 35, 36, 55, 175, 380
Popitz, H., 24, 38, 39, 40, 380
Pribram, K. H., 380
Proust, M., 34
Pythagoras, 30

Radecki, J., 380
Raiser, K., 107, 173, 380
Rahe, R. H., 180
Rank, O., 380
Rapp, U., 18, 39, 380
Rau, L., 105, 381
Rauber, A., 152, 185, 371
Reich, W., 55, 177, 380
Rellstab, F., 37, 380
Reynolds, E., 382
Richter, H. E., 18, 380
Riley, M. W., 171, 380
Riley, J. W., 171, 380
Robbins, J. J., 63, 380
Rocheblave-Spenlé, A. M., 15, 31, 32, 33, 380
Rogers, C., 177, 380
Rohracher, A., 169, 380
Rojas-Bermúdez, J. G., 111, 129, 130, 131, 133, 134, 135, 136, 137, 146, 380
Rommetveit, R. R., 15, 380
Rose-Clapp, M., 357, 363
Rosen, T., 276
Rossiter, A., 357, 363
Roszak, Th., 252, 380
Rousseau, J. J., 252, 380
Royce, J., 32, 34, 380

Rüther, W., 143, 380
Ruge, A., 381
Rutschky, K., 18, 381

Sader, M., 15, 21, 381
Sälzle, K., 365
Sarason, I. G., 381
Sarbin, Th. R., 15, 110, 276, 330, 356, 381
Sartre, J.-P., 36, 178
Sargent, J., 102, 147, 381
Scott, M. B., 15, 28, 124, 177, 381
Searle, J. R., 183, 381
Sears, R., 105, 381
Selman, R. L., 122, 147, 148, 381
Seneca, 19, 30
Sèves, L., 36
Shantz, C. U., 147, 381
Shakespeare, W., 19, 30, 57, 116, 162, 193
Sheff, T. J., 171, 381
Shils, E. A., 23, 86, 378
Shoobs, N., 51, 381
Sibley, J., 357
Sills, D. L., 21, 367
Simmel, G., 15, 21, 38, 39, 40, 41, 58, 60, 149, 162, 381
Simmons, J. L., 15, 24, 123, 177, 374
Simonov, P. V., 37, 381
Siva Dias, V. R. C., 130, 132, 137, 381
Small, A. W., 39
Smilansky, B., 184, 381
Smith, R. E., 381
Solby, B., 69, 88, 149, 270, 276, 330, 381
Solem, A. R., 373
Sorokin, P. A., 15, 382
Spencer, W., 27
Spitz, R., 168, 171, 180, 382
Spotnitz, H., 267, 276
Suchey, H.-H., 182, 382
Sullivan, H. S., 267, 276
Sundén, H., 18, 382

Schaie, K. W., 177, 382
Schauer, G., 276
Schenda, R., 382
Schilder, P., 238, 382
Schless, A. P., 382
Schlüter, K., 39, 382
Schneider, H. D., 116, 382
Schooler, C., 378

Schrader-Klebert, K., 38, 382
Schrey, D., 152, 382
Schröter, K., 365, 383
Schütz, A., 27, 28, 152, 160, 199, 382
Schützenberger, A. A., 194, 276, 382
Schwatz, L., 382

Stanislavskij, K. S., 36, 37, 382
Stein, H., 165, 382
Steiner, C., 20, 382
Steinert, H., 382
Steller, M., 74, 382
Stern, W., 52
Stevens, J. O., 252, 382
Stonequist, E. V., 182, 382
Strauss, A., 179, 374, 382
Struyker-Boudier, C. E. M., 193, 382
Stryker, S., 177, 382

Tarde, G., 33, 34, 383
Tenbruck, F. H., 24, 25, 28, 38, 383
Thomae, H., 383
Thomas, E. J., 15, 24, 32, 56, 77, 132, 363, 366
Tiba, I., 130, 137, 381
Tietgens, H., 368
Tiliette, X., 171, 383
Toby, M. L., 380
Toeman, Z., s.: Moreno, Z. T.
Turner, R. H., 15, 23, 24, 109, 123, 152, 383
Tomaszevski, T., 383
Turmliz, O., 50, 51, 383
Twitchell-Allen, D., 276

Ullrich, G., 181, 188, 383
Uhl, A., 102, 147, 381
Umansky, A. L., 330
Urbanek, E., 20, 38, 383

Vierkandt, A., 41, 42, 43, 54
Vogeler, P., 365
Vischer, F. F., 20, 383
Vormann, G., 175, 186, 379
Vorweg, M., 38, 383

Waldenfels, B., 157, 163, 174, 383
Wallace, A. F. C., 17, 18, 383
Walser, M., 181
Walter, H. J., 153, 383
Weber, M., 27, 383

405

Weidenfeld, D., 39, 383
Weil, P., 154, 383
Weiner, H., 57, 383
Wellmann, M., 224, 383
Welmer, A., 27, 383
Wendlandt, W., 74, 383
Werfel, F., 184
Werner, H., 148, 383
Wheeler, S., 122, 366
White, W. A., 268
Wicklund, R. A., 383
Wilder, J., 330
Willkomm., E., 20
Willms, B., 30, 383
Wilshire, B., 29, 383

Winnicott, D. W., 129, 146, 167, 384
Wiswede, G., 15, 21, 29, 384
Wittgenstein, L., 183, 384
Wolff, H. P., 384
Wolfius, H., 30
Wulf, Chr., 366
Wunnenberg, W., 384

Yablonsky, L., 276

Zander, A., 330
Zelter, F., 31
Zienert, H. J., 382
Zijdervelt, A., 26, 384
Zilboorg, G., 267, 276

## Sachregister

Abgrenzung 160
Ablehnung 204, 305
Abwehrmechanismus 136,
act/Akt 22, 35, 36, 103, 334
— centre 75
— hunger 124, 167,
197
Adoleszenz 122, 265
Aktionsanalyse 311
Aktionsforschung 66, 184
Aktionshunger 124, 167, 197
Aktionsrolle 68, 94, 111
All-Identität 199, 227, 229, 244
All-Realität 224, 227, 237, 244
Alltagshandeln 35
Alltagsleben 72
Alltagssprache 25
Ambiguität 93
Amnesie 234, 345
Analyse 74, 84
Angemessenheit 322
Anti-Rollenkonzept 214
Anti-Rollentheorie 62
Anthropologie 153, 193, 270
Anziehung 305
Arbeit 175
Arbeitsbegriff 36
Arbeitsfeld 314
Archetypus 140
Archiv 164, 177
Archivierung 172
*assertive training* 73
*assignment* 65, 67, 99
Assoziation 273
Atrophie 157
Augenblick 199, s.: Moment
Außenbild 44
Autor 29, 84, 278
*auto-tele* 81, 82, 83, 169, 224, 241
*auxiliary ego* 78, 94, 246, 262, 323,
s.: Hilfs-Ich
*awareness* 168, 172

Bedürfnis 124, 201
Begegnung 99, 152, 165, 173, 182, 222,
255
Begehren 165, 178
Behaviorismus 107, 264, 268
Behaviourdrama 74

Bekanntschaftsvolumen 218
Besitz 30, 126
Bewußtheit 182, 185
Bewußtsein 47, 61, 135, 168
— gemeinsames 225
Beziehung 217, 222
Bindung 133
Biographie 164
Bühne 25, 26, 30, 42, 46, 59, 160, 177,
179, 259, 297, 299, 322
Bühnenmetapher 19, 21, 22, 25, 34, 38, 55
Bündelung 291, 341
*burn out* 357

*chair commune* 165, 166
Charakter 47, 49, 50, 277
Charakterstruktur 177
*classification* 65, 268
Cluster-Effekt 85, 103, 120, 144, 153, 167,
209, 246, 347
*co-action* 95, 103, 105, 109, 111, 152
*co-being* 95, 111, 152
*co-consciousness* 103, 226, 273
*co-experience* 103, 105, 109, 111, 113
*content centre* 75
Co-unconscious 99, 103, 226, 237

Defäkator 130
Determination 84
Diagnose 212
Dialog 184
Dichotomie 313
Dichotomisierung 26, 125
Dichter 64
Differenz 159, 178
Differenzierung 48, 160, 186, 246, 292,
332
— horizontale 237
Diskurs 16, 29, 126, 166, 177, 182, 183,
185, 188
Dissonanz 361
Distanzierung 178
Dominanz 322, 331
Doppelgesichtigkeit 46
Doppeltechnik 141, 142, 228, 230, 244,
272
Drama 19, 24, 35, 58, 71, 177, 260, 269,
287, 312, 331
Dramatheoretiker 20

407

Dramatisierung 134
Dramatismus 21
Dramaturgie 45
— politische 20
Drehbuch 20
Druck 42, 69
Dualismus 297
Du-Erkenntnis 228, 239

Egozentrismushypothese 147, 148
Ehe 304
Ehekonflikt 304, 307
Einfühlung 98, 201, 223
*élan vital* 124
Embryonalzeit 229
Emotion 103, 171, 199
Empathie 147
Energie 359
Entfremdung 26, 28, 161, 182
Entwicklung 47, 167, 171, 244
— kognitive 148
Entwicklungspsychologie 101, 194
Entwicklungstheorie 84, 101, 108, 203
— psychoanalytische 180
— synoptisch-integrative 180
Erwachsenenalter 122
Erwartung 23, 29
Erziehung 329
Erziehungswissenschaft 18
Es 167, 260
Esser 130
Ethnomethodology 35
*être-au-monde* 151
*être-au-scène* 162
Evolution 126, 161, 293

*Fabula vitae* 19
Familienrolle 133
Familientherapie 274
Feld 101
Figur/Hintergrund 163, 233
Flexibilität 179
Frauenrolle 299
Freiheit 27, 77, 87
Fremdwahrnehmung 84, 169
Frühwerk (Morenos) 59, 76, 99, 125, 140, 152, 193, 222
Führerrolle 70, 291
Funktion 33, 53

Ganzheit 154, 162

Geburt 161, 195, 198
Gedächtnisspur 129
Gegen-Rolle 272, 296
Gegenwart 164, 197, 207
Geist 132
*generalized other* 22, 109
Geschichte 31, 41, 172, 173
Gesellschaft 22, 23, 26, 28, 38, 41, 68, 86, 121, 125, 167, 176, 188, 199, 219, 265, 293, 297
— entfremdete 150
Gesellschaftstheorie 126
Gestalttherapie 157, 252
Geste 59, 109, 260
*Group-therapy* 65
Gruppe 33, 41, 53, 66, 70, 72, 203, 280, 299
Gruppenanalyse 326, 327, 329
Gruppendynamik 52
Gruppenkohäsion 223, 349, 351, 355
Gruppenpsychotherapie 16, 59, 123, 267
Gruppenstruktur 223, 243, 311
Gruppentherapie 67, 70, 99, 329
Grundverhalten 161

Habituation 73
Halluzination 295
Handeln 169, 183, 263
Handlung 122, 123, 168
Handlungsbegriff 36
Handlungshunger 69, 360
Handlungstheorie 123
Handlungszentrum 75, 251
Hermeneutik 179
Herrschaft 183
Hier-und-Jetzt 99, 126, 157, 173
Hilfs-Ich 94, 95, 103, 111, 199, 200, 201, 229, 234, 278, 284, 298, 301, 312, 316, 325, 334, 354
Homologie 159, 170
*homo sociologicus* 19, 24, 26
Hospitalisierung 144
Humanwissenschaft 36, 270
Hypnodrama 285
Hypnotiseur 284

Ich 44, 46, 84, 85, 111, 130, 133, 136, 155, 165, 167, 172, 209, 230, 234, 260, 272, 305, 331
Ich-Bewußtsein 234
Ich-Du-Beziehung 151, 162, 246

Ich-Erkenntnis 228, 237
Ich-Funktion 168, 171, 174
Ich-Identität 105, 179
Ich-Kern 129
Ich-Leistung 171, 177
Ichlosigkeit 234
Ichrolle 44, 81, 83
Ich-Selbst 119, 120, 167, 168, 292
Ichsynthese 176
Identifikation 105, 106, 141, 160, 169, 172, 175, 177, 229, 234
— mit dem Aggressor 188
Identifizierung 169, 175, 177
Identität 101, 130, 139, 155, 165, 169, 171, 172, 188, 199, 228
— balancierende 176
— beschädigte 175
— horizontale 178, 179
— persönliche 176
— Säulen der 175
— soziale 176, 179
— vertikale 178, 179
Identitätsmatrix 199
Identitätstheorie 176
Imitation 33, 105, 141, 234, 238, 295
Imitationslernen 34, 73
*impromptu* 63, 65, 67, 68
Improvisation 72, 124
Individualität 27, 28, 43, 52
Individuelle Konserve 254
Individuum 41, 86, 125, 150, 176, 219, 270
— biologisches 108
Inhaltszentrum 251
Innenbild 44
Innen und Außen 163, 174
*innovation* 18
Institution 150
— totale 144
Institutionalisierung 28
Inszenierung 35
Integration 252, 254, 256
Integrative Rollentheorie 152
Integrität 185, 187
Intelligenz 342
Intentionalität 160, 169, 171
Interaktion 78, 92, 109, 123, 151, 182, 223, 227, 230, 278, 334
Interaktionskompetenz 180
Interaktionspartner 155
Interaktionsprozeß 255

Interaktionszone 138
Inter-Gruppen-Beziehung 299
intermediäres Objekt 129, 135
Internalisierung 166, 169
Inter-Psyche 273
Interrolllenbeziehung 136
Intersubjektivität 28, 151, 185
Intervention 71, 79
— integrative 175
Interventionssoziometrie 63, 101
Intimbereich 314
Intra-Rollenkonflikt 144, 145
Involution 126, 246

Kapazität 171
Katalysator 255
Katharsis 81, 278
Kind 81, 119, 201, 203, 213, 280
Kindheit 122, 147, 265
Kindergarten 204, 338
Kinderrolle 48, 327
Körper 120, 121, 132, 230, 292
Körpergedächtnis 235
Körper-Ich 238
Körperselbst 134
Koexistenz 152, 161
Kognition 103, 171, 263
kognitiver Stil 177
Kollektiv-Identität 104, 105, 125
Kollektivität 27, 28, 53, 104, 150, 175, 177, 188
Kommunikation 78, 107, 166, 171, 182, 358
— verinnerlichte 109
— soziale 260, 288
— sprachliche 260
Komödie 19
Komplementärrolle 95, 167
Komplexität 181, 186, 188
Komplexitätsreduktion 188
Konfiguration 95, 97, 136, 216, 218
Konflikt 28, 40, 70, 99, 116, 278, 359
Konformität 27
Konkretheit 28, 29, 34
Kon-Sens 161, 171, 185
Konsenstheorie 171
Konsistenz 178, 179, 180
Kontakt 160, 168, 178
Kontext 47, 163, 165, 172, 173, 182, 185
Kontinuität 180
Kontinuum 163, 165, 173, 182

Konvergenz 151, 153
Kooperation 182, 183, 185
Korrespondenz 171, 182, 185, 226
Kosmodrama 154
Kosmologie 193
Kosmos 139, 246
Krankheit 34
Kreation 182
Kreativität 27, 57, 90, 101, 196, 254, 255
Kreativitätstheorie 76
Krisenparadigma 177
Krisensituation 177
Kultur 68, 86, 87, 90, 91, 199, 219, 260, 299, 301, 305, 331, 332, 350
Kulturelle Konserve 61, 75, 89, 133, 214, 223, 254
Kulturelles Atom 68, 91, 94, 98, 117, 122, 125, 152, 154, 219, 295, 305, 306
Kunst 36

Lampenfieber 279
Leben 20, 41, 44, 123, 164, 297
— gesamtes 288
Lebensenergie 124
Lebensgeschichte 35, 179, 180
Lebenslaufforschung 180
Lebensraum 47, 81, 136, 199
Lebensrolle 48
Lebensspanne 114, 122, 164, 165, 217
Lebensstil 20, 45, 47, 51
Lebenswelt 160, 162, 166, 177, 199
Lebenszeit 295
Lebenszusammenhang 123
Lebenszyklus 115
Leib 37, 40, 43, 84, 151, 164, 175
Leibgedächtnis 157, 164, 172
Leiblichkeit 28, 31, 102
Leib-Selbst 157, 165, 167
Leibzeit 157
Lernen 71, 251
— soziales 234
— lebendiges 252
Lernprozeß 134, 201
Lerntheorie 249
Libido 124
*life event research* 180
*life long learning* 217
*locus nascendi* 100, 138, 199, 207, 265
Logoïd 85, 209, 277

Macht 29, 30, 43, 126, 163, 165, 183

Manuskript 24
Marionette 31
Maske 38, 47, 80, 89
— entstellte 50
*Matrix* 101, 199, 295
Matrix der Allidentität 103, 111, 130, 138
s.: Allidentität
*me* 120, 209, 292
mediale Verständigung 225
Messung 261, 274, 301
Metapher 25, 29
Metaszene 160, 161
Mikrokosmos 161
Mikrosoziologie 267
*milieutherapy* 99
*mimus vitae* 19
Mitbewußtes 170
Mitgliedsrolle 88
Mitmensch 38, 182, 270
Mitsein 201
Mitspieler 72, 160, 278
Mitwelt 38
Moment 197, 234
Muster 46, 47, 71, 86
— kollektives 114
Mutter 81, 201, 346, 358
Mutter-Kind-Dyade 95, 104, 125, 199, 299
Mutterrolle 118, 299, 307, 344, 346

Nachahmung 48
negative Dialektik 178
Netzwerk 218
— soziales 152, 175
Neurose 273, 275
Neurotisches Rollenspiel 51
nonverbal 108, 109
Norm 27, 38, 42, 90, 122, 171, 302

Ödipale Triade 137
Ökonomie 29
Ontogenese 122
*operational link* 292
organische Isolation 231
Organisationssoziologie 18
Ort 99

Paartherapie 92, 98
Paradigmenwechsel 16, 17, 122, 181
*part* 60, 259, 269, 277
Partialobjekt 129
Partialselbst 120, 292

Partizipation 183
Pathologie 78
Perichorese 151, 153
Person 83
Person-Rollen-Konflikt 146
Persönlichkeit 23, 34, 40, 47, 79, 85, 140, 260, 331
— private 79, 280
Persönlichkeitstheorie 81, 85, 160
— integrative 146
Perzeption 171, 263
Phantasie 113, 227, 239, 287, 297
Philosophie 38
Philosophie des Augenblicks 101
Physiodrama 211, 230
Physische Handlung 37
*playing-at-a-role* 107
Position 23, 30, 33, 38, 72, 81
— soziale 24
Prävention 275
Praxis 181
Privatheit 28, 53, 93, 176
Privatperson 213, 277, 331
Progression 143
Projektion 234
Protagonist 72, 134, 301, 312
*providentia* 23
Prozeß 173
Pseudorolle 135, 136
Psychiatrie 267, 268, 357
Psychiatrische Revolution 267
Psyche 121, 280, 288, 293, 346
Psychoanalyse 65, 99, 176, 178, 196, 267, 268, 284
*Psycho-creation* 65
Psychodrama 16, 51, 56, 67, 78, 81, 84, 91, 95, 110, 124, 184, 252, 266, 269, 274, 288, 297, 311, 329
Psychodramabühne 311
Psychodrama-Direktor 64
Psychodramatechnik 141, 228, 244, 246
Psychodynamik 78
Psychologie 270, 357
— klinische 18
— konkrete 35
— des Kindes 287
— des Psychotikers 287
Psychopathologie 57, 143
Psychose 83, 275, 280
Psychotherapie 18, 98, 99
Publikum 278

*range of roles* 87, 119, 154
Rating-Methode 90, 352, 353
Rationalität 183
Realität 26, 31, 227, 239, 297, 322
— soziale 15, 19
Reflexivität 167
Reformpädagogik 252
Regression 143
*response* 138
*role-acting* 106
*role-changer* 109, 208, 250
*role-cluster* 265 s. Cluster-Effekt
*role-conserve* 61
*role-creating* 87, 250, 260
*role-enactment* 106
*role-giver* 105, 200, 208
*role-making* 123
*role-perception* 105-106
*role-player* 87, 208, 300
*role-playing* 58, 67, 70, 105, 106, 107, 109, 260, 263, 264, 266
*role-receiver* 105, 200, 208
*role-recognition* 106
*role-taking* 58, 104, 105, 106, 107, 109, 200, 208, 260, 263, 264, 266
*role-taking-skills* 147
*role-therapy* 70
*role-training* 70
Rolle 23, 32, 34, 36, 43, 46, 50, 76, 79, 83, 122, 259, 295, 300, 305, 331, 345
— absteigende 118, 139
— aktionale 76, 91, 137, 151, 153
— aufsteigende 118, 139
— des Defäktors 131
— Rolle des Essers 131, 216
— des Urinators 131
— imaginäre 277
— individuelle 271
— integrative 139, 140, 149
— interaktive 123
— kategoriale 76, 91, 137, 151, 153
— kollektive 87, 271, 298
— komplementäre 97, 133
— konservierte 141
— kulminierende 139
— kulturelle 299
— öffentliche 215
— offizielle 272
— ontogenetische 91
— phylogenetische 91
— physiologische 130, 292

411

— physische 210, 214
— private 87, 215, 280, 298
— psychische 138, 139
— psycho-biologische 49
— psychodramatische 94, 106, 110, 111, 112, 113, 141, 211, 238, 243, 261, 265, 270, 287, 288, 298
— psychophysiologische 288
— psychosomatische 102, 110, 111, 130, 138, 211, 214, 230, 260, 261, 265, 270, 287, 292
— somatische 138, 210, 214
— somato-psychische 138, 139
— soziale 34, 39, 52, 68, 75, 76, 95, 110, 112, 133, 138, 139, 210, 261, 265, 270, 287, 288, 299
— soziodramatische 94, 95, 106, 211, 213, 238, 239, 243, 298
— transzendente 139, 140, 246
— verlöschende 139
Rollenadäquanz 323
Rollenaffinität 351
Rollenaktion 159
Rollenanalyse 311, 322, 324, 327
Rollenaneignung 148
Rollenatrophie 144
Rollenausübung 272
Rollenbegriff 38, 78, 85
Rollenbewertung 326
Rollencluster 346, s. Cluster-Effekt
Rollenbündel 120, 265
Rollendefinition 24, 85, 86, 149, 270, 277
Rollendefizit
— primäres 144
— sekundäres 144
Rollendiagramm 92, 331
Rollendistanz 24, 84, 140, 179
Rollendominanz 323, 343
Rollendruck 69
Rollendynamik 277
Rollenebene 144
Rolleneinnahme 241
Rollenelement 81
Rollenentwicklung 69, 97, 101, 108, 115, 141, 146, 227, 263
Rollenerwartung 34, 88, 105, 126, 138, 201, 269, 361
Rollenfixierung 69
Rollenflexibilität 73, 124
Rollenforschung 88, 275
— revolutionäre 265

Rollengenese 117, 129
Rollengestaltung 199, 339
Rollenhandeln 68, 263
Rollenidentifikation 272
Rolleninstabilität 341
Rollenintegral 153, 211
Rolleninventar 69, 154, 171
Rolleninvolution 118
Rollenkatharsis 280
Rollenkategorie 85, 86, 244, 246, 261
— primäre 139
— sekundäre 141, 214
— transzendente 214
Rollenklischee 89, 123
Rollenkompetenz 148, 154, 164
Rollenkonfiguration 98, 103, 157, 296, 350, 352
Rollenkonflikt 69, 144, 146
— interpersoneller 145
— intrapersonaler 145
Rollenkonserve 85, 87, 90, 94, 97, 109, 123, 133, 135, 137, 150, 208, 213, 261, 264, 282, 312
Rollenkonzept
— psychiatrisches 268
Rollenkörper 79, 150
Rollenkreation 118, 124, 173, 208, 260, 300
Rollenkriterium 355
Rollenleib 157, 165
Rollenlernen 105, 141, 147, 210
Rollenmacht 344
Rollenmangelsyndrom 144, 322
Rollenmetapher 16, 29, 31, 36
Rollenmüdigkeit 357, 359
Rollenmuster 91, 92, 94, 153, 154, 333
Rollenpathologie 144, 273
Rollenperformanz 23, 94, 147, 154, 164, 167, 174, 352, 360
Rollen-Personen-Konflikt 80
— primärer 277
Rollenperzeption 148, 263
Rollenrepertoire 23, 84, 154, 157, 241, 255, 272, 273, 351, 352, 353
Rollenschicksal 25, 116, 154, 157, 171, 174
Rollenscore 339, 342
Rollensegment 69
Rollenselbst 76, 154, 157, 167, 358
Rollen-Set 265, 300
Rollenspektrum 114, 119, 300

412

Rollenspiel 16, 39, 56, 72, 76, 200, 201, 207, 208, 237, 240, 241, 260, 261, 263, 266, 269, 272, 284, 291, 298, 300, 358, 360
— verhaltenstherapeutisches 74
Rollenspieler 19, 265, 275
Rollenstabilität 340
Rollenstatus 139, 214, 355
Rollenstereotyp 346
Rollenstörung 143
Rollenstruktur 323
Rollentausch 141, 184, 201, 228, 240, 241, 253, 272, 273
Rollentest 331, 332, 350
Rollentheorie 15, 31, 37, 55, 79, 122, 129, 203, 207, 249, 264, 287, 357
— aktionale 89, 141, 210
— allgemeine 136
— integrative 215
— kategoriale 89, 138, 141, 209
— sozialpsychiatrische 16, 55, 118, 125
— sozialpsychologische 56
— soziologische 56
Rollentherapie 91, 275
Rollenträger 26, 87
Rollentraining 70, 322, 352
Rollenübernahme 34, 146, 147, 148, 260, 263, 269, 300, 326
Rollenumfang 302, 309, 332
Rollenverfall 116
Rollenverhalten 27, 302, 332, 333, 342, 358
Rollenverkörperung 37, 68, 77, 79, 126
Rollenverteilung 308
Rollenvollzüge 153
Rollenwachstum 116
Rollenwahrnehmung 84, 208, 261, 272, 333, 334, 358
Rollenwechsel 34, 42, 184, 201, 240, 241
Rollenwert 69, 344, 358, 359
Rollenzuweisung 76, 105, 184
*rotula* 259

Säuglingsgruppe 203
Sanktion 23
*scena vitae* 20
Schauspieler 26, 36, 39, 44, 46, 61, 79, 84, 259, 265, 277, 297
Schein 25, 29, 31, 39, 45, 46
Schule 204
Sedimentation 160
Seele 120, 293
Sein 45, 46
Selbst 23, 84, 107, 111, 113, 136, 155, 164, 165, 206, 220, 229, 260, 264, 270, 280, 291, 313, 345
— logoïdes 126, 215
— öffentliches 154
— operationales 126, 172, 215
— physiologisches 130, 132, 292
— privates 154
— psychologisches 134
Selbst
— aktionales 209
— kategoriales 209
— psychodramatisches 292
— soziales 213, 292
Selbstbeziehung 225
Selbstbild 82, 83, 164, 225
Selbstschemata 177
Selbstverwirklichung 255
Selbstwahrnehmung 84, 169, 255
Senium 122
*Set of roles* 87
Sexualentwicklung 204
Sexualrolle 111, 150, 288, 291
Sicherheit
— materielle 175
Signifikante Andere 32
Sinn 28, 160, 171, 174, 179, 185
— primordialer 160
Situation 23, 37, 47, 81, 99, 122, 126, 184, 207, 262, 270, 300
— ödipale 246
*situation matrix* 100
*situation patterns* 100, 123
Situationsdruck 69
Situationshierarchie 73
Situationsmuster 73
Situations-Test 101
Skript 26, 157
Skripttheorie 20, 21
*social-body* 150, 165, 175, 188
*social death* 117, 246
*social space* 160
*social time* 160
Sozialarbeit 18
soziale Konserve 223, 254
soziales Atom 70, 78, 81, 83, 91, 98, 117, 122, 125, 152, 155, 172, 215, 216, 217, 220, 243, 246, 295, 303, 308
soziales Umfeld 314

Sozialforschung 184
Sozialgerontologie 118
Sozialintervention 16
Sozialisation 133, 137, 149, 150, 154, 164, 217, 249
— lebenslange 115
— ökologische 199
Sozialisationstheorie 105, 122, 146, 148, 180, 211, 253
Sozialpsychiatrie 21
Sozialpsychologie 21, 45, 108, 357
Sozialstruktur 133, 137
Soziodrama 16, 56, 86, 91, 184, 266, 269, 299
soziodynamisches Gesetz 205
soziogenetisches Gesetz 205, 243
Soziogramm 82, 83, 218, 351, 354, 355
Soziologie 21, 27, 35, 38, 126, 176, 270, 357
— marxistische 27
— phänomenologische 41, 125
— strukturell-funktionale 15, 38
— verstehende 27
Soziometrie 78, 99, 123, 152, 184, 203, 206, 267
Soziotherapie 16, 126
Souffleur 278
Spiegel 141, 159, 228, 237, 238, 244, 272
Spiegeltechnik 141
Spiel 31, 134, 160
Spieler 73, 84, 263
*sponteneity player* 260
*spontaneity training* 67
*spontaneous therapy* 65
Spontaneität 71, 101, 119, 138, 141, 150, 196, 207, 215, 223, 249, 252, 254, 265, 278, 302, 313, 341, 346
— soziale 339
Spontaneitätstest 70, 71, 305, 338
Spontaneitätstheorie 197
Spontaneitätstraining 70, 71, 90, 312
Sprache 28, 107, 108, 159, 183, 260, 265, 280
Sprachentwicklung 270
Sprachgemeinschaft 160
Sprachspiel 183
Sprachtheorie 178
Sprechsituation
— ideale 182, 185
Standard-Lebenssituation 262
Starter 73, 130, 197, 199, 334

Status 22, 23, 78, 272, 355
*status nascendi* 101, 199, 207, 262, 265, 283
Stegreif 25, 345, s. *impromptu*
Stegreifkörper 60, 62, 77
Stegreifkunst 61, 62
Stegreiflage 60, 64, 68, 76, 77, 90, 99
Stegreifspiel 63, 71, 78, 300, 313, s. *spontaneity player* n. Spiel
Stegreiftheater 58, 59, 62, 64, 76, 101, 330
Stereotyp 282, 339, 355
Störung 292
Struktur 179
— genetische 129
— homologe 165
— kognitive 211
— lebendige 163
Stück 25, 29, 30, 36, 157, 164
Subjekt 35, 178, 188
— inkarniertes 157, 163
Symbolbegriff 78
symbolischer Interaktionismus 15, 31, 123, 126, 177
symbolische Repräsentation 59, 270
symbolisches Konstrukt 149
Synchronizität 162
Synergie 153, 157, 168, 176, 181, 211
Systemtheorie 27
Szene 35, 157, 169, 297
Szenentheorie 21
szenisches Verstehen 21

Teil 154
teilnehmender Beobachter 233, 300
Tele 81, 82, 83, 97, 98, 138, 196, 204, 216, 222, 223, 243, 254, 255, 274, 326
Test 302
Theater 36, 46, 55, 57, 81, 193, 259, 269, 287
Theaterrolle 75
therapeutische Gemeinschaft 71, 268
therapeutische Gesellschaft 268
*theatrum mundi* 19, 23, 45, 162
Tod 165
Tragödie 19
transaktionsanalytische Therapie 20
Transfer 73
Traum 235
*triangulación* 133
Trieb 29, 102, 124, 167
Typisierung 28

Typus 38, 46, 299

Übergangsobjekt 129
Übersummativität 121, 154
Übertragung 186, 223
Umwelt 46, 108, 132, 195, 199
— soziale 47
Unbewußtes 166, 168, 174, 183, 196, 235, 272
— gemeinsames 225
— individuelles 170, 226
— kollektives 170, 226
Universum 193
— erstes 91, 111, 139
— zweites psychisches 138
— drittes psychisches 139
Urinator 130, 137
Urvertrauen 229
Urszene 161

Validierung 274
Vaterrolle 300, 307, 326, 327, 351
Veränderung 183, 186
Vergangenheit 164, 173, 226, 231, 360
Verhalten 37, 149, 263
— symbolisches 88
Verhaltenserwartung 42, 92, 149
Verhaltenskette 138
Verhaltensmodifikation 37
Verhaltens*rating* 90
Verhaltensrepertoire 73
Verkörperung 26, 37, 42, 69, 79, 89, 124, 149, 154, 210, 239, 312
Verlaufsgestalt 154
Vernunft 167
*vocal gesture* 109
Vorahnung 48

Wachstumsparadigma 177
Wahl 204
Wahrnehmung 168, 169
Warm-up-Prozeß 102, 111, 119, 130, 136, 197, 200, 201, 263, 312, 354
Warm-up-Zone 138
Welt 160, 229, 297
— soziale 153, 174
Weltbild 164
Weltgeschichte 20
Welttheater 45
Wert 28, 33, 175
Widerstand 85, 265
Wir-Erleben 240

Zeit 35, 44, 114, 154, 168, 170, 175, 214, 271, 296
Zeitleib 165
Zeitperspektive 117, 154, 234
Zone 130, 199
Zukunft 173, 226, 231
Zukunftsperspektive 172
Zuschauer 42, 45
Zwang 28, 42, 90, 295
Zweifühlung 98, 216
Zwischenleiblichkeit 166

## Bücher von H. Petzold zum Thema

H. Petzold (Hrsg.), Angewandtes Psychodrama, Junfermann-Verlag, Paderborn 1972, 1. Aufl. 402 S., erw. 3. Aufl. 1982.

Gestalttherapie und Psychodrama, Nicol, Kassel 1973, 135 S.

Psychodrama-Therapie, Theorie, Methoden, Anwendung in der Arbeit mit alten Menschen, Junfermann, Paderborn 1979, 553 S.

H. Petzold (Hrsg.), Dramatische Therapie. Neue Wege der Behandlung durch Psychodrama, Rollenspiel, therapeutisches Theater, Hippokrates, Stuttgart 1982, 384 S.

H. Petzold, Theater — oder das Spiel des Lebens. De humane vite tragödia vel comoedia, Verlag für Humanistische Psychologie, W. Flach, Frankfurt 1982, 120 S.

H. Petzold, Therapeutisches Puppenspiel, Pfeiffer Verlag, München 1983 (in Vorbereitung).

H. Petzold, Techniken des Psychodramas, Junfermann, Paderborn (in Vorbereitung).